Under the Advisory Editorship of

Robert J. Clements

i

THE FRENCH THEATER SINCE 1930

Six Contemporary Full-Length Plays

Edited by

ORESTE F. PUCCIANI

University of California, Los Angeles

GINN AND COMPANY

BOSTON · NEW YORK · CHICAGO · ATLANTA
DALLAS · COLUMBUS · SAN FRANCISCO
TORONTO · LONDON

The plays in this volume are published with the special authorization of their respective publishers in France.

La Machine infernale (Bernard Grasset)
La Guerre de Troie n'aura pas lieu (Bernard Grasset)
Le Voyageur sans bagage (Calmann-Lévy)
La Reine morte (Gallimard)
Le Malentendu (Gallimard)
Les Mains sales (Gallimard)

PREFACE

THE PRESENT VOLUME is an attempt to fill a gap in the field of the contemporary French theater as it is represented by American anthologies. A survey of the field, undertaken several years ago, showed that the major plays of the French theater since 1930 were not represented. Anthologists had either chosen to work in the period prior to 1930 or they had chosen to present one-act plays from the more recent period. A wealth of material remained unavailable to American students except for foreign editions which, more often than not, did not exist in sufficient quantity to meet the needs of systematic university study. *The French Theater since 1930* was consequently designed to meet this need and to bring to American students the major productions of the French stage from the thirties and the forties and to some extent from the postwar period. The need was magnified by the fact that the French theater had been especially productive during these years, which had seen the birth of an unusually large number of works of prime importance.

The character of the anthology was not determined in advance by any principle, but took form as the work of choice and elimination went on. Gradually it became apparent that the material we wished to present to the American student was highly literary in nature, often philosophical, scarcely entertaining or amusing, but worthy of serious study.

The plays in this volume cannot be read easily or rapidly. From a linguistic as well as from an intellectual point of view they are demanding plays. The present anthology is consequently intended for advanced students who are prepared to attack mature subject matter in a foreign language. Normally such a book would be used in a course on the contemporary French theater during the second half of the year. It could have a place, however, in a second-year or third-year language course where mature reading material is desired.

The choice of material is, of course, the main problem in any anthology. Inevitably, however, a subjective factor enters in, and there is always room for disagreement as to material included or excluded. The choices contained in the present volume were debated at great length, and many plays were considered. The requirements of perspective within a contemporary period made selection difficult. In addition to criteria of artistic excellence, there were criteria of social importance to be considered. An anthology must reflect not only the choice of its editor, but to some extent the choice of the nation whose art it represents. The plays had not only to be of value in themselves, but the work of established figures, considered to be significant by the public for whom they had written. I must consequently accept more responsibility than credit for the authors and works included in this volume. That they are important is a matter of common agreement; that they deserve their importance is open to discussion. I hope my choices have been wise. They might have been less so if I had not benefited by the co-operation, the advice, the confirmation and correction of many colleagues, who found time to offer me their encouragement and occasionally to dissuade me. I desire to express here my great debt to their kindness and excellent taste.

More particularly I wish to express my gratitude to Professor Henri Peyre of Yale University, Professor Frédéric Ernst of New York University, Professor Robert J. Clements of New York University, and Professor Alexander Fite of the University of California. They have helped me avoid many errors of judgment in the selection of these plays. My thanks go also to Professor Gabriel Bonno of the University of California for helping me solve many difficult points of French style. I owe a special word of thanks to M. Jacques Faure, whose excellent knowledge of the contemporary French theater has often saved me hours of research. I hasten to add that the imperfections which may still be found in this volume must not be attributed to my counsellors. The final decisions have been mine, and for them I must accept full responsibility.

O. F. P.

CONTENTS

THE FRENCH THEATER SINCE 1930

INTRODUCTION

THE THEATER IN MODERN FRANCE

THE THEATER IN FRANCE, and especially the theater in Paris, occupies a position for which there is no equivalent in the United States. It is a gauge of the intellectual, moral, spiritual, and artistic life of the nation. The theater is less than in America a question of pure entertainment. An aristocratic tradition of art protects the theater, frees it to an extent from popular demands, and helps to perpetuate it as a pure art form. Serious plays are numerous, and even today French audiences are able to enjoy dramas which would be considered heavy or dreary in the United States. There is consequently more freedom for the playwright, who is able to attack subjects which he considers worthy of treatment in themselves. There is more restricted concern for personalities and stars, and a greater public awareness of the talent which they display in their roles. The author and the director occupy a position of eminence; the name of Jouvet commands greater respect than that of Marais; Cocteau, Giraudoux, or Sartre become popular figures and the objects of public curiosity.

The French audience is very aware that behind every production there is the creative spirit of an artist. This respect for a tradition of art in the theater is not an empty formality. It is the recognition on the part of the audience that imagination, content, and form are necessary in any work of art, and that it is not granted to everyone to possess these qualities. Approximately seventy-five theaters in Paris offer twice this number of productions in a given season. Attendance is a matter of public education. Every variety of performance is represented, and it is possible to classify the theaters of Paris according to the level and kind of entertainment which they offer. Reasonable admission rates make it possible to attend the theater more frequently than in the United States, to see a greater number of productions, and to follow the developments in the important theaters. The actors themselves enjoy the freedom which arises from these special conditions. A production is a group enterprise; artistic values dominate; each troupe, similar still to the traveling players of former times, possesses its ideology, represents a school of thought. Less hampered than in America by elaborate regulations controlling labor, the production profits by a spirit of co-operation and devotion which cuts across all levels of the theatrical hierarchy. All values, even human values, are subordinated to the central task of

1

creation: an attitude that can exist only in a society in which art itself constitutes a positive value.

The other side of the question, however, is the small material reward which these theater groups receive. In spite of the low admission rates, as compared with those in America, prices are still too high to permit a majority of the public to attend. In addition to this, the theaters are small, out of scale with the demands of modern population. Their concentration in Paris means, of course, that they reach only a limited portion of the nation. As in so many other domains of life, the problem remains material, economic in nature. The artistic freedom of the French theater can be balanced against the lack of financial and material resources. The presence of these resources in America must be weighed against the demands of public taste, which is occasionally sentimental or cheap. If a lack of artistic awareness has hampered the development of the American theater, material and economic inadequacies explain the struggle for existence of the French theater in the modern world.

The theater in Paris falls into three main categories, corresponding to the main functions of the theater in France: the theater of entertainment of the boulevards; the experimental, or art, theater; and the repertory theater. It is the *théâtre du boulevard* which most nearly corresponds to the idea of the playhouse in the United States. Here famous authors and celebrated actors attempt to reach the public taste within the conditions already described. Questions of art are subordinated to questions of entertainment. The director plays a less important role; the celebrated star or author is the main attraction; and the plays presented are in large measure plays of action and intrigue. The audience, not especially intellectual, plays an important role in determining the nature of the *théâtre du boulevard*. The art theater, or *avant-garde* theater, which has become increasingly important in recent years, exists side by side with the *théâtre du boulevard*. It represents a *genre* hardly represented in the United States, except for certain little-theater movements and university groups. In the *avant-garde* theaters the chief importance lies in the production. Here artistic and intellectual values balance questions of entertainment, and the director rather than the star occupies the position of prominence. The *avant-garde* theaters afford an opportunity to experiment in the realm of the theater as an art form. It is through these theaters that dramatic techniques evolve and change, that dramatic art progresses. Operating on limited budgets, they are able to survive only because of the devotion of the artists to the cause of pure art. Here new kinds of plays are tried out, foreign plays are presented in French versions, and techniques of production and acting are studied and changed. The atmosphere which prevails is partly that of school, partly of museum, partly of studio. The audience, more exclusively intellectual, comes in search of an aesthetic experience rather than mere entertainment. The *avant-garde* theaters in France often tend, especially in recent years, to overlap the theaters of the boulevards. They are similar to the extent that both are independent of state aid and are private enterprises. Repertory theater is represented by the Comédie Française, which is under government subsidy and constitutes a national theater. Here in the Salle Richelieu and the Salle Luxembourg (formerly the Odéon) the classical French drama is preserved. Plays of the seventeenth, eighteenth, and nineteenth centuries are given regularly, with a few modern offerings which have attained repertory status.

The origins of these distinctions in the French theater are to be found in the social evolution of the Third and Fourth Republics. The bourgeoisie of the Third Republic was responsible for the form of the boulevard type of theater until 1914. It was a period when rational optimism seemed to explain satisfactorily the essential problems of life. At least for the upper middle classes, the needs of entertainment were adequately met by the comedies of Alfred Capus or De Flers et Caillavet. The serious theater of the period presented an abstract idea or a problem in dramatic guise. There was the drama of passion of Georges de Porto-Riche, the poetic drama of Edmond Rostand, the poetic theater of Maurice Maeterlinck, and the theater of ideas of François de Curel. Henry Bataille and Henry Bernstein dominated the Parisian billboards of this period. Their plays today seem very dated. The social as well as the emotional problems which they portrayed were marked by an ephemeral realism. A pall of sentimentality and melodrama conceals the true issues, which are only timidly suggested. In the portrayal of human passion, as in the portrayal of social evils, a veil of decorum is thrown over reality. In this society, where class distinctions were still dominant, the theater was intended for the entertainment of a group intent on the preservation of its privileges, eminently complacent in its sense of security and its condescending optimism. This complacency was shaken by the First World War, with a resultant upheaval in the French theater world after 1914. The *pièce boulevardière* evolved to meet the change in the times. The plays of Sacha Guitry and Marcel Pagnol appealed to the new bourgeois taste. Edouard Bourdet and Alfred Savoir brought forbidden subjects to the French stage. The rhetorical treatment of vast abstract subjects gave way to a more violent and sober realism. Still the *genre* of the *pièce boulevardière* could not evolve beyond certain limits. It was the vehicle of a certain class; aesthetically it could not meet the needs of the postwar generation without losing its own character. Georges Pillement writes of the evolution of the *pièce boulevardière*:

La plupart des pièces d'avant 1914 mettaient en scène des aristocrates et de riches bourgeois, des filles entretenues, leurs michés et leurs amants de cœur. Elles se déroulaient dans des salons particulièrement luxueux ou des cabinets particuliers. Le studio va remplacer le salon, l'amant perdra ses moustaches, le vieux monsieur sa fleur à la boutonnière et son haut de forme, les coups de téléphone remplaceront les visites imprévues, les jeunes filles ne seront plus engoncées dans des robes à tournure, mais en robes courtes, les bras nus ou en maillot de bain, ne parleront plus de leurs fiancés en minaudant, mais de leurs flirts avec impudence, on montrera les personnages dans leur intimité, en robe de chambre et non plus guindés dans leur redingote qu'ils ne quittent que dans les vaudevilles quand ils sont surpris en caleçon.[1]

But the great revolution which was to come to the French theater was the burgeoning of a new *genre*: the *avant-garde* theater. This was largely the work of Jacques Copeau, who founded the Vieux-Colombier and trained the people who were to create theater history in France for the next generation.

Jacques Copeau founded the Vieux-Colombier in 1913. Theaters were closed in August 1914, opening again a year later as permission was granted to do so. Copeau, after a two-year period at the Garrick Theater in New York, returned to the Vieux-Colombier in 1919, launching a movement of theater reform which was to establish the principles of the *avant-garde* theater movement in France. The reforms of Copeau corresponded to the need for wider artistic expression in the Third Republic. It is a curious paradox that the growth of democracy in the world has corresponded to a growth of recondite movements in the world of art. Hermetic poetry, the art theater, or surrealism have become possible and necessary as the tendency toward official art has decreased. The upheaval of the war opened the field for exploration and intellectual adventure, as it also opened the field for social reform. Contrary to what might have been expected, considerations of pure art made important gains, and the art theater slowly began to offer serious competition to the theater of entertainment. This is a development which the Second World War has confirmed.

The basis of the reforms of Copeau was to consider the theater as an art form in itself and to explore fully the possibilities of its aesthetic development. The result was greater importance for the director, who emerged as a creative artist, and lost many of his former qualities of producer and businessman. The play as a work of art became the common goal of the troupe; celebrities and stars were sacrificed to the welfare of the total production. Less consideration was given to official public taste, and great consideration was given to the qualities of excellence which create significant art. Copeau's troupe was composed of Dullin, Jouvet, Romain Bouquet, Oettly, Blanche Albane, and Valentine Tessier.[2] Copeau's repertory indicated the direction he intended to follow and the value he accorded to artistic quality in itself. It was a repertory far removed from the current offerings of the theaters of

1. Georges Pillement, *Anthologie du théâtre français contemporain* (Paris, 1946). Vol. II, pp. 10–11.
2. See Pillement, op. cit. Vol. I, p. 10.

the boulevards, and included Shakespeare, Molière, Thomas Heywood, Mérimée, and Musset. Among the moderns he presented those authors who could not have expected a success on the boulevards: André Gide, Paul Claudel, Henri Ghéon, Duhamel, and Roger Martin du Gard. The atmosphere at the Vieux-Colombier was one of severity, hard work, and devotion to a cause. Pierre Brisson has called it Jansenism of the theater. "Le Vieux-Colombier avait rouvert ses portes; ruche littéraire qui allait essaimer et peupler de colonies actives les scènes où l'art de la présentation théâtrale devait se renouveler... La salle étroite et nue avec ses hauts murs sans balcons, la scène avec ses massifs de maçonnerie basaltique où s'insérait le chêne clair des escaliers et de la galerie en praticable; le foyer-parloir, l'éventaire de librairie où s'offraient les derniers ouvrages de la Nouvelle Revue Française, toute l'ordonnance du lieu affirmait le sérieux de l'entreprise, l'esprit d'étude et de réforme qu'elle entendait faire prévaloir. Les vedettes étaient sévèrement bannies de l'affiche. Un principe de communauté et de soumission assidue au travail réglait la besogne de la troupe et la vie de la maison... Il [Copeau] organisait des lectures pour les étudiants, fondait une école gratuite pour les comédiens, confiait à ses acteurs la direction d'ateliers de costumes, de menuiserie ou d'équipement électrique."[3]

In the troupe of Copeau were Charles Dullin and Louis Jouvet. Dullin at the Atelier and Jouvet at the Athénée were to continue the tradition of Copeau after the latter's retirement in 1924. With Dullin the theater of pure art was to prosper. Like Copeau, he presented Molière, Shakespeare, Mérimée, and Musset to French audiences. One of the greatest successes of his career was *Volpone*, by Ben Jonson. To these he added Aristophanes, Calderón, and Goldoni. Dullin, with Georges Pitoëff, was one of the first to introduce Pirandello to France, and contributed to the vogue of his plays. Among French authors he produced Alexandre Arnoux, Marcel Achard, Stève Passeur, Salacrou, and Jean Cocteau. His most famous characterization after *Volpone* was the *Avare* of Molière. Dullin's theater became celebrated for its simplicity, the honest workmanship of its productions; to the modern French theater Dullin brought the integrity and industry of a medieval artisan. Pierre Brisson writes of the style of his work:

Sans hâte et par tâtonnements il allait, de saison en saison, créer un style « Atelier ». Non pas un grand style de théâtre. La haute poésie s'y trouvait gênée aux entournures. Mais un style qui lui appartenait en propre, par les bariolures, les agitations scéniques, l'entente familiale des interprètes, l'honnêteté, les soins, l'abondance. C'était vivant et loyal avec un goût de la bonne besogne, une allégresse, une absence naturelle de parisianisme. Des traditions renaissaient qui venaient des soties du Moyen Age et des noëls rustiques en passant par Gros Guillaume et le Pont Neuf.

3. Pierre Brisson, *Le Théâtre des années folles* (Geneva, 1943), p. 39.

Les acteurs se sentaient les coudes, marchaient avec entrain, se mettaient sans malice à l'ouvrage et nul ne se fût étonné de retrouver à l'aube Dullin, dans son champ, piquant ses bœufs de labour.

Shakespeare, Aristophane, Labiche pouvaient ainsi voisiner sans façons sur le vieux plateau montmartrois. Certaines œuvres de premier plan s'appauvrissaient sans doute, mais toutes retrouvaient une chaleur, un souffle, un contact avec le public. Il y avait là vraiment un feu de conviction, un bonheur de mascarades scintillantes avec bouffons, mimes, chants et danses, entrain de plein air doré par le soleil, liesse travailleuse, bonnes suées prises avec belle humeur. Il fallait certains soirs rétablir la fortune du théâtre, s'y donner de plein cœur, emporter le succès. A la fin du spectacle, devant les applaudissements qui marquaient sa réussite, Dullin, tout essoufflé par ses danses, le visage pâle, le nez luisant, ne cachait pas son émotion.[4]

Louis Jouvet achieved in the end more official success than Dullin. His theater, the Athénée, was for a generation a symbol of the best which the French stage had produced. His success was made with three authors: Jules Romains, Jean Giraudoux, and Molière. His association with Giraudoux remains one of the high points of the modern French theater. Through Jouvet the literary theater of Giraudoux was made accessible to the French public. The plays of Giraudoux might reasonably have been thought to be too difficult, too specialized for wide success. In the hands of Jouvet, literature and the theater were brought together into a synthesis. Jouvet has been called a verbal actor, and his affinity with Giraudoux has been explained in terms of the cult of the word for its own sake, which they both shared. However this may be, they represented a perfect collaboration. Working still in the tradition of Copeau, Jouvet expanded and adapted his master's ideas, always with the goal of reaching the general public. He has been criticized for saying that the only problem in the theater is the problem of success.[5] Yet the success which he achieved with Jules Romains, though on the farcical side, as well as his masterful productions of Giraudoux, were a victory for the cause of pure art. His rendition of the *Ecole des femmes* of Molière, with the sets of Christian Bérard, was a triumph of interpretation and stylization. Jean Giraudoux might never have written for the theater without the encouragement he received from Jouvet, in whom the academic and the artistic were perfectly blended with showmanship. Popular success came to him as the natural consequence of these qualities. Speaking of Jouvet's production of the *Ecole des femmes*, Brisson sums up his talent as follows:

Cette soirée prenait la valeur et l'importance d'un résultat. Elle eût été inconcevable vingt ans plus tôt. Pour mûrir ce parfait produit théâtral avec ses couleurs et sa forme particulières, il avait fallu les efforts de Copeau, l'émancipation et la

---

4. Brisson, op. cit. p. 44.   5. See Marcel Doisy, *Le Théâtre français contemporain* (Brussels, 1947), p. 54.

culture progressive de Jouvet; il avait fallu les liens de Jouvet avec Giraudoux, puis avec Christian Bérard; il avait fallu Dullin et son *Volpone*, Baty et ses images, Pitoëff et ses songes; il avait fallu ce retour au goût des lettres, ces soins rendus au répertoire qui devenaient l'un des signes de l'époque. Vous aviez là, pendant trois heures, quelque chose d'exceptionnel. Non pas un succès fortuit dû à un bonheur de rencontre, mais une mise au point à laquelle participaient toutes les forces et les influences du moment. Jouvet devenait l'instrument—le plus sensible instrument—d'un art français qu'il avait concouru à établir.[6]

The renaissance of the French theater after the First World War was an aspect of the rampant idealism of the period. It was an idealism born in the late nineteenth century, in protest against the authority of the realists and naturalists in the domain of art. The symbolist poets and the impressionist painters had revolted earlier. Perhaps because of the lag in any art which requires direct public support, the theater registered the tendencies of the period later. Realism came to the French theater in 1887 with the founding of the Théâtre Libre by Antoine. It inspired the Art Theater of Moscow, founded by Constantine Stanislawsky in 1897. From an excess of realism, for a while synonymous with the cause of pure art, the poetry of the theater was lost. The *rethéâtralisation du théâtre*, which occurred after the reforms of Copeau, was an attempt to identify the cause of pure art with an idealistic rather than a realistic aesthetic. Georges Pitoëff, born in Kiev in 1885, was another of the leaders in the revolt against the literal realism of the preceding generation. Arriving in France during the war, Pitoëff made his Paris debut with *Le Temps est un songe*, by Henri-René Lenormand. Pitoëff, with his wife Ludmilla, represented until 1940 the attitude of the pure artist toward the work of the theater. Elaborate stage sets gave way to the most impressionistic and brief *décors*. Every effort of the Pitoëff company was to bring before the public a work of art that had been interpreted with the greatest fidelity to its inner spirit. The *metteur en scène* was for Pitoëff an artist whose only task was to introduce into his production the unity, balance, sense of composition, and order necessary to any work of art. Writing of himself, he said:

Je n'ai sur la mise en scène aucune idée préconçue. Chaque nouvelle pièce à monter, je m'efforce de l'aborder avec un esprit absolument vierge. C'est la pièce elle-même qui m'inspirera les éléments qui serviront à sa mise en scène. Notre but n'est que d'aider la pensée de l'auteur à se révéler le plus parfaitement au spectateur. Sans doute j'aurai une manière personnelle d'éclairer tel coin de décor, qui distinguera ma mise en scène de celle d'un confrère. Mais c'est le fait de toute interprétation. S'il s'agit d'œuvres du répertoire classique, chaque metteur en scène tâche de

6. Brisson, op. cit. pp. 67–68.

faire ressortir le caractère qui lui semble, *à lui*, essentiel. Ne doit-on pas préférer un dessein directeur, même contestable, à l'anarchie?[7]

With this ideology Georges Pitoëff interpreted to French audiences the *Œdipe* of André Gide, *Le Voyageur sans bagage* of Jean Anouilh, *Jean le Maufranc* of Jules Romains, *Angelica* of Leo Ferrero, *Sardanapale* of Boussac de Saint Marc, the *Belle au Bois* of Supervielle, *Orphée* of Jean Cocteau, and *L'Echange* of Paul Claudel. He revealed in France such foreign authors as Tchekhov, Andreïeff, Strindberg, Pirandello, Shaw, Knut Hamsun, Molnar, Schnitzler, and Brückner.[8] Of Pitoëff's opposition to the methods and techniques of Stanislavsky, his friend Lenormand wrote:

Pour comprendre sa position vis-à-vis de son grand aîné [Stanislavsky], il suffira d'évoquer celle de Lugné-Poë vis-à-vis d'Antoine et du Théâtre Libre. Chez Pitoëff, comme chez Lugné-Poë, s'affirmait une réaction contre des formules alors triomphantes. La révolution qui se faisait en eux... c'était celle de la poésie contre le naturalisme. Pour nous, Français, qui avons encore présentes à la mémoire les représentations que Stanislavsky vint donner à Paris... la querelle peut paraître obscure et inconsistante. Nous admettons difficilement qu'on ait pu considérer ces admirables réalisations comme trahissant la part du rêve. Mais le jeune réformateur, dont l'adolescence avait été nourrie de ces spectacles, leur résistait, de toute son ardeur créatrice. Ce qui, dans l'art de Stanislavsky, nous apparaît comme l'extrême de la conscience et de la recherche intelligente, n'était, aux yeux de Pitoëff, qu'un vain souci de vérité photographique. Il m'a souvent parlé, avec ironie, de ces mises en scène trop scrupuleuses, où il fallait que chaque meuble, chaque accessoire, chaque détail de costume ou de maquillage exprimât le milieu, l'époque et les caractères. Il détestait ces acteurs de composition qui, à l'aide de postiches et de savants peinturlurages, dressaient devant le public des images d'un pittoresque facile. Il leur reprochait de cacher leur âme sous de fausses barbes, de devenir des poupées articulées, alors que le comédien avait pour fonction d'être l'intermédiaire spirituel entre le génie du poète et l'inconscient de la foule. Il repoussait tout ce qui, dans le théâtre, amuse l'œil, accroche l'attention au détail, détourne l'esprit de la communion proposée sous les espèces les plus nobles et les plus immatérielles.[9]

Of all recent theoreticians in France, Gaston Baty perhaps possessed the most comprehensive notion of the theater. Appearing on the scene in 1919 with Firmin Gémier, he achieved his first outstanding success in 1920 at the Comédie-Montaigne with *Le Simoun*, by Lenormand. He founded the Compagnie de la Chimère the following year, and in 1924 opened his own regular theater, the Studio des Champs-Elysées. Baty had a metaphysical notion of the role of the theater. He was not satisfied unless he succeeded in rendering in some measure all the inherent qualities

---

7. In Henri Gouhier, *L'Essence du Théâtre* (Paris, 1943), p. iv.   8. See M. Doisy, op. cit. pp. 48–49.   9. Henri-René Lenormand, *Les Pitoëff* (Paris, 1943), pp. 15–16.

of the dramatic text. He even felt it to be possible to convey more of the text than was specifically written. His idea of a total theater, inspired by the ideal of the Greek theater which for Baty had achieved this supreme goal, meant that silence, stage effects, props, lighting, acting, the complete resources of the theater, were necessary to exploit a dramatic work. It was a function of the theater to bring about this synthesis of the arts. In doing this the theater reached far beyond the realm of mere entertainment, and penetrated into the realm of poetry, where ultimate reality was interpreted. Baty has often been criticized for his seeming disrespect of the text, and his famous *Sire le Mot* has been taken for an expression of disdain. His apocalyptic vision, however, of the role of the theater has been a vital force in reinvigorating the art, and he has been one of the most discussed of the French *metteurs en scène*. He has reflected in aesthetic terms one of the preoccupations of the modern age: the relationship of the collectivity to its component individual parts. For Baty the theater is a total entity. It obeys its own laws. "Les groupements humains ont une vie propre, différente de celle des individus qui les composent. Aussi bien qu'un caractère personnel, les communautés sont des entités dramatiques: le métier, la cité, la classe, la nation, la race. Non point réunion de plusieurs êtres: chaque fois un être nouveau, polycéphale, existant en soi."[10] It is this essence of the theater which Baty would express and utilize, and which opens all domains of human activity and sensitivity. Even beyond the realm of the human, in the inanimate universe, the theater will find materials to use. "Mais le royaume que doit conquérir le théâtre s'étend bien au delà, jusqu'à l'infini. Après l'homme et son mystère intérieur, après les choses et leur mystère, nous touchons à des mystères plus grands. La mort, les présences invisibles, tout ce qui est par delà de la vie et l'illusion du temps."[11]

During and after the Second World War the cause of the art theater was served by many others in France than those discussed here. We should mention Jean Vilar, who created *Meurtre dans la Cathédrale* of T. S. Eliot; the production of *Le Soulier de satin* of Paul Claudel, by Jean-Louis Barrault at the Comédie Française; as well as Louis Ducreux, André Roussin, Marcel Herrand, Jean Marchat, and Raymond Rouleau. Jean Cocteau deserves special mention. Through him the surrealist tradition penetrated the French theater. Though his primary importance lies in his authorship, yet he represents a synthesis of all the tendencies which have made the French art theater, since the First World War, the most vital theater movement in the world.

The Second World War brought about changes comparable to those which followed the first: a leveling of social classes, the rise of a new *parvenu* group to social

---

10. See Gouhier, op. cit. p. vii.   11. Ibid. pp. vii–viii.

power, and economic upheaval that made the theater financially inaccessible to many. Meanwhile between the first and second world wars the cinema had become firmly established, absorbing many of the leading writers and directors, who devoted all or a portion of their time to the new art. But most of all, a new point of view in ideology was created by the second war which affected the theater of entertainment and the art theater as well. A growing dissatisfaction with superficial entertainment made itself felt, simultaneously with a growing refusal to accept criteria of pure art in any field. As democracy advanced in France during the last generation, classes of society previously excluded from the world of education, entertainment, and government grew in power. In addition to this, the impact of the recent war tended to shatter French complacency, which had expanded behind the fictitious security of the Maginot line, and a popular demand came into being for serious entertainment which would be at the same time artistic and useful. A literary theater, rooted in ideology and philosophy, has grown up to satisfy the demands of this new public, which Georges Pillement describes in the following terms:

C'est que les mœurs ont encore plus profondément évolué qu'après la guerre de 1914. Une nouvelle société est en train de s'asseoir dans les fauteuils de tous les théâtres qu'ils soient du boulevard ou d'avant-garde. Ce n'est plus ici, une bourgeoisie qui ne cherche qu'un divertissement, un délassement, là, une élite en quête d'une nourriture spirituelle. Il est composé de nouvelles couches sociales, du peuple entier qui avait dû, jusqu'ici, se contenter d'abord du mélodrame, genre Ambigu, ou de la féerie, genre Châtelet, puis qui les avait remplacés par le cinéma et qui devait, s'il tenait absolument à aller au théâtre, voir du haut des secondes galeries, dans les salles où elles existaient, les spectacles destinés à la classe bourgeoise.[12]

Pillement concludes from these facts that the *genre* of the boulevard theater and the *avant-garde* theater as such may well be at an end. Perhaps the era dreamed of by Baty, the era of a *total* theater, announced by Wagner in the nineteenth century and eulogized by Mallarmé, is at hand. Marcel Doisy raises the same question, answering it, however, in the negative: "La longue suite de réformes scéniques ouverte par Antoine s'est-elle réellement close avec Gaston Baty et faut-il voir en ses réalisations la totalité du renouveau qui s'était révélé indispensable?"[13] Such a notion would at least be in keeping with the progression of democratic societies and with Sartre's idea of total literature and literature of *praxis*. The older tradition has also received a vital blow in the recent deaths of Louis Jouvet, Charles Dullin, Ludmilla Pitoëff, and Christian Bérard. Georges Pitoëff had already died in 1940. New talent has appeared which will carry on the tradition of the theater in France, but already the French theater seems to have found a direction in the work of Jean-

12. Pillement, op. cit. Vol. II, p. 15.   13. See M. Doisy, op. cit. p. 63.

Paul Sartre, Albert Camus, Simone de Beauvoir, and Jean Genet which implies a synthesis of the ideas previously discussed. Montherlant and Mauriac, principally known as novelists, have devoted themselves recently to the theater, and Gabriel Marcel, long a figure of obscure prestige in French letters, has had recent success. Jean Cocteau continues to occupy a position of first importance. Paul Claudel and Henry Bernstein, both of another generation, have attracted some attention on the recent Paris stage, but their success is a matter of reputation rather than vital contemporary interest. The comedies of André Roussin, and to some extent the plays of Salacrou, have come into the limelight, reviving the tradition of the pure *théâtre du boulevard*.

Immediately after the war, and as soon as Paris had been liberated, a period of reorganization occurred in the Paris theater scene. Louis Jouvet returned from his South American tour, where he had spent the years from 1941 to 1945; Ludmilla Pitoëff returned in 1946 to the Comédie des Champs-Elysées, where she offered two of her former successes: *L'Echange* of Claudel, and *Maison de poupée* of Ibsen. The work of Baty was continued by Marguerite Jamois at the theater Montparnasse. Charles Dullin remained at the Cité, which became the Théâtre Sarah Bernhardt, while the Atelier was taken over by his former decorator Barsacq, and became the official theater of Jean Anouilh. Jouvet returned to the Athénée with Dominique Blanchar, giving again the *Ecole des femmes* of Molière and *Ondine* of Giraudoux. Before his death in 1951 he created the *Folle de Chaillot*, a posthumous play of Giraudoux, *L'Apollon de Bellac*, also by Giraudoux, and *Les Bonnes* of Jean Genet. The Comédie Française, which had enjoyed a moment of brilliance during the occupation with productions of *La Reine morte* of Montherlant, *Renaud et Armide* of Cocteau, and *Le Soulier de satin* of Claudel, lost its *avant-garde* elements to the theaters of the boulevards. Barrault took over the Marigny and created there a theater which represented the most vital elements of the Comédie Française. For a while the Marigny seemed to be one of the most promising of the modern French theaters, but the excesses of Barrault recently have given cause for disappointment. At the Ambassadeurs Henry Bernstein again launched *Le Secret* and *La Soif* with Marie Bell; but it is apparent that his plays are too dated to be of vital interest. At the Mathurins Jean Marchat and Marcel Herrand have shown themselves to be worthy heirs of the Pitoëffs, presenting both French and foreign plays. An interest in the American theater is another feature of this postwar revival with *Le Deuil sied à Electre* of O'Neill, *Des Souris et des hommes* of Steinbeck, *Notre Petite Ville* of Wilder, *Un Tramway nommé désir* of Tennessee Williams, and *La Route au tabac* of Caldwell. It is apparent from this brief catalogue that the essential tendencies of the recent theater in France are largely a continuation of the work done during the years

1920–1940: a fusion of the *avant-garde* tradition with the *tradition boulevardière*; classical French repertory; foreign plays; the domination of the ideologies of Copeau, Jouvet, Baty, Dullin, the Pitoëffs, and Lugné-Poë.

The only new ideology to emerge thus far from the Second World War is that of the existentialists, for whom the theater is but a part of the all-inclusive activity of literature and philosophy.

Technically the existentialists have inherited much from the art theater movements which have preceded them. Without the work of Copeau, Dullin, and Baty their plays would hardly have been possible. Although very much in the *avant-garde* tradition, they have introduced into the theater of pure art a question of content reminiscent of the thesis literature of an earlier generation. They have attacked this question afresh, especially in its relationship to form, and have brought to the theater the point of view of a consistent pattern of philosophical thought. The French public, tired of the virtuosity of form for its own sake, requires today something more than a play well staged, beautifully acted, perfectly produced. The existentialists, responsive to this demand, have opened the question of the nature of art itself: its relationship to society, its relationship to history, as well as to aesthetics. Art, divested since the recent war of many of its ancient privileges, is passing through the crisis which moral thought has already traversed. In a democratic world it is no longer sufficient for the creator to offer to the public works of art judged in advance by a group of the élite. The world of transcendent values has disappeared in the realm of the theater, as it has disappeared in other realms of modern thinking, and the test of contemporaneity has become as severe as the test of posterity was once thought to be.

The existentialists have taken up this vital challenge. Their theater is based on an essential problem: modern man in the modern world. They often treat issues which might be considered poor theater material, but the existentialists require collaboration from their public, and it is logical that they should turn to the theater for expression. In their work the privilege of the artist disappears, and a new duty to the public is implied. Here lies a weakness, if art is defined in aristocratic terms. Existentialist theater can easily fall into thesis literature, sensationalism, or cheapness, the dangers of a misconceived definition of democratic society. Their significance, however, lies in the fact that they have opened essential questions in a valid manner for the second half of the twentieth century, and have offered a challenge that will admit of many answers. Because of their efforts, the French theater has grown in content, as it grew, through the efforts of Copeau, in form. If art today is to be measured in terms of humanity rather than immortality, the work of the existentialists may prove to be one of the significant contributions of this century.

Jean Cocteau

LA MACHINE INFERNALE

JEAN COCTEAU

"FRANCE IS A TRADITION OF ANARCHY." With these words Jean Cocteau expressed the precarious relationship of order and disorder which characterizes French civilization. They would serve to describe his own work as well. Cocteau is an object of veneration in many circles, of ridicule in others. His talent, his genius, generally conceded today, remain the subject of polemical discussion, of frequent attack and defense. Yet Cocteau continues to represent for the modern world an essential challenge: the validity of the artist's point of view in whatever field he may choose to exercise his gifts.

Perhaps more than any other writer in France, Cocteau has contributed to the creation of the modern myth. He has shown by his work and by his life that fiction—in whatever field—is a constant human need, that art is a dimension of reality to which the poet has access, and that it is the poet who makes this access available to others. In an age of professional writers, technicians, and trained conjurors, it is valuable to have this general as well as specific nature of art affirmed. Cocteau's many fields of endeavor have often exposed him to the criticism of being a dilettante: poetry, novel, theater, essay, drawing, cinema, journalism, and ballet. But to each field he brings the authority of his private signature, justifying the existence of a universe of multiple origins that can only be called "Cocteauesque."

This is a universe dedicated to adolescence, to dreams and angels, to ancient, medieval, and modern legendry, in which a surrealistic perspective commands the elaborate horizons of reason. A subjective world, perhaps, but a world of authentic poetry and myth implying a mysterious commitment to reality. Distortion is the order of this universe, Cocteau's tribute to rational reality, while the cause of this distortion is to be found within the autonomy of a controlled and disciplined personal vision. It is a universe that runs the risk of triviality. But like youth and adolescence, of which Cocteau is so fond, triviality is shown to possess a dialectic of its own which allies it to truth. In his "tradition of anarchy" Cocteau holds firm to the classic standards of culture which make France the outstanding link of continuity from Greece and Rome to the present. At the same time he risks the anarchy which more modern concepts of man imply, and which seem to threaten the basis on which the older culture was erected. He defines as well as he represents the singular role of France in the modern world: a role that is at the same time reactionary and revolutionary, adhering to the past and announcing the future.

It is this dichotomy which often makes France so unintelligible to the modern world, as it makes Cocteau seem both imitator and innovator in a single breath. In an industrialized machine world he is the voice of an artisan concept of art; in an artisan world he pleads the case of an expanded mechanized humanity. Considering himself essentially a poet, he brings to the modern world an older concept of the poet's vitality and autonomy. The magic which is necessary to the creation of reality is the essence of his trade, and whether in the novel, on the stage, or on the screen, it is his purpose to wave the wand which will evoke the indispensable illusion of truth. His universe exists by reason of exaltation, rigor, morality, intellect, and dream. The synthesis of these is the *angélisme* of Cocteau, a doctrine sufficiently absurd and delightful to require considerable courage in the world of today. His wide fame is a measure of the confirmation which the world has accorded him. He defines *angélisme* thus:

Désintéressement, égoïsme, tendre pitié, cruauté, souffrance des contacts, pureté dans la débauche, mélange d'un goût violent pour les plaisirs de la terre et de mépris pour eux, amoralité naïve...[1]

1. Quoted by Roger Lannes in *Jean Cocteau* (Paris, 1945), p. 41.

"Nous abritons un ange que nous choquons sans cesse. Nous devons être gardiens de cet ange."[2] This is a poet's statement of the essential divinity of man, of man's unworthiness, of his subsequent moral obligation. Like the angel Heurtebise in *Orphée*, man's guardian angel protects him from a variety of dangers, the greatest of which, in the poet's eyes, is the abdication of his divinity. The slow loss of imagination, the gradual yielding to utilitarian philosophies, the atrophy that comes with absolutist doctrines eventually rob man of his greatest heritage. Seemingly they make him strong for a time, strong for the prosaic business of the world; but they weaken him irretrievably for poetry, for myth, and for art, where ultimate values are to be found. Disinterestedness, tenderness, sensitivity, purity, relish for life are lost in favor of a depleting generalization of instinct and desire which mark the conventional adult. The gratuitous selfishness, cruelty, and amorality of childhood are sacrificed to an abstract utilitarian justice whereby man is converted into a machine, however correct and proper.

Unlike the conventional man, the poet lives in a universe of more rigorous law. He knows the symbolic value of the myth, the power of purity, the immortality of art. He knows as well the tragic conflicts that can arise between his world of the ideal and society. Here the poet becomes an element of anarchy, irrevo-

2. Ibid. p. 40.

cably committed to tradition. Like the guardian angel of whom he is the moral prophet, the poet is the guardian of society. Unable to do evil, his hands are tied. But he is able to collaborate, like Heurtebise, in the good promptings of mankind. Above all, he is able to represent, sometimes to the point of martyrdom, the reality and value of the transcendent world of art. Committed to the world of reality and the world of art in equal degree, the poet lives at the very point where tradition and anarchy enter into conflict. There is consequently something of the heroic in the *angélisme* of Cocteau, as there is something supernatural and childish. What emerges is a marionette version of Zarathustra, more human perhaps because he is intended for human consumption and amusement. But above all, the poet is a suspicious character:

Inutile de dire que cet état rend l'individu suspect à tout le monde. Il sort des cadres, des registres. Il est évadé en quelque sorte, sans matricule, sans livret militaire. C'est à peine s'il a le droit de vivre. Tout angélique sentira, certains soirs de béatitude, lorsque, par exemple, le printemps commence dans sa ville, combien il est parasite, et qu'il contemple ce doux plancher des vaches sans avoir sur lui les papiers qui autorisent à en jouir.[3]

Jean Cocteau was born at Maisons-Lafitte on July 5, 1889.[4] Until 1913,

3. Cocteau, *Œuvres complètes* (Geneva, 1950), vol. 9, p. 178.
4. Biographical details are taken from Lannes, op. cit.

when he withdrew to write *Le Potomak*, Cocteau's life was, in the words of Roger Lannes, a "juvenile cavalcade." Cocteau has described this period of his youth in *Portraits-Souvenir* (1935). He had the good fortune to reach adolescence during the years 1900–1914, years that corresponded to the golden age of the Third Republic. The disturbances of the Commune, the defeat of 1870, the threat of future war all seemed for a moment equally remote. The Paris of these years was a brilliant spectacle, and Jean Cocteau grew up in the midst of it. Réjane, the *Vaudeville*, the Opéra, the Comédie Française, the Circus, the *Palais de Glace*, Mistinguett and the Folies-Bergère, Isadora Duncan, Mounet-Sully, Sarah Bernhardt, Edouard de Max, Catulle Mendès, Edmond and Maurice Rostand, the Empress Eugénie, Anna de Noailles —these were some of the personalities and institutions of Paris that inhabited Cocteau's youth. From the beginning he was intimately involved in the intellectual, artistic, social life of Paris with which he is still associated and which has made of him, according to the circle in which he is judged, a Bohemian, a man of the world, a social figure, a clown in the eyes of some. Regardless of such judgments, this early world of Cocteau contains already the elements of his future mythology: the clowns, the acrobats, the actors, the glamorous personalities of all levels of society, whom again and again he portrays.

Of his school years at the Lycée

Condorcet, Cocteau has bitter memories. "Si je ferme les yeux, mes souvenirs de collège sont nuls et sinistres: réveils de guillotine, larmes, cahiers sales, livres entr'ouverts en hâte, taches d'encre, coups de règle sur les doigts, craie qui grince, retenues du dimanche, classes vides qui empestent le gaz, petites tables de bagne sur lesquelles je copiais mille fois: 'huit et huit ne font pas quatorze' ..."[5] No words of enthusiasm, like those of Giraudoux, for his teachers; no intellectual stirrings; no awakening as the result of his studies. School for Cocteau was a prison. He observes the universe of the school from the outside with the hostile eyes of an outlaw. The Lycée Condorcet will remain important, however, in the works of Cocteau because of the opening episode of *Les Enfants terribles*, for which it furnished one of Cocteau's most powerful and symbolic characters: *l'élève Dargelos.*

Dargelos is the essence of all Cocteau's heroes, a figure black, admirable, and magnificent. Existing on the fringe of society, suspicious, equivocal, and alluring, Dargelos is a true Cocteau angel. His only purpose on earth is to symbolize the martyrdom of authentic purity. Cocteau writes of him in *Portraits-Souvenir:*

Peut-être serai-je étonné de retrouver un Dargelos humble, laborieux, timide, déshabillé de sa fable et regrettant, à travers moi, ce qu'il dut prendre, à la longue, pour des défauts, et peut-être parvenir à vaincre. Peut-être me

demandera-t-il de lui rendre son pouvoir et les secrets de son prestige. J'aimerais mieux qu'il demeure dans l'ombre où je lui ai substitué sa constellation, qu'il me reste le type de tout ce qui ne s'apprend pas, ne s'enseigne pas, ne se juge pas, ne s'analyse pas, ne se punit pas, de tout ce qui singularise un être, le premier symbole des forces sauvages qui nous habitent, que la machine sociale essaye de tuer en nous, et qui, par delà le bien et le mal, manœuvrent les individus dont l'exemple nous console de vivre.[6]

Success and fame came easily to Cocteau and early. During these first years he published a volume of poetry, *La Lampe d'Aladin*, and heard his works read by leading artists of the day at the Théâtre Fémina. He attracted the attention of André Gide and Henri Ghéon, who devoted articles to him in the *Nouvelle Revue française.* Doubtless he was seduced for a while by the brilliant society that had adopted him, but he reacted against it as well. *Angélisme* requires the "mélange d'un goût violent pour les plaisirs de la terre et de mépris pour eux." When he was ready to write *Le Potomak* in 1913, Cocteau withdrew to Maisons-Lafitte, as he did periodically in the course of his life in order to work. Entirely committed to a gregarious life, Cocteau speaks frequently and eloquently of the essential solitude necessary to the poet, without which his work cannot have the stamp of authenticity, the solitude symbolized by Rilke's lamp in *Portraits-Souvenir:*

5. Cocteau, *Portraits-Souvenir* (Paris, 1935), pp. 105–106.

6. Ibid. pp. 114–115.

Longtemps, longtemps après, je devais savoir quelle était la lampe qui veillait toutes les nuits derrière une fenêtre d'angle. C'était la lampe du secrétaire d'Auguste Rodin, M. Rilke. Je croyais savoir beaucoup de choses et je vivais dans l'ignorance crasse de ma jeunesse prétentieuse. Le succès me donnait le change et j'ignorais qu'il existe un genre de succès pire que l'échec, un genre qui vaut tous les succès du monde. Et j'ignorais aussi que l'amitié lointaine de R.-M. Rilke me consolerait un jour d'avoir vu luire sa lampe sans comprendre qu'elle me faisait signe d'aller y brûler mes ailes.[7]

Jean Cocteau played an individualistic role even in the First World War. Refused for military service, he formed a civilian automobile train for the rescue of wounded soldiers. The enterprise was illegal, since the authorization for it was false, obtained through a trick which was to become a part of the plot of *Thomas l'Imposteur*. When Cocteau was discovered he managed to escape to Paris. After a second attempt to enlist failed, he plunged into literary activity. He had already begun *Le Discours du grand sommeil* during his brief experience at the front. He now wrote *Le Cap de Bonne Espérance*, collaborated with Picasso and Diaghilev on *Parade*, founded *La Sirène* with Blaise Cendrars, wrote articles on modern art for *Paris-Midi*, created the *Mariés de la Tour Eiffel* for the Swedish ballet of Rolf de Maré, produced the *Bœuf sur le toit*, and wrote *Le Coq et l'arlequin*. The *Bœuf* was done

in collaboration with the composers known as the Six: Germaine Taillefer, Georges Auric, Louis Durey, Arthur Honegger, Darius Milhaud, and Francis Poulenc.

The period of the Rue Huyghens had begun. The world was on the threshold of the twenties and was about to create a new mythology: the modern movement. Two influences were of prime importance to Cocteau at this time: Pablo Picasso, who was destroying all notions of representational art with its allegiance to traditional rationalism, and Raymond Radiguet, whose premature death was responsible for Cocteau's experiences with opium.

The period of the twenties has often been considered an interlude of irresponsibility produced by the aftermath of the First World War. A more mature perspective permits us to see that it was a period in which responsibilities were redefined for a world in which pure idealism had gone bankrupt.

Les horreurs de la guerre ont dévalué le sublime. Le monde laisse échapper la plus grande respiration de légèreté de l'histoire. L'ivresse de vivre et de rendre à l'univers ses espérances fondamentales est ce qui saute aux yeux, aux lèvres, à l'âme. Jean Cocteau n'est pas seul à s'ébrouer, à rajeunir. Toute la littérature, tout l'art, au même instant se solidarisent avec l'émerveillement.[8]

While Radiguet writes *Le Diable au corps*, depicting war as the *grandes*

7. Ibid. pp. 185–186.

8. Lannes, op. cit. p. 39.

vacances of his generation, Cocteau is writing *Le Secret professionnel*.

Le Secret professionnel belongs to the series of Cocteau's works entitled *Le Rappel à l'ordre* (1918–1926). The latter title indicates the theme of the work: the postwar period, far from succumbing to anarchy, must find a new means for returning to established universal laws. Idealism is largely bankrupt, but not entirely so. Like the existentialists of a later, more pragmatic period, who retain the idealism of man's freedom, but insist on a rigorous commitment of the individual to his age and society, Cocteau retains in *Le Secret professionnel* the idealism of a transcendent value in art, but requires a moral commitment (*engagement* today) of the artist. The tradition of anarchy is at work; it is beginning to be embodied in a doctrine. "C'est ainsi que notre époque, en apparence anarchiste, se délivre de l'anarchie et retourne aux lois avec un esprit nouveau."[9] But Cocteau possessed in the twenties an advantage which the second postwar generation did not have. It was clear to him, as it was still apparent to his period, that there was a positive, permanent value in art. Thus it was possible for him to give an æsthetic definition to the commitment he required of the artist and to affirm a position that was, in spite of quibbling, aristocratic. The truth of such a position is open to discussion. Suffice it to say that the problem has not been solved and perhaps

never will be, at least in terms of any rational proof. But it opened the doors of the past to his generation, making the work of salvage possible. For all the noisy modernism of this period in Europe and America, it was not so lost, not so despairing, not so deeply skeptical as the generation of 1940. Yet Cocteau's position is far from that of a sanguine traditionalist for whom all questions are solved by a return to the past.

The formulation of doctrine in the *Secret professionnel* marks the beginning of Cocteau's maturity as an artist. Finding his moral and aesthetic code simultaneously, he is ready to bring to any problem the resources of his art as well as his point of view toward the world. There followed *Le Grand Ecart*, *Thomas l'imposteur*, inspired by the *Chartreuse de Parme*, *Plain Chant*, the most important of his poetic works, and finally *Les Enfants terribles*, his masterpiece in the realm of the novel. Meanwhile, he began his series of plays on classical themes that led him more and more toward the theater: *Orphée*, *Œdipe-Roi*, *Antigone*, and *La Machine infernale*. Exploiting medieval legendry, he wrote *Renaud et Armide* and *Les Chevaliers de la Table Ronde*. In modern setting his most famous play is *Les Parents terribles*. *La Voix humaine* is a brilliant monologue in one act. Mention should be made as well of *Le Bel Indifférent*, *Les Monstres sacrés*, and *La Machine à écrire*. His most recent play, *Bacchus* (1951), deals with the Reformation.

During the Occupation Cocteau was the object of frequent cruel attacks. As

9. Cocteau, *Œuvres* (Geneva, 1950), Vol. 9, p. 183.

he says of angels and poets, they are a suspicious race. Cocteau was an object of suspicion to many people during these years of fanatical patriotism, betrayal, and regimentation. Returning from Perpignan, where he had taken refuge during the exodus from Paris, he produced *La Machine à écrire* at the Hébertot Theater. The play was closed at the order of Fernand de Brisson. *Les Parents terribles* at the *Gymnase* was forbidden by the German authorities. Cocteau was even attacked in the Champs-Elysées by members of the *Ligue des volontaires français contre le bolchévisme* for not having saluted their flag. Roger Lannes thus summarizes the totalitarian atmosphere of this period as it affected Cocteau:

Ce procès socratique intenté à M. Jean Cocteau ne fut pas sans mobiles. Pour être assez bas ils valent pourtant qu'on les identifie. Ils eurent leur point de départ dans une hypocrisie morale que les événements publics favorisaient alors étrangement. Celle d'une 'renaissance' anti-individualiste et anti-libérale d'une part. Celle d'une défense de 'l'esprit' exigeant le sacrifice des éléments inadaptables à l'éthique totalitaire, d'autre part.[10]

Since the war Cocteau has come into a position of almost unchallenged esteem. He is known today not only as a playwright, a novelist, and a poet, but also as a leading figure in the French cinema. His films *Sang d'un poète*, *L'Eternel Retour*, *La Belle et la bête*, *L'Aigle à deux têtes*, and *Les Enfants terribles* have achieved world-wide fame. As a choreographer his most celebrated ballet is *Le Jeune Homme et la mort*.

Cocteau's manner has slowly imposed itself on the world. It is a mixture of classical restraint and romantic fantasy, sharply conditioned and influenced by the techniques of the surrealists. He strives constantly in his works to achieve the universality of myth and to incarnate those elements of poetry and fiction which are the artistic needs of every age. This he does in a style that rigorously avoids the sublime and the grandiloquent. He belongs to the tradition of anarchy by which he defines France. His greatest mannerism is to reduce mystery to the cogent dimensions of lucidity: his *style blanc*.

Cette mystérieuse osmose poétique des mots et de l'être entraîne les uns et les autres à une identité qui, dans toute la mesure où ils coïncident, provoque ce qu'on a appelé à propos de Jean Cocteau: le style blanc. Savoir, même s'il s'agit d'une large coulée des ténèbres, une conviction lustrale de l'âme dont la parole bénéficie. Il y faut, non pas la simplicité, mais bien au contraire, une haute dose de chimie. Car ce n'est que de la condensation et de la complexité que naissent la lumière froide et les revanches de la lucidité.[11]

Cocteau is himself the best example of his doctrine of *angélisme*: "Il sort des cadres, des registres... C'est à peine s'il a le droit de vivre..." And this is, of course, as it should be.

10. Lannes, op. cit. pp. 82–83.

11. Ibid. p. 93.

THE SUBJECT OF *La Machine infernale* is the classical legend of Œdipus, condemned by the gods to kill his father, Laius, and to marry his mother, Jocasta. He must, then, according to the inexorable law of Greek fate, expiate his sins. For this reason he blinds himself and wanders off into the desert. This is the basic legend, with its themes of parricide and incest, which Cocteau converts into a modern tragicomedy.

Cocteau has said: "Dieu existe; c'est le diable." This paradox expresses eloquently the fundamental conviction from which *La Machine infernale* is written, for there is something infernal in the divine machinery which the gods employ to bring about the defeat of an individual. Cocteau summarizes the action of the play in the prelude:

"Il tuera son père. Il épousera sa mère."

Pour déjouer cet oracle d'Apollon, Jocaste, reine de Thèbes, abandonne son fils, les pieds troués et liés, sur la montagne. Un berger de Corinthe trouve le nourrisson et le porte à Polybe. Polybe et Mérope, roi et reine de Corinthe, se lamentaient d'une couche stérile. L'enfant, respecté des ours et des louves, Œdipe, ou *Pieds percés*, leur tombe du ciel. Ils l'adoptent.

Jeune homme, Œdipe interroge l'oracle de Delphes.

Le dieu parle: "*Tu assassineras ton père et tu épouseras ta mère.*" Donc il faut fuir Polybe et Mérope. La crainte du parricide et de l'inceste le jette vers son destin.

Un soir de voyage, au carrefour où les chemins de Delphes et de Daulie se croisent, il rencontre une escorte. Un cheval le bouscule; une dispute éclate; un domestique le menace; il riposte par un coup de bâton. Le coup se trompe d'adresse et assomme le maître. Ce vieillard mort est Laïus, roi de Thèbes. Et voici le parricide.

L'escorte craignant une embuscade a pris le large. Œdipe ne se doute de rien; il passe. Au reste, il est jeune, enthousiaste; il a vite oublié cet accident.

Pendant une de ses haltes, on lui raconte le fléau du Sphinx. Le Sphinx, "la Jeune Fille ailée," "la Chienne qui chante," décime la jeunesse de Thèbes. Ce monstre pose une devinette et tue ceux qui ne la devinent pas. La reine Jocaste, veuve de Laïus, offre sa main et sa couronne au vainqueur du Sphinx.

Comme s'élancera le jeune Siegfried, Œdipe se hâte. La curiosité, l'ambition le dévorent. La rencontre a lieu. De quelle nature, cette rencontre? Mystère. Toujours est-il que le jeune Œdipe entre à Thèbes en vainqueur et qu'il épouse la reine. Et voilà l'inceste.

Pour que les dieux s'amusent beaucoup, il importe que leur victime tombe de haut. Des années s'écoulent, prospères. Deux filles, deux fils, compliquent les noces monstrueuses. Le peuple aime son roi. Mais la peste éclate. Les dieux accusent un criminel anonyme d'infecter le pays et ils exigent qu'on le chasse. De recherche en recherche et comme enivré de malheur, Œdipe arrive au pied du mur. Le piège se ferme. Lumière est faite. Avec son écharpe rouge Jocaste se pend. Avec la broche d'or de la femme pendue, Œdipe se crève les yeux.

To this résumé Cocteau adds the commentary on the morality of the gods:

Regarde, spectateur, remontée à bloc, de telle sorte que le ressort se déroule avec lenteur tout le long d'une vie humaine, une des plus parfaites machines construites par les dieux infernaux pour l'anéantissement mathématique d'un mortel.

Although Cocteau is not a thinker in the formal sense of the word, his use of the myth of Œdipus is a treatise on good and evil in its broader relationship to human freedom. It is, of course, incorrect to refer to the *Machine infernale* as a "treatise," since it is a play, but Cocteau enables us to observe the relationships which exist between problems normally considered as intellectual or philosophical and the domain of art. The problems of morality and human freedom are capable of artistic treatment when they are embodied in some fiction or representation which gives them concrete rather than abstract form. In more recent writers, for example, Sartre or Camus, such ideas will remain even in their artistic embodiment in the semi-abstract form of theses. In Cocteau this is not the case. Yet an ethic may be derived from his work which will furnish at least a partial clue to his aesthetics.

As a commentary on human freedom, *La Machine infernale* is a protest against the essential nature of the human condition. It is not merely a protest against deterministic philosophies; it goes further than that. It is a protest against the necessity for evil in human lives, against the extraordinary fate that presides over the destinies of men, making the question of free will gratuitous. In the light of such a conclusion, he ventures a fresh interpretation of the mythical gods, enemies of mankind to the extent that they remain true gods. But even the gods in the *Machine infernale* have grown weary of the inexorable conditions of their existence. These gods, who are really human beings raised to a higher power of symbolism, are tired of commanding, devouring, obeying the orders delivered to them from more exalted regions of the celestial hierarchy. Like human beings, they long for the exceptional circumstances, the relief of love and comradeship. With an illusion of personal freedom and power, the young Œdipus—a typical hero of Cocteau in whom gallantry and selfishness are combined—sets out in search of the Sphinx. It does not occur to him to doubt his ability to solve the inevitable riddle. Of this encounter Cocteau has created a powerful moment revealing the illusion behind apparent human triumphs over death and mortality. He takes the spectator behind the scenes to view at first hand the true defeat of Œdipus, who for a brief instant becomes a sympathetic character, not through any special virtue of his own, but because the cards are inexorably stacked against him. They are stacked against him by definition, as they are also stacked against the Sphinx. The human dilemma is enacted before our eyes, for in this dimension of experience there can never be any exceptions; mitigating circumstances are out of the question, even with the complicity of the gods. The riddle posed by the Sphinx requires the answer: Man. Man's primary question regarding his own nature is thus condemned to the sterile regions of rhetoric. To raise the question is to answer it against man's own interest, to hear the sentence of destruction pronounced.

In this grim comedy cheating is not possible. It is not possible even for the Sphinx. Weary of her divine role, she dreams of a young man who will answer her riddle on terms of equality and liberate her.

Voilà le vœu que je forme et les circonstances dans lesquelles il me serait possible de monter une dernière fois sur mon socle. Un jeune homme gravirait la colline. Je l'aimerais. Il n'aurait aucune crainte. A la question que je pose il répondrait comme un égal. Il ré-pon-drait, Anubis, et je tomberais morte.

Oedipus seems to be this young man, and the Sphinx tries to cheat in his favor by revealing the answer to her riddle. Oedipus proves, however, to be her Nemesis, as she in turn will be his. His nature is boastful, selfish, ungenerous. About this he can do nothing. He cannot love the Sphinx, and this alone would have saved him from her anger. Unable to reach him through love, she allows him to proceed to the city of Thebes where, because of his triumph, he will win the throne and hand of Jocasta, his mother. It is Anubis who makes the Sphinx once again the ally of the gods, persuading her to liberate

Oedipus so that he may commit the greater crime of incest.

In interpreting this ancient legend, Cocteau seems to say that all of this, however true, is not fair. Oedipus has committed no crime intentionally, that is, freely. It is only because men are involved in a texture of evil originating in the human condition that Oedipus is in any way guilty. The murder of Laius was an accident. His incestuous marriage to his mother was without his knowledge. In addition to this, Oedipus had made every effort to avoid the crimes he was condemned to commit. But the human condition, Cocteau concludes, is a mystery of infinite proportions. As Anubis says to the Sphinx, who is tired of killing and who is happy to hear the signal which announces the closing of the gates of Thebes for the day: "Obéissons. Le mystère a ses mystères. Les dieux possèdent leurs dieux. Nous avons les nôtres. Ils ont les leurs. C'est ce qui s'appelle l'infini."

In the final analysis Cocteau is saying that man can never willingly accept the fact of death.

La Machine infernale is a gallery of true Cocteau characters. Oedipus has already been mentioned. Cocteau compares him to Siegfried. He is a less pure version of Dargelos in Les Enfants terribles. Jocasta is one of the most sympathetic characters in the play. With her foreign accent and democratic ways, her obvious human weaknesses, her defiance of convention, she brings a strange mixture of comedy as well as tragedy to the drama. Apart from her symbolic value within the theme of incest, she is a very human woman of mature years, who suffers from the handicap of being married to a man young enough, even before she knows his identity, to be her son. At the close of the third act this is made painfully and dramatically clear as the curtain falls on her frantic and solitary gestures while Oedipus sleeps: "Jocaste, le visage contre le miroir vide, se remonte les joues, à pleines mains." The Sphinx and Anubis, creatures half supernatural, half human, as well as the ghost of Laius, are familiar types in Cocteau. Cocteau is particularly at home in the supernatural, which enables him to exploit the surrealistic elements in everyday reality. It is this element which often gives a strange quality of childishness to the universe of Cocteau. It is, however, a part of the *mystère laïc* of reality itself. It is the constant transfiguration which occurs in the poet's life, the passage from concrete reality to transcendent myth. When Antigone and the ghost of Jocasta lead Oedipus away at the end of the play, Créon asks to whom they now belong. And Tirésias answers: "Au peuple, aux poètes, aux cœurs purs." The two soldiers, the matron, and her children are colorful types common to the French theatrical tradition. They portray the vitality, the realism, the callous generosity of the common people.

The tradition of anarchy prevails in *La Machine infernale*, as in all the works of Cocteau. In terms of another paradox, it is "la vérité du mensonge," as Claude Mauriac subtitled his book on Cocteau. The choice of subject is on the side of tradition. By adapting the Greek myths to the modern world, as he has also done in *Orphée* and *Antigone*, Cocteau not only revives a tradition of the Western world, but recalls the efforts of Racine in giving the Greek myths French citizenship. Technically *La Machine infernale* is almost a classical play. The unity of action is perfect. Although four different places are represented in the successive acts of the play, three are near or related to the royal palace of Thebes. The site of the interview with the Sphinx, occurring on the outskirts of Thebes, is so closely related to the action of the drama that this change of scene is not radical for the modern theater. The element of time is strictly controlled during the first three acts of the play. Acts I and II occur within the same span of time, and the third shortly after. This unity is broken by the fourth act, which occurs seventeen years later, but this is necessary in order to portray the downfall of Oedipus. Even so, Cocteau adds: "Dix-sept ans ont passé vite." Yet in the surrealistic treatment of the supernatural, in the poetic realism with which the individual scenes are depicted, in the abundance of theater tricks, and in technical virtuosity, *La Machine infernale* remains essentially a modern play. It is not a realistic play in any sense of the word, but a play of poetry and imagination, of embodied ideas and myth. Like Cocteau's drawings, like his poetry, like the aesthetic ideas expressed in *Le Secret professionnel*, classic archetypes are distorted, remolded, and refashioned so that they create an impression of unrecognizable novelty within a larger pattern of broad continuity. His language, his *style blanc*, recalls the purity of expression of classical prose and verse. After reading even a small amount of Cocteau, one understands his admiration for Madame de Lafayette and for Stendhal. He is firmly entrenched within the French tradition. He may occasionally wrench his syntax for the purpose of an effect, in order to render the special quality of a modern perspective, but this is more frequent in his poetry than in his prose. In the theater he is a modern in his exploitation of the technical resources of his art: lighting effects, stage business, use of the supernatural. He remains faithful, however, to the traditional standards of French clarity, elegance, and rhetorical balance. Cocteau himself is always anxious to point out these qualities to his public. Perhaps, as Claude Mauriac thinks, he is excessively on the defensive:

> Mais un jour arrive l'époque
> Où l'oreille entend la chanson.
> Tel qui jadis me voulut mordre,
> Voyant ma figure à l'envers,
> Comprendra soudain que mes vers
> Furent les serviteurs de l'ordre.

> Il sera vite mon ami,
> Disant: Commit-il autres crimes
> Que de distribuer ses rimes
> Tant au bout des vers que parmi?[12]

Cocteau believes profoundly in his own work. Convinced of the validity of the paradox, even of its necessity, convinced that poetry is a mysterious consecration of reality, convinced aristocratically that poetry is a privilege, but that it serves many, he is one of the few artists today—more frequent perhaps in France than in any other country—whose prime objective is to create works of art beautiful in themselves. Sartre or Camus might well answer his philosophical attitudes toward human freedom, fate, and free will; but Cocteau in his rebuttal would defend the authority of the poet, who speaks from a point of view beyond the human condition, which he not only seeks to define but in some measure desires to remedy. Like the Sphinx, like Oedipus in *La Machine infernale*, human beings cannot outwit their fate by cheating; but the poet can, perhaps, win the game outright.

"Un chef-d'œuvre est une partie d'échecs gagnée échec et mat."[13]

12. Quoted by Claude Mauriac in *Jean Cocteau* (Paris, 1945), p. 82.
13. Cocteau, *Œuvres* (Geneva, 1950), Vol. 9, p. 15.

LA MACHINE INFERNALE

LA VOIX

« Il tuera son père. Il épousera sa mère ».

Pour déjouer[1] cet oracle d'Apollon, Jocaste, reine de Thèbes, abandonne son fils, les pieds troués et liés,[2] sur la montagne. Un berger de Corinthe trouve le nourrisson[3] et le porte à Polybe. Polybe et Mérope, roi et reine de Corinthe, se lamentaient d'une couche stérile. L'enfant, respecté des ours[4] et des louves,[5] Œdipe, ou *Pieds percés*, leur tombe du ciel. Ils l'adoptent.

Jeune homme, Œdipe interroge l'oracle de Delphes.[6]

Le dieu parle: *Tu assassineras ton père et tu épouseras ta mère.* Donc il faut fuir Polybe et Mérope. La crainte du parricide et de l'inceste le jette vers son destin.

Un soir de voyage, au carrefour[7] où les chemins de Delphes et de Daulie se croisent, il rencontre une escorte. Un cheval le bouscule[8]; une dispute éclate; un domestique le menace; il riposte par un coup de bâton. Le coup se trompe d'adresse[9] et assomme[10] le maître. Ce vieillard mort est Laïus, roi de Thèbes. Et voici le parricide.

L'escorte craignant une embuscade a pris le large.[11] Œdipe ne se doute de rien[12]; il passe. Au reste, il est jeune, enthousiaste; il a vite oublié cet accident.

Pendant une de ses haltes, on lui raconte le fléau[13] du Sphinx. Le Sphinx, « la Jeune fille ailée »,[14] « la Chienne qui chante »,[15] décime la jeunesse de Thèbes. Ce monstre pose une devinette[16] et tue ceux qui ne la devinent pas. La reine Jocaste, veuve de Laïus, offre sa main et sa couronne au vainqueur du Sphinx.

Comme s'élancera[17] le jeune Siegfried, Œdipe se hâte. La curiosité, l'ambition le dévorent. La rencontre a lieu.[18] De quelle nature, cette rencontre? Mystère. Toujours est-il que[19] le jeune Œdipe entre à Thèbes en vainqueur et qu'il épouse la reine. Et voilà l'inceste.

Pour que les dieux s'amusent beaucoup, il importe que leur victime tombe de haut. Des années s'écoulent, prospères. Deux filles, deux fils, compliquent les noces[20] monstrueuses. Le peuple aime son roi. Mais la peste éclate. Les dieux accusent un criminel anonyme d'infecter le pays et ils exigent qu'on le chasse. De recherche en recherche et comme enivré[21] de malheur, Œdipe arrive au pied du mur. Le piège[22] se ferme. Lumière est faite. Avec son écharpe[23] rouge Jocaste se pend.[24] Avec la broche[25] d'or de la femme pendue, Œdipe se crève[26] les yeux.

Regarde, spectateur, remontée à bloc,[27] de telle sorte que le ressort se déroule[28] avec lenteur tout le long d'une vie humaine, une des plus parfaites machines construites par les dieux infernaux pour l'anéantissement[29] mathématique d'un mortel.

15. The Sphinx referred to here is the Greek Sphinx. It possessed the winged body of a lion, while the upper part of the body was that of a woman. 16. riddle. 17. will dash forward 18. *a lieu* takes place 19. *Toujours... que* Nevertheless 20. marriage 21. intoxicated 22. trap 23. scarf 24. *se pend* hangs herself 25. brooch 26. *se crève* puts out 27. *remontée à bloc* wound tight 28. *le ressort se déroule* the spring unwinds 29. annihilation

1. outwit   2. *troués et liés* pierced and bound 3. nurseling 4. bears 5. female wolves   6. The famous oracle of Apollo at Delphi 7. crossroads 8. jostles 9. *se trompe d'adresse* misses   10. strikes down 11. *a... large* made off 12. *ne... rien* suspects nothing. 13. scourge 14. winged

ACTE PREMIER*

LE FANTOME

Un chemin de ronde[5] sur les remparts de Thèbes. Hautes murailles. Nuit d'orage. Eclairs de chaleur.[6] On entend le tam-tam et les musiques du quartier populaire.

LE JEUNE SOLDAT. Ils s'amusent!

LE SOLDAT. Ils essayent.

LE JEUNE SOLDAT. Enfin, quoi, ils dansent toute la nuit.

LE SOLDAT. Ils ne peuvent pas dormir, alors, ils dansent.

LE JEUNE SOLDAT. C'est égal,[7] ils se saoulent[8] et ils font l'amour et ils passent la nuit dans les boîtes,[9] pendant que je me promène de long en large avec toi. Eh bien, moi je n'en peux plus![10] Je n'en peux plus! Je n'en peux plus! Voilà, c'est simple, c'est clair: Je n'en peux plus.

LE SOLDAT. Déserte.

LE JEUNE SOLDAT. Non, non. Ma décision est prise. Je vais m'inscrire pour aller au Sphinx!

LE SOLDAT. Pourquoi faire?[11]

LE JEUNE SOLDAT. Comment pourquoi faire? Mais pour faire quelque chose! Pour en finir avec cet énervement,[12] avec cette épouvantable inaction.

LE SOLDAT. Et la frousse?[13]

LE JEUNE SOLDAT. Quelle frousse?

LE SOLDAT. La frousse quoi... la frousse! J'en ai vu de plus malins[14] que toi et de plus solides qui l'avaient, la frousse. A moins que monsieur veuille abattre[15] le Sphinx et gagner le gros lot.[16]

LE JEUNE SOLDAT. Et pourquoi pas, après tout? Le seul rescapé[17] du Sphinx est devenu idiot, soit.[18] Mais si ce qu'il radote[19] était vrai. Suppose qu'il s'agisse d'une devinette. Suppose que je la devine. Suppose...

LE SOLDAT. Mais ma pauvre petite vache,[20] est-ce que tu te rends bien compte que des centaines et des centaines de types[21] qui ont été au stade[22] et à l'école et tout, y ont laissé leur peau,[23] et tu voudrais, toi, toi pauvre petit soldat de deuxième classe...

LE JEUNE SOLDAT. J'irai! J'irai, parce que je ne peux plus compter les pierres de ce mur, et entendre cette musique, et voir ta vilaine gueule,[24] et... (*il trépigne*).[25]

LE SOLDAT. Bravo, héros! Je m'attendais à cette crise de nerfs.[26] Je la trouve plus sympathique. Allons... Allons... ne pleurons plus... Calmons-nous... là, là, là...

LE JEUNE SOLDAT. Je te déteste!

(*Le Soldat cogne[27] avec sa lance contre le mur derrière le Jeune Soldat. Le Jeune Soldat s'immobilise.*)

LE SOLDAT. Qu'est-ce que tu as?

LE JEUNE SOLDAT. Tu n'as rien entendu?

---

*Les quatre décors seront plantés sur une petite estrade[1] au centre de la scène, entourée de toiles nocturnes.[2] L'estrade changera de pente[3] selon la nécessité des perspectives. Outre les éclairages de détail, les quatre actes baignent dans l'éclairage livide et fabuleux du mercure.[4]

1. platform   2. *toiles nocturnes* sheets of canvas painted to represent the night   3. slant 4. mercury lights   5. *chemin de ronde* watch's walk   6. *Eclairs de chaleur* Heat lightning 7. *C'est égal* It makes no difference   8. *se saoulent* get drunk   9. taverns   10. *je... plus!* I've had all I can stand!   11. *Pourquoi faire?* What for?   12. state of nerves

13. fear (slang)   14. clever   15. kill 16. *gros lot* jackpot   17. survivor   18. agreed! 19. *si... radote* what if the nonsense he talked 20. A term of intimacy   21. fellows   22. stadium   23. *y... peau* got killed (trying to answer the riddle of the Sphinx)   24. face (slang)   25. stamps his foot   26. *crise de nerfs* attack of nerves   27. strikes

LE SOLDAT. Non... Où?

LE JEUNE SOLDAT. Ah!... il me semblait... J'avais cru...

LE SOLDAT. Tu es vert... Qu'est-ce que tu as?... Tu tournes de l'œil?[28]

LE JEUNE SOLDAT. C'est stupide... Il m'avait semblé entendre un coup. Je croyais que c'était lui!

LE SOLDAT. Le Sphinx?

LE JEUNE SOLDAT. Non, lui, le spectre, le fantôme quoi![29]

LE SOLDAT. Le fantôme? Notre cher fantôme de Laïus? Et c'est ça qui te retourne les tripes.[30] Par exemple![31]

LE JEUNE SOLDAT. Excuse-moi.

LE SOLDAT. T'excuser, mon pauvre bleu?[32] Tu n'es pas fou! D'abord, il y a des chances pour qu'il ne s'amène plus[33] après l'histoire d'hier, le fantôme. Et d'une.[34] Ensuite, de quoi veux-tu que je t'excuse? Un peu de franchise. Ce fantôme, il ne nous a guère fait peur. Si... Peut-être la première fois... Mais ensuite, hein?... C'était un brave homme de fantôme, presqu'un camarade, une distraction. Alors, si l'idée de fantôme te fait sauter en l'air, c'est que tu es à cran,[35] comme moi, comme tout le monde, riche ou pauvre à Thèbes, sauf quelques grosses légumes[36] qui profitent de tout. La guerre c'est déjà pas drôle, mais crois-tu que c'est un sport que de se battre contre un ennemi qu'on ne connaît pas. On commence à en avoir soupé[37] des oracles, des joyeuses victimes et des mères admirables. Crois-tu que je te taquinerais[38] comme je te taquine,

si je n'avais pas les nerfs à cran, et crois-tu que tu aurais des crises de larmes et crois-tu qu'ils se saouleraient et qu'ils danseraient là-bas! Ils dormiraient sur les deux oreilles, et nous attendrions notre ami fantôme en jouant aux dés.[39]

LE JEUNE SOLDAT. Dis donc...

LE SOLDAT. Eh bien?...

LE JEUNE SOLDAT. Comment crois-tu qu'il est... le Sphinx?

LE SOLDAT. Laisse donc le Sphinx tranquille. Si je savais comment il est, je ne serais pas avec toi, de garde, cette nuit.

LE JEUNE SOLDAT. Il y en a qui prétendent[40] qu'il n'est pas plus gros qu'un lièvre,[41] et qu'il est craintif, et qu'il a une toute petite tête de femme. Moi, je crois qu'il a une tête et une poitrine[42] de femme et qu'il couche avec les jeunes gens.

LE SOLDAT. Allons! Allons! Tiens-toi tranquille, et n'y pense plus.

LE JEUNE SOLDAT. Peut-être qu'il ne demande rien, qu'il ne vous touche même pas. On le rencontre, on le regarde et on meurt d'amour.

LE SOLDAT. Il te manquait de tomber[43] amoureux du fléau public. Du reste, le fléau public... entre nous, veux-tu savoir ce que j'en pense du fléau public?... C'est un vampire! Un simple vampire! Un bonhomme qui se cache et sur lequel la police n'arrive pas à mettre la main.

LE JEUNE SOLDAT. Un vampire à tête de femme?

LE SOLDAT. Oh! celui-là!... Non! Non! Non! Un vieux vampire, un vrai! Avec une barbe et des moustaches, et un ventre, et il vous suce le sang, et c'est pourquoi on rapporte aux familles des

---

28. *Tu... l'œil?* Are you going to faint?
29. This use of *quoi* is untranslatable. It carries the idea of "you know what I mean."
30. stomach   31. *Par exemple!* Just imagine!
32. rookie   33. *ne s'amène plus* won't come any more   34. *Et d'une.* That's one reason.
35. *à cran* on edge   36. *grosses légumes* bigwigs
37. *en avoir soupé* to have had enough   38. would tease

39. dice   40. claim   41. hare   42. breast
43. *Il... tomber* All you needed was to fall

machabées[44] avec tous la même blessure, au même endroit: au cou![45] Et maintenant, vas-y voir si ça te chante.[46]

LE JEUNE SOLDAT. Tu dis que...

LE SOLDAT. Je dis que... Je dis que... Hop![47]... Le Chef. (*Ils se lèvent et se mettent au garde à vous.*[48] *Le Chef entre et croise les bras.*)

LE CHEF. Repos![49]... Alors... mes lascars[50]... C'est ici qu'on voit des fantômes?

LE SOLDAT. Chef...

LE CHEF. Taisez-vous! Vous parlerez quand je vous interrogerai. Lequel de vous deux a osé...

LE JEUNE SOLDAT. C'est moi, Chef.

LE CHEF. Nom de nom! A qui la parole? Allez-vous vous taire?[51] Je demande: lequel de vous deux a osé faire parvenir en haut lieu[52] un rapport touchant le service, sans passer par la voie hiérarchique.[53] En sautant par dessus ma tête. Répondez.

LE SOLDAT. Chef, ce n'est pas sa faute, il savait...

LE CHEF. Est-ce toi ou lui?

LE JEUNE SOLDAT. C'est nous deux, mais c'est moi qui ai...

LE CHEF. Silence! Je demande comment le Grand Prêtre a eu connaissance de ce qui se passe la nuit à ce poste, alors que je n'en ai pas eu connaissance, moi!

LE JEUNE SOLDAT. C'est ma faute, Chef, c'est ma faute. Mon collègue ne voulait rien dire. Moi, j'ai cru qu'il fallait parler et comme cette histoire ne concernait pas le service... enfin quoi... j'ai tout raconté à son oncle; parce que

la femme de son oncle est la sœur d'une lingère[54] de la Reine, et que le beau-frère est au temple de Tirésias.

LE SOLDAT. C'est pourquoi j'ai dit, Chef, que c'était ma faute.

LE CHEF. Assez! Ne me cassez pas les oreilles.[55] Donc... cette histoire ne concerne pas le service. Très bien, très bien! Et... cette fameuse histoire, qui ne concerne pas le service, est une histoire de revenants,[56] il paraît?

LE JEUNE SOLDAT. Oui, Chef!

LE CHEF. Un revenant vous est apparu pendant une nuit de garde, et ce revenant vous a dit... Au fait,[57] que vous a-t-il dit, ce revenant?

LE JEUNE SOLDAT. Il nous a dit, Chef, qu'il était le spectre du roi Laïus, qu'il avait déjà essayé plusieurs fois d'apparaître depuis son meurtre, et qu'il nous suppliait de prévenir, en vitesse, par n'importe quel moyen, la reine Jocaste et Tirésias.

LE CHEF. En vitesse! Voyez-vous cela! Quel aimable fantôme! Et... ne lui avez-vous pas demandé, par exemple, ce qui vous valait[58] l'honneur de sa visite et pourquoi il n'apparaissait pas directement chez la Reine ou chez Tirésias?

LE SOLDAT. Si, Chef, je le lui ai demandé, moi. Il nous a répondu qu'il n'était pas libre de se manifester n'importe où, et que les remparts étaient l'endroit le plus favorable aux apparitions des personnes mortes de mort violente, à cause des égouts.[59]

LE CHEF. Des égouts?

LE SOLDAT. Oui, Chef. Il a dit des égouts, rapport aux vapeurs[60] qui ne se forment que là.

---

44. corpses   45. neck   46. *vas-y... chante* go look if you want to   47. Look out! 48. *se mettent... vous* stand at attention   49. At ease!   50. *mes lascars* my fine fellows (ironical) 51. *vous taire* keep silent   52. *en haut lieu* in high places   53. *voie hiérarchique* regular channels

---

54. seamstress, wardrobe keeper   55. *Ne... oreilles.* Don't bore me.   56. ghosts   57. *Au fait* As a matter of fact   58. *ce... valait* what had procured for you   59. gutters   60. *rapport aux vapeurs* with reference to the vapors

Le Chef. Peste! Voilà un spectre des plus savants et qui ne cache pas sa science. Vous a-t-il effrayé beaucoup au moins? Et à quoi ressemblait-il? Quelle tête avait-il? Quel costume portait-il? Où se tenait-il, et quelle langue parlait-il? Ses visites sont-elles longues ou courtes? L'avez-vous vu à plusieurs reprises?[61] Bien que cette histoire ne concerne pas le service, je serais curieux, je l'avoue, d'apprendre de votre bouche, quelques détails sur les mœurs[62] des revenants.

Le Jeune Soldat. On a eu peur, la première nuit, Chef, je l'avoue. Il faut vous dire qu'il est apparu très vite, comme une lampe qui s'allume, là, dans l'épaisseur[63] de la muraille.

Le Soldat. Nous l'avons vu ensemble.

Le Jeune Soldat. On distinguait mal la figure[64] et le corps; on voyait surtout la bouche quand elle était ouverte, et une touffe[65] de barbe blanche, et une grosse tache[66] rouge, rouge vif, près de l'oreille droite. Il s'exprimait difficilement, et il n'arrivait pas à mettre les phrases au bout les unes des autres. Mais là, Chef, interrogez voir[67] mon collègue. C'est lui qui m'a expliqué pourquoi le pauvre homme n'arrivait pas à s'en sortir.[68]

Le Soldat. Oh! Chef, ce n'est pas sorcier![69] Il dépensait[70] toute sa force pour apparaître, c'est-à-dire pour quitter sa nouvelle forme et reprendre sa vieille forme, qui nous permette de le voir. La preuve, c'est que chaque fois qu'il parlait un peu moins mal, il disparaissait, il devenait transparent, et on voyait le mur à travers.

Le Jeune Soldat. Et dès qu'il parlait mal, on le voyait très bien. Mais on le voyait mal dès qu'il parlait bien et qu'il recommençait la même chose: « La reine Jocaste. Il faut... il faut... la reine... la reine... la reine Jocaste... Il faut prévenir la reine... Il faut prévenir la reine Jocaste... Je vous demande, Messieurs, je vous demande, je... je... Messieurs... je vous... il faut... il faut... je vous demande Messieurs de prévenir... je vous demande... La reine... la reine Jocaste... de prévenir la reine Jocaste... de prévenir, Messieurs, de prévenir... Messieurs... Messieurs... » C'est comme ça qu'il faisait.

Le Soldat. Et on voyait qu'il avait peur de disparaître sans avoir dit toutes ses paroles jusqu'à la fin.

Le Jeune Soldat. Et dis voir, écoute un peu, tu te rappelles: chaque fois le même truc[71]: la tache rouge part la dernière. On dirait un fanal[72] sur le mur, Chef.

Le Soldat. Tout ce qu'on raconte, c'est l'affaire[73] d'une minute!

Le Jeune Soldat. Il est apparu à la même place, cinq fois, toutes les nuits un peu avant l'aurore.

Le Soldat. C'est seulement, la nuit dernière, après une séance[74] pas comme les autres... enfin, bref, on s'est un peu battus, et mon collègue a décidé de tout dire à la maison.

Le Chef. Tiens! Tiens! Et en quoi consistait cette séance « pas comme les autres », qui a, si je ne me trompe, provoqué entre vous, une dispute...

Le Soldat. Eh bien, Chef... Vous savez, la garde, c'est pas très folichon.[75]

---

61. *à plusieurs reprises* several times   62. manners   63. thickness   64. face   65. tuft   66. spot   67. An untranslatable use of *voir*. Compare *dites voir, attendez voir*. It carries the meaning of "now let's . . . ," "go ahead," or "just."   68. *s'en sortir* i.e. did not manage to say what he wanted   69. difficult   70. was using up

71. trick   72. lantern   73. a matter   74. session   75. *c'est... folichon* it's not much fun

LE JEUNE SOLDAT. Alors le fantôme, on l'attendait plutôt.

LE SOLDAT. On pariait,[76] on se disait:

LE JEUNE SOLDAT. Viendra.

LE SOLDAT. Viendra pas...

LE JEUNE SOLDAT. Viendra...

LE SOLDAT. Viendra pas... et tenez,[77] c'est drôle à dire, mais ça soulageait[78] de le voir.

LE JEUNE SOLDAT. C'était comme qui dirait[79] une habitude.

LE SOLDAT. On finissait par imaginer qu'on le voyait quand on ne le voyait pas. On se disait: ça bouge! Le mur s'allume. Tu ne vois rien? Non. Mais si. Là, là, je te dis... Le mur n'est pas pareil, voyons, regarde, regarde!

LE JEUNE SOLDAT. Et on regardait, on se crevait les yeux, on n'osait plus bouger.

LE SOLDAT. On guettait[80] la moindre petite différence.

LE JEUNE SOLDAT. Enfin, quand ça y était, on respirait, et on n'avait plus peur du tout.

LE SOLDAT. L'autre nuit, on guettait, on guettait, on se crevait les yeux, et on croyait qu'il ne se montrerait pas, lorsqu'il arrive, en douce...[81] pas du tout vite comme les premières nuits, et une fois visible, il change ses phrases, et il nous raconte tant bien que mal[82] qu'il est arrivé une chose atroce, une chose de la mort, une chose qu'il ne peut pas expliquer aux vivants. Il parlait d'endroits où il peut aller, et d'endroits où il ne peut pas aller, et qu'il s'était rendu[83] où il ne devait pas se rendre, et qu'il savait un secret qu'il ne devait pas savoir, et qu'on allait le découvrir et le punir,

et qu'ensuite, on lui défendrait[84] d'apparaître, qu'il ne pourrait plus jamais apparaître. (Voix solennelle.) « Je mourrai ma dernière mort,» qu'il disait,[85] « et ce sera fini, fini. Vous voyez, Messieurs, il n'y a plus une minute à perdre. Courez! Prévenez la Reine! Cherchez Tirésias! Messieurs! Messieurs! ayez pitié!... » Et il suppliait, et le jour se levait.[86] Et il restait là.

LE JEUNE SOLDAT. Brusquement, on a cru qu'il allait devenir fou.

LE SOLDAT. A travers des phrases sans suite,[87] on comprend qu'il a quitté son poste, quoi... qu'il ne sait plus disparaître, qu'il est perdu. On le voyait bien faire les mêmes cérémonies pour devenir invisible que pour rester visible, et il n'y arrivait pas. Alors, voilà qu'il nous demande de l'insulter, parce qu'il a dit comme ça que d'insulter les revenants c'était le moyen de les faire partir. Le plus bête, c'est qu'on n'osait pas. Plus il répétait: « Allez! Allez! jeunes gens, insultez-moi! Criez, ne vous gênez pas...[88] Allez donc! », plus on prenait l'air gourde.[89]

LE JEUNE SOLDAT. Moins on trouvait quoi dire!...

LE SOLDAT. Ça, par exemple! Et pourtant, c'est pas faute de gueuler après les chefs.[90]

LE CHEF. Trop aimables, Messieurs! Trop aimables. Merci pour les chefs...

LE SOLDAT. Oh! Chef! Ce n'est pas ce que j'ai voulu dire... J'ai voulu dire... J'ai voulu parler des princes, des têtes couronnées, des ministres, du gouvernement quoi... du pouvoir! On avait même souvent causé de choses injustes...

---

76. On pariait We were betting   77. you know   78. ça soulageait it was a relief   79. comme qui dirait what you might call   80. On guettait We were on the lookout for   81. en douce quietly   82. tant... mal as well as he could   83. s'était rendu had gone

84. would forbid   85. qu'il disait (as) he said   86. le... levait it was getting light   87. continuity   88. ne... pas don't be embarrassed   89. foolish   90. c'est... chefs it's not for lack of having "griped" about our officers.

Mais le roi était un si brave fantôme, le pauvre roi Laïus, que les gros mots[91] ne nous sortaient pas de la gorge. Et il nous excitait lui, et nous, on bafouillait[92]: Va donc eh! Va donc, espèce de[93] vieille vache! Enfin, on lui jetait des fleurs.

LE JEUNE SOLDAT. Parce qu'il faut vous expliquer, Chef: Vieille vache est un petit nom d'amitié entre soldats.

LE CHEF. Il vaut mieux être prévenu.[94]

LE SOLDAT. Va donc! Va donc eh!... Tête de... Espèce de... Pauvre fantôme! Il restait suspendu entre la vie et la mort, et il crevait[95] de peur à cause des coqs et du soleil.[96] Quand tout à coup, on a vu le mur redevenir le mur, la tache rouge s'éteindre.[97] On était crevés[98] de fatigue.

LE JEUNE SOLDAT. C'est après cette nuit-là que j'ai décidé de parler à son oncle, puisqu'il refusait de parler lui-même.

LE CHEF. Il ne m'a pas l'air très exact,[99] votre fantôme.

LE SOLDAT. Oh! Chef, vous savez, il ne se montrera peut-être plus.

LE CHEF. Je le gêne.

LE SOLDAT. Non, Chef. Mais après l'histoire d'hier...

LE CHEF. Il est très poli votre fantôme d'après tout ce que vous me racontez. Il apparaîtra, je suis tranquille. D'abord la politesse des rois, c'est l'exactitude et la politesse des fantômes consiste à prendre forme humaine, d'après votre ingénieuse théorie.

LE SOLDAT. C'est possible, Chef, mais c'est aussi possible que chez les fantômes, il n'y ait plus de rois, et qu'on puisse confondre un siècle avec une minute. Alors si le fantôme apparaît dans mille ans au lieu d'apparaître ce soir...

LE CHEF. Vous m'avez l'air d'une forte tête,[100] mon garçon; et la patience a des bornes.[101] Donc, je vous dis que ce fantôme apparaîtra. Je vous dis que ma présence le dérange,[102] et je vous dis que personne d'étranger au service ne doit passer sur le chemin de ronde.

LE SOLDAT. Oui, Chef.

LE CHEF (il éclate).[103] Donc, fantôme, ou pas fantôme, je vous ordonne d'empêcher de passer le premier individu qui se présente ici, sans avoir le mot de passe,[104] c'est compris?

LE SOLDAT. Oui, Chef!

LE CHEF. Et n'oubliez pas votre ronde. Rompez![105] (Les deux soldats s'immobilisent au port d'armes.)[106]

LE CHEF. (fausse sortie).[107] N'essayez pas de faire le malin![108] Je vous ai à l'œil![109] (Il disparaît. Long silence.)

LE SOLDAT. Autant![110]

LE JEUNE SOLDAT. Il a cru qu'on se payait sa gueule.[111]

LE SOLDAT. Non, ma vieille![112] Il a cru qu'on se payait la nôtre.

LE JEUNE SOLDAT. La nôtre?

LE SOLDAT. Oui, ma vieille. Je sais beaucoup de choses par mon oncle, moi.

---

91. *gros mots* insults   92. *on bafouillait* we spluttered   93. *espèce de* Expression adding force to an epithet   94. warned   95. *crevait de peur* was mortally afraid   96. Traditionally ghosts must disappear before dawn.   97. go out   98. *crevés de fatigue* dead tired   99. punctual

100. *forte tête* stubborn fellow   101. limits   102. disturbs   103. blurts out   104. *mot de passe* password   105. *Dismissed!*   106. *s'immobilisent... d'armes* hold their weapons and stand motionless   107. *fausse sortie* i.e., leaving and then returning suddenly   108. *faire le malin* be smart   109. *Je... l'œil!* I'm keeping an eye on you!   110. We got it!   111. *qu'on... gueule* that we were making fun of him   112. *ma vieille* old chap (To use the masculine for the feminine and vice versa is a sign of intimacy or affection.)

La Reine, elle est gentille, mais au fond, on ne l'aime pas; on la trouve un peu... (*Il se cogne*[113] *la tête.*) On dit qu'elle est excentrique et qu'elle a un accent étranger, et qu'elle est sous l'influence de Tirésias. Ce Tirésias conseille à la Reine tout ce qui peut lui causer du tort. Faites ci... faites ça... Elle lui raconte ses rêves, elle lui demande s'il faut se lever du pied droit ou du pied gauche; et il la mène par le bout du nez et il lèche[114] les bottes du frère, et il complote avec[115] contre la sœur. Tout ça, c'est du sale[116] monde. Je parierais que le Chef a cru que le fantôme était de la même eau[117] que le Sphinx. Un truc des prêtres pour attirer Jocaste et lui faire croire ce qu'on veut lui faire croire.

LE JEUNE SOLDAT. Non?

LE SOLDAT. Ça t'épate.[118] Eh bien, c'est comme ça... (*Voix très basse.*) Et moi, j'y crois au fantôme, moi qui te parle, mais c'est justement parce que j'y crois et qu'ils n'y croient pas, *eux*, que je te conseille de te tenir tranquille. Tu as déjà réussi du beau travail. Pigemoi[119] ce rapport: « A fait preuve d'une intelligence très au-dessus de son grade[120] ».

LE JEUNE SOLDAT. N'empêche que si notre Roi...

LE SOLDAT. Notre Roi!... Notre Roi!... Minute![121]... Un Roi mort n'est pas un Roi en vie. La preuve: Si le Roi Laïus était vivant, hein! entre nous, il se débrouillerait[122] tout seul et il ne viendrait pas te chercher pour faire ses commissions[123] en ville. (*Ils s'éloignent, à gauche, par le chemin de ronde.*)

LA VOIX DE JOCASTE, *en bas des escaliers. Elle a un accent très fort: cet accent international des royalties.* Encore un escalier! Je déteste les escaliers! Pourquoi tous ces escaliers? On n'y voit rien! Où sommes-nous?

LA VOIX DE TIRÉSIAS. Mais Madame, vous savez ce que je pense de cette escapade, et que ce n'est pas moi...

LA VOIX DE JOCASTE. Taisez-vous, Zizi. Vous n'ouvrez la bouche que pour dire des sottises. Voilà bien le moment de faire la morale.[124]

LA VOIX DE TIRÉSIAS. Il fallait prendre[125] un autre guide. Je suis presqu'aveugle.[126]

LA VOIX DE JOCASTE. A quoi sert d'être devin,[127] je demande! Vous ne savez même pas où se trouvent les escaliers. Je vais me casser une jambe! Ce sera votre faute, Zizi, votre faute, comme toujours.

TIRÉSIAS. Mes yeux de chair[128] s'éteignent au bénéfice d'un œil intérieur, d'un œil qui rend d'autres services que de compter les marches[129] des escaliers!

JOCASTE. Le voilà vexé avec son œil! Là! là! On vous aime, Zizi; mais les escaliers me rendent folle. Il fallait venir[130], Zizi, il le fallait!

TIRÉSIAS. Madame...

JOCASTE. Ne soyez pas têtu.[131] Je ne me doutais pas qu'il y avait ces maudites[132] marches. Je vais monter à reculons.[133] Vous me retiendrez. N'ayez pas peur. C'est moi qui vous dirige. Mais si je regardais les marches, je tomberais. Prenez-moi les mains. En route! (*Ils apparaissent.*) Là... là... là... quatre, cinq, six, sept...

---

113. *se cogne* taps 114. licks 115. i.e., *avec lui* 116. dirty 117. of the same species 118. *Ça t'épate.* That surprises you. 119. *Pige-moi* Slang. Compare American slang "dig." 120. rank 121. Just a minute! 122. *se débrouillerait* would manage 123. errands

124. *faire la morale* give lectures 125. *Il fallait prendre* You should have taken 126. half-blind 127. soothsayer 128. flesh 129. steps 130. *Il fallait venir* We had to come 131. stubborn 132. cursed 133. *à reculons* backward

(*Jocaste arrive sur la plate-forme et se dirige vers la gauche. Tirésias marche sur le bout de son écharpe. Elle pousse un cri.*)

Tirésias. Qu'avez-vous?

Jocaste. C'est votre pied, Zizi! Vous marchez sur mon écharpe.

Tirésias. Pardonnez-moi...

Jocaste. Encore, il se vexe! Mais ce n'est pas contre toi que j'en ai...[134] C'est contre cette écharpe! Je suis entourée d'objets qui me détestent! Tout le jour cette écharpe m'étrangle.[135] Une fois, elle s'accroche aux branches,[136] une autre fois, c'est le moyeu[137] d'un char[138] où elle s'enroule, une autre fois tu marches dessus. C'est un fait exprès.[139] Et je la crains, je n'ose pas m'en séparer. C'est affreux![140] C'est affreux! Elle me tuera.

Tirésias. Voyez dans quel état sont vos nerfs.

Jocaste. Et à quoi sert ton troisième œil, je demande? As-tu trouvé le Sphinx? As-tu trouvé les assassins de Laïus? As-tu calmé le peuple? On met des gardes à ma porte et on me laisse avec des objets qui me détestent, qui veulent ma mort!

Tirésias. Sur un simple racontar[141]...

Jocaste. Je sens les choses. Je sens les choses mieux que vous tous! (*Elle montre son ventre.*[142]) Je les sens là! A-t-on fait tout ce qu'on a pu pour découvrir les assassins de Laïus?

Tirésias. Madame sait bien que le Sphinx rendait les recherches impossibles.

Jocaste. Eh bien, moi, je me moque de vos entrailles de poulets[143]... Je sens, là... que Laïus souffre et qu'il veut se plaindre. J'ai décidé de tirer cette histoire au clair,[144] et d'entendre moi-même ce jeune garde; et je l'en-ten-drai. Je suis votre Reine, Tirésias, ne l'oubliez pas.

Tirésias. Ma petite brebis,[145] il faut comprendre un pauvre aveugle qui t'adore, qui veille sur toi[146] et qui voudrait que tu dormes dans ta chambre au lieu de courir après une ombre, une nuit d'orage, sur les remparts.

Jocaste, *mystérieuse*. Je ne dors pas.

Tirésias. Vous ne dormez pas?

Jocaste. Non, Zizi, je ne dors pas. Le Sphinx, le meurtre de Laïus, m'ont mis les nerfs à bout.[147] Tu avais raison de me le dire. Je ne dors plus et c'est mieux, car, si je m'endors une minute, je fais un rêve, un seul et je reste malade toute la journée.

Tirésias. N'est-ce pas mon métier[148] de déchiffrer[149] les rêves?...

Jocaste. L'endroit du rêve ressemble un peu à cette plate-forme; alors je te le raconte. Je suis debout, la nuit; je berce[150] une espèce de nourrisson. Tout à coup, ce nourrisson devient une pâte gluante[151] qui me coule[152] entre les doigts. Je pousse un hurlement[153] et j'essaie de lancer cette pâte; mais... oh! Zizi... Si tu savais, c'est immonde[154]... Cette chose, cette pâte reste reliée à moi et quand je me crois libre, la pâte revient à toute vitesse et gifle[155] ma figure. Et cette pâte est vivante. Elle a une espèce de bouche qui se colle sur[156] ma bouche.[157]

---

134. *Mais... ai.* But it is not with you that I am annoyed.   135. strangles me   136. *s'accroche aux branches* catches on branches   137. hub   138. chariot   139. *C'est... exprès.* It does it on purpose.   140. dreadful1   41. piece of gossip   142. *montre son ventre* points to her stomach   143. *entrailles de poulet* chicken entrails (used for auguries)

144. *tirer... clair* get to the bottom of this story   145. lamb   146. *veille sur toi* watches over you   147. *à bout* on edge   148. job   149. interpret   150. hold in my arms   151. *pâte gluante* sticky dough   152. runs   153. *pousse un hurlement* utter a scream   154. vile   155. slaps   156. *se colle sur* sticks to   157. The device of detached lips or arms living and acting independently of the body will be familiar to those who have seen Cocteau's motion pictures.

Et elle se glisse partout: elle cherche mon ventre, mes cuisses.[158] Quelle horreur!

TIRÉSIAS. Calmez-vous.

JOCASTE. Je ne veux plus dormir, Zizi... Je ne veux plus dormir. Ecoute la musique. Où est-ce? Ils ne dorment pas non plus. Ils ont de la chance avec cette musique. Ils ont peur, Zizi... ils ont raison. Ils doivent rêver des choses épouvantables et ils ne veulent pas dormir. Et au fait, pourquoi cette musique? Pourquoi permet-on cette musique? Est-ce que j'ai de la musique pour m'empêcher de dormir? Je ne savais pas que ces boîtes restaient ouvertes toute la nuit. Pourquoi ce scandale. Zizi? Il faut que Créon[159] donne des ordres! Il faut empêcher cette musique! Il faut que ce scandale cesse immédiatement.

TIRÉSIAS. Madame, je vous conjure de vous calmer et de vous en retourner. Ce manque de sommeil vous met hors de vous.[160] Nous avons autorisé les musiques afin que le peuple ne se démoralise pas, pour soutenir le moral. Il y aurait des crimes... et pire, si on ne dansait pas dans le quartier populaire.

JOCASTE. Est-ce que je danse, moi?

TIRÉSIAS. Ce n'est pas pareil. Vous portez le deuil de Laïus.[161]

JOCASTE. Et tous sont en deuil, Zizi. Tous! Tous! Tous! et ils dansent, et je ne danse pas. C'est trop injuste... Je veux...

TIRÉSIAS. On vient, Madame.

JOCASTE. Ecoute, Zizi, je tremble, je suis sortie avec tous mes bijoux.

TIRÉSIAS. N'ayez crainte. Sur le chemin de ronde, on ne rencontre pas de rôdeurs.[162] C'est certainement une patrouille.[163]

JOCASTE. Peut-être le soldat que je cherche?

TIRÉSIAS. Ne bougez pas. Nous allons le savoir. (*Les soldats entrent. Ils aperçoivent Jocaste et Tirésias.*)

LE JEUNE SOLDAT. Bouge pas, on dirait du monde.[164]

LE SOLDAT. D'où sortent-ils? (*Haut*) Qui va là?

TIRÉSIAS, *à la Reine.* Nous allons avoir des ennuis... (*Haut.*) Ecoutez, mes braves...

LE JEUNE SOLDAT. Avez-vous le mot?[165]

TIRÉSIAS. Vous voyez, Madame, qu'il fallait prendre le mot. Vous nous entraînez dans une histoire impossible.

JOCASTE. Le mot? Pourquoi le mot? Quel mot? Vous êtes ridicule, Zizi. Je vais lui parler, moi.

TIRÉSIAS. Madame, je vous conjure. Il y a une consigne.[166] Ces gardes peuvent ne pas vous connaître et ne pas me croire. C'est très dangereux.

JOCASTE. Que vous êtes romanesque! Vous voyez des drames partout.

LE SOLDAT. Ils se concertent.[167] Ils veulent peut-être nous sauter dessus.

TIRÉSIAS, *aux soldats.* Vous n'avez rien à craindre. Je suis vieux et presqu'aveugle. Laissez-moi vous expliquer ma présence sur ces remparts, et la présence de la personne qui m'accompagne.

LE SOLDAT. Pas de discours. Nous voulons le mot.

TIRÉSIAS. Une minute. Une minute. Ecoutez, mes braves. Avez-vous déjà vu des pièces d'or?

LE SOLDAT. Tentative de corruption. (*Il s'éloigne vers la gauche pour garder le*

---

158. thighs   159. Brother-in-law of Oedipus   160. *vous... vous* makes you frantic   161. *Vous... Laïus.* You are wearing mourning for Laïus.   162. prowlers   163. patrol

164. *on... monde* it sounds like someone coming   165. *mot (de passe)* password   166. *Il... consigne.* They have their orders.   167. *Ils se concertent.* They are plotting together.

chemin de ronde et laisse le Jeune Soldat en face de Tirésias.)

TIRÉSIAS. Vous vous trompez. Je voulais dire: avez-vous déjà vu le portrait de la Reine sur une pièce d'or?

LE JEUNE SOLDAT. Oui!

TIRÉSIAS, *s'effaçant*[168] *et montrant la reine, qui compte les étoiles, de profil.* Et... vous ne reconnaissez pas...

LE JEUNE SOLDAT. Je ne vois pas le rapport que vous cherchez à établir entre la Reine qui est toute jeune, et cette matrone.

LA REINE. Que dit-il?

TIRÉSIAS. Il dit qu'il trouve Madame bien jeune pour être la Reine...

LA REINE. Il est amusant!

TIRÉSIAS, *au soldat.* Cherchez-moi votre chef.

LE SOLDAT. Inutile. J'ai des ordres. Filez,[169] et vite.

TIRÉSIAS. Vous aurez de mes nouvelles![170]

LA REINE. Zizi, quoi encore? Que dit-il? (*Entre le Chef.*)

LE CHEF. Qu'est-ce que c'est?

LE JEUNE SOLDAT. Chef! Voilà deux individus qui circulent sans le mot de passe.

LE CHEF, *s'avançant vers Tirésias.* Qui êtes-vous? (*Brusquement il le reconnaît.*) Monseigneur! (*Il s'incline.*)[171] Que d'excuses.[172]

TIRÉSIAS. Ouf! Merci, Capitaine. J'ai cru que ce jeune brave allait nous passer par les armes.[173]

LE CHEF. Monseigneur! Me pardonnerez-vous? (*Au Jeune Soldat.*) Imbécile! Laisse-nous. (*Le Jeune Soldat rejoint son camarade à l'extrême gauche.*)

LE SOLDAT, *au Jeune Soldat.* C'est la gaffe![174]

TIRÉSIAS. Ne le grondez pas.[175] Il observait sa consigne...

LE CHEF. Une pareille visite... En ce lieu! Que puis-je faire pour Votre Seigneurie?

TIRÉSIAS, *découvrant*[176] *Jocaste.* Sa Majesté!... (*Haut-le-corps*[177] *du Chef.*)

LE CHEF (*il s'incline à distance respectueuse.*) Madame!...

JOCASTE. Pas de protocole![178] Je voudrais savoir quel est le garde qui a vu le fantôme?

LE CHEF. C'est le jeune maladroit qui se permettait de rudoyer[179] le seigneur Tirésias, et si Madame...

JOCASTE. Voilà, Zizi. C'est de la chance![180] J'ai eu raison de venir... (*Au Chef.*) Dites-lui qu'il approche.

LE CHEF, *à Tirésias.* Monseigneur. Je ne sais pas si la Reine se rend bien compte[171] que ce jeune soldat s'expliquerait mieux par l'entremise de[182] son chef; et que s'il parle seul Sa Majesté risque...

JOCASTE. Quoi encore, Zizi?

TIRÉSIAS. Le Chef me faisait remarquer, Madame, qu'il a l'habitude de ses hommes[183] et qu'il pourrait en quelque sorte servir d'interprète.

JOCASTE. Otez le Chef! Est-ce que le garçon a une langue ou non? Qu'il approche.

TIRÉSIAS, *au Chef, bas.*[184] N'insistez pas, la Reine est très nerveuse...

LE CHEF. Bon... (*Il va vers les soldats; au Jeune Soldat.*) La Reine veut te parler.

---

168. stepping aside 169. Get out 170. *Vous... nouvelles!* You'll hear from me!   171. bows 172. *Que d'excuses.* All my apologies.   173. *passer... armes* to execute

174. blunder   175. *Ne... pas.* Don't scold him.   176. revealing   177. Start (of surprise)   178. official ceremony   179. treat rudely   180. luck   181. *se... compte* fully realizes   182. *par l'entremise de* through the agency of   183. *a... hommes* is accustomed to his men   184. in a low voice

Et surveille ta langue. Je te revaudrai
ça,[185] mon gaillard.[186]

JOCASTE. Approchez! (*Le Chef pousse
le Jeune Soldat.*)

LE CHEF. Allons va! Va donc, nigaud,[187] avance, on ne te mangera pas.
Excusez-le, Majesté. Nos lascars n'ont
guère l'habitude des cours.

JOCASTE, *à Tirésias.* Priez cet homme
de nous laisser seuls avec le soldat.

TIRÉSIAS. Mais, Madame...

JOCASTE. Il n'y a pas de mais Madame... Si ce capitaine reste une minute
de plus, je lui donne un coup de pied.

TIRÉSIAS. Ecoutez, Chef. (*Il le tire
un peu à l'écart.*[188]) La Reine veut rester
seule avec le garde qui a vu la chose.
Elle a des caprices. Elle vous noterait
mal,[189] et je n'y pourrais rien.[190]

LE CHEF. C'est bon. Je vous laisse...
Moi, si je restais c'est que... enfin... Je
n'ai pas de conseils à vous donner, Monseigneur... Mais de vous à moi, méfiez-
vous de[191] cette histoire de fantôme. (*Il
s'incline.*) Monseigneur... (*Long salut vers
la Reine. Il passe près du Soldat.*) Hop! La
Reine veut rester seule avec ton collègue.

JOCASTE. Qui est l'autre? A-t-il vu le
fantôme?

LE JEUNE SOLDAT. Oui, Majesté, nous
étions de garde tous les deux.

JOCASTE. Alors, qu'il reste. Qu'il
reste là! Je l'appellerai si j'ai besoin de
lui. Bonsoir, Capitaine, vous êtes libre.

LE CHEF, *au Soldat.* Nous en reparlerons! (*Il sort.*)

TIRÉSIAS, *à la Reine.* Vous avez blessé
ce capitaine à mort.

JOCASTE. C'est bien son tour.

D'habitude, les hommes sont blessés à
mort et jamais les chefs. (*Au Jeune
Soldat.*) Quel âge as-tu?

LE JEUNE SOLDAT. Dix-neuf ans.

JOCASTE. Juste son âge! Il aurait son
âge... Il est beau! Avance un peu. Regarde-moi, Zizi, quels muscles! J'adore
les genoux. C'est aux genoux qu'on voit
la race.[192] Il lui ressemblerait... Il est
beau. Zizi, tâte ces biceps, on dirait du
fer...

TIRÉSIAS. Hélas! Madame, vous le
savez... je n'ai aucune compétence. J'y
vois fort mal[193]...

JOCASTE. Alors tâte... Tâte-le. Il a
une cuisse de cheval! Il se recule! N'aie
pas peur... le papa est aveugle. Dieu sait
ce qu'il imagine, le pauvre; il est tout
rouge! Il est adorable! Il a dix-neuf ans!

LE JEUNE SOLDAT. Oui, Majesté.

JOCASTE, *l'imitant.* Oui, Majesté!
N'est-il pas exquis? Ah! misère! Il ne
sait peut-être même pas qu'il est beau.
(*Comme on parle à un enfant.*) Alors...
tu as vu le fantôme?

LE JEUNE SOLDAT. Oui, Majesté!

JOCASTE. Le fantôme du Roi Laïus.

LE JEUNE SOLDAT. Oui, Majesté. Le
Roi nous a dit qu'il était le Roi.

JOCASTE. Zizi... avec vos poulets et
vos étoiles, que savez-vous? Ecoute le
petit... Et que disait le Roi?

TIRÉSIAS, *entraînant*[194] *la Reine.* Madame! Méfiez-vous, cette jeunesse a la
tête chaude, elle est crédule... arriviste[195]
... Méfiez-vous. Etes-vous sûre que ce
garçon ait vu ce fantôme, et, en admettant qu'il l'ait vu, était-ce bien le fantôme de votre époux?

JOCASTE. Dieux! Que vous êtes insupportable. Insupportable et trouble-
fête.[196] Toujours, vous arrêtez l'élan,[197]

---

185. *Je... ça* I'll pay you back for that.
186. fine fellow   187. simpleton   188. *à
l'écart* to one side   189. *vous noterait mal*
would give you a bad mark   190. *je... rien*
I could do nothing about it   191. *méfiez-vous
de* be careful about

192. breed   193. *J'y... mal.* My sight is very
poor.   194. taking aside   195. opportunist
196. kill-joy   197. spontaneity

vous empêchez les miracles avec votre intelligence et votre incrédulité. Laissez-moi interroger ce garçon toute seule, je vous prie. Vous prêcherez après. (*Au Jeune Soldat.*) Ecoute...

LE JEUNE SOLDAT. Majesté!...

JOCASTE, *à Tirésias.* Je vais bien savoir tout de suite, s'il a vu Laïus. (*Au Jeune Soldat.*) Comment parlait-il?

LE JEUNE SOLDAT. Il parlait vite et beaucoup, Majesté, beaucoup, et il s'embrouillait,[198] et il n'arrivait pas à dire ce qu'il voulait dire.

JOCASTE. C'est lui! Pauvre cher! Mais pourquoi sur ces remparts? Cela empeste[199]...

LE JEUNE SOLDAT. C'est justement, Majesté... Le fantôme disait que c'est à cause des marécages[200] et des vapeurs qu'il pouvait apparaître.

JOCASTE. Que c'est intéressant! Tirésias, jamais vous n'apprendrez cela dans vos volailles.[201] Et que disait-il?

TIRÉSIAS. Madame, madame, au moins faudrait-il interroger avec ordre. Vous allez faire perdre la tête à ce gamin.[202]

JOCASTE. C'est juste, Zizi, très juste. (*Au Jeune Soldat.*) Comment était-il? Comment le voyiez-vous?

LE JEUNE SOLDAT. Dans le mur, Majesté. C'est comme qui dirait[203] une espèce de statue transparente. On voit surtout la barbe et le trou noir de la bouche qui parle, et une tache rouge, sur la tempe,[204] une tache rouge vif.

JOCASTE. C'est du sang!

LE JEUNE SOLDAT. Tiens! On n'y avait pas pensé.

JOCASTE. C'est une blessure! C'est épouvantable! (*Laïus apparaît.*) Et que

disait-il? Avez-vous compris quelque chose?

LE JEUNE SOLDAT. C'était difficile, Majesté. Mon camarade a remarqué qu'il se donnait beaucoup de mal pour apparaître, et que chaque fois qu'il se donnait du mal pour s'exprimer clairement, il disparaissait; alors il ne savait plus comment s'y prendre.[205]

JOCASTE. Le pauvre!

LE FANTÔME. Jocaste! Jocaste! Ma femme Jocaste! (*Ils ne le voient, ni ne l'entendent pendant toute la scène.*)

TIRÉSIAS, *s'adressant au Soldat.* Et vous n'avez rien pu saisir de clair?

LE FANTÔME. Jocaste!

LE SOLDAT. C'est-à-dire, si, Monseigneur. On comprenait qu'il voulait vous prévenir d'un danger, vous mettre en garde, la Reine et vous, mais c'est tout. La dernière fois, il a expliqué qu'il avait su des secrets qu'il ne devait pas savoir, et que si on le découvrait, il ne pourrait plus apparaître.

LE FANTÔME. Jocaste! Tirésias! Ne me voyez-vous pas? Ne m'entendez-vous pas?

JOCASTE. Et il ne disait rien d'autre? Il ne précisait rien?

LE SOLDAT. Dame![206] Majesté, il ne voulait peut-être pas préciser en notre présence. Il vous réclamait.[207] C'est pourquoi mon camarade a essayé de vous prévenir.

JOCASTE. Les braves garçons! Et je suis venue. Je le savais bien. Je le sentais là! Tu vois, Zizi, avec tes doutes. Et dites, petit soldat, où le spectre apparaissait-il? Je veux toucher la place exacte.

LE FANTÔME. Regarde-moi! Ecoute-moi, Jocaste! Gardes, vous m'avez

---

198. became confused   199. reeks
200. swamps   201. poultry   202. youngster
203. *C'est... dirait* It's so to speak   204. temple

205. *s'y prendre* to go about it   206. Of course!   207. *vous réclamait* was asking for you

toujours vu. Pourquoi ne pas me voir?
C'est un supplice.[208] Jocaste! Jocaste!

*(Pendant ces répliques, le Soldat s'est
rendu à l'endroit où le Fantôme se manifeste. Il le touche de la main.)*

LE SOLDAT. C'est là. *(Il frappe le
mur.)* Là, dans le mur.

LE JEUNE SOLDAT. Ou devant le mur;
on ne peut pas se rendre bien compte.

JOCASTE. Mais pourquoi n'apparaît-il
pas cette nuit? Croyez-vous qu'il puisse
encore apparaître?

LE FANTÔME. Jocaste! Jocaste! Jocaste!

LE SOLDAT. Hélas, Madame, je ne
crois pas, après la scène d'hier. J'ai peur
qu'il y ait eu du grabuge,[209] et que Votre
Majesté arrive trop tard.

JOCASTE. Quel malheur! Toujours
trop tard. Zizi, je suis toujours in-
formée la dernière dans le royaume. Que
de temps perdu[210] avec vos poulets et vos
oracles! Il fallait courir.[211] Il fallait
deviner. Nous ne saurons rien! rien!
rien! Et il y aura des cataclysmes, des
cataclysmes épouvantables. Et ce sera
votre faute, Zizi, votre faute, comme
toujours.

TIRÉSIAS. Madame, la Reine parle
devant ces hommes...

JOCASTE. Oui, je parle devant ces
hommes! Je vais me gêner peut-être?[212]
Et le Roi Laïus, le Roi Laïus mort, a parlé
devant ces hommes. Il ne vous a pas
parlé à vous Zizi, ni à Créon. Il n'a pas
été[213] se montrer au temple. Il s'est
montré sur le chemin de ronde, à ces
hommes, à ce garçon de dix-neuf ans qui
est beau et qui ressemble...

TIRÉSIAS. Je vous conjure[214]...

JOCASTE. C'est vrai, je suis nerveuse,
il faut comprendre. Ces dangers, ce
spectre, cette musique, cette odeur de
pourriture... Et il y a de l'orage.[215] Mon
épaule me fait mal. J'étouffe, Zizi,
j'étouffe!

LE FANTÔME. Jocaste! Jocaste!

JOCASTE. Il me semble entendre mon
nom. Vous n'avez rien entendu?

TIRÉSIAS. Ma petite biche.[216] Vous
n'en pouvez plus.[217] Le jour se lève. Vous
rêvez debout.[218] Savez-vous seulement
si cette histoire de fantôme ne résulte pas
de la fatigue de ces jeunes gens qui veil-
lent,[219] qui se forcent à ne pas dormir,
qui vivent dans cette atmosphère maréca-
geuse, déprimante?[220]

LE FANTÔME. Jocaste! Par pitié,
écoute-moi! Regarde-moi! Messieurs,
vous êtes bons. Retenez la Reine.
Tirésias! Tirésias!

TIRÉSIAS, *au Jeune Soldat.* Eloignez-
vous une seconde, je voudrais parler à
la Reine. *(Le Jeune Soldat rejoint son
camarade.)*

LE SOLDAT. Eh bien, mon fils! Alors
ça y est! C'est le béguin.[221] La Reine te
pelote.[222]

LE JEUNE SOLDAT. Dis donc!...

LE SOLDAT. Ta fortune est faite.
N'oublie pas les camarades.

TIRÉSIAS. ...Ecoutez! Des coqs. Le
fantôme ne viendra plus. Rentrons.

JOCASTE. Tu as vu comme il est beau.

TIRÉSIAS. Ne réveille pas ces tristesses,
ma colombe.[223] Si tu avais un fils...

JOCASTE. Si j'avais un fils, il serait
beau, il serait brave, il devinerait
l'énigme, il tuerait le Sphinx. Il reviendrait vainqueur.

---

208. torture   209. row   210. *Que... perdu*
What time wasted   211. *Il fallait courir.* We
should have run.   212. *Je... peut-être?* I should
stand on ceremony?   213. *Il... été* He didn't
go   214. beg

215. *il... l'orage* it's stormy   216. doe
217. *Vous... plus.* You're exhausted.   218. *Vous
rêvez debout.* You're dreaming wide-awake.
219. stand watch   220. depressing   221. crush
222. is touching   223. dove

Tirésias. Et vous n'auriez pas de mari.

Jocaste. Les petits garçons disent tous: « Je veux devenir un homme pour me marier avec maman. » Ce n'est pas si bête, Tirésias. Est-il[224] plus doux ménage,[225] ménage plus doux et plus cruel, ménage plus fier de soi, que ce couple d'un fils et d'une mère jeune? Ecoute, Zizi, tout à l'heure, lorsque j'ai touché le corps de ce garde, les Dieux savent ce qu'il a dû croire, le pauvret, et moi, j'ai failli m'évanouir.[226] Il aurait dix-neuf ans, Tirésias, dix-neuf ans! L'âge de ce soldat. Savons-nous si Laïus ne lui est pas apparu parce qu'il lui ressemble. (*Coqs.*)

Le Fantôme. Jocaste! Jocaste! Jocaste! Tirésias! Jocaste!

Tirésias (*aux soldats*). Mes amis, pensez-vous qu'il soit utile d'attendre encore?

Le Fantôme. Par pitié!

Le Soldat. Franchement non, Monseigneur. Les coqs chantent. Il n'apparaîtra plus.

Le Fantôme. Messieurs! De grâce![227] Suis-je invisible? Ne pouvez-vous m'entendre?

Jocaste. Allons! je serai obéissante. Mais je reste heureuse d'avoir interrogé le garçon. Il faut que tu saches[228] comment il s'appelle, où il habite. (*Elle se dirige vers l'escalier.*) J'oubliais cet escalier! Zizi... Cette musique me rend malade. Ecoute, nous allons revenir par la haute ville, par les petites rues, et nous visiterons les boîtes.[229]

Tirésias. Madame, vous n'y pensez pas![230]

Jocaste. Voilà qu'il recommence! Il me rendra folle, folle! Folle et idiote! J'ai des voiles,[231] Zizi, comment voulez-vous[232] qu'on me reconnaisse?

Tirésias. Ma colombe, vous l'avez dit vous-même, vous êtes sortie du palais avec tous vos bijoux. Votre broche seule a des perles grosses comme un œuf.

Jocaste. Je suis une victime! Les autres peuvent rire, danser, s'amuser. Crois-tu que je vais laisser à la maison cette broche qui crève l'œil de tout le monde. Appelez le garde. Dites-lui qu'il m'aide à descendre les marches; vous, vous nous suivrez.

Tirésias. Mais, Madame, puisque le contact de ce jeune homme vous affecte...

Jocaste. Il est jeune, il est fort; il m'aidera; et je ne me romprai pas le cou. Obéissez au moins une fois à votre Reine.

Tirésias. Hep![233] ... Non, lui... Oui, toi... Aide la Reine à descendre les marches...

Le Soldat. Eh bien, ma vieille!

Le Jeune Soldat (*Il approche.*) Oui, Monseigneur.

Le Fantôme. Jocaste! Jocaste! Jocaste!

Jocaste. Il est timide! Et les escaliers me détestent. Les escaliers, les agrafes,[234] les écharpes. Oui! Oui! ils me détestent! Ils veulent ma mort. (*Un cri.*) Ho!

Le Jeune Soldat. La Reine s'est fait mal?

Tirésias. Mais non, stupide! Votre pied! Votre pied!

Le Jeune Soldat. Quel pied?

Tirésias. Votre pied sur le bout de l'écharpe. Vous avez failli étrangler la Reine.

Le Jeune Soldat. Dieux!

---

224. Is there a   225. couple   226. *j'ai failli m'évanouir* I almost fainted   227. Please!   228. find out   229. taverns   230. *vous... pas* it's unthinkable

231. veils   232. do you expect   233. Hey, you!   234. clasps

JOCASTE. Zizi, vous êtes le comble[235] du ridicule. Pauvre mignon.[236] Voilà que tu le traites d'assassin[237] parce qu'il a marché comme toi, sur cette écharpe. Ne vous tourmentez pas, mon fils, Monseigneur est absurde. Il ne manque pas une occasion de faire de la peine.

TIRÉSIAS. Mais, Madame...

JOCASTE. C'est vous le maladroit. Venez. Merci, mon garçon. Vous écrirez au temple votre nom et votre adresse. Une, deux, trois, quatre... C'est superbe! Tu vois, Zizi, comme je descends bien. Onze, douze... Zizi, vous suivez, il reste encore deux marches. (Au Soldat.) Merci. Je n'ai plus besoin de vous. Aidez le grand-père. (Jocaste disparaît par la droite avec Tirésias. On entend les coqs.)

LA VOIX DE JOCASTE. Par votre faute, je ne saurai jamais ce que voulait mon pauvre Laïus.

LE FANTÔME. Jocaste!

LA VOIX DE TIRÉSIAS. Tout cela est bien vague.

LA VOIX DE JOCASTE. Quoi? bien vague. Qu'est-ce que c'est vague? C'est vous qui êtes vague avec votre troisième œil. Voilà un garçon qui sait ce qu'il a vu, et il a vu le Roi; avez-vous vu le Roi?

LA VOIX DE TIRÉSIAS. Mais...

LA VOIX DE JOCASTE. L'avez-vous vu?... Non... alors... C'est extraordinaire... On dirait... (Les voix s'éteignent.)

LE FANTÔME. Jocaste! Tirésias! Par pitié!... (Les deux soldats se réunissent et voient le Fantôme.)

LES DEUX SOLDATS. Oh! le spectre!

LE FANTÔME. Messieurs, enfin! Je suis sauvé! J'appelais, je suppliais...[238]

LE SOLDAT. Vous étiez là?

LE FANTÔME. Pendant tout votre entretien[239] avec la Reine et avec Tirésias. Pourquoi donc étais-je invisible?

LE JEUNE SOLDAT. Je cours les chercher!

LE SOLDAT. Halte!

LE FANTÔME. Quoi? Vous l'empêchez...

LE JEUNE SOLDAT. Laisse-moi...

LE SOLDAT. Lorsque le menuisier[240] arrive, la chaise ne boite plus,[241] lorsque tu entres chez le savetier,[242] ta sandale ne te gêne plus, lorsque tu arrives chez le médecin, tu ne sens plus la douleur. Cherche-les! Il suffira qu'ils arrivent pour que le fantôme disparaisse.

LE FANTÔME. Hélas! Ces simples savent-ils donc ce que les prêtres ne devinent pas?

LE JEUNE SOLDAT. J'irai.

LE FANTÔME. Trop tard... Restez. Il est trop tard. Je suis découvert. Ils approchent; ils vont me prendre. Ah! les voilà! Au secours![243] Au secours! Vite! Rapportez à la Reine qu'un jeune homme approche de Thèbes, et qu'il ne faut sous aucun prétexte... Non! Non! Grâce! Grâce! Ils me tiennent! Au secours! C'est fini! Je... Je... Grâce... Je... Je... Je... (Long silence. Les deux soldats, de dos,[244] contemplent sans fin la place du mur où le Fantôme a disparu.)

LE SOLDAT. Pas drôle!

LE JEUNE SOLDAT. Non!

LE SOLDAT. Ces choses-là nous dépassent,[245] ma vieille.

LE JEUNE SOLDAT. Mais ce qui reste clair, c'est que malgré la mort, ce type[246]

---

235. height   236. darling   237. tu... d'assassin you call him an assassin   238. was entreating

239. conversation   240. cabinetmaker 241. ne boite plus is no longer uneven (literally no longer limps)   242. cobbler   243. Au secours! Help!   244. de dos with their backs toward the audience   245. nous dépassent are beyond us   246. fellow

a voulu coûte que coûte[247] prévenir sa femme d'un danger qui la menace. Mon devoir est de rejoindre la Reine ou le Grand-Prêtre, et de leur répéter ce que nous venons d'entendre, mot pour mot.

LE SOLDAT. Tu veux t'envoyer la Reine?[248] (*Le Jeune Soldat hausse[249] les épaules.*) Alors... il n'avait qu'à leur apparaître et à leur parler, ils étaient là. Nous l'avons bien vu, nous, et ils ne le voyaient pas eux, et même ils nous empêchaient de le voir, ce qui est le comble. Ceci prouve que les rois morts deviennent de simples particuliers.[250] Pauvre Laïus! Il sait maintenant comme c'est facile d'arriver jusqu'aux grands de la terre.

LE JEUNE SOLDAT. Mais nous?

LE SOLDAT. Oh! Nous! Ce n'est pas sorcier[251] de prendre contact avec des hommes, ma petite vache... Mais vois-tu ... des chefs, des reines, des pontifes... ils partent toujours avant que ça se passe,[252] ou bien ils arrivent toujours après que ça a eu lieu.

LE JEUNE SOLDAT. Ça quoi?

LE SOLDAT. Est-ce que je sais?... Je me comprends,[253] c'est le principal.

LE JEUNE SOLDAT. Et tu n'irais pas prévenir la Reine?

LE SOLDAT. Un conseil: Laisse les princes s'arranger avec[254] les princes, les fantômes avec les fantômes, et les soldats avec les soldats.

(*Sonnerie de trompettes.*)

RIDEAU

LA VOIX

SPECTATEURS, nous allons imaginer un recul dans le temps[1] et revivre, ailleurs, les minutes que nous venons de vivre ensemble. En effet, le fantôme de Laïus essaye de prévenir Jocaste, sur une plate-forme des remparts de Thèbes, pendant que le Sphinx et Œdipe se rencontrent sur une éminence qui domine la ville. Mêmes sonneries de trompettes, même lune, mêmes étoiles, mêmes coqs.

Un lieu désert, sur une éminence qui domine Thèbes, au clair de lune.

La route de Thèbes (de gauche à droite), passe au premier plan.[2] On devine qu'elle contourne[3] une haute pierre penchée,[4] dont la base s'amorce[5] en bas de l'estrade et forme le portant[6] de gauche. Derrière les décombres[7] d'un petit temple, un mur en ruines. Au milieu du mur, un socle[8] intact devait marquer l'entrée du temple et porte les vestiges d'une chimère[9] : une aile,[10] une patte,[11] une croupe.[12]

Colonnes détruites. Pour les ombres finales d'Anubis[13] et de Némésis,[14] un disque enregistré par les acteurs déclame leur dialogue, laissant l'actrice mimer la jeune fille morte à tête de chacal.[15]

---

1. *recul... temps* turning back of time   2. *au premier plan* downstage   3. passes around   4. leaning   5. begins   6. flat (piece of scenery at side of stage)   7. ruins   8. pedestal   9. chimera   10. wing   11. paw   12. haunch   13. The jackal-headed Anubis was the son of Osiris, who conducted the dead to the necropolis.   14. Later in the play the Sphinx is revealed as the goddess Nemesis, who measured out punishment for crimes. In the final scene of this act, the Sphinx (or Nemesis) appears on the stage both as a monster and as a young girl with a jackal's head. Cocteau makes the practical suggestion that the stand-in playing the monster retain the maiden's voice, heard throughout the act, by means of a recording. 15. Jackal

---

247. *coûte que coûte* at all costs   248. *t'envoyer la Reine* have the queen for your mistress   249. shrugs   250. private citizens   251. *Ce... sorcier* It's not very difficult   252. *avant... passe* before things happen   253. *Je me comprends* I know what I mean   254. *s'arranger avec* come to terms with

ACTE II

LA RENCONTRE D'ŒDIPE
ET DU SPHINX

Au lever du rideau, une jeune fille en robe blanche est assise sur les décombres. La tête d'un chacal dont le corps reste invisible derrière elle, repose sur ses genoux. Trompettes lointaines.

LE SPHINX. Ecoute.

LE CHACAL. J'écoute.

LE SPHINX. C'est la dernière sonnerie, nous sommes libres. (*Anubis se lève, on voit que la tête de chacal lui appartenait.*)

LE CHACAL ANUBIS. C'est la première sonnerie. Il en reste encore deux avant la fermeture des portes de Thèbes.

LE SPHINX. C'est la dernière, la dernière, j'en suis sûre!

ANUBIS. Vous en êtes sûre parce que vous désirez la fermeture des portes, mais hélas! ma consigne m'oblige à vous contredire; nous ne sommes pas libres. C'est la première sonnerie. Attendons.

LE SPHINX. Je me trompe, peut-être...

ANUBIS. Il n'y a pas l'ombre d'un doute; vous vous trompez.

LE SPHINX. Anubis!

ANUBIS. Sphinx?

LE SPHINX. J'en ai assez de tuer. J'en ai assez de donner la mort.

ANUBIS. Obéissons. Le mystère a ses mystères. Les dieux possèdent leurs dieux. Nous avons les nôtres. Ils ont les leurs. C'est ce qui s'appelle l'infini.

LE SPHINX. Tu vois, Anubis, la seconde sonnerie ne se fait pas entendre; tu te trompais, partons...

ANUBIS. Vous voudriez que cette nuit s'achève sans morts?

LE SPHINX. Eh bien, oui! Oui! Je tremble, malgré l'heure, qu'il ne passe[1] encore quelqu'un.

ANUBIS. Vous devenez sensible.[2]

LE SPHINX. Cela me regarde[3]...

ANUBIS. Ne vous fâchez pas.

LE SPHINX. Pourquoi toujours agir sans but, sans terme,[4] sans comprendre. Ainsi, par exemple, Anubis, pourquoi ta tête de chien? Pourquoi le dieu des morts sous l'apparence que lui supposent les hommes crédules?[5] Pourquoi en Grèce un dieu d'Egypte? Pourquoi un dieu à tête de chien?

ANUBIS. J'admire ce qui vous a fait prendre une figure de femme lorsqu'il s'agissait de poser des questions.

LE SPHINX. Ce n'est pas répondre!

ANUBIS. Je répondrai *que* la logique nous oblige, pour apparaître aux hommes, à prendre l'aspect sous lequel ils nous représentent; sinon, ils ne verraient que du vide. Ensuite: *que* l'Egypte, la Grèce, la mort, le passé, l'avenir n'ont pas de sens chez nous; *que* vous savez trop bien à quelle besogne[6] ma mâchoire[7] de chacal est soumise; *que* nos maîtres prouvent leur sagesse en m'incarnant sous une forme inhumaine qui m'empêche de perdre la tête, fût-elle[8] une tête de chien; car j'ai votre garde,[9] et je devine que, s'ils ne vous avaient donné qu'un chien de garde, nous serions à l'heure actuelle[10] à Thèbes, moi en laisse[11] et vous assise au milieu d'une bande de jeunes gens.

LE SPHINX. Tu es stupide!

ANUBIS. Efforcez-vous donc de vous

1. *qu'il ne passe* lest there pass   2. impressionable   3. *Cela me regarde.* That's my business.   4. end   5. *Pourquoi... crédules?* Why should there be a god of the dead in the guise that credulous men attribute to him? 6. work   7. jaw   8. *fût-elle* even if it were 9. *j'ai votre garde* I am supposed to watch over you   10. *à l'heure actuelle* at the present moment   11. *en laisse* on a leash

souvenir que ces victimes qui émeuvent[12] la figure de jeune fille que vous avez prise ne sont autre chose que zéros essuyés[13] sur une ardoise,[14] même si chacun de ces zéros était une bouche ouverte criant au secours.

Le Sphinx. C'est possible. Mais ici, nos calculs de dieux nous échappent... Ici, nous tuons. Ici les morts meurent. Ici, je tue!

(*Le Sphinx a parlé, le regard à terre.[15] Pendant sa phrase Anubis a dressé[16] les oreilles, tourné la tête et détalé[17] sans bruit, à travers les ruines où il disparaît. Lorsque le Sphinx lève les yeux, il le cherche et se trouve face à face avec un groupe qui entre par la gauche, premier plan, et que le nez d'Anubis avait flairé.[18] Le groupe se compose d'une matrone de Thèbes, de son petit garçon et de sa petite fille. La matrone traîne[19] sa fille. Le garçon marche devant elle.*)

La Matrone. Regarde où tu mets tes pieds! Avance! Ne regarde pas derrière toi! Laisse ta sœur! Avance... (*Elle aperçoit le Sphinx contre qui le garçon trébuche.[20]*) Prends garde! Je t'avais dit de regarder où tu marches! Oh! pardon, Madame... Il ne regarde jamais où il marche... Il ne vous a pas fait mal?

Le Sphinx. Mais pas du tout, Madame.

La Matrone. Je ne m'attendais pas à rencontrer du monde sur ma route à des heures pareilles.

Le Sphinx. Je suis étrangère, arrivée à Thèbes depuis peu[21]; je retourne chez une parente qui habite la campagne et je m'étais perdue.

La Matrone. Pauvre petite! Et où habite-t-elle, votre parente?

Le Sphinx. ... Aux environs de la douzième borne.[22]

La Matrone. Juste d'où j'arrive![23] J'ai déjeuné en famille, chez mon frère. Il m'a retenue à dîner. Après le dîner, on bavarde,[24] on bavarde, et me voilà qui rentre,[25] après le couvre-feu,[26] avec des galopins[27] qui dorment debout.[28]

Le Sphinx. Bonne nuit, Madame.

La Matrone. Bonne nuit. (*Fausse sortie.*) Et... dites... ne traînez pas[29] en route. Je sais que ni vous ni moi n'avons grand-chose à craindre... mais je ne serai pas fière[30] tant que je ne serai pas dans les murs.

Le Sphinx. Vous craignez les voleurs?[31]

La Matrone. Les voleurs! Justes dieux, que pourraient-ils me prendre? Non, non, ma petite. D'où sortez-vous?[32] On voit que vous n'êtes pas de la ville. Il s'agit bien des voleurs.[33] Il s'agit du Sphinx!

Le Sphinx. Vous y croyez vraiment, vraiment, vous, Madame, à cette histoire-là?

La Matrone. Cette histoire-là! Que vous êtes jeune. La jeunesse est incrédule. Si, si. Voilà comment il arrive des malheurs.

Sans parler du Sphinx, je vous cite un exemple de ma famille. Mon frère, de chez qui je rentre... (*Elle s'assied et baisse la voix.*) Il avait épousé une grande, belle femme blonde, une femme du nord. Une nuit, il se réveille et qu'est-ce qu'il

12. stir 13. erased 14. slate 15. *le... terre* with lowered eyes 16. pricked up 17. run off 18. caught the scent of 19. drags along 20. stumbles 21. *depuis peu* recently

22. milestone 23. *Juste d'où j'arrive!* Just where I come from! 24. talk aimlessly 25. returning home 26. curfew 27. young scamps 28. *dorment debout* are asleep on their feet 29. *ne traînez pas* don't loiter 30. confident 31. thieves 32. *D'où sortez-vous?* Where have you been? 33. *Il... voleurs.* Thieves indeed!

trouve? Sa femme couchée, sans tête et
sans entrailles. C'était un vampire.
Après la première émotion, mon frère
ne fait ni une ni deux,[34] il cherche un
œuf et le pose sur l'oreiller,[35] à la place
de la tête de sa femme. C'est le moyen
d'empêcher les vampires de rentrer dans
leurs corps. Tout à coup, il entend des
plaintes.[36] C'étaient la tête et les entrailles affolées[37] qui voletaient[38] à travers
la chambre et qui suppliaient mon frère
d'ôter l'œuf.[39] Et mon frère refuse, et la
tête passe des plaintes à la colère, de la
colère aux larmes et des larmes aux
caresses. Bref, mon imbécile de frère
ôte l'œuf et laisse rentrer sa femme.
Maintenant, il sait que sa femme est un
vampire et mes fils se moquent de leur
oncle. Ils prétendent qu'il invente ce
vampire de toutes pièces[40] pour cacher
que sa femme sortait bel et bien[41] avec
son corps et qu'il la laissait rentrer, et
qu'il est un lâche,[42] et qu'il en a honte.
Mais moi, je sais que ma belle-sœur est
un vampire, je le sais... Et mes fils risquent d'épouser des monstres d'enfer
parce qu'ils s'obstinent à être in-cré-du-
les.

Ainsi, le Sphinx, excusez si je vous
choque, il faut être vous et mes fils pour
ne pas y croire.

Le Sphinx. Vos fils...?

La Matrone. Pas le morveux[43] qui
s'est jeté dans vos jambes. Je parle d'un
autre fils de dix-sept ans...

Le Sphinx. Vous avez plusieurs fils?

La Matrone. J'en avais quatre. Il
m'en reste trois: sept ans, seize ans et

dix-sept ans. Et je vous assure que
depuis cette maudite bête, la maison est
devenue inhabitable.

Le Sphinx. Vos fils se disputent?

La Matrone. Mademoiselle, c'est-
à-dire que c'est impossible de s'entendre.
Celui de seize ans s'occupe de politique.
Le Sphinx qu'il dit, c'est un loup-
garou[44] pour tromper le pauvre monde.
Il y a peut-être eu quelque chose comme
votre Sphinx—c'est mon fils qui s'exprime—maintenant votre Sphinx est
mort; c'est une arme entre les mains des
prêtres et un prétexte aux mic-macs[45] de
la police. On égorge,[46] on pille,[47] on
épouvante le peuple, et on rejette tout
sur le Sphinx. Le Sphinx a bon dos.[48]
C'est à cause du Sphinx qu'on crève de
famine, que les prix montent, que les
bandes de pillards[49] infestent les cam-
pagnes; c'est à cause du Sphinx que
rien ne marche, que personne ne
gouverne, que les faillites[50] se succèdent,
que les temples regorgent d'offrandes[51]
tandis que les mères et les épouses perdent leur gagne-pain,[52] que les étrangers
qui dépensent se sauvent de[53] la ville; et
il faut le voir, Mademoiselle, monter sur
la table, criant, gesticulant, piétinant[54];
et il dénonce les coupables,[55] il prêche la
révolte, il stimule les anarchistes, il crie
à tue-tête[56] des noms de quoi nous faire
pendre tous.[57] Et entre nous,... moi qui
vous parle, tenez... Mademoiselle, je sais
qu'il existe le Sphinx... mais on en profite.
C'est certain qu'on en profite. Il faudrait
un homme de poigne,[58] un dictateur!

---

34. *ne... deux* without stopping to think
35. pillow   36. groans   37. panic-stricken
38. were flitting   39. Again one notes Cocteau's favored theme of the detached parts of
the body living and acting independently.
40. *de toutes pièces* out of whole cloth   41. *bel
et bien* actually   42. coward   43. brat

44. werewolf   45. put-up jobs   46. cut
throats   47. pillage   48. *a bon dos* has
broad shoulders   49. pillagers   50. bank-
ruptcies   51. *regorgent d'offrandes* are full of
offerings   52. livelihood   53. *se sauvent de*
escape from   54. stamping   55. guilty ones
56. *à tue-tête* at the top of his voice   57. *de...
tous* fit to get us all hanged   58. *homme de
poigne* strong man

LE SPHINX. Et... le frère de votre jeune dictateur[59]?

LA MATRONE. Ça, c'est un autre genre. Il méprise[60] son frère, il me méprise, il méprise la ville, il méprise les dieux, il méprise tout. On se demande où il va chercher ce qu'il vous sort.[61] Il déclare que le Sphinx l'intéresserait s'il tuait pour tuer, mais que notre Sphinx est de la clique des oracles, et qu'il ne l'intéresse pas.

LE SPHINX. Et votre quatrième fils? Votre deuil date...

LA MATRONE. Je l'ai perdu voilà presque une année. Il venait d'avoir dix-neuf ans.

LE SPHINX. Pauvre femme... Et, de quoi est-il mort?

LA MATRONE. Il est mort au Sphinx.

LE SPHINX (*sombre.*) Ah!...

LA MATRONE. Mon fils cadet[62] peut bien prétendre[63] qu'il a été victime des intrigues de la police... Non... Non... Je ne me trompe pas. Il est mort au Sphinx. Ah! Mademoiselle... Je vivrais cent ans, je verrai toujours la scène. Un matin (il n'était pas rentré la nuit), je crois qu'il frappe à la porte; j'ouvre et je vois le dessous[64] de ses pauvres pieds et tout le corps après, et très loin, très loin, sa pauvre petite figure et, à la nuque,[65] tenez ici,[66] une grosse blessure d'où le sang ne coulait même plus. On me le rapportait sur une civière.[67] Alors, Mademoiselle, j'ai fait: Ho! et je suis tombée, comme ça... Des malheurs pareils, comprenez-vous, ça vous marque. Je vous félicite si vous n'êtes pas de Thèbes et si vous n'avez point de

frère. Je vous félicite... Son cadet, l'orateur, il veut le venger. A quoi bon? Mais il déteste les prêtres et mon pauvre fils était de[68] la série des offrandes.

LE SPHINX. Des offrandes?

LA MATRONE. Dame oui. Les premiers mois du Sphinx, on envoyait la troupe venger la belle jeunesse qu'on trouvait morte un peu partout; et la troupe rentrait bredouille.[69] Le Sphinx restait introuvable. Ensuite, le bruit[70] s'étant répandu que le Sphinx posait des devinettes, on a sacrifié la jeunesse des écoles; alors les prêtres ont déclaré que le Sphinx exigeait[71] des offrandes. C'est là-dessus[72] qu'on a choisi les plus jeunes, les plus faibles, les plus beaux.

LE SPHINX. Pauvre Madame!

LA MATRONE. Je le répète, Mademoiselle, il faudrait une poigne. La Reine Jocaste est encore jeune. De loin, on lui donnerait vingt-neuf, trente ans. Il faudrait un chef qui tombe du ciel, qui l'épouse, qui tue la bête, qui punisse les trafics,[73] qui boucle[74] Créon et Tirésias, qui relève les finances, qui remonte le moral du peuple, qui l'aime, qui nous sauve, quoi! qui nous sauve...

LE FILS. Maman!

LA MATRONE. Laisse...

LE FILS. Maman... dis maman, comment il est, le Sphinx?

LA MATRONE. Je ne sais pas. (*Au Sphinx.*) Voilà-t-il point qu'ils inventent de[75] nous demander nos derniers sous pour construire un monument aux morts du Sphinx? Croyez-vous que cela nous les rende.

LE FILS. Maman... Comment il est, le Sphinx?

---

59. i.e., dictator-minded son   60. scorns
61. *où... sort* where he finds the things he says
62. youngest   63. claim   64. bottom
65. back of the neck   66. Said while the mother points out the place of the wound.
67. stretcher

68. *était de* belonged to   69. with empty hands   70. rumor   71. demanded   72. thereupon   73. sacrifices, traffic in youth
74. would lock up   75. *Voilà-t-il... de* And now if they haven't taken it into their heads to

Le Sphinx. Le pauvre! sa sœur dort. Viens... (*Le Fils se met dans les jupes[76] du Sphinx.*)

La Matrone. N'ennuie pas la dame.

Le Sphinx. Laissez-le... (*Elle lui caresse la nuque.*)

Le Fils. Maman, dis, c'est cette dame, le Sphinx?

La Matrone. Tu es trop bête. (*Au Sphinx.*) Excusez-le, à cet âge, ils ne savent pas ce qu'ils disent... (*Elle se lève.*) Ouf! (*Elle charge la petite fille endormie sur ses bras.[77]*) Allons! Allons! En route, mauvaise troupe!

Le Fils. Maman, c'est cette dame, le Sphinx? Dis maman, c'est le Sphinx, cette dame? C'est ça, le Sphinx?

La Matrone. Assez! Ne sois pas stupide! (*Au Sphinx.*) Bonsoir, Mademoiselle. Excusez-moi si je bavarde. J'étais contente de souffler[78] une petite minute... Et... méfiez-vous! (*Fanfare.[79]*) Vite. Voilà la deuxième relève[80]; à la troisième, nous resterions dehors.

Le Sphinx. Dépêchez-vous. Je vais courir de mon côté. Vous m'avez donné l'alarme.

La Matrone. Croyez-moi, nous ne serons tranquilles que si un homme à poigne nous débarrasse de ce fléau.[81] (*Elle sort par la droite.*)

La Voix du Fils. Dis, maman, comment il est, le Sphinx?... C'était pas cette dame?... Alors comment il est?...

Le Sphinx (*seul*). Un fléau!

Anubis, *sortant des ruines.* Il ne nous manquait que cette matrone.[82]

Le Sphinx. Voilà deux jours que je suis triste, deux jours que je me traîne,[83] en souhaitant que ce massacre prenne fin.

Anubis. Confiez-vous, calmez-vous.

Le Sphinx. Ecoute. Voilà le vœu que je forme et les circonstances dans lesquelles il me serait possible de monter une dernière fois sur mon socle.[84] Un jeune homme gravirait la colline.[85] Je l'aimerais. Il n'aurait aucune crainte. A la question que je pose il répondrait comme un égal. Il ré-pon-drait, Anubis, et je tomberais morte.

Anubis. Entendons-nous: votre forme mortelle tomberait morte.

Le Sphinx. N'est-ce pas sous cette forme que je voudrais vivre pour le rendre heureux?

Anubis. Il est agréable de voir qu'en s'incarnant une grande déesse ne devient pas une petite femme.

Le Sphinx. Tu vois que j'avais plus que raison et que la sonnerie que nous venons d'entendre était la dernière.

Anubis. Fille des hommes! On n'en a jamais fini avec vous. Non, non et non! (*Il s'éloigne et monte sur une colonne renversée.[86]*) Cette sonnerie était la deuxième. Il m'en faut encore une, et vous serez libre. Oh!

Le Sphinx. Qu'as-tu?

Anubis. Mauvaise nouvelle.

Le Sphinx. Un voyageur?

Anubis. Un voyageur... (*Le Sphinx rejoint Anubis sur la colonne et regarde en coulisse,[87] à gauche.*)

Le Sphinx. C'est impossible, impossible. Je refuse d'interroger ce jeune homme. Inutile, ne me le demande pas.

Anubis. Je conviens que si vous ressemblez à une jeune mortelle, il ressemble fort à un jeune dieu.

Le Sphinx. Quelle démarche,[88] Anubis, et ces épaules! Il approche.

Anubis. Je me cache. N'oubliez pas

---

76. skirts   77. *charge... bras* i.e., she picks her up
78. catch my breath   79. Flourish of trumpets.   80. changing of the guard   81. scourge
82. *Il... matrone.* All we needed was that matron.
83. *me traîne* have been dragging myself about

84. pedestal   85. *gravirait la colline* would climb the hill   86. overturned   87. *en coulisse* offstage   88. bearing

que vous êtes le Sphinx. Je vous surveille. Je paraîtrai au moindre signe.

LE SPHINX. Anubis, un mot... vite...

ANUBIS. Chut!...le voilà! (*Il se cache.*)

(*Œdipe entre par le fond à gauche. Il
marche tête basse et sursaute.*[89])

ŒDIPE. Oh! Pardon...

LE SPHINX. Je vous ai fait peur.

ŒDIPE. C'est-à-dire... non... mais je
rêvais, j'étais à cent lieues de l'endroit
où nous sommes, et... là, tout à coup...

LE SPHINX. Vous m'avez prise pour
un animal.

ŒDIPE. Presque.

LE SPHINX. Presque? Presque un
animal, c'est le Sphinx.

ŒDIPE. Je l'avoue.

LE SPHINX. Vous avouez m'avoir prise
pour le Sphinx. Merci.

ŒDIPE. Je me suis vite rendu compte
de mon erreur!

LE SPHINX. Trop aimable. Le fait
est que pour un jeune homme, ce ne doit
pas être drôle de se trouver brusquement
nez à nez avec lui.

ŒDIPE. Et pour une jeune fille?

LE SPHINX. Il ne s'attaque pas aux
jeunes filles.

ŒDIPE. Parce que les jeunes filles
évitent les endroits qu'il fréquente et
n'ont guère l'habitude, il me semble, de
sortir seules après la chute du jour.[90]

LE SPHINX. Mêlez-vous, cher Monsieur, de ce qui vous regarde[91] et laissez-
moi passer mon chemin.

ŒDIPE. Quel chemin?

LE SPHINX. Vous êtes extraordinaire.
Dois-je rendre compte à un étranger du
but de ma promenade?

ŒDIPE. Et si je le devinais, moi, ce
but.

LE SPHINX. Vous m'amusez beauoup.

ŒDIPE. Ce but... ne serait-ce pas la
curiosité qui ravage toutes les jeunes
femmes modernes, la curiosité de savoir
comment le Sphinx est fait? S'il a des
griffes, un bec, des ailes? S'il tient du
tigre ou du vautour?[92]

LE SPHINX. Allez, allez...

ŒDIPE. Le Sphinx est le criminel à
la mode. Qui l'a vu? Personne. On
promet à qui le découvrira des récom-
penses fabuleuses. Les lâches tremblent.
Les jeunes hommes meurent... Mais une
jeune fille, ne pourrait-elle se risquer
dans la zone interdite,[93] braver les consignes,[94] oser ce que personne de raisonnable n'ose, dénicher le monstre, le
surprendre au gîte,[95] l'apercevoir!

LE SPHINX. Vous faites fausse route,
je vous le répète. Je rentre chez une parente qui habite la campagne, et comme
j'oubliais qu'il existe un Sphinx et que
les environs de Thèbes ne sont pas sûrs,
je me reposais une minute assise sur les
pierres de cette ruine. Vous voyez que
nous sommes loin de compte.[96]

ŒDIPE. Dommage! Depuis quelque
temps je ne croise[97] que des personnes si
plates; alors j'espérais un peu d'imprévu.[98] Excusez-moi.

LE SPHINX. Bonsoir!

ŒDIPE. Bonsoir! (*Ils se croisent. Mais
Œdipe se retourne.*[99]) Eh bien, Mademoiselle, au risque de me rendre odieux,
figurez-vous que je n'arrive pas à vous
croire et que votre présence dans ces
ruines continue de m'intriguer énormé-
ment.

LE SPHINX. Vous êtes incroyable.

ŒDIPE. Car, si vous étiez une jeune

---

89. gives a start   90. *la... jour* nightfall
91. *Mêlez-vous... regarde* Mind your own business

92. *S'il... vautour?* If it resembles a tiger or
a vulture?   93. forbidden   94. *braver les
consignes* defy orders   95. *au gîte* in its lair
96. *loin de compte* far from the truth   97. pass
98. *un peu d'imprévu* a little something out of
the ordinary   99. *se retourne* turns around

Œdipe. Il me paraissait si merveilleux
de trouver, chez une jeune fille, un
émule[101] digne de moi.

Le Sphinx. Un émule? Vous cherchez
donc le Sphinx?

Œdipe. Si je le cherche! Sachez que
depuis un mois je marche sans fatigue, et
c'est pourquoi j'ai dû manquer de savoir-
vivre,[102] car j'étais si fiévreux en approchant de Thèbes que j'eusse crié mon
enthousiasme à n'importe quelle colonne,
et voilà qu'au lieu d'une colonne, une
jeune fille blanche se dresse sur ma
route. Alors je n'ai pu m'empêcher de
l'entretenir[103] de ce qui m'occupe et
de lui prêter les mêmes intentions qu'à
moi.

Le Sphinx. Mais, dites, il me semble
que, tout à l'heure, en me voyant surgir[104]
de l'ombre, vous paraissiez mal sur vos
gardes, pour un homme qui souhaite se
mesurer avec l'ennemi.

Œdipe. C'est juste! Je rêvais de
gloire et la bête m'eût pris en défaut.[105]
Demain, à Thèbes, je m'équipe et la
chasse commence.

Le Sphinx. Vous aimez la gloire?

Œdipe. Je ne sais pas si j'aime la
gloire; j'aime les foules qui piétinent,
les trompettes, les oriflammes qui claquent,[106] les palmes qu'on agite, le soleil,
l'or, la pourpre,[107] le bonheur, la chance,
vivre enfin!

Le Sphinx. Vous appelez cela vivre.

Œdipe. Et vous?

Le Sphinx. Moi non. J'avoue avoir
une idée toute différente de la vie.

Œdipe. Laquelle?

Le Sphinx. Aimer. Etre aimé de qui
on aime.

Œdipe. J'aimerai mon peuple, il
m'aimera.

Le Sphinx. La place publique n'est
pas un foyer.

Œdipe. La place publique n'empêche
rien. A Thèbes le peuple cherche un
homme. Si je tue le Sphinx je serai cet
homme. La Reine Jocaste est veuve, je
l'épouserai...

Le Sphinx. Une femme qui pourrait
être votre mère!

Œdipe. L'essentiel est qu'elle ne le
soit pas.

Le Sphinx. Croyez-vous qu'une Reine
et qu'un peuple se livrent au premier
venu[108]?

Œdipe. Le vainqueur du Sphinx
serait-il le premier venu? Je connais la
récompense. La Reine lui est promise.
Ne riez pas, soyez bonne... Il faut que
vous m'écoutiez. Il faut que je vous
prouve que mon rêve n'est pas un simple
rêve. Mon père est Roi de Corinthe.
Mon père et ma mère me mirent au
monde[109] lorsqu'ils étaient déjà vieux, et
j'ai vécu dans une cour maussade.[110]
Trop de caresses, de confort excitaient
en moi je ne sais quel démon d'aventures.
Je commençais de languir, de me con-
sumer, lorsqu'un soir, un ivrogne me
cria que j'étais un bâtard et que j'usur-
pais la place d'un fils légitime. Il y eut
des coups, des insultes; et le lendemain,
malgré les larmes de Mérope et de
Polybe, je décidai de visiter les sanc-
tuaires et d'interroger les dieux. Tous
me répondirent par le même oracle: Tu

---

100. *vous... cou* you would already have taken
to your heels   101. competitor   102. good manners   103. talk to her   104. rise up   105. *pris
en défaut* caught off guard   106. *oriflammes
qui claquent* flapping banners   107. Gold
and purple are symbols of royalty.

108. *se... venu* deliver themselves over to just
anyone   109. *me... monde* gave birth to me
110. sullen

assassineras ton père et tu épouseras ta
mère.

Le Sphinx. Hein?

Œdipe. Oui... oui... Au premier
abord[111] cet oracle suffoque, mais j'ai
la tête solide. Je réfléchis à l'absurdité
de la chose, je fis la part des dieux et des
prêtres[112] et j'arrivai à cette conclusion:
ou l'oracle cachait un sens moins grave
qu'il s'agissait de comprendre; ou les
prêtres, qui correspondent de temple en
temple par les oiseaux, trouvaient un
avantage à mettre cet oracle dans la
bouche des dieux et à m'éloigner du
pouvoir. Bref, j'oubliai vite mes craintes
et, je l'avoue, je profitai de cette menace
de parricide et d'inceste pour fuir la
cour et satisfaire ma soif d'inconnu.

Le Sphinx. C'est mon tour de me
sentir étourdie.[113] Je m'excuse de m'être
un peu moquée de vous. Vous me
pardonnez, Prince?

Œdipe. Donnons-nous la main.
Puis-je vous demander votre nom?
Moi, je m'appelle Œdipe; j'ai dix-
neuf ans.

Le Sphinx. Qu'importe! Laissez
mon nom, Œdipe. Vous devez aimer les
noms illustres... Celui d'une petite fille
de dix-sept ans ne vous intéresserait pas.

Œdipe. Vous êtes méchante.

Le Sphinx. Vous adorez la gloire.
Et pourtant la manière la plus sûre de
déjouer[114] l'oracle ne serait-elle pas
d'épouser une femme plus jeune que
vous?

Œdipe. Voici une parole qui ne vous
ressemble pas. La parole d'une mère de
Thèbes où les jeunes gens à marier se
font rares.[115]

Le Sphinx. Voici une parole qui ne
vous ressemble pas, une parole lourde
et vulgaire.

Œdipe. Alors j'aurais couru les routes,
franchi des montagnes et des fleuves
pour prendre une épouse qui deviendra
vite un Sphinx, pire que le Sphinx, un
Sphinx à mamelles[116] et à griffes!

Le Sphinx. Œdipe...

Œdipe. Non pas! Je tenterai ma
chance. Prenez cette ceinture[117]; elle
vous permettra de venir jusqu'à moi
lorsque j'aurai tué la bête. (*Jeu de
scène.*[118])

Le Sphinx. Avez-vous déjà tué?

Œdipe. Une fois. C'était au carrefour
où les routes de Delphes et de Daulie se
croisent. Je marchais comme tout à
l'heure. Une voiture approchait conduite par un vieillard, escorté de quatre
domestiques. Comme je croisais l'atte-
lage,[119] un cheval se cabre,[120] me bouscule[121] et me jette contre un des domestiques. Cet imbécile lève la main sur
moi. J'ai voulu répondre avec mon
bâton, mais il se courbe[122] et j'attrape[123]
le vieillard à la tempe.[124] Il tombe. Les
chevaux s'emballent,[125] ils le traînent.
Je cours après: les domestiques épou-
vantés se sauvent; et je me retrouve
seul avec le cadavre d'un vieillard qui
saigne,[126] et des chevaux empêtrés[127] qui
se roulent en hennissant[128] et en cassant
leurs jambes. C'était atroce... atroce...

Le Sphinx. Oui, n'est-ce pas... c'est
atroce de tuer...

Œdipe. Ma foi, ce n'était pas ma
faute et je n'y pense plus. Il importe

---

111. *Au premier abord* At first   112. *je...
prêtres* I made allowance for the gods and priests
113. thoughtless   114. outwit   115. *se font
rares* are becoming scarce (because of the Sphinx,
of course)

116. *à mamelles* with breasts   117. belt
118. *Jeu de scène* Appropriate action on stage
119. horses and carriage   120. *se cabre* rears
121. jostles   122. *se courbe* bends down
123. catch   124. temple   125. run away
126. is bleeding   127. tangled (in their har-
ness)   128. neighing

que je saute les obstacles, que je porte des œillères,[129] que je ne m'attendrisse pas. D'abord mon étoile.[130]

Le Sphinx. Alors, adieu Œdipe. Je suis du sexe qui dérange les héros. Quittons-nous, je crois que nous n'aurions plus grand'chose à nous dire.

Œdipe. Déranger les héros! Vous n'y allez pas de main-morte.[131]

Le Sphinx. Et... si le Sphinx vous tuait?

Œdipe. Sa mort dépend, si je ne me trompe, d'un interrogatoire auquel je devrai répondre. Si je devine, il ne me touche même pas, il meurt.

Le Sphinx. Et si vous ne devinez pas?

Œdipe. J'ai fait, grâce à ma triste enfance, des études qui me procurent bien des avantages sur les garnements[132] de Thèbes.

Le Sphinx. Vous m'en direz tant![133]

Œdipe. Et je ne pense pas que le monstre naïf s'attende à se trouver face à face avec l'élève des meilleurs lettrés[134] de Corinthe.

Le Sphinx. Vous avez réponse à tout. Hélas! car, vous l'avouerai-je, Œdipe, j'ai une faiblesse: les faibles me plaisent et j'eusse aimé vous prendre en défaut.[135]

Œdipe. Adieu.

(*Le Sphinx fait un pas pour s'élancer à sa poursuite*[136] *et s'arrête, mais ne peut résister à un appel. Jusqu'à son « moi! moi »! le Sphinx ne quitte plus des yeux les yeux d'Œdipe, bougeant comme autour de ce regard immobile, fixe, vaste, aux paupières*[137] *qui ne battent pas.*)

Le Sphinx. Œdipe!

Œdipe. Vous m'appelez?

Le Sphinx. Un dernier mot. Jusqu'à nouvel ordre,[138] rien d'autre ne préoccupe votre esprit, rien d'autre ne fait battre votre cœur, rien d'autre n'agite votre âme que le Sphinx?

Œdipe. Rien d'autre, jusqu'à nouvel ordre.

Le Sphinx. Et celui ou... celle qui vous mettrait en sa présence,... je veux dire qui vous aiderait... je veux dire, qui saurait peut-être quelque chose facilitant cette rencontre... se revêtirait-il ou elle[139] de prestige, au point de vous toucher, de vous émouvoir?

Œdipe. Certes, mais que prétendez-vous?[140]

Le Sphinx. Et si moi, moi, je vous livrais[141] un secret, un secret immense?

Œdipe. Vous plaisantez!

Le Sphinx. Un secret qui vous permette d'entrer en contact avec l'énigme des énigmes, avec la bête humaine, avec la chienne qui chante, comme ils disent, avec le Sphinx?

Œdipe. Quoi? Vous! Vous! Aurais-je deviné juste et votre curiosité aurait-elle découvert... Mais non! Je suis absurde. C'est une ruse de femme pour m'obliger à rebrousser chemin.[142]

Le Sphinx. Bonsoir.

Œdipe. Pardon...

Le Sphinx. Inutile.

Œdipe. Je suis un niais[143] qui s'agenouille[144] et qui vous conjure de lui pardonner.

Le Sphinx. Vous êtes un fat,[145] qui regrette d'avoir perdu sa chance et qui essaye de la reprendre.

---

129. blinders   130. *D'abord mon étoile.* My destiny comes first.   131. *Vous... main-morte.* i.e. You exaggerate.   132. scamps   133. *Vous... tant!* You don't say so!   134. men of letters   135. *vous prendre en défaut* catch you napping   136. *s'élancer... poursuite* rush after him   137. eyelids

138. *Jusqu'à nouvel ordre* Until further notice   139. *se... elle* would he or she be clothed   140. *que prétendez-vous?* what are you trying to say?   141. entrusted   142. *rebrousser chemin* turn back   143. stupid fellow   144. kneels   145. conceited ass

ŒDIPE. Je suis un fat, j'ai honte.
Tenez, je vous crois, je vous écoute.
Mais si vous m'avez joué un tour,[146] je
vous tirerai par les cheveux et je vous
pincerai jusqu'au sang.[147]

LE SPHINX. Venez. (*Elle le mène en
face du socle*). Fermez les yeux. Ne trichez pas.[148] Comptez jusqu'à cinquante.

ŒDIPE, *les yeux fermés*. Prenez garde!

LE SPHINX. Chacun son tour.

(*Œdipe compte. On sent qu'il se passe
un événement extraordinaire. Le Sphinx
bondit à travers les ruines, disparaît derrière le mur et reparaît, engagé dans le socle
praticable,[149] c'est-à-dire qu'il semble accro-
ché[150] au socle, le buste dressé[151] sur les
coudes,[152] la tête droite, alors que l'actrice
se tient debout, ne laissant paraître que son
buste et ses bras couverts de gants mou-
chetés,[153] les mains griffant le rebord,[154] que
l'aile brisée[155] donne naissance à des ailes
subites,[156] immenses, pâles, lumineuses, et
que le fragment de statue la complète, la
prolonge et paraît lui appartenir. On
entend Œdipe compter 47, 48, 49, attendre
un peu et crier 50. Il se retourne.*)

ŒDIPE. Vous!

LE SPHINX, *d'une voix lointaine, haute,
joyeuse, terrible*. Moi! Moi! le Sphinx!

ŒDIPE. Je rêve!

LE SPHINX. Tu n'es pas un rêveur,
Œdipe. Ce que tu veux, tu le veux, tu
l'as voulu. Silence. Ici j'ordonne. Approche. (*Œdipe, les bras au corps, comme
paralysé, tente[157] avec rage de se rendre
libre.*)

LE SPHINX. Avance. (*Œdipe tombe à
genoux.*) Puisque tes jambes te refusent
leur aide, saute, sautille[158]... Il est bon

qu'un héros se rende un peu ridicule.
Allons, va, va! Sois tranquille. Il n'y
a personne pour te regarder. (*Œdipe se
tordant[159] de colère, avance sur les genoux.*)

LE SPHINX. C'est bien. Halte! Et
maintenant...

ŒDIPE. Et maintenant, je commence
à comprendre vos méthodes et par quelles
manœuvres vous enjôlez[160] et vous égorgez
les voyageurs.

LE SPHINX. ...Et maintenant je vais
te donner un spectacle. Je vais te montrer ce qui se passerait à cette place,
Œdipe, si tu étais n'importe quel joli
garçon de Thèbes et si tu n'avais eu le
privilège de me plaire.

ŒDIPE. Je sais ce que valent vos ama-
bilités. (*Il se crispe des pieds à la tête.[161]
On voit qu'il lutte contre un charme.*)

LE SPHINX. Abandonne-toi. N'essaye
pas de te crisper, de résister. Abandonne-toi. Si tu résistes, tu ne réussiras
qu'à rendre ma tâche plus délicate et je
risque de te faire du mal.

ŒDIPE. Je résisterai! (*Il ferme les
yeux, détourne la tête.*)

LE SPHINX. Inutile de fermer les
yeux, de détourner la tête. Car ce n'est
ni par le chant, ni par le regard que
j'opère. Mais, plus adroit qu'un aveugle,
plus rapide que le filet[162] des gladiateurs,
plus subtil que la foudre,[163] plus raide[164]
qu'un cocher,[165] plus lourd qu'une vache,
plus sage qu'un élève tirant la langue
sur des chiffres,[166] plus gréé,[167] plus voilé,[168]
plus ancré,[169] plus bercé[170] qu'un navire,[171]
plus incorruptible qu'un juge, plus

---

146. trick   147. *jusqu'au sang* until you bleed
148. *Ne trichez pas.* Don't cheat.   149. i.e.,
with an opening in which the actor can stand
150. fastened   151. upright   152. elbows
153. speckled   154. *griffant le rebord* clawing
the edge   155. broken   156. sudden
157. attempts   158. skip around

159. *se tordant* twisting   160. inveigle
161. *Il... tête.* He grows tense from head to foot.
162. net. (Unarmed gladiators often fought
with a net against opponents in full armor.)
163. lightning   164. stiff   165. carriage-
driver   166. *tirant... chiffres* sticking out his
tongue while adding figures   167. rigged
168. *plus voilé* with more sails   169. anchored
down   170. rocked   171. ship

vorace que les insectes, plus sanguinaire que les oiseaux, plus nocturne que l'œuf, plus ingénieux que les bourreaux[172] d'Asie, plus fourbe[173] que le cœur, plus désinvolte[174] qu'une main qui triche, plus fatal[175] que les astres, plus attentif que le serpent qui humecte[176] sa proie[177] de salive; je secrète, je tire de moi, je lâche,[178] je dévide,[179] je déroule, j'enroule de telle sorte qu'il me suffira de vouloir ces nœuds[180] pour les faire et d'y penser pour les tendre ou pour les détendre[181]; si mince[182] qu'il t'échappe, si souple que tu t'imagineras être victime de quelque poison, si dur qu'une maladresse de ma part t'amputerait, si tendu qu'un archet[183] obtiendrait entre nous une plainte céleste; bouclé[184] comme la mer, la colonne, la rose, musclé comme la pieuvre,[185] machiné comme les décors du rêve,[186] invisible surtout, invisible et majestueux comme la circulation du sang des statues, un fil[187] qui te ligote[188] avec la volubilité des arabesques folles du miel qui tombe sur du miel.[189]

ŒDIPE. Lâchez-moi!

LE SPHINX. Et je parle, je travaille, je dévide, je déroule, je calcule, je médite, je tresse,[190] je vanne,[191] je tricote,[192] je natte,[193] je croise,[194] je passe, je repasse, je noue et dénoue et renoue,[195] retenant les moindres nœuds qu'il me

faudra te dénouer ensuite sous peine de mort; et je serre,[196] je desserre,[197] je me trompe,[198] je reviens sur mes pas,[199] j'hésite, je corrige, enchevêtre,[200] désenchevêtre, délace,[201] entrelace,[202] repars; et j'ajuste, j'agglutine, je garrotte,[203] je sangle,[204] j'entrave,[205] j'accumule, jusqu'à ce que tu te sentes, de la pointe des pieds à la racine[206] des cheveux, vêtu de toutes les boucles[207] d'un seul reptile dont la moindre respiration coupe la tienne et te rende pareil au bras inerte sur lequel un dormeur s'est endormi.

ŒDIPE, *d'une voix faible.* Laissez-moi! Grâce...

LE SPHINX. Et tu demanderais grâce et tu n'aurais pas à en avoir honte, car tu ne serais pas le premier, et j'en ai entendu de plus superbes[208] appeler leur mère, et j'en ai vu de plus insolents fondre en larmes,[209] et les moins démonstratifs étaient encore les plus faibles car ils s'évanouissaient[210] en route, et il me fallait imiter les embaumeurs[211] entre les mains desquels les morts sont des ivrognes qui ne savent même plus se tenir debout![212]

ŒDIPE. Mérope!... Maman!

LE SPHINX. Ensuite, je te commanderais d'avancer un peu et je t'aiderais en desserrant[213] tes jambes. Là! Et je t'interrogerais. Je te demanderais par exemple: Quel est l'animal qui marche sur quatre pattes[214] le matin, sur deux pattes à midi, sur trois pattes le soir?[215] Et tu chercherais, tu chercherais. A

172. executioners 173. deceitful 174. casual 175. fateful 176. moistens 177. prey 178. release 179. unwind (as in spinning) 180. knots 181. *pour les tendre... détendre* to tighten or to loosen them 182. thin 183. bow (as of a violin) 184. curly 185. octopus 186. *machiné... rêve* tricked up like a dream setting 187. thread 188. binds 189. *avec... miel* with the rapidity of honey which makes crazy patterns as it falls on honey. 190. braid 191. winnow 192. knit 193. plait 194. cross 195. *je noue... renoue* I tie and untie and retie

196. tighten 197. loosen 198. *je me trompe* I made mistakes 199. *je... pas* I turn back 200. tangle 201. unlace 202. interlace 203. bind hand and foot 204. strap 205. shackle 206. roots 207. coils 208. proud 209. *fondre en larmes* burst into tears 210. fainted 211. embalmers 212. *qui... debout* who are unable even to stand erect any more 213. loosening 214. feet 215. This is the riddle of the Sphinx.

force de chercher, ton esprit se poserait sur une petite médaille de ton enfance, ou tu répèterais un chiffre,[216] ou tu compterais les étoiles entre ces deux colonnes détruites; et je te remettrais au fait[217] en te dévoilant[218] l'énigme.

Cet animal est l'homme qui marche à quatre pattes lorsqu'il est enfant, sur deux pattes quand il est valide,[219] et lorsqu'il est vieux, avec la troisième patte d'un bâton.

ŒDIPE. C'est trop bête![220]

LE SPHINX. Tu t'écrierais: C'est trop bête! Vous le dites tous. Alors puisque cette phrase confirme ton échec,[221] j'appellerais Anubis, mon aide. Anubis!

(*Anubis paraît, les bras croisés, la tête de profil, debout à droite du socle.*)

ŒDIPE. Oh! Madame... Oh! Madame! Oh! non! non! non! non, Madame!

LE SPHINX. Et je te ferais mettre à genoux. Allons... Allons... là, là... Sois sage. Et tu courberais la tête... et l'Anubis s'élancerait. Il ouvrirait ses mâchoires de loup! (*Œdipe pousse un cri.*) J'ai dit: courberais... s'élancerait... ouvrirait... N'ai-je pas toujours eu soin de m'exprimer sur ce mode?[222] Pourquoi ce cri? Pourquoi cette face d'épouvante?[223] C'était une démonstration, Œdipe, une simple démonstration. Tu es libre.

ŒDIPE. Libre! (*Il remue*[224] *un bras, une jambe... il se lève, il titube,*[225] *il porte la main à sa tête*).

ANUBIS. Pardon, Sphinx. Cet homme ne peut sortir d'ici sans subir l'épreuve.[226]

LE SPHINX. Mais...

ANUBIS. Interroge-le...

ŒDIPE. Mais...

ANUBIS. Silence! Interroge cet homme. (*Un silence. Œdipe tourne le dos, immobile.*)

LE SPHINX. Je l'interrogerai... je l'interrogerai... C'est bon. (*Avec un dernier regard de surprise vers Anubis*). Quel est l'animal qui marche sur quatre pattes le matin, sur deux pattes à midi, sur trois pattes le soir?

ŒDIPE. L'homme, parbleu![227] qui se traîne à quatre pattes lorsqu'il est petit, qui marche sur deux pattes lorsqu'il est grand et qui, lorsqu'il est vieux, s'aide avec la troisième patte d'un bâton. (*Le Sphinx roule*[228] *sur le socle.*)

ŒDIPE, *prenant sa course*[229] *vers la droite.* Vainqueur!

(*Il s'élance et sort par la droite. Le Sphinx glisse dans la colonne, disparaît derrière le mur, reparaît sans ailes.*)

LE SPHINX. Œdipe! Où est-il? Où est-il?

ANUBIS. Parti, envolé. Il court à perdre haleine[230] proclamer sa victoire.

LE SPHINX. Sans regard vers moi, sans un geste ému, sans un signe de reconnaissance.

ANUBIS. Vous attendiez-vous à une autre attitude?

LE SPHINX. L'imbécile! Il n'a donc rien compris.

ANUBIS. Rien compris.

LE SPHINX. Kss! Kss! Anubis... Tiens, tiens, regarde, cours vite, mords-le,[231] Anubis, mords-le!

ANUBIS. Tout recommence. Vous revoilà femme et me revoilà chien.

LE SPHINX. Pardon. Je perds la tête, je suis folle. Mes mains tremblent. J'ai la fièvre, je voudrais le rejoindre d'un bond, lui cracher[232] au visage, le griffer,

---

216. number   217. *je... fait* I would set you to rights   218. unveiling   219. in health   220. *C'est trop bête!* How stupid of me! 221. failure   222. i.e., the conditional 223. fear   224. moves   225. staggers 226. *subir l'épreuve* undergoing the test

227. of course   228. totters   229. *prenant sa course* breaking into a run   230. *à perdre haleine* as fast as he can   231. bite him 232. spit

le défigurer, le piétiner, le châtrer,[233] l'écorcher vif![234]

ANUBIS. Je vous retrouve.[235]

LE SPHINX. Aide-moi! Venge-moi! Ne reste pas immobile.

ANUBIS. Vous détestez vraiment cet homme?

LE SPHINX. Je le déteste.

ANUBIS. S'il lui arrivait le pire, le pire vous paraîtrait encore trop doux?

LE SPHINX. Trop doux.

ANUBIS (il montre la robe du Sphinx). Regardez les plis[236] de cette étoffe.[237] Pressez-les les uns contre les autres. Et maintenant, si vous traversez cette masse d'une épingle,[238] si vous enlevez l'épingle, si vous lissez[239] l'étoffe jusqu'à faire disparaître toute trace des anciens plis, pensez-vous qu'un nigaud de campagne[240] puisse croire que les innombrables trous[241] qui se répètent de distance en distance[242] résultent d'un seul coup d'épingle?

LE SPHINX. Certes non.

ANUBIS. Le temps des hommes est de l'éternité pliée.[243] Pour nous il n'existe pas. De sa naissance à sa mort la vie d'Œdipe s'étale,[244] sous mes yeux, plate, avec sa suite d'épisodes.

LE SPHINX. Parle, parle, Anubis, je brûle. Que vois-tu?

ANUBIS. Jadis Jocaste et Laïus eurent un enfant. L'oracle ayant annoncé que cet enfant serait un fléau...

LE SPHINX. Un fléau!

ANUBIS. Un monstre, une bête immonde...

LE SPHINX. Plus vite! plus vite!

ANUBIS. Jocaste le ligota[245] et l'envoya perdre sur la montagne. Un berger de Polybe le trouve, l'emporte et, comme Polybe et Mérope se lamentaient d'une couche stérile...

LE SPHINX. Je tremble de joie.

ANUBIS. Ils l'adoptent. Œdipe, fils de Laïus a tué Laïus au carrefour des trois routes.

LE SPHINX. Le vieillard!

ANUBIS. Fils de Jocaste, il épousera Jocaste.

LE SPHINX. Et moi qui lui disais: Elle pourrait être votre mère. Et il répondait: L'essentiel est qu'elle ne le soit pas. Anubis! Anubis! C'est trop beau, trop beau.

ANUBIS. Il aura deux fils qui s'entr'égorgeront,[246] deux filles dont une se pendra... Jocaste se pendra...

LE SPHINX. Halte! Que pourrais-je espérer de plus? Songe, Anubis: les noces d'Œdipe et de Jocaste! Les noces du fils et de la mère... Et le saura-t-il vite?

ANUBIS. Assez vite.

LE SPHINX. Quelle minute! D'avance, avec délices je la savoure.[247] Hélas! Je voudrais être là.

ANUBIS. Vous serez là.

LE SPHINX. Est-ce possible?

ANUBIS. Le moment est venu où j'estime nécessaire de vous rappeler qui vous êtes et quelle distance risible[248] vous sépare de cette petite forme qui m'écoute. Vous qui avez assumé le rôle du Sphinx! Vous la Déesse des Déesses! Vous la grande entre les grandes! Vous l'implacable! Vous la Vengeance! Vous Némésis! (Anubis se prosterne.)

LE SPHINX. Némésis... (Elle tourne le dos à la salle et reste un long moment raide, les bras en croix.[249] Soudain elle sort de cette hypnose et s'élance vers le

---

233. castrate 234. l'écorcher vif skin him alive 235. Je vous retrouve. I find you yourself again. 236. folds 237. cloth 238. si... épingle if you put a pin through this thickness of cloth 239. smooth down 240. nigaud de campagne country bumpkin 241. holes 242. de distance en distance at intervals 243. folded 244. spreads out 245. bound

246. will cut each other's throats 247. relish 248. laughable 249. en croix crossed

fond.) Encore une fois, s'il est visible, je veux repaître[250] ma haine, je veux le voir courir d'un piège[251] dans un autre, comme un rat écervelé.[252]

ANUBIS. Est-ce le cri de la déesse qui se réveille ou de la femme jalouse?

LE SPHINX. De la déesse, Anubis, de la déesse. Nos dieux m'ont distribué le rôle de Sphinx, je saurai en être digne.

ANUBIS. Enfin!

(*Le Sphinx domine la plaine, il se penche, il inspecte. Tout à coup il se retourne. Les moindres traces de la grandeur furieuse qui viennent de le transfigurer ont disparu.*)

LE SPHINX. Chien! Tu m'avais menti.

ANUBIS. Moi?

LE SPHINX. Oui, toi! menteur! menteur! Regarde la route. Œdipe a rebroussé chemin,[253] il court, il vole, il m'aime, il a compris!

ANUBIS. Vous savez fort bien, Madame, ce que vaut sa réussite et pourquoi le Sphinx n'est pas mort.

LE SPHINX. Vois-le qui saute de roche en roche comme mon cœur saute dans ma poitrine.

ANUBIS. Convaincu de son triomphe et de votre mort, ce jeune étourneau[254] vient de s'apercevoir que, dans sa hâte,[255] il oublie le principal.

LE SPHINX. Misérable! Tu prétends qu'il vient me chercher morte.

ANUBIS. Pas vous, ma petite furie, le Sphinx. Il croit avoir tué le Sphinx; il faut qu'il le prouve. Thèbes ne se contenterait pas d'une histoire de chasse.

LE SPHINX. Tu mens! Je lui dirai tout! Je le préviendrai! Je le sauverai. Je le détournerai de Jocaste, de cette ville maudite...

ANUBIS. Prenez-garde.

LE SPHINX. Je parlerai.

ANUBIS. Il entre. Laissez-le parler avant.

(*Œdipe, essoufflé,[256] entre par le premier plan[257] à droite. Il voit le Sphinx et Anubis debout, côte à côte[258]*).

ŒDIPE (*saluant*). Je suis heureux, Madame, de voir la bonne santé dont les immortels jouissent après leur mort.

LE SPHINX. Que revenez-vous faire en ces lieux?

ŒDIPE. Chercher mon dû.[259] (*Mouvement de colère d'Anubis du côté d'Œdipe qui recule.*)

LE SPHINX. Anubis! (*D'un geste elle lui ordonne de la laisser seule. Il s'écarte[260] derrière les ruines. A Œdipe*). Vous l'aurez. Restez où vous êtes. Le vaincu est une femme. Il demande au vainqueur une dernière grâce.

ŒDIPE. Excusez-moi d'être sur mes gardes. Vous m'avez appris à me méfier de vos ruses féminines.

LE SPHINX. J'étais le Sphinx! Non, Œdipe... Vous ramènerez ma dépouille[261] à Thèbes et l'avenir vous récompensera... selon vos mérites. Non... Je vous demande simplement de me laisser disparaître derrière ce mur afin d'ôter ce corps dans lequel je me trouve, l'avouerais-je, depuis quelques minutes,... un peu à l'étroit.[262]

ŒDIPE. Soit! Mais dépêchez-vous. La dernière fanfare... (*On entend les trompettes.*) Tenez, j'en parle, elle sonne. Il ne faudrait pas que je tarde.

LE SPHINX, *caché.* Thèbes ne laissera pas à la porte un héros.

LA VOIX D'ANUBIS, *derrière les ruines.* Hâtez-vous. Hâtez-vous... Madame. On

---

250. feed   251. trap   252. brainless
253. *rebroussé chemin* turned back   254. starling   255. hast

256. out of breath   257. *premier plan* front of the stage   258. *côte à côte* side by side
259. due   260. moves away   261. body
262. *à l'étroit* cramped

dirait que vous inventez des prétextes et que vous traînez exprès.[263]

LE SPHINX, *caché*. Suis-je la première, Dieu des morts, que tu doives tirer par sa robe?

ŒDIPE. Vous gagnez du temps, Sphinx.

LE SPHINX, *caché*. N'en accusez que votre chance, Œdipe. Ma hâte vous eût joué un mauvais tour. Car une grave difficulté se présente. Si vous rapportez à Thèbes le cadavre d'une jeune fille, en place du monstre auquel les hommes s'attendent, la foule vous lapidera.[264]

ŒDIPE. C'est juste! Les femmes sont étonnantes; elles pensent à tout.

LE SPHINX, *caché*. Ils m'appellent: La vierge à griffes... La chienne qui chante... Ils veulent reconnaître mes crocs.[265] Ne vous inquiétez pas. Anubis! Mon chien fidèle! Écoute, puisque nos figures ne sont que des ombres, il me faut ta tête de chacal.

ŒDIPE. Excellent!

ANUBIS, *caché*. Faites ce qu'il vous plaira pourvu que cette honteuse comédie finisse, et que vous puissiez revenir à vous.

LE SPHINX, *caché*. Je ne serai pas longue.

ŒDIPE. Je compte jusqu'à cinquante comme tout à l'heure. C'est ma revanche.

ANUBIS, *caché*. Madame, Madame, qu'attendez-vous encore?

LE SPHINX. Me voilà laide, Anubis. Je suis un monstre!... Pauvre gamin... si je l'effraye...

ANUBIS. Il ne vous verra même pas, soyez tranquille.

LE SPHINX. Est-il donc aveugle?

ANUBIS. Beaucoup d'hommes naissent aveugles et ils ne s'en aperçoivent que

263. *traînez exprès* are delaying on purpose
264. will stone   265. fangs

le jour où une bonne vérité leur crève les yeux.

ŒDIPE. Cinquante!

ANUBIS, *caché*. Allez. Allez...

LE SPHINX, *caché*. Adieu, Sphinx.

(*On voit sortir de derrière le mur, en chancelant,*[266] *la jeune fille à tête de chacal. Elle bat l'air de ses bras et tombe.*)

ŒDIPE. Il était temps! (*Il s'élance, ne regarde même pas, ramasse le corps et se campe au premier plan à gauche. Il porte le corps en face de lui, à bras tendus.*) Pas ainsi! Je ressemblerais à ce tragédien de Corinthe que j'ai vu jouer un roi et porter le corps de son fils. La pose était pompeuse et n'émouvait personne.

(*Il essaye de tenir le corps sous son bras gauche; derrière les ruines, sur le monticule, apparaissent deux formes géantes couvertes de voiles irisés*[267]*: les dieux.*)

ŒDIPE. Non! Je serais ridicule. On dirait un chasseur qui rentre bredouille après avoir tué son chien.

ANUBIS (*la forme de droite*). Pour que les derniers miasmes[268] humains abandonnent votre corps de déesse, sans doute serait-il bon que cet Œdipe vous désinfecte en se décernant[269] au moins un titre de demi-dieu.

NÉMÉSIS (*la forme de gauche*). Il est si jeune...

ŒDIPE. Hercule! Hercule jeta le lion sur son épaule!... (*Il charge le corps sur son épaule.*) Oui, sur mon épaule! Sur mon épaule! Comme un demi-dieu!

ANUBIS, *voilé*. Il est for-mi-dable.

ŒDIPE, *se met en marche vers la droite, faisant deux pas après chacune de ses actions de grâces.*[270] J'ai tué la bête immonde.

266. staggering   267. *voiles irisés* iridescent veils   268. poisonous, noxious matters   269. awarding   270. *actions de grâces* (*literally* giving thanks). Here the actor raises his hands, as if giving thanks to the gods, although his words do not correspond to the gesture.

NÉMÉSIS, *voilée.* Anubis... Je me sens très mal à l'aise.

ANUBIS. Il faut partir.

ŒDIPE. J'ai sauvé la ville!

ANUBIS. Allons, venez, venez, Madame.

ŒDIPE. J'épouserai la Reine Jocaste!

NÉMÉSIS, *voilée.* Les pauvres, pauvres, pauvres hommes... Je n'en peux plus, Anubis... J'étouffe. Quittons la terre.

ŒDIPE. Je serai Roi!

(*Une rumeur*[271] *enveloppe les deux grandes formes. Les voiles volent autour d'elles. Le jour se lève. On entend des coqs.*)

RIDEAU

LA VOIX

Depuis l'aube,[1] les fêtes du couronnement et des noces se succèdent. La foule vient d'acclamer une dernière fois la Reine et le vainqueur du Sphinx.

Chacun rentre chez soi. On n'entend plus, sur la petite place du palais royal que le bruit d'une fontaine. Œdipe et Jocaste se trouvent enfin tête à tête dans la chambre nuptiale. Ils dorment debout, et, malgré quelque signe d'intelligence et de politesse du destin, le sommeil les empêchera de voir la trappe[2] qui se ferme sur eux pour toujours.

ACTE III

LA NUIT DE NOCES

L'estrade représente la chambre de Jocaste, rouge comme une petite boucherie[3] *au milieu des architectures de la ville. Un large lit couvert de fourrures*[4] *blanches. Au pied du lit une peau de bête.*[5] *A gauche du lit, un berceau.*[6]

Au premier plan gauche, une baie grillagée[7] *donne sur une place de Thèbes. Au premier plan droite un miroir mobile de taille*[8] *humaine.*

Œdipe et Jocaste portent les costumes du couronnement. Dès le lever du rideau ils se meuvent dans le ralenti[9] *d'une extrême fatigue.*

JOCASTE. Ouf! je suis morte! tu es tellement actif! J'ai peur que cette chambre te devienne une cage, une prison.

ŒDIPE. Mon cher amour! Une chambre de femme! Une chambre qui embaume,[10] ta chambre! Après cette journée éreintante,[11] après ces cortèges,[12] ce cérémonial, cette foule qui continuait encore à nous acclamer sous nos fenêtres...

JOCASTE. Pas à nous acclamer... à t'acclamer, toi.

ŒDIPE. C'est pareil.

JOCASTE. Il faut être véridique, petit vainqueur. Ils me détestent. Mes robes les agacent,[13] mon accent les agace, mon noir[14] aux yeux les agace, mon rouge aux lèvres les agace, ma vivacité les agace.

ŒDIPE. Créon les agace! Créon le sec, le dur, l'inhumain. Je relèverai ton prestige. Ah! Jocaste, quel beau programme!

JOCASTE. Il était temps que tu viennes, je n'en peux plus.

ŒDIPE. Ta chambre, une prison! ta chambre... et notre lit.

JOCASTE. Veux-tu que j'ôte le berceau? Depuis la mort de l'enfant, il me le fallait près de moi, je ne pouvais pas dormir... j'étais trop seule... Mais maintenant...

ŒDIPE, *d'une voix confuse.* Mais maintenant...

JOCASTE. Que dis-tu?

271. indistinct noise
1. dawn   2. trap door   3. butcher shop
4. furs   5. *peau de bête* animal skin   6. cradle
7. *baie grillagée* bay window with bars
8. height   9. slow motion   10. smells sweet
11. exhausting   12. processions   13. vex
14. mascara

ŒDIPE. Je dis... je dis... que c'est lui... lui... le chien... je veux dire... le chien qui refuse[15]... le chien... le chien fontaine... (*Sa tête tombe.*)

JOCASTE. Œdipe! Œdipe!

ŒDIPE, *réveillé en sursaut.* Hein?

JOCASTE. Tu t'endormais!

ŒDIPE. Moi? Pas du tout.

JOCASTE. Si. Tu me parlais de chien, de chien qui refuse, de chien fontaine; et moi je t'écoutais. (*Elle rit et semble, elle-même, tomber dans le vague.*)

ŒDIPE. C'est absurde!

JOCASTE. Je te demande si tu veux que j'ôte le berceau, s'il te gêne...

ŒDIPE. Suis-je un gamin pour craindre ce joli fantôme de mousseline? Au contraire il sera le berceau de ma chance. Ma chance y grandira près de notre amour, jusqu'à ce qu'il serve à notre premier fils. Alors!...

JOCASTE.´ Mon pauvre adoré... Tu meurs de fatigue et nous restons là... debout (*même jeu qu'Œdipe*), debout sur ce mur...

ŒDIPE. Quel mur?

JOCASTE. Ce mur de ronde. (*Elle sursaute.*) Un mur... Hein? Je... je... (*Hagarde.*) Qu'y a-t-il?

ŒDIPE, *riant.* Eh bien! cette fois c'est toi qui rêves. Nous dormons debout, ma pauvre chérie.

JOCASTE. J'ai dormi? J'ai parlé?

ŒDIPE. Je te parle de chien fontaine, tu me parles de mur de ronde: voilà notre nuit de noces. Ecoute, Jocaste, je te supplie (tu m'écoutes?) s'il m'arrive de m'endormir encore, je te supplie de me réveiller, de me secouer,[16] et si tu t'endors, je ferai de même. Il ne faut

pas que cette nuit unique sombre[17] dans le sommeil. Ce serait trop triste.

JOCASTE. Fou bien-aimé, pourquoi? Nous avons toute la vie.

ŒDIPE. C'est possible, mais je ne veux pas que le sommeil me gâche[18] le prodige[19] de passer cette nuit de fête profondément seul avec toi. Je propose d'ôter ces étoffes si lourdes et puisque nous n'attendons personne...

JOCASTE. Ecoute, mon garçon chéri, tu vas te fâcher...

ŒDIPE. Jocaste! ne me dis pas qu'il reste encore quelque chose d'officiel au programme.

JOCASTE. Pendant que mes femmes me coiffent,[20] l'étiquette exige que tu reçoives une visite.

ŒDIPE. Une visite! à des heures pareilles!

JOCASTE. Une visite... une visite... Une visite de pure forme.

ŒDIPE. Dans cette chambre?

JOCASTE. Dans cette chambre.

ŒDIPE. Et de qui cette visite?

JOCASTE. Ne te fâche pas. De Tirésias.

ŒDIPE. Tirésias? Je refuse!

JOCASTE. Ecoute...

ŒDIPE. C'est le comble![21] Tirésias dans le rôle de la famille qui prodigue les derniers conseils. Laisse-moi rire et refuser la visite de Tirésias.

JOCASTE. Mon petit fou, je te le demande. C'est une vieille coutume de Thèbes que le grand prêtre consacre en quelque sorte l'union des souverains. Et puis Tirésias est notre vieil oncle, notre chien de garde. Je l'aime beaucoup, Œdipe, et Laïus l'adorait; il est presque aveugle. Il serait maladroit de le blesser et de le mettre contre notre amour.

---

15. We remember Anubis's promise that the Sphinx will be present when Oedipus learns the truth about his relationship with Jocasta; naturally, Nemesis would be ever present and relentless.   16. shake

17. should sink   18. should spoil   19. miracle   20. *me coiffent* arrange my hair   21. *C'est le comble!* That's the limit!

Œdipe. C'est égal... en pleine nuit...[21]

Jocaste. Fais-le. Fais-le pour nous et pour l'avenir. C'est capital.[23] Vois-le cinq minutes, mais vois-le, écoute-le. Je te le demande. (*Elle l'embrasse.*)

Œdipe. Je te préviens que je ne le laisserai pas s'asseoir.

Jocaste. Je t'aime. (*Long baiser.*) Je ne serai pas longue. (*A la sortie de gauche.*) Je vais le faire prévenir que la place est libre. Patience. Fais-le pour moi. Pense à moi. (*Elle sort.*)

(*Œdipe, resté seul se regarde dans le miroir et prend des poses. Tirésias entre par la droite sans être entendu. Œdipe le voit au milieu de la chambre et se retourne d'un bloc.*[24])

Œdipe. Je vous écoute.

Tirésias. Halte-là, Monseigneur, qui vous a dit que je vous réservais un sermon?

Œdipe. Personne, Tirésias, personne. Simplement, je ne suppose pas qu'il vous soit agréable de jouer les trouble-fête.[25] Sans doute attendez-vous que je feigne[26] d'avoir reçu vos conseils. Je m'inclinerai, vous me bénirez et nous nous donnerons l'accolade.[27] Notre fatigue y trouvera son compte[28] en même temps que les usages. Ai-je deviné juste?

Tirésias. Peut-être est-il exact qu'il y ait à la base de cette démarche une sorte de coutume, mais il faudrait pour cela un mariage royal avec tout ce qu'il comporte de dynastique, de mécanique et, l'avouerai-je, de fastidieux. Non, Monseigneur. Les événements imprévisibles nous mettent en face de problèmes et de devoirs nouveaux. Et vous

conviendrez que votre sacre,[29] que votre mariage, se présentent sous une forme difficile à classer, impropre à ranger dans un code.

Œdipe. On ne saurait dire avec plus de grâce que je tombe sur la tête de Thèbes comme une tuile[30] tombe d'un toit.

Tirésias. Monseigneur!

Œdipe. Apprenez que tout ce qui se classe empeste[31] la mort. Il faut se déclasser, Tirésias, sortir du rang. C'est le signe des chefs-d'œuvre et des héros. Un déclassé, voilà ce qui étonne et ce qui règne.

Tirésias. Soit, admettez alors qu'en assumant un rôle qui déborde le protocole, je me déclasse à mon tour.

Œdipe. Au but,[32] Tirésias, au but.

Tirésias. J'irai donc au but et je parlerai en toute franchise. Monseigneur, les présages vous sont funestes, très funestes. Je devais vous mettre en garde.

Œdipe. Parbleu! Je m'y attendais. Le contraire m'eût étonné. Ce n'est pas la première fois que les oracles s'acharnent contre moi[33] et que mon audace les déjoue.[34]

Tirésias. Croyez-vous qu'on puisse les déjouer?

Œdipe. J'en suis la preuve. Et même si mon mariage dérange les Dieux, que faites-vous de vos promesses, de votre délivrance, de la mort du Sphinx! et pourquoi les Dieux m'ont-ils poussé jusqu'à cette chambre, si ces noces leur déplaisent?

Tirésias. Prétendez-vous[35] résoudre en une minute le problème du libre

---

22. *C'est... nuit* Just the same ... in the middle of the night.   23. *C'est capital.* It's of the utmost importance.   24. *d'un bloc* all of a piece   25. *jouer les trouble-fête* play the part of a kill-joy   26. should pretend   27. a kiss on both cheeks (a ceremonial gesture)   28. *trouvera son compte* will be satisfied

29. coronation   30. tile   31. reeks of   32. *Au but* Come to the point   33. *s'acharnent contre moi* are set against me   34. *mon... déjoue* my daring outwits them   35. Do you presume to

arbitre?[36] Hélas! Hélas! le pouvoir vous grise.[37]

ŒDIPE. Le pouvoir vous échappe.

TIRÉSIAS. Vous parlez au pontife, prenez garde!

ŒDIPE. Prenez garde, pontife. Dois-je vous faire souvenir que vous parlez à votre Roi?

TIRÉSIAS. Au mari de ma Reine, Monseigneur.

ŒDIPE. Jocaste m'a signifié[38] tout à l'heure que son pouvoir passait absolu entre mes mains. Dites-le à votre maître.

TIRÉSIAS. Je ne sers que les Dieux.

ŒDIPE. Enfin, si vous préférez cette formule, à celui qui guette[39] votre retour.[40]

TIRÉSIAS. Jeunesse bouillante! vous m'avez mal compris.

ŒDIPE. J'ai fort bien compris qu'un aventurier vous gêne. Sans doute espérez-vous que j'ai trouvé le Sphinx mort sur ma route. Le vrai vainqueur a dû me le vendre comme à ces chasseurs qui achètent le lièvre[41] au braconnier.[42] Et si j'ai payé la dépouille,[43] que découvrirez-vous en fin de compte,[44] comme vainqueur du Sphinx? Ce qui vous menaçait chaque minute et ce qui empêchait Créon de dormir: un pauvre soldat de seconde classe que la foule porterait en triomphe et qui réclamerait son dû... (criant) son dû!

TIRÉSIAS. Il n'oserait pas.

ŒDIPE. Enfin! Je vous l'ai fait dire. Le voilà le mot de[45] la farce. Les voilà vos belles promesses. Voilà donc sur quoi vous comptiez.

TIRÉSIAS. La Reine est plus que ma propre fille. Je dois la surveiller et la

défendre. Elle est faible, crédule, romanesque...

ŒDIPE. Vous l'insultez, ma parole.

TIRÉSIAS. Je l'aime.

ŒDIPE. Elle n'a plus besoin que de mon amour.

TIRÉSIAS. C'est au sujet de cet amour, Œdipe, que j'exige une explication. Aimez-vous la Reine?

ŒDIPE. De toute mon âme.

TIRÉSIAS. J'entends[46]: Aimez-vous la prendre dans vos bras?

ŒDIPE. J'aime surtout qu'elle me prenne dans les siens.

TIRÉSIAS. Je vous sais gré de[47] cette nuance. Vous êtes jeune, Œdipe, très jeune. Jocaste pourrait être votre mère. Je sais, je sais, vous allez me répondre...

ŒDIPE. Je vais vous répondre que j'ai toujours rêvé d'un amour de ce genre, d'un amour presque maternel.

TIRÉSIAS. Œdipe, ne confondez-vous pas la gloire et l'amour? Aimeriez-vous Jocaste si elle ne régnait pas?

ŒDIPE. Question stupide et cent fois posée. Jocaste m'aimerait-elle si j'étais vieux, laid, si je ne sortais pas de l'inconnu? Croyez-vous qu'on ne puisse prendre le mal d'amour[48] en touchant l'or et la pourpre? Les privilèges dont vous parlez ne sont-ils pas la substance même de Jocaste et si étroitement enchevêtrés à[49] ses organes qu'on ne puisse les désunir. De toute éternité nous appartenions l'un à l'autre. Son ventre cache les plis et replis d'un manteau de pourpre beaucoup plus royal que celui qu'elle agrafe[50] sur ses épaules. Je l'aime, je l'adore, Tirésias; auprès d'elle il me semble que j'occupe enfin ma vraie place. C'est ma femme, c'est ma Reine. Je l'ai, je la garde, je la retrouve, et ni par les prières

36. *libre arbitre* free will   37. intoxicates
38. *m'a signifié* intimated to me   39. is awaiting anxiously   40. return   41. hare
42. poacher   43. body   44. *en fin de compte* ultimately   45. *le mot de* the key to

46. I mean   47. *sais gré de* am grateful for
48. *mal d'amour* sickness of love   49. *enchevêtrés à* bound up with   50. fastens

ni par les menaces, vous n'obtiendrez que j'obéisse à des ordres venus je ne sais d'où.

Tirésias. Réfléchissez encore, Œdipe. Les présages et ma propre sagesse me donnent tout à craindre de ces noces extravagantes; réfléchissez.

Œdipe. Il serait un peu tard.

Tirésias. Avez-vous l'expérience des femmes?

Œdipe. Pas la moindre. Et même je vais porter votre surprise à son comble et me couvrir de ridicule à vos yeux: je suis vierge!

Tirésias. Vous!

Œdipe. Le pontife d'une capitale s'étonne qu'un jeune campagnard mette son orgueil à se garder pur pour une offrande unique. Vous eussiez préféré pour la Reine un prince dégénéré, un pantin[51] dont Créon et les prêtres tireraient les ficelles.[52]

Tirésias. C'en est trop!

Œdipe. Encore une fois, je vous ordonne...

Tirésias. Ordonne? L'orgueil vous rend-il fou!

Œdipe. Ne me mettez pas en colère. Je suis à bout de patience, irascible, capable de n'importe quel acte irréfléchi.

Tirésias. Orgueilleux!... Faible et orgueilleux.

Œdipe. Vous l'aurez voulu.[53] (*Il se jette sur Tirésias les mains autour de son cou.*)

Tirésias. Laissez-moi... N'avez-vous pas honte?...

Œdipe. Vous craignez que sur votre face, là, là, de tout près et dans vos yeux d'aveugle, je lise la vraie vérité de votre conduite.

Tirésias. Assassin! Sacrilège!

Œdipe. Assassin! je devrais l'être... J'aurai sans doute un jour à me repentir d'un respect absurde et si j'osais... Oh! oh! mais! Dieux! ici... ici... dans ses yeux d'aveugle, je ne savais pas que ce fût possible.

Tirésias. Lâchez-moi! Brute!

Œdipe. L'avenir! mon avenir, comme dans une boule de cristal.

Tirésias. Vous vous repentirez...

Œdipe. Je vois, je vois... Tu as menti, devin! J'épouserai Jocaste... Une vie heureuse, riche, prospère, deux fils... des filles... et Jocaste toujours aussi belle, toujours la même, une amoureuse, une mère dans un palais de bonheur... Je vois mal, je vois mal, je veux voir! C'est ta faute, devin... Je veux voir! (*Il le secoue.*)

Tirésias. Maudit![54]

Œdipe, *se rejetant brusquement en arrière, lâchant Tirésias et les mains sur les yeux.* Ah! sale bête! Je suis aveugle. Il m'a lancé du poivre.[55] Jocaste! au secours! au secours!...

Tirésias. Je n'ai rien lancé. Je le jure. Vous êtes puni de votre sacrilège.

Œdipe (*il se roule par terre*). Tu mens!

Tirésias. Vous avez voulu lire de force ce que contiennent mes yeux malades, ce que moi-même je n'ai pas déchiffré encore, et vous êtes puni.

Œdipe. De l'eau, de l'eau, vite, je brûle...

Tirésias (*il lui impose les mains sur le visage*). Là, là. Soyez sage... je vous pardonne. Vous êtes nerveux. Restez tranquille par exemple. Vous y verrez,[56] je vous le jure. Sans doute êtes-vous arrivé à un point que les Dieux veulent garder obscur ou bien vous punissent-ils de votre impudence.

Œdipe. J'y vois un peu... on dirait.

---

51. puppet   52. strings   53. *Vous l'aurez voulu.* You asked for it.

54. You are cursed!   55. pepper   56. *Vous y verrez* You will regain your sight

TIRÉSIAS. Souffrez-vous?

ŒDIPE. Moins... la douleur se calme. Ah!... c'était du feu, du poivre rouge, mille épingles, une patte de chat qui me fouillait[57] l'œil. Merci...

TIRÉSIAS. Voyez-vous?

ŒDIPE. Mal, mais je vois, je vois. Ouf! J'ai bien cru que j'étais aveugle et que c'était un tour de votre façon.[58] Je l'avais mérité, du reste.

TIRÉSIAS. Il fait beau croire aux prodiges lorsque les prodiges nous arrangent[59] et lorsque les prodiges nous dérangent, il fait beau ne plus y croire et que c'est un artifice du devin.

ŒDIPE. Pardonnez-moi. Je suis de caractère emporté,[60] vindicatif. J'aime Jocaste; je l'attendais, je m'impatientais, et ce phénomène inconnu, toutes ces images de l'avenir dans vos prunelles[61] me fascinaient, m'affolaient; j'étais comme ivre.

TIRÉSIAS. Y voyez-vous clair? C'est presque un aveugle qui vous le demande.

ŒDIPE. Tout à fait et je ne souffre plus. J'ai honte, ma foi, de ma conduite envers un infirme et un prêtre. Voulez-vous accepter mes excuses?

TIRÉSIAS. Je ne parlais que pour le bien de Jocaste et pour votre bien.

ŒDIPE. Tirésias, je vous dois en quelque sorte une revanche,[62] un aveu[63] qui m'est dur et que je m'étais promis de ne faire à personne.

TIRÉSIAS. Un aveu?

ŒDIPE. J'ai remarqué au cours de la cérémonie du sacre des signes d'intelligence entre vous et Créon. Ne niez pas. Voilà. Je désirais tenir mon identité secrète; j'y renonce. Ouvrez vos oreilles, Tirésias. Je ne suis pas un vagabond.

J'arrive de Corinthe. Je suis l'enfant unique du Roi Polybe et de la Reine Mérope. Un inconnu ne souillera pas[64] cette couche. Je suis Roi et fils de Roi.

TIRÉSIAS. Monseigneur. (Il s'incline.) Il était si simple de dissiper d'une phrase le malaise de votre incognito. Ma petite fille sera si contente...

ŒDIPE. Halte! je vous demande en grâce de sauvegarder au moins cette dernière nuit. Jocaste aime encore en moi le vagabond tombé du ciel, le jeune homme surgi de l'ombre. Demain, hélas, on aura vite fait de détruire ce mirage.[65] Entre temps, je souhaite que la Reine me devienne assez soumise pour apprendre sans dégoût qu'Œdipe n'est pas un prince de lune, mais un pauvre prince tout court.[66]

Je vous souhaite le bonsoir, Tirésias. Jocaste ne tardera plus. Je tombe de fatigue... et nous voulons rester tête à tête. C'est notre bon plaisir.[67]

TIRÉSIAS. Monseigneur, je m'excuse. (Œdipe lui fait un signe de la main. A la sortie de droite Tirésias s'arrête.) Un dernier mot.

ŒDIPE, avec hauteur. Plaît-il?[68]

TIRÉSIAS. Pardonnez mon audace. Ce soir, après la fermeture du temple, une belle jeune fille entra dans l'oratoire où je travaille et, sans s'excuser, me tendit cette ceinture en disant: « Remettez-la au seigneur Œdipe et répétez-lui textuellement cette phrase: Prenez cette ceinture, elle vous permettra de venir jusqu'à moi lorsque j'aurai tué la bête. » A peine avais-je empoché[69] la ceinture que la jeune fille éclata de rire et disparut sans que je puisse comprendre par où.

---

57. was clawing at   58. *un... façon* one of your tricks   59. *nous arrangent* suit us 60. violent   61. eyes   62. return favor 63. admission

64. *ne souillera pas* will not sully   65. *on... mirage* this illusion will be destroyed quickly enough   66. *tout court* merely   67. A formula of royal command.   68. *Plaît-il?* What did you say?   69. put in my pocket

ŒDIPE (*il lui arrache*[70] *la ceinture*). Et c'était votre dernière carte. Déjà vous échafaudiez[71] tout un système pour me perdre dans l'esprit et dans le cœur de la Reine. Que sais-je? Une promesse antérieure de mariage... Une jeune fille qui se venge... Le scandale du temple... l'objet révélateur...

TIRÉSIAS. Je m'acquitte d'une commission. Voilà tout.

ŒDIPE. Faute de calcul, méchante politique. Allez... portez en hâte ces mauvaises nouvelles au prince Créon. (*Tirésias reste sur le seuil.*[72]) Il comptait me faire peur! Et c'est moi qui vous fais peur en vérité, Tirésias, moi qui vous effraye. Je le vois écrit en grosses lettres sur votre visage. L'enfant n'était pas si facile à terroriser. Dites que c'est l'enfant qui vous effraye, grand-père! Avouez, grand-père! Avouez que je vous effraye! Avouez donc que je vous fais peur!

(*ŒDIPE est à plat ventre*[73] *sur la peau de bête. Tirésias, debout, comme en bronze. Un silence. Le tonnerre.*[74])

TIRÉSIAS. Oui. Très peur. (*Il sort à reculons.*[75] *On entend sa voix qui vaticine.*[76]) Œdipe! Œdipe! écoutez-moi. Vous poursuivez une gloire classique.[77] Il en existe une autre: la gloire obscure. C'est la dernière ressource de l'orgueilleux qui s'obstine contre les astres.

(*ŒDIPE resté regarde la ceinture. Lorsque Jocaste entre, en robe de nuit, il cache vite la ceinture sous la peau de bête.*)

JOCASTE. Eh bien? Qu'a dit le croquemitaine[78]? Il a dû te torturer.

ŒDIPE. Oui... non...

JOCASTE. C'est un monstre. Il a dû te démontrer que tu étais trop jeune pour moi.

ŒDIPE. Tu es belle, Jocaste!...

JOCASTE. ...Que j'étais vieille.

ŒDIPE. Il m'a plutôt laissé entendre que j'aimais tes perles, ton diadème.

JOCASTE. Toujours abîmer[79] tout! Gâcher[80] tout! Faire du mal!

ŒDIPE. Il n'a pas réussi à m'effrayer, sois tranquille. Au contraire, c'est moi qui l'effraye. Il en a convenu.[81]

JOCASTE. C'est bien fait![82] Mon amour! Toi, mes perles, mon diadème.

ŒDIPE. Je suis heureux de te revoir sans aucune pompe, sans tes bijoux, sans tes ordres, simple, blanche, jeune, belle, dans notre chambre d'amour.

JOCASTE. Jeune! Œdipe... Il ne faut pas de mensonges...

ŒDIPE. Encore...

JOCASTE. Ne me gronde pas.[83]

ŒDIPE. Si, je te gronde! Je te gronde, parce qu'une femme telle que toi devrait être au-dessus de ces bêtises. Un visage de jeune fille, c'est l'ennui d'une page blanche où mes yeux ne peuvent rien lire d'émouvant; tandis que ton visage! Il me faut les cicatrices,[84] les tatouages[85] du destin, une beauté qui sorte des tempêtes. Tu redoutes[86] la patte d'oie,[87] Jocaste! Que vaudrait un regard, un sourire de petite oie, auprès de[88] ta figure étonnante, sacrée, giflée[89] par le sort, marquée par le bourreau,[90] et tendre, tendre et... (*Il s'aperçoit que Jocaste pleure.*) Jocaste! ma petite fille! tu pleures! Mais qu'est-ce qu'il y a?... Allons, bon... Qu'est-ce que j'ai fait? Jocaste!...

---

70. snatches   71. were building   72. threshold   73. *à plat ventre* lying on his stomach   74. thunder   75. *à reculons* backwards   76. prophesying   77. i.e. traditional   78. bogy

79. ruin   80. spoil   81. *Il... convenu.* He agreed.   82. Serves him right!   83. *Ne... pas.* Don't scold me.   84. scars   85. tattoo marks   86. fear   87. *patte d'oie* crow's-feet (*literally* goose-foot)   88. *auprès de* beside   89. slapped   90. executioner

Jocaste. Suis-je donc si vieille... si vieille?

Œdipe. Chère folle! C'est toi qui t'acharnes[91]...

Jocaste. Les femmes disent ces choses pour qu'on les contredise. Elles espèrent toujours que ce n'est pas vrai.

Œdipe. Ma Jocaste!... Et moi stupide! Quel ours[92] infect[93]... Ma chérie... Calme-toi, embrasse-moi... J'ai voulu dire...

Jocaste. Laisse... Je suis grotesque. (*Elle se sèche*[94] *les yeux.*)

Œdipe. C'est ma faute.

Jocaste. Ce n'est pas ta faute... Là... j'ai du noir dans l'œil, maintenant. (*Œdipe la cajole.*) C'est fini.

Œdipe. Vite un sourire. (*Léger roulement de tonnerre.*) Ecoute...

Jocaste. Je suis nerveuse à cause de l'orage.

Œdipe. Le ciel est si étoilé, si pur.

Jocaste. Oui, mais il y a de l'orage quelque part. Quand la fontaine fait une espèce de bruit comme du silence, et que j'ai mal à l'épaule, il y a de l'orage et des éclairs de chaleur. (*Elle s'appuie contre la baie. Eclair de chaleur.*)

Œdipe. Viens, viens vite...

Jocaste. Œdipe!... viens une minute.

Œdipe. Qu'y a-t-il?...

Jocaste. Le factionnaire[95]... regarde, penche-toi. Sur le banc, à droite, il dort. Tu ne trouves pas qu'il est beau, ce garçon, avec sa bouche ouverte?

Œdipe. Je vais lui apprendre à dormir en jetant de l'eau dans sa bouche ouverte!

Jocaste. Œdipe!

Œdipe. On ne dort pas quand on garde sa Reine.

Jocaste. Le Sphinx est mort et tu vis. Qu'il dorme en paix! Que toute la ville dorme en paix. Qu'ils dorment tous!

Œdipe. Ce factionnaire a de la chance.

Jocaste. Œdipe! Œdipe! J'aimerais te rendre jaloux, mais ce n'est pas cela... Ce jeune garde...

Œdipe. Qu'a-t-il donc de si particulier ce jeune garde?

Jocaste. Pendant la fameuse nuit, la nuit du Sphinx, pendant que tu rencontrais la bête, j'avais fait une escapade sur les remparts, avec Tirésias. On m'avait dit qu'un soldat avait vu le spectre de Laïus et que Laïus m'appelait, voulait me prévenir d'un danger qui me menace. Eh bien... le soldat était justement cette sentinelle qui nous garde.

Œdipe. Qui nous garde!... Au reste[96]... qu'il dorme en paix, bonne Jocaste. Je te garderai bien tout seul. Naturellement pas le moindre spectre de Laïus.

Jocaste. Pas le moindre, hélas!... Le pauvret! je lui touchais les épaules, les jambes, je disais à Zizi « touche, touche », j'étais bouleversée[97]... parce qu'il te ressemblait. Et c'est vrai qu'il te ressemble, Œdipe.

Œdipe. Tu dis: ce garde te ressemblait. Mais, Jocaste, tu ne me connaissais pas encore; il était impossible que tu saches, que tu devines...

Jocaste. C'est vrai, ma foi. Sans doute ai-je voulu dire que mon fils aurait presque son âge. (*Silence.*) Oui... j'embrouille.[98] C'est seulement maintenant que cette ressemblance me saute aux yeux. (*Elle secoue*[99] *ce malaise.*) Tu es bon, tu es beau, je t'aime. (*Après une pause.*) Œdipe!

Œdipe. Ma déesse?

Jocaste. A Créon, à Zizi, à tous, j'approuve que tu refuses de raconter ta victoire (*les bras autour de son cou*) mais à moi... à moi!

---

91. insist   92. bear   93. stinking   94. dries
95. guard on duty

96. *Au reste* Besides   97. completely upset
98. I am confused   99. shakes off

ŒDIPE, *se dégageant*.[100] J'avais ta promesse!... Et sans[101] ce garçon...

JOCASTE. La Jocaste d'hier est-elle ta Jocaste de maintenant? N'ai-je pas le droit de partager tes souvenirs sans que personne d'autre s'en doute.

ŒDIPE. Certes.

JOCASTE. Et souviens-toi, tu répétais: non, non, Jocaste, plus tard, plus tard, lorsque nous serons dans notre chambre d'amour. Eh bien? sommes-nous dans notre chambre d'amour...

ŒDIPE. Entêtée![102] Sorcière! Elle arrive toujours à ce qu'elle veut. Alors ne bouge plus... je commence.

JOCASTE. Oh! Œdipe! Œdipe! Quelle chance! Quelle chance! je ne bouge plus.

(*Jocaste se couche, ferme les yeux et ne bouge plus. Œdipe ment, il invente, hésite, accompagné par l'orage.*)

ŒDIPE. Voilà. J'approchais de Thèbes. Je suivais le sentier de chèvres[103] qui longe[104] la colline, au sud de la ville. Je pensais à l'avenir, à toi, que j'imaginais, moins belle que tu n'es en réalité, mais très belle, très peinte et assise sur un trône au centre d'un groupe de dames d'honneur. Admettons que je le tue, pensai-je, Œdipe oserait-il accepter la récompense promise? Oserai-je approcher la Reine?... Et je marchais, et je me tourmentais, et tout à coup je fis halte. Mon cœur sautait dans ma poitrine. Je venais d'entendre une sorte de chant. La voix qui chantait n'était pas de ce monde. Etait-ce le Sphinx? Mon sac de route contenait un couteau. Je glissais ce couteau sous ma tunique et je rampai.[105]

Connais-tu, sur la colline, les restes[106]

d'un petit temple avec un socle et la croupe d'une chimère? (*Silence.*) Jocaste... Jocaste... Tu dors?...

JOCASTE, *réveillée en sursaut*.[107] Hein? Œdipe...

ŒDIPE. Tu dormais.

JOCASTE. Mais non.

ŒDIPE. Mais si! En voilà une petite fille capricieuse[108] qui exige qu'on lui raconte des histoires et qui s'endort au lieu de les écouter.

JOCASTE. J'ai tout entendu. Tu te trompes. Tu parlais d'un sentier de chèvres.

ŒDIPE. Il était loin, le sentier de chèvres!...

JOCASTE. Mon chéri, ne te vexe pas. Tu m'en veux?[109]...

ŒDIPE. Moi?

JOCASTE. Si! tu m'en veux et c'est justice. Triple sotte![110] Voilà l'âge et ses tours![111]

ŒDIPE. Ne t'attriste pas. Je recommencerai le récit, je te le jure, mais il faut toi et moi nous étendre[112] côte à côte et dormir un peu. Ensuite, nous serions sortis de cette glu[113] et de cette lutte contre le sommeil qui abîme tout. Le premier réveillé réveillera l'autre. C'est promis?

JOCASTE. C'est promis. Les pauvres reines savent dormir, assises, une minute, entre deux audiences.[114] Seulement donne-moi ta main. Je suis trop vieille. Tirésias avait raison.

ŒDIPE. Peut-être pour Thèbes où les jeunes filles sont nubiles[115] à treize ans. Et moi alors? Suis-je un vieillard? Ma

---

100. *se dégageant* freeing himself   101. if it hadn't been for   102. Stubborn woman! (said affectionately)   103. *sentier de chèvres* goat path   104. follows   105. crawled along   106. ruins

107. *en sursaut* with a start   108. *En... capricieuse* There's a capricious little girl for you   109. *Tu m'en veux?* Are you angry with me?   110. Three kinds of a fool (that I am)!   111. That's age and its tricks!   112. stretch out   113. stickiness   114. interviews, hearings   115. of an age to be married

tête tombe; c'est mon menton[116] qui me réveille en heurtant[117] ma poitrine.

JOCASTE. Toi, ce n'est pas pareil, c'est le marchand de sable[118] comme disent les petits! Mais moi? Tu me commençais enfin la plus belle histoire du monde et je somnole[119] comme une grand'mère au coin du feu. Et tu me puniras en ne recommençant plus, en trouvant des prétextes... J'ai parlé?[120]

ŒDIPE. Parlé? Non, non. Je te croyais attentive. Méchante! As-tu des secrets que tu craignes de me livrer pendant ton sommeil?

JOCASTE. Je craignais simplement ces phrases absurdes qu'il nous arrive de prononcer endormis.

ŒDIPE. Tu reposais, sage[121] comme une image. A tout de suite,[122] ma petite reine.

JOCASTE. A tout de suite, mon roi, mon amour.

(La main dans la main, côte à côte, ils ferment les yeux et tombent dans le sommeil écrasant[123] des personnes qui luttent contre le sommeil. Un temps. La fontaine monologue.[124] Léger tonnerre. Tout à coup l'éclairage[125] devient un éclairage de songe.[126] C'est le songe d'Œdipe. La peau de bête se soulève.[127] Elle coiffe l'Anubis[128] qui se dresse. Il montre la ceinture au bout de son bras tendu. Œdipe s'agite, se retourne.)

ANUBIS, d'une voix lente, moqueuse. J'ai fait, grâce à ma triste enfance, des études qui me procurent bien des avantages sur les garnements de Thèbes et je ne pense pas que le monstre naïf

s'attende à se trouver face à face avec l'élève des meilleurs lettrés de Corinthe. Mais si vous m'avez joué un tour, je vous tirerai par les cheveux. (Jusqu'au hurlement.[129]) Je vous tirerai par les cheveux, je vous tirerai par les cheveux, je vous pincerai jusqu'au sang!... je vous pincerai jusqu'au sang!...

JOCASTE (elle rêve). Non, pas cette pâte, pas cette pâte immonde...

ŒDIPE, d'une voix sourde, lointaine. Je compte jusqu'à cinquante: un, deux, trois, quatre, huit, sept, neuf, dix, dix, onze, quatorze, cinq, deux, quatre, sept, quinze, quinze, quinze, quinze, trois, quatre...

ANUBIS. Et l'Anubis s'élancerait. Il ouvrirait ses mâchoires de loup! (Il s'évanouit sous l'estrade. La peau de bête reprend son aspect normal.)

ŒDIPE. A l'aide! Au secours! au secours! à moi. Venez tous! à moi!

JOCASTE. Hein? Qu'y a-t-il? Œdipe! mon chéri! Je dormais comme une masse[130]! Réveille-toi! (Elle le secoue.)

ŒDIPE, se débattant[131] et parlant au Sphinx. Oh! madame... Oh! madame, madame! Grâce, madame! Non! Non! Non! Non, madame!

JOCASTE. Mon petit, ne m'angoisse pas. C'est un rêve. C'est moi, moi Jocaste, ta femme Jocaste.

ŒDIPE. Non! non! (Il s'éveille.) Où étais-je? Quelle horreur! Jocaste, c'est toi... Quel cauchemar,[132] quel cauchemar horrible.

JOCASTE. Là, là, c'est fini, tu es dans notre chambre, dans mes bras...

ŒDIPE. Tu n'as rien vu? C'est vrai, je suis stupide, c'était cette peau de bête... Ouf! J'ai dû parler? De quoi ai-je parlé?

---

116. chin   117. en heurtant by striking
118. marchand de sable sandman   119. doze
120. i.e., in my sleep   121. good (said of children)   122. A... suite i.e. good night
123. crushing, heavy   124. chatters along
125. lighting   126. dream   127. se soulève rises   128. Elle coiffe l'Anubis It clothes the image of Anubis

129. Jusqu'au hurlement His voice rising to a scream   130. comme une masse like a log
131. struggling   132. nightmare

JOCASTE. A ton tour![133] Tu criais:
Madame! Non, non, madame! Non,
madame. Grâce, madame! Quelle était
cette méchante dame?

ŒDIPE. Je ne me souviens plus. Quelle
nuit!

JOCASTE. Et moi? Tes cris m'ont
sauvée d'un cauchemar sans nom. Regarde! tu es trempé,[134] inondé de sueur.[135]
C'est ma faute. Je t'ai laissé t'endormir
avec ces étoffes lourdes, ces colliers d'or,
ces agrafes, ces sandales qui coupent les
chevilles[136]... (*Elle le soulève, il retombe.*)
Allons! quel gros bébé! il est impossible
de te laisser dans toute cette eau. Ne te
fais pas lourd, aide-moi... (*Elle le soulève,
lui ôte sa tunique et le frotte.*[137])

ŒDIPE, *encore dans le vague.* Oui, ma
petite mère chérie...

JOCASTE, *l'imitant.* Oui, ma petite
mère chérie... Quel enfant! Voilà qu'il
me prend pour sa mère.

ŒDIPE, *réveillé.* Oh, pardon, Jocaste,
mon amour, je suis absurde. Tu vois, je
dors à moitié, je mélange tout. J'étais
à mille lieues, auprès de ma mère qui
trouve toujours que j'ai trop froid ou
trop chaud. Tu n'es pas fâchée?

JOCASTE. Qu'il est bête! Laisse-toi
faire[138] et dors. Toujours il s'excuse, il
demande pardon. Quel jeune homme
poli, ma parole! Il a dû être choyé[139] par
une maman très bonne, trop bonne, et
on la quitte,[140] voilà. Mais je n'ai pas à
m'en plaindre et je l'aime de tout mon
cœur d'amoureuse la maman qui t'a
dorloté,[141] qui t'a gardé, qui t'a élevé pour
moi, pour nous.

ŒDIPE. Tu es bonne.

JOCASTE. Parlons-en. Tes sandales.
Lève ta jambe gauche. (*Elle le déchausse.*[142]) Et ta jambe droite. (*Même
jeu. Soudain elle pousse un cri terrible.*)

ŒDIPE. Tu t'es fait mal?

JOCASTE. Non... non... (*Elle recule, regarde les pieds d'Œdipe, comme une folle.*)

ŒDIPE. Ah! mes cicatrices... Je ne les
croyais pas si laides. Ma pauvre chérie,
tu as eu peur?

JOCASTE. Ces trous... d'où viennent-
ils?... Ils ne peuvent témoigner que de
blessures si graves...

ŒDIPE. Blessures de chasse, paraît-il.
J'étais dans les bois; ma nourrice me
portait. Soudain un sanglier[143] débouche d'un massif[144] et la charge. Elle
a perdu la tête, m'a lâché. Je suis tombé
et un bûcheron[145] a tué l'animal pendant
qu'il me labourait à coups de boutoirs[146]
... C'est vrai! Mais elle est pâle comme
une morte? Mon chéri! mon chéri![147]
J'aurais dû te prévenir. J'ai tellement
l'habitude, moi, de ces trous affreux. Je
ne te savais pas si sensible...

JOCASTE. Ce n'est rien...

ŒDIPE. La fatigue, la somnolence
nous mettent dans cet état de vague ter-
reur... tu sortais d'un mauvais rêve...

JOCASTE. Non... Œdipe; non. En
réalité ces cicatrices me rappellent
quelque chose que j'essaye toujours
d'oublier.

ŒDIPE. Je n'ai pas de chance.

JOCASTE. Tu ne pouvais pas savoir.
Il s'agit d'une femme, ma sœur de lait,[148]
ma lingère. Au même âge que moi, à
dix-huit ans, elle était enceinte.[149] Elle
vénérait son mari malgré la grande

---

133. *A ton tour!* Now you are the one to ask
that! 134. drenched 135. *inondé de sueur*
bathed in sweat 136. ankles 137. rubs
138. *Laisse-toi faire* i.e. Let me help you (undress)
139. coddled 140. *on la quitte* now he has
left her 141. pampered

142. *le déchausse* takes off his sandals
143. boar 144. *débouche d'un massif* comes
out of a thicket 145. woodcutter 146. *me...
boutoirs* was assailing me with thrusts of his
tusks 147. Note inversion of gender to indicate affection. 148. *sœur de lait* foster sister
149. pregnant

différence d'âges et voulait un fils. Mais les oracles prédirent à l'enfant un avenir tellement atroce, qu'après avoir accouché[150] d'un fils, elle n'eut pas le courage de le laisser vivre.

ŒDIPE. Hein?

JOCASTE. Attends... Imagine la force qu'il faut à une malheureuse pour supprimer la vie de sa vie... le fils de son ventre, son idéal sur la terre, l'amour de ses amours.

ŒDIPE. Et que fit cette... dame?

JOCASTE. La mort au cœur, elle troua les pieds du nourrisson, les lia, le porta en cachette[151] sur une montagne, l'abandonnant aux louves[152] et aux ours.[153] (*Elle se cache la figure.*)

ŒDIPE. Et le mari?

JOCASTE. Tous crurent que l'enfant était mort de mort naturelle et que la mère l'avait enterré[154] de ses propres mains.

ŒDIPE. Et... cette dame... existe?

JOCASTE. Elle est morte.

ŒDIPE. Tant mieux pour elle, car mon premier exemple d'autorité royale aurait été de lui infliger publiquement les pires supplices,[155] et après quoi, de la faire mettre à mort.

JOCASTE. Les oracles étaient formels.[156] Une femme se trouve si stupide, si faible en face d'eux.

ŒDIPE. Tuer! (*Se rappelant Laïus.*) Il n'est pas indigne de tuer lorsque le réflexe de défense nous emporte, lorsque le mauvais hasard s'en mêle; mais tuer froidement, lâchement, la chair de sa chair, rompre la chaîne[157]... tricher au jeu!

JOCASTE. Œdipe! parlons d'autre chose... ta petite figure furieuse me fait trop de mal.

ŒDIPE. Parlons d'autre chose. Je risquerais de t'aimer moins si tu essayes de défendre cette chienne de malheur.

JOCASTE. Tu es un homme, mon amour, un homme libre et un chef! Tâche de te mettre à la place d'une gamine,[158] crédule aux présages et, qui plus est, grosse,[159] éreintée,[160] écœurée,[161] chambrée,[162] épouvantée par les prêtres...

ŒDIPE. Une lingère! c'est sa seule excuse. L'aurais-tu fait?

JOCASTE (*geste.*) Non, bien sûr.

ŒDIPE. Et ne crois pas que lutter contre les oracles exige une décision d'Hercule. Je pourrais me vanter, me poser en phénomène; je mentirais. Sache que pour déjouer l'oracle il me fallait tourner le dos à ma famille, à mes atavismes, à mon pays. Eh bien, plus je m'éloignais de ma ville, plus j'approchais de la tienne, plus il me semblait rentrer chez moi.

JOCASTE. Œdipe! Œdipe! Cette petite bouche qui parle, qui parle, cette langue qui s'agite, ces sourcils qui se froncent,[163] ces grands yeux qui lancent des éclairs... Les sourcils ne peuvent-ils pas se détendre un peu et les yeux se fermer doucement, Œdipe, et la bouche servir à des caresses plus douces que la parole.

ŒDIPE. Je te le répète, je suis un ours, un sale ours! Un maladroit.

JOCASTE. Tu es un enfant.

ŒDIPE. Je ne suis pas un enfant!

JOCASTE. Il recommence! Là, là, sois sage.

ŒDIPE. Tu as raison; je suis impossible. Calme cette bouche bavarde[164] avec ta bouche, ces yeux fébriles[165] avec tes doigts.

JOCASTE. Permets. Je ferme la porte

---

150. given birth (to)   151. *en cachette* secretly   152. she-wolves   153. bears   154. buried   155. tortures   156. categorical   157. chain, succession (of life)

158. young girl   159. pregnant   160. exhausted   161. disgusted   162. confined to her room   163. *sourcils... froncent* frowning eyebrows   164. talkative   165. feverish

de la grille; je n'aime pas savoir cette grille ouverte la nuit.

ŒDIPE. J'y vais.

JOCASTE. Reste étendu... J'irai aussi jeter un coup d'œil au miroir. Voulez-vous embrasser une mégère?[166] Après toutes ces émotions les Dieux seuls savent comment je dois être faite.[167] Ne m'intimide pas. Ne me regarde pas. Retournez-vous[168] Œdipe.

ŒDIPE. Je me retourne. (*Il se couche en travers du lit,*[169] *appuyant sa tête sur le bord du berceau.*) Là, je ferme les yeux; je n'existe plus. (*Jocaste se dirige vers la fenêtre.*)

JOCASTE, *à Œdipe.* Le petit soldat dort toujours à moitié nu... et il ne fait pas chaud... le pauvret!

(*Elle marche vers la psyché*[170]*; soudain elle s'arrête, l'oreille vers la place.*[171] *Un ivrogne*[172] *parle très haut, avec de longues pauses entre ses réflexions.*)

VOIX DE L'IVROGNE. La politique!... La po-li-ti-que! Si c'est pas malheureux. Parlez-moi de la politique... Ho! Tiens, un mort!... Pardonne, excuse: c'est un soldat endormi... Salut, militaire[173]; salut à l'armée endormie. (*Silence. Jocaste se hausse.*[174] *Elle essaye de voir dehors.*)

VOIX DE L'IVROGNE. La politique... (*Long silence.*) C'est une honte... une honte...

JOCASTE. Œdipe! mon chéri.

ŒDIPE, *endormi.* Hé!...

JOCASTE. Œdipe, Œdipe! Il y a un ivrogne et la sentinelle ne l'entend pas. Je déteste les ivrognes. Je voudrais qu'on le chasse, qu'on réveille le soldat. Œdipe! Œdipe! Je t'en supplie! (*Elle le secoue.*)

ŒDIPE. Je dévide, je déroule, je calcule, je médite, je tresse, je vanne, je tricote, je natte, je croise...

JOCASTE. Qu'est-ce qu'il raconte? Comme il dort! Je pourrais mourir, il ne s'en apercevrait pas.

VOIX DE L'IVROGNE. La politique!

(*Il chante. Dès les premiers vers, Jocaste lâche Œdipe, repose doucement sa tête contre le bord du berceau et s'avance vers le milieu de la chambre. Elle écoute.*)

Madame, que prétendez-vous,[175]
Madame, que prétendez-vous,
Votre époux est trop jeune,
Bien trop jeune pour vous... Hou!...
Et cœtera...

JOCASTE. Ho! les monstres...

VOIX DE L'IVROGNE.

Madame, que prétendez-vous
Avec ce mariage?

(*Pendant ce qui suit, Jocaste, affolée,*[176] *marche sur la pointe des pieds*[177] *vers la fenêtre. Ensuite elle remonte vers le lit, et penchée sur Œdipe, observe sa figure, tout en regardant de temps à autre vers la fenêtre où la voix de l'ivrogne alterne avec le bruit de la fontaine et les coqs; elle berce le sommeil d'Œdipe en remuant doucement le berceau.*)

VOIX DE L'IVROGNE. Si j'étais la politique... je dirais à la Reine: Madame!... un junior ne vous convient pas... Prenez un mari sérieux, sobre, solide... un mari comme moi...

VOIX DU GARDE. (*On sent qu'il vient de se réveiller. Il retrouve peu à peu de l'assurance.*) Circulez![178]

VOIX DE L'IVROGNE. Salut à l'armée réveillée...

LE GARDE. Circulez! et plus vite.

VOIX DE L'IVROGNE. Vous pourriez être poli...

166. shrew   167. *comment... faite* what I must look like   168. Turn over 169. *en... lit* across the bed   170. full-length mirror   171. *l'oreille... place* listening in the direction of the square   172. drunkard 173. soldier   174. *se hausse* stands on her toes

175. *que prétendez-vous* what do you mean 176. beside herself   177. *sur... pieds* on tiptoe 178. Keep moving!

(Dès l'entrée en scène de la voix du garde,[179] Jocaste a lâché[180] le berceau, après avoir isolé[181] la tête d'Œdipe avec les tulles.[182])

LE GARDE. Vous voulez que je vous mette en boîte?[183]

VOIX DE L'IVROGNE. Toujours la politique. Si c'est pas malheureux!

Madame, que prétendez-vous...

LE GARDE. Allons, ouste![184] Videz la place...

VOIX DE L'IVROGNE. Je la vide, je la vide, mais soyez poli.

(Jocaste pendant ces quelques répliques s'approche de la psyché. Comme le clair de lune et l'aube projettent une lumière en sens inverse,[185] elle ne peut se voir. Elle empoigne[186] la psyché par les montants[187] et l'éloigne du mur. La glace, proprement dite,[188] restera fixe contre le décor. Jocaste n'entraîne que le cadre[189] et, cherchant la lumière, jette des regards du côté d'Œdipe[190] endormi. Elle roule le meuble avec prudence jusqu'au premier plan, à la place du trou du souffleur,[191] de sorte que le public devienne la glace et que Jocaste se regarde, visible à tous.)

VOIX DE L'IVROGNE *(très loin)*.

Votre époux est trop jeune

Bien trop jeune pour vous... Hou!...

(On doit entendre le pas[192] du factionnaire; les sonneries du réveil, les coqs, l'espèce de ronflement[193] que fait le souffle[194] jeune et rythmé d'Œdipe. Jocaste, le visage

contre le miroir vide, se remonte les joues,[195] à pleines mains.[196])

RIDEAU

LA VOIX

Dix-sept ans ont passé vite. La grande peste de Thèbes a l'air d'être le premier échec à cette fameuse chance d'Œdipe, car les dieux ont voulu, pour le fonctionnement de leur machine infernale, que toutes les malchances surgissent sous le déguisement de la chance. Après les faux bonheurs, le roi va connaître le vrai malheur, le vrai sacre,[1] qui fait, de ce roi de jeux de cartes[2] entre les mains des dieux cruels, enfin, un homme.

ACTE IV

ŒDIPE–ROI

L'estrade, débarrassée de la chambre dont l'étoffe rouge s'envole vers les cintres[3] semble cernée de[4] murailles qui grandissent. Elle finit par représenter le fond[5] d'une sorte de cour. Une logette en l'air[6] fait correspondre la chambre de Jocaste avec cette cour. On y monte par une porte ouverte en bas, au milieu. Lumière de peste.[7]

Au lever du rideau, Œdipe, portant une petite barbe, vieilli, se tient debout près de la porte. Tirésias et Créon à droite et à

---

179. *Dès... garde* As soon as the guard's voice is heard on the stage   180. let go of
181. tucked up   182. tulle sheets (tulle is a netted cloth)   183. *en boîte* in jail
184. *Allons, ouste!* Come on, get out!   185. *en sens inverse* in opposite directions   186. seizes
187. frame   188. *proprement dite* itself
189. frame   190. *du côté d'Œdipe* in the direction of Oedipus   191. *trou du souffleur* prompter's box   192. footsteps   193. whispering sound (not "snoring")
194. breathing

195. *se... joues* massages her cheeks   196. *à pleines mains* with both hands

NOTE. Each of the first three acts closes to the crowing of cocks, symbolizing that moment when the world of dream and enchantment gives way to the prosaic and the everyday.

1. crowning ceremony   2. *roi... cartes* king in a deck of cards   3. flies (above the stage)
4. *cernée de* surrounded by   5. back   6. *Une... air.* A sort of high balcony   7. *Lumière de peste.* A lighting effect suggesting a pestilence-ridden place.

gauche de la cour. Au deuxième plan, à droite, un jeune garçon, genou en terre[8] : le messager de Corinthe.

ŒDIPE. En quoi[9] suis-je encore scandaleux, Tirésias?

TIRÉSIAS. Comme toujours vous amplifiez les termes. Je trouve, et je répète, qu'il convient peut-être d'apprendre la mort d'un père avec moins de joie.

ŒDIPE. Vraiment? (*Au messager.*) N'aie pas peur, petit. Raconte. De quoi Polybe est-il mort? Mérope est-elle très, très malheureuse?

LE MESSAGER. Seigneur Œdipe, le roi Polybe est mort de vieillesse et... la Reine sa femme est presque inconsciente. Son âge l'empêche même de bien envisager son malheur.

ŒDIPE (*une main à la bouche*). Jocaste! Jocaste! (*Jocaste apparaît à la logette; elle écarte le rideau. Elle porte son écharpe rouge.*)

JOCASTE. Qu'y a-t-il?

ŒDIPE. Tu es pâle; ne te sens-tu pas bien?

JOCASTE. La peste, la chaleur, les visites aux hospices, toutes ces choses m'épuisent,[10] je l'avoue. Je me reposais sur mon lit.

ŒDIPE. Ce messager m'apporte une grande nouvelle et qui valait la peine que je te dérange.

JOCASTE (*étonnée*). Une bonne nouvelle?...

ŒDIPE. Tirésias me reproche de la trouver bonne: Mon père est mort.

JOCASTE. Œdipe!

ŒDIPE. L'oracle m'avait dit que je serais son assassin et l'époux de ma mère. Pauvre Mérope! elle est bien vieille et mon père Polybe meurt de sa bonne mort.

JOCASTE. La mort d'un père n'est jamais chose heureuse que je sache.

ŒDIPE. Je déteste la comédie et les larmes de convention. Pour être vrai,[11] j'ai quitté père et mère trop jeune et mon cœur s'est détaché d'eux.

LE MESSAGER. Seigneur Œdipe, si j'osais...

ŒDIPE. Il faut oser, mon garçon.

LE MESSAGER. Votre indifférence, n'est pas de l'indifférence. Je peux vous éclairer sur elle.

ŒDIPE. Voilà du nouveau.

LE MESSAGER. J'aurais dû commencer par la fin. A son lit de mort, le Roi de Corinthe m'a chargé de vous apprendre que vous n'étiez que son fils adoptif.

ŒDIPE. Quoi?

LE MESSAGER. Mon père, un berger[12] de Polybe, vous trouva jadis, sur une colline, exposé aux bêtes féroces. Il était pauvre; il porta sa trouvaille à la Reine qui pleurait de n'avoir pas d'enfant. C'est ce qui me vaut l'honneur[13] de cette mission extraordinaire à la cour de Thèbes.

TIRÉSIAS. Ce jeune homme doit être épuisé par sa course et il a traversé notre ville pleine de miasmes impurs; ne vaudrait-il pas mieux qu'il se rafraîchisse, qu'il se repose, et vous l'interrogeriez après.

ŒDIPE. Vous voulez que le supplice dure, Tirésias; vous croyez que mon univers s'écroule.[14] Vous me connaissez mal. Ne vous réjouissez pas trop vite. Peut-être suis-je heureux, moi, d'être un fils de la chance.

TIRÉSIAS. Je vous mettais en garde contre votre habitude néfaste[15] d'interroger, de savoir, de comprendre tout.

8. *genou en terre* on one knee   9. *En quoi* In what way   10. wear me out

11. *Pour être vrai* To tell the truth   12. shepherd   13. *C'est... l'honneur* It is to this that I owe the honor   14. is collapsing   15. ill-fated

ŒDIPE. Parbleu! Que je sois fils des muses ou d'un chemineau,[16] j'interrogerai sans crainte; je saurai les choses.

JOCASTE. Œdipe, mon amour, il a raison. Tu t'exaltes... tu t'exaltes... tu crois tout ce qu'on te raconte et après...

ŒDIPE. Par exemple! C'est le comble! Je reçois sans broncher[17] les coups les plus rudes et chacun se ligue[18] pour que j'en reste là[19] et que je ne cherche pas à connaître mes origines.

JOCASTE. Personne ne se ligue... mon chéri... mais je te connais...

ŒDIPE. Tu te trompes, Jocaste. On ne me connaît plus, ni toi, ni moi, ni personne... (*Au messager.*) Ne tremble pas, petit. Parle! Parle encore.

LE MESSAGER. Je ne sais rien d'autre, seigneur Œdipe, sinon que mon père vous délia[20] presque mort, pendu par vos pieds blessés à une courte branche.

ŒDIPE. Les voilà donc ces belles cicatrices.

JOCASTE. Œdipe, Œdipe... remonte... On croirait que tu aimes fouiller tes plaies[21] avec un couteau.

ŒDIPE. Voilà donc mes langes[22]!... Mon histoire de chasse... fausse comme tant d'autres. Hé bien, ma foi! Il se peut que je sois né d'un dieu sylvestre et d'une dryade et nourri par des louves. Ne vous réjouissez pas trop vite, Tirésias.

TIRÉSIAS. Vous êtes injuste...

ŒDIPE. Au reste, je n'ai pas tué Polybe, mais... j'y songe... j'ai tué un homme.

JOCASTE. Toi?

ŒDIPE. Moi! Oh! rassurez-vous, c'était accidentel et pure malchance. Oui, j'ai tué, devin, mais le parricide, il

faut y renoncer d'office.[23] Pendant une rixe[24] avec des serviteurs, j'ai tué un vieillard qui voyageait, au carrefour de Daulie et de Delphes.

JOCASTE. Au carrefour de Daulie et de Delphes!... (*Elle disparaît, comme on se noie.*[25])

ŒDIPE. Voilà de quoi[26] fabriquer une magnifique catastrophe. Ce voyageur devait être mon père. « Ciel, mon père! » Mais, l'inceste sera moins commode,[27] messieurs. Qu'en penses-tu, Jocaste?... (*Il se retourne et voit que Jocaste a disparu.*) Parfait! Dix-sept années de bonheur, de règne sans tache,[28] deux fils, deux filles, et il suffit que cette noble dame apprenne que je suis l'inconnu (qu'elle aima d'abord) pour me tourner le dos. Qu'elle boude![29] qu'elle boude! Je resterai donc tête à tête avec mon destin.

CRÉON. Ta femme est malade, Œdipe. La peste nous démoralise tous. Les dieux punissent la ville et veulent une victime. Un monstre se cache parmi nous. Ils exigent qu'on le découvre et qu'on le chasse. Chaque jour la police échoue[30] et les cadavres encombrent les rues. Te rends-tu compte[31] des efforts que tu exiges de Jocaste? Te rends-tu compte que tu es un homme et qu'elle est une femme, une femme âgée, une mère inquiète de la contagion? Avant de reprocher à Jocaste un geste d'humeur,[32] tu pourrais lui trouver des excuses.

ŒDIPE. Je te sens venir,[33] beau-frère. La victime idéale, le monstre qui se cache... De coïncidences en coïncidences ... ce serait du beau travail, avec l'aide des prêtres et de la police, d'arriver à

---

16. tramp   17. flinching   18. *se ligue* leagues together   19. *pour... là* so that I will stop there   20. untied   21. *fouiller tes plaies* to dig at your wounds   22. swaddling clothes

23. as a matter of course   24. brawl   25. *se noie* drowns   26. *de quoi* material for   27. simple   28. *sans tache* spotless   29. *Qu'elle boude!* Let her sulk!   30. fails   31. *Te... compte* Do you realize   32. of bad temper   33. *Je... venir* I see what you are getting at

embrouiller[34] le peuple de Thèbes et à lui laisser croire que c'est moi.

Créon. Vous êtes absurde!

Œdipe. Je vous crois capable du pire, mon ami. Mais Jocaste c'est autre chose ... Son attitude m'étonne. (*Il appelle.*) Jocaste! Jocaste! Où es-tu?

Tirésias. Ses nerfs semblaient à bout[35]; elle se repose... laissez-la tranquille.

Œdipe. Je vais... (*Il s'approche du jeune garde.*) Au fait[36]... au fait...

Le Messager. Monseigneur!

Œdipe. Les pieds troués... liés... sur la montagne... Comment n'ai-je pas compris tout de suite!... Et moi qui me demandais pourquoi Jocaste...

Il est dur de renoncer aux énigmes... Messieurs, je n'étais pas un fils de dryade. Je vous présente le fils d'une lingère, un enfant du peuple, un produit de chez vous.

Créon. Quel est ce conte?

Œdipe. Pauvre, pauvre Jocaste! Sans le savoir je lui ai dit un jour ce que je pensais de ma mère... Je comprends tout maintenant. Elle doit être terrifiée, désespérée. Bref... attendez-moi. Il est capital que je l'interroge, que rien ne reste dans l'ombre, que cette mauvaise farce prenne fin.

(*Il sort par la porte de milieu. Aussitôt Créon se dépêche d'aller au messager, de l'entraîner et de le faire disparaître par la gauche.*)

Créon. Il est fou! Quelle est cette histoire?

Tirésias. Ne bougez pas. Un orage arrive du fond des siècles.[37] La foudre vise[38] cet homme et je vous demande, Créon, de laisser la foudre suivre ses caprices, d'attendre immobile, de ne vous mêler de rien.

(*Tout à coup on voit Œdipe à la logette, déraciné,[39] décomposé,[40] appuyé[41] d'une main contre la muraille.*)

Œdipe. Vous me l'avez tuée...

Créon. Tuée?

Œdipe. Vous me l'avez tuée... Elle est là... pendue[42]... pendue à son écharpe... Elle est morte... messieurs, elle est morte... c'est fini... fini.

Créon. Morte! Je monte...

Tirésias. Restez... le prêtre vous l'ordonne. C'est inhumain, je le sais; mais le cercle se ferme; nous devons nous taire et rester là.

Créon. Vous n'empêcherez pas un frère...

Tirésias. J'empêcherai! Laissez la fable tranquille. Ne vous en mêlez pas.

Œdipe (*à la porte*). Vous me l'avez tuée... elle était romanesque... faible... malade... vous m'avez poussé à dire que j'étais un assassin... Qui ai-je assassiné, messieurs, je vous le demande?... par maladresse,[43] par simple maladresse... un vieillard sur la route... un inconnu.

Tirésias. Œdipe: Vous avez assassiné par maladresse l'époux de Jocaste, le Roi Laïus.

Œdipe. Misérables!... Mes yeux s'ouvrent! Votre complot[44] continue... c'était pire encore que je ne le croyais... Vous avez insinué à ma pauvre Jocaste que j'étais l'assassin de Laïus... que j'avais tué le roi pour la rendre libre, pour devenir son époux.

Tirésias. Vous avez assassiné l'époux de Jocaste, Œdipe, le Roi Laïus. Je le savais de longue date[45] et vous mentez: ni à vous ni à elle, ni à Créon, ni à

34. confuse   35. *à bout* at the breaking-point   36. *Au fait* Come to the point   37. *du... siècles* from the ends of time   38. *La foudre vise* Lightning aims at   39. uprooted   40. at a loss   41. leaning   42. hanged   43. *par maladresse* through awkwardness   44. plot   45. *de longue date* for a long time

personne je ne l'ai dit. Voilà comment vous reconnaissez mon silence.

ŒDIPE. Laïus!... Alors voilà... le fils de Laïus et de la lingère! Le fils de la sœur de lait de Jocaste et de Laïus.

TIRÉSIAS, *à Créon.* Si vous voulez agir, ne tardez pas. Dépêchez-vous. La dureté même a des limites.

CRÉON. Œdipe, ma sœur est morte par votre faute. Je ne me taisais que pour préserver Jocaste. Il me semble inutile de prolonger outre[46] mesure de fausses ténèbres, le dénouement d'un drame abject dont j'ai fini par découvrir l'intrigue.

ŒDIPE. L'intrigue?...

CRÉON. Les secrets les plus secrets se livrent un jour à celui qui les cherche. L'homme intègre[47] qui jure le silence[48] parle à sa femme, qui parle à une amie intime et ainsi de suite.[49] (*En coulisse.*[50]) Entre, berger.

(*Paraît un vieux berger qui tremble.*)

ŒDIPE. Quel est cet homme?

CRÉON. L'homme qui t'a porté blessé et lié sur la montagne d'après les ordres de ta mère. Qu'il avoue.

LE BERGER. Parler m'aurait valu la mort. Princes, que ne suis-je mort afin de ne pas vivre cette minute.[51]

ŒDIPE. De qui suis-je le fils, bonhomme? Frappe,[52] frappe vite.

LE BERGER. Hélas!

ŒDIPE. Je suis près d'une chose impossible à entendre.

LE BERGER. Et moi... d'une chose impossible à dire.

CRÉON. Il faut la dire. Je le veux.

LE BERGER. Tu es le fils de Jocaste, ta femme, et de Laïus tué par toi au

carrefour des trois routes. Inceste et parricide, les Dieux te pardonnent.

ŒDIPE. J'ai tué celui qu'il ne fallait pas. J'ai épousé celle qu'il ne fallait pas. J'ai perpétué ce qu'il ne fallait pas. Lumière est faite... (*Il sort. Créon chasse*[53] *le berger.*)

CRÉON. De quelle lingère, de quelle sœur de lait parlait-il?

TIRÉSIAS. Les femmes ne peuvent garder le silence. Jocaste a dû mettre son crime sur le compte d'une de ses servantes pour tâter le terrain.[54] (*Il lui tient le bras et écoute la tête penchée.*)

(*Rumeurs sinistres. La petite Antigone, les cheveux épars, apparaît, à la logette.*)

ANTIGONE. Mon oncle! Tirésias! Montez vite, vite, c'est épouvantable! J'ai entendu crier dans la chambre; petite mère ne bouge plus, elle est tombée tout de son long[55] et petit père se roule sur elle et il se donne des coups dans les yeux avec sa grosse broche en or. Il y a du sang partout. J'ai peur! J'ai trop peur, montez... montez vite... (*Elle rentre.*)

CRÉON. Cette fois, personne ne m'empêchera...

TIRÉSIAS. Si! je vous empêcherai. Je vous le dis, Créon, un chef-d'œuvre d'horreur s'achève. Pas un mot, pas un geste. Il serait malhonnête de poser une seule ombre de nous.

CRÉON. C'est de la pure folie!

TIRÉSIAS. C'est la pure sagesse... Vous devez admettre...

CRÉON. Impossible. Du reste, le pouvoir retombe entre mes mains.

(*Au moment où, s'étant dégagé, il s'élance, la porte s'ouvre. Œdipe aveugle apparaît. Antigone s'accroche à sa robe.*)

TIRÉSIAS. Halte!

CRÉON. Je deviens fou. Pourquoi, pourquoi a-t-il fait cela? Mieux valait la mort.

---

46. beyond　　47. honest　　48. *jure le silence* swears to keep silent　　49. *ainsi de suite* and so on　　50. *En coulisse* To someone off-stage 51. *que... minute* would that I were dead, not to be living through this minute　　52. Strike

53. dismisses　　54. *tâter le terrain* feel out the ground　　55. *tout... long* headlong

TIRÉSIAS. Son orgueil ne le trompe pas. Il a voulu être le plus heureux des hommes, maintenant il veut être le plus malheureux.

ŒDIPE. Qu'on me chasse, qu'on m'achève, qu'on me lapide, qu'on abatte la bête immonde.[56]

ANTIGONE. Père!

ŒDIPE. Laisse-moi... ne touche pas mes mains, ne m'approche pas.

TIRÉSIAS Antigone! Mon bâton d'augure.[57] Offre-le lui de ma part. Il lui portera chance. (*Antigone embrasse la main de Tirésias et porte le bâton à Œdipe.*)

ANTIGONE. Tirésias t'offre son bâton.

ŒDIPE. Il est là?... J'accepte, Tirésias... J'accepte... Souvenez-vous, il y a dix-huit ans, j'ai vu dans vos yeux que je deviendrais aveugle et je n'ai pas su comprendre. J'y vois clair,[58] Tirésias, mais je souffre... J'ai mal... La journée sera rude.

CRÉON. Il est impossible qu'on le laisse traverser la ville, ce serait un scandale épouvantable.

TIRÉSIAS (*bas*). Une ville de peste? Et puis, vous savez, ils voyaient le Roi qu'Œdipe voulait être; ils ne verront pas celui qu'il est.

CRÉON. Vous prétendez qu'il deviendra invisible parce qu'il est aveugle.

TIRÉSIAS. Presque.

CRÉON. Eh bien! j'en ai assez de vos devinettes et de vos symboles. J'ai ma tête sur mes épaules, moi, et les pieds par terre. Je vais donner des ordres.

TIRÉSIAS. Votre police est bien faite, Créon; mais où cet homme se trouve, elle n'aurait plus le moindre pouvoir.

CRÉON. Je...

(*Tirésias l'empoigne[59] par le bras et lui met la main sur la bouche... Car Jocaste paraît dans la porte. Jocaste morte, blanche, belle, les yeux clos. Sa longue écharpe enroulée autour du cou.*)

ŒDIPE. Jocaste! Toi! Toi vivante!

JOCASTE. Non, Œdipe. Je suis morte. Tu me vois parce que tu es aveugle; les autres ne peuvent plus me voir.

ŒDIPE. Tirésias est aveugle...

JOCASTE. Peut-être me voit-il un peu... mais il m'aime, il ne dira rien...

ŒDIPE. Femme! ne me touche pas...

JOCASTE. Ta femme est morte pendue, Œdipe. Je suis ta mère. C'est ta mère qui vient à ton aide... Comment ferais-tu rien que pour[60] descendre seul cet escalier, mon pauvre petit?

ŒDIPE. Ma mère!

JOCATSE. Oui, mon enfant, mon petit enfant... Les choses qui paraissent abominables aux humains, si tu savais, de l'endroit où j'habite, si tu savais comme elles ont peu d'importance.

ŒDIPE. Je suis encore sur la terre.

JOCASTE. A peine...

CRÉON. Il parle avec des fantômes, il a le délire, la fièvre, je n'autoriserai pas cette petite...

TIRÉSIAS. Ils sont sous bonne garde.

CRÉON. Antigone! Antigone! je t'appelle...

ANTIGONE. Je ne veux pas rester chez mon oncle! Je ne veux pas, je ne veux pas rester à la maison. Petit père, petit père, ne me quitte pas! Je te conduirai, je te dirigerai...

CRÉON. Nature ingrate.

ŒDIPE. Impossible, Antigone. Tu dois être sage... je ne peux pas t'emmener.

ANTIGONE. Si! si!

ŒDIPE. Tu abandonnerais Ismène[61]?

---

56. *qu'on... immonde* let them kill the vile beast
57. *bâton d'augure* divining stick, hazel wand
58. *J'y vois clair* I see it all now

59. seizes him   60. *rien que pour* just to
61. Ismene was the sister of Antigone; their brothers were the ill-fated Eteocles and Polynices.

ANTIGONE. Elle doit rester auprès d'Étéocle et de Polynice. Emmène-moi, je t'en supplie! Je t'en supplie! Ne me laisse pas seule! Ne me laisse pas chez mon oncle! Ne me laisse pas à la maison.

JOCASTE. La petite est si fière. Elle s'imagine être ton guide. Il faut le lui laisser croire. Emmène-la. Je me charge de tout.[62]

ŒDIPE. Oh!... (*Il porte la main à sa tête.*)

JOCASTE. Tu as mal?

ŒDIPE. Oui, dans la tête et dans la nuque et dans les bras... C'est atroce.

JOCASTE. Je te panserai[63] à la fontaine.

ŒDIPE, *abandonné.* Mère...

JOCASTE. Crois-tu! cette méchante écharpe et cette affreuse broche! L'avais-je assez prédit.

CRÉON. C'est im-pos-si-ble. Je ne laisserai pas un fou sortir en liberté avec Antigone. J'ai le devoir...

TIRÉSIAS. Le devoir! Ils ne t'appartiennent plus; ils ne relèvent plus de[64] ta puissance.

CRÉON. Et à qui appartiendraient-ils?

TIRÉSIAS. Au peuple, aux poètes, aux cœurs purs.[65]

JOCASTE. En route! Empoigne ma robe solidement... n'aie pas peur... (*Ils se mettent en route.*)

ANTIGONE. Viens, petit père... partons vite...

ŒDIPE. Où commencent les marches?

JOCASTE ET ANTIGONE. Il y a encore toute la plate-forme... (*Ils disparaissent... On entend Jocaste et Antigone parler exactement ensemble.*)

JOCASTE ET ANTIGONE. Attention... compte les marches... Un, deux, trois, quatre, cinq...

CRÉON. Et en admettant qu'ils sortent de la ville, qui s'en chargera, qui les recueillera[66]?...

TIRÉSIAS. La gloire.

CRÉON. Dites plutôt le déshonneur, la honte...

TIRÉSIAS. Qui sait?

RIDEAU

Saint-Mandrier, 1932

62. *Je... tout.* I assume responsibility for everything.   63. *te panserai* will dress your wounds   64. *ne... de* no longer come under the jurisdiction of

65. From Sophocles down to the present time, Oedipus and Antigone have been favorite subjects of great tragedies and persistent legends. 66. *les recueillera* will take them in

Jean Giraudoux

LA GUERRE DE TROIE N'AURA PAS LIEU

JEAN GIRAUDOUX

JEAN GIRAUDOUX might well deserve to share with Henry de Montherlant the title of "Man of the Renaissance." The two men, however, do not represent the same aspects of the Renaissance. Montherlant recalls the *condottiere*, the warrior, the Prince; Giraudoux belongs to that other side of the Renaissance which we identify with the humanist. It is the Renaissance of Erasmus, Budé, and Montaigne which he recalls. The two points of view complement each other. The philosopher confronts the statesman; Erasmus confronts the *reître*. From this confrontation emerges the full picture of neoclassic Western civilization: its humanism and its brutality; religious tolerance and the Inquisition; world discovery and provincial nationalism; the Revival of Antiquity and the invention of constitutional monarchy. It was from such origins that Christian ethics, experimental science, and popular democracy have descended to us in their present form. It is the positive side of this tradition which Giraudoux most perfectly embodies in a world which has questioned the humanities as the basis of its culture, has put science on trial, and

has found as yet no amalgam or substitute for either.

In an article of sympathetic criticism, Sartre has assailed the Aristotelian essentialism of Jean Giraudoux:

... car il nous est impossible, à ces quelques traits, de ne pas reconnaître la philosophie d'Aristote. N'est-ce pas Aristote qui fut logicien d'abord—et logicien du concept, et magicien par logique? N'est-ce pas chez lui qu'on trouve ce monde propret, fini, hiérarchisé, rationnel jusqu'à l'os. N'est-ce pas lui qui tient la connaissance pour une contemplation et une classification? Et, mieux encore, pour lui comme pour Giraudoux, la liberté de l'homme réside moins dans la contingence de son devenir que dans la réalisation exacte de son essence. Tous deux admettent les commencements premiers, les lieux naturels, le principe du "tout ou rien," la discontinuité. M. Giraudoux a écrit le roman de l'Histoire Naturelle; Aristote en a fait la philosophie. Seulement, la philosophie d'Aristote, c'était la seule qui pût couronner la science de son temps: il a voulu faire entrer dans un système les richesses amoncelées par l'observation; or on sait que l'observation s'achève, par nature, en classification,—et la classification, par nature aussi, se réclame du

81

concept. Mais, pour comprendre M. Giraudoux, notre embarras est grand: depuis quatre cents ans les philosophes et les savants se sont efforcés de briser les cadres rigides du concept, de consacrer dans tous les domaines la prééminence du jugement libre et créateur, de substituer le devenir à la fixité des espèces. Aujourd'hui la philosophie coule à pic, la science fait eau de toute part, la morale se noie; on s'efforce partout d'assouplir à l'extrême nos méthodes et notre faculté de juger; personne ne croit plus à je ne sais quel accord préétabli entre l'homme et les choses, personne n'ose plus espérer que la nature nous soit accessible en son fond. Or, voici qu'un univers romanesque paraît, nous séduit par son charme indéfinissable et par son air de nouveauté; on s'en approche, et on découvre le monde d'Aristote, un monde enterré depuis quatre cents ans.[1]

Exploring Giraudoux's essentialism further, Sartre discovers many useful clues to his aesthetics: the absence of transitions within his works, deriving from a mathematical rather than a biological concept of man; the purity and predictability of his characters, whose development is an achievement of their essence rather than of their freedom; the ordered perfection of the world he portrays; the symbolic simultaneity of events creating coincidence; the preciosity of language devolving upon a tradition of pure literary expression; the prevalence of archetypes for his characters; the sacrifice of present time to the

eternal moment; the marriage of logic and magic; the frequency of analogies, correspondences, and symbolism; and the presence of a rigid fatality operating upon and through his characters.

One is obliged to admit that Sartre is not wrong, for these are some of the most characteristic tendencies in the works of Giraudoux. From them arise his most powerful dramatic effects, as well as his most annoying mannerisms. *La Guerre de Troie* is an excellent example of the former, for Giraudoux makes of the inevitability of the Trojan war a moment of intense dramatic suspense. Indeed, his characters do not evolve, and they express themselves in imperturbably literary language, regardless of the catastrophes which overwhelm them. The rational intervention of magic in their lives, the transformations and miracles which occur surrealistically, the unexpected sentimentality of certain scenes and the equally unexpected brutality of others, and above all, the difficulty of his language and the accurate and precise obscurity of his poetry, are stumbling blocks in Giraudoux. It is helpful, then, to know from what point of view Giraudoux can be both pessimistic and optimistic, sentimental and cruel, logical, rational, and magically superstitious at the same time. The reader must be oriented to Giraudoux. He must sacrifice any scientific, biological concept of man he may possess in order to enter this world of angels and essences. He must learn to expect not vagueness, but clarity, sharp outlines, and clear perspectives.

1. *Situations I* (Paris, Gallimard, 1947), pp. 96–97.

He must arm himself against the shock of expecting to step into the painting and learn that, in spite of appearances, this is entirely possible.

"Vertu de la poésie: Giraudoux nous entraîne dans son 'climat'... nous y maintient, et nous tenons son lucide oxygène pour notre air natal,"[2] writes Colette, and even Sartre relates that he was obliged to throw off his own world in order to enter, with a certain pretense, that of Giraudoux: ". . . il faut d'abord oublier le monde où nous vivons. J'ai donc feint que je ne connusse point cette pâte molle parcourue d'ondulations qui ont leur cause et leur fin hors d'elles-mêmes, ce monde sans avenir, où tout est rencontre, où le présent vient comme un voleur, où l'événement résiste par nature à la pensée et au langage, où les individus sont des accidents, des cailloux dans la pâte, pour lesquels l'esprit forge, après coup, des rubriques générales."[3]

Once this adjustment has been achieved, we are neither surprised nor disconcerted by such a scene as occurs in *Siegfried et le Limousin*, in which the essence of the Frenchman passes into the German reasonably and miraculously, effecting the inevitable changes in perspective which the two universes imply. Nor are we dismayed by the tragically pessimistic conclusion of this work, which implies that France and Germany must remain eternally and essentially opposed to each other like new Greeks and Trojans in a modern world.

One interesting question remains.

Sartre has suggested its nature: "D'où vient-il, ce fantôme? Comment un écrivain contemporain a-t-il pu, en toute simplicité, choisir d'illustrer par des fictions romanesques les vues d'un philosophe grec mort trois siècles avant notre ère? J'avoue que je n'en sais rien."[4] He speaks of "la position très particulière de M. Giraudoux au sein de la bourgeoisie française: origines paysannes, culture hellénique, diplomatie," and he concludes: "Je ne sais; peut-être M. Giraudoux le sait-il; peut-être cet écrivain si discret et qui s'efface devant ses fictions nous parlera-t-il un jour de lui."[5]

This is exactly what Giraudoux has done, speaking directly of himself in his works, and more directly in *Pleins pouvoirs*, for his discretion, however authentic and great, has never been of the palsied variety.

Jean Giraudoux was born at Bellac, in the Limousin, on October 19, 1882. His family was modest, of the small bourgeoisie and of more remote peasant stock. He was educated first in provincial schools, where he showed a marked and special interest in classical studies. In the most autobiographical of his novels, *Simon le pathétique*, Giraudoux evokes his early years and his almost pathological love of study. Writing of himself in 1926 as he was at the age of ten, he says of his schoolwork:

Travail, cher travail, toi qui terrasses la honteuse paresse! Travail d'enfant, généreux comme un amour d'enfant! Il

2. Quoted in *Ondine* (Paris-Théâtre, n.d.), p. 84.   3. Loc. cit. p. 83.

4. Loc. cit. p. 97.   5. Loc. cit. p. 98.

84   THE FRENCH THEATER SINCE 1930

est si facile, quelle que soit la surveil-
lance, de travailler sans relâche. Au
réfectoire, alors qu'on distribuait les
lettres, j'en profitais, puisqu'on ne
m'écrivait jamais, pour relire mes cahiers.
Le jeudi et le dimanche, pour éviter la
promenade, je me glissais à la Permanence. Ce nom vous plaît-il autant qu'il
me plaisait: travail permanent, perma-
nente gloire! Dans les récréations il
suffisait, sans même dissimuler son livre,
de tourner lentement autour d'un pilier
selon la place du répétiteur qui faisait
les cent pas. Je me levais chaque matin
à cinq heures avec joie, pour retrouver,
dans mon pupitre, le chantier de mes
thèmes, mes feuilles de narration éparpil-
lées, mais déjà portant leur numéro,
comme les pierres d'un édifice.[6]

The schools of this period in France
deemed it their duty not only to instruct
their students in Greek and Latin,
French literature, mathematics, history,
geography, and physics, but to inculcate
in them a philosophy of life which would
serve them in later years. Such instruction often took the form of an unenlightened idealism, sublime and magnif-
ificent, against which many contemporary
French writers have inveighed. But
from this simple idealism Giraudoux derived other benefits, for he was both
imaginative and docile to an extreme
degree. Perhaps here, in his own character, there is a beginning of that Aristotelian essentialism and idealism which
has astounded Sartre. Speaking of his
teachers, Giraudoux shows himself to
have been singularly pliable under their
instruction, and one can imagine him,

in contrast to Montherlant, listening
attentively to the wisdom of Monsieur
Archambault. Giraudoux is not bemused
by this teaching when he recalls it in
later life. He attaches to it a permanent,
if qualified, value. The idealism of his
teachers remains the core of the idealism
of his work, along with their classical
erudition. Giraudoux understandably
possesses a power in his exaltation and a
gift of words which they doubtless did
not have; but their heroism, however
bookish, their enthusiasm, their recondite literacy, their exalted superstition,
and their superstitious rationalism remain to an amazing degree intact in
La Guerre de Troie, and perhaps explain
somewhat Giraudoux's fascination with
the wise, good-hearted, and abysmally
unbalanced *folles* of Paris who were to
inspire his last work. Of these sincere,
self-centered, generous, and essentialistic
teachers, he writes:

Je leur devais une vie large, une âme
sans bornes. Je leur devais, en voyant
un bossu, de penser à Thersite, une vieille
ridée, à Hécube; je connaissais trop de
héros pour qu'il y eût pour moi autre
chose que des beautés ou des laideurs
héroïques. Je leur devais de croire à
l'inspiration—à des chocs, à des chaleurs
subites qui me contraignaient, en cour
ou en classe, un oiseau divin me coiffant,
à graver sans délai sur l'arbre ou
le pupitre mon nom en immenses
lettres. Je leur devais de croire à ces
sentiments qu'on éprouve au centre d'un
bois sacré, d'une nuit en Ecosse,
d'une assemblée de rois—à l'effusion, à
l'enthousiasme.[7]

6. *Simon le pathétique*, p. 18.

7. Op. cit. p. 31.

Not only does Giraudoux acquit himself of his debt to his former teachers in this passage, but he establishes as well an amusing and ironical remoteness between them and himself. It is perfectly clear that they belong to his childhood, that the sublime is not in reality as it was portrayed. But he affirms as an adult the permanent value of this *bric-à-brac* of his childhood which he cannot entirely escape, and in this context touches upon one of the most tantalizing problems of art: the question of its durability, permanence, and immortality. "Ces phrases qu'une forme de fer maintient rendues depuis des siècles au-dessous d'un langage desséché." This is Giraudoux's essential credo, his interpretation of the nature of art and of human relationships as well. The *forme de fer* is nothing more than their Aristotelian essence, as Sartre would call it, which maintain them in spite of flux and change. For if man changes, he remains stable as well; within his becoming there is his continuity. Giraudoux the writer, the artist, the playwright, is willing to risk all on this. Long after his *préciosité* has become a mannerism of the sophistication of the twentieth century, the ironclad form of his sentences will preserve them for others to read and enjoy. Perhaps this ironclad form will endure even longer than the biologically conceived and elastically resilient prose of the realistic writers. If, of course, there is no value in such endurance, Giraudoux would not be discontent to disappear.

First in his *école communale*, first at the Lycée of Châteauroux, first at the Lycée Lakanal in Paris and later at the École Normale, Giraudoux seemed to be destined for an academic career. He entered the field of diplomacy instead, after a period of travel and journalism. He traveled in Germany (he held a *diplôme d'études supérieures* in German), in Holland, in Mexico, and in the Azores. He became fascinated by the problem of Germany and France, and later wrote eloquently of it in *Siegfried et le Limousin* (1922). In 1906 and 1907 he was a lecturer in French at Harvard University. Back in Paris in 1907 he met Bernard Grasset who was to become his publisher. After 1910 he was attached officially to the Ministry of Foreign Affairs, continuing his travel to Russia and the Orient in an official capacity. He served as *sergent d'infanterie* in the First World War, was sent to Portugal in 1916, and then to Harvard University again, as an instructor in military science. It was during this stay in the United States that Giraudoux gathered material for one of the most sympathetic books ever written about the New World: *Amica America*. Pursuing the paradox even in this brief and gentle treatment of American civilization, Giraudoux reverses the judgment so frequently passed on the United States. He sees in America not a juvenile and immature offshoot of European civilization, but a country of even greater antiquity than his own. He sees in America the enthusiasm, the simplicity, the confidence in life, the optimism, the rational belief in progress which we more readily identify with the eighteenth century than with the twentieth. The idealism of Giraudoux in *Amica America* reflects the idealistic optimism of Wilson, of the period when the world made a first attempt at a United Nations Organization.

En ce qui me concerne, les sentiments que m'inspire l'Amérique n'ont jamais été ceux de l'Européen pour une cousine adolescente, mais au contraire des sentiments filiaux. Chaque fois que je reviens manger mes griddle cakes à Boston, mes mince pies à Albany, mes pruneaux à Santa Catarina, ils ont pour moi cette saveur du passé que trouve à sa carpe à la gelée, quand il fait son pèlerinage à Lwow, le galicien de Chicago. L'Amérique est mon vieux continent. Grandi à Harvard, nourri à San Francisco, je reprends machinalement, dès le débarcadère, mon itinéraire ancestral, non point entre ces gratte-ciel qui atteignent moins le ciel que la plus basse maison de la Nouvelle-Angleterre, mais dans ces allées de monuments invisibles, que dans aucun autre pays je n'ai vus aussi antiques et aussi réels, et qui sont l'enthousiasme, la confiance, l'équilibre des hanches, l'hospitalité. Mon ghetto, c'est leur bloc, et je me félicite d'avoir inscrit voilà vingt ans au fronton du plus magnifique et du plus invisible cette plaque de marbre volant. [8]

The America which fascinates Giraudoux is a classical America, belonging already as much to his private mythology as his Helen, his Hector, his Ulysses, and his madwoman of Chaillot. But we

have said that Giraudoux belonged to the humanistic tradition of the Renaissance, and Sartre has called him an anachronism. It is not surprising that Giraudoux's ideology of America should be on the agrarian and aristocratic side, that the traditional liberalism of Washington and Jefferson should be less remote to him than the ugly facts of the industrial revolution or the more recent struggle of labor for a proper standard of living. In Giraudoux's kindly empyrean, the noble ideal takes precedence over all facts.

Appointed Chief of the Information and Press Services of the Ministry of Foreign Affairs, Giraudoux served from 1926 to 1934 on the commission to regulate the claims of Turkey as a result of the war. Meanwhile, he had discovered Louis Jouvet at the Comédie des Champs-Elysées and, becoming interested in the theater, produced a play from his novel *Siegfried et le Limousin* in 1928. Hardly realizing it, Giraudoux had begun another career. From novelist and statesman he was to become one of the leaders in the renaissance of the French theater which took place during the thirties. Indeed, according to many, he became the first man of the theater in France for the next fifteen years. In 1936 he was appointed *Inspecteur des postes diplomatiques et consulaires*. During the period of this office he wrote *Pleins Pouvoirs*, his projects of reform for France which he submitted to Daladier.

This short volume, reminiscent in its relationship to the author of *Service*

8. *Amica America* (Paris, Grasset, 1938), pp. 10–11.

inutile of Montherlant, is perhaps the most lucid profession of faith which Giraudoux has left. Attacking *le vrai problème français*, as he calls it, he analyzes France as he sees her just before the outbreak of the Second World War. France, about to lose her position as a nation of first importance, must solve her moral crisis or pass into a state of vassaldom. Economically, politically, morally, and intellectually Giraudoux dissects his own nation. Many of his pages, especially those dealing with the slums of Paris and the human exploitation occurring there, remind the reader of the issues in the *Folle de Chaillot* which he was presently to write. It is a discouraging book, a pessimistic book. It places responsibility before Frenchmen and resolutely leaves it there. But it gives us as well Giraudoux's faith in the humanistic heritage and destiny of France; the message it delivers, regardless of implications for the future, remains one of the most cogent definitions of French ideals and civilization ever written. Humanism has been defined in terms of man as the measure of man. So Giraudoux defines France. The disillusionment from which the book stems is Giraudoux's disillusionment before man's betrayal of his greatest mission, his betrayal of himself. Here certainly existentialist and Aristotelian essentialist meet, and Sartre's wary dissatisfaction with Giraudoux is answered by Giraudoux himself. He teaches us the final lesson of the humanistic idealist, the lesson his teachers could not give him, that definitions occur simultaneously with values, and that the humanist risks utterly a definition favorable to the human race. At the basis of this idealist's essentialism is the freedom which Sartre cannot discern in Giraudoux's characters, the freedom so precious to the existentialist and so absent among the characters of Sartre's own fictional creation. Giraudoux states it in words of supreme eloquence:

La civilisation française, comme la grecque, à un degré plastique égal et dans un élan moral décuplé, réside en ceci qu'elle a trouvé la raison de l'homme dans l'homme. Cela ne veut pas dire qu'elle attribue à l'homme la responsabilité et les mérites de son existence et de l'existence du monde; au contraire, c'est une conception modeste, sensible, et, en même temps, pleine de réserve vis-à-vis des êtres géants ou des êtres minuscules auxquels cette civilisation reconnaît pleinement le droit d'exister. Elle n'est pas une formule de métaphysique qui consiste à faire de l'homme un dieu et lui conseille une vie d'ambition et d'effort. Elle n'est pas une formule matérialiste qui consiste à faire de l'homme un néant et lui dicte une vie de renoncement. A mi-chemin de ces deux extrêmes, tout en réservant tous les droits d'un être supérieur ou d'un chaos fondamental, de la religion ou de la philosophie, elle a, par la dignité et par la variété de ses distractions morales, l'agrément de ses loisirs, la conscience apportée à ses occupations manuelles, trouvé le rapport exact de l'homme par rapport à la planète, de l'homme par rapport à la longueur de sa vie, par rapport aux joies et souffrances qu'il peut éprouver en ce bas monde. Elle a ménagé le maximum de liberté morale et physique à cet être prisonnier sur le globe. Contre la civilisation de défaillance et de défaitisme moral, elle a trouvé une doctrine de relativité qui a été considérée trop souvent comme une doctrine d'ironie et qui n'est qu'une doctrine de modestie ou, dans sa pire forme seulement, de scepticisme. Contre la civilisation de grandeur dans laquelle l'effort de vivre est disproportionné avec l'être humain et avec l'aise de vivre, bref, contre la civilisation d'orgueil, d'orgueil vis-à-vis des autres pays, des autres êtres, des dieux, elle a trouvé la civilisation de politesse.[9]

The Aristotelian essentialism of these words is obvious. Man is to some extent defined permanently in terms of a condition which is posited as invariable. One understands the objections of those philosophers who would allow no such premise. But to the extent that there is, in fact, such an essence of man, the solution proposed by the humanist Giraudoux is valid. It is still one of our most vital traditions. Giraudoux has not written in order to illustrate the ideas of a Greek philosopher who lived three centuries before Christ, but to define a certain inescapable essence and quality of man.

In 1939 Giraudoux was called to government service as *Commissaire général à l'Information*. He served in this capacity until the fall of France, when he retired. Four years of life remained to him. He devoted them to writing and to the cinema. Two films were produced under his literary directorship: *La Duchesse de Langeais* and *Les Anges du péché*. On January 31, 1944, he died of an attack of uremia.

LA GUERRE DE TROIE N'AURA PAS LIEU

As THE TITLE INDICATES, the subject of *La Guerre de Troie* is the Trojan War. The action occupies, however, a short moment just before war is declared between the Greeks and the Trojans, and is filled with the speculations of those who consider that the war can be avoided and those who feel that it is inevitable. The doors of the Temple of War, which traditionally stood open in time of war and closed in time of peace, are a powerful symbol of the futility of man's re-

9. *Pleins pouvoirs* (Paris, Gallimard, 1939), pp. 208–209.

sistance to certain forces which have their origin with him and which react upon man as forces of destiny. The action of the play may be analyzed as follows:

The Trojans, returning from war, are rejoicing at the prospect of a long peace. The doors of the Temple of War stand open, but they are soon to be closed permanently. The atmosphere in this first part of the play recalls the optimism and reasonings common in Europe and America at the close of the First World War. The Greeks, however, have sent a messenger to demand that Helen, who has been carried off by Paris, be returned to them. This demand seems to offer no problem to the maintenance of peace. Helen is willing to return to the Greeks; the leaders are in agreement. The doors of the Temple of War are closed, and peace seems to have returned. Disagreement arises, however, during the negotiations for Helen's return. Achilles, leader of the Greeks, and Hector, leader of the Trojans, come to a peaceful settlement. But Demokos, the poet, becomes the instrument of fate. Demokos is killed by Hector when the former attempts to arouse the Trojans against the Greeks, and thus precipitates war. Demokos manages, however, to accuse Oiax, the Greek ambassador, before he dies. Thus this death becomes an international incident. The Trojans kill Oiax, and the doors of the Temple of War slowly open once more at the close of the play.

Optimists and sentimentalists may well object to the lesson of this play. Giraudoux seems to say that in spite of man's best efforts, war is as inevitable as the weather, and is really decided by Fate, not by man. It is on such grounds that the existentialists object to Giraudoux and his Aristotelian essentialism. The philosophical question, which of course cannot be debated here, is that of the possible justification, in whatever terms, of war. But Giraudoux's message is more ambiguous, more idealistic, than this. He would maintain that where beauty, justice, and virtue are concerned, human beings will, almost blindly, prefer to lose their lives rather than accept even symbolic defeat. According to

Giraudoux, there is some element of disinterestedness in every war, and it is no mere simple contradiction that the new democracies have waged their most bloody wars with an ideal of peace. Perhaps it would be more correct to speak of Giraudoux's Platonism rather than his Aristotelianism. Ultimately he is to be found among the idealists, not among the realists. If he seems to defend war, it is that he sees in it an absolute form of struggle and protest for mankind in an effort to preserve those values, qualities, and essences which mankind traditionally considers to be absolute. He points his own way toward a better solution, but it is only by a positive rather than a negative definition of peace that man will find this way. Peace is not merely a state of nonwar. The nature of peace is akin to the nature of love, and the allies of love, says Giraudoux, are generosity and intelligence. It is for this reason that Andromaque, the wife of Hector, pleads with Helen to love Paris sincerely:

"... l'univers veut quelque chose. Depuis ce matin, tout me semble le réclamer, le crier, l'exiger, les hommes, les bêtes, les plantes... jusqu'à cet enfant à moi..."

When Helen asks what it is they demand, Andromaque answers:

"Que vous aimiez Pâris."
"Et la guerre n'aurait pas lieu?" continues Helen.
"Peut-être, en effet, n'aurait-elle pas lieu! Peut-être si vous vous aimiez,

l'amour appelerait-il à son secours l'un de ses égaux, la générosité, l'intelligence ... personne ne s'attaque d'un cœur léger à la passion..."

But in the confrontation between Helen and Andromaque, the cause of all war is implicit. Helen remains unconvinced by Andromaque, as she is convinced that her love for Paris, however different from Andromaque's love for Hector, is still authentic. The two women differ in their definitions of love, in their definitions of peace, of suffering, of war itself. We are left with the disheartening conclusion that war can be avoided only when humanity finds some synthesis for the world of Helen and that of Andromaque. Helen's last words to Andromaque reveal her faint belief in the efficacy of love to prevent the Trojan war:

"S'il suffit d'un couple parfait pour vous faire admettre la guerre, il y a toujours le vôtre, Andromaque."

Meanwhile the cause of war is promoted by a band of smaller figures for whom war seems to possess some mysterious positive value. Demokos, the poet, wishes to write the song of Trojan nationalism. Abnéos calls for a song of war. Priam defends war in the name of valor. Oiax, ambassador of the Greeks, is determined that he will not leave Troy without a declaration of war. The Greek soldiers arrive insolently; the Trojan throng receives them with hostility. Everyone seems intent on war. Meanwhile

Ulysses and Hector make every attempt to prevent the inevitable struggle. The cause of war is forwarded, however, by a series of episodes which are Giraudoux's commentary on the dialectics of aggression.

When Oiax slaps Hector's face, the latter makes no issue of the insult. It is Demokos who cries for revenge. When he in turn is slapped by Hector, he promises to stir up the multitude. When Ulysses questions Paris and Helen about their love, they deny that they have had a physical relationship. It is a seaman and Olpidès who reveal the truth, because they are unable to allow Paris to be covered with the ignominy of sexual impotence. When finally the two leaders meet alone, the cause of peace has its last chance.

Ulysses and Hector meet on terms of equality, each with the cynicism and good will of the leader facing the inevitable. Each is convinced that their mutual efforts will be to no avail; each is ready to do his full part to avoid war if that is possible. Like fighters, they weigh in before beginning their consultation: the young man against the adult, the young woman against the woman of thirty, the unborn son against the growing child, *joie de vivre, confiance de vivre* against *volupté de vivre, méfiance de vivre,* the hunt, courage, fidelity, love against caution, the gods, men, and things. As Hector says, all is not lost, since they have been designated to meet together.

But the true cause of war lies in man's

fate, not in his will or intention. It is not because of crimes, but because of errors that wars are fought. Even Helen is not the cause of the Trojan War. At best she is a pretext. The true cause lies deep in the national spirit of the Trojans who, as Ulysses says, did not know how to carry her off properly. We are reminded indirectly of Andromaque's appeal to Helen.

"Ce n'est pas par des crimes qu'un peuple se met en situation fausse avec son destin, mais par des fautes. Son armée est forte, sa caisse abondante, ses poètes en plein fonctionnement. Mais un jour, on ne sait pourquoi, du fait qu'un de ses citoyens coupe méchamment un arbre, que son prince enlève vilainement une femme, que ses enfants adoptent une mauvaise turbulence, il est perdu. Les nations, comme les hommes, meurent d'imperceptibles impolitesses. C'est à leur façon d'éternuer ou d'éculer leurs talons que se reconnaissent les peuples condamnés... Vous avez sans doute mal enlevé Hélène..."

This fatalism does not prevent the two leaders, however, from attempting to outwit destiny and prevent war. By an arbitrary decision in favor of peace, perhaps it will be possible to achieve peace. Recalling Helen's cynical response to Andromaque, Giraudoux gives as Ulysses's reason: "Andromaque a le même battement de cils que Pénélope." Ulysses leaves for his ships, having accepted Hector's apologies and the restoration of Helen to the Greeks. Andromaque and Hector watch him proceed down to the shore. It is at this point that Hector undergoes his final trial, for Oiax attempts to embrace Andromaque in his presence. A possible tragedy is averted when Oiax leaves. But Demokos, filled with official indignation and suspicious national pride, arrives to protest the indignity of returning Helen to the Greeks. Hector kills him. "Voilà pour ton chant de guerre!" he says. Before he dies, Demokos accuses Oiax of his murder. In spite of Hector's protestations, the crowd falls upon Oiax, kills him, and the Trojan War has begun. It has begun because man has preferred in the final analysis the positive value of war to the negative value of peace. Nor will there be peace, Giraudoux infers, until this situation is reversed and war has become the negative value, while peace gains the advantage of being positive. This is the meaning of Hector's fatalism at the beginning of the play, when he speaks of the inevitability of war:

"Si toutes les mères coupent l'index droit de leur fils, les armées de l'univers se feront la guerre sans index. Si elles lui coupent la jambe droite, les armées seront unijambistes... Et si elles lui crèvent les yeux, les armées seront aveugles, mais il y aura des armées, et dans la mêlée elles se chercheront le défaut de l'aine ou la gorge, à tâtons..."

Giraudoux must be classified among the great stylists of French literature. He is recognized as one of the unchallenged masters of French prose. This quality, however, has not always been considered a virtue, and has often been attacked for *préciosité*, an exaggerated degree of refinement in literary expression. That such refinement exists would be impossible to deny. Giraudoux by tradition, training, and choice belongs to a civilization which has valued literacy above all else. This is a tradition which, to be sure, has fallen somewhat into disfavor in recent years. It implies an absolute, permanent definition of literature as one of the major arts, demanding for it full autonomy and independence, equal importance with the most urgent of social issues. Literature thus becomes a category, profoundly different from written or printed matter in general; it can be defined only in terms of itself. Such a concept is, of course, at variance with more recent and ambiguous interpretations of literature which give primary value to content or to public appeal over questions of pure form. Criteria of judgment are implied which allow a sharp distinction to be made between good literature and bad literature, and it is finally only to good literature that the term literature can be applied at all. Such an aristocratic approach to a domain of art can be fraught with many dangers, and will inevitably displease those of a more relativistic turn of mind. It is the latter who find that Giraudoux is often guilty of the excessive refinement in language, the search for verbal effect, and the literary complacency which is termed *préciosité*.

It is not possible, however, with an artist of Giraudoux's stature, to solve the problem so dogmatically. The question is one of degree, and there will always be disagreement as to whether or not the exaggeration necessary to *préciosité* has occurred. Giraudoux must be ranked, however, with other French writers of the twentieth century (Gide, Proust, Valéry, Montherlant) who subscribe exclusively to literary criteria of judgment and excellence within the domain of literature.

Giraudoux's language can be a source of real difficulty to one who is not accustomed to his *recherche* of verbal effect, to his exploitation of the intrinsic power of words to convey drama. His imagery will easily appear excessive, his vocabulary recondite, his sentences long and periodic, his syntax needlessly complex for the scope of conversation. One may too easily conclude that this is the vicious circle of art for art's sake, and fail to perceive the scrupulous integrity of the artist beneath the virtuosity and bravura of the technician. More apparent in his novels than in his plays, difficulties of this sort still occur in the *Guerre de Troie*. A notable passage occurs when Helen refers to herself as she will be when she is old:

"Et si vous croyez que mon œil, dans ma collection de chromos, comme dit votre mari, ne me montre pas parfois une Hélène vieillie, avachie, édentée, suçotant accroupie quelque confiture dans sa cuisine! Et ce que le plâtré de mon grimage peut éclater de blancheur! Et ce que la groseille peut être rouge! Et ce que c'est coloré et sûr et certain!... Cela m'est complètement indifférent."

It is characteristic of such language to exploit, by a process of close allusion, the broader relationships of the total context. Here the effect of Helen's audacity is essentially verbal. It is neither shocking nor revealing that she should visualize herself as old—a normal process for a woman of such extraordinary beauty—but she paints a portrait of herself in terms of the technicolor vision of reality, her "chromos," as Hector has in another context accused her of doing. Thus the plaster whiteness of her face powder and the bright red of her jam, with all they imply of the futility of the pleasures of old age, convey at the same time the full harshness of her own self-judgment and general indifference.

In conveying the power of emotions, which can only be grasped in absolute terms and defined in terms of themselves, the language of Giraudoux becomes the intrinsic language of pure poetry. Olpidès, watching Helen and Paris from the crow's-nest, repeats the words he heard Helen say, while the *gabier*, watching from the deck, repeats the words of Paris. Because, as Giraudoux states, "Les paroles des femmes montent, celles des hommes s'étalent." Thus we hear that Paris called Helen *puma, jaguar, bouleau*, while Helen answered with *perruche, chatte, chêne*.

Giraudoux often allows himself the pleasure of a perfect definition, the evocation of a living reality in imaginative terms, for which he expends the full resources of his verbal virtuosity, allowing a moment of such perfect evocation, in terms of words, to signify the absoluteness of his characters, the inevitability of war, the pre-established accord which, unfavorable to man, must still exist between man and nature. Thus when the *gabier* "defines" the birch tree:

"J'en ai vu des bouleaux frémissants l'hiver, le long de la Caspienne, et sur la neige, avec leurs bagues noires qui semblaient séparées par le vide, on se demandait ce qui portait les branches. Et j'en ai vu en plein été, dans le chenal près d'Astrakan, avec leurs bagues blanches comme celles des bons champignons, juste au bord de l'eau, mais aussi dignes que le saule est mollasse. Et, quand vous avez dessus un de ces gros corbeaux gris et noir, tout l'arbre tremble, plie à casser, et je lui lançais des pierres jusqu'à ce qu'il s'envole, et toutes les feuilles alors me parlaient et me faisaient signe. Et à les voir frissonner en or par-dessus, en argent par-dessous, vous vous sentez le cœur plein de tendresse. Moi, j'en aurais pleuré, n'est-ce pas, Olpidès? Voilà ce que c'est qu'un bouleau!"

It is, of course, easy to take such passages for pure wordiness. The more realistic and socially minded writers are inclined to do so. Here, too, we have a phase of what Sartre would call Giraudoux's Aristotelian essentialism. Such passages as the preceding one possess validity and beauty only within a certain conviction of the nature and function of literature. To the extent that such a passage constitutes within itself a perfect statement, that this statement is perfectly integrated within the whole context of the play, that the play is in itself likewise a successful statement of an alluring and important problem, to this extent it is possible to enjoy and admire Giraudoux in his so-called *pré-ciosité*, which then becomes refinement and integrity of artistic purpose rather than the self-absorbed and consuming exaggeration of an empty cultivation of pure form. It is this which is for Giraudoux the *forme de fer* on which his concept of the immortality of art rests. It is this which elicits the grudging praise even of Sartre, and constitutes Giraudoux's celebrated "charm."

LA GUERRE DE TROIE N'AURA PAS LIEU

ACTE PREMIER

Terrasse d'un rempart dominé par une terrasse et dominant d'autres remparts

Scène Première

ANDROMAQUE, CASSANDRE

ANDROMAQUE. La guerre de Troie n'aura pas lieu, Cassandre!

CASSANDRE. Je te tiens un pari,[1] Andromaque.

ANDROMAQUE. Cet envoyé des Grecs a raison. On va bien[2] le recevoir. On va bien lui envelopper[3] sa petite Hélène, et on la lui rendra.

CASSANDRE. On va le recevoir grossièrement.[4] On ne lui rendra pas Hélène. Et la guerre de Troie aura lieu.

ANDROMAQUE. Oui, si Hector n'était pas là!... Mais il arrive, Cassandre, il arrive! Tu entends assez ses trompettes... En cette minute, il entre dans la ville, victorieux. Je pense qu'il aura son mot à dire. Quand il est parti, voilà trois mois, il m'a juré que cette guerre était la dernière.

CASSANDRE. C'était la dernière. La suivante l'attend.

ANDROMAQUE. Cela ne te fatigue pas de ne voir et de ne prévoir que l'effroyable?[5]

CASSANDRE. Je ne vois rien, Andromaque. Je ne prévois rien. Je tiens seulement compte[6] de deux bêtises, celle des hommes et celle des éléments.

ANDROMAQUE. Pourquoi la guerre aurait-elle lieu? Pâris ne tient plus à[7] Hélène. Hélène ne tient plus à Pâris.

CASSANDRE. Il s'agit bien d'eux.[8]

ANDROMAQUE. Il s'agit de quoi?

CASSANDRE. Pâris ne tient plus à Hélène! Hélène ne tient plus à Pâris! Tu as vu le destin[9] s'intéresser à des phrases négatives?

ANDROMAQUE. Je ne sais pas ce qu'est le destin.

CASSANDRE. Je vais te le dire. C'est simplement la forme accélérée du temps. C'est épouvantable.

ANDROMAQUE. Je ne comprends pas les abstractions.

CASSANDRE. A ton aise.[10] Ayons recours aux métaphores. Figure-toi un tigre. Tu la comprends, celle-là? C'est la métaphore pour jeunes filles. Un tigre qui dort?

ANDROMAQUE. Laisse-le dormir.

CASSANDRE. Je ne demande pas mieux. Mais ce sont les affirmations qui l'arrachent à[11] son sommeil. Depuis quelque temps, Troie en est pleine.

ANDROMAQUE. Pleine de quoi?

CASSANDRE. De ces phrases qui affirment que le monde et la direction du monde appartiennent aux hommes en général, et aux Troyens ou Troyennes en particulier...

ANDROMAQUE. Je ne te comprends pas.

CASSANDRE. Hector en cette heure rentre dans Troie?

ANDROMAQUE. Oui. Hector en cette heure revient à sa femme.

CASSANDRE. Cette femme d'Hector va avoir un enfant?

ANDROMAQUE. Oui, je vais avoir un enfant.

CASSANDRE. Ce ne sont pas des affirmations, tout cela?

---

1. *Je... pari* I'll make you a wager. With this gloomy reply, Cassandra lives up to her reputation as a foreteller of doom. The daughter of Priam, king of Troy, she was given the gift of prophecy by Apollo.   2. definitely   3. wrap up   4. rudely   5. terrible things   6. *Je... compte* I only take into consideration   7. *ne... à* no longer cares for

8. *Il... d'eux.* It's not a question of them.   9. fate   10. *A ton aise.* As you will.   11. *l'arrachent à* tear it away from

Andromaque. Ne me fais pas peur, Cassandre.

Une Jeune Servante, *qui passe avec du linge*.[12] Quel beau jour, maîtresse!

Cassandre. Ah! oui? Tu trouves?

La Jeune Servante, *qui sort*. Troie touche aujourd'hui son plus beau jour de printemps.

Cassandre. Jusqu'au lavoir[13] qui affirme!

Andromaque. Oh! justement, Cassandre! Comment peux-tu parler de guerre en un jour pareil? Le bonheur tombe sur le monde!

Cassandre. Une vraie neige.

Andromaque. La beauté aussi. Vois ce soleil. Il s'amasse plus de nacre[14] sur les faubourgs[15] de Troie qu'au fond des mers. De toute maison de pêcheur, de tout arbre sort le murmure des coquillages.[16] Si jamais il y a eu une chance de voir les hommes trouver un moyen pour vivre en paix, c'est aujourd'hui... Et pour qu'ils soient modestes... Et pour qu'ils soient immortels...

Cassandre. Oui, les paralytiques qu'on a traînés[17] devant les portes se sentent immortels.

Andromaque. Et pour qu'ils soient bons!... Vois ce cavalier de l'avant-garde se baisser sur l'étrier[18] pour caresser un chat dans ce créneau[19]... Nous sommes peut-être aussi au premier jour de l'entente entre l'homme et les bêtes.

Cassandre. Tu parles trop. Le destin s'agite, Andromaque!

Andromaque. Il s'agite dans les filles qui n'ont pas de mari. Je ne te crois pas.

Cassandre. Tu as tort. Ah! Hector rentre dans la gloire chez sa femme

adorée!... Il ouvre un œil... Ah! Les hémiplégiques[20] se croient immortels sur leurs petits bancs!... Il s'étire[21]... Ah! Il est[22] aujourd'hui une chance pour que la paix s'installe sur le monde!... Il se pourlèche[23]... Et Andromaque va avoir un fils! Et les cuirassiers[24] se baissent maintenant sur l'étrier pour caresser les matous[25] dans les créneaux!... Il se met en marche!

Andromaque. Tais-toi!

Cassandre. Et il monte sans bruit les escaliers du palais. Il pousse du mufle[26] les portes... Le voilà... Le voilà...

La Voix d'Hector. Andromaque!

Andromaque. Tu mens!... C'est Hector!

Cassandre. Qui t'a dit autre chose?

Scène II

Andromaque, Cassandre, Hector

Andromaque. Hector!

Hector. Andromaque!... (*Ils s'étreignent*.[1]) A toi aussi bonjour, Cassandre! Appelle-moi Pâris,[2] veux-tu. Le plus vite possible. (*Cassandre s'attarde*.[3]) Tu as quelque chose à me dire?

Andromaque. Ne l'écoute pas!... Quelque catastrophe!

Hector. Parle!

Cassandre. Ta femme porte un enfant.

Scène III

Andromaque, Hector

(*Il l'a prise dans ses bras, l'a amenée au banc de pierre, s'est assis près d'elle. Court silence.*)

12. linen, laundry   13. *Jusqu'au lavoir* Even the laundry (ironical for *laveuse*)   14. mother-of-pearl   15. outskirts   16. sea shells   17. dragged   18. *se... l'étrier* lean down in his stirrups   19. loophole in a wall

20. hemiplegics (persons paralyzed in one lateral half of the body)   21. stretches   22. *Il est* There is   23. *se pourlèche* is licking his lips with delight   24. armed soldiers   25. tomcats   26. *du mufle* with its nose

1. embrace   2. *Appelle-moi Pâris* Summon Paris for me   3. lingers

HECTOR. Ce sera un fils, une fille?

ANDROMAQUE. Qu'as-tu voulu créer en l'appelant?

HECTOR. Mille garçons... Mille filles...

ANDROMAQUE. Pourquoi? Tu croyais étreindre mille femmes?... Tu vas être déçu. Ce sera un fils, un seul fils.

HECTOR. Il y a toutes les chances pour qu'il en soit un... Après les guerres, il naît plus de garçons que de filles.

ANDROMAQUE. Et avant les guerres?

HECTOR. Laissons les guerres, et laissons la guerre... Elle vient de finir. Elle t'a pris un père, un frère, mais ramené un mari.

ANDROMAQUE. Elle est trop bonne. Elle se rattrapera.[1]

HECTOR. Calme-toi. Nous ne lui laisserons plus l'occasion. Tout à l'heure, en te quittant, je vais solennellement, sur la place, fermer les portes de la guerre.[2] Elles ne s'ouvriront plus.

ANDROMAQUE. Ferme-les. Mais elles s'ouvriront.

HECTOR. Tu peux même nous dire le jour!

ANDROMAQUE. Le jour où les blés[3] seront dorés et pesants,[4] la vigne surchargée, les demeures[5] pleines de couples.

HECTOR. Et la paix à son comble,[6] sans doute?

ANDROMAQUE. Oui. Et mon fils robuste et éclatant.[7] (*Hector l'embrasse.*[8])

HECTOR. Ton fils peut être lâche.[9] C'est une sauvegarde.[10]

ANDROMAQUE. Il ne sera pas lâche. Mais je lui aurai coupé l'index de la main droite.[11]

HECTOR. Si toutes les mères coupent l'index droit de leur fils, les armées de l'univers se feront la guerre sans index... Et si elles lui coupent la jambe droite, les armées seront unijambistes[12]... Et si elles lui crèvent[13] les yeux, les armées seront aveugles,[14] mais il y aura des armées, et dans la mêlée elles se chercheront le défaut de l'aine,[15] ou la gorge, à tâtons[16]...

ANDROMAQUE. Je le tuerai plutôt.

HECTOR. Voilà la vraie solution maternelle des guerres.

ANDROMAQUE. Ne ris pas. Je peux encore le tuer avant sa naissance.

HECTOR. Tu ne veux pas le voir une minute, juste une minute? Après, tu réfléchiras... Voir ton fils?

ANDROMAQUE. Le tien seul m'intéresse. C'est parce qu'il est de toi, c'est parce qu'il est toi que j'ai peur. Tu ne peux t'imaginer combien il te ressemble. Dans ce néant[17] où il est encore, il a déjà apporté tout ce que tu as mis dans notre vie courante.[18] Il y a tes tendresses, tes silences. Si tu aimes la guerre, il l'aimera... Aimes-tu la guerre?

HECTOR. Pourquoi cette question?

ANDROMAQUE. Avoue que certains jours tu l'aimes.

HECTOR. Si l'on aime ce qui vous délivre de l'espoir, du bonheur, des êtres les plus chers...

ANDROMAQUE. Tu ne crois pas si bien dire[19]... On l'aime.

HECTOR. Si l'on se laisse séduire par cette petite délégation[20] que les dieux vous donnent à l'instant du combat...

1. *Elle se rattrapera.* She will make up for it.
2. An adaptation of the tradition of the temple of Janus at Rome, whose doors were similarly closed by Augustus Caesar to herald an era of peace.   3. grain   4. heavy   5. homes
6. height   7. bursting (with health)   8. kisses
9. cowardly   10. safeguard   11. i.e., in order to make him militarily unfit.

12. one-legged   13. put out   14. blind
15. *défaut de l'aine* gap in armor where thigh piece and breastplate meet, through which a wound may be inflicted   16. *à tâtons* groping
17. nothingness   18. *vie courante* everyday life   19. *Tu... dire.* That is more true than you think.   20. i.e. feeling of authority that one is upholding the cause of the gods

ANDROMAQUE. Ah? Tu te sens un dieu, à l'instant du combat?

HECTOR. Très souvent moins qu'un homme... Mais parfois, à certains matins, on se relève du sol[21] allégé,[22] étonné, mué.[23] Le corps, les armes ont un autre poids,[24] sont d'un autre alliage.[25] On est invulnérable. Une tendresse vous envahit, vous submerge, la variété de tendresse des batailles: on est tendre parce qu'on est impitoyable; ce doit être en effet la tendresse des dieux. On avance vers l'ennemi lentement, presque distraitement, mais tendrement. Et l'on évite aussi d'écraser le scarabée.[26] Et l'on chasse[27] le moustique sans l'abattre.[28] Jamais l'homme n'a plus respecté la vie sur son passage...

ANDROMAQUE. Puis l'adversaire arrive?...

HECTOR. Puis l'adversaire arrive, écumant,[29] terrible. On a pitié de lui, on voit en lui, derrière sa bave[30] et ses yeux blancs, toute l'impuissance et tout le dévouement du pauvre fonctionnaire humain qu'il est, du pauvre mari et gendre,[31] du pauvre cousin germain,[32] du pauvre amateur de raki[33] et d'olives qu'il est. On a de l'amour pour lui. On aime sa verrue[34] sur sa joue,[35] sa taie[36] dans son œil. On l'aime... Mais il insiste... Alors on le tue.

ANDROMAQUE. Et l'on se penche[37] en dieu[38] sur ce pauvre corps; mais on n'est pas dieu, on ne rend pas la vie.

HECTOR. On ne se penche pas. D'autres vous attendent. D'autres avec leur écume et leurs regards de haine. D'autres pleins de famille, d'olives, de paix.

ANDROMAQUE. Alors on les tue?

HECTOR. On les tue. C'est la guerre.

ANDROMAQUE. Tous, on les tue?

HECTOR. Cette fois nous les avons tués tous. A dessein.[39] Parce que leur peuple était vraiment la race de la guerre, parce que c'est par lui que la guerre subsistait et se propageait en Asie. Un seul a échappé.

ANDROMAQUE. Dans mille ans, tous les hommes seront les fils de celui-là. Sauvetage[40] inutile d'ailleurs... Mon fils aimera la guerre, car tu l'aimes.

HECTOR. Je crois plutôt que je la hais... Puisque je ne l'aime plus.

ANDROMAQUE. Comment arrive-t-on à ne plus aimer ce que l'on adorait? Raconte. Cela m'intéresse.

HECTOR. Tu sais, quand on a découvert qu'un ami est menteur? De lui tout sonne faux,[41] alors, même ses vérités... Cela semble étrange à dire, mais la guerre m'avait promis la bonté, la générosité, le mépris des bassesses.[42] Je croyais lui devoir mon ardeur et mon goût à vivre, et toi-même... Et jusqu'à cette dernière campagne, pas un ennemi que je n'aie aimé...

ANDROMAQUE. Tu viens de le dire: on ne tue bien que ce qu'on aime.

HECTOR. Et tu ne peux savoir comme la gamme[43] de la guerre était accordée[44] pour me faire croire à sa noblesse. Le galop nocturne des chevaux, le bruit de vaisselle à la fois et de soie[45] que fait le régiment d'hoplites[46] se frottant[47] contre

---

21. ground   22. relieved   23. changed (like a bird that has molted)   24. weight 25. alloy 26. beetle 27. drives away 28. *sans l'abattre* without killing it   29. frothing 30. froth 31. son-in-law 32. *cousin germain* first cousin   33. a strong wine 34. wart 35. cheek 36. white speck on the eye 37. *se penche* bends over   38. *en dieu* as a god

---

39. *A dessein.* Intentionally.   40. Saving of life   41. *sonne faux* has a false ring 42. *mépris des bassesses* scorn of base things 43. scale (in music) 44. tuned 45. *bruit... soie* noise both of dishes and of silk 46. foot soldiers   47. rubbing, brushing

votre tente, le cri du faucon[48] au-dessus de la compagnie étendue[49] et aux aguets,[50] tout avait sonné jusque-là si juste, si merveilleusement juste...

ANDROMAQUE. Et la guerre a sonné faux, cette fois?

HECTOR. Pour quelle raison? Est-ce l'âge? Est-ce simplement cette fatigue du métier[51] dont parfois l'ébéniste[52] sur son pied de table se trouve tout à coup saisi, qui un matin m'a accablé, au moment où, penché sur un adversaire de mon âge, j'allais l'achever?[53] Auparavant ceux que j'allais tuer me semblaient le contraire de moi-même. Cette fois j'étais agenouillé[54] sur un miroir. Cette mort que j'allais donner, c'était un petit suicide. Je ne sais ce que fait l'ébéniste dans ce cas, s'il jette sa varlope,[55] son vernis,[56] ou s'il continue... J'ai continué. Mais de cette minute, rien n'est demeuré de la résonance parfaite. La lance qui a glissé contre mon bouclier[57] a soudain sonné faux, et le choc du tué contre la terre, et, quelques heures plus tard, l'écroulement[58] des palais. Et la guerre d'ailleurs a vu que j'avais compris. Et elle ne se gênait plus[59]... Les cris des mourants sonnaient faux... J'en suis là.[60]

ANDROMAQUE. Tout sonnait juste pour les autres.

HECTOR. Les autres sont comme moi. L'armée que j'ai ramenée hait la guerre.

ANDROMAQUE. C'est une armée à mauvaises oreilles.

HECTOR. Non. Tu ne saurais t'imaginer combien soudain tout a sonné juste pour elle, voilà une heure, à la vue de Troie. Pas un régiment qui ne se soit arrêté d'angoisse à ce concert.[61] Au point que nous n'avons osé entrer durement[62] par les portes, nous nous sommes répandus[63] en groupe autour des murs... C'est la seule tâche digne[64] d'une vraie armée: faire le siège paisible de sa patrie ouverte.[65]

ANDROMAQUE. Et tu n'as pas compris que c'était là la pire fausseté! La guerre est dans Troie, Hector! C'est elle qui vous a reçus aux portes. C'est elle qui me donne à toi ainsi désemparée,[66] et non l'amour.

HECTOR. Que racontes-tu là?

ANDROMAQUE. Ne sais-tu donc pas que Pâris a enlevé[67] Hélène?

HECTOR. On vient de me le dire... Et après?[68]

ANDROMAQUE. Et que les Grecs la réclament[69]? Et que leur envoyé arrive aujourd'hui? Et que si on ne la rend pas, c'est la guerre?

HECTOR. Pourquoi ne la rendrait-on pas? Je la rendrai moi-même.

ANDROMAQUE. Pâris n'y consentira jamais.

HECTOR. Pâris m'aura cédé dans quelques minutes. Cassandre me l'amène.

ANDROMAQUE. Il ne peut te céder. Sa gloire, comme vous dites, l'oblige à ne pas céder. Son amour aussi, comme il dit, peut-être.

HECTOR. C'est ce que nous allons voir. Cours demander à Priam s'il peut m'entendre à l'instant,[70] et rassure-toi.

61. Giraudoux uses this figure of musical sounds to express the soldiers' and Hector's reaction to war and peace. As the war had sounded discordant to them, now the sight of home and the prospect of peace have the resonance of perfect musical harmony.   62. roughly 63. spread out   64. worthy   65. *faire... ouverte* lay peaceful siege to one's open homeland 66. distracted   67. carried off   68. *Et après?* So what?   69. demand (Helen) back 70. *à l'instant* immediately

48. falcon   49. spread out   50. *aux aguets* on the watch   51. work   52. cabinetmaker 53. to finish him off   54. kneeling   55. plane 56. varnish   57. shield   58. collapse 59. *ne... plus* no longer stood on ceremony 60. *J'en suis là.* I've come to that.

Tous ceux des Troyens qui ont fait et peuvent faire la guerre ne veulent pas la guerre.

ANDROMAQUE. Il reste tous les autres.

CASSANDRE. Voilà Pâris.

(*Andromaque disparaît.*)

Scène IV

CASSANDRE, HECTOR, PARIS

HECTOR. Félicitations, Pâris. Tu as bien occupé notre absence.[1]

PÂRIS. Pas mal. Merci.

HECTOR. Alors? Quelle est cette histoire d'Hélène?

PÂRIS. Hélène est une très gentille personne. N'est-ce pas, Cassandre?

CASSANDRE. Assez gentille.

PÂRIS. Pourquoi ces réserves, aujourd'hui? Hier encore tu disais que tu la trouvais très jolie.

CASSANDRE. Elle est très jolie, mais assez gentille.

PÂRIS. Elle n'a pas l'air d'une gentille petite gazelle?

CASSANDRE. Non.

PÂRIS. C'est toi-même qui m'as dit qu'elle avait l'air d'une gazelle!

CASSANDRE. Je m'étais trompée. J'ai revu une gazelle depuis.

HECTOR. Vous m'ennuyez avec vos gazelles! Elle ressemble si peu à une femme que cela?

PÂRIS. Oh! Ce n'est pas le type de femme d'ici, évidemment.[2]

CASSANDRE. Quel est le type de femme d'ici?

PÂRIS. Le tien, chère sœur. Un type effroyablement peu distant.[3]

CASSANDRE. Ta grecque est distante en amour?

PÂRIS. Ecoute parler nos vierges!... Tu sais parfaitement ce que je veux dire. J'ai assez des femmes asiatiques. Leurs étreintes[4] sont de la glu,[5] leurs baisers des effractions,[6] leurs paroles de la déglutition.[7] A mesure qu'elles se déshabillent, elles ont l'air de revêtir[8] un vêtement plus chamarré[9] que tous les autres, la nudité, et aussi, avec leurs fards,[10] de vouloir se décalquer[11] sur nous. Et elles se décalquent. Bref, on est terriblement avec elles[12]... Même au milieu de mes bras, Hélène est loin de moi.

HECTOR. Très intéressant! Mais tu crois que cela vaut une guerre, de permettre à Pâris de faire l'amour à distance?[13]

CASSANDRE. Avec distance[14]... Il aime les femmes distantes, mais de près.

PÂRIS. L'absence d'Hélène dans sa présence vaut tout.

HECTOR. Comment l'as-tu enlevée? Consentement ou contrainte?

PÂRIS. Voyons, Hector! Tu connais les femmes aussi bien que moi. Elles ne consentent qu'à la contrainte. Mais alors avec enthousiasme.

HECTOR. A cheval? Et laissant sous ses fenêtres cet amas de crottin[15] qui est la trace[16] des séducteurs?

PÂRIS. C'est une enquête[17]?

HECTOR. C'est une enquête. Tâche[18] pour une fois de répondre avec précision. Tu n'as pas insulté la maison conjugale, ni la terre grecque?

PÂRIS. L'eau grecque, un peu. Elle se baignait...

---

1. *Tu... absence.* You kept things going well while we were away (irony).   2. of course   3. *effroyablement peu distant* frightfully cloying

4. embraces   5. *de la glu* like glue   6. *des effractions* like breaking down a door   7. *de la déglutition* like swallowing   8. putting on   9. bedecked with ornaments   10. cosmetics   11. to transfer (as a colored picture), to print   12. *avec elles* close to them   13. *à distance* from a distance   14. *avec distance* morally from a distance (but physically near)   15. manure   16. trail   17. investigation   18. try

CASSANDRE. Elle est née de l'écume,[19] quoi[20]! La froideur est née de l'écume, comme Vénus.

HECTOR. Tu n'as pas couvert la plinte[21] du palais d'inscriptions ou de dessins offensants, comme tu en es coutumier[22]? Tu n'as pas lâché le premier sur les échos[23] ce mot qu'ils doivent tous redire en ce moment au mari trompé.[24]

PÂRIS. Non. Ménélas était nu sur le rivage,[25] occupé à se débarrasser l'orteil[26] d'un crabe. Il a regardé filer mon canot[27] comme si le vent emportait ses vêtements.

HECTOR. L'air furieux?

PÂRIS. Le visage d'un roi que pince un crabe n'a jamais exprimé la béatitude.

HECTOR. Pas d'autres spectateurs?

PÂRIS. Mes gabiers.[28]

HECTOR. Parfait!

PÂRIS. Pourquoi parfait? Où veux-tu en venir?[29]

HECTOR. Je dis parfait, parce que tu n'as rien commis d'irrémédiable. En somme, puisqu'elle était déshabillée, pas un seul des vêtements d'Hélène, pas un de ses objets n'a été insulté. Le corps seul a été souillé.[30] C'est négligeable. Je connais assez les Grecs pour savoir qu'ils tireront une aventure divine et tout à leur honneur, de cette petite reine grecque qui va à la mer, et qui remonte tranquillement après quelques mois de sa plongée,[31] le visage innocent.

CASSANDRE. Nous garantissons le visage.

PÂRIS. Tu penses que je vais ramener Hélène à Ménélas!

HECTOR. Nous ne t'en demandons pas tant, ni lui... L'envoyé grec s'en charge... Il la repiquera[32] lui-même dans la mer, comme le piqueur[33] de plantes d'eau, à l'endroit désigné. Tu la lui remettras[34] dès ce soir.

PÂRIS. Je ne sais pas si tu te rends très bien compte[35] de la monstruosité que tu commets, en supposant qu'un homme a devant lui une nuit avec Hélène, et accepte d'y renoncer.

CASSANDRE. Il te reste une après-midi avec Hélène. Cela fait plus grec.[36]

HECTOR. N'insiste pas. Nous te connaissons. Ce n'est pas la première séparation que tu acceptes.

PÂRIS. Mon cher Hector, c'est vrai. Jusqu'ici, j'ai toujours accepté d'assez bon cœur les séparations. La séparation d'avec une femme, fût-ce[37] la plus aimée, comporte un agrément[38] que je sais goûter[39] mieux que personne. La première promenade solitaire dans les rues de la ville au sortir de la dernière étreinte, la vue du premier petit visage de couturière,[40] tout indifférent et tout frais, après le départ de l'amante adorée au nez rougi par les pleurs, le son du premier rire de blanchisseuse[41] ou de fruitière,[42] après les adieux enroués[43] par le désespoir, constituent une jouissance[44] à laquelle je sacrifie bien volontiers les autres... Un seul être vous manque, et tout est repeuplé[45]... Toutes les femmes sont créées à nouveau pour vous, toutes

---

19. sea foam   20. *Quoi* is often used idiomatically at the end of a self-evident statement. It is untranslatable.   21. plinth (square flat base on which a column rests)   22. accustomed   23. air   24. i.e. *cocu*   25. shore   26. toe   27. *Il... canot* He watched my boat make off   28. topmen (in crow's-nest). *Here* sailors.   29. *Où... venir?* What are you trying to say?   30. sullied   31. dip

32. will put back   33. one who plants   34. will hand over   35. *te .. compte* are really aware   36. *Cela... grec.* That's more in the Greek manner.   37. *fût-ce* even if she were   38. pleasure   39. appreciate   40. seamstress   41. laundress   42. fruit vendor   43. made hoarse   44. enjoyment   45. *Un... repeuplé.* Parody on Lamartine's "Un seul être vous manque, et tout est dépeuplé!"

sont à vous,[46] et cela dans la liberté, la dignité, la paix de votre conscience... Oui, tu as bien raison, l'amour comporte des moments vraiment exaltants, ce sont les ruptures... Aussi ne me séparerai-je jamais d'Hélène, car avec elle j'ai l'impression d'avoir rompu avec toutes les autres femmes, et j'ai mille libertés et milles noblesses au lieu d'une.

HECTOR. Parce qu'elle ne t'aime pas. Tout ce que tu dis le prouve.

PÂRIS. Si tu veux. Mais je préfère à toutes les passions cette façon dont Hélène ne m'aime pas.

HECTOR. J'en suis désolé. Mais tu la rendras.

PÂRIS. Tu n'es pas le maître ici.

HECTOR. Je suis ton aîné,[47] et le futur maître.

PÂRIS. Alors commande dans le futur. Pour le présent, j'obéis à notre père.

HECTOR. Je n'en demande pas davantage! Tu es d'accord pour que nous nous en remettions au jugement[48] de Priam?

PÂRIS. Parfaitement d'accord.

HECTOR. Tu le jures? Nous le jurons?

CASSANDRE. Méfie-toi,[49] Hector! Priam est fou d'Hélène. Il livrerait[50] plutôt ses filles.

HECTOR. Que racontes-tu là?

PÂRIS. Pour une fois qu'elle dit le présent au lieu de l'avenir, c'est la vérité.

CASSANDRE. Et tous nos frères, et tous nos oncles, et tous nos arrière-grands-oncles[51]!... Hélène a une garde d'honneur, qui assemble[52] tous nos vieillards. Regarde. C'est l'heure de sa promenade... Vois aux créneaux toutes ces têtes à barbe blanche... On dirait les cigognes[53] caquetant[54] sur les remparts.[55]

HECTOR. Beau spectacle. Les barbes sont blanches et les visages rouges.

CASSANDRE. Oui. C'est la congestion. Ils devraient être à la porte du Scamandre,[56] par où entrent nos troupes et la victoire. Non, ils sont aux portes Scées,[57] par où sort Hélène.

HECTOR. Les voilà qui se penchent tout d'un coup, comme les cigognes quand passe un rat.

CASSANDRE. C'est Hélène qui passe...

PÂRIS. Ah, oui?

CASSANDRE. Elle est sur la seconde terrasse. Elle rajuste sa sandale, debout, prenant bien soin de croiser[58] haut la jambe.

HECTOR. Incroyable. Tous les vieillards de Troie sont là à la regarder d'en haut.

CASSANDRE. Non. Les plus malins[59] regardent d'en bas.

CRIS AU DEHORS. Vive la Beauté!

HECTOR. Que crient-ils?

PÂRIS. Ils crient: Vive la Beauté!

CASSANDRE. Je suis de leur avis. Qu'ils meurent vite.

CRIS AU DEHORS. Vive Vénus!

HECTOR. Et maintenant?

CASSANDRE. Vive Vénus... Ils ne crient que des phrases sans r, à cause de leur manque de dents... Vive la Beauté... Vive Vénus... Vive Hélène... Ils croient proférer[60] des cris. Ils poussent simplement le mâchonnement à sa plus haute puissance.[61]

HECTOR. Que vient faire Vénus là-dedans?

---

46. *sont à vous* belong to you   47. elder 48. *nous nous...jugement* we should leave it to the judgment of   49. *Méfie-toi* Be careful 50. would give up   51. great-great-uncles 52. brings together

53. storks   54. cackling   55. Reminiscent of the *Iliad*, Book III.   56. On the west side of Troy the river Scamander flowed through a swampy plain.   57. *portes Scées* Scaean gates 58. to cross   59. clever   60. utter   61. *Ils... puissance.* They only carry muttering to its highest power.

CASSANDRE. Ils ont imaginé que c'était Vénus qui nous donnait Hélène... Pour récompenser Pâris de lui avoir décerné[62] la pomme à première vue.[63]

HECTOR. Tu as fait aussi un beau coup ce jour-là!

PÂRIS. Ce que tu es frère aîné![64]

Scène V

LES MÊMES. DEUX VIEILLARDS

PREMIER VIEILLARD. D'en bas, nous la voyons mieux...

SECOND VIEILLARD. Nous l'avons même bien vue!

PREMIER VIEILLARD. Mais d'ici elle nous entend mieux. Allez! Une, deux, trois!

TOUS DEUX. Vive Hélène!

DEUXIÈME VIEILLARD. C'est un peu fatigant, à notre âge, d'avoir à descendre et à remonter constamment par des escaliers impossibles, selon que nous voulons la voir ou l'acclamer.

PREMIER VIEILLARD. Veux-tu que nous alternions. Un jour nous l'acclamerons? Un jour nous la regarderons?

DEUXIÈME VIEILLARD. Tu es fou, un jour sans bien voir[1] Hélène!... Songe à ce que nous avons vu d'elle aujourd'hui! Une, deux, trois!

TOUS DEUX. Vive Hélène!

PREMIER VIEILLARD. Et maintenant en bas!... (*Ils disparaissent en courant.*)

CASSANDRE. Et tu les vois, Hector. Je me demande comment vont résister tous ces poumons besogneux.[2]

HECTOR. Notre père ne peut être ainsi.

PÂRIS. Dis-moi, Hector, avant de nous expliquer devant lui tu pourrais peut-être jeter un coup d'œil sur Hélène.

HECTOR. Je me moque d'Hélène... Oh! Père, salut!

(*Priam est entré, escorté d'Hécube, d'Andromaque, du poète Demokos et d'un autre vieillard. Hécube tient à la main la petite Polyxène.*[3])

Scène VI

HÉCUBE, ANDROMAQUE, CASSANDRE, HECTOR, PARIS, DEMOKOS LA PETITE POLYXÈNE

PRIAM. Tu dis?

HECTOR. Je dis, père, que nous devons nous précipiter pour fermer les portes de la guerre, les verrouiller,[1] les cadenasser.[2] Il ne faut pas qu'un moucheron[3] puisse passer entre les deux battants![4]

PRIAM. Ta phrase m'a paru moins longue.

DEMOKOS. Il disait qu'il se moquait d'Hélène.

PRIAM. Penche-toi... (*Hector obéit.*) Tu la vois?

HÉCUBE. Mais oui, il la voit. Je me demande qui ne la verrait pas et qui ne l'a pas vue. Elle fait le chemin de ronde.[5]

DEMOKOS. C'est la ronde[6] de la beauté.

PRIAM. Tu la vois?

HECTOR. Oui... Et après?

---

62. awarded   63. Paris, obliged to judge who was the most beautiful, Hera, Athena, or Aphrodite (Venus), had chosen the latter. She had promised him the fairest of women for his wife as a reward. The symbol of Paris's choice was a golden apple which he presented to Aphrodite. 64. i.e. How you act the older brother!

1. *sans bien voir* without really seeing 2. *poumons besogneux* hard-working lungs

3. Priam was the last king of Troy. He and Hecuba were the parents of Hector, Paris, Cassandra, Polyxena, Troilus, and others.
1. bolt   2. padlock   3. gnat   4. Each section of a double door is called a *battant*. 5. *Elle... ronde.* She's going around the watch's walk.   6. Play on *ronde*, endless love affairs.

DEMOKOS. Priam te demande ce que tu vois!

HECTOR. Je vois une jeune femme qui rajuste sa sandale.

CASSANDRE. Elle met un certain temps à rajuster sa sandale.

PÂRIS. Je l'ai emportée nue et sans garde-robe. Ce sont des sandales à toi. Elles sont un peu grandes.

CASSANDRE. Tout est grand pour les petites femmes.

HECTOR. Je vois deux fesses[7] charmantes.

HÉCUBE. Il voit ce que vous tous voyez.

PRIAM. Mon pauvre enfant!

HECTOR. Quoi?

DEMOKOS. Priam te dit: pauvre enfant!

PRIAM. Oui, je ne savais pas que la jeunesse de Troie en était là.[8]

HECTOR. Où en est-elle?

PRIAM. A l'ignorance de la beauté.

DEMOKOS. Et par conséquent de l'amour. Au réalisme, quoi![9] Nous autres poètes appelons cela le réalisme.

HECTOR. Et la vieillesse de Troie en est à la beauté et à l'amour?

HÉCUBE. C'est dans l'ordre.[10] Ce ne sont pas ceux qui font l'amour ou ceux qui sont la beauté qui ont à les comprendre.

HECTOR. C'est très courant,[11] la beauté, père. Je ne fais pas allusion à Hélène, mais elle court les rues.

PRIAM. Hector, ne sois pas de mauvaise foi. Il t'est bien arrivé dans la vie, à l'aspect d'une femme, de ressentir qu'elle n'était pas seulement elle-même,

mais que tout un flux[12] d'idées et de sentiments avait coulé[13] en sa chair et en prenait l'éclat.[14]

DEMOKOS. Ainsi le rubis personnifie le sang.

HECTOR. Pas pour ceux qui ont vu du sang. Je sors d'en prendre.[15]

DEMOKOS. Un symbole, quoi! Tout guerrier que tu es,[16] tu as bien entendu parler des symboles! Tu as bien rencontré des femmes qui, d'aussi loin que tu les apercevais, te semblaient personnifier l'intelligence, l'harmonie, la douceur?

HECTOR. J'en ai vu.

DEMOKOS. Que faisais-tu alors?

HECTOR. Je m'approchais et c'était fini... Que personnifie celle-là?

DEMOKOS. On te le répète, la beauté.

HÉCUBE. Alors, rendez-la vite aux Grecs, si vous voulez qu'elle vous la personnifie pour longtemps. C'est une blonde.

DEMOKOS. Impossible de parler avec ces femmes!

HÉCUBE. Alors ne parlez pas des femmes! Vous n'êtes guère galants, en tout cas, ni patriotes. Chaque peuple remise[17] son symbole dans sa femme, qu'elle soit camuse[18] ou lippue.[19] Il n'y a que vous pour aller le loger ailleurs.

HECTOR. Père, mes camarades et moi rentrons harassés. Nous avons pacifié notre continent pour toujours. Nous entendons[20] désormais vivre heureux, nous entendons que nos femmes puissent nous aimer sans angoisse et avoir leurs enfants.

DEMOKOS.   Sages   principes,   mais

---

7. buttocks   8. *en était là* had come to that
9. *Au réalisme, quoi!* Demokos says scornfully that the youth of Troy have come around to realism.   10. *C'est dans l'ordre.* That's as things should be.   11. A play on *courir*, which may have the same overtones as *chase* in English.

12. flood   13. flowed   14. *en prenait l'éclat* took on its brilliance   15. *Je... prendre.* I am just back from shedding it.   16. *Tout... es* For all your being a warrior   17. lodges   18. flat-nosed   19. thick-lipped   20. intend, mean

jamais la guerre n'a empêché d'accoucher.[21]

HECTOR. Dis-moi pourquoi nous trouvons la ville transformée, du seul fait d'Hélène[22]? Dis-moi ce qu'elle nous a apporté, qui vaille une brouille[23] avec les Grecs!

LE GÉOMÈTRE. Tout le monde te le dira! Moi je peux te le dire!

HÉCUBE. Voilà le géomètre!

LE GÉOMÈTRE. Oui, voilà le géomètre! Et ne crois pas que les géomètres n'aient pas à s'occuper des femmes! Ils sont les arpenteurs[24] aussi de votre apparence. Je ne te dirai pas ce qu'ils souffrent, les géomètres, d'une épaisseur de peau[25] en trop à vos cuisses[26] ou d'un bourrelet[27] à votre cou... Eh bien, les géomètres jusqu'à ce jour n'étaient pas satisfaits de cette contrée qui entoure Troie. La ligne d'attache[28] de la plaine aux collines leur semblait molle, la ligne des collines aux montagnes du fil de fer.[29] Or, depuis qu'Hélène est ici, le paysage a pris son sens et sa fermeté. Et, chose particulièrement sensible aux vrais géomètres, il n'y a plus à l'espace et au volume qu'une commune mesure[30] qui est Hélène. C'est la mort de tous ces instruments inventés par les hommes pour rapetisser[31] l'univers. Il n'y a plus de mètres, de grammes, de lieues.[32] Il n'y a plus que le pas[33] d'Hélène, la coudée[34] d'Hélène, la portée du regard ou de la voix d'Hélène, et l'air de son passage est la mesure des vents. Elle est

notre baromètre, notre anémomètre![35] Voilà ce qu'ils te disent, les géomètres.

HÉCUBE. Il pleure, l'idiot.

PRIAM. Mon cher fils, regarde seulement cette foule, et tu comprendras ce qu'est Hélène. Elle est une espèce d'absolution. Elle prouve à tous ces vieillards que tu vois là au guet[36] et qui ont mis des cheveux blancs au fronton[37] de la ville, à celui-là qui a volé, à celui-là qui trafiquait des femmes,[38] à celui-là qui manqua sa vie, qu'ils avaient au fond d'eux-mêmes une revendication[39] secrète, qui était la beauté. Si la beauté avait été près d'eux, aussi près qu'Hélène l'est aujourd'hui, ils n'auraient pas dévalisé[40] leurs amis, ni vendu leurs filles, ni bu leur héritage. Hélène est leur pardon, et leur revanche, et leur avenir.

HECTOR. L'avenir des vieillards me laisse indifférent.

DEMOKOS. Hector, je suis poète et juge en[41] poète. Suppose que notre vocabulaire ne soit pas quelquefois touché par la beauté! Suppose que le mot délice n'existe pas!

HECTOR. Nous nous en passerions.[42] Je m'en passe déjà. Je ne prononce le mot délice qu'absolument forcé.[43]

DEMOKOS. Oui, et tu te passerais du mot volupté, sans doute?

HECTOR. Si c'était au prix de[44] la guerre qu'il fallût acheter le mot volupté, je m'en passerais.

DEMOKOS. C'est au prix de la guerre que tu as trouvé le plus beau, le mot courage.

HECTOR. C'était bien payé.

---

21. to give birth   22. *du... d'Hélène* just because of Helen   23. quarrel   24. surveyors   25. *épaisseur de peau* thickness of skin   26. thighs   27. roll of fat   28. *ligne d'attache* connecting line   29. *fil de fer* wire   30. *il... mesure* there is now but a common measure for flat surfaces as well as volume   31. make small   32. leagues   33. footstep   34. cubit. Here more poetically a unit of measure derived from *coude*.

35. wind gauge   36. *au guet* on the watch   37. façade, front   38. *trafiquait des femmes* dealt in women   39. claim, demand   40. robbed   41. as a   42. *Nous nous... passerions.* We should do without it.   43. *Je... forcé.* I pronounce the word *delight* only when I am absolutely forced to do so.   44. *au prix de* at the cost of

HÉCUBE. Le mot lâcheté[45] a dû être trouvé par la même occasion.

PRIAM. Mon fils, pourquoi te forces-tu à ne pas nous comprendre?

HECTOR. Je vous comprends fort bien. A l'aide d'un quiproquo,[46] en prétendant nous faire battre pour la beauté, vous voulez nous faire battre pour une femme.

PRIAM. Et tu ne ferais la guerre pour aucune femme?

HECTOR. Certainement non!

HÉCUBE. Et il aurait rudement raison.

CASSANDRE. S'il n'y en avait qu'une peut-être. Mais ce chiffre est largement dépassé.

DEMOKOS. Tu ne ferais pas la guerre pour reprendre Andromaque?

HECTOR. Andromaque et moi avons déjà convenu de[47] moyens secrets pour échapper à toute prison et nous rejoindre.[48]

DEMOKOS. Pour vous rejoindre, si tout espoir est perdu?

ANDROMAQUE. Pour cela aussi.

HÉCUBE. Tu as bien fait de les démasquer, Hector. Ils veulent faire la guerre pour une femme, c'est la façon d'aimer des impuissants.

DEMOKOS. C'est vous[49] donner beaucoup de prix?

HÉCUBE. Ah oui! par exemple![50]

DEMOKOS. Permets-moi de ne pas être de ton avis. Le sexe à qui je dois ma mère, je le respecterai jusqu'en ses représentantes les moins dignes.[51]

HÉCUBE. Nous le savons. Tu l'y[52] as déjà respecté...

(*Les servantes accourues au bruit de la dispute éclatent de rire.*)

PRIAM. Hécube! Mes filles! Que signifie cette révolte de gynécée[53]? Le conseil se demande s'il ne mettra pas la ville en jeu[54] pour l'une d'entre vous; et vous en êtes humiliées?

ANDROMAQUE. Il n'est qu'une humiliation pour la femme, l'injustice.

DEMOKOS. C'est vraiment pénible de constater que les femmes sont les dernières à savoir ce qu'est la femme.

LA JEUNE SERVANTE *qui repasse*. Oh! là! là!

HÉCUBE. Elles le savent parfaitement. Je vais vous le dire, moi, ce qu'est la femme.

DEMOKOS. Ne les laisse pas parler, Priam. On ne sait jamais ce qu'elles peuvent dire.

HÉCUBE. Elles peuvent dire la vérité.

PRIAM. Je n'ai qu'à penser à l'une de vous, mes chéries, pour savoir ce qu'est la femme.

DEMOKOS. Primo. Elle est le principe[55] de notre énergie. Tu le sais bien, Hector. Les guerriers qui n'ont pas un portrait de femme dans leur sac ne valent rien.

CASSANDRE. De votre orgueil, oui.

HÉCUBE. De vos vices.

ANDROMAQUE. C'est un pauvre tas[56] d'incertitude, un pauvre amas[57] de crainte, qui déteste ce qui est lourd, qui adore ce qui est vulgaire et facile.

HECTOR. Chère Andromaque!

HÉCUBE. C'est très simple. Voilà cinquante ans que je suis femme et je n'ai jamais pu encore savoir au juste ce que j'étais.

DEMOKOS. Secundo. Qu'elle le veuille ou non, elle est la seule prime[58] du courage... Demandez au moindre soldat. Tuer un homme, c'est mériter une femme.

---

45. cowardice   46. misunderstanding
47. *convenu de* agreed upon   48. i.e. by a suicide pact   49. you women   50. *par exemple!* indeed!   51. *jusqu'en... dignes* even in its least worthy representatives   52. i.e. in its least worthy representatives

53. gynaeceum (women's apartments)   54. *en jeu* at stake   55. source   56. pile   57. heap   58. premium

ANDROMAQUE. Elle aime les lâches, les libertins. Si Hector était lâche ou libertin, je l'aimerais autant. Je l'aimerais peut-être davantage.

PRIAM. Ne va pas trop loin, Andromaque. Tu prouverais le contraire de ce que tu veux prouver.

LA PETITE POLYXÈNE. Elle est gourmande.[59] Elle ment.

DEMOKOS. Et de ce que représentent dans la vie humaine la fidélité, la pureté, nous n'en parlons pas, hein?

LA SERVANTE. Oh! là! là!

DEMOKOS. Que racontes-tu, toi?

LA SERVANTE. Je dis: Oh! là! là! Je dis ce que je pense.

LA PETITE POLYXÈNE. Elle casse ses jouets.[60] Elle leur plonge la tête dans l'eau bouillante.[61]

HÉCUBE. A mesure que nous vieillissons, nous les femmes, nous voyons clairement ce qu'ont été les hommes, des hypocrites, des vantards,[62] des boucs.[63] A mesure que les hommes vieillissent, ils nous parent de toutes les perfections. Il n'est pas un souillon[64] accolé derrière un mur qui ne se transforme dans vos souvenirs en créature d'amour.

PRIAM. Tu m'as trompé, toi?

HÉCUBE. Avec toi-même seulement, mais cent fois.

DEMOKOS. Andromaque a trompé Hector?

HÉCUBE. Laisse donc Andromaque tranquille. Elle n'a rien à voir[65] dans les histoires de femme.

ANDROMAQUE. Si Hector n'était pas mon mari, je le tromperais avec lui-même. S'il était un pêcheur pied bot,[66] bancal,[67] j'irais le poursuivre jusque dans sa cabane. Je m'étendrais dans les écailles d'huître[68] et les algues.[69] J'aurais de lui un fils adultère.

LA PETITE POLYXÈNE. Elle s'amuse à ne pas dormir la nuit, tout en fermant les yeux.

HÉCUBE à Polyxène. Oui, tu peux en parler, toi! C'est épouvantable! Que je t'y reprenne![70]

LA SERVANTE. Il n'y a pire que l'homme. Mais celui-là!

DEMOKOS. Et tant pis si la femme nous trompe! Tant pis si elle-même méprise[71] sa dignité et sa valeur. Puisqu'elle n'est pas capable de maintenir en elle cette forme idéale qui la maintient rigide et écarte les rides[72] de l'âme, c'est à nous de le faire...

LA SERVANTE. Ah! le bel embauchoir![73]

PÂRIS. Il n'y a qu'une chose qu'elles oublient de dire: Qu'elles ne sont pas jalouses.

PRIAM. Chères filles, votre révolte même prouve que nous avons raison. Est-il une plus grande générosité que celle qui vous pousse à vous battre en ce moment pour la paix, la paix qui vous donnera des maris veules,[74] inoccupés, fuyants,[75] quand la guerre vous fera d'eux des hommes!...

DEMOKOS. Des héros.

HÉCUBE. Nous connaissons le vocabulaire. L'homme en temps de guerre s'appelle le héros. Il peut ne pas en être plus brave, et fuir à toutes jambes. Mais c'est du moins un héros qui détale.[76]

---

59. greedy   60. toys   61. boiling
62. braggarts   63. goats   64. kitchen maid
65. *rien à voir* nothing to do   66. *pied bot* club-
foot (used here as adjective)   67. bowlegged

68. *écailles d'huîtres* oyster shells   69. seaweed   70. *Que... reprenne!* Just let me catch you again!   71. scorns   72. *écarte les rides* drives away the wrinkles   73. The servant girl ironically refers to Demokos as a shoe tree, since he asserts that it is man's role to keep woman in the proper path.   74. weak-willed   75. elusive   76. scampers off

ANDROMAQUE. Mon père, je vous en supplie. Si vous avez cette amitié pour les femmes, écoutez ce que toutes les femmes du monde vous disent par ma voix. Laissez-nous nos maris comme ils sont. Pour qu'ils gardent leur agilité et leur courage, les dieux ont créé autour d'eux tant d'entraîneurs[77] vivants ou non vivants! Quand ce ne serait que[78] l'orage! Quand ce ne serait que les bêtes! Aussi longtemps qu'il y aura des loups, des éléphants, des onces,[79] l'homme aura mieux que l'homme comme émule[80] et comme adversaire. Tous ces grands oiseaux qui volent autour de nous, ces lièvres[81] dont nous les femmes confondons le poil[82] avec les bruyères,[83] sont de plus sûrs garants[84] de la vue perçante de nos maris que l'autre cible,[85] que le cœur de l'ennemi emprisonné dans sa cuirasse. Chaque fois que j'ai vu tuer un cerf[86] ou un aigle, je l'ai remercié. Je savais qu'il mourait pour Hector. Pourquoi voulez-vous que je doive Hector à la mort d'autres hommes?

PRIAM. Je ne le veux pas, ma petite chérie. Mais savez-vous pourquoi vous êtes là, toutes si belles et si vaillantes? C'est parce que vos maris et vos pères et vos aïeux furent des guerriers. S'ils avaient été paresseux aux armes, s'ils n'avaient pas su que cette occupation terne[87] et stupide qu'est la vie se justifie soudain et s'illumine par le mépris que les hommes ont d'elle, c'est vous qui seriez lâches et réclameriez[88] la guerre. Il n'y a pas deux façons de se rendre immortel ici-bas, c'est d'oublier qu'on est mortel.

ANDROMAQUE. Oh! justement, Père, vous le savez bien! Ce sont les braves qui meurent à la guerre. Pour ne pas y être tué, il faut un grand hasard ou une grande habileté. Il faut avoir courbé[89] la tête ou s'être agenouillé[90] au moins une fois devant le danger. Les soldats qui défilent sous les arcs de triomphe sont ceux qui ont déserté la mort. Comment un pays pourrait-il gagner dans son honneur et dans sa force en les perdant tous les deux?

PRIAM. Ma fille, la première lâcheté est la première ride d'un peuple.

ANDROMAQUE. Où est la pire lâcheté? Paraître lâche vis-à-vis des autres, et assurer la paix? Ou être lâche vis-à-vis de soi-même et provoquer la guerre?

DEMOKOS. La lâcheté est de ne pas préférer à toute mort la mort pour son pays.

HÉCUBE. J'attendais la poésie à ce tournant. Elle n'en manque pas une.[91]

ANDROMAQUE. On meurt toujours pour son pays! Quand on a vécu en lui digne, actif, sage, c'est pour lui aussi qu'on meurt. Les tués ne sont pas tranquilles sous la terre, Priam. Ils ne se fondent[92] pas en elle pour le repos et l'aménagement[93] éternel. Ils ne deviennent pas sa glèbe,[94] sa chair. Quand on retrouve dans le sol une ossature[95] humaine, il y a toujours une épée près d'elle. C'est un os[96] de la terre, un os stérile. C'est un guerrier.

HÉCUBE. Ou alors que les vieillards soient les seuls guerriers. Tout pays est le pays de la jeunesse. Il meurt quand la jeunesse meurt.

DEMOKOS. Vous nous ennuyez avec votre jeunesse. Elle sera la vieillesse dans trente ans.

---

77. trainers, coaches   78. *Quand... que* Even if it were only   79. mountain leopard   80. competitor   81. hares   82. fur   83. heather   84. guarantee   85. target   86. stag   87. dull   88. would demand

89. bowed   90. kneeled   91. It never misses a chance.   92. melt   93. accommodation   94. earth, soil   95. skeleton   96. bone

CASSANDRE. Erreur.

HÉCUBE. Erreur! Quand l'homme adulte touche à ses quarante ans, on lui substitute un vieillard. Lui disparaît. Il n'y a que des rapports d'apparence entre les deux. Rien de l'un ne continue en l'autre.

DEMOKOS. Le souci[97] de ma gloire a continué, Hécube.

HÉCUBE. C'est vrai. Et les rhumatismes...

(*Nouveaux éclats de rire des servantes.*)

HECTOR. Et tu écoutes cela sans mot dire, Pâris! Et il ne te vient pas à l'esprit de sacrifier une aventure pour nous sauver d'années de discorde et de massacre?

PÂRIS. Que veux tu que je te dise! Mon cas est international.

HECTOR. Aimes-tu vraiment Hélène, Pâris?

CASSANDRE. Ils sont le symbole de l'amour. Ils n'ont même plus à s'aimer.

PÂRIS. J'adore Hélène.

CASSANDRE *au rempart.* La voilà, Hélène.

HECTOR. Si je la convaincs de s'embarquer, tu acceptes?

PÂRIS. J'accepte, oui.

HECTOR. Père, si Hélène consent à repartir pour la Grèce, vous la retiendrez de force?

PRIAM. Pourquoi mettre en question l'impossible?

HÉCUBE. Et pourquoi l'impossible? Si les femmes sont le quart de ce que vous prétendez,[98] Hélène partira d'elle-même.

PÂRIS. Père, c'est moi qui vous en prie. Vous les voyez et entendez. Cette tribu royale, dès qu'il est question d'Hélène, devient aussitôt un assemblage de belle-mère, de belles-sœurs, et de beau-père digne de la meilleure bourgeoisie.

97. concern   98. maintain

Je ne connais pas d'emploi plus humiliant dans une famille nombreuse que le rôle du fils séducteur. J'en ai assez de[99] leurs insinuations. J'accepte le défi d'Hector.

DEMOKOS. Hélène n'est pas à toi seul, Pâris. Elle est à la ville. Elle est au pays.

LE GÉOMÈTRE. Elle est au paysage.

HÉCUBE. Tais-toi, géomètre.

CASSANDRE. La voilà, Hélène...

HECTOR. Père, je vous le demande. Laissez-moi ce recours. Ecoutez... On nous appelle pour la cérémonie. Laissez-moi et je vous rejoins.

PRIAM. Vraiment, tu acceptes, Pâris?

PÂRIS. Je vous en conjure.[100]

PRIAM. Soit. Venez, mes enfants. Allons préparer les portes de la guerre.

CASSANDRE. Pauvres portes. Il faut plus d'huile[101] pour les fermer que pour les ouvrir.

(*Priam et sa suite s'éloignent. Demokos est resté.*)

HECTOR. Qu'attends-tu là?

DEMOKOS. Mes transes.

HECTOR. Tu dis?

DEMOKOS. Chaque fois qu'Hélène apparait, l'inspiration me saisit. Je délire,[102] j'écume[103] et j'improvise. Ciel, la voilà!

(*Il déclame:*)

Belle Hélène, Hélène de Sparte,
A gorge douce, à noble chef.[104]
Les dieux nous gardent[105] que tu partes,
Vers ton Ménélas derechef![106]

HECTOR. Tu as fini de terminer tes vers avec ces coups de marteau[107] qui nous enfoncent le crâne.[108]

99. *J'en... de* I am tired of   100. *Je... conjure.* I beg of you.   101. oil   102. *je délire* I am in ecstasy   103. froth at the mouth   104. head   105. *Les... gardent* May the gods prevent   106. immediately   107. hammer   108. skull

Demokos. C'est une invention à moi. J'obtiens des effets bien plus surprenants encore. Ecoute:

Viens sans peur au-devant d'Hector,[109]
La gloire et l'effroi du Scamandre!
Tu as raison et lui a tort...
Car il est dur et tu es tendre...

Hector. File![110]

Demokos. Qu'as-tu à me regarder ainsi? Tu as l'air de détester autant la poésie que la guerre.

Hector. Va! Ce sont les deux sœurs!

(*Le poète disparaît.*)

Cassandre *annonçant.* Hélène!

Scène VII

Hélène, Paris, Hector

Pâris. Hélène, chérie, voici Hector. Il a des projets sur toi, des projets tout simples. Il veut te rendre aux Grecs et te prouver que tu ne m'aimes pas... Dis-moi que tu m'aimes, avant que je te laisse avec lui... Dis-le moi comme tu le penses.

Hélène. Je t'adore, chéri.

Pâris. Dis-moi qu'elle était belle, la vague[1] qui t'emporta de Grèce!

Hélène. Magnifique! Une vague magnifique!... Où as-tu vu une vague? La mer était si calme...

Pâris. Dis-moi que tu hais Ménélas...

Hélène. Ménélas? Je le hais.

Pâris. Tu n'as pas fini... Je ne retournerai jamais en Grèce. Répète.

Hélène. Tu ne retourneras jamais en Grèce.

Pâris. Non, c'est de toi qu'il s'agit.

Hélène. Bien sûr! Que je suis sotte!... Jamais je ne retournerai en Grèce.

109. *Viens... d'Hector.* Come fearlessly to meet Hector.   110. Get out!
1. wave

Pâris. Je ne le lui fais pas dire... A toi maintenant. (*Il s'en va.*)

Scène VIII

Hélène, Hector

Hector. C'est beau, la Grèce?

Hélène. Pâris l'a trouvée belle.

Hector. Je vous demande si c'est beau, la Grèce sans Hélène?

Hélène. Merci pour Hélène.

Hector. Enfin, comment est-ce, depuis qu'on en parle?

Hélène. C'est beaucoup de rois et de chèvres[1] éparpillés[2] sur du marbre.

Hector. Si les rois sont dorés et les chèvres angora, cela ne doit pas être mal au soleil levant.

Hélène. Je me lève tard.

Hector. Des dieux aussi, en quantité? Pâris dit que le ciel en grouille,[3] que des jambes de déesses en pendent.[4]

Hélène. Pâris va toujours le nez levé. Il peut les avoir vues.

Hector. Vous, non?

Hélène. Je ne suis pas douée.[5] Je n'ai jamais pu voir un poisson dans la mer. Je regarderai mieux quand j'y retournerai.

Hector. Vous venez de dire à Pâris que vous n'y retourneriez jamais.

Hélène. Il m'a priée de le dire. J'adore obéir à Pâris.

Hector. Je vois. C'est comme pour Ménélas. Vous ne le haïssez pas?

Hélène. Pourquoi le haïrais-je?

Hector. Pour la seule raison qui fasse vraiment haïr. Vous l'avez trop vu.

Hélène. Ménélas? Oh! non! Je n'ai jamais bien vu Ménélas, ce qui s'appelle vu.[6] Au contraire.

1. goats   2. scattered   3. *en grouille* is alive with them   4. *en pendent* hang down from it (i.e. from the sky)   5. gifted   6. *ce... vu* I mean really seen him

HECTOR. Votre mari?

HÉLÈNE. Entre les objets et les êtres, certains sont colorés pour moi. Ceux-là, je les vois. Je crois en eux. Je n'ai jamais bien pu voir Ménélas.

HECTOR. Il a dû pourtant s'approcher très près.

HÉLÈNE. J'ai pu le toucher. Je ne peux pas dire que je l'ai vu.

HECTOR. On dit qu'il ne vous quittait pas.

HÉLÈNE. Evidemment. J'ai dû le traverser bien des fois sans m'en douter.[7]

HECTOR. Tandis que vous avez vu Pâris?

HÉLÈNE. Sur le ciel, sur le sol, comme une découpure.[8]

HECTOR. Il s'y découpe encore? Regardez-le, là-bas, adossé[9] au rempart.

HÉLÈNE. Vous êtes sûr que c'est Pâris, là-bas?

HECTOR. C'est lui qui vous attend.

HÉLÈNE. Tiens! Il est beaucoup moins net![10]

HECTOR. Le mur est cependant passé à la chaux fraîche.[11] Tenez, le voilà de profil!

HÉLÈNE. C'est curieux comme ceux qui vous attendent se découpent moins bien que ceux que l'on attend!

HECTOR. Vous êtes sûre qu'il vous aime, Pâris?

HÉLÈNE. Je n'aime pas beaucoup connaître les sentiments des autres. Rien ne gêne[12] comme cela. C'est comme au jeu quand on voit dans le jeu de l'adversaire. On est sûr de perdre.

HECTOR. Et vous, vous l'aimez?

HÉLÈNE. Je n'aime pas beaucoup connaître non plus mes propres sentiments.

HECTOR. Voyons! Quand vous venez

d'aimer Pâris, qu'il s'assoupit[13] dans vos bras, quand vous êtes encore ceinturée[14] par Pâris, comblée[15] par Pâris, vous n'avez aucune pensée?

HÉLÈNE. Mon rôle est fini. Je laisse l'univers penser à ma place. Cela, il le fait mieux que moi.

HECTOR. Mais le plaisir vous rattache bien à quelqu'un, aux autres ou à vous-même.

HÉLÈNE. Je connais surtout le plaisir des autres... Il m'éloigne des deux...

HECTOR. Il y a eu beaucoup de ces autres, avant Pâris?

HÉLÈNE. Quelques-uns.

HECTOR. Et il y en aura d'autres après lui, n'est-ce pas, pourvu qu'ils se découpent sur l'horizon, sur le mur ou sur le drap? C'est bien ce que je supposais. Vous n'aimez pas Pâris, Hélène. Vous aimez les hommes!

HÉLÈNE. Je ne les déteste pas. C'est agréable de les frotter[16] contre soi comme de grands savons.[17] On en est toute pure...

HECTOR. Cassandre! Cassandre!

Scène IX

HÉLÈNE, CASSANDRE, HECTOR

CASSANDRE. Qu'y a-t-il?[1]

HECTOR. Tu me fais rire. Ce sont toujours les devineresses[2] qui questionnent.

CASSANDRE. Pourquoi m'appelles-tu?

HECTOR. Cassandre, Hélène repart ce soir avec l'envoyé grec.

HÉLÈNE. Moi? Que contez-vous là?

HECTOR. Vous ne venez pas de me dire que vous n'aimez pas très particulièrement Pâris?

---

7. *sans m'en douter* without suspecting it 8. cutout, silhouette   9. leaning   10. clear 11. *passé... fraîche* freshly whitewashed   12. is annoying

13. drops off to sleep   14. enlaced   15. fulfilled   16. rub   17. pieces of soap 1. *Qu'y a-t-il?* What's the matter?   2. soothsayers

HÉLÈNE. Vous interprétez. Enfin, si vous voulez.

HECTOR. Je cite mes auteurs. Que vous aimez surtout frotter les hommes contre vous comme de grands savons?

HÉLÈNE. Oui. Ou de la pierre ponce,[3] si vous aimez mieux. Et alors?

HECTOR. Et alors, entre ce retour vers la Grèce qui ne vous déplaît pas, et une catastrophe aussi redoutable que la guerre, vous hésiterez à choisir?

HÉLÈNE. Vous ne me comprenez pas du tout, Hector. Je n'hésite pas à choisir. Ce serait trop facile de dire: je fais ceci, ou je fais cela, pour que ceci ou cela se fît. Vous avez découvert que je suis faible. Vous en êtes tout joyeux. L'homme qui découvre la faiblesse dans une femme, c'est le chasseur[4] à midi qui découvre une source.[5] Il s'en abreuve.[6] Mais n'allez pourtant pas croire, parce que vous avez convaincu la plus faible des femmes, que vous avez convaincu l'avenir. Ce n'est pas en manœuvrant des enfants qu'on détermine le destin...

HECTOR. Les subtilités et les riens[7] grecs m'échappent.

HÉLÈNE. Il ne s'agit pas de subtilités et de riens. Il s'agit au moins de monstres et de pyramides.

HECTOR. Choisissez-vous le départ, oui ou non?

HÉLÈNE. Ne me brusquez pas[8]... Je choisis les événements comme je choisis les objets et les hommes. Je choisis ceux qui ne sont pas pour moi des ombres. Je choisis ceux que je vois.

HECTOR. Je sais, vous l'avez dit: ceux que vous voyez colorés. Et vous ne vous voyez pas rentrant dans quelques jours au palais de Ménélas?

HÉLÈNE. Non. Difficilement.   .

HECTOR. On peut habiller votre mari très brillant pour ce retour.

HÉLÈNE. Toute la pourpre de toutes les coquilles[9] ne me le rendrait pas visible.

HECTOR. Voici ta concurrente,[10] Cassandre. Celle-là aussi lit l'avenir.

HÉLÈNE. Je ne lis pas l'avenir. Mais, dans cet avenir, je vois des scènes colorées, d'autres ternes. Jusqu'ici ce sont toujours les scènes colorées qui ont eu lieu.[11]

HECTOR. Nous allons vous remettre aux Grecs en plein midi,[12] sur le sable aveuglant,[13] entre la mer violette et le mur ocre. Nous serons tous en cuirasse d'or à jupe rouge, et entre mon étalon[14] blanc et la jument[15] noire de Priam, mes sœurs en peplum[16] vert vous remettront nue à l'ambassadeur grec, dont je devine, au-dessus du casque d'argent, le plumet amarante.[17] Vous voyez cela, je pense?

HÉLÈNE. Non, du tout. C'est tout sombre.

HECTOR. Vous vous moquez de moi, n'est-ce pas?

HÉLÈNE. Me moquer, pourquoi? Allons! Partons, si vous voulez! Allons nous préparer pour ma remise[18] aux Grecs. Nous verrons bien.

HECTOR. Vous doutez-vous[19] que vous insultez l'humanité, ou est-ce inconscient?

HÉLÈNE. J'insulte quoi?

HECTOR. Vous doutez-vous que votre album de chromos est la dérision du monde? Alors que tous ici nous nous battons, nous nous sacrifions pour fabriquer une heure qui soit à nous, vous êtes

---

3. *pierre ponce* pumice stone   4. hunter
5. spring   6. *s'en abreuve* quenches his thirst
at it   7. trifles   8. *Ne... pas.* Don't rush me.

9. sea shells (Purple dyes were obtained from certain shells.)   10. rival   11. *ont eu lieu* have taken place   12. *en plein midi* at high noon   13. blinding   14. stallion   15. mare
16. peplum or peplos (A shawllike upper garment worn by women in ancient Greece.)
17. *plumet amarante* purple plume   18. delivery   19. *Vous doutez-vous* Are you aware

là à feuilleter vos gravures[20] prêtes de toute éternité[21]!... Qu'avez-vous? A laquelle vous arrêtez-vous avec ces yeux aveugles? A celle sans doute où vous êtes sur ce même rempart, contemplant la bataille? Vous la voyez, la bataille?

Hélène. Oui.

Hector. Et la ville s'effondre[22] ou brûle, n'est-ce pas?[23]

Hélène. Oui. C'est rouge vif.

Hector. Et Pâris? Vous voyez le cadavre de Pâris traîné derrière un char?

Hélène. Ah! Vous croyez que c'est Pâris? Je vois en effet un morceau d'aurore[24] qui roule dans la poussière. Un diamant à sa main étincelle[25]... Mais oui!... Je reconnais souvent mal les visages, mais toujours les bijoux. C'est bien sa bague.[26]

Hector. Parfait... Je n'ose vous questionner sur Andromaque et sur moi,... sur le groupe Andromaque-Hector... Vous le voyez! Ne niez pas. Comment le voyez-vous? Heureux, vieilli, luisant[27]?

Hélène. Je n'essaye pas de le voir.

Hector. Et le groupe Andromaque pleurant sur le corps d'Hector, il luit?

Hélène. Vous savez. Je peux très bien voir luisant,[28] extraordinairement luisant, et qu'il n'arrive rien. Personne n'est infaillible.

Hector. N'insistez pas. Je comprends... Il y a un fils entre la mère qui pleure et le père étendu[29]?

20. à... gravures leafing through your prints
21. prêtes... éternité Helen would not properly have had an album of chromos, but by this image Giraudoux conveys the stereotyped, conventional fatalism of her life. Her picture of life is changeless, ready-made through all eternity.   22. collapses   23. This is the same incendiary vision which Hecuba beheld before giving birth to Paris.   24. dawn   25. sparkles   26. ring   27. shining   28. Je... luisant I am perfectly able to see that things shine   29. stretched out

Hélène. Oui... Il joue avec les cheveux emmêlés[30] du père... Il est charmant.

Hector. Et elles sont au fond de vos yeux, ces scènes? On peut les y voir?[¹]

Hélène. Je ne sais pas. Regardez.

Hector. Plus rien! Plus rien que la cendre de tous ces incendies, l'émeraude et l'or en poudre! Qu'elle est pure, la lentille[31] du monde! Ce ne sont pourtant pas les pleurs qui doivent la laver... Tu pleurerais, si on allait te tuer, Hélène?

Hélène. Je ne sais pas. Mais je crierais. Et je sens que je vais crier, si vous continuez ainsi, Hector... Je vais crier.

Hector. Tu repartiras ce soir pour la Grèce, Hélène, ou je te tue.

Hélène. Mais je veux bien partir! Je suis prête à partir. Je vous répète seulement que je ne peux arriver à rien distinguer du navire qui m'emportera. Je ne vois scintiller[32] ni la ferrure du mât de misaine,[33] ni l'anneau[34] du nez du capitaine, ni le blanc de l'œil du mousse.[35]

Hector. Tu rentreras sur une mer grise, sous un soleil gris. Mais il nous faut la paix.

Hélène. Je ne vois pas la paix.

Hector. Demande à Cassandre de te la montrer. Elle est sorcière.[36] Elle évoque formes et génies.

Un Messager. Hector, Priam te réclame! Les prêtres s'opposent à ce que l'on ferme les portes de la guerre! Ils disent que les dieux y verraient une insulte.

Hector. C'est curieux comme les dieux s'abstiennent de parler eux-mêmes dans les cas difficiles.

Le Messager. Ils ont parlé eux-mêmes. La foudre est tombée sur le

30. tangled   31. lens   32. sparkle
33. ferrure... misaine ironwork of the foremast
34. ring   35. cabin boy   36. witch

temple, et les entrailles des victimes sont contre le renvoi d'Hélène.[37]

HECTOR. Je donnerais beaucoup pour consulter aussi les entrailles des prêtres... Je te suis. (*Le guerrier sort.*)

HECTOR. Ainsi, vous êtes d'accord, Hélène?

HÉLÈNE. Oui.

HECTOR. Vous direz désormais ce que je vous dirai de dire? Vous ferez ce que je vous dirai de faire?

HÉLÈNE. Oui.

HECTOR. Devant Ulysse, vous ne me contredirez pas, vous abonderez dans mon sens[38]?

HÉLÈNE. Oui.

HECTOR. Ecoute-la, Cassandre! Ecoute ce bloc de négation qui dit oui! Tous m'ont cédé. Pâris m'a cédé, Priam m'a cédé, Hélène me cède. Et je sens qu'au contraire dans chacune de ces victoires apparentes, j'ai perdu. On croit lutter contre des géants, on va les vaincre, et il se trouve qu'on lutte contre quelque chose d'inflexible qui est un reflet sur la rétine d'une femme. Tu as beau me dire oui,[39] Hélène, tu es comble[40] d'une obstination qui me nargue![41]

HÉLÈNE. C'est possible. Mais je n'y peux rien. Ce n'est pas la mienne.

HECTOR. Par quelle divagation le monde a-t-il été[42] placer son miroir dans cette tête obtuse.

HÉLÈNE. C'est regrettable, évidemment. Mais vous voyez un moyen de vaincre l'obstination des miroirs?

HECTOR. Oui. C'est à cela que je songe depuis un moment.

HÉLÈNE. Si on les brise,[43] ce qu'ils

reflétaient n'en demeure peut-être pas moins?

HECTOR. C'est là toute la question.

AUTRE MESSAGER. Hector, hâte-toi. La plage[44] est en révolte. Les navires des Grecs sont en vue, et ils ont hissé[45] leur pavillon[46] non au ramat mais à l'écoutière.[47] L'honneur de notre marine est en jeu. Priam craint que l'envoyé ne soit massacré à son débarquement.

HECTOR. Je te confie Hélène, Cassandre. J'enverrai mes ordres.

Scène X

HÉLÈNE, CASSANDRE

CASSANDRE. Moi, je ne vois rien, coloré ou terne. Mais chaque être pèse[1] sur moi par son approche même.[2] A l'angoisse de mes veines, je sens son destin.

HÉLÈNE. Moi, dans mes scènes colorées, je vois quelquefois un détail plus étincelant encore que les autres. Je ne l'ai pas dit à Hector. Mais le cou[3] de son fils est illuminé, la place du cou où bat l'artère[4]...

CASSANDRE. Moi, je suis comme un aveugle qui va à tâtons.[5] Mais c'est au milieu de la vérité que je suis aveugle. Eux tous voient, et ils voient le mensonge. Je tâte[6] la vérité.

HÉLÈNE. Notre avantage, c'est que nos visions se confondent avec nos souvenirs, l'avenir avec le passé! On devient moins sensible[7]... C'est vrai que vous

---

37. A reference to the fact that predictions were made by examining the entrails of slaughtered animals   38. *abonderez... sens* you will be completely in agreement with me   39. *Tu... oui* Even though you say "yes"   40. full   41. defies   42. *le... été* has the world managed   43. breaks

44. beach   45. hoisted   46. flag
47. *ramat, écoutière* By these pseudotechnical terms, vaguely reminiscent of *mât* (mast) and *écoutillon* (booby hatch), Giraudoux wishes to stress the trivialities over which wars may be unleashed.
1. weighs   2. *par... même* merely by coming close   3. neck   4. Astyanax was hurled down from the walls of Troy by the Greeks, so that he might not restore the kingdom.   5. *à tâtons* gropingly   6. feel   7. sensitive

êtes sorcière, que vous pouvez évoquer la paix?

CASSANDRE. La paix? Très facile. Elle écoute en mendiante[8] derrière chaque porte... La voilà. (*La Paix apparaît.*)

HÉLÈNE. Comme elle est jolie!

LA PAIX. Au secours, Hélène, aide-moi!

HÉLÈNE. Mais comme elle est pâle.

LA PAIX. Je suis pâle? Comment, pâle! Tu ne vois pas cet or dans mes cheveux?

HÉLÈNE. Tiens, de l'or gris? C'est une nouveauté...

LA PAIX. De l'or gris! Mon or est gris? (*La Paix disparaît.*)

HÉLÈNE. Elle a disparu?

CASSANDRE. Je pense qu'elle se met un peu de rouge. (*La Paix reparaît, outrageusement fardée.*[9])

LA PAIX. Et comme cela?

HÉLÈNE. Je la vois de moins en moins.

LA PAIX. Et comme cela?

CASSANDRE. Hélène ne te voit pas davantage.

LA PAIX. Tu me vois, toi, puisque tu me parles!

CASSANDRE. C'est ma spécialité de parler à l'invisible.

LA PAIX. Que se passe-t-il donc? Pourquoi les hommes dans la ville et sur la plage poussent-ils ces cris?

CASSANDRE. Il paraît que leurs dieux entrent dans le jeu et aussi leur honneur.

LA PAIX. Leurs dieux! Leur honneur!

CASSANDRE. Oui... Tu es malade!

Le rideau tombe.

ACTE II

Square clos de palais. A chaque angle,[1] échappée sur[2] la mer. Au centre un monument, les portes de la guerre. Elles sont grandes ouvertes.

8. beggar girl   9. made up
1. corner   2. *échappée sur* vista of

Scène Première

HÉLÈNE, LE JEUNE TROÏLUS

HÉLÈNE. Hé, là-bas! Oui, c'est toi que j'appelle!... Approche!

TROÏLUS. Non.

HÉLÈNE. Comment t'appelles-tu?

TROÏLUS. Troïlus.

HÉLÈNE. Viens ici!

TROÏLUS. Non.

HÉLÈNE. Viens ici, Troïlus!... (*Troïlus approche.*) Ah! te voilà! Tu obéis quand on t'appelle par ton nom: tu es encore très lévrier.[1] C'est d'ailleurs gentil. Tu sais que tu m'obliges pour la première fois à crier, en parlant à un homme? Ils sont toujours tellement collés à moi[2] que je n'ai qu'à bouger les lèvres. J'ai crié à des mouettes,[3] à des biches,[4] à l'écho, jamais à un homme. Tu me paieras cela... Qu'as-tu? Tu trembles?

TROÏLUS. Je ne tremble pas.

HÉLÈNE. Tu trembles, Troïlus.

TROÏLUS. Oui, je tremble.

HÉLÈNE. Pourquoi es-tu toujours derrière moi? Quand je vais dos au soleil et que je m'arrête, la tête de ton ombre butte[5] toujours contre mes pieds. C'est tout juste si elle ne les dépasse pas.[6] Dis-moi ce que tu veux...

TROÏLUS. Je ne veux rien.

HÉLÈNE. Dis-moi ce que tu veux, Troïlus!

TROÏLUS. Tout! Je veux tout!

HÉLÈNE. Tu veux tout. La lune?

TROÏLUS. Tout! Plus que tout!

HÉLÈNE. Tu parles déjà comme un vrai homme; tu veux m'embrasser,[7] quoi!

TROÏLUS. Non!

1. *tu... lévrier* you are still very much like a greyhound (in obedience)   2. *collés à moi* hanging on me   3. sea gulls   4. does   5. strikes   6. *C'est... pas.* It almost gets ahead of them.   7. kiss

HÉLÈNE. Tu vieux m'embrasser, n'est-ce pas, mon petit Troïlus?

TROÏLUS. Je me tuerais aussitôt après!

HÉLÈNE. Approche... Quel âge as-tu?

TROÏLUS. Quinze ans... Hélas!

HÉLÈNE. Bravo pour hélas... Tu as déjà embrassé des jeunes filles?

TROÏLUS. Je les hais.

HÉLÈNE. Tu en as déjà embrassé?

TROÏLUS. On les embrasse toutes. Je donnerais ma vie pour n'en avoir embrassé aucune.

HÉLÈNE. Tu me sembles disposer[8] d'un nombre considérable d'existences. Pourquoi ne m'as-tu pas dit franchement: Hélène, je veux vous embrasser!... Je ne vois aucun mal à ce que tu m'embrasses... Embrasse-moi.

TROÏLUS. Jamais.

HÉLÈNE. A la fin du jour, quand je m'assieds aux créneaux pour voir le couchant[9] sur les îles, tu serais arrivé doucement, tu aurais tourné ma tête vers toi avec tes mains,—de dorée, elle serait devenue sombre, tu l'aurais moins bien vue évidemment,—et tu m'aurais embrassée, j'aurais été très contente... Tiens, me serais-je dit, le petit Troïlus m'embrasse!... Embrasse-moi.

TROÏLUS. Jamais.

HÉLÈNE. Je vois. Tu me haïrais si tu m'avais embrassée?

TROÏLUS. Ah! Les hommes ont bien de la chance d'arriver à dire ce qu'ils veulent dire!

HÉLÈNE. Toi, tu le dis assez bien.

Scène II

Hélène, Pâris, Le Jeune Troïlus

PÂRIS. Méfie-toi, Hélène. Troïlus est un dangereux personnage.

HÉLÈNE. Au contraire. Il veut m'embrasser.

PÂRIS. Troïlus, tu sais que si tu embrasses Hélène, je te tue!

HÉLÈNE. Cela lui est égal de mourir, même plusieurs fois.

PÂRIS. Qu'est-ce qu'il a? Il prend son élan?[1]... Il va bondir sur toi?... Il est trop gentil! Embrasse Hélène, Troïlus. Je te le permets.

HÉLÈNE. Si tu l'y décides,[2] tu es plus malin[3] que moi.

(*Troïlus qui allait se précipiter sur Hélène s'écarte aussitôt.*)

PÂRIS. Ecoute, Troïlus! Voici nos vénérables qui arrivent en corps pour fermer les portes de la guerre... Embrasse Hélène devant eux: tu seras célèbre. Tu veux être célèbre, plus tard, dans la vie?

TROÏLUS. Non. Inconnu.

PÂRIS. Tu ne veux pas devenir célèbre? Tu ne veux pas être riche, puissant?

TROÏLUS. Non. Pauvre. Laid.[4]

PÂRIS. Laisse-moi finir!... Pour avoir toutes les femmes!

TROÏLUS. Je n'en veux aucune, aucune!

PÂRIS. Voilà nos sénateurs! Tu as à choisir: ou tu embrasseras Hélène devant eux, ou c'est moi qui l'embrasse devant toi. Tu préfères que ce soit moi? Très bien! Regarde!... Oh! Quel est ce baiser inédit[5] que tu me donnes, Hélène!

HÉLÈNE. Le baiser destiné à Troïlus.

PÂRIS. Tu ne sais pas ce que tu perds, mon enfant! Oh! tu t'en vas? Bonsoir!

HÉLÈNE. Nous nous embrasserons, Troïlus. Je t'en réponds.[6] (*Troïlus s'en va.*) Troïlus!

PÂRIS, *un peu énervé.*[7] Tu cries bien fort, Hélène!

---

1. *Il... élan?* Is he getting ready? (for a spring)
2. *Si... décides* If you persuade him   3. clever
4. Ugly.   5. i.e. fresh   6. *Je t'en réponds.* I give you my word.   7. on edge

8. to have at your disposal   9. sunset

Scène III

HÉLÈNE, DEMOKOS, PÂRIS

DEMOKOS. Hélène, une minute! Et regarde-moi bien en face. J'ai dans la main un magnifique oiseau que je vais lâcher[1]... Là, tu y es?[2]... C'est cela... Arrange tes cheveux et souris un beau sourire.

PÂRIS. Je ne vois pas en quoi[3] l'oiseau s'envolera mieux si les cheveux d'Hélène bouffent[4] et si elle fait son beau sourire.

HÉLÈNE. Cela ne peut pas me nuire[5] en tout cas.

DEMOKOS. Ne bouge plus... Une! Deux! Trois! Voilà... c'est fait, tu peux partir...

HÉLÈNE. Et l'oiseau?

DEMOKOS. C'est un oiseau qui sait se rendre invisible.

HÉLÈNE. La prochaine fois demande-lui sa recette.[6] (*Elle sort.*)

PÂRIS. Quelle est cette farce?

DEMOKOS. Je compose un chant sur le visage d'Hélène. J'avais besoin de bien le contempler, de le graver[7] dans ma mémoire avec sourire et boucles.[8] Il y est.

Scène IV

DEMOKOS, PÂRIS, HÉCUBE, LA PETITE POLYXÈNE, ABNÉOS, LE GÉOMÈTRE, QUELQUES VIEILLARDS

HÉCUBE. Enfin, vous allez nous[1] la fermer, cette porte?

DEMOKOS. Certainement non. Nous pouvons avoir à la rouvrir ce soir même.

HÉCUBE. Hector le veut. Il décidera[2] Priam.

DEMOKOS. C'est ce que nous verrons. Je lui réserve d'ailleurs une surprise, à Hector!

LA PETITE POLYXÈNE. Où mène-t-elle, la porte, maman?

ABNÉOS. A la guerre, mon enfant. Quand elle est ouverte, c'est qu'il y a la guerre.

DEMOKOS. Mes amis...

HÉCUBE. Guerre ou non, votre symbole est stupide. Cela fait tellement peu soigné,[3] ces deux battants toujours ouverts! Tous les chiens s'y arrêtent.

LE GÉOMÈTRE. Il ne s'agit pas de ménage.[4] Il s'agit de la guerre et des dieux.

HÉCUBE. C'est bien ce que je dis, les dieux ne savent pas fermer leurs portes.

LA PETITE POLYXÈNE. Moi je les ferme très bien, n'est-ce pas, maman!

PÂRIS, *baisant les doigts de la petite Polyxène.* Tu te prends[5] même les doigts en les fermant, chérie.

DEMOKOS. Puis-je enfin réclamer un peu de silence, Pâris?... Abnéos, et toi, Géomètre, et vous mes amis, si je vous ai convoqués[6] ici avant l'heure, c'est pour tenir notre premier conseil. Et c'est de bon augure[7] que ce premier conseil de guerre ne soit pas celui des généraux, mais celui des intellectuels. Car il ne suffit pas, à la guerre, de fourbir[8] des armes à nos soldats. Il est indispensable de porter au comble[9] leur enthousiasme. L'ivresse physique, que leurs chefs obtiendront à l'instant de l'assaut par un vin à la résine vigoureusement placé,[10] restera vis-à-vis des Grecs inefficiente, si elle ne se double de[11]

3. *Cela... soigné.* It looks so untidy.   4. house-keeping   5. catch   6. called together   7. *de bon augure* a good sign   8. furbish   9. *porter au comble* raise to the highest pitch   10. *vin... placé* resinous wine generously distributed   11. *se double de* is accompanied by (*literally*, is lined with)

1. release   2. *tu y es?* are you ready?
3. *en quoi* in what way   4. are fluffy
5. harm   6. formula   7. engrave   8. curls
1. Ethical dative. Untranslatable. (Compare English, He ran away on me.)   2. will persuade

l'ivresse morale que nous, les poètes, allons leur verser. Puisque l'âge nous éloigne[12] du combat, servons du moins à le rendre sans merci. Je vois que tu as des idées là-dessus, Abnéos, et je te donne la parole.

ABNÉOS. Oui. Il nous faut un chant de guerre.

DEMOKOS. Très juste. La guerre exige[13] un chant de guerre.

PÂRIS. Nous nous en sommes passé jusqu'ici.[14]

HÉCUBE. Elle chante assez fort elle-même...

ABNÉOS. Nous nous en sommes passé, parce que nous n'avons jamais combattu que des barbares. C'était de la chasse. Le cor[15] suffisait. Avec les Grecs, nous entrons dans un domaine de guerre autrement relevé.[16]

DEMOKOS. Très exact, Abnéos. Ils ne se battent pas avec tout le monde.

PÂRIS. Nous avons déjà un chant national.

ABNÉOS. Oui. Mais c'est un chant de paix.

PÂRIS. Il suffit de chanter un chant de paix avec grimace et gesticulation pour qu'il devienne un chant de guerre... Quelles sont déjà les paroles du nôtre?

ABNÉOS. Tu le sais bien. Anodines.[17] —C'est nous qui fauchons les moissons,[18] qui pressons le sang de la vigne!

DEMOKOS. C'est tout au plus un chant de guerre contre les céréales. Vous n'effraierez pas[19] les Spartiates en menaçant le blé noir.[20]

PÂRIS. Chante-le avec un javelot à la main et un mort à tes pieds, et tu verras.

HÉCUBE. Il y a le mot sang, c'est toujours cela.

PÂRIS. Le mot moisson aussi. La guerre l'aime assez.

ABNÉOS. Pourquoi discuter, puisque Demokos peut nous en livrer un tout neuf dans les deux heures.

DEMOKOS. Deux heures, c'est un peu court.

HÉCUBE. N'aie aucune crainte, c'est plus qu'il ne te faut! Et après le chant ce sera l'hymne, et après l'hymne la cantate. Dès que la guerre est déclarée, impossible de tenir les poètes. La rime, c'est encore le meilleur tambour.[21]

DEMOKOS. Et le plus utile, Hécube, tu ne crois pas si bien dire.[22] Je la connais la guerre. Tant qu'elle n'est pas là, tant que ses portes sont fermées, libre à chacun de l'insulter et de la honnir.[23] Elle dédaigne les affronts du temps de paix. Mais, dès qu'elle est présente, son orgueil est à vif,[24] on ne gagne sa faveur, on ne la gagne, que si on la complimente et la caresse. C'est alors la mission de ceux qui savent parler et écrire, de louer la guerre, de l'aduler à chaque heure du jour, de la flatter sans arrêt aux places claires ou équivoques de son énorme corps, sinon on se l'aliène.[25] Voyez les officiers: Braves devant l'ennemi, lâches devant la guerre c'est la devise[26] des vrais généraux.

PÂRIS. Et tu as même déjà une idée pour ton chant?

DEMOKOS. Une idée merveilleuse, que tu comprendras mieux que personne... Elle doit être lasse[27] qu'on l'affu-

---

12. removes   13. requires   14. *Nous... jusqu'ici.* We have done without it thus far. 15. horn   16. *autrement relevé* considerably more elevated, noble   17. harmless, tame 18. *fauchons les moissons* reap the harvests 19. *n'effraierez pas* will not frighten   20. *blé noir* i.e. grapes. Demokos criticizes the song, since its only reference to blood is with respect to *la vigne.*

21. drum   22. *tu... dire* You were even closer than you thought.   23. revile   24. *à vif* raw, sensitive   25. alienates   26. motto 27. weary

ble[28] de cheveux de Méduse,[29] de lèvres de Gorgone[30] : j'ai l'idée de comparer son visage au visage d'Hélène. Elle sera ravie[31] de cette ressemblance.

LA PETITE POLYXÈNE. A quoi ressemble-t-elle, la guerre, maman?

HÉCUBE. A ta tante Hélène.

LA PETITE POLYXÈNE. Elle est bien jolie.

DEMOKOS. Donc, la discussion est close. Entendu pour le chant de guerre. Pourquoi t'agiter, Géomètre.

LE GÉOMÈTRE. Parce qu'il y a plus pressé[32] que le chant de guerre, beaucoup plus pressé!

DEMOKOS. Tu veux dire les médailles, les fausses nouvelles?

LE GÉOMÈTRE. Je veux dire les épithètes.

HÉCUBE. Les épithètes?

LE GÉOMÈTRE. Avant de se lancer leurs javelots, les guerriers grecs se lancent des épithètes... Cousin de crapaud,[33] se crient-ils! Fils de bœuf... Ils s'insultent, quoi! Et ils ont raison. Ils savent que le corps est plus vulnérable quand l'amour-propre est à vif. Des guerriers connus pour leur sang-froid le perdent illico[34] quand on les traite de verrues[35] ou de corps tyrrhoïdes. Nous autres Troyens manquons terriblement d'épithètes.

DEMOKOS. Le Géomètre a raison. Nous sommes vraiment les seuls à ne pas insulter nos adversaires avant de les tuer...

PÂRIS. Tu ne crois pas suffisant que les civils s'insultent, géomètre?

LE GÉOMÈTRE. Les armées doivent partager les haines des civils. Tu les connais, sur ce point, elles sont décevantes.[36] Quand on les laisse à elles-mêmes, elles passent leur temps à s'estimer. Leurs lignes déployées deviennent bientôt les seules lignes de vraie fraternité dans le monde, et du fond du champ de bataille, où règne une considération mutuelle, la haine est refoulée[37] sur les écoles, les salons ou le petit commerce. Si nos soldats ne sont pas au moins à égalité[38] dans le combat d'épithètes, ils perdront tout goût à l'insulte, à la calomnie, et par suite immanquablement à la guerre.

DEMOKOS. Adopté! Nous leur organiserons un concours[39] dès ce soir.

PÂRIS. Je les crois assez grands pour les trouver eux-mêmes.

DEMOKOS. Quelle erreur! Tu les trouverais de toi-même, tes épithètes, toi qui passe pour habile?

PÂRIS. J'en suis persuadé.

DEMOKOS. Tu te fais des illusions. Mets-toi en face d'Abnéos, et commence.

PÂRIS. Pourquoi d'Abnéos?

DEMOKOS. Parce qu'il prête aux épithètes,[40] ventru[41] et bancal[42] comme il est.

ABNÉOS. Dis donc, moule à tarte[43]!

PÂRIS. Non. Abnéos ne m'inspire pas. Mais en face de toi, si tu veux.

DEMOKOS. De moi? Parfait! Tu vas voir ce que c'est, l'épithète improvisée! Compte dix pas... J'y suis... Commence...

HÉCUBE. Regarde-le bien. Tu seras inspiré.

PÂRIS. Vieux parasite! Poète aux pieds sales[44]!

DEMOKOS. Une seconde... Si tu faisais

---

28. dresses up   29. Medusa's hair was changed into serpents by Athena, and all who looked at her were changed to stone.   30. The Gorgons possessed enormous teeth.   31. delighted 32. *il... pressé* there are more urgent matters 33. toad   34. immediately   35. *quand... verrues* when they are called warts

36. disappointing   37. forced back   38. *à égalité* on an equal footing   39. contest 40. *prête aux épithètes* lends himself to epithets 41. paunchy   42. bowlegged   43. *moule à tarte* pie tin   44. dirty

précéder les épithètes du nom pour éviter les méprises...

PÂRIS. En effet, tu as raison... Demokos! Œil de veau![45] Arbre à pellicules[46]!

DEMOKOS. C'est grammaticalement correct, mais bien naïf. En quoi le fait d'être appelé arbre à pellicules peut-il me faire monter l'écume[47] aux lèvres et me pousser à tuer! Arbre à pellicules est complètement inopérant.[48]

HÉCUBE. Il t'appelle aussi Œil de veau.

DEMOKOS. Œil de veau est un peu mieux... Mais tu vois comme tu patauges,[49] Pâris? Cherche donc ce qui peut m'atteindre. Quels sont mes défauts, à ton avis?

PÂRIS. Tu es lâche, ton haleine est fétide, et tu n'as aucun talent.

DEMOKOS. Tu veux une gifle[50]?

PÂRIS. Ce que j'en dis, c'est pour te faire plaisir.

LA PETITE POLYXÈNE. Pourquoi gronde-t-on l'oncle Demokos, maman?

HÉCUBE. Parce que c'est un serin,[51] chérie!

DEMOKOS. Vous dites, Hécube?

HÉCUBE. Je dis que tu es un serin, Demokos. Je dis que si les serins avaient la bêtise, la prétention, la laideur et la puanteur des vautours,[52] tu serais un serin.

DEMOKOS. Tiens, Pâris! Ta mère est plus forte que toi. Prends modèle. Une heure d'exercice par jour et par soldat, et Hécube nous donne la supériorité en épithètes. Et pour le chant de la guerre, je ne sais pas non plus s'il n'y aurait pas avantage à le lui confier...

HÉCUBE. Si tu veux. Mais je ne dirai pas qu'elle ressemble à Hélène.

DEMOKOS. Elle ressemble à qui, d'après toi?

HÉCUBE. Je te le dirai quand la porte sera fermée.

Scène V

LES MÊMES, PRIAM, HECTOR, PUIS ANDROMAQUE, PUIS HÉLÈNE

Pendant la fermeture des portes, Andromaque prend à part la petite Polyxène, et lui confie une commission[1] ou un secret.

HECTOR. Elle va l'être.

DEMOKOS. Un moment, Hector!

HECTOR. La cérémonie n'est pas prête?

HÉCUBE. Si. Les gonds[2] nagent dans l'huile d'olive.

HECTOR. Alors?

PRIAM. Ce que nos amis veulent dire, Hector, c'est que la guerre aussi est prête. Réfléchis bien. Ils n'ont pas tort. Si tu fermes cette porte, il va peut-être falloir la rouvrir dans une minute.

HÉCUBE. Une minute de paix, c'est bon à prendre.

HECTOR. Mon père, tu dois pourtant savoir ce que signifie la paix pour des hommes qui depuis des mois se battent. C'est toucher enfin le fond pour ceux qui se noient[3] ou s'enlisent.[4] Laisse-nous prendre pied sur le moindre carré[5] de paix, effleurer[6] la paix une minute, fût-ce de l'orteil[7]!

PRIAM. Hector, songe que jeter aujourd'hui le mot paix dans la ville est aussi coupable[8] que d'y jeter un poison. Tu vas y détendre[9] le cuir[10] et le fer. Tu vas frapper avec le mot paix la monnaie courante[11] des souvenirs, des affections,

---

45. *œil de veau* calf's eye   46. dandruff
47. foam   48. ineffective   49. flounder
50. slap   51. canary   52. *puanteur des vautours* stench of vultures

1. errand   2. hinges   3. *se noient* are drowning   4. are sinking (into mud or quicksand)
5. bit (*literally* square)   6. touch lightly
7. toe   8. guilty   9. relax   10. leather
11. *Tu... courante* You will coin with the word *peace* the common currency (of)

des espoirs. Les soldats vont se précipiter pour acheter le pain de paix, boire le vin de paix, étreindre la femme de paix, et dans une heure tu les remettras face à la guerre.

HECTOR. La guerre n'aura pas lieu!

(*On entend des clameurs du côté du port.*)

DEMOKOS. Non? Ecoute!

HECTOR. Fermons les portes. C'est ici que nous recevrons tout à l'heure les Grecs. La conversation sera déjà[12] assez rude. Il convient de les recevoir dans la paix.

PRIAM. Mon fils, savons-nous même si nous devons permettre aux Grecs de débarquer?

HECTOR. Ils débarqueront. L'entrevue avec Ulysse est notre dernière chance de paix.

DEMOKOS. Ils ne débarqueront pas. Notre honneur est en jeu. Nous serions la risée[13] du monde...

HECTOR. Et tu prends sur toi de conseiller au Sénat une mesure qui signifie la guerre?

DEMOKOS. Sur moi? Tu tombes mal.[14] Avance, Busiris. Ta mission commence.

HECTOR. Quel est cet étranger?

DEMOKOS. Cet étranger est le plus grand expert vivant du droit des peuples. Notre chance veut qu'il soit aujourd'hui de passage[15] dans Troie. Tu ne diras pas que c'est un témoin partial. C'est un neutre. Notre Sénat se range à son avis,[16] qui sera demain celui de toutes les nations.

HECTOR. Et quel est ton avis?

BUSIRIS. Mon avis, Princes, après constat *de visu*[17] et enquête subséquente,

est que les Grecs se sont rendus vis-à-vis de Troie coupables de trois manquements aux règles internationales. Leur permettre de débarquer serait vous retirer cette qualité d'offensé qui vous vaudra,[18] dans le conflit, la sympathie universelle.

HECTOR. Explique-toi.

BUSIRIS. Premièrement ils ont hissé leur pavillon au ramat en non à l'écoutière. Un navire de guerre, princes et chers collègues, hisse sa flamme[19] au ramat dans le seul cas de réponse au salut d'un bateau chargé de bœufs. Devant une ville et sa population, c'est donc le type même de l'insulte. Nous avons d'ailleurs un précédent. Les Grecs ont hissé l'année dernière leur pavillon au ramat en entrant dans le port d'Ophéa. La riposte a été cinglante.[20] Ophéa a déclaré la guerre.

HECTOR. Et qu'est-il arrivé?

BUSIRIS. Ophéa a été vaincue. Il n'y a plus d'Ophéa, ni d'Ophéens.

HÉCUBE. Parfait.

BUSIRIS. L'anéantissement d'une nation ne modifie en rien l'avantage de sa position morale internationale.

HECTOR. Continue.

BUSIRIS. Deuxièmement, la flotte grecque en pénétrant dans vos eaux territoriales a adopté la formation dite de face.[21] Il avait été question, au dernier congrès, d'inscrire cette formation dans le paragraphe des mesures dites défensives-offensives. J'ai été assez heureux pour obtenir qu'on lui restituât sa vraie qualité de mesure offensive-défensive: elle est donc bel et bien[22] une des formes larvées[23] du front de mer qui est lui-même une forme larvée du blocus,[24] c'est-

---

12. as it is   13. laughing-stock   14. *Tu tombes mal.* i.e. You're wrong.   15. *de passage* passing through   16. *se... avis* follows his opinion   17. *constat de visu* verification on the spot

18. will assure   19. *hisse sa flamme* raises its flag   20. stinging   21. *dite de face* called frontal   22. *bel et bien* in point of fact   23. incipient   24. blockade

à-dire qu'elle constitue un manquement au premier degré! Nous avons aussi un précédent. Les navires grecs, il y a cinq ans, ont adopté la formation de face en ancrant devant Magnésie. Magnésie dans l'heure[25] a déclaré la guerre.

HECTOR. Elle l'a gagnée?

BUSIRIS. Elle l'a perdue. Il ne subsiste plus une pierre de ses murs. Mais mon paragraphe subsiste.

HÉCUBE. Je t'en félicite. Nous avions eu peur.

HECTOR. Achève.

BUSIRIS. Le Troisième manquement est moins grave. Une des trirèmes[26] grecques a accosté sans permission et par traîtrise. Son chef Oiax, le plus brutal et le plus mauvais coucheur[27] des Grecs, monte vers la ville en semant[28] le scandale et la provocation,[29] et criant qu'il veut tuer Pâris. Mais, au point de vue international, ce manquement est négligeable. C'est un manquement qui n'a pas été fait dans les formes.

DEMOKOS. Te voilà renseigné. La situation a deux issues.[30] Encaisser[31] un outrage ou le rendre. Choisis.

HECTOR. Oneah, cours au-devant d'Oiax! Arrange-toi pour le rabattre[32] ici.

PARIS. Je l'y attends.

HECTOR. Tu me feras le plaisir de rester au Palais jusqu'à ce que je t'appelle. Quant à toi, Busiris, apprends que notre ville n'entend d'aucune façon avoir été insultée par les Grecs.

BUSIRIS. Je n'en suis pas surpris. Sa fierté d'hermine[33] est légendaire.

HECTOR. Tu vas donc, et sur le champ,[34] me trouver une thèse qui permette à notre Sénat de dire qu'il n'y a pas eu manquement de la part de nos visiteurs, et à nous, hermines immaculées, de les recevoir en hôtes.[35]

DEMOKOS. Quelle est cette plaisanterie?

BUSIRIS. C'est contre les faits, Hector.

HECTOR. Mon cher Busiris, nous savons tous ici que le droit est la plus puissante des écoles de l'imagination. Jamais poète n'a interprété la nature aussi librement qu'un juriste la réalité.

BUSIRIS. Le Sénat m'a demandé une consultation, je la donne.

HECTOR. Je te demande, moi, une interprétation. C'est plus juridique encore.

BUSIRIS. C'est contre ma conscience.

HECTOR. Ta conscience a vu périr Ophéa, périr Magnésie, et elle envisage d'un cœur léger la perte de Troie?

HÉCUBE. Oui. Il est de Syracuse.

HECTOR. Je t'en supplie, Busiris. Il y va de[36] la vie de deux peuples. Aidenous.

BUSIRIS. Je ne peux vous donner qu'une aide, la vérité.

HECTOR. Justement. Trouve une vérité qui nous sauve. Si le droit n'est pas l'armurier[37] des innocents, à quoi sert-il? Forge-nous une vérité. D'ailleurs, c'est très simple, si tu ne la trouves pas, nous te gardons ici tant que durera la guerre.

BUSIRIS. Que dites-vous?

DEMOKOS. Tu abuses de[38] ton rang, Hector!

HÉCUBE. On emprisonne le droit pendant la guerre. On peut bien emprisonner un juriste.

---

25. *dans l'heure* within the hour   26. Ship with three banks of oars.   27. *mauvais coucheur* quarrelsome fellow   28. spreading 29. defiance   30. solutions   31. accept 32. bring back (hunting term)   33. *fierté d'hermine* royal (ermine) pride

34. *sur le champ* immediately   35. guests 36. *Il y va de* is at stake   37. smith who forges arms   38. *Tu abuses de* You overstep

HECTOR. Tiens-le-toi pour dit,[39] Busiris. Je n'ai jamais manqué ni à mes menaces ni à mes promesses. Ou ces gardes te mènent en prison pour des années, ou tu pars ce soir même couvert d'or. Ainsi renseigné, soumets de nouveau la question à ton examen le plus impartial.

BUSIRIS. Evidemment, il y a des recours.

HECTOR. J'en étais sûr.

BUSIRIS. Pour le premier manquement, par exemple, ne peut-on interpréter dans certaines mers bordées de régions fertiles le salut au bateau chargé de bœufs comme un hommage de la marine à l'agriculture?

HECTOR. En effet, c'est logique. Ce serait en somme le salut de la mer à la terre.

BUSIRIS. Sans compter qu'une cargaison de bétail[40] peut être une cargaison de taureaux.[41] L'hommage en ce cas touche même à la flatterie.

HECTOR. Voilà. Tu m'as compris. Nous y sommes.

BUSIRIS. Quant à la formation de face, il est tout aussi naturel de l'interpréter comme une avance que comme une provocation. Les femmes qui veulent avoir des enfants se présentent de face, et non de flanc.[42]

HECTOR. Argument décisif.

BUSIRIS. D'autant que les Grecs ont à leur proue[43] des nymphes sculptées gigantesques. Il est permis de dire que le fait de présenter aux Troyens, non plus le navire en tant qu'unité navale, mais la nymphe en tant que symbole fécondant, est juste le contraire d'une insulte. Une femme qui vient vers vous

nue et les bras ouverts n'est pas une menace, mais une offre. Une offre à causer, en tout cas...

HECTOR. Et voilà notre honneur sauf, Demokos. Que l'on publie dans la ville la consultation de Busiris, et toi, Minos, cours donner l'ordre au capitaine du port de faire immédiatement débarquer Ulysse.

DEMOKOS. Cela devient impossible de discuter d'honneur avec ces anciens combattants. Ils abusent vraiment du fait qu'on ne peut les traiter de lâches.

LE GÉOMÈTRE. Prononce en tout cas le discours aux morts, Hector. Cela te fera réfléchir...

HECTOR. Il n'y aura pas de discours aux morts.

PRIAM. La cérémonie le comporte.[44] Le général victorieux doit rendre hommage aux morts quand les portes se ferment.

HECTOR. Un discours aux morts de la guerre, c'est un plaidoyer[45] hypocrite pour les vivants, une demande d'acquittement. C'est la spécialité des avocats. Je ne suis pas assez sûr de mon innocence...

DEMOKOS. Le commandement est irresponsable.

HECTOR. Hélas, tout le monde l'est, les dieux aussi! D'ailleurs je l'ai fait déjà, mon discours aux morts. Je le leur ai fait à leur dernière minute de vie, alors qu'adossés[46] un peu de biais[47] aux oliviers[48] du champ de bataille, ils disposaient d'un reste d'ouïe[49] et de regard.[50] Et je peux vous répéter ce que je leur ai dit. Et à l'éventré,[51] dont les prunelles[52] tournaient déjà, j'ai dit: « Eh bien, mon vieux, ça ne va pas si mal que

---

39. *tiens-le-toi pour dit* make no mistake about it   40. *cargaison de bétail* cargo of cattle
41. bulls   42. *de flanc* sideways   43. prow

44. requires   45. speech of defense   46. leaning   47. *de biais* to the side, sideways   48. olive trees   49. hearing   50. sight   51. disemboweled   52. eyes (pupils of the eyes)

ça... » Et à celui dont la massue[53] avait ouvert en deux le crâne[54]: « Ce que tu peux être laid[55] avec ce nez fendu[56]! » Et à mon petit écuyer,[57] dont le bras gauche pendait et dont fuyait le dernier sang: « Tu as de la chance de t'en tirer avec[58] le bras gauche... » Et je suis heureux de leur avoir fait boire à chacun une suprême goutte[59] à la gourde de la vie. C'était tout ce qu'ils réclamaient, ils sont morts en la suçant...[60] Et je n'ajouterai pas un mot. Fermez les portes.

LA PETITE POLYXÈNE. Il est mort aussi, le petit écuyer?

HECTOR. Oui, mon chat. Il est mort. Il a soulevé la main droite. Quelqu'un que je ne voyais pas le prenait par sa main valide.[61] Et il est mort.

DEMOKOS. Notre général semble confondre paroles aux mourants et discours aux morts.

PRIAM. Ne t'obstine pas, Hector.

HECTOR. Très bien, très bien, je leur parle... (*Il se place au pied des portes.*)

HECTOR. O vous qui ne nous entendez pas, qui ne nous voyez pas, écoutez ces paroles, voyez ce cortège.[62] Nous sommes les vainqueurs. Cela vous est bien égal, n'est-ce pas? Vous aussi vous l'êtes. Mais, nous, nous sommes les vainqueurs vivants. C'est ici que commence la différence. C'est ici que j'ai honte. Je ne sais si dans la foule[63] des morts on distingue les morts vainqueurs par une cocarde.[64] Les vivants, vainqueurs ou non, ont la vraie cocarde, la double cocarde. Ce sont leurs yeux. Nous, nous avons deux yeux, mes

pauvres amis. Nous voyons le soleil. Nous faisons tout ce qui se fait dans le soleil. Nous mangeons. Nous buvons... Et dans le clair de lune!... Nous couchons avec nos femmes... Avec les vôtres aussi...

DEMOKOS. Tu insultes les morts, maintenant?

HECTOR. Vraiment, tu crois?

DEMOKOS. Ou les morts, ou les vivants.

HECTOR. Il y a une distinction...

PRIAM. Achève, Hector... Les Grecs débarquent...

HECTOR. J'achève... O vous qui ne sentez pas, qui ne touchez pas, respirez cet encens, touchez ces offrandes.[65] Puisqu'enfin c'est un général sincère qui vous parle, apprenez que je n'ai pas une tendresse égale, un respect égal pour vous tous. Tout morts que vous êtes,[66] il y a chez vous la même proportion de braves et de peureux que chez nous qui avons survécu et vous ne me ferez pas confondre, à la faveur d'une cérémonie, les morts que j'admire avec les morts que je n'admire pas. Mais ce que j'ai à vous dire aujourd'hui, c'est que la guerre me semble la recette la plus sordide et la plus hypocrite pour égaliser les humains et que je n'admets pas plus la mort comme châtiment ou comme expiation au lâche que comme récompense aux vivants. Aussi qui que vous soyez, vous absents, vous inexistants, vous oubliés, vous sans occupation, sans repos, sans être, je comprends en effet qu'il faille en fermant ces portes excuser près de vous ces déserteurs que sont les survivants, et ressentir comme un privilège et un vol ces deux biens qui s'appellent, de deux noms dont j'espère

---

53. cudgel　　54. skull　　55. *Ce... laid* How ugly you can be　　56. split　　57. groom
58. *t'en tirer avec* come off with　　59. drop
60. sucking, drinking in　　61. *main valide* good hand　　62. procession　　63. crowd
64. cockade

65. offerings　　66. *Tout... êtes* Even though you are dead

que la résonnance ne vous atteint jamais, la chaleur et le ciel.

LA PETITE POLYXÈNE. Les portes se ferment, maman!

HÉCUBE. Oui, chérie.

LA PETITE POLYXÈNE. Ce sont les morts qui les poussent.

HÉCUBE. Ils aident, un petit peu.

LA PETITE POLYXÈNE. Ils aident bien, surtout à droite.

HECTOR. C'est fait? Elles sont fermées?

LE GARDE. Un coffre-fort[67]...

HECTOR. Nous sommes en paix, père, nous sommes en paix.

HÉCUBE. Nous sommes en paix!

LA PETITE POLYXÈNE. On se sent bien mieux, n'est-ce pas, maman?

HECTOR. Vraiment, chérie!

LA PETITE POLYXÈNE. Moi, je me sens bien mieux.

(*La musique des Grecs éclate.*)

UN MESSAGER. Leurs équipages[68] ont mis pied à terre,[69] Priam!

DEMOKOS. Quelle musique! Quelle horreur de musique! C'est de la musique antitroyenne au plus haut point! Allons les recevoir comme il convient.[70]

HECTOR. Recevez-les royalement, et qu'ils soient ici sans encombre.[71] Vous êtes responsables!

LE GÉOMÈTRE. Opposons-leur en tout cas la musique troyenne. Hector, à défaut d'autre indignation, autorisera peut-être le conflit musical?

LA FOULE. Les Grecs! Les Grecs!

UN MESSAGER. Ulysse est sur l'estacade,[72] Priam! Où faut-il le conduire?

PRIAM. Ici même. Préviens-nous[73] au palais... Toi aussi, viens, Pâris. Tu n'as pas trop à circuler,[74] en ce moment.

HECTOR. Allons préparer notre discours aux Grecs, père.

DEMOKOS. Prépare-le un peu mieux que celui aux morts, tu trouveras plus de contradiction. (*Priam et ses fils sortent.*) Tu t'en vas aussi, Hécube? Tu t'en vas sans nous avoir dit à quoi ressemblait la guerre?

HÉCUBE. Tu tiens à[75] le savoir?

DEMOKOS. Si tu l'as vue, dis-le.

HÉCUBE. A un cul de singe.[76] Quand la guenon[77] est montée à l'arbre et nous montre un fondement rouge, tout squameux[78] et glacé,[79] ceint[80] d'une perruque immonde,[81] c'est exactement la guerre que l'on voit, c'est son visage.

DEMOKOS. Avec celui d'Hélène, cela lui en fait deux. (*Il sort.*)

ANDROMAQUE. La voilà justement, Hélène. Polyxène, tu te rappelles bien ce que tu as à lui dire.

LA PETITE POLYXÈNE. Oui...

ANDROMAQUE. Va...

Scène VI

HÉLÈNE, LA PETITE POLYXÈNE

HÉLÈNE. Tu veux me parler, chérie?

LA PETITE POLYXÈNE. Oui, tante Hélène.

HÉLÈNE. Ça doit être important, tu est toute raide.[1] Et tu te sens toute raide aussi, je parie[2]?

LA PETITE POLYXÈNE. Oui, tante Hélène.

HÉLÈNE. C'est une chose que tu ne peux pas me dire sans être raide?

LA PETITE POLYXÈNE. Non, tante Hélène.

HÉLÈNE. Alors, dis le reste. Tu me fais mal, raide comme cela.

---

67. strong box   68. crews   69. *ont... terre* have landed   70. *comme il convient* in an appropriate manner   71. *sans encombre* without hindrance   72. landing pier   73. *Préviens-nous* Let us know   74. to be on the loose

75. *tiens à* are anxious   76. *cul de singe* monkey's behind   77. ape   78. scaly   79. shiny   80. surrounded   81. loathesome wig   1. stiff   2. wager

La Petite Polyxène. Tante Hélène, si vous nous aimez, partez!

Hélène. Pourquoi partirais-je, chérie?

La Petite Polyxène. A cause de la guerre.

Hélène. Tu sais déjà ce que c'est, la guerre?

La Petite Polyxène. Je ne sais pas très bien. Je crois qu'on meurt.

Hélène. La mort aussi tu sais ce que c'est?

La Petite Polyxène. Je ne sais pas non plus très bien. Je crois qu'on ne sent plus rien.

Hélène. Qu'est-ce qu'Andromaque t'a dit au juste de me demander?

La Petite Polyxène. De partir, si vous nous aimez.

Hélène. Cela ne me paraît pas très logique. Si tu aimais quelqu'un, tu le quitterais.

La Petite Polyxène. Oh! non! jamais!

Hélène. Qu'est-ce que tu préfèrerais, quitter Hécube ou ne plus rien sentir?

La Petite Polyxène. Oh! ne rien sentir! Je préfèrerais rester et ne plus jamais rien sentir...

Hélène. Tu vois comme tu t'exprimes mal! Pour que je parte, au contraire, il faudrait que je ne vous aime pas. Tu préfères que je ne t'aime pas?

La Petite Polyxène. Oh! non! que vous m'aimiez!

Hélène. Tu ne sais pas ce que tu dis, en somme?

La Petite Polyxène. Non...

Voix d'Hécube. Polyxène!

Scène VII

Les Mêmes, Hécube, Andromaque

Hécube. Tu es sourde, Polyxène? Et qu'as-tu à fermer les yeux en me voyant? Tu joues à la statue? Viens avec moi.

Hélène. Elle s'entraîne[1] à ne rien sentir. Mais elle n'est pas douée.

Hécube. Enfin, est-ce que tu m'entends, Polyxène? Est-ce que tu me vois?

La Petite Polyxène. Oh! oui! Je t'entends. Je te vois.

Hécube. Pourquoi pleures-tu? Il n'y a pas de mal à me voir et à m'entendre?

La Petite Polyxène. Si... Tu partiras...

Hécube. Vous me ferez le plaisir de laisser désormais Polyxène tranquille, Hélène. Elle est trop sensible pour toucher l'insensible, fût-ce à travers votre belle robe et votre belle voix.

Hélène. C'est bien mon avis. Je conseille à Andromaque de faire ses commissions elle-même. Embrasse-moi, Polyxène. Je pars ce soir, puisque tu y tiens.

La Petite Polyxène. Ne partez pas! Ne partez pas!

Hélène. Bravo! Te voilà souple...

Hécube. Tu viens, Andromaque?

Andromaque. Non, je reste.

Scène VIII

Hélène, Andromaque

Hélène. L'explication, alors?

Andromaque. Je crois qu'il la faut.

Hélène. Ecoutez-les crier et discuter là-bas, tous tant qu'ils sont![1] Cela ne suffit pas? Il faut encore que les belles-sœurs s'expliquent?[2] S'expliquent quoi, puisque je pars?

Andromaque. Que vous partiez ou non, ce n'est plus la question, Hélène.

1. is practising
1. *tous... sont!* every single one of them!
2. come to an understanding

HÉLÈNE. Dites cela à Hector. Vous faciliterez sa journée.

ANDROMAQUE. Oui, Hector s'accroche à[3] l'idée de votre départ. Il est comme tous les hommes. Il suffit d'un lièvre pour les détourner du fourré[4] où est la panthère. Le gibier[5] des hommes peut se chasser ainsi. Pas celui des dieux.

HÉLÈNE. Si vous avez découvert ce qu'ils veulent, les dieux, dans toute cette histoire, je vous félicite.

ANDROMAQUE. Je ne sais pas si les dieux veulent quelque chose. Mais l'univers veut quelque chose. Depuis ce matin, tout me semble le réclamer, le crier, l'exiger, les hommes, les bêtes, les plantes... Jusqu'à[6] cet enfant en moi...

HÉLÈNE. Ils réclament quoi?

ANDROMAQUE. Que vous aimiez Pâris.

HÉLÈNE. S'ils savent que je n'aime point Pâris, ils sont mieux renseignés que moi.

ANDROMAQUE. Vous ne l'aimez pas! Peut-être pourriez-vous l'aimer. Mais, pour le moment, c'est dans un malentendu que vous vivez tous deux.

HÉLÈNE. Je vis avec lui dans la bonne humeur, dans l'agrément,[7] dans l'accord. Le malentendu de l'entente, je ne vois pas très bien ce que cela peut être.

ANDROMAQUE. Vous ne l'aimez pas. On ne s'entend pas, dans l'amour. La vie de deux époux qui s'aiment, c'est une perte de sang-froid perpétuel. La dot[8] des vrais couples est la même que celle des couples faux: le désaccord originel. Hector est le contraire de moi. Il n'a aucun de mes goûts. Nous passons notre journée ou à nous vaincre l'un l'autre ou à nous sacrifier. Les époux amoureux n'ont pas le visage clair.

HÉLÈNE. Et si mon teint[9] était de plomb,[10] quand j'approche Pâris, et mes yeux blancs, et mes mains moites,[11] vous pensez que Ménélas en serait transporté, les Grecs épanouis?[12]

ANDROMAQUE. Peu importerait alors ce que pensent les Grecs!

HÉLÈNE. Et la guerre n'aurait pas lieu?

ANDROMAQUE. Peut-être, en effet, n'aurait-elle pas lieu! Peut-être, si vous vous aimiez, l'amour appellerait-il à son secours l'un de ses égaux, la générosité, l'intelligence... Personne, même le destin, ne s'attaque d'un cœur léger à la passion... Et même si elle avait lieu, tant pis!

HÉLÈNE. Ce ne serait sans doute pas la même guerre?

ANDROMAQUE. Oh! non, Hélène! Vous sentez bien ce qu'elle sera, cette lutte.[13] Le sort[14] ne prend pas tant de précautions pour un combat vulgaire. Il veut construire l'avenir sur elle, l'avenir de nos races, de nos peuples, de nos raisonnements. Et que nos idées et que notre avenir soient fondés sur l'histoire d'une femme et d'un homme qui s'aimaient, ce n'est pas si mal. Mais il ne voit pas que vous n'êtes qu'on couple officiel... Penser que nous allons souffrir, mourir, pour un couple officiel, que la splendeur ou le malheur des âges, que les habitudes des cerveaux[15] et des siècles vont se fonder sur l'aventure de deux êtres qui ne s'aimaient pas, c'est là l'horreur.

HÉLÈNE. Si tous croient que nous nous aimons, cela revient au même.[16]

ANDROMAQUE. Ils ne le croient pas. Mais aucun n'avouera[17] qu'il ne le croit

---

3. *s'accroche à* clings to   4. thicket   5. game
6. *jusqu'à* even   7. pleasure   8. dowry

9. complexion   10. *de plomb* leaden
11. damp   12. smiling, joyous   13. struggle
14. fate   15. minds, brains   16. *cela... même*
it comes to the same thing   17. will admit

pas. Aux approches de la guerre, tous les êtres secrètent une nouvelle sueur,[18] tous les événements revêtent[19] un nouveau vernis,[20] qui est le mensonge. Tous mentent. Nos vieillards n'adorent pas la beauté, ils s'adorent eux-mêmes, ils adorent la laideur. Et l'indignation des Grecs est un mensonge. Dieu sait s'ils se moquent de ce que vous pouvez faire avec Pâris, les Grecs! Et leurs bateaux qui accostent[21] là-bas dans les banderolles[22] et les hymnes, c'est un mensonge de la mer. Et la vie de mon fils, et la vie d'Hector vont se jouer sur l'hypocrisie et le simulacre,[23] c'est épouvantable!

Hélène. Alors?

Andromaque. Alors je vous en supplie, Hélène. Vous me voyez là pressée contre vous comme si je vous suppliais de m'aimer. Aimez Pâris! Ou dites-moi que je me trompe! Dites-moi que vous vous tuerez s'il mourait! Que vous accepterez qu'on vous défigure pour qu'il vive!... Alors la guerre ne sera plus qu'un fléau,[24] pas une injustice. J'essaierai de la supporter.

Hélène. Chère Andromaque, tout cela n'est pas si simple. Je ne passe point mes nuits, je l'avoue, à réfléchir sur le sort des humains, mais il m'a toujours semblé qu'ils se partageaient en deux sortes. Ceux qui sont, si vous voulez, la chair[25] de la vie humaine. Et ceux qui en sont l'ordonnance,[26] l'allure.[27] Les premiers ont le rire, les pleurs, et tout ce que vous voudrez en sécrétions. Les autres ont le geste, la tenue,[28] le regard. Si vous les obligez à ne faire qu'une race, cela ne va plus aller du tout. L'huma-

nité doit autant à ses vedettes[29] qu'à ses martyrs.

Andromaque. Hélène!

Hélène. D'ailleurs vous êtes difficile... Je ne le trouve pas si mal que cela, mon amour. Il me plaît, à moi. Evidemment cela ne tire pas sur mon foie ou ma rate[30] quand Pâris m'abandonne pour le jeu de boules[31] ou la pêche au congre.[32] Mais je suis commandée par lui, aimantée[33] par lui. L'aimantation, c'est aussi un amour, autant que la promiscuité. C'est une passion autrement[34] ancienne et féconde que celle qui s'exprime par les yeux rougis de pleurs ou se manifeste par le frottement. Je suis aussi à l'aise dans cet amour qu'une étoile dans sa constellation. J'y gravite, j'y scintille, c'est ma façon à moi de respirer et d'étreindre.[35] On voit très bien les fils qu'il peut produire, cet amour, de grands êtres clairs, bien distincts, avec des doigts annelés[36] et un nez court. Qu'est-ce qu'il va devenir, si j'y verse la jalousie, la tendresse et l'inquiétude! Le monde est déjà si nerveux: voyez vous-même!

Andromaque. Versez-y la pitié, Hélène. C'est la seule aide dont ait besoin le monde.

Hélène. Voilà, cela devait venir, le mot est dit.

Andromaque. Quel mot?

Hélène. Le mot Pitié. Adressez-vous ailleurs. Je ne suis pas très forte en pitié.

Andromaque. Parce que vous ne connaissez pas le malheur!

Hélène. Je le connais très bien. Et les malheureux aussi. Et nous sommes très à l'aise ensemble. Tout enfant, je

---

18. perspiration   19. put on, assume   20. appearance, surface (*literally* varnish)   21. come alongside (the landing pier)   22. streamers, pennants   23. pretense   24. scourge 25. flesh   26. ordering   27. distinction 28. deportment

29. stars   30. *cela... rate* it does not strain my liver or my spleen   31. *jeu de boules* A sort of bowling game.   32. conger eel   33. magnetized   34. *autrement... (que)* i.e. much more ...than   35. embrace   36. well-proportioned

passais mes journées dans les huttes collées au palais,[37] avec les filles de pêcheurs, à dénicher[38] et à élever des oiseaux. Je suis née d'un oiseau; de là, j'imagine, cette passion.[39] Et tous les malheurs du corps humain, pourvu qu'ils aient un rapport avec les oiseaux, je les connais en détail: le corps du père rejeté[40] par la marée[41] au petit matin, tout rigide, avec une tête de plus en plus énorme et frissonnante car les mouettes[42] s'assemblent pour picorer[43] les yeux, et le corps de la mère ivre plumant[44] vivant notre merle apprivoisé,[45] et celui de la sœur surprise dans la haie[46] avec l'ilote de service[47] au-dessous du nid de fauvettes[48] en émoi.[49] Et mon amie au chardonneret[50] était difforme, et mon amie au bouvreuil[51] était phtisique.[52] Et malgré ces ailes que je prêtais au genre humain, je le voyais ce qu'il est, rampant,[53] malpropre, et misérable. Mais jamais je n'ai eu le sentiment qu'il exigeait la pitié.

ANDROMAQUE. Parce que vous ne le jugez digne que de mépris.[54]

HÉLÈNE. C'est à savoir.[55] Cela peut venir aussi de ce que tous ces malheureux, je les sens mes égaux, de ce que je les admets, de ce que ma santé, ma beauté et ma gloire, je ne les juge pas très supérieures à leur misère. Cela peut être de la fraternité.

ANDROMAQUE. Vous blasphémez, Hélène.

HÉLÈNE. Les gens ont pitié des au-tres dans la mesure où ils auraient pitié d'eux-mêmes. Le malheur ou la laideur sont des miroirs qu'ils ne supportent pas. Je n'ai aucune pitié pour moi. Vous verrez, si la guerre éclate. Je supporte la faim, le mal sans souffrir, mieux que vous. Et l'injure. Si vous croyez que je n'entends pas les Troyennes sur mon passage[56]! Et elles me traitent de garce[57]! Et elles disent que le matin j'ai l'œil jaune. C'est faux ou c'est vrai. Mais cela m'est égal, si égal!

ANDROMAQUE. Arrêtez-vous, Hélène!

HÉLÈNE. Et si vous croyez que mon œil, dans ma collection de chromos en couleurs, comme dit votre mari, ne me montre pas parfois une Hélène vieillie, avachie,[58] édentée,[59] suçotant[60] accroupie[61] quelque confiture[62] dans sa cuisine! Et ce que le plâtré de mon grimage peut éclater de blancheur![63] Et ce que la groseille[64] peut être rouge! Et ce que c'est coloré et sûr et certain!... Cela m'est complètement indifférent.

ANDROMAQUE. Je suis perdue...

HÉLÈNE. Pourquoi? S'il suffit d'un couple parfait pour vous faire admettre la guerre, il y a toujours le vôtre, Andromaque.

Scène IX

HÉLÈNE, ANDROMAQUE, OIAX, puis HECTOR

OIAX. Où est-il? Où se cache-t-il? Un lâche! Un Troyen!

HECTOR. Qui cherchez-vous?

OIAX. Je cherche Pâris...

HECTOR. Je suis son frère.

---

37. *collées au palais* built close to the palace
38. to take birds from their nests   39. According to legend, Helen was born of Leda and fathered by Zeus in the form of a swan.
40. cast up   41. tide   42. sea gulls   43. peck
44. plucking   45. *merle apprivoisé* tame blackbird   46. hedge   47. *ilote de service* serf, Helot   48. warblers   49. *en émoi* in a flutter
50. goldfinch   51. bullfinch   52. consumptive   53. crawling   54. scorn   55. *C'est à savoir.* That remains to be seen.

56. *sur mon passage* as I walk by   57. trollop, bitch   58. sunk into sloppiness   59. toothless
60. sucking   61. squatting   62. jam, preserve   63. *Et... blancheur!* And how strikingly white my make-up paint can appear!
64. currant

Oiax. Belle famille! Je suis Oiax! Qui es-tu?

Hector. On m'appelle Hector.

Oiax. Moi, je t'appelle beau-frère de pute![1]

Hector. Je vois que la Grèce nous a envoyé des négociateurs. Que voulez-vous?

Oiax. La guerre!

Hector. Rien à espérer.[2] Vous la voulez pourquoi?

Oiax. Ton frère a enlevé Hélène.

Hector. Elle était consentante, à ce que[3] l'on m'a dit.

Oiax. Une Grecque fait ce qu'elle veut. Elle n'a pas à te demander la permission. C'est un cas de guerre.

Hector. Nous pouvons vous offrir des excuses.[4]

Oiax. Les Troyens n'offrent pas d'excuses. Nous ne partirons d'ici qu'avec votre déclaration de guerre.

Hector. Déclarez-la vous-mêmes.

Oiax. Parfaitement, nous la déclarerons, et dès ce soir.

Hector. Vous mentez. Vous ne la déclarerez pas. Aucune île de l'archipel ne vous suivra si nous ne sommes pas les responsables... Nous ne le serons pas.

Oiax. Tu ne la déclareras pas, toi, personnellement, si je te déclare que tu es un lâche?

Hector. C'est un genre de déclaration que j'accepte.

Oiax. Je n'ai jamais vu manquer à ce point de réflexe militaire!... Si je te dis ce que la Grèce entière pense de Troie, que Troie est le vice, la bêtise?...

Hector. Troie est l'entêtement.[5] Vous n'aurez pas la guerre.

Oiax. Si je crache[6] sur elle?

Hector. Crachez.

Oiax. Si je te frappe, toi son prince.

Hector. Essayez.

Oiax. Si je frappe en plein visage le symbole de sa vanité et de son faux honneur?

Hector. Frappez...

Oiax, *le giflant.*[7] Voilà... Si Madame est ta femme, Madame peut être fière.[8]

Hector. Je la connais... Elle est fière.

Scène X

Les Mêmes, Demokos

Demokos. Quel est ce vacarme[9]! Que veut cet ivrogne,[10] Hector!

Hector. Il ne veut rien. Il a ce qu'il veut.

Demokos. Que se passe-t-il, Andromaque?

Andromaque. Rien.

Oiax. Deux fois rien. Un Grec gifle Hector, et Hector encaisse.[11]

Demokos. C'est vrai, Hector?

Hector. Complètement faux, n'est-ce pas, Hélène?

Hélène. Les Grecs sont très menteurs. Les hommes grecs.

Oiax. C'est de nature qu'il a une joue[12] plus rouge que l'autre.

Hector. Oui. Je me porte bien[13] de ce côté-là.

Demokos. Dis la vérité, Hector. Il a osé porter la main sur[14] toi?

Hector. C'est mon affaire.

Demokos. C'est affaire de guerre. Tu es la statue même de Troie.

Hector. Justement. On ne gifle pas les statues.

Demokos. Qui es-tu, brute! Moi, je suis Demokos, second fils d'Achichaos!

---

1. prostitute   2. *Rien à espérer.* Don't raise your hopes.   3. *à ce que* according to what 4. apologies   5. stubbornness   6. spit

7. slapping   8. proud   9. din   10. drunkard 11. takes it   12. cheek   13. *Je... bien* I am in good health   14. *porter... sur* raise his hand against

Oiax. Second fils d'Achichaos? Enchanté. Dis-moi? Cela est-il aussi grave de gifler un second fils d'Achichaos que de gifler Hector?

Demokos. Tout aussi grave, ivrogne. Je suis chef du Sénat. Si tu veux la guerre, la guerre jusqu'à la mort, tu n'as qu'à essayer.

Oiax. Voila... J'essaye. (*Il gifle Demokos.*)

Demokos. Troyens! Soldats! Au secours!

Hector. Tais-toi, Demokos!

Demokos. Aux armes! On insulte Troie! Vengeance!

Hector. Je te dis de te taire.

Demokos. Je crierai!... J'ameuterai[15] la ville!

Hector. Tais-toi!... Ou je te gifle!

Demokos. Priam! Anchise! Venez voir la honte de Troie. Elle a Hector pour visage.

Hector. Tiens!

(*Hector a giflé Demokos. Oiax s'esclaffe.*[16])

Scène XI

Les Mêmes

Pendant la scène, Priam et les notables viennent se grouper en face du passage par où doit entrer Ulysse.

Priam. Pourquoi ces cris, Demokos?

Demokos. On m'a giflé.

Oiax. Va te plaindre à Achichaos!

Priam. Qui t'a giflé?

Demokos. Hector! Oiax! Hector! Oiax!

Pâris. Qu'est-ce qu'il raconte. Il est fou!

Hector. On ne l'a pas giflé du tout, n'est-ce pas, Hélène?

Hélène. Je regardais pourtant bien, je n'ai rien vu.

Oiax. Ses deux joues sont de la même couleur.

Pâris. Les poètes s'agitent souvent sans raison. C'est ce qu'ils appellent leurs transes. Il va nous en sortir[1] notre chant national.

Demokos. Tu me le paieras, Hector...

Des voix. Ulysse. Voici Ulysse...

(*Oiax s'est avancé tout cordial vers Hector.*)

Oiax. Bravo! Du cran.[2] Noble adversaire. Belle gifle...

Hector. J'ai fait de mon mieux.

Oiax. Excellente méthode aussi. Coude fixe.[3] Poignet biaisé.[4] Grande sécurité pour carpe et métacarpe.[5] Ta gifle doit être plus forte que la mienne.

Hector. J'en doute.

Oiax. Tu dois admirablement lancer le javelot avec ce radius en fer[6] et ce cubitus à pivot.[7]

Hector. Soixante-dix mètres.

Oiax. Révérences![8] Mon cher Hector, excuse-moi. Je retire mes menaces. Je retire ma gifle. Nous avons des ennemis communs, ce sont les fils d'Achichaos. Je ne me bats pas contre ceux qui ont avec moi pour ennemis les fils d'Achichaos. Ne parlons plus de guerre. Je ne sais ce qu'Ulysse rumine, mais compte sur moi pour arranger l'histoire... (*Il va au-devant d'Ulysse avec lequel il rentrera.*)

Andromaque. Je t'aime, Hector.

Hector, *montrant sa joue*. Oui. Mais ne m'embrasse pas encore tout de suite, veux-tu?

---

1. *Il... sortir* Out of it will come   2. *Du cran* You have pluck.   3. *Coude fixe.* Elbow motionless.   4. *Poignet biaisé.* Wrist at an angle. 5. *carpe et métacarpe* carpus and metacarpus (bones of the wrist and hand)   6. *radius en fer* iron radius (bone of the upper arm) 7. *cubitus à pivot* pivoted cubitus (bone of the forearm)   8. My respects!

15. shall stir up   16. bursts out laughing

ANDROMAQUE. Tu as gagné encore ce combat. Aie confiance.

HECTOR. Je gagne chaque combat. Mais de chaque victoire l'enjeu s'envole.[9]

Scène XII

PRIAM, HÉCUBE, LES TROYENS, LES
TROYENNES, ULYSSE, OIAX
ET LEUR SUITE

ULYSSE. Priam et Hector, je pense?

PRIAM. Eux-mêmes. Et derrière eux, Troie, et les faubourgs[1] de Troie, et la campagne de Troie, et l'Hellespont, et ce pays comme un poing fermé[2] qui est la Phrygie.[3] Vous êtes Ulysse?

ULYSSE. Je suis Ulysse.

PRIAM. Et voilà Anchise. Et derrière lui, la Thrace, le Pont, et cette main ouverte qu'est la Tauride.

ULYSSE. Beaucoup de monde pour une conversation diplomatique.

PRIAM. Et voici Hélène.

ULYSSE. Bonjour, Reine.

HÉLÈNE. J'ai rajeuni ici, Ulysse. Je ne suis plus que princesse.

PRIAM. Nous vous écoutons.

OIAX. Ulysse, parle à Priam. Moi, je parle à Hector.

ULYSSE. Priam, nous sommes venus pour reprendre Hélène.

OIAX. Tu le comprends, n'est-ce pas, Hector? Ça ne pouvait pas se passer comme ça!

ULYSSE. La Grèce et Ménélas crient vengeance.

OIAX. Si les maris trompés ne criaient pas vengeance, qu'est-ce qu'il leur resterait!

ULYSSE. Qu'Hélène nous soit donc rendue dans l'heure même. Ou c'est la guerre.

OIAX. Il y a les adieux à faire.

HECTOR. Et c'est tout?

ULYSSE. C'est tout.

OIAX. Ce n'est pas long, tu vois, Hector?

HECTOR. Ainsi, si nous vous rendons Hélène, vous nous assurez la paix.

OIAX. Et la tranquillité.

HECTOR. Si elle s'embarque dans l'heure, l'affaire est close.

OIAX. Et liquidée.

HECTOR. Je crois que nous allons pouvoir nous entendre,[4] n'est-ce pas, Hélène?

HÉLÈNE. Oui, je le pense.

ULYSSE. Vous ne voulez pas dire qu'Hélène va nous être rendue?

HECTOR. Cela même. Elle est prête.

OIAX. Pour les bagages, elle en aura toujours plus au retour qu'elle n'en avait au départ.

HECTOR. Nous vous la rendons, et vous garantissez la paix. Plus de représailles, plus de vengeance?

OIAX. Une femme perdue, une femme retrouvée, et c'est justement la même. Parfait! N'est-ce pas, Ulysse?

ULYSSE. Pardon! Je ne garantis rien. Pour que nous renoncions à toutes représailles, il faudrait qu'il n'y eût pas prétexte à représailles. Il faudrait que Ménélas retrouvât Hélène dans l'état même où elle lui fut ravie[5]?

HECTOR. A quoi reconnaîtra-t-il un changement?

ULYSSE. Un mari est subtil quand un scandale mondial l'a averti. Il faudrait que Pâris eût respecté Hélène. Et ce n'est pas le cas...

LA FOULE. Ah non! Ce n'est pas le cas!

9. *l'enjeu s'envole* the stake is lost
1. outskirts   2. *poing fermé* closed fist
3. Priam refers, of course, not to the geographical areas but to the representatives of these areas accompanying him.

4. *nous entendre* come to an understanding
5. carried off

Une Voix. Pas précisément!

Hector. Et si c'était le cas?

Ulysse. Où voulez-vous en venir,[6] Hector?

Hector. Pâris n'a pas touché Hélène. Tous deux m'ont fait leurs confidences.

Ulysse. Quelle est cette histoire?

Hector. La vraie histoire, n'est-ce pas, Hélène?

Hélène. Qu'a-t-elle d'extraordinaire?

Une Voix. C'est épouvantable! Nous sommes déshonorés!

Hector. Qu'avez-vous à sourire, Ulysse? Vous voyez sur Hélène le moindre indice[7] d'une défaillance à[8] son devoir?

Ulysse. Je ne le cherche pas. L'eau sur le canard[9] marque mieux que la souillure[10] sur la femme.

Pâris. Tu parles à une reine.

Ulysse. Exceptons les reines naturellement... Ainsi, Pâris, vous avez enlevé cette reine, vous l'avez enlevée nue; vous-même, je pense, n'étiez pas dans l'eau avec cuissard[11] et armure, et aucun goût d'elle, aucun désir d'elle ne vous a saisi?

Pâris. Une reine nue est couverte par sa dignité.

Hélène. Elle n'a qu'à ne pas s'en dévêtir.[12]

Ulysse. Combien a duré le voyage? J'ai mis trois jours avec mes vaisseaux, et ils sont plus rapides que les vôtres.

Des Voix. Quelles sont ces intolérables insultes à la marine troyenne!

Une Voix. Vos vents sont plus rapides! Pas vos vaisseaux!

Ulysse. Mettons[13] trois jours, si vous voulez. Où était la reine pendant ces trois jours?

Pâris. Sur le pont étendue.[14]

Ulysse. Et Pâris. Dans la hune[15]?

Hélène. Etendu près de moi.

Ulysse. Il lisait, près de vous? Il pêchait la dorade[16]?

Hélène. Parfois il m'éventait.[17]

Ulysse. Sans jamais vous toucher?...

Hélène. Un jour, le deuxième, il m'a baisé la main.

Ulysse. La main! Je vois. Le déchaînement[18] de la brute.

Hélène. J'ai cru digne de ne pas m'en apercevoir.

Ulysse. Le roulis[19] ne vous a pas poussés l'un vers l'autre?... Je pense que ce n'est pas insulter la marine troyenne de dire que ses bateaux roulent...

Une Voix. Ils roulent beaucoup moins que les bateaux grecs ne tanguent.[20]

Oiax. Tanguer, nos bateaux grecs! S'ils ont l'air de tanguer c'est à cause de leur proue surélevée[21] et de leur arrière qu'on évide[22]!...

Une Voix. Oh! oui! La face arrogante et le cul plat, c'est tout grec[23]...

Ulysse. Et les trois nuits? Au-dessus de votre couple, les étoiles ont paru et disparu trois fois. Rien ne vous est demeuré, Hélène, de ces trois nuits?

Hélène. Si... Si! J'oubliais! Une bien meilleure science des étoiles.

Ulysse. Pendant que vous dormiez, peut-être... il vous a prise...

Hélène. Un moucheron[24] m'éveille...

Hector. Tous deux vous le jureront si vous voulez, sur votre déesse Aphrodite.

Ulysse. Je leur en fais grâce.[25] Je la

---

6. *Où... venir?* What are you getting at?
7. indication   8. *défaillance à* failure in
9. duck   10. defilement   11. thigh piece (of armor)   12. *Elle... dévêtir.* She only has not to remove it.   13. let us say

14. stretched out   15. crow's nest   16. gold or silver fish   17. fanned   18. fury   19. rolling (of the boat)   20. pitch   21. very high   22. *qu'on évide* which is cut away   23. *c'est tout grec* that's Greek for you   24. gnat   25. *Je... grâce.* I'll spare them that.

connais, Aphrodite! Son serment[26] favori, c'est le parjure[27]... Curieuse histoire, et qui va détruire dans l'Archipel l'idée qu'il y avait des Troyens.

Pâris. Que pensait-on des Troyens, dans l'Archipel?

Ulysse. On les y croit moins doués[28] que nous pour le négoce,[29] mais beaux et irrésistibles. Poursuivez vos confidences, Pâris. C'est une intéressante contribution à la physiologie. Quelle raison a bien pu vous pousser à respecter Hélène quand vous l'aviez à merci[30]?...

Pâris. Je... je l'aimais.

Hélène. Si vous ne savez pas ce que c'est que l'amour, Ulysse, n'abordez[31] pas ces sujets-là.

Ulysse. Avouez, Hélène, que vous ne l'auriez pas suivi, si vous aviez su que les Troyens sont impuissants...

Une Voix. C'est une honte!

Une Voix. Qu'on le musèle.[32]

Une Voix. Amène ta femme, et tu verras.

Une Voix. Et ta grand'mère!

Ulysse. Je me suis mal exprimé. Que Pâris, le beau Pâris fut impuissant...

Une Voix. Est-ce que tu vas parler, Pâris. Vas-tu nous rendre la risée[33] du monde?

Pâris. Hector, vois comme ma situation est désagréable!

Hector. Tu n'en as plus que pour une minute[34]... Adieu, Hélène. Et que ta vertu devienne aussi proverbiale qu'aurait pu l'être ta facilité...

Hélène. Je n'avais pas d'inquiétude. Les siècles vous donnent toujours le mérite qui est le vôtre.

Ulysse. Pâris l'impuissant, beau surnom[35]!... Vous pouvez l'embrasser, Hélène, pour une fois.

Pâris. Hector!

Le Premier Gabier.[36] Est-ce que vous allez supporter cette farce, commandant?

Hector. Tais-toi! C'est moi qui commande ici!

Le Gabier. Vous commandez mal! Nous, les gabiers de Pâris, nous en avons assez. Je vais le dire, moi, ce qu'il a fait à votre reine!...

Des Voix. Bravo! Parle!

Le Gabier. Il se sacrifie sur l'ordre de son frère. Moi, j'étais l'officier de bord.[37] J'ai tout vu.

Hector. Tu t'es trompé.

Le Gabier. Vous pensez qu'on trompe l'œil d'un marin troyen. A trente pas je reconnais les mouettes borgnes.[38] Viens à mon côté, Olpidès. Il était dans la hune, celui-là. Il a tout vu d'en haut. Moi, ma tête passait de l'escalier des soutes.[39] Elle était juste à leur hauteur, comme un chat devant un lit... Faut-il le dire, Troyens!

Hector. Silence.

Des Voix. Parle! Qu'il parle!

Le Gabier. Et il n'y avait pas deux minutes qu'ils étaient à bord, n'est-ce pas, Olpidès?

Olpidès. Le temps d'éponger[40] la reine et de refaire sa raie.[41] Vous pensez si je voyais la raie de la reine, du front à la nuque,[42] de là-haut.

Le Gabier. Et il nous a tous envoyés dans la cale,[43] excepté nous deux qu'il n'a pas vus...

Olpidès. Et sans pilote, le navire

---

26. oath 27. perjury 28. gifted 29. trading, business 30. *à merci* at your mercy 31. grapple with 32. *Qu'on le musèle.* Muzzle him. 33. laughing-stock 34. *Tu... minute.* You'll only have to stand it a minute more.

35. nickname 36. topman 37. *officier de bord* deck officer 38. *mouettes borgnes* one-eyed sea gulls 39. storerooms 40. wash (with a sponge) 41. part (of hair) 42. nape of the neck 43. hold

filait droit nord.[44] Sans vents, la voile était franc grosse[45]...

LE GABIER. Et de ma cachette,[46] quand j'aurais dû voir la tranche[47] d'un seul corps, toute la journée j'ai vu la tranche de deux, un pain de seigle[48] sur un pain de blé[49]... Des pains qui cuisaient,[50] qui levaient. De la vraie cuisson.[51]

OLPIDÈS. Et moi d'en haut j'ai vu plus souvent un seul corps que deux, tantôt blanc, comme le gabier le dit, tantôt doré. A quatre bras et quatre jambes...

LE GABIER. Voilà pour l'impuissance! Et pour l'amour moral, Olpidès, pour la partie affection, dis ce que tu entendais de ton tonneau[52]! Les paroles des femmes montent, celles des hommes s'étalent.[53] Je dirai ce que disait Pâris...

OLPIDÈS. Elle l'a appelé sa perruche,[54] sa chatte.

LE GABIER. Lui son puma, son jaguar. Ils intervertissaient les sexes. C'est de la tendresse. C'est bien connu.

OLPIDÈS. Tu es mon hêtre,[55] disait-elle aussi. Je t'étreins juste comme un hêtre, disait-elle... Sur la mer on pense aux arbres.

LE GABIER. Et toi mon bouleau,[56] lui disait-il, mon bouleau frémissant[57]! Je me rappelle bien le mot bouleau. C'est un arbre russe.

OLPIDÈS. Et j'ai dû rester jusqu'à la nuit dans la hune. On a faim et soif là-haut. Et le reste.

LE GABIER. Et quand ils se désenlaçaient,[58] ils se léchaient du bout de la langue, parce qu'ils se trouvaient salés.[59]

OLPIDÈS. Et quand ils se sont mis debout, pour aller enfin se coucher, ils chancelaient[60]...

LE GABIER. Et voilà ce qu'elle aurait eu, ta Pénélope,[61] avec cet impuissant.

DES VOIX. Bravo! Bravo!

UNE VOIX DE FEMME. Gloire à Pâris.

UN HOMME JOVIAL. Rendons à Pâris ce qui revient à[62] Pâris!

HECTOR. Ils mentent, n'est-ce pas, Hélène?

ULYSSE. Hélène écoute charmée.

HÉLÈNE. J'oubliais qu'il s'agissait de moi. Ces hommes ont de la conviction.

ULYSSE. Ose dire qu'ils mentent, Pâris?

PÂRIS. Dans les détails, quelque peu.[63]

LE GABIER. Ni dans le gros[64] ni dans les détails. N'est-ce pas, Olpidès! Vous contestez vos expressions d'amour, commandant? Vous contestez le mot puma?

PÂRIS. Pas spécialement le mot puma!...

LE GABIER. Le mot bouleau, alors? Je vois. C'est le mot bouleau frémissant qui vous offusque.[65] Tant pis, vous l'avez dit. Je jure que vous l'avez dit, et d'ailleurs il n'y a pas à rougir du mot bouleau. J'en ai vu des bouleaux frémissants l'hiver, le long de la Caspienne, et sur la neige, avec leurs bagues[66] d'écorce[67] noire qui semblaient séparées par le vide, on se demandait ce qui portait les branches. Et j'en ai vu en plein été, dans le chenal[68] près d'Astrakhan,[69] avec leurs bagues

60. were unsteady   61. Penelope, wife of Ulysses. Unlike Helen, she was a symbol of fidelity.   62. *ce... à* what is due. To keep the intended analogy with *Matthew* xx, 21 or *Mark* xii, 17, one should translate this *réplique*: "Let us render unto Paris the things which are Paris's."   63. *quelque peu* somewhat   64. *dans le gros* in general   65. offends   66. rings   67. bark   68. channel   69. Russian province on the Caspian Sea.

44. *filait droit nord* was sailing due north   45. *franc grosse* really full   46. hiding place   47. side (*literally* slice)   48. rye   49. wheat   50. were baking   51. baking   52. barrel   53. spread out   54. parakeet (term of affection)   55. beech tree   56. birch tree   57. quivering   58. separated   59. salty

blanches comme celles des bons champignons,[70] juste au bord de l'eau, mais
aussi dignes que le saule[71] est mollasse.[72]
Et quand vous avez dessus[73] un de ces
gros corbeaux[74] gris et noir, tout l'arbre
tremble, plie à casser,[75] et je lui lançais
des pierres jusqu'à ce qu'il s'envole, et
toutes les feuilles alors me parlaient et
me faisaient signe. Et à les voir frissonner,[76] en or par-dessus, en argent par-
dessous, vous vous sentez le cœur plein
de tendresse! Moi, j'en aurais pleuré,
n'est-ce pas, Olpidès! Voilà ce que c'est
qu'un bouleau!

LA FOULE. Bravo! Bravo!

UN AUTRE MARIN. Et il n'y a pas
que[77] le gabier et Olpidès qui les aient
vus, Priam. Du soutier à l'enseigne,[78]
nous étions tous ressortis du navire[79] par
les hublots,[80] et tous, cramponnés à la
coque,[81] nous regardions par-dessous la
lisse.[82] Le navire n'était qu'un instrument à voir.

UN TROISIÈME MARIN. A voir
l'amour.

ULYSSE. Et voilà, Hector!

HECTOR. Taisez-vous tous.

LE GABIER. Tiens, fais taire celle-là!

(*Iris apparaît dans le ciel.*)

LE PEUPLE. Iris! Iris![83]

PÂRIS. C'est Aphrodite qui t'envoie?

IRIS. Oui, Aphrodite, elle me charge
de vous dire que l'amour est la loi du
monde. Que tout ce qui double[84]
l'amour devient sacré, que ce soit le
mensonge, l'avarice, ou la luxure.[85] Que
tout amoureux, elle le prend sous sa

garde, du roi au berger[86] en passant par
l'entremetteur.[87] J'ai bien dit[88]: l'entremetteur. S'il en est un ici, qu'il soit
salué. Et qu'elle vous interdit[89] à vous
deux, Hector et Ulysse, de séparer Pâris
d'Hélène. Ou il y aura la guerre.

PÂRIS, LES VIEILLARDS. Merci, Iris!

HECTOR. Et de Pallas aucun message?

IRIS. Oui, Pallas me charge de vous
dire que la raison est la loi du monde.
Tout être amoureux, vous fait-elle dire,
déraisonne.[90] Elle vous demande de lui
avouer franchement s'il y a plus bête[91]
que le coq[92] sur la poule[93] ou la mouche[94]
sur la mouche. Elle n'insiste pas. Et elle
vous ordonne, à vous Hector et vous
Ulysse, de séparer Hélène de ce Pâris à
poil frisé.[95] Ou il y aura la guerre...

HECTOR, LES FEMMES. Merci, Iris!

PRIAM. O mon fils, ce n'est ni Aphrodite, ni Pallas qui règlent l'univers. Que
nous commande Zeus, dans cette incertitude!

IRIS. Zeus, le maître des Dieux, vous
fait dire que ceux qui ne voient que
l'amour dans le monde sont aussi bêtes
que ceux qui ne le voient pas. La sagesse,
vous fait dire Zeus, le maître des Dieux,
c'est tantôt de faire l'amour et tantôt
de ne pas le faire. Les prairies semées
de[96] coucous et de violettes, à son humble
et impérieux avis, sont aussi douces à
ceux qui s'étendent l'un sur l'autre qu'à
ceux qui s'étendent l'un près de l'autre,
soit qu'ils lisent, soit qu'ils soufflent sur
la sphère aérée[97] du pissenlit,[98] soit qu'ils
pensent au repas du soir[99] ou à la républi-
que. Il s'en rapporte donc à Hector et à

---

70. mushrooms   71. willow   72. soft and
weak   73. on it   74. crows   75. *plie à
casser* bends to the breaking point   76. shiver,
tremble   77. *il... que* it was not only
78. *Du... l'enseigne* From the storehouse keeper
to the ensign   79. boat   80. portholes
81. *cramponnés à la coque* clinging to the hull
82. rail   83. Messenger of the Gods   84. rein-
forces   85. lust

86. shepherd   87. procurer   88. *J'ai bien
dit* Yes, I said   89. forbids   90. is out of
his mind   91. *s'il... bête* if there is anything
more stupid   92. rooster   93. hen   94. fly
95. *à poil frisé* with curly hair   96. *semées de*
filled with   97. *sphère aérée* airlike globe
98. dandelion   99. *repas du soir* evening meal

Ulysse[100] pour que l'on sépare Hélène et Pâris tout en ne les séparant pas. Il ordonne à tous les autres de s'éloigner,[101] et de laisser face à face les négociateurs. Et que ceux-là s'arrangent pour qu'il n'y ait pas la guerre. Ou alors, il vous le jure et il n'a jamais menacé[102] en vain, il vous jure qu'il y aura la Guerre.

HECTOR. A vos ordres, Ulysse!

ULYSSE. A vos ordres.

(*Tous se retirent.*[103] *On voit une grande écharpe*[104] *se former dans le ciel.*)

HÉLÈNE. C'est bien elle. Elle a oublié sa ceinture[105] à mi-chemin.[106]

Scène XIII

ULYSSE, HECTOR

HECTOR. Et voilà le vrai combat, Ulysse?

ULYSSE. Le combat d'où sortira ou ne sortira pas la guerre, oui.

HECTOR. Elle en sortira?

ULYSSE. Nous allons le savoir dans cinq minutes.

HECTOR. Si c'est un combat de paroles, mes chances sont faibles.

ULYSSE. Je crois que cela sera plutôt une pesée.[1] Nous avons vraiment l'air d'être chacun sur le plateau[2] d'une balance.[3] Le poids[4] parlera...

HECTOR. Mon poids? Ce que je pèse, Ulysse? Je pèse un homme jeune, une femme jeune, un enfant à naître. Je pèse la joie de vivre, la confiance de vivre, l'élan vers ce qui est juste et naturel.

ULYSSE. Je pèse l'homme adulte, la femme de trente ans, le fils que je mesure chaque mois avec des encoches,[5] contre le chambranle[6] du palais... Mon beau-père prétend[7] que j'abîme la menuiserie[8]... Je pèse la volupté de vivre et la méfiance[9] de la vie.

HECTOR. Je pèse la chasse, le courage, la fidélité, l'amour.

ULYSSE. Je pèse la circonspection devant les dieux, les hommes, et les choses.

HECTOR. Je pèse le chêne phrygien,[10] tous les chênes phrygiens feuillus[11] et trapus,[12] épars[13] sur nos collines avec nos bœufs frisés.

ULYSSE. Je pèse l'olivier.

HECTOR. Je pèse le faucon,[14] je regarde le soleil en face.

ULYSSE. Je pèse la chouette.[15]

HECTOR. Je pèse tout un peuple de paysans débonnaires,[16] d'artisans laborieux, de milliers de charrues,[17] de métiers à tisser,[18] de forges et d'enclumes[19]... Oh! pourquoi, devant vous, tous ces poids me paraissent-ils tout à coup si légers!

ULYSSE. Je pèse ce que pèse cet air incorruptible et impitoyable sur la côte et sur l'archipel.

HECTOR. Pourquoi continuer? la balance s'incline.

ULYSSE. De mon côté?... Oui, je le crois.

HECTOR. Et vous voulez la guerre?

ULYSSE. Je ne la veux pas. Mais je suis moins sûr de ses intentions à elle.

HECTOR. Nos peuples nous ont délégués tous deux ici pour la conjurer.[20] Notre seule réunion[21] signifie que rien n'est perdu...

---

100. *Il... Ulysse* He relies therefore on Hector and Ulysses   101. to withdraw   102. threatened   103. withdraw   104. scar (rainbow)   105. belt   106. *à mi-chemin* halfway

1. weighing   2. tray, pan   3. scale   4. weight

5. notches   6. door frame   7. maintains   8. woodwork   9. distrust   10. *chêne phrygian* Phrygian oak   11. leafy   12. stocky   13. scattered   14. falcon   15. owl   16. goodtempered   17. plows   18. *métiers à tisser* looms   19. anvils   20. to exorcise   21. *notre seule réunion* the very fact of our meeting

ULYSSE. Vous êtes jeune, Hector!...
A la veille de[22] toute guerre, il est courant[23] que deux chefs des peuples en
conflit se rencontrent seuls dans quelque
innocent village, sur la terrasse au bord
d'un lac, dans l'angle d'un jardin. Et ils
conviennent[24] que la guerre est le pire
fléau[25] du monde, et tous deux, à suivre
du regard ces reflets et ces rides[26] sur les
eaux, à recevoir sur l'épaule ces pétales
de magnolias, ils sont pacifiques, modestes, loyaux. Et ils s'étudient. Ils se
regardent. Et, tiédis[27] par le soleil, at-
tendris par un vin clairet,[28] ils ne trouvent dans le visage d'en face aucun
trait[29] qui justifie la haine,[30] aucun trait
qui n'appelle l'amour humain, et rien
d'incompatible non plus dans leurs lan-
gages, dans leur façon de se gratter[31] le
nez ou de boire. Et ils sont vraiment
comblés de[32] paix, de désirs de paix. Et
ils se quittent en se serrant les mains,[33]
en se sentant des frères. Et ils se retournent de leur calèche[34] pour se
sourire... Et le lendemain pourtant éclate
la guerre... Ainsi nous sommes tous deux
maintenant... Nos peuples autour de
l'entretien[35] se taisent et s'écartent, mais
ce n'est pas qu'ils attendent de nous une
victoire sur l'inéluctable. C'est seulement qu'ils nous ont donné pleins pouvoirs, qu'ils nous ont isolés, pour que
nous goûtions[36] mieux, au-dessus de la
catastrophe, notre fraternité d'ennemis.
Goûtons-la. C'est un plat[37] de riches.
Savourons-la... Mais c'est tout. Le privilège des grands, c'est de voir les catastrophes d'une terrasse.

HECTOR. C'est une conversation d'ennemis que nous avons là?

ULYSSE. C'est un duo avant l'orchestre. C'est le duo des récitants[38] avant la
guerre. Parce que nous avons été créés
sensés,[39] justes et courtois, nous nous parlons, une heure avant la guerre, comme
nous nous parlerons longtemps après,
en[40] anciens combattants. Nous nous ré-
concilions avant la lutte même, c'est
toujours cela. Peut-être d'ailleurs avons-
nous tort. Si l'un de nous doit un jour
tuer l'autre et arracher[41] pour reconnaître
sa victime la visière de son casque,[42] il
vaudrait peut-être mieux qu'il ne lui
donnât pas un visage de frère... Mais
l'univers le sait, nous allons nous battre.

HECTOR. L'univers peut se tromper.
C'est à cela qu'on reconnaît l'erreur, elle
est universelle.

ULYSSE. Espérons-le. Mais quand le
destin, depuis des années, a surélevé[43]
deux peuples, quand il leur a ouvert le
même avenir d'invention et d'omnipotence, quand il a fait de chacun, comme
nous l'étions tout à l'heure sur la bas-
cule,[44] un poids précieux et différent
pour peser le plaisir, la conscience et
jusqu'à la nature, quand par leurs archi-
tectes, leurs poètes, leurs teinturiers,[45] il
leur a donné à chacun un royaume opposé de volumes, de sons et de nuances,
quand il leur a fait inventer le toit en
charpente troyen[46] et la voûte thébaine,[47]
le rouge phrygien et l'indigo grec, l'univers sait bien qu'il n'entend pas préparer
ainsi aux hommes deux chemins de couleur et d'épanouissement,[48] mais se mé-
nager[49] son festival, le déchaînement de

---

22. à... de on the eve of   23. customary
24. agree   25. scourge   26. wrinkles
27. warmed   28. *vin clairet* light wine   29. feature   30. hatred   31. scratch   32. *com-
bles de* filled with   33. *en... mains* shaking hands
34. carriage   35. conversation   36. enjoy
37. dish

38. soloists   39. reasonable   40. as
41. pull off   42. *visière... casque* visor of his
helmet   43. raised up   44. scale   45. dyers
46. *toit... troyen* Trojan wooden roof   47. The-
ban vault   48. expansiveness   49. *se ména-
ger* procure for itself (i.e. le destin)

cette brutalité et de cette folie humaines qui seules rassurent les dieux. C'est de la petite politique, j'en conviens.[50] Mais nous sommes Chefs d'Etat, nous pouvons bien entre nous deux le dire: c'est couramment[51] celle du Destin.

HECTOR. Et c'est Troie et c'est la Grèce qu'il a choisies cette fois?

ULYSSE. Ce matin j'en doutais encore. J'ai posé le pied sur votre estacade, et j'en suis sûr.

HECTOR. Vous vous êtes senti sur un sol ennemi?

ULYSSE. Pourquoi toujours revenir à ce mot ennemi! Faut-il vous le redire? Ce ne sont pas les ennemis naturels qui se battent. Il est des peuples que tout désigne pour une guerre, leur peau,[52] leur langue et leur odeur, ils se jalousent, ils se haïssent, ils ne peuvent pas se sentir[53]... Ceux-là ne se battent jamais. Ceux qui se battent, ce sont ceux que le sort a lustrés[54] et préparés pour une même guerre: ce sont les adversaires.

HECTOR. Et nous sommes prêts pour la guerre grecque?

ULYSSE. A un point incroyable. Comme la nature munit[55] les insectes dont elle prévoit la lutte, de faiblesses et d'armes qui se correspondent, à distance, sans que nous nous connaissions, sans que nous nous en doutions, nous nous sommes élevés tous deux au niveau de[56] notre guerre. Tout correspond de nos armes et de nos habitudes comme des roues à pignon.[57] Et le regard de vos femmes, et le teint de vos filles sont les seuls qui ne suscitent[58] en nous ni la brutalité, ni le désir, mais cette angoisse du cœur et de la joie qui est l'horizon de la guerre. Frontons[59] et leurs soutaches[60] d'ombre et de feu, hennissements[61] des chevaux, peplums disparaissant à l'angle d'une colonnade, le sort a tout passé chez vous à cette couleur d'orage[62] qui m'impose pour la première fois le relief[63] de l'avenir. Il n'y a rien à faire. Vous êtes dans la lumière de la guerre grecque.

HECTOR. Et c'est ce que pensent aussi les autres Grecs?

ULYSSE. Ce qu'ils pensent n'est pas plus rassurant. Les autres Grecs pensent que Troie est riche, ses entrepôts[64] magnifiques, sa banlieue[65] fertile. Ils pensent qu'ils sont à l'étroit sur du roc.[66] L'or de vos temples, celui de vos blés et de votre colza,[67] ont fait à chacun de nos navires, de vos promontoires, un signe qu'il n'oublie pas. Il n'est pas très prudent d'avoir des dieux et des légumes trop dorés.

HECTOR. Voilà enfin une parole franche... La Grèce en nous s'est choisi une proie.[68] Pourquoi alors une déclaration de guerre? Il était plus simple de profiter de mon absence pour bondir sur Troie. Vous l'auriez eue sans coup férir.[69]

ULYSSE. Il est une espèce de consentement à la guerre que donne seulement l'atmosphère, l'acoustique et l'humeur du monde. Il serait dément[70] d'entreprendre une guerre sans l'avoir. Nous ne l'avions pas.

HECTOR. Vous l'avez maintenant!

ULYSSE. Je crois que nous l'avons.

HECTOR. Qui vous l'a donnée contre

---

50. *j'en conviens* I agree   51. ordinarily
52. skin   53. *se sentir* stand each other
54. glossed   55. furnishes, provides   56. *au niveau de* to the level of   57. *roues à pignons* gear wheels   58. arouse

59. pediments   60. braid   61. neighing
62. *le... d'orage* fate has painted everything in your country with a stormlike color   63. outline   64. warehouses   65. outskirts   66. *à... roc* cramped on their rock   67. colza, cole (cabbagelike plant)   68. prey   69. *sans coup férir* without striking a blow   70. insane

nous? Troie est réputée[71] pour son humanité, sa justice, ses arts?

ULYSSE. Ce n'est pas par des crimes qu'un peuple se met en situation fausse avec son destin, mais par des fautes. Son armée est forte, sa caisse[72] abondante, ses poètes en plein fonctionnement. Mais un jour, on ne sait pourquoi, du fait que[73] ses citoyens coupent méchamment[74] les arbres, que son prince enlève vilainement[75] une femme, que ses enfants adoptent une mauvaise turbulence, il est perdu. Les nations, comme les hommes, meurent d'imperceptibles impolitesses. C'est à leur façon d'éternuer[76] ou d'éculer leurs talons[77] que se reconnaissent les peuples condamnés... Vous avez sans doute mal enlevé Hélène...

HECTOR. Vous voyez la proportion entre le rapt[78] d'une femme et la guerre où l'un de nos peuples périra?...

ULYSSE. Nous parlons d'Hélène. Vous vous êtes trompés sur Hélène, Pâris et vous. Depuis quinze ans je la connais, je l'observe. Il n'y a aucun doute. Elle est une des rares créatures que le destin met en circulation sur la terre pour son usage personnel. Elles n'ont l'air de rien. Elles sont parfois une bourgade,[79] presque un village, une petite reine, presque une petite fille, mais si vous les touchez, prenez garde! C'est là la difficulté de la vie, de distinguer, entre les êtres et les objets, celui qui est l'otage[80] du destin. Vous ne l'avez pas distingué. Vous pouviez toucher impunément à nos grands amiraux, à nos rois. Pâris pouvait se laisser aller sans danger dans les lits de Sparte ou de Thèbes, à vingt généreuses étreintes. Il

a choisi le cerveau le plus étroit, le cœur le plus rigide, le sexe le plus étroit... Vous êtes perdus.

HECTOR. Nous vous rendons Hélène.

ULYSSE. L'insulte au destin ne comporte[81] pas la restitution.

HECTOR. Pourquoi discuter alors! Sous vos paroles, je vois enfin la vérité. Avouez-le. Vous voulez nos richesses! Vous avez fait enlever Hélène pour avoir à la guerre un prétexte honorable! J'en rougis pour la Grèce. Elle en sera éternellement responsable et honteuse.

ULYSSE. Responsable et honteuse? Croyez-vous! Les deux mots ne s'accordent guère.[82] Si nous nous savions vraiment responsables de la guerre, il suffirait à notre génération actuelle[83] de nier[84] et de mentir pour assurer la bonne foi et la bonne conscience de toutes nos générations futures. Nous mentirons. Nous nous sacrifierons.

HECTOR. Eh bien, le sort en est jeté,[85] Ulysse! Va pour la guerre![86] A mesure que j'ai plus de haine pour elle, il me vient d'ailleurs un désir plus incoercible de tuer... Partez, puisque vous me refusez votre aide...

ULYSSE. Comprenez-moi, Hector!... Mon aide vous est acquise.[87] Ne m'en veuillez pas d'interpréter le sort. J'ai voulu seulement lire dans ces grandes lignes que sont, sur l'univers, les voies[88] des caravanes, les chemins des navires, le tracé des grues volantes[89] et des races. Donnez-moi votre main. Elle aussi a ses lignes. Mais ne cherchons pas si leur leçon est la même. Admettons que les trois petites rides au fond de la main

---

81. admit of   82. *ne s'accordent guère* scarcely go together   83. present   84. to deny   85. *le...jeté* the die is cast   86. *Va... guerre!* Let's have war!   87. *Mon... acquise.* You can depend on my aid.   88. paths   89. *tracé... volantes* course of the flying cranes

71. famous   72. treasury   73. *du fait que* because (of the fact that)   74. spitefully   75. basely   76. to sneeze   77. *éculer leurs talons* to run down their heels   78. abduction   79. hamlet   80. hostage

d'Hector disent le contraire de ce qu'assurent les fleuves,[90] les vols[91] et les sillages.[92] Je suis curieux de nature, et je n'ai pas peur. Je veux bien aller contre le sort. J'accepte Hélène. Je la rendrai à Ménélas. Je possède beaucoup plus d'éloquence qu'il n'en faut pour faire croire un mari à la vertu de sa femme. J'amènerai même Hélène[93] à y croire elle-même. Et je pars à l'instant,[94] pour éviter toute surprise. Une fois au navire, peut-être risquons-nous de déjouer[95] la guerre.

HECTOR.   Est-ce là la ruse d'Ulysse, ou sa grandeur?

ULYSSE.   Je ruse[96] en ce moment contre le destin, non contre vous. C'est mon premier essai et j'y ai plus de mérite.[97] Je suis sincère, Hector... Si je voulais la guerre, je ne vous demanderais pas Hélène, mais une rançon[98] qui vous est plus chère... Je pars... Mais je ne peux me défendre de l'impression qu'il est bien long, le chemin qui va de cette place à mon navire.

HECTOR.   Ma garde vous escorte.

ULYSSE.   Il est long comme le parcours[99] officiel des rois en visite quand l'attentat menace[100]... Où se cachent les conjurés[101]? Heureux nous sommes, si ce n'est pas dans le ciel même... Et le chemin d'ici à ce coin du palais est long... Et long mon premier pas... Comment va-t-il se faire, mon premier pas, entre tous ces périls... Vais-je glisser[102] et me tuer?... Une corniche va-t-elle s'effondrer[103] sur moi de cet angle? Tout est maçonnerie neuve ici, et j'attends la pierre crou-

lante[104]... Du courage... Allons-y. (*Il fait un premier pas.*)

HECTOR.   Merci, Ulysse.

ULYSSE.   Le premier pas va[105]... Il en reste combien?

HECTOR.   Quatre cent soixante.

ULYSSE.   Au second![106] Vous savez ce qui me décide à partir, Hector...

HECTOR.   Je le sais. La noblesse.

ULYSSE.   Pas précisément... Andromaque a le même battement de cils[107] que Pénélope.

Scène XIV

ANDROMAQUE, CASSANDRE, HECTOR,
PUIS OIAX, PUIS DEMOKOS

HECTOR.   Tu étais là, Andromaque?

ANDROMAQUE.   Soutiens-moi.[1] Je n'en puis plus![2]

HECTOR.   Tu nous écoutais?

ANDROMAQUE.   Oui. Je suis brisée.[3]

HECTOR.   Tu vois qu'il ne nous faut pas désespérer...

ANDROMAQUE.   De nous peut-être. Du monde, oui... Cet homme est effroyable. La misère du monde est sur moi.

HECTOR.   Une minute encore, et Ulysse est à son bord[4]... Il marche vite. D'ici l'on suit son cortège. Le voilà déjà en face des fontaines. Que fais-tu?

ANDROMAQUE.   Je n'ai plus la force d'entendre. Je me bouche les oreilles.[5] Je n'enlèverai pas[6] mes mains avant que notre sort soit fixé...

HECTOR.   Cherche Hélène, Cassandre!

(*Oiax entre sur la scène, de plus en plus ivre. Il voit Andromaque de dos.*[7])

---

90. rivers   91. flights   92. wakes (of boats)   93. *J'amènerai... Hélène* I shall persuade even Helen   94. *à l'instant* right away   95. thwart   96. am pitting my wits   97. *j'y... mérite* I deserve more credit for it   98. ransom   99. route   100. *quand l'attentat menace* when there is the threat of assassination   101. conspirators   102. slip   103. fall

104. falling, crumbling   105. is fine   106. *Au second!* Let's take the second!   107. *battement de cils* flickering of the eyelashes

1. *Soutiens-moi.* Support me.   2. *Je... plus!* I can't stand any more!   3. broken   4. *à son bord* on his ship   5. *Je... oreilles.* I close my ears.   6. *n'enlèverai pas* shall not take away   7. *de dos* from the back

CASSANDRE. Ulysse vous attend au port, Oiax. On vous y conduit Hélène.

OIAX. Hélène! Je me moque d'Hélène! C'est celle-là que je veux tenir dans mes bras.

CASSANDRE. Partez, Oiax. C'est la femme d'Hector.

OIAX. La femme d'Hector! Bravo! J'ai toujours préféré les femmes de mes amis, de mes vrais amis!

CASSANDRE. Ulysse est déjà à mi-chemin... Partez.

OIAX. Ne te fâche pas. Elle se bouche les oreilles. Je peux donc tout lui dire, puisqu'elle n'entendra pas. Si je la touchais, si je l'embrassais, évidemment[8]! Mais des paroles qu'on n'entend pas, rien de moins grave.

CASSANDRE. Rien de plus grave. Allez, Oiax!

OIAX, *pendant que Cassandre essaie par la force de l'éloigner d'Andromaque et que Hector lève peu à peu son javelot.* Tu crois? Alors autant la toucher.[9] Autant l'embrasser. Mais chastement!... Toujours chastement, les femmes des vrais amis! Qu'est-ce qu'elle a de plus chaste,[10] ta femme, Hector, le cou? Voilà pour le cou... L'oreille aussi m'a un gentil petit air tout à fait chaste! Voilà pour l'oreille... Je vais te dire, moi, ce que j'ai toujours trouvé de plus chaste dans la femme... Laisse-moi!... Laisse-moi!... Elle n'entend pas les baisers non plus... Ce que tu es forte!... Je viens... Je viens... Adieu. (*Il sort.*)

(*Hector baisse[11] imperceptiblement son javelot. A ce moment Demokos fait irruption.[12]*)

DEMOKOS. Quelle est cette lâcheté? Tu rends Hélène? Troyens, aux armes!

On nous trahit... Rassemblez-vous... Et votre chant de guerre est prêt! Ecoutez votre chant de guerre!

HECTOR. Voilà pour ton chant de guerre![13]

DEMOKOS, *tombant.* Il m'a tué!

HECTOR. La guerre n'aura pas lieu, Andromaque!

(*Il essaie de détacher les mains d'Andromaque qui résiste, les yeux fixés sur Demokos. Le rideau qui avait commencé à tomber se relève peu à peu.*)

ABNÉOS. On a tué Demokos! Qui a tué Demokos?

DEMOKOS. Qui m'a tué?... Oiax!... Oiax!... Tuez-le!

ABNÉOS. Tuez Oiax!

HECTOR. Il ment. C'est moi qui l'ai frappé.

DEMOKOS. Non. C'est Oiax...

ABNÉOS. Oiax a tué Demokos... Rattrapez-le![14]... Châtiez-le![15]

HECTOR. C'est moi, Demokos, avoue-le! Avoue-le, ou je t'achève[16]!

DEMOKOS. Non, mon cher Hector, mon bien cher Hector. C'est Oiax! Tuez Oiax!

CASSANDRE. Il meurt comme il a vecu, en coassant.[17]

ABNÉOS. Voilà... Ils tiennent Oiax... Voilà. Ils l'ont tué!

HECTOR, *détachant les mains d'Andromaque.* Elle aura lieu.

(*Les portes de la guerre s'ouvrent lentement. Elles découvrent[18] Hélène qui embrasse Troïlus.*)

CASSANDRE. Le poète troyen est mort... La parole est au poète grec.[19]

(*Le rideau tombe définitivement.*)

---

8. then, of course   9. *autant la toucher* I might as well touch her   10. *Qu'est-ce... chaste* What is the most chaste thing about . . . ?   11. lowers   12. *fait irruption* bursts in

13. Hector strikes down Demokos.   14. *Rattrapez-le!* Catch him!   15. *Châtiez-le!* Punish him!   16. *je t'achève* I'll finish you off   17. croaking   18. reveal   19. *La... grec.* Now it is the Greek poet's turn to speak. See the *Iliad* and the *Odyssey.*

Jean Anouilh

LE VOYAGEUR SANS BAGAGE

JEAN ANOUILH

Je n'ai pas de biographie, et j'en suis très content. Je suis né le 23 juin 1910 à Bordeaux, je suis venu jeune à Paris, j'ai été à l'école primaire supérieure Colbert, au collège Chaptal. Un an et demi à la Faculté de Droit de Paris, deux ans dans une maison de publicité, où j'ai pris des leçons de précision et d'ingéniosité qui m'ont tenu lieu d'études poétiques. Après *L'Hermine*, j'ai décidé de ne vivre que du théâtre, et un peu du cinéma. C'était une folie que j'ai tout de même bien fait de décider. J'ai réussi à ne jamais faire de journalisme, et je n'ai sur la conscience, au cinéma, qu'un ou deux vaudevilles et quelques mélos oubliés et non signés. Le reste est ma vie, et tant que le Ciel voudra que ce soit encore mon affaire personnelle, j'en réserve les détails.[1]

THIS SHORT BIOGRAPHICAL SKETCH, sent by Anouilh to Hubert Gignoux at the latter's request, is an indication of the general anonymity with which he surrounds himself. His life, devoted to the theater, is the classical story of poverty and struggle, followed eventually by outstanding success. The nature of this success is difficult to define. Anouilh is not a systematic ideologist like Sartre;

his plays are often contradictory. His chief concern seems to be aesthetic: to create plays, forceful and entertaining in themselves, which originate in an ideal of the *pièce boulevardière*, and evolve toward the higher form of a Pirandello fantasy or the *précieux* theater of Marivaux, Musset, or Giraudoux. Anouilh remains a controversial figure to the extent that he has not as yet resolved the dilemma of his own attitude toward the essential problems of life, and consequently of art. These problems he restates again and again for the sake of emphasis. Unless his perplexities are solved in some measure in the future, Anouilh will run the risk of falling into monotony and repetition, of which he has already been accused. He may, of course, decide that no further statement is either possible or necessary. Such a view would also permit his theater to evolve.

Thus far Anouilh has reached a position which enables him to affirm the validity of an essential contradiction within human reality. His insistence on such a contradiction makes of him a romantic.

This contradiction is well expressed

1. Hubert Gignoux, *Jean Anouilh* (Paris, 1946), p. 9

by the titles he has chosen for the two major collections of his plays: *Pièces roses* and *Pièces noires*. The "rose-colored plays" and the "black plays" represent each an aspect of reality: the dichotomy of good and evil, the impossible alliance of the ideal and the real. The resultant conflict creates an attitude of revolt in which purity and compromise are at war. In Anouilh no middle ground of ambiguity exists where this conflict is resolved. His solution, aesthetic rather than social, moral, or philosophical, requires the substance of the play itself. In this respect he is an excellent example of the aesthetic *engagement*, to evoke the terminology of Sartre, of the pure artist. He is also an example of its limitations.

Anouilh's dramatic themes further illustrate this contradiction, which he sees as essential to life. Love is obliged to struggle against the vested interests of social position and money, personal ambition and pride; poverty is involved in a struggle with wealth; happiness and unhappiness live side by side in a universe that admits of one or the other, but not both simultaneously; the individual is pitted against the forces of collectivity, with the cards seriously stacked against him. Even Anouilh's individual characters fall into categories of opposition: the innocent, courageous heroine who retains the values of her ideals; the man of wealth and material values; the man untruthful to his ideal, though ennobled by the perception of his failure; the man of innocence and authenticity, who rejects the world in order to maintain his ideals; the powerful dowager reduced to the bitter role of *dea ex machina*; the young man living the drama of betrayal or extreme fidelity; the man, confused and bewildered, who destroys his ideal through error. A single point of reference is common to these various characters: a rigorous ideal of purity in human relationships which Anouilh cannot himself betray, and with respect to which his characters stand in various gradations of shadow and light. This is the message delivered in the *Pièces roses* and the *Pièces noires*, in the facetious themes of the *Pièces brillantes*, even in his amusing restorations of the atmosphere and light comedy of Marivaux.

The dichotomy of Anouilh's universe is most dramatically illustrated in his postwar play *Antigone*. This play, which opened in Paris on February 4, 1944, brought Anouilh international fame. As a political play, it dealt with the problem of dictatorship and power. But in the antithesis of the figures of Créon and Antigone, Anouilh found a vehicle for expressing in human terms the conflict of idealism and realism.

Like *La Machine infernale* of Cocteau, *Antigone* deals with the drama of the family of Oedipus and the city of Thebes. In Anouilh's play, however, it is not the entrapment of human beings by the gods which creates the drama, but the inevitable betrayal of individuals which any system of transcendent values implies. Créon, in accepting the responsibilities of power, is ethically bound to behave according to a given pattern. The eloquent justification which he gives of his position is based on a realistic diagnosis of human problems and an assertion of certain pragmatic truths. "Il faut qu'il y en ait qui mènent la barque. Cela prend l'eau de toutes parts, c'est plein de crimes, de bêtise, de misère... Et le gouvernail est là qui ballotte."[2] Créon's position does not exclude a certain idealism, but it is essentially different from that of Antigone. It is an idealism of earthly things, of humble happiness: "Tu l'apprendras toi aussi, trop tard, la vie c'est un livre qu'on aime, c'est un enfant qui joue à vos pieds, un outil qu'on tient bien dans sa main, un banc pour se reposer le soir devant sa maison. Tu vas me mépriser encore, mais de découvrir cela, tu verras, c'est la consolation dérisoire de vieillir, la vie, ce n'est peut-être tout de même que le bonheur."[3]

Antigone's point of view requires a more strict adherence to a transcendent ideal. She scorns the happiness of Créon, which appears to her to be of the essence of mediocrity. "Je vous parle de trop loin maintenant, d'un royaume où vous ne pouvez plus entrer avec vos rides, votre sagesse, votre ventre."[4] This realm of which she speaks is the realm of her own purity, her ideal of duty to her dead brother, her kingdom of transcendent values. As she upbraids Créon for his compromises with the ideal, Antigone speaks for all of Anouilh's heroines, who prefer destruction rather than tamper with their own notions of perfection.

When it is already too late, Antigone realizes that Créon has not been entirely wrong. "Et Créon avait raison, c'est terrible,... je ne sais plus pourquoi je meurs. J'ai peur..."[5]

The real tragedy of *Antigone* is the tragedy of the human condition. In this respect Anouilh's plays are similar in theme to those of the existentialists. But whereas the latter offer a solution of the human dilemma in terms of a philosophy of ambiguity, Anouilh does not go beyond a basic statement of the problem. It is every man's tragedy, says Créon to his son Hémon, to look his father in the face one day, to lose the sacred, privileged world of childhood. But it does not follow for Anouilh that the discovery of adulthood is accompanied by freedom. The universe of childhood is sacrificed for a slavery of compromise, betrayal, and disappointment. This is the reality of the human dimension. No true affirmation is possible without some discrepancy, some abdication. Reality is to be found within the dilemma itself. The man of the Absurd in Camus discovers at this point the efficacy of revolt, and builds a philosophy on it; the Sartrian hero discovers the inescapability of freedom and its subsequent responsibility. In the one case a positive negation; in the other, a negative affirmation. But Anouilh, with a point of view that is less advanced intellectually, arrests his characters in the attitude of revolt itself which remains gratuitous and without direction. Though Créon is right in one

2. Jean Anouilh, *Antigone* (Paris, 1946), p. 84.
3. Ibid. p. 96.   4. Ibid. p. 98.

5. Ibid. pp. 118–119.

respect, he is also wrong; his philosophy leaves too small a place for the ideal. And Antigone scarcely comes closer to the truth with her blind affirmation of an ideal which remains without substance or direction, which allows so little place for reality.

Anouilh refrains from moral judgment of his characters, preferring not to raise, as the existentialists do, the question of their good or bad faith. It is significant that Antigone does not wish to understand Créon's point of view when he attempts to explain it to her. It is also significant that he is able to destroy her ideal of her brothers by revealing their true natures to her. She still perseveres, however, in the pure formalism of her devotion. It is for this reason that Gignoux refuses to consider that *Antigone* is a drama of authentic tragic stature. Antigone possesses the blindness of obsession without its grandeur. "Notre Antigone au contraire semble n'obéir qu'à elle-même et n'agir que pour elle-même, rien n'indique qu'elle entende affirmer ni transmettre une vérité, ni confier ce soin aux immortels."[6]

Anouilh's theater conforms admirably to his notion of the tragic as it is stated in *Antigone*. That this notion is a very special one cannot be denied:

C'est propre, la tragédie. C'est reposant, c'est sûr... Dans le drame, avec ses traîtres, avec ses méchants acharnés, cette innocence persécutée, ces vengeurs, ces terre-neuve, ces lueurs d'espoir, cela devient épouvantable de mourir, comme un accident. On aurait peut-être pu se sauver, le bon jeune homme aurait peut-être pu arriver à temps avec les gendarmes. Dans la tragédie on est tranquille. D'abord, on est entre soi. On est tous innocents en somme! Ce n'est pas parce qu'il y en a un qui tue et l'autre qui est tué. C'est une question de distribution. Et puis, surtout, c'est reposant, la tragédie, parce qu'on sait qu'il n'y a plus d'espoir, le sale espoir; qu'on est pris, qu'on est enfin pris comme un rat, avec tout le ciel sur son dos, et qu'on n'a plus qu'à crier,—pas à gémir, non, pas à se plaindre,—à gueuler à pleine voix ce qu'on avait à dire, qu'on n'avait jamais dit et qu'on ne savait peut-être même pas encore. Et pour rien: pour se le dire à soi, pour l'apprendre, soi. Dans le drame, on se débat parce qu'on espère en sortir. C'est ignoble, c'est utilitaire. Là, c'est gratuit. C'est pour les rois. Et il n'y a plus rien à tenter, enfin![7]

Anouilh's concept of tragedy is neither grandiose nor elemental. He does not give his spectators the magnified dimensions of human reality and struggle which ancient tragedy considered indispensable. The human struggle is dwarfed in Anouilh, almost robbed of dignity, while his protagonists are made to appear small and insignificant against the dilemma of the human condition. It is a democratic, modern form of tragedy which he has created, robbed of the resources of magnificence, in which the essential unimportance of the particular struggle is implicit. This accounts for the familiarity of tone, the absence of effects, the humbleness, the poverty of

6. Gignoux, op. cit. p. 100.

7. Anouilh, Antigone, pp. 56–57.

certain scenes, the tone of casual conversation Anouilh often adopts, even in his most dramatic scenes. Anouilh implies, by the form which he gives to his theater, that no magnifying process is necessary to underline the only real tragedy, that of the human condition, which is consummated daily on all levels of life. Hubert Gignoux fails to understand this when he accuses Anouilh of not having created a tragedy in *Antigone*.

Anouilh a-t-il cru faire une tragédie? Je l'ignore. S'il a échoué, c'est, je crois, pour une raison très simple: il est trop attiré par la réalité humaine, il a oublié que les personnages tragiques doivent le moins possible faire remarquer qu'ils ont un corps (et seulement lorsque ce corps souffre) et qu'ils ne s'assoient pas sur des tabourets, qu'ils ne mangent pas de tartines beurrées, qu'ils ne se salissent pas les ongles. Il a enfreint les règles d'un protocole qui ne s'accomode pas de la familiarité des gestes, encore moins de celle du langage. Protocole périmé? J'en doute. Ce n'est pas un vain respect de la forme qui m'incite à dire qu'il y a un ton tragique dont il n'est pas prudent de s'écarter. Je n'en fais pas une question d'ambiance, de solennité, mais de situation relative. Il y a une certaine distance qu'il faut établir entre les personnages d'une tragédie et nous, une distance optima, unique: plus loin du héros nous ne le plaindrions pas assez, mais plus près de lui, nous le jugerions trop. C'est le ton qui nous indique notre place. Et la fille d'Œdipe ne peut ni parler ni se comporter comme Thérèse Tarde. Ce qui, dans la manière d'Anouilh, a servi *La Sauvage* dessert *Antigone*.[8]

8. Gignoux, op. cit. pp. 114–115. Thérèse Tarde is the leading character in *La Sauvage*.

On the contrary, it is not that Anouilh fails to adopt the proper tragic tone in *Antigone*, but that he does not choose to admit this tone as the inevitable note of tragedy. His concept of tragedy is more intimate, more banal; it is the tragedy of everyone, which he chooses to portray in this adaptation of a classical legend, and he implies that the enlightened spectator will not require eloquence and rhetoric to understand his one essential theme: that life itself is a tragedy. For this reason Thérèse Tarde and Antigone are ideologically one, and they have the same message to deliver.

One may criticize Anouilh on another score, however, which has already been suggested. The nature of the tragedy he portrays is too simple, too unevolved, to elicit the highest order of emotional reaction. It is not an inevitable struggle which he displays to the reader, but a momentary misunderstanding which might have been corrected with time. The sense of irrevocable fate is consequently destroyed. It is not certain in *Antigone* that Créon would have necessarily persisted in his chosen course of action, which was after all dictated to a large extent by expediency; nor is it certain that Antigone herself would have withstood a thorough attempt at persuasion on the part of Hémon. This is the crux of Anouilh's problem, a problem intellectual in nature. His theater remains thus far a theater of contingency, in which the element of caprice is not thoroughly justified by some pervasive, inexorable view, as in Sartre or Camus,

Cocteau, Montherlant, or Giraudoux. This is also the explanation for Anouilh's questionable use of fantasy to resolve the urgent problems which he suggests in his plays. It is not enough to portray the intellectual revolt against the human condition in itself; inevitably some solution is called for.

Antigone is a significant play in Anouilh's repertory. It represents the mid-point of his career: it is the ultimate statement of a general problem for which his previous theater had been a preparation. Since *Antigone* he has given little sign that progress has been made.

Anouilh's position may be defined as that of a neoromantic. His portrayal of man is the portrayal of revolt, but revolt that has no positive issue. Essentially he raises a question: the impossibility of reconciling certain values; the normal conflict of the ideal and the real. Such a statement is not far in advance of the questions raised by the romanticists themselves who, in the passage from the essentialism of the Old Regime to the existentialism of the New Regime, raised the same contradictory issues.

Although Anouilh is not an existentialist—the dualism of his philosophy would prevent his being classified as such —the themes of his plays recall existentialist themes, and his assessment of the human condition is strictly modern. The essential solitude of the individual admits of no reprieve, while human happiness remains both futile and impossible to achieve.

LE VOYAGEUR SANS BAGAGE

As in Pirandello's *Come tu mi vuoi*, the theme of *Le Voyageur sans bagage* is that of amnesia:

Gaston, in reality Jacques Renaud, has suffered a loss of memory as the result of a wound received in the First World War. The Duchess Dupont-Dufort, who has become interested in his case, has conducted a long investigation in an attempt to discover Gaston's real family. Now at the age of thirty-six he is confronted with many families who claim him as their son, among them his true family, the Renauds. He rejects them, however, pretending not to recognize them, when he learns of the cruelty of his childhood and discovers his family's inability to love or understand him. He prefers to recognize an anonymous English family, represented only by a little boy and an elderly lawyer whom he will be able to assist in winning a large inheritance. In this manner he rejects his own past in favor of an artificial one of which he can morally approve.

At the opening of *Le Voyageur sans bagage* Gaston—or Jacques Renaud— has lived two lives, each of eighteen years duration. The first has been that of a spoiled child, wealthy, sadistic, selfish, cruel. During this first portion of his life he stole money from his parents, became the lover of his brother's wife, injured a childhood friend permanently, and finally left for the war after a violent quarrel with his mother in which he threatened to strike her. The second portion of his life has been spent in an asylum. These eighteen years of monotony have been marked by patience, docility, and essential kindness. There is no link between the two personalities of Gaston; there is no explanation of the sudden change in his character except the amnesia which has served to free him from his past and make a fresh start possible.

He is thus an ideal Anouilh hero: within the character and experience of a single person are the elements of both the *Pièces roses* and the *Pièces noires*. The problem which arises from this contradiction of essence is the question of a possible reconciliation of these disparate elements. Anouilh does not hesitate to affirm that such a reconciliation is entirely impossible and that Gaston has no other choice than to refuse his past. An existential hero would have seen the necessity of assuming it; he would have been convinced by the objectivity of his situation. Gaston prefers to determine his situation subjectively and to solve his dilemma in terms of an extraordinary fiction. The play portrays the dialectics of this choice, and is thoroughly characteristic of Anouilh's method and point of view. Gignoux writes of *Le Voyageur sans bagage*:

Le Voyageur sans bagage est aux autres pièces d'Anouilh ce qu'une recherche de laboratoire est à un phénomène naturel. Cette œuvre applique la méthode scientifique: elle décompose une manifestation confuse en éléments premiers et détermine en les isolant le rôle de chaque fonction: ici la mémoire. En décrivant l'aventure d'un amnésique, elle immobilise et démonte des mécanismes que nous n'avions surpris jusqu'ici qu'en mouvement.[9]

The reader is not told by what device Gaston was made to submit to an examination and a confrontation by the Renaud family. One must assume that submission had become the order of his life, and that such examinations were a matter of course. Gaston had been able to give his benefactors no clue as to his true identity except the mysterious word *Foutriquet*, an exclamation he used when undergoing treatment. Apart from this, he is a man of mild and philosophical disposition, content to live as he does without a past. He is in a state of nature, the state of the noble savage, as yet unharmed by civilization, reduced to innocence by his illness as another, by conversion, might have been placed in a similar state of grace. Anouilh shows, as the play progresses, that innocence, in order to protect itself, must resist the solicitations of a world that is essentially evil, bent not on pleasure, but on the consuming quest of itself. As Gaston says to the Duchess:

Cela a fait peur aux gens sans doute

9. Gignoux, op. cit. p. 77.

qu'un homme puisse vivre sans passé. Déjà les enfants trouvés sont mal vus... Mais enfin on a eu le temps de leur inculquer quelques petites notions. Mais un homme, un homme fait, qui avait à peine de pays, pas de ville natale, pas de traditions, pas de nom... Quel scandale![10]

Gaston resists the transformation which society is about to impose on him, but his resistance is general at first. Instinctively, without knowing his past, he feels that his present state is preferable. "J'étais si tranquille à l'asile... Je m'étais habitué à moi, je me connaissais bien et voilà qu'il faut me quitter, trouver un autre moi et l'endosser comme une vieille veste."

The evils of society to which Gaston will fall victim are represented by the various families who claim him, in particular by the Renaud family. In reality, Gaston's reasons for rejecting them are never quite clear. The devotion which the Renauds offer Gaston is not very enlightened; it is equivocal, lukewarm, and something of a matter of principle rather than actual love; but they remain well-intentioned withal. Their errors are errors of taste rather than morality. Gaston's rejection of them would appear to be a rejection of all re-

sponsibility and not a triumph of principle. Each member of the family in turn attempts to convince him of his true identity, to win him over to their common cause. Each in turn fails.

Madame Renaud is the first to fail. Gaston asks that she supply him with some happy memory from his past, the recollection of a friendship, a youthful love affair, a testimonial of affection. From her he learns that he injured his friend Marcel. Madame Renaud, attempting to conceal the brutal significance of his deed, explains it in terms of a childish prank that turned into an accident. This is precisely what Gaston does not want. His desire for the truth is absolute. He questions the maid, Juliette, who witnessed the accident, and receives confirmation of his criminal intent. He learns further that in a youthful affair with Juliette, he had deceived her bitterly. As the picture of his past grows, its details horrify him. He is divided between his own responsibility and the blame which he feels his family deserves in not loving him sufficiently, in not treating him better. When his mother tells him that he left for the war without saying good-by, he accuses her. "J'avais dix-huit ans, et on m'envoyait mourir. J'ai un peu honte de vous dire cela, mais, j'avais beau être brutal, m'enfermer dans mon jeune orgueil imbécile, vous auriez dû tous vous mettre à genoux et me demander pardon."

Consumed finally with pity for himself and for the boy whom he would have befriended rather than persecuted, he

10. "On discerne sans peine que la détermination du bien est moins rigoureuse dans *Le Voyageur sans bagage* que celle du mal. A la méchanceté s'oppose une vertu indéfinissable, une gentillesse, délicate ou ardente, dont le pouvoir justificateur semble très étendu. Mais ce vague même va me permettre de donner un nom à la morale que je cherche à préciser. Il s'agit d'une éthique dont les titres de noblesse remontent au XVIIIe siècle. J'ai nommé la morale du 'bon sauvage.'" Gignoux, op. cit. pp. 82–83.

exclaims: "Et je suis mort à dix-huit ans, sans avoir eu ma petite joie, sous prétexte que c'était une bêtise, et sans que vous m'ayez reparlé. J'ai été couché sur le dos toute une nuit avec ma blessure à l'épaule, et j'étais deux fois plus seul que les autres qui appelaient leur mère."

It is astounding that Gaston is able at the same time to reject his family's treatment of him in the past as well as the person he was. He contemplates his past from a position of present security which he refuses to abandon. Having learned to live without a past—or rather having been fortunate enough to have been severed from his past—he now refuses to belong anywhere. He becomes a symbol of Anouilh's total rejection of the human condition as it is; a symbol of revolt in a vacuum, the impossible terms of which have momentarily been achieved in the aesthetic dimensions of fiction.

Georges, his brother, likewise fails to win him over. From him Gaston learns of other youthful crimes, his theft of money from a friend of the family, and his seduction of Valentine, the wife of Georges. In spite of this, however, Georges offers him his affection and confidence. Georges assumes the responsibility which Gaston has refused; he accuses the family and himself of having committed essential errors, of not having possessed sufficient imagination and generosity in dealing with Gaston as a child. They did not in fact realize sufficiently that he was merely a child:

Tu as toujours été si petit pour tout. Pour l'argent que nous t'avons donné trop tôt comme des imbéciles, pour la dureté de maman, pour ma faiblesse à moi aussi, pour ma maladresse. Cet orgueil, cette violence contre lesquels tu te débattais déjà à deux ans, c'étaient des monstres dont tu étais innocent et dont c'était à nous de te sauver. Non seulement nous n'avons pas su le faire, mais encore nous t'avons accusé; nous t'avons laissé partir tout seul pour le front... Avec ton fusil, ton sac, ta boîte à masque, tes deux musettes, tu devais être un si petit soldat sur le quai de la gare!

Georges offers his brother the link of affection which he has demanded unsuccessfully from his past. But even this is not enough. Gaston is not actually in good faith. His actions do not correspond to his words. His purity and goodness as an adult are as equivocal and open to suspicion as his childhood crimes. In spite of his amnesia, he has not changed essentially. He is merely existing now in terms of the other extreme of his nature, the present goodness that is the counterpart of his past evil. But no resolution has been achieved. What he seeks is not his past at all; he seeks rather what he sought as a child: total, absolute freedom.

He is striving for the material counterpart of a metaphysical freedom which he perceives as absolute, but which he cannot reconcile with the finitude of existence. In order to achieve this freedom, he is obliged to commit one final crime consonant with the many others which he has discovered: the murder of his past. As he expresses it to the *maître d'hôtel*: "Imaginez que, pour vivre, il vous faille plonger à jamais dans le néant un jeune homme. Un jeune homme de dix-huit ans... Un petit orgueilleux, une petite fripouille, mais tout de même... un pauvre petit. Vous serez libre, maître d'hôtel, l'homme le plus libre du monde, mais, pour être libre, il vous faut laisser ce petit cadavre innocent derrière vous. Qu'allez-vous faire?"

Pour vivre, pour être libre: these two phrases occur as an equation. The one, however, is not a condition of the other, as life itself is not resolved by Anouilh in terms of a condition. Both are absolutes, conceived in terms of gain and profit. Life is to be lived for the profit of living; freedom is to be enjoyed as a positive acquisition. One can observe here how the existentialists would disagree categorically with such a notion of either. It is this intellectual conviction which will oblige Anouilh, again and again, to have recourse to artificial devices in order to solve the problem of an ending for his plays, thus reducing to aesthetics a problem that is ethical in nature.

In moral terms it is Valentine whom Gaston is obliged to murder, for it is Valentine who furnishes him with the irrevocable objective proof of his identity. As in every murder, there is an element of self-destruction.

Valentine is still in love with Gaston. It is she who has the best chance of winning him back to his family. Although she is married to Georges, Anouilh is careful to make it clear that this marriage is the result of a mistake. Valentine had been forced into the marriage by an aunt who did not want the burden of supporting her; she had been in love with Gaston before her marriage. Even Georges, in his appeal to Gaston, had been willing to recognize this. When she told Gaston of the scar on his back which would give objective proof of his identity, she furnished him with the means of a true choice. Without such proof he would have had to make his choice in doubt. After his interview with Valentine, Gaston is able to choose freely. He rejects Valentine, as he does the others, for reasons that are sinister and vague. He blames her for their past relationship without assuming his own responsibility in it. He blames her both for not having loved him enough and for loving him at all. With his rejection of Valentine, his rejection of the past is complete. He has achieved a dubious triumph over the circumstances and conditions of his life and is now free. This freedom means, however, that the moral problem of Gaston's life has not been solved; it has merely been laid aside. A contradiction in the terms of freedom. As he says to Valentine: "Je suis en train de refuser mon passé et ses personnages—moi compris. Vous êtes peut-être ma famille, mes amours, ma véridique histoire. Oui, mais seulement, voilà... vous ne me plaisez pas. Je vous refuse." For a brief moment, at least, Gaston can imagine that he has escaped from the conditions of life.

Valentine is quick to raise the essential question: one cannot refuse one's self. But this is exactly what Gaston feels he is able to do: "Je suis sans doute le seul homme, c'est vrai, auquel le destin aura donné la possibilité d'accomplir ce rêve de chacun... Je suis un homme et je peux être, si je veux, aussi neuf qu'un enfant! C'est un privilège dont il serait criminel de ne pas user."

At this point the only solution for Gaston is to return to the asylum. As in so many of Anouilh's plays, the themes of the *Pièces noires* and the *Pièces roses* come into conflict. Though *Le Voyageur sans bagage* is a *pièce noire* for Anouilh, its ending is that of a *pièce rose*. To solve the moral problem, which has assumed the proportions of a dilemma, Anouilh resorts to the use of fantasy. One of the families to claim Gaston is represented by a little boy, Uncle Madensale. This family has been entirely wiped out in a shipwreck, except for the little boy whose interests are represented by the elderly solicitor, Mr. Picwick. Unless a nephew is found, a large inheritance will be lost. This is the family which Gaston chooses. He reveals to Mr. Picwick the presence of the scar on his back. Mr. Picwick enters into the game and is able to identify Gaston. Thus, without returning to the asylum, Gaston achieves a fanciful freedom, escaping the responsibility which a more realistic conclusion would have implied. Without returning to the asylum, he is able to reject his past and society as well. He is able to begin life anew in terms of the

purity and innocence which he has come to believe not only possible but indispensable to a successful life.

The ending of the play, reminiscent of a similar device in *Colombe*, does not have the stamp of inevitability or authenticity. A trick is performed before the eyes of the spectator which creates a momentary illusion that a solution has been found. In reality the problem has been avoided, and Anouilh's aesthetics are invalidated by a moral question which he refuses, much in the manner that Gaston refuses to accept and assume his own past. This accounts, perhaps, for the uneasiness and dissatisfaction which the conclusion of the play inspires, the feeling, as one reads Anouilh, that the initial argument has not been carried through.

Camus writes in *L'Homme révolté*: "Qu'est-ce qu'un homme révolté? Un homme qui dit non. Mais s'il refuse, il ne renonce pas: c'est aussi un homme qui dit oui, dès son premier mouvement."[11]

It is this final affirmation which Anouilh has been unable to discover. Gaston only seems to affirm. By choosing the English family, he is benefiting by a chance that has been fabricated in his favor by Anouilh. In refusing the conditions of reality, Anouilh is obliged to refuse the conditions of his own stand and to accept the essential defeat of his idealistic position. His dramas are consequently without catharsis, and their serenity, when it occurs, is of the nature

11. Albert Camus, *L'Homme révolté* (Paris, 1951), p. 25.

of illusion. Like the ironical statement with which Gaston concludes in *Le Voyageur sans bagage*: "...Vous direz à Georges Renaud que l'ombre légère de son frère dort sûrement quelque part dans une fosse commune en Allemagne. Qu'il n'a jamais été qu'un enfant digne de tous les pardons, un enfant qu'il peut aimer sans crainte, maintenant, de jamais rien lire de laid sur son visage d'homme..."

It is not necessary, however, that a poet or a playwright have the formal consistency of thought desirable in a philosopher. *Le Voyageur sans bagage* is generally considered to be one of Anouilh's best plays, and in it we observe the gifts of brilliant satire and character portrayal which have made him famous in the postwar world. He is at his best when he sets out to depict the inherent viciousness, selfishness, and stupidity of the middle-class society to which he belongs. He attacks the pompous demon of respectability. He wages relentless war against greed, avarice, and all materialism. He exposes the perverse sentimentality which makes a parody of human emotions, and shows the spectator from what small motives great tragedies are often made. Only an idealist could be so pessimistic, such an enemy of false idealism. Gaston in *Le Voyageur sans bagage* may seem to be demanding impossible satisfaction and pointless justifi-

cation from life as he goes about reconstructing his unsavory past. He may even seem childish and romantic when he pleads in favor of the spoiled child he once was. But the broader issues of the play go beyond these questions. What in reality he is doing is giving each member of his former family a chance to show some sign of spontaneous affection and understanding for the man he has become. He is pleading, not for a spoiled child who has been dead for eighteen years, but for human complicity and relief from the total burden of responsibility. One by one his former family fail. His mother is still unable to conquer her pride. Valentine's love for him is blind and selfish. It does not prevent her from using threats in an attempt to force him to return to his home. Even Georges, his brother, is more interested in defending the past than in meeting him on terms of equality in the present. Anouilh shows us a family that has become a mere institution. The heart has gone out of it. Its true function has been destroyed. Gaston refuses to return to his family because each member has failed in some way as a human being, and his refusal is their condemnation. One may wonder why he ever came to see them at all. He tells us in his own words. Gaston came because he was looking for happiness. He was searching for *le petit endroit où on est tranquille*.

LE VOYAGEUR SANS BAGAGE

PREMIER TABLEAU

Le salon d'une maison de province très cossue,[1] avec une large vue sur un jardin à la française.[2] Au lever du rideau la scène est vide, puis le maître d'hôtel introduit la duchesse Dupont-Dufort, M[e3] Huspar et Gaston.

LE MAÎTRE D'HÔTEL. Qui dois-je annoncer, Madame?

LA DUCHESSE. La duchesse Dupont-Dufort, Me Huspar, avoué,[4] et Monsieur... (*Elle hésite.*) Monsieur Gaston. (*A Huspar.*) Nous sommes bien obligés de lui donner ce nom jusqu'à nouvel ordre.[5]

LE MAÎTRE D'HÔTEL, *qui a l'air au courant.*[6] Ah! Madame la duchesse voudra bien excuser Monsieur et Madame, mais Madame la duchesse n'était attendue par Monsieur et Madame qu'au train de 11h.50. Je vais faire prévenir[7] immédiatement Monsieur et Madame de la venue de Madame la duchesse.

LA DUCHESSE, *le regardant s'éloigner.*[8] Parfait, ce maître d'hôtel!... Ah! mon petit Gaston, je suis follement heureuse. J'étais sûre que vous étiez le fils d'une excellente famille.

HUSPAR. Ne vous laissez pas emporter par l'enthousiasme. N'oubliez pas qu'en plus de[9] ces Renaud nous avons encore cinq familles possibles.

LA DUCHESSE. Ah! non, Maître... Quelque chose me dit que Gaston va reconnaître ces Renaud pour les siens[10]; qu'il va retrouver dans cette maison l'atmosphère de son passé. Quelque chose me dit que c'est ici qu'il va retrouver sa mémoire. C'est un instinct de femme qui m'a rarement trompée.[11]

HUSPAR *s'incline devant*[12] un tel argument. Alors...

(*Gaston s'est mis à regarder les tableaux sans s'occuper d'eux, comme un enfant en visite.*)

LA DUCHESSE, *l'interpellant.*[13] Eh bien, Gaston, vous êtes ému,[14] j'espère?

GASTON. Pas trop.

LA DUCHESSE *soupire.*[15] Pas trop! Ah! mon ami, je me demande parfois si vous vous rendez compte de[16] ce que votre cas a de poignant?

GASTON. Mais, Madame la duchesse...

LA DUCHESSE. Non, non, non. Rien de ce que vous pourrez me dire ne m'ôtera mon idée de la tête. Vous ne vous rendez pas compte. Allons, avouez[17] que vous ne vous rendez pas compte.

GASTON. Peut-être pas très bien, Madame la duchesse.

LA DUCHESSE, *satisfaite.* Ah! vous êtes tout au moins un charmant garçon et qui sait reconnaître ses erreurs. Cela, je ne cesse de le répéter. Mais il n'en demeure pas moins vrai que votre insouciance,[18] votre désinvolture[19] sont extrêmement blâmables. N'est-ce pas, Huspar?

HUSPAR. Mon Dieu, je...

LA DUCHESSE. Si, si. Il faut me soutenir,[20] voyons, et lui faire comprendre qu'il doit être ému. (*Gaston s'est remis à*[21] *regarder les œuvres d'art.*) Gaston!

---

1. wealthy   2. *jardin... française.* A formal French garden rather than the less rigid English garden.   3. M[e] (*Maître*). Title and form of address for a lawyer.   4. attorney   5. *jusqu'à nouvel ordre* until there are further developments   6. *au courant* informed   7. *faire prévenir* to have informed   8. walk away   9. *en plus de* in addition to

10. *les siens* his relatives, his family   11. deceived   12. *s'incline devant* bows in deference to   13. addressing him   14. excited   15. sighs   16. *si... de* if you realize   17. confess   18. lack of concern   19. casualness   20. support   21. *s'est remis à* has returned to

GASTON. Madame la duchesse?

LA DUCHESSE. Etes-vous de pierre?

GASTON. De pierre?

LA DUCHESSE. Oui, avez-vous le cœur plus dur que le roc?

GASTON. Je... je ne le crois pas, Madame la duchesse.

LA DUCHESSE. Excellente réponse! Moi non plus, je ne le crois pas. Et pourtant, pour un observateur moins averti[22] que nous, votre conduite laisserait croire que vous êtes un homme de marbre.

GASTON. Ah?

LA DUCHESSE. Gaston, vous ne comprenez peut-être pas la gravité de ce que je vous dis? J'oublie parfois que je parle à un amnésique[23] et qu'il y a des mots que vous avez pu ne pas réapprendre depuis dix-huit ans. Savez-vous ce que c'est que du marbre?

GASTON. De la pierre.

LA DUCHESSE. C'est bien. Mais savez-vous encore quelle sorte de pierre? La pierre la plus dure, Gaston. Vous m'entendez?[24]

GASTON. Oui.

LA DUCHESSE. Et cela ne vous fait rien que je compare votre cœur à la pierre la plus dure?

GASTON, *gêné.*[25] Ben[26] non... (*Un temps.*) Ça me ferait plutôt rigoler.[27]

LA DUCHESSE. Avez-vous entendu, Huspar?

HUSPAR, *pour arranger les choses.* C'est un enfant.

LA DUCHESSE, *péremptoire.* Il n'y a plus d'enfants[28]: c'est un ingrat. (*A Gaston.*) Ainsi, vous êtes un des cas les plus troublants de la psychiatrie; une

des énigmes les plus angoissantes de la grande guerre—et, si je traduis bien votre grossier[29] langage, cela vous fait rire? Vous êtes, comme l'a dit très justement un journaliste de talent, le soldat inconnu vivant—et cela vous fait rire? Vous êtes donc incapable de respect, Gaston?

GASTON. Mais puisque c'est moi...

LA DUCHESSE. Il n'importe![30] Au nom de ce que vous représentez, vous devriez vous interdire de[31] rire de vous-même. Et j'ai l'air de dire une boutade,[32] mais elle exprime le fond[33] de ma pensée: quand vous vous rencontrez dans une glace,[34] vous devriez vous tirer le chapeau,[35] Gaston.

GASTON. Moi... à moi?

LA DUCHESSE. Oui, vous à vous! Nous le faisons bien tous, en songeant à[36] ce que vous personnifiez. Qui vous croyez-vous donc pour en être dispensé?

GASTON. Personne, Madame la duchesse.

LA DUCHESSE. Mauvaise réponse! Vous vous croyez quelqu'un de très important. Le bruit que les journaux ont fait autour de votre cas vous a tourné la tête, voilà tout. (*Il veut parler.*) Ne répliquez rien, vous me fâcheriez! (*Il baisse[37] la tête et retourne aux œuvres d'art.*) Comment le trouvez-vous, Huspar?

HUSPAR. Lui-même, indifférent.

LA DUCHESSE. Indifférent. C'est le mot. Je l'avais depuis huit jours sur le bout de la langue et je ne pouvais pas le dire. Indifférent! c'est tout à fait cela.

---

22. informed   23. person suffering from amnesia   24. *Vous m'entendez?* Do you understand?   25. embarrassed   26. For *eh bien*   27. laugh   28. *Il... d'enfants* Don't talk to me about children

29. vulgar   30. *Il n'importe!* That makes no difference!   31. *vous interdire de* forbid yourself to   32. quip   33. essence (*literally* bottom)   34. mirror   35. *vous... chapeau* tip your hat to yourself   36. *en songeant à* when we think of   37. lowers

C'est pourtant son sort qui se joue,[38] que diable! Ce n'est pas nous qui avons perdu la mémoire, ce n'est pas nous qui recherchons notre famille? N'est-ce pas, Huspar?

HUSPAR. Certainement non.

LA DUCHESSE. Alors?

HUSPAR, *haussant les épaules*,[39] *désabusé*.[40] Vous avez encore les illusions d'une foi neuve. Voilà des années qu'il oppose cette inertie à toutes nos tentatives.[41]

LA DUCHESSE. Il est impardonnable en tout cas de ne pas reconnaître le mal[42] que mon neveu se donne pour lui. Si vous saviez avec quel admirable dévouement il le soigne,[43] quel cœur il met à cette tâche[44]! J'espère qu'avant de partir il vous a confié l'événement?

HUSPAR. Le docteur Jibelin n'était pas à l'asile[45] lorsque je suis passé prendre les dossiers[46] de Gaston. Je n'ai malheureusement pas pu l'attendre.

LA DUCHESSE. Que me dites-vous, Maître? Vous n'avez pas vu mon petit Albert avant votre départ? Mais vous ne savez donc pas la nouvelle?

HUSPAR. Quelle nouvelle?

LA DUCHESSE. Au dernier abcès de fixation[47] qu'il lui a fait, il a réussi à le faire parler dans son délire. Oh! il n'a pas dit grand'chose.[48] Il a dit: « Foutriquet.[49] »

HUSPAR. Foutriquet?

LA DUCHESSE. Foutriquet, oui. Vous me direz que c'est peu de chose, mais ce qu'il y a d'intéressant, c'est que c'est un mot, qu'éveillé,[50] personne ne lui a jamais entendu prononcer, un mot que personne ne se rappelle avoir prononcé devant lui, un mot qui a donc toutes chances d'appartenir à son passé.

HUSPAR. Foutriquet?

LA DUCHESSE. Foutriquet. C'est un très petit indice,[51] certes, mais c'est déjà quelque chose. Son passé n'est plus un trou[52] noir. Qui sait si ce foutriquet-là ne nous mettra pas sur la voie?[53] (*Elle rêve*.) Foutriquet... Le surnom d'un ami, peut-être. Un juron[54] familier, que sais-je? Nous avons au moins une petite base, maintenant.

HUSPAR, *rêveur*. Foutriquet...

LA DUCHESSE *répète, ravie*.[55] Foutriquet. Quand Albert est venu m'annoncer ce résultat inespéré, il m'a crié en entrant: « Tante, mon malade a dit un mot de son passé: c'est un juron! » Je tremblais, mon cher. J'appréhendais une ordure.[56] Un garçon qui a l'air si charmant, je serais désolée qu'il fût d'extraction basse. Cela serait bien la peine[57] que mon petit Albert ait passé ses nuits— il en a maigri, le cher enfant—à l'interroger et à lui faire des abcès à la fesse,[58] si le gaillard[59] retrouve sa mémoire pour nous dire qu'avant la guerre il était ouvrier maçon[60]! Mais quelque chose me dit le contraire. Je suis une romanesque, mon cher Maître. Quelque chose me dit que le malade de mon neveu était un homme extrêmement connu. J'aimerais un auteur dramatique. Un grand auteur dramatique.

---

38. *qui se joue* which is at stake   39. *haussant les épaules* shrugging his shoulders   40. disillusioned   41. attempts   42. trouble   43. *le soigne* takes care of him   44. task   45. asylum   46. records   47. *abcès de fixation*. A treatment by which a local infection is induced in order to relieve a general infection. Used here, apparently, to restore memory.   48. much   49. mildly vulgar term, amusing and old-fashioned, somewhat equivalent to "little squirt" in English

50. *qu'éveillé* which, when he is awake   51. clue   52. hole   53. *sur la voie* on the right track   54. oath   55. delighted   56. filthy expression   57. *Cela... peine* It would indeed be pointless   58. buttocks   59. strapping fellow   60. *ouvrier maçon* mason, bricklayer

HUSPAR. Un homme très connu, c'est peu probable. On l'aurait déjà reconnu.

LA DUCHESSE. Les photographies étaient toutes mauvaises... Et puis la guerre est une telle épreuve,[61] n'est-ce pas?

HUSPAR. Je ne me rappelle d'ailleurs pas avoir entendu dire qu'un auteur dramatique connu ait été porté[62] disparu à l'ennemi pendant les hostilités. Ces gens-là notifient[63] dans les magazines leurs moindres déplacements,[64] à plus forte raison[65] leur disparition.

LA DUCHESSE. Ah! Maître, vous êtes cruel! Vous détruisez un beau rêve. Mais c'est tout de même un homme de race,[66] cela j'en suis sûre. Regardez l'allure[67] qu'il a avec ce costume. Je l'ai fait habiller par le tailleur[68] d'Albert.

HUSPAR, *mettant son lorgnon.*[69] Mais, en effet, je me disais! « Je ne reconnais pas le costume de l'asile... »

LA DUCHESSE. Vous ne pensez pas tout de même, mon cher, que puisque j'avais décidé de le loger au château et de promener moi-même dans les familles qui le réclament[70] le malade de mon neveu, j'allais le supporter vêtu de pilou[71] gris?

HUSPAR. Ces confrontations[72] à domicile[73] sont une excellente idée.

LA DUCHESSE. N'est-ce pas? Mon petit Albert l'a dit dès qu'il l'a pris en main. Ce qu'il faut pour qu'il retrouve son passé, c'est le replonger dans l'atmosphère même de ce passé. De là à décider de le conduire chez les quatre ou cinq familles qui ont donné les preuves les plus troublantes, il n'y avait qu'un pas.

Mais Gaston n'est pas son unique[74] malade, il ne pouvait être question pour Albert de quitter l'asile pendant le temps des confrontations. Demander un crédit au ministère pour organiser un contrôle[75] sérieux? Vous savez comme ces gens-là sont chiches.[76] Alors, qu'auriez-vous fait à ma place? J'ai répondu: « Présent! »[77] Comme en 1914.

HUSPAR. Admirable exemple!

LA DUCHESSE. Quand je pense que du temps du docteur Bonfant les familles venaient en vrac[78] tous les lundis à l'asile, le voyaient quelques minutes chacune et s'en retournaient par le premier train!... Qui retrouverait ses père et mère dans de telles conditions, je vous le demande? Oh! non, non, le docteur Bonfant est mort, c'est bien, nous avons le devoir de nous taire,[79] mais le moins qu'on pourrait dire, si le silence au-dessus d'une tombe n'était pas sacré, c'est qu'il était une mazette[80] et un criminel.

HUSPAR. Oh! un criminel...

LA DUCHESSE. Ne me mettez pas hors de moi.[81] Je voudrais qu'il ne fût pas mort pour lui jeter le mot à la face. Un criminel! C'est sa faute si ce malheureux se traîne[82] depuis 1918 dans les asiles. Quand je pense qu'il l'a gardé à Pont-au-Bronc[83] pendant près de quinze ans sans lui faire dire un mot de son passé et que mon petit Albert qui ne l'a que depuis trois mois lui a déjà fait dire « Foutriquet », je suis confendue[84]! C'est un grand psychiatre, Maître, que mon petit Albert.

HUSPAR. Et un charmant jeune homme.

---

61. trial   62. reported   63. give notice of   64. movements   65. *à... raison* all the more reason   66. *homme de race* thoroughbred   67. jaunty appearance   68. tailor   69. nose glasses   70. claim   71. cotton flannel   72. meetings   73. *à domicile* at home

74. only (adj.)   75. investigation   76. stingy   77. Use of masculine adds humorous military touch.   78. *en vrac* in confusion   79. *de nous taire* to keep silent   80. duffer   81. *Ne... moi.* Don't make me angry.   82. *se traîne* has been hanging around   83. Name of the asylum in question   84. dumbfounded

La Duchesse. Le cher enfant! Avec lui, heureusement tout cela est en train de changer. Confrontations, expertises graphologiques,[85] analyses chimiques, enquêtes policières,[86] rien de ce qui est humainement possible ne sera épargné[87] pour que son malade retrouve les siens. Côté clinique également,[88] Albert est décidé à le traiter par les méthodes les plus modernes. Songez qu'il a fait déjà dix-sept abcès de fixation!

Huspar. Dix-sept!... Mais c'est énorme!

La Duchesse, *ravie*. C'est énorme! et extrêmement courageux de la part de mon petit Albert. Car il faut bien le dire: c'est risqué.[89]

Huspar. Mais Gaston?

La Duchesse. De quoi pourrait-il se plaindre[90]? Tout est pour son bien. Il aura le derrière comme une écumoire[91] sans doute, mais il retrouvera son passé. Et notre passé, c'est le meilleur de nous-mêmes! Quel homme de cœur hésiterait entre son passé et la peau[92] de son derrière?

Huspar. La question ne se pose pas.[93]

La Duchesse, *avisant*[94] *Gaston qui passe près d'elle*. N'est-ce pas, Gaston, que vous êtes infiniment reconnaissant au docteur Jibelin de mettre—après tant d'années perdues par le docteur Bonfant —tout en œuvre[95] pour vous rendre à votre passé?

Gaston. Très reconnaissant, Madame la duchesse.

La Duchesse, *à Huspar*. Je ne le lui fais pas dire. (*A Gaston.*) Ah! Gaston,

mon ami, comme c'est émouvant, n'est-ce pas, de se dire que derrière cette porte il y a peut-être un cœur de mère qui bat, un vieux père qui se prépare à vous tendre les bras[96]!

Gaston, *comme un enfant*. Vous savez, j'en ai tellement vu de vieilles bonnes femmes qui se trompaient et m'embrassaient[97] avec leur nez humide; de vieillards en erreur qui me frottaient à[98] leur barbe... Imaginez un homme avec près de quatre cents familles, Madame la duchesse. Quatre cents familles acharnées à[99] le chérir. C'est beaucoup.

La Duchesse. Mais des petits enfants, des bambinos[100]! Des bambinos qui attendent leur papa. Oserez-vous dire que vous n'avez pas envie de[101] les embrasser ces mignons,[102] de les faire sauter sur vos genoux?

Gaston. Ce serait mal commode,[103] Madame la duchesse. Les plus jeunes doivent avoir une vingtaine d'années.

La Duchesse. Ah! Huspar... Il éprouve le besoin de profaner les choses les plus saintes!

Gaston, *soudain rêveur*. Des enfants... J'en aurais en ce moment, des petits, des vrais, si on m'avait laissé vivre.

La Duchesse. Vous savez bien que c'était impossible!

Gaston. Pourquoi? Parce que je ne me rappelais rien avant le soir de printemps 1918 où l'on m'a découvert dans une gare de triage[104]?

Huspar. Exactement, hélas!...

Gaston. Cela a fait peur aux gens sans doute qu'un homme puisse vivre sans passé. Déjà les enfants trouvés[105]

85. *expertises graphologiques* handwriting analyses   86. *enquêtes policières* police investigations   87. spared   88. *Côté clinique également* On the clinical side as well   89. audacious 90. *se plaindre* complain   91. skimmer   92. skin 93. *La... pas.* The question doesn't even arise. 94. catching sight of   95. *mettre... tout en œuvre* for trying everything

96. *tendre les bras* open his arms   97. *m'embrassaient* kissed me   98. *me frottaient à* rubbed me against   99. *acharnées à* intent upon 100. Compare Italian *bambini*, little children 101. *n'avez... de* don't want to   102. darlings 103. *mal commode* difficult   104. *gare de triage* siding depot   105. *enfants trouvés* foundlings

sont mal vus[106]... Mais enfin on a eu le temps de leur inculquer quelques petites notions. Mais un homme, un homme fait,[107] qui avait à peine de pays, pas de ville natale, pas de traditions, pas de nom... Foutre![108] Quel scandale!

LA DUCHESSE. Mon petit Gaston, tout nous prouve, en tout cas, que vous aviez besoin d'éducation. Je vous ai déjà interdit[109] d'employer ce mot.

GASTON. Scandale?

LA DUCHESSE. Non... (*Elle hésite.*) L'autre.

GASTON, *qui continue son rêve.* Pas de casier judiciaire[110] non plus... Y pensez-vous,[111] Madame la duchesse? Vous me confiez votre argenterie à table; au château ma chambre est à deux pas de la vôtre... Et si j'avais déjà tué trois hommes?

LA DUCHESSE. Vos yeux me disent que non.

GASTON. Vous avez de la chance qu'ils vous honorent de leurs confidences. Moi, je les regarde quelquefois jusqu'à m'étourdir[112] pour y chercher un peu de tout ce qu'ils ont vu et qu'ils ne veulent pas rendre.[113] Je n'y vois rien.

LA DUCHESSE, *souriant.* Vous n'avez pourtant pas tué trois hommes, rassurez-vous. Il n'est pas besoin de connaître votre passé pour le savoir.

GASTON. On m'a trouvé devant un train de prisonniers venant d'Allemagne. Donc j'ai été au front. J'ai dû lancer,[114] comme les autres, de ces choses[115] qui sont si dures à recevoir sur nos pauvres peaux d'hommes qu'une épine[116] de rose fait saigner.[117] Oh! je me connais, je suis un maladroit. Mais à la guerre l'état-major[118] comptait plutôt sur le nombre des balles[119] que sur l'adresse[120] des combattants. Espérons cependant que je n'ai pas atteint[121] trois hommes...

LA DUCHESSE. Mais que me chantez-vous là? Je veux croire que vous avez été un héros, au contraire. Je parlais d'hommes tués dans le civil[122]!

GASTON. Un héros, c'est vague aussi en temps de guerre. Le médisant,[123] l'avare,[124] l'envieux, le lâche[125] même étaient condamnés par le règlement à être des héros côte à côte[126] et presque de la même façon.

LA DUCHESSE. Rassurez-vous. Quelque chose qui ne peut me tromper me dit—à moi—que vous étiez un garçon très bien élevé.[127]

GASTON. C'est une maigre[128] référence pour savoir si je n'ai rien fait de mal! J'ai dû chasser[129]... Les garçons bien élevés chassent. Espérons aussi que j'étais un chasseur dont tout le monde riait et que je n'ai pas atteint trois bêtes.[130]

LA DUCHESSE. Ah! mon cher, il faut beaucoup d'amitié pour vous écouter sans rire. Vos scrupules sont exagérés.

GASTON. J'étais si tranquille à l'asile... Je m'étais habitué à moi, je me connaissais bien et voilà qu'il faut me quitter, trouver un autre moi et l'endosser[131] comme une vieille veste.[132] Me reconnaîtrai-je demain, moi qui ne bois que de l'eau, dans le fils du lampiste[133] à qui

---

106. *mal vus* looked upon with disfavor
107. *homme fait* grown man   108. Vulgar word. Translate "Damn!"   109. forbidden
110. *casier judiciaire* police record   111. *Y pensez-vous* Think of it   112. *jusqu'à m'étourdir* until I make myself dizzy   113. give back
114. *J'ai dû lancer* I must have thrown   115. *de ces choses* some of those things

116. thorn   117. bleed   118. general staff   119. bullets   120. skill   121. killed
122. *le civil* civilian life   123. slanderer
124. miser   125. coward   126. *côte à côte* side by side   127. brought up   128. slim
129. *J'ai dû chasser* I must have hunted
130. animals   131. *l'endosser* put it on
132. suit coat   133. lampmaker, lampseller

il ne fallait pas moins de quatre litres de gros rouge[134] par jour? Ou, bien que je n'aie aucune patience, dans le fils de la mercière[135] qui avait collectionné et classé par familles douze cents sortes de boutons?

La Duchesse. Si j'ai tenu à[136] commencer par ces Renaud, c'est que ce sont des gens très bien.

Gaston. Cela veut dire qu'ils ont une belle maison, un beau maître d'hôtel, mais quel fils avaient-ils?

La Duchesse, *voyant entrer le maître d'hôtel.* Nous allons le savoir à l'instant.[137] (*Elle l'arrête d'un geste.*) Une minute, mon ami, avant d'introduire vos maîtres. Gaston, voulez-vous vous retirer[138] un moment au jardin, nous vous ferons appeler.

Gaston. Bien, Madame la duchesse.

La Duchesse, *le prenant à part.* Et puis, dites-moi, ne m'appelez plus Madame la duchesse. C'était bon du temps où vous n'étiez que le malade de mon neveu.

Gaston. C'est entendu,[139] Madame.

La Duchesse. Allez. Et n'essayez pas de regarder par le trou de la serrure[140]!

Gaston, *s'en allant.* Je ne suis pas pressé.[141] J'en ai déjà vu trois cent quatre-vingt-sept.

La Duchesse, *le regardant sortir.* Délicieux garçon! Ah! maître, quand je pense que le docteur Bonfant l'employait à bêcher les salades,[142] je frémis[143]! (*Au maître d'hôtel.*) Vous pouvez faire entrer vos maîtres, mon ami. (*Elle prend le bras d'Huspar.*) Je suis terriblement émue, mon cher. J'ai l'impression d'en-

treprendre une lutte sans merci[144] contre la fatalité, contre la mort, contre toutes les forces obscures du monde... Je me suis vêtue de noir, j'ai pensé que c'était le plus indiqué.[145]

(*Entrent les Renaud. De grands bourgeois de province.*)

Mme Renaud, *sur le seuil.*[146] Vous voyez, je vous l'avais dit! Il n'est pas là.

Huspar. Nous lui avons simplement dit de s'éloigner un instant, Madame.

Georges. Permettez-moi de me présenter. Georges Renaud. (*Présentant les deux dames qui l'accompagnent.*) Ma mère et ma femme.

Huspar. Lucien Huspar. Je suis l'avoué chargé des intérêts matériels du malade. Madame la duchesse Dupont-Dufort, présidente des différentes œuvres d'assistance[147] du Pont-au-Bronc, qui, en l'absence de son neveu, le docteur Jibelin, empêché de quitter l'asile, a bien voulu se charger d'accompagner le malade. (*Saluts.*)

La Duchesse. Oui, je me suis associée dans la mesure de mes faibles forces à l'œuvre de mon neveu. Il s'est donné à cette tâche avec tant de fougue,[148] avec tant de foi!...

Mme Renaud. Nous lui garderons une éternelle reconnaissance des soins qu'il a donnés à notre petit Jacques, Madame... Et ma plus grande joie eût été de le lui dire personnellement.

La Duchesse. Je vous remercie, Madame.

Mme Renaud. Mais je vous prie de m'excuser... Asseyez-vous. C'est une minute si émouvante...

La Duchesse. Je vous comprends tellement, Madame!

134. *gros rouge* heavy red wine   135. haberdasher's wife   136. *Si... à* If I was anxious to   137. *à l'instant* right away   138. *vous retirer* withdraw   139. *C'est entendu* Very well   140. *trou de la serrure* keyhole   141. in a hurry   142. *bêcher les salades* to spade lettuce   143. shudder   144. *lutte sans merci* merciless struggle   145. proper   146. threshold   147. *œuvres d'assistance* volunteer aid societies   148. fire, spirit

Mme Renaud. Songez, Madame, quelle peut être en effet notre impatience... Il y a plus de deux ans déjà que nous avons été à l'asile pour la première fois...

Georges. Et, malgré nos réclamations[149] incessantes, il nous a fallu attendre jusqu'aujourd'hui pour obtenir cette seconde entrevue.

Huspar. Les dossiers étaient en si grand nombre, Monsieur. Songez qu'il y a eu en France quatre cent mille disparus. Quatre cent mille familles, et bien peu qui acceptent de renoncer à l'espoir, croyez-moi.

Mme Renaud. Mais deux ans, Monsieur!... Et encore si vous saviez dans quelles circonstances on nous l'a montré alors... Je pense que vous en êtes innocente, Madame, ainsi que Monsieur votre neveu, puisque ce n'est pas lui qui dirigeait l'asile à cette époque[150]... Le malade est passé près de nous dans une bousculade,[151] sans que nous puissions même l'approcher. Nous étions près de quarante ensemble.

La Duchesse. Les confrontations du docteur Bonfant étaient de véritables scandales!

Mme Renaud. Des scandales!... Oh! nous nous sommes obstinés[152]... Mon fils, rappelé par ses affaires, a dû repartir; mais nous sommes restées à l'hôtel avec ma belle-fille,[153] dans l'espoir d'arriver à l'approcher. A force d'argent,[154] un gardien nous a ménagé[155] une entrevue de quelques minutes, malheureusement sans résultat. Une autre fois, ma belle-fille a pu prendre la place d'une lingère[156] qui était tombée malade. Elle l'a vu

tout un après-midi, mais sans rien pouvoir lui dire, n'ayant jamais eu l'occasion d'être seule avec lui.

La Duchesse, *à Valentine.* Comme c'est romanesque! Mais si on vous avait démasquée[157]? Vous savez coudre[158] au moins?

Valentine. Oui, Madame.

La Duchesse. Et vous n'avez jamais pu être seule avec lui?

Valentine. Non, Madame, jamais.

La Duchesse. Ah! ce docteur Bonfant, ce docteur Bonfant est un grand coupable[159]!

Georges. Ce que je ne m'explique pas, étant données[160] les preuves que nous vous avons apportées, c'est qu'on ait pu hésiter entre plusieurs familles.

Huspar. C'est extraordinaire, oui, mais songez qu'après nos derniers recoupements,[161] qui furent extrêmement minutieux, il reste encore—avec vous—cinq familles dont les chances sont sensiblement[162] égales.

Mme Renaud. Cinq familles, Monsieur, mais ce n'est pas possible!...

Huspar. Si, Madame, hélas!...

La Duchesse, *lisant dans son agenda.* Les familles Brigaud, Bougran, Grigou, Legropâtre et Madensale. Mais je dois vous dire tout de suite que si j'ai voulu qu'on commence par vous, c'est que vous avez toute ma sympathie.

Mme Renaud. Je vous remercie, Madame.

La Duchesse. Non, non, ne me remerciez pas. Je vous le dis comme je le pense. Votre lettre m'a, dès l'abord,[163] donné l'impression que vous étiez des gens charmants, impression que notre rencontre confirme en tous points...

---

149. protests   150. time   151. jostling crowd   152. *nous nous... obstinés* we persisted   153. *belle-fille* daughter-in-law   154. *A force d'argent* Through money   155. procured   156. laundress

---

157. discovered 158. to sew 159. guilty person 160. *étant données* considering 101. cross-checking 162. appreciably 163. *dès l'abord* right away

Après vous, d'ailleurs, Dieu sait dans quel monde nous allons tomber! Il y a une crémière,[164] un lampiste...

Mme RENAUD. Un lampiste?

LA DUCHESSE. Un lampiste, oui, Madame, un lampiste! Nous vivons à une époque inouïe[165]! Ces gens-là ont toutes les prétentions... Oh! mais, n'ayez crainte, moi vivante on ne donnera pas Gaston à un lampiste!

HUSPAR, à Georges. Oui, on avait annoncé que ces visites se feraient par ordre d'inscription[166]—ce qui était logique—mais, comme vous auriez été ainsi les derniers, Madame la duchesse Dupont-Dufort a voulu, un peu imprudemment, sans doute, passer outre[167] et venir chez vous en premier lieu.

Mme RENAUD. Pourquoi imprudemment? J'imagine que ceux qui ont la charge[168] du malade sont bien libres...

HUSPAR. Libres, oui, peut-être; mais vous ne pouvez pas savoir, Madame, quel déchaînement[169] de passions—souvent intéressées,[170] hélas!—il y a autour de Gaston. Sa pension de mutilé,[171] qu'il n'a jamais pu toucher, le met à la tête d'une véritable petite fortune... Songez que les arrérages et intérêts composés[172] de cette pension se montent aujourd'hui à plus de deux cent cinquante mille francs.

Mme RENAUD. Comment cette question d'argent peut-elle jouer dans une alternative aussi tragique?...

HUSPAR. Elle le peut, malheureusement, Madame. Permettez-moi, à ce propos, un mot sur la situation juridique du malade...

Mme RENAUD. Après, Monsieur, après, je vous en prie...

LA DUCHESSE. Maître Huspar a un code[173] à la place du cœur! Mais comme il est très gentil... (elle pince[174] discrètement Huspar) il va aller nous chercher Gaston tout de suite!

HUSPAR n'essaie plus de lutter. Je m'incline, Mesdames. Je vous demande simplement de ne pas crier, de ne pas vous jeter à sa rencontre.[175] Ces expériences qui se sont renouvelées tant de fois le mettent dans un état nerveux extrêmement pénible.[176] (Il sort.)

LA DUCHESSE. Vous devez avoir une immense hâte de le revoir, Madame.

Mme RENAUD. Une mère ne peut guère avoir un autre sentiment, Madame.

LA DUCHESSE. Ah! je suis émue pour vous!... (A Valentine.) Vous avez également connu notre malade—ou enfin celui que vous croyez être notre malade—Madame?

VALENTINE. Mais oui, Madame. Je vous ai dit que j'avais été à l'asile.

LA DUCHESSE. C'est juste! Suis-je étourdie[177]...

Mme RENAUD. Georges, mon fils aîné,[178] a épousé Valentine toute jeune; ces enfants étaient de vrais camarades. Ils s'aimaient beaucoup, n'est-ce pas, Georges?

GEORGES, froid. Beaucoup, mère.

LA DUCHESSE. L'épouse d'un frère, c'est presque une sœur, n'est-ce pas, Madame?

VALENTINE, drôlement. Certainement, Madame.

LA DUCHESSE. Vous devez être follement heureuse de le revoir. (Valentine, gênée, regarde Georges qui répond pour elle.)

164. dairywoman   165. incredible, unheard-of   166. par ordre d'inscription in the order of their registration   167. passer outre to go ahead (in spite of obstacles)   168. ont la charge are in charge   169. unleashing   170. selfish   171. disabled veteran   172. arrérages... composés arrears and compound interest

173. law code   174. pinches   175. vous... rencontre rush to meet him   176. painful   177. Suis-je étourdie How thoughtless of me   178. eldest

GEORGES. Très heureuse. Comme une sœur.

LA DUCHESSE. Je suis une grande romanesque... J'avais rêvé—vous le dirai-je?—qu'une femme qu'il aurait passion-nément aimée serait là pour le recon-naître et échanger avec lui un baiser d'amour, le premier au sortir de[179] cette tombe. Je vois que ce ne sera pas.

GEORGES, *net*.[180] Non, Madame. Ce ne sera pas.

LA DUCHESSE. Tant pis pour mon beau rêve! (*Elle va à la baie.*[181]) Mais comme Me Huspar est long!... Votre parc est si grand et il est un peu myope[182]: je gage[183] qu'il s'est perdu.

VALENTINE, *bas à Georges*. Pourquoi me regardez-vous ainsi? Vous n'allez pas ressortir[184] toutes vos vieilles his-toires?

GEORGES, *grave*. En vous pardonnant, j'ai tout effacé.[185]

VALENTINE. Alors ne me jetez pas un coup d'œil[186] à chaque phrase de cette vieille toquée[187]!

Mme RENAUD, *qui n'a pas entendu et qui ne sait vraisemblablement*[188] *rien de cette histoire*. Bonne petite Valentine. Regarde, Georges, elle est toute émue... C'est bien de se souvenir comme cela de notre petit Jacques, n'est-ce pas, Georges?

GEORGES. Oui, mère.

LA DUCHESSE. Ah! le voilà! (*Huspar entre seul.*) J'en étais sûre, vous ne l'avez pas trouvé!

HUSPAR. Si, mais je n'ai pas osé le déranger.[189]

LA DUCHESSE. Qu'est-ce à dire? Que faisait-il?

HUSPAR. Il était en arrêt[190] devant une statue.

VALENTINE *crie*. Une Diane chasse-resse avec un banc circulaire, au fond du parc?

HUSPAR. Oui. Tenez, on l'aperçoit d'ici. (*Tout le monde regarde.*)

GEORGES, *brusquement*. Eh bien, qu'est-ce que cela prouve?

LA DUCHESSE, *à Huspar*. C'est pas-sionnant, mon cher!

VALENTINE, *doucement*. Je ne sais pas. Je crois me rappeler qu'il aimait beau-coup cette statue, ce banc...

LA DUCHESSE, *à Huspar*. Nous brûlons,[191] mon cher, nous brûlons.

Mme RENAUD. Vous m'étonnez, ma petite Valentine. Ce coin[192] du parc faisait partie de[193] l'ancienne propriété de M. Dubanton. Nous avions déjà acheté cette parcelle, c'est vrai, du temps de Jacques, mais nous n'avons abattu[194] le mur qu'après la guerre.

VALENTINE, *se troublant*. Je ne sais pas, vous devez avoir raison.

HUSPAR. Il avait l'air si drôle en arrêt devant cette statue que je n'ai pas osé le déranger avant de venir vous demander si ce détail pouvait être significatif. Puisqu'il ne l'est pas, je vais le chercher. (*Il sort.*)

GEORGES, *bas à Valentine*. C'est sur ce banc que vous vous rencontriez?

VALENTINE. Je ne sais pas ce que vous voulez dire.

LA DUCHESSE. Madame, malgré votre légitime émotion, je vous conjure de rester impassible.[195]

Mme RENAUD. Comptez sur moi, Madame. (*Huspar entre avec Gaston. Mme Renaud murmure.*) Ah! c'est bien lui, c'est bien lui...

---

179. *au sortir de* upon his leaving   180. curtly   181. bay window   182. nearsighted   183. *je gage* I'll bet   184. bring up   185. wiped out   186. *coup d'œil* glance   187. crazy woman   188. in all likelihood   189. to disturb

190. *en arrêt* standing stock still   191. are getting warm   192. corner   193. *faisait partie de* belonged to   194. *n'avons abattu* didn't take down   195. unmoved

La Duchesse, *allant à Gaston dans un grand geste théâtral et lui cachant les autres.* Gaston, essayez de ne rien penser, laissez-vous aller sans chercher, sans faire d'efforts. Regardez bien tous les visages...

(*Silence, ils sont tous immobiles. Gaston passe d'abord devant Georges, le regarde, puis M*me *Renaud. Devant Valentine, il s'arrête une seconde. Elle murmure imperceptiblement.*)

Valentine. Mon chéri...

(*Il la regarde, surpris, mais il passe et se retourne vers la duchesse, gentiment, écartant*[196] *les bras dans un geste d'impuissance.*)

Gaston, *poli.* Je suis navré[197]...

Le Rideau Tombe.

DEUXIEME TABLEAU

Une porte Louis XV aux deux battants[1] *fermés devant laquelle sont réunis, chuchotants,*[2] *les domestiques des Renaud. La cuisinière*[3] *est accroupie*[4] *et regarde par le trou de la serrure; les autres sont groupés autour d'elle.*

La Cuisinière, *aux autres.* Attendez, attendez... Ils sont tous à le regarder comme une bête curieuse. Le pauvre garçon ne sait plus où se mettre[5]...

Le Chauffeur. Fais voir[6]...

La Cuisinière. Attends! Il s'est levé d'un coup.[7] Il en a renversé[8] sa tasse. Il a l'air d'en avoir assez de leurs questions... Voilà M. Georges qui le prend à part dans la fenêtre. Il le tient par le bras,

gentiment, comme si rien ne s'était passé...

Le Chauffeur. Eh ben[9]!...

Juliette. Ah! si vous l'aviez entendu, M. Georges, quand il a découvert leurs lettres après la guerre!... Il a pourtant l'air doux comme un mouton.[10] Eh bien, je peux vous assurer que ça bardait[11]!

Le Valet de Chambre. Tu veux que je te dise[12]: il avait raison, cet homme.

Juliette, *furieuse.* Comment! il avait raison? Est-ce qu'on cherche des pouilles[13] aux morts? C'est propre,[14] toi, tu crois, de chercher des pouilles aux morts?

Le Valet de Chambre. Les morts n'avaient qu'à pas[15] commencer à nous faire cocus[16]!

Juliette. Ah! toi, depuis qu'on est mariés, tu n'as que ce mot-là à la bouche! C'est pas les morts qui vous font cocus. Ils en seraient bien empêchés, les pauvres: c'est les vivants. Et les morts, ils n'ont rien à voir avec[17] les histoires des vivants.

Le Valet de Chambre. Tiens! ça serait trop commode.[18] Tu fais un cocu et, hop! ni vu ni connu, j't'embrouille.[19] Il suffit d'être mort.

Juliette. Eh ben! quoi, c'est quelque chose, d'être mort!

Le Valet de Chambre. Et d'être cocu, donc!...

Juliette. Oh! tu en parles trop, ça finira par t'arriver.

La Cuisinière, *poussée par le*

196. opening   197. extremely sorry
1. A double door has two *battants*.   2. whispering   3. cook   4. bending down
5. *ne... mettre* doesn't know what to do with himself   6. *Fais voir.* Let's see.   7. *d'un coup* all of a sudden   8. overturned

9. For *bien*.   10. sheep   11. *Ça bardait* there was trouble   12. *Tu... dise* You want me to tell you what I think   13. *cherche des pouilles* make offensive remarks about   14. *C'est propre* Is it a nice thing   15. For *ne pas*.
16. cuckolds   17. *n'ont... avec* have nothing to do with   18. easy   19. Common expression meaning "I get you all mixed up." This is a vague reminder to his wife that jealous husbands are capable of violence, and that dead men can be connected with "les histoires des vivants."

chauffeur. Attends, attends. Ils vont tous au fond maintenant. Ils lui montrent des photographies... (*Cédant sa place.*) Bah! avec les serrures d'autrefois on y voyait, mais avec ces serrures modernes... c'est bien simple: on se tire[20] les yeux.

Le Chauffeur, *penché à son tour.*[21] C'est lui! C'est lui! Je reconnais sa sale gueule[22] à ce petit salaud-là[23]!

Juliette. Dis donc, pourquoi tu dis ça, toi? Ferme-la toi-même, ta sale gueule![24]

Le Valet de Chambre. Et pourquoi tu le défends, toi? Tu ne peux pas faire comme les autres?

Juliette. Moi, je l'aimais bien, M. Jacques. Qu'est-ce que tu peux en dire, toi? tu ne l'as pas connu. Moi, je l'aimais bien.

Le Valet de Chambre. Et puis après? C'était ton patron. Tu lui cirais ses chaussures.[25]

Juliette. Et puis je l'aimais bien, quoi! Ça a[26] rien à voir.

Le Valet de Chambre. Ouais! comme son frère... une belle vache[27]!

Le Chauffeur, *cédant la place à Juliette.* Pire, mon vieux, pire! Ah! ce qu'il a pu me faire poireauter[28] jusqu'à des[29] quatre heures du matin[30] devant des bistrots[31]... Et au petit jour,[32] quand tu étais gelé,[33] ça sortait de là congestionné,[34] reniflant[35] le vin à trois mètres, et ça venait vomir sur les coussins[36] de la voiture... Ah! le salaud!

La Cuisinière. Tu peux le dire...

Combien de fois je me suis mis les mains dedans, moi qui te parle! Et ça avait dix-huit ans.

Le Chauffeur. Et pour étrennes des engueulades[37]!

La Cuisinière. Et des brutalités! Tu te souviens, à cette époque, il y avait un petit gâte-sauce[38] aux cuisines. Chaque fois qu'il le voyait, le malheureux, c'était pour lui frotter[39] les oreilles ou le botter.[40]

Le Chauffeur. Et sans motif! Un vrai petit salaud, voilà ce que c'était. Et, quand on a appris qu'il s'était fait casser la gueule[41] en 1918, on n'est pas plus méchants que les autres, mais on a dit que c'était bien fait.[42]

Le Maître d'Hôtel. Allons, allons, maintenant, il faut s'en aller.

Le Chauffeur. Mais enfin, quoi!... Vous n'êtes pas de notre avis, vous, Monsieur Jules?

Le Maître d'Hôtel. Je pourrais en dire plus que vous, allez!... J'ai écouté leurs scènes à table. J'étais même là quand il a levé la main sur Madame.

La Cuisinière. Sur sa mère!... A dix-huit ans!...

Le Maître d'Hôtel. Et les petites histoires avec Madame Valentine, je les connais, je puis dire, dans leurs détails...

Le Chauffeur. Ben, permettez-moi de vous dire que vous êtes bien bon d'avoir fermé les yeux, Monsieur Jules...

Le Maître d'Hôtel. Les histoires des maîtres sont les histoires des maîtres...

Le Chauffeur. Oui, mais avec un petit coco[43] pareil... Fais voir un peu que je le regarde encore.

---

20. *se tire* strains   21. *penché... tour* bending down (to the keyhole) in his turn   22. face (vulgar)   23. bastard   24. *Ferme-la... gueule!* Compare *English*, Shut your face.   25. *cirais ses chaussures* polished his shoes   26. For *n'a*. 27. nasty fellow   28. cool my heels   29. Redundant vulgarism indicating frequent recurrence of action.   30. A.M.   31. bars 32. *petit jour* dawn   33. frozen   34. with a red face   35. smelling of   36. cushions

37. *pour... engueulades* rebukes for New Year's gifts   38. *gâte-sauce* kitchen boy   39. rub, "box"   40. kick   41. *s'était... gueule* had been killed (*literally* got his face smashed) 42. *c'était bien fait* it served him right   43. fellow

JULIETTE, *cédant sa place.* Ah! c'est lui, c'est lui, j'en suis sûre... Monsieur Jacques! C'était un beau gars,[44] tu sais, à cette époque. Un vrai beau gars. Et distingué!

LE VALET DE CHAMBRE. Laisse donc, il y en a d'autres, des beaux gars, et des plus jeunes!

JULIETTE. C'est vrai. Vingt ans bientôt. C'est quelque chose. Tu crois qu'il me trouvera très changée?

LE VALET DE CHAMBRE. Qu'est-ce que ça peut te faire?

JULIETTE. Ben, rien...

LE VALET DE CHAMBRE, *après réflexion, tandis que les autres domestiques font des mines[45] derrière son dos.* Dis donc, toi... Pourquoi que tu soupires[46] depuis que tu sais qu'il va peut-être revenir?

JULIETTE. Moi? pour rien. (*Les autres rigolent.*[47])

LE VALET DE CHAMBRE. Pourquoi que tu t'arranges dans la glace et que tu demandes si t'as[48] changé?

JULIETTE. Moi?

LE VALET DE CHAMBRE. Quel âge t'avais quand il est parti à la guerre?

JULIETTE. Quinze ans.

LE VALET DE CHAMBRE. Le facteur,[49] c'était ton premier?

JULIETTE. Puisque je t'ai même dit qu'il m'avait bâillonnée[50] et fait prendre des somnifères[51]... (*Les autres rigolent.*)

LE VALET DE CHAMBRE. Tu es sûre que c'était ton vrai premier?

JULIETTE. Tiens! cette question. C'est des choses qu'une fille se rappelle. Même qu'il avait pris le temps de poser[52] sa boîte, cette brute-là, et que toutes ses lettres étaient tombées dans la cuisine...

LE CHAUFFEUR, *toujours à la serrure.* La Valentine, elle ne le quitte pas des yeux... Je vous parie bien[53] que, s'il reste ici, le père Georges se paie une seconde paire de cornes[54] avec son propre frangin[55]!

LE MAÎTRE D'HÔTEL, *prenant sa place.* C'est dégoûtant.

LE CHAUFFEUR. Si c'est comme ça qu'il les aime, M'sieur Jules... (*Ils rigolent.*)

LE VALET DE CHAMBRE. Ils me font rigoler avec leur « mnésie », moi. Tu penses que si ce gars-là, c'était sa famille, il les aurait reconnus depuis ce matin. Y a pas de « mnésie » qui tienne.[56]

LA CUISINIÈRE. Pas sûr, mon petit, pas sûr. Moi qui te parle, il y a des fois où je suis incapable de me rappeler si j'ai déjà salé[57] mes sauces.

LE VALET DE CHAMBRE. Mais... une famille!

LA CUISINIÈRE. Oh! pour ce qu'il s'y intéressait, à sa famille,[58] ce petit vadrouilleur[59]-là...

LE MAÎTRE D'HÔTEL. *à la serrure.* Mais pour être lui, c'est lui! J'y parierais ma tête.

LA CUISINIÈRE. Mais puisqu'ils disent qu'il y a cinq autres familles qui ont les mêmes preuves.

LE CHAUFFEUR. Vous voulez que je vous dise le fin mot[60] de l'histoire, moi? C'est pas à souhaiter pour nous ni pour personne que ce petit salaud-là, il soit pas mort!...

LA CUISINIÈRE. Ah! non, alors.

JULIETTE. Je voudrais vous y voir, moi, à être morts[61]...

LE MAÎTRE D'HÔTEL. Ça, bien sûr,

---

53. *Je... bien* I just bet   54. horns (A deceived husband is said to grow horns.)   55. brother
56. *Y... tienne.* Don't talk to me about "mnesia."
57. salted   58. *pour... famille* as far as being interested in his family is concerned
59. gadabout   60. *fin mot* the final word
61. *Je... morts.* I'd like to see how you would take it if you were the dead ones.

---

44. chap   45. faces   46. sigh   47. laugh
48. For *tu as.*   49. mailman   50. gagged
51. sleeping pills   52. put down

ça n'est pas à souhaiter, même pour lui, allez! Parce que les vies commencées comme ça ne se terminent jamais bien.

Le Chauffeur. Et puis, il s'est mis à aimer la vie tranquille et sans complications dans son asile. Qu'est-ce qu'il a à apprendre, le frère!... L'histoire avec le fils Grandchamp, l'histoire Valentine, l'histoire des cinq cent mille balles[62] et toutes celles que nous ne connaissons pas...

Le Maître d'Hôtel. Ça, bien sûr. J'aime mieux être à ma place qu'à la sienne.

Le Valet de Chambre, *qui regarde par la serrure.* Attention, les voilà qui se lèvent! Ils vont sortir par la porte du couloir.[63] (*Les domestiques s'égaillent.*[64])

Juliette, *en sortant.* M. Jacques, tout de même...

Le Valet de Chambre, *la suivant, méfiant.*[65] Ben quoi? M. Jacques?

Juliette. Ben, rien. (*Ils sont sortis.*)

Le Rideau Tombe.

TROISIEME TABLEAU

La chambre de Jacques Renaud et les longs couloirs sombres de la vieille maison bourgeoise qui y aboutissent.[1] *D'un côté un vestibule dallé*[2] *où vient se terminer un large escalier de pierre à la rampe de fer forgé.*[3] *Madame Renaud, Georges et Gaston apparaissent par l'escalier et traversent le vestibule.*

Mme Renaud. Pardon, je vous précède. Alors, ici, tu vois, c'est le couloir que tu prenais pour aller à ta chambre. (*Elle ouvre la porte.*) Et voici ta chambre. (*Ils sont entrés tous les trois dans la cham-*

bre.) Oh! quelle négligence! J'avais pourtant demandé qu'on ouvre ces persiennes[4]...

(*Elle les ouvre; la chambre est inondée*[5] *de lumière; elle est de pur style 1910.*)

Gaston, *regardant autour de lui.* Ma chambre...

Mme Renaud. Tu avais voulu qu'elle soit décorée selon tes plans. Tu avais des goûts tellement modernes!

Gaston. J'ai l'air d'avoir aimé d'un amour exclusif les volubilis[6] et les renoncules.[7]

Georges. Oh! tu étais très audacieux, déjà!

Gaston. C'est ce que je vois. (*Il avise*[8] *un meuble ridicule.*) Qu'est-ce que c'est que cela? Un arbre sous la tempête?

Georges. Non, c'est un pupitre à musique.

Gaston. J'étais musicien?

Mme Renaud. Nous aurions voulu te faire apprendre le violon, mais tu n'as jamais accepté. Tu entrais dans des rages folles quand on voulait te contraindre à étudier. Tu crevais[9] tes instruments à coups de pied. Il n'y a que ce pupitre qui a résisté.

Gaston, *sourit.* Il a eu tort. (*Il va à un portrait.*) C'est lui?

Mme Renaud. Oui, c'est toi, à douze ans.

Gaston. Je me voyais blond et timide.

Georges. Tu étais châtain très foncé.[10] Tu jouais au football toute la journée, tu cassais[11] tout.

Mme Renaud, *lui montrant une grosse malle.*[12] Tiens, regarde ce que j'ai fait descendre du grenier[13]...

---

62. francs (*compare English* "bucks")   63. corridor   64. scatter   65. suspicious

1. *y aboutissent* lead to it.   2. with a flagstone floor   3. *à... forgé* with a wrought-iron railing

4. blinds   5. flooded   6. convolvulus (a twining vine like the morning-glory)   7. ranunculus (an herb like the crowfoot or buttercup)   8. notices   9. used to break   10. *châtain très foncé* very dark brown   11. used to break   12. trunk   13. attic

GASTON. Qu'est-ce que c'est? ma vieille malle? Mais vous allez finir par me faire croire que j'ai vécu sous la Restauration...

Mme RENAUD. Mais non, sot. C'est la malle de l'oncle Gustave et ce sont tes jouets.[14]

GASTON *ouvre la malle.* Mes jouets!... J'ai eu des jouets, moi aussi? C'est pourtant vrai, je ne savais plus que j'avais eu des jouets...

Mme RENAUD. Tiens, ta fronde.[15]

GASTON. Une fronde... Et cela n'a pas l'air d'une fronde pour rire[16]...

Mme RENAUD. En tuais-tu, des oiseaux, avec cela,[17] mon Dieu! Tu étais un vrai monstre... Et tu sais, tu ne te contentais pas des oiseaux du jardin... J'avais une volière[18] avec des oiseaux de prix; une fois, tu es entré dedans et tu les as tous abattus[19]!

GASTON. Les oiseaux? Des petits oiseaux?

Mme RENAUD. Oui, oui.

GASTON. Quel âge avais-je?

Mme RENAUD. Sept ans, neuf ans peut-être.

GASTON *secoue[20] la tête.* Ce n'est pas moi.

Mme RENAUD. Mais si, mais si...

GASTON. Non. A sept ans, j'allais dans le jardin avec des mies de pain,[21] au contraire, et j'appelais les moineaux[22] pour qu'ils viennent picorer[23] dans ma main.

GEORGES. Les malheureux, mais tu leur aurais tordu[24] le cou!

Mme RENAUD. Et le chien auquel il a cassé la patte[25] avec une pierre?

GEORGES. Et la souris[26] qu'il promenait au bout d'une ficelle[27]?

Mme RENAUD. Et les écureuils,[28] plus tard, les belettes,[29] les putois.[30] En as-tu tué, mon Dieu, de ces petites bêtes! tu faisais empailler[31] les plus belles; il y en a toute une collection là-haut, il faudra que je te les fasse descendre. (*Elle fouille[32] dans la malle.*) Voilà tes couteaux, tes premières carabines.[33]

GASTON, *fouillant aussi.* Il n'y a pas de polichinelles,[34] d'arche de Noé[35]?

Mme RENAUD. Tout petit, tu n'as plus voulu que des jouets scientifiques. Voilà tes gyroscopes,[36] tes éprouvettes,[37] tes electro-aimants,[38] tes cornues,[39] ta grue[40] mécanique.

GEORGES. Nous voulions faire de toi un brillant ingénieur.

GASTON *pouffe.[41]* De moi?

Mme RENAUD. Mais, ce qui te plaisait le plus, c'étaient tes livres de géographie! Tu étais d'ailleurs toujours premier en géographie...

GEORGES. A dix ans, tu récitais tes départements[42] à l'envers[43]!

GASTON. A l'envers... Il est vrai que j'ai perdu la mémoire... J'ai pourtant essayé de les réapprendre à l'asile. Eh bien, même à l'endroit[44]... Laissons cette malle à surprises. Je crois qu'elle ne nous apprendra rien. Je ne me vois pas du tout comme cela, enfant. (*Il a fermé la malle, il erre[45] dans la pièce,[46] touche les objets, s'assoit dans les fauteuils. Il*

---

26. mouse   27. string   28. squirrels
29. weasels   30. skunks   31. *faisais empailler* had stuffed   32. searches, rummages
33. rifles   34. A doll that looks like Punch.
35. *arche de Noé* Noah's ark   36. An instrument of balance   37. test tubes   38. electro-magnets   39. retorts   40. crane   41. bursts out laughing   42. France is divided into 90 departments.   43. *à l'envers* backward   44. *à l'endroit* forward, in the right order   45. wanders around   46. room

14. toys   15. slingshot   16. *pour rire* just for fun   17. *En... cela* And did you kill birds with it!   18. large cage   19. killed
20. shakes   21. *mies de pain* soft part of bread   22. sparrows   23. peck   24. twisted
25. paw

demande soudain.) Il avait un ami, ce petit garçon? Un autre garçon qui ne le quittait pas et avec lequel il échangeait ses problèmes et ses timbres-poste[47]?

Mme RENAUD, *volubile*. Mais naturellement, naturellement. Tu avais beaucoup de camarades. Tu penses, avec le collège[48] et le patronage[49]!...

GASTON. Oui, mais... pas les camarades. Un ami... Vous voyez, avant de vous demander quelles femmes ont été les miennes...

Mme RENAUD, *choquée*. Oh! tu étais si jeune, Jacques, quand tu es parti!

GASTON *sourit*. Je vous le demanderai quand même... Mais, avant de vous demander cela, il me paraît beaucoup plus urgent de vous demander quel ami a été le mien.

Mme RENAUD. Eh bien, mais tu pourras voir leurs photographies à tous sur les groupes du collège. Après, il y a eu ceux avec lesquels tu sortais le soir...

GASTON. Mais celui avec lequel je préférais sortir, celui à qui je racontais tout?

Mme RENAUD. Tu ne préférais personne, tu sais. (*Elle a parlé vite, après un coup d'œil[50] furtif à Georges. Gaston la regarde.*)

GASTON. Votre fils n'avait donc pas d'ami? C'est dommage. Je veux dire, c'est dommage si nous découvrons que c'est moi. Je crois qu'on ne peut rien trouver de plus consolant, quand on est devenu un homme, qu'un reflet[51] de son enfance dans les yeux d'un ancien petit garçon. C'est dommage. Je vous avouerai même que c'est de cet ami imaginaire que j'espérais recevoir la mémoire—comme un service tout naturel.

GEORGES, *après une hésitation*. Oh! c'est-à-dire... un ami, si, tu en as eu un et

que tu aimais beaucoup. Tu l'as même gardé jusqu'à dix-sept ans... Nous ne t'en reparlions pas parce que c'est une histoire si pénible...

GASTON. Il est mort?

GEORGES. Non, non. Il n'est pas mort, mais vous vous êtes quittés, vous vous êtes fâchés[52]... définitivement.

GASTON. Définitivement, à dix-sept ans! (*Un temps.*) Et vous avez su le motif de cette brouille[53]?

GEORGES. Vaguement, vaguement...

GASTON. Et ni votre frère ni ce garçon n'ont cherché à se revoir depuis?

Mme RENAUD. Tu oublies qu'il y a eu la guerre. Et puis, tu sais... Voilà. Vous vous étiez disputés pour une chose futile, vous vous étiez même battus, comme des garçons de cet âge... Et sans le vouloir, sans doute, tu as eu un geste brutal... un geste malheureux surtout. Tu l'as poussé du haut d'un escalier. En tombant, il a été atteint[54] à la colonne vertébrale. On a dû le garder dans le plâtre[55] très longtemps et depuis il est resté infirme. Tu comprends maintenant comme il aurait été difficile, pénible, même pour toi, d'essayer de le revoir.

GASTON, *après un temps*. Je comprends. Et où cela s'est-il passé, cette dispute, au collège, dans sa maison?

Mme RENAUD, *vite*. Non, ici. Mais ne parlons plus d'une chose aussi affreuse,[56] une de celles qu'il vaut mieux ne pas te rappeler, Jacques.

GASTON. Si j'en retrouve une, il faut que je les retrouve toutes, vous le savez bien. Un passé ne se vend pas au détail.[57] Où est-il, cet escalier, je voudrais le voir?

Mme RENAUD. Là, près de ta chambre, Jacques. Mais à quoi bon?[58]

---

47. postage stamps　　48. high school
49. Catholic club for small children　　50. *coup d'œil* glance　　51. reflection

52. *vous vous êtes fâchés* you quarreled
53. quarrel　　54. hurt　　55. *dans le plâtre* in a cast　　56. frightful　　57. *au détail* retail
58. *à quoi bon?* what's the use?

GASTON, *à Georges.* Vous voulez me conduire?

GEORGES. Si tu veux, mais je ne vois vraiment pas pourquoi tu veux revoir cette place... (*Ils ont été jusqu'au vestibule.*)

Mme RENAUD. Eh bien, c'est là.

GEORGES. C'est là.

GASTON *regarde autour de lui, se penche sur la rampe.* Où nous battions-nous?

GEORGES. Tu sais, nous ne l'avons pas su exactement. C'est une domestique qui a raconté la scène...

GASTON. Ce n'est pas une scène courante⁵⁹... J'imagine qu'elle a dû la raconter avec beaucoup de détails. Où nous battions-nous? Ce palier⁶⁰ est si large⁶¹...

Mme RENAUD. Vous deviez vous battre tout au bord.⁶² Il a fait un faux pas.⁶³ Qui sait, tu ne l'as peut-être même pas poussé.

GASTON, *se retournant vers elle.* Alors, si ce n'était qu'un incident de cette sorte, pourquoi n'ai-je pas été lui tenir compagnie chaque jour dans sa chambre? Perdre avec lui, pour qu'il ne sente pas trop l'injustice, tous mes jeudis sans courir au soleil?

GEORGES. Tu sais, chacun a donné son interprétation... La malignité publique s'en est mêlée⁶⁴...

GASTON. Quelle domestique nous avait vus?

Mme RENAUD. As-tu besoin de savoir ce détail! D'abord, cette fille n'est plus à la maison.

GASTON. Il y en a sûrement d'autres à l'office⁶⁵ qui étaient là à cette époque. Je les interrogerai.

Mme RENAUD. J'espère que tu ne vas pas aller ajouter foi à des commérages⁶⁶ de cuisine. Ils t'en diront de belles,⁶⁷ bien sûr, les domestiques, si tu les interroges. Tu sais ce que c'est que ces gens-là...

GASTON, *se retournant vers Georges.* Monsieur, je suis sûr que vous devez me comprendre, vous. Je n'ai rien reconnu encore chez vous. Ce que vous m'avez appris sur l'enfance de votre frère me semble aussi loin que possible de ce que je crois être mon tempérament. Mais— peut-être est-ce la fatigue, peut-être est-ce autre chose—pour la première fois un certain trouble me prend en écoutant des gens me parler de leur enfant.

Mme RENAUD. Ah! mon petit Jacques, je savais bien...

GASTON. Il ne faut pas s'attendrir, m'appeler prématurément mon petit Jacques. Nous sommes là pour enquêter⁶⁸ comme des policiers—avec une rigueur et, si possible, une insensibilité de policiers. Cette prise de contact avec un être qui m'est complètement étranger et que je serai peut-être obligé dans un instant d'accepter comme une partie de moi-même, ces bizarres fiançailles⁶⁹ avec un fantôme, c'est une chose déjà suffisamment pénible sans que je sois obligé de me débattre⁷⁰ en outre⁷¹ contre vous. Je vais accepter toutes les épreuves,⁷² écouter toutes les histoires, mais quelque chose me dit qu'avant tout je dois savoir la vérité sur cette dispute. La vérité, si cruelle qu'elle soit.

Mme RENAUD *commence, hésitante.* Eh bien, voilà: pour une bêtise de jeunes gens, vous avez échangé des coups... Tu sais comme on est vif à cet âge...

GASTON *l'arrête.* Non, pas vous. Cette

---

59. common   60. landing   61. wide
62. *au bord* on the edge   63. *faux pas* false step
64. *s'en est mêlée* became involved in it
65. pantry

66. gossip   67. *Ils... belles* They will tell you some tall stories   68. investigate   69. engagement   70. struggle   71. *en outre* in addition   72. **tests, trials**

domestique est encore ici, n'est-ce pas, vous avez menti tout à l'heure?

GEORGES, *soudain, après un silence.* Oui, elle est encore à la maison.

GASTON. Appelez-la, s'il vous plaît, Monsieur. Pourquoi hésiter davantage, puisque vous savez bien que je la retrouverai et que je l'interrogerai un jour ou l'autre?

GEORGES. C'est si bête, si affreusement bête.

GASTON. Je ne suis pas là pour apprendre quelque chose d'agréable. Et puis, si ce détail était celui qui peut me rendre ma mémoire, vous n'avez pas le droit de me le cacher.

GEORGES. Puisque tu le veux, je l'appelle. (*Il sonne.*)

Mme RENAUD. Mais tu trembles, Jacques. Tu ne vas pas être malade, au moins?

GASTON. Je tremble?

Mme RENAUD. Tu sens peut-être quelque chose qui s'éclaire[73] en ce moment en toi?

GASTON. Non. Rien que la nuit, la nuit la plus obscure.

Mme RENAUD. Mais pourquoi trembles-tu alors?

GASTON. C'est bête. Mais, entre des milliers de souvenirs possibles, c'est justement le souvenir d'un ami que j'appelais avec le plus de tendresse. J'ai tout échafaudé[74] sur le souvenir de cet ami imaginaire. Nos promenades passionnées, les livres que nous avions découverts ensemble, une jeune fille qu'il avait aimée en même temps que moi et que je lui avais sacrifiée, et même—vous allez rire—que je lui avais sauvé la vie un jour en barque.[75] Alors, n'est-ce pas, si je suis votre fils, il va falloir que je

m'habitue à une vérité tellement loin de mon rêve... (*Juliette est entrée.*)

JULIETTE. Madame a sonné?

Mme RENAUD. M. Jacques voudrait vous parler, Juliette.

JULIETTE. A moi?

GEORGES. Oui. Il voudrait vous interroger sur ce malheureux accident de Marcel Grandchamp dont vous avez été témoin.[76]

Mme RENAUD. Vous savez la vérité, ma fille. Vous savez aussi que si M. Jacques était violent, il ne pouvait avoir une pensée criminelle.

GASTON *la coupe*[77] *encore.* Ne lui dites rien, s'il vous plaît! Où étiez-vous, Mademoiselle, quand l'accident s'est produit?

JULIETTE. Sur le palier, avec ces messieurs, Monsieur Jacques.

GASTON. Ne m'appelez pas encore Monsieur Jacques. Comment a commencé cette dispute?

JULIETTE, *un coup d'œil aux Renaud.* C'est-à-dire que...

GASTON *va à eux.* Voulez-vous être assez gentils pour me laisser seul avec elle? Je sens que vous la gênez.[78]

Mme RENAUD. Je suis prête à tout ce que tu veux si tu peux nous revenir, Jacques.

GASTON, *les accompagnant.* Je vous rappellerai. (*A Juliette, quand ils sont seuls.*) Asseyez-vous.

JULIETTE. Monsieur permet?

GASTON, *s'asseyant en face d'elle.* Et laissons de côté[79] la troisième personne, je vous en prie. Elle ne pourrait que nous gêner. Quel âge avez-vous?

JULIETTE. Trente-trois ans. Vous le savez bien, Monsieur Jacques, puisque j'avais quinze ans lorsque vous êtes parti au front. Pourquoi me le demander?

---

73. *s'éclaire* lights up   74. built   75. *en barque* when we were out in a boat

76. witness   77. interrupts   78. embarrass   79. *de côté* aside

GASTON. D'abord parce que je ne le savais pas; ensuite, je vous répète que je ne suis peut-être pas Monsieur Jacques.

JULIETTE. Oh! si, moi, je vous reconnais bien, Monsieur Jacques.

GASTON. Vous l'avez bien connu?

JULIETTE, *éclatant soudain en sanglots.*[80] Ah! c'est pas possible d'oublier à ce point-là! Mais vous ne vous rappelez donc rien, Monsieur Jacques?

GASTON. Exactement rien.

JULIETTE *braille dans ses larmes.*[81] S'entendre poser des questions pareilles après ce qui s'est passé... Ah! ce que ça peut être torturant, alors, pour une femme...

GASTON *reste un instant ahuri*[82]; *puis, soudain, il comprend.* Ah!... oh! pardon. Je vous demande pardon. Mais alors, M. Jacques...

JULIETTE *renifle.*[83] Oui.

GASTON. Oh! je vous demande pardon, alors... Mais quel âge aviez-vous?

JULIETTE. Quinze ans, c'était mon premier.

GASTON *sourit soudain, détendu.*[84] Quinze ans et lui dix-sept... Mais c'est très gentil, cette histoire. C'est la première chose que j'apprends de lui qui me paraisse un peu sympathique. Et cela a duré longtemps?

JULIETTE. Jusqu'à ce qu'il parte.

GASTON. Et moi qui ai tant cherché pour savoir quel était le visage de ma bonne amie! Eh bien, elle était charmante!

JULIETTE. Elle était peut-être charmante, mais elle n'était pas la seule, allez!

GASTON *sourit encore.* Ah! non?

JULIETTE. Oh! non, allez!

GASTON. Eh bien, cela non plus, ce n'est pas tellement antipathique.

JULIETTE. Vous, vous trouvez peut-être ça drôle! Mais, tout de même, avouez que pour une femme...

GASTON. Bien sûr, pour une femme...

JULIETTE. C'est dur, allez, pour une femme, de se sentir bafouée[85] dans son douloureux amour!

GASTON, *un peu ahuri.* Dans son doulou...? Oui, bien sûr.

JULIETTE. Je n'étais qu'une toute petite bonne[86] de rien du tout, mais ça ne m'a pas empêchée de la boire jusqu'à la lie,[87] allez, cette atroce douleur de l'amante outragée...

GASTON. Cette atroce...? Bien sûr.

JULIETTE. Vous n'avez jamais lu: « *Violée le soir de son mariage* »?

GASTON. Non.

JULIETTE. Vous devriez le lire; vous verrez, il y a une situation presque semblable. L'infâme séducteur de Bertrande s'en va lui aussi (mais en Amérique, lui, où l'appelle son oncle richissime) et c'est alors qu'elle le lui dit, Bertrande, qu'elle l'a bue jusqu'à la lie, cette atroce douleur de l'amante outragée.

GASTON, *pour qui tout s'éclaire.* Ah! c'était une phrase du livre?

JULIETTE. Oui, mais ça s'appliquait tellement bien à moi!

GASTON. Bien sûr... (*Il s'est levé soudain. Il demande drôlement.*) Et il vous aimait beaucoup, M. Jacques?

JULIETTE. Passionnément. D'ailleurs, c'est bien simple, il me disait qu'il se tuerait pour moi.

GASTON. Comment êtes-vous devenue sa maîtresse?

JULIETTE. Oh! c'est le second jour que j'étais dans la maison. Je faisais sa chambre, il m'a fait tomber sur le lit.

80. *éclatant... sanglots* bursting suddenly into tears (*literally* sobs)   81. *braille... larmes* howls through her tears   82. dismayed   83. sniffles   84. relieved

85. flouted   86. maidservant   87. *jusqu'à la lie* to the dregs

Je riais comme une idiote, moi. Forcément,[88] à cet âge! Ça s'est passé comme qui dirait[89] malgré moi. Mais, après, il m'a juré qu'il m'aimerait toute la vie!

GASTON *la regarde et sourit.* Drôle de M. Jacques...

JULIETTE. Pourquoi drôle?

GASTON. Pour rien. En tout cas, si je deviens M. Jacques, je vous promets de vous reparler très sérieusement de cette situation.

JULIETTE. Oh! vous savez, moi, je ne demande pas de réparation. Je suis mariée maintenant...

GASTON. Tout de même, tout de même... (*Un temps.*) Mais je fais l'école buissonnière[90] et je ne serai pas reçu à[91] mon examen. Revenons à cette horrible histoire qu'il serait si agréable de ne pas savoir et qu'il faut que j'apprenne de bout en bout.[92]

JULIETTE. Ah! oui, la bataille avec M. Marcel.

GASTON. Oui. Vous étiez présente?

JULIETTE, *qui se rengorge.*[93] Bien sûr j'étais présente!

GASTON. Vous avez assisté à la naissance de leur dispute?

JULIETTE. Mais bien sûr.

GASTON. Alors vous allez pouvoir me dire pour quelle étrange folie ils se sont battus aussi sauvagement?

JULIETTE, *tranquillement.* Comment une étrange folie? Mais c'est pour moi qu'ils se sont battus.

GASTON *se lève.* C'est pour vous?

JULIETTE. Mais bien sûr, c'est pour moi. Ça vous étonne?

GASTON *répète, abasourdi.*[94] C'est pour vous?

JULIETTE. Mais, bien sûr. Vous comprenez, j'étais la maîtresse de M. Jacques —je vous dis ça à vous, n'est-ce pas, parce qu'il faut bien que vous le sachiez, mais pas de gaffes,[95] hein? je ne tiens pas à perdre ma place pour une histoire d'il y a vingt ans! Oui, j'étais la maîtresse de M. Jacques et, il faut bien le dire, M. Marcel tournait un peu autour de moi.[96]

GASTON. Alors?

JULIETTE. Alors un jour qu'il essayait de m'embrasser derrière la porte... Je ne me laissais pas faire, hein? mais vous savez ce que c'est qu'un garçon quand ça a ça en tête[97]... Juste à ce moment, M. Jacques est sorti de sa chambre et il nous a vus. Il a sauté sur M. Marcel, qui a riposté.[98] Ils se sont battus, ils ont roulé par terre...

GASTON. Où se trouvaient-ils?

JULIETTE. Sur le grand palier du premier, là, à côté.

GASTON *crie soudain comme un fou.* Où? Où? Où? Venez, je veux voir la place exacte. (*Il l'a traînée par le poignet*[99] *jusqu'au vestibule.*)

JULIETTE. Mais vous me faites mal!

GASTON. Où? Où?

JULIETTE *s'arrache de ses mains, se frotte*[100] *le poignet.* Eh bien, là! Ils sont tombés là, à moitié dans le vestibule, à moitié sur le palier. M. Marcel était dessous.[101]

GASTON *crie.* Mais là ils étaient loin du bord! Comment a-t-il pu glisser jusqu'au bas des marches[102]? Ils ont roulé tous les deux en luttant[103]?

JULIETTE. Non, c'est M. Jacques qui

---

88. naturally   89. *comme qui dirait* you might say (slang)   90. *fais l'école buissonnière* am playing hookey   91. *je ne... à* I shall not pass   92. *de bout en bout* from one end to the other   93. *se rengorge* draws herself up   94. amazed   95. *pas de gaffes* don't make a slip   96. *tournait... moi* was making advances to me   97. *quand... tête* when he gets such ideas into his head   98. responded vigorously   99. wrist   100. *se frotte* rubs   101. underneath   102. steps   103. struggling

a réussi à se relever et qui a traîné M. Marcel par la jambe jusqu'aux marches...

GASTON. Et puis?

JULIETTE. Et puis il l'a poussé, pardi! En lui criant: « Tiens, petit salaud, ça t'apprendra à embrasser les poules[104] des autres! » Voilà. (Il y a un silence.) Ah! c'était quelqu'un, M. Jacques!

GASTON, sourdement.[105] Et c'était son ami?

JULIETTE. Pensez! depuis l'âge de six ans qu'ils allaient à l'école ensemble.

GASTON. Depuis l'âge de six ans.

JULIETTE. Ah, c'est horrible, bien sûr!... Mais qu'est-ce que vous voulez? L'amour, c'est plus fort que tout.

GASTON la regarde et murmure. L'amour, bien sûr, l'amour. Je vous remercie, Mademoiselle.

GEORGES frappe à la porte de la chambre, puis, ne les voyant pas, vient jusqu'au vestibule. Je me suis permis de revenir. Vous ne nous rappeliez plus; maman était inquiète. Eh bien, vous savez ce que vous voulez savoir?

GASTON. Oui, je vous remercie. Je sais ce que je voulais savoir. (Juliette est sortie.)

GEORGES. Oh! ce n'est pas une bien jolie chose, certainement... Mais je veux croire, malgré tout ce qu'on a pu dire, que ce n'était au fond qu'un accident et —tu avais dix-sept ans, il ne faut pas l'oublier—un enfantillage,[106] un sinistre enfantillage. (Un silence. Il est gêné.) Comment vous a-t-elle raconté cela?

GASTON. Comme elle l'a vu, sans doute.

GEORGES. Elle vous l'a dit, que cette bataille c'était pour votre rivalité de club? Marcel avait démissionné[107] du tien pour des raisons personnelles; vous

faisiez partie d'équipes adverses[108] et, malgré tout, n'est-ce pas, dans votre ardeur sportive... (Gaston ne dit rien.) Enfin, c'est la version que, moi, j'ai voulu croire. Parce que, du côté des Grandchamp, on a fait circuler une autre histoire, une histoire que je me suis toujours refusé à accepter pour ma part. Ne cherche pas à la connaître, celle-là, elle n'est que bête et méchante.

GASTON le regarde. Vous l'aimiez bien?

GEORGES. C'était mon petit frère, malgré tout. Malgré tout le reste. Parce qu'il y a eu bien d'autres choses... Ah! tu étais terrible.

GASTON. Tant que j'en aurai le droit, je vous demanderai de dire: il était terrible.

GEORGES, avec un pauvre sourire à ses souvenirs. Oui... terrible. Oh! tu nous as causé bien des soucis.[109] Et, si tu reviens parmi nous, il faudra que tu apprennes des choses plus graves encore que ce geste malheureux, sur lequel tu peux conserver tout de même le bénéfice du doute.

GASTON. Je dois encore apprendre autre chose?

GEORGES. Tu étais un enfant, que veux-tu, un enfant livré à lui-même[110] dans un monde désorganisé. Maman, avec ses principes, se heurtait maladroitement à toi[111] sans rien faire que te refermer davantage. Moi, je n'avais pas l'autorité suffisante... Tu as fait une grosse bêtise, oui, d'abord, qui nous a coûté très cher... Tu sais, nous, les aînés,[112] nous étions au front. Les jeunes gens de ton âge se croyaient tout permis. Tu as voulu monter une affaire.[113] Y croyais-tu seulement, à cette affaire? Ou n'était-ce

---

104. vulgar term for girls   105. in a dull voice   106. bit of childishness   107. avait démissionné had given his resignation

108. équipes adverses opposing teams 109. worries   110. livré à lui-même left to himself 111. se... toi foolishly came into conflict with you 112. older ones   113. monter une affaire set up a business

qu'un prétexte pour exécuter tes desseins? Toi seul pourras nous le dire si tu recouvres complètement ta mémoire. Toujours est-il que[114] tu as ensorcelé[115]—ensorcelé, c'est le mot—une vieille amie de la famille. Tu lui as fait donner une grosse somme, près de cinq cent mille francs. Tu étais soi-disant[116] intermédiaire. Tu t'étais fait faire un faux papier à l'en-tête[117] d'une compagnie... imaginaire sans doute... Tu signais de faux reçus.[118] Un jour, tout s'est découvert. Mais il était trop tard. Il ne te restait plus que quelques milliers de francs. Tu avais dépensé le reste. Dieu sait dans quels tripots,[119] dans quelles boîtes,[120] avec des femmes et quelques camarades... Nous avons remboursé[121] naturellement.

GASTON. La joie avec laquelle vous vous apprêtez à voir revenir votre frère est admirable.

GEORGES *baisse la tête*. Plus encore que tu ne le crois, Jacques.

GASTON. Comment! il y a autre chose?

GEORGES. Nous en parlerons une autre fois.

GASTON. Pourquoi une autre fois?

GEORGES. Il vaut mieux. Je vais appeler maman. Elle doit s'inquiéter de notre silence.

GASTON *l'arrête*. Vous pouvez me parler. Je suis presque sûr de n'être pas votre frère.

GEORGES *le regarde un moment en silence. Puis, d'une voix sourde:* Vous lui ressemblez beaucoup pourtant. C'est son visage, mais comme si une tourmente[122] était passée sur lui.

GASTON, *souriant*. Dix-huit ans! Le vôtre aussi, sans doute, quoique je n'aie

pas l'honneur de me le rappeler sans rides.[123]

GEORGES. Ce ne sont pas seulement des rides. C'est une usure.[124] Mais une usure qui, au lieu de raviner,[125] de durcir,[126] aurait adouci, poli. C'est comme une tourmente de douceur et de bonté qui est passée sur votre visage.

GASTON. Oui. Il y a beaucoup de chances, je le comprends maintenant, pour que le visage de Monsieur votre frère n'ait pas été particulièrement empreint de[127] douceur.

GEORGES. Vous vous trompez. Il était dur, oui, léger, inconstant... Mais... oh! je l'aimais bien avec ses défauts. Il était plus beau que moi. Pas plus intelligent peut-être—de l'intelligence qu'il faut au collège ou dans les concours[128]—mais plus sensible, plus brillant sûrement... (*Il dit sourdement.*) Plus séduisant. Il m'aimait bien aussi, vous savez, à sa façon. Il avait même, au sortir de[129] l'enfance du moins, une sorte de tendresse reconnaissante qui me touchait beaucoup. C'est pourquoi cela a été si dur quand j'ai appris. (*Il baisse la tête comme si c'était lui qui avait tort.*) Je l'ai détesté, oui, je l'ai détesté. Et puis, très vite, je n'ai plus su lui en vouloir.[130]

GASTON. Mais de quoi?

GEORGES *a relevé la tête, il le regarde.* Est-ce toi, Jacques? (*Gaston fait un geste.*) J'ai beau me dire[131] qu'il était jeune, qu'il était faible au fond[132] comme tous les violents... J'ai beau me dire que tout est facile à de belles lèvres[133] un soir

---

114. *Toujours... que* Nevertheless   115. bewitched 116. supposedly 117. heading 118. receipts   119. gambling houses   120. "dives" 121. paid back   122. blinding storm

123. wrinkles   124. sign of wear   125. to make lines   126. to harden   127. *empreint de* marked with   128. competitive examinations   129. *au sortir de* at the end of (*literally* upon emerging from)   130. *je... vouloir* I was no longer able to hold it against him 131. *J'ai... dire* No matter how much I tell myself 132. *au fond* basically   133. lips

d'été quand on va partir au front. J'ai beau me dire que j'étais loin, qu'elle aussi était toute petite...

GASTON. Je vous suis mal. Il vous a pris une femme? (*Un temps.*) Votre femme? (*Georges fait « oui ». Gaston, sourdement.*) Le salaud.

GEORGES *a un petit sourire triste.* C'est peut-être vous.

GASTON, *après un temps, demande d'une voix cassée.*[134] C'est Georges que vous vous appelez?

GEORGES. Oui.

GASTON *le regarde un moment, puis il a un geste de tendresse maladroite.* Georges...

Mme RENAUD *paraît dans l'antichambre.* Tu es là, Jacques?

GEORGES, *les larmes aux yeux, honteux de son émotion.* Excusez-moi, je vous laisse. (*Il sort rapidement par l'autre porte.*)

Mme RENAUD, *entrant dans la chambre.* Jacques...

GASTON, *sans bouger.* Oui.

Mme RENAUD. Devine qui vient de venir?... Ah! c'est une audace![135]

GASTON, *las.* Je n'ai déjà pas de mémoire, alors... les devinettes[136]...

Mme RENAUD. Tante Louise, mon cher! Oui, tante Louise!

GASTON. Tante Louise. Et c'est une audace?...

Mme RENAUD. Ah! tu peux m'en croire... Après ce qui s'est passé! J'espère bien que tu me feras le plaisir de ne pas la revoir si elle tentait de[137] t'approcher malgré nous. Elle s'est conduit d'une façon!... Et puis d'ailleurs tu ne l'aimais pas. Oh! mais quelqu'un de la famille que tu détestais, mon petit, tu avais pour lui une véritable haine, justifiée d'ail-

leurs, je dois le reconnaître, c'est ton cousin Jules.

GASTON, *toujours sans bouger.* J'ai donc une véritable haine que je ne savais pas.

Mme RENAUD. Pour Jules? Mais tu ne sais pas ce qu'il t'a fait, le petit misérable? Il t'a dénoncé au concours général parce que tu avais une table de logarithmes... C'est vrai, il faut bien que je te raconte toutes ces histoires, tu serais capable de leur faire bonne figure, à[138] tous ces gens, toi qui ne te souviens de rien!... Et Gérard Dubuc qui viendra sûrement te faire des sucreries[139]... Pour pouvoir entrer à la Compagnie Fillière où tu avais beaucoup plus de chances que lui d'être pris à cause de ton oncle, il t'a fait éliminer en te calomniant auprès de la direction. Oui, nous avons su plus tard que c'était lui. Oh! mais j'espère bien que tu lui fermeras la porte, comme à certains autres que je te dirai et qui t'ont trahi ignoblement.

GASTON. Comme c'est plein de choses agréables, un passé!...

Mme RENAUD. En revanche,[140] quoi-qu'elle soit un peu répugnante depuis qu'elle est paralytique, la pauvre, il faudra bien embrasser[141] la chère Madame Bouquon. Elle t'a vu naître.

GASTON. Cela ne me paraît pas une raison suffisante.

Mme RENAUD. Et puis c'est elle qui t'a soigné pendant ta pneumonie, quand j'étais malade en même temps que toi. Elle t'a sauvé, mon petit!

GASTON. C'est vrai, il y a aussi la reconnaissance. Je n'y pensais plus, à celle-là. (*Un temps.*) Des obligations, des haines, des blessures[142]... Qu'est-ce que je croyais donc que c'était, des

---

134. broken   135. *c'est une audace!* that's nerve!   136. riddles   137. *tentait de* tried to   138. *faire... à* be nice to   139. *te... sucreries* be sweet to you   140. *En revanche* On the other hand   141. kiss   142. wounds

souvenirs? (*Il s'arrête, réfléchit.*) C'est juste, j'oubliais des remords. J'ai un passé complet maintenant. (*Il sourit drôlement, va à elle.*) Mais vous voyez comme je suis exigeant.[143] J'aurais préféré un modèle[144] avec quelques joies. Un petit enthousiasme aussi si c'était possible. Vous n'avez rien à m'offrir?

Mme RENAUD. Je ne te comprends pas, mon petit.

GASTON. C'est pourtant bien simple. Je voudrais que vous me disiez une de mes anciennes joies. Mes haines, mes remords ne m'ont rien appris. Donnez-moi une joie de votre fils, que je voie comment elle sonne en moi.

Mme RENAUD. Oh! ce n'est pas difficile. Des joies, tu en as eu beaucoup, tu sais... Tu as été tellement gâté[145]!

GASTON. Eh bien, j'en voudrais une...

Mme RENAUD. Bon. C'est agaçant[146] quand il faut se rappeler comme cela d'un coup, on ne sait que choisir...

GASTON. Dites au hasard.

Mme RENAUD. Eh bien, tiens, quand tu avais douze ans...

GASTON *l'arrête.* Une joie d'homme. Les autres sont trop loin.

Mme RENAUD, *soudain gênée.* C'est que... tes joies d'homme... Tu ne me les disais pas beaucoup. Tu sais, un grand garçon!... Tu sortais tellement. Comme tous les grands garçons... Vous étiez les rois à cette époque. Tu allais dans les bars, aux courses[147]... Tu avais des joies avec tes camarades, mais avec moi...

GASTON. Vous ne m'avez jamais vu joyeux devant vous?

Mme RENAUD. Mais tu penses bien que si! Tiens, le jour de tes derniers prix, je me rappelle...

GASTON *la coupe.* Non, pas les prix!

Plus tard. Entre le moment où j'ai posé mes livres de classe et celui où l'on m'a mis un fusil[148] dans les mains; pendant ces quelques mois qui devaient être, sans que je m'en doute,[149] toute ma vie d'homme.

Mme RENAUD. Je cherche. Mais tu sortais tellement, tu sais... Tu faisais tellement l'homme[150]...

GASTON. Mais enfin, à dix-huit ans, si sérieusement qu'on joue à l'homme, on est encore un enfant! Il y a bien eu[151] un jour une fuite[152] dans la salle de bains que personne ne pouvait arrêter, un jour où la cuisinière a fait un barbarisme formidable, où nous avons rencontré un receveur de tramway[153] comique... J'ai ri devant vous. J'ai été content d'un cadeau, d'un rayon de soleil. Je ne vous demande pas une joie débordante[154]... une toute petite joie. Je n'étais pas neurasthénique[155]?

Mme RENAUD, *soudain gênée.* Je vais te dire, mon petit Jacques... J'aurais voulu t'expliquer cela plus tard, et plus posément[156]... Nous n'étions plus en très bons termes à cette époque, tous les deux... Oh! c'était un enfantillage!... Avec le recul,[157] je suis sûre que cela va te paraître beaucoup plus grave[158] que cela ne l'a été. Oui, à cette époque précisément, entre le collège et le régiment, nous ne nous adressions pas la parole.

GASTON. Ah!

Mme RENAUD. Oui. Oh! pour des bêtises, tu sais.

GASTON. Et... cela a duré longtemps, cette brouille?

---

143. demanding   144. i.e. *un modèle de passé*   145. spoiled   146. annoying   147. races

148. gun   149. *sans... doute* without my suspecting it   150. *Tu... l'homme.* You were so much of a man.   151. *Il... eu* There certainly was (must have been)   152. leak 153. *receveur de tramway* streetcar conductor 154. overflowing   155. a victim of melancholia 156. *plus posément* with greater deliberation 157. perspective in time   158. serious

Mᵐᵉ Renaud. Presque un an.

Gaston. Fichtre![159] Nous avions tous deux de l'endurance. Et qui avait commencé?

Mᵐᵉ Renaud, *après une hésitation*. Oh! moi, si tu veux... Mais c'était bien à cause de toi. Tu t'étais entêté[160] stupidement.

Gaston. Quel entêtement de jeune homme a donc pu vous entraîner à ne pas parler à votre fils pendant un an?

Mᵐᵉ Renaud. Tu n'as jamais rien fait pour faire cesser cet état de choses. Rien!

Gaston. Mais, quand je suis parti pour le front, nous nous sommes réconciliés tout de même, vous ne m'avez pas laissé partir sans m'embrasser?

Mᵐᵉ Renaud, *après un silence, soudain*. Si. (*Un temps, puis vite.*) C'est ta faute, ce jour-là aussi je t'ai attendu dans ma chambre. Toi, tu attendais dans la tienne. Tu voulais que je fasse les premiers pas, moi, ta mère!... Alors que tu m'avais gravement offensée. Les autres ont eu beau s'entremettre.[161] Rien ne t'a fait céder. Rien. Et tu partais pour le front.

Gaston. Quel âge avais-je?

Mᵐᵉ Renaud. Dix-huit ans.

Gaston. Je ne savais peut-être pas où j'allais. A dix-huit ans, c'est une aventure amusante, la guerre. Mais on n'était plus en 1914 où les mères mettaient des fleurs au fusil; vous deviez le savoir, vous, où j'allais.

Mᵐᵉ Renaud. Oh! je pensais que la guerre serait finie avant que tu quittes la caserne[162] ou que je te reverrais à ta première permission[163] avant le front. Et puis, tu étais toujours si cassant,[164] si dur avec moi.

Gaston. Mais vous ne pouviez pas descendre me dire: « Tu es fou, embrasse-moi! »

Mᵐᵉ Renaud. J'ai eu peur de tes yeux... Du rictus d'orgueil[165] que tu aurais eu sans doute. Tu aurais été capable de me chasser, tu sais...

Gaston. Eh bien, vous seriez revenue, vous auriez pleuré à ma porte, vous m'auriez supplié, vous vous seriez mise à genoux pour que cette chose ne soit pas et que je vous embrasse avant de partir. Ah! c'est mal de ne pas vous être mise à genoux.

Mᵐᵉ Renaud. Mais une mère, Jacques!...

Gaston. J'avais dix-huit ans, et on m'envoyait mourir. J'ai un peu honte de vous dire cela, mais, j'avais beau être brutal, m'enfermer dans mon jeune orgueil imbécile, vous auriez dû tous vous mettre à genoux et me demander pardon.

Mᵐᵉ Renaud. Pardon de quoi? Mais je n'avais rien fait, moi!

Gaston. Et qu'est-ce que j'avais fait, moi, pour que cet infranchissable fossé se creuse[166] entre nous?

Mᵐᵉ Renaud, *avec soudain le ton d'autrefois*. Oh! tu t'étais mis dans la tête d'épouser une petite couturière[167] que tu avais trouvée Dieu sait où à dix-huit ans, et qui refusait sans doute de devenir ta maîtresse... Le mariage n'est pas une amourette[168]! Devions-nous te laisser compromettre ta vie, introduire cette fille chez nous? Ne me dis pas que tu l'aimais... Est-ce qu'on aime à dix-huit ans, je veux dire: est-ce qu'on aime profondément, d'une façon durable, pour se marier et fonder un foyer,[169] une petite

159. The devil! 160. *t'étais entêté* had persisted 161. *s'entremettre* intercede 162. barracks 163. leave 164. cutting

165. *rictus d'orgueil* sneer of pride 166. *pour... creuse* that this impassable rift (*literally* ditch) should have been made (*literally* dug) 167. seamstress 168. unimportant love affair 169. home

cousette[170] rencontrée dans un bal trois semaines plus tôt?

GASTON, *après un silence.* Bien sûr, c'était une bêtise... Mais ma classe[171] allait être appelée dans quelques mois, vous le saviez. Si cette bêtise était la seule qu'il m'était donné de faire; si cet amour, qui ne pouvait pas durer, celui qui vous le réclamait[172] n'avait que quelques mois à vivre, pas même assez pour l'épuiser[173]?

Mme RENAUD. Mais on ne pensait pas que tu allais mourir!... Et puis, je ne t'ai pas tout dit. Tu sais ce que tu m'as crié, en plein visage, avec ta bouche toute tordue,[174] avec ta main levée sur moi, moi ta mère? « Je te déteste, je te déteste! » Voilà ce que tu m'as crié. (*Un silence.*) Comprends-tu maintenant pourquoi je suis restée dans ma chambre en espérant que tu monterais, jusqu'à ce que la porte de la rue claque[175] derrière toi?

GASTON, *doucement, après un silence.* Et je suis mort à dix-huit ans, sans avoir eu ma petite joie, sous prétexte que c'était une bêtise, et sans que vous m'ayez reparlé. J'ai été couché sur le dos toute une nuit avec ma blessure à l'épaule, et j'étais deux fois plus seul que les autres qui appelaient leur mère. (*Un silence, il dit soudain comme pour lui.*) C'est vrai, je vous déteste.

Mme RENAUD *crie, épouvantée.*[176] Mais, Jacques, qu'est-ce que tu as?

GASTON *revient à lui,*[177] *la voit.* Comment? Pardon... Je vous demande pardon. (*Il s'est éloigné, fermé, dur.*) Je ne suis pas Jacques Renaud; je ne reconnais rien ici de ce qui a été à lui.[178] Un moment, oui, en vous écoutant parler,

je me suis confondu avec lui. Je vou[s] demande pardon. Mais, voyez-vous[,] pour un homme sans mémoire, un passé tout entier, c'est trop lourd à endosser[179] en une seule fois. Si vous voulez m[e] faire plaisir, pas seulement me faire plaisir[,] me faire du bien, vous me permettrie[z] de retourner à l'asile. Je plantais de[s] salades, je cirais les parquets.[180] Les jour[s] passaient... Mais même au bout de dix[-] huit ans—une autre moitié exactemen[t] de ma vie—ils n'étaient pas parvenus[,] en s'ajoutant les uns aux autres, à fair[e] cette chose dévorante que vous appele[z] un passé.

Mme RENAUD. Mais, Jacques...

GASTON. Et puis, ne m'appelez plu[s] Jacques... Il a fait trop de choses, c[e] Jacques. Gaston, c'est bien; quoique c[e] ne soit personne, je sais qui c'est. Mai[s] ce Jacques dont le nom est déjà entour[é] des cadavres de tant d'oiseaux, ce Jacque[s] qui a trompé, meurtri, qui s'en est all[é] tout seul à la guerre sans personne à so[n] train, ce Jacques qui n'a même pas aim[é] il me fait peur.

Mme RENAUD. Mais enfin, mo[n] petit...

GASTON. Allez-vous-en! Je ne sui[s] pas votre petit.

Mme RENAUD. Oh! tu me parle[s] comme autrefois!

GASTON. Je n'ai pas d'autrefois, j[e] vous parle comme aujourd'hui. Alle[z-] vous-en!

Mme RENAUD *se redresse,*[181] *comm[e] autrefois elle aussi.* C'est bien, Jacque[s.] Mais, quand les autres t'auront prouv[é] que je suis ta mère, il faudra bien que t[u] viennes me demander pardon. (*Elle sor[t] sans voir Valentine qui a écouté le[s] dernières répliques[182] du couloir.*[183])

---

170. dressmaker's assistant   171. i.e. in the army   172. *le réclamait* was asking for it   173. to exhaust it   174. twisted   175. slammed   176. frightened   177. *revient à lui* comes to, recovers   178. *ce... lui* what belonged to him

179. to assume   180. *cirais les parquets* used to wax floors   181. *se redresse* draws herself u[p]   182. lines (in a play)   183. corridor

VALENTINE *s'avance quand elle est sortie.* Vous dites qu'il n'a jamais aimé. Qu'en savez-vous, vous qui ne savez rien?

GASTON *la toise.*[184] Vous aussi, allez-vous-en!

VALENTINE. Pourquoi me parlez-vous ainsi? Qu'est-ce que vous avez?[185]

GASTON *crie.* Allez-vous-en! Je ne suis pas Jacques Renaud.

VALENTINE. Vous le criez comme si vous en aviez peur.

GASTON. C'est un peu cela.

VALENTINE. De la peur, passe encore.[186] La jeune ombre de Jacques est une ombre redoutable à endosser, mais pourquoi de la haine et contre moi?

GASTON. Je n'aime pas que vous veniez me faire des sourires comme vous n'avez cessé de m'en faire depuis que je suis ici. Vous avez été sa maîtresse.

VALENTINE. Qui a osé le dire?

GASTON. Votre mari. (*Un silence.*)

VALENTINE. Eh bien, si vous êtes mon amant, si je vous retrouve et que je veuille vous reprendre... Vous êtes assez ridicule pour trouver cela mal?

GASTON. Vous parlez à une sorte de paysan du Danube.[187] D'un drôle de Danube, d'ailleurs, aux eaux noires et aux rives[188] sans nom. Je suis un homme d'un certain âge,[189] mais j'arrive frais éclos[190] au monde. Cela n'est peut-être pas si mal après tout de prendre la femme de son frère, d'un frère qui vous aimait, qui vous a fait du bien?

VALENTINE, *doucement.* Quand nous

nous sommes connus en vacances à Dinard,[191] j'ai joué au tennis, j'ai nagé plus souvent avec vous qu'avec votre frère... J'ai fait plus de promenades sur les rochers avec vous. C'est avec vous, avec vous seul, que j'ai échangé des baisers. Je suis venue chez votre mère, ensuite, à des parties de camarades et votre frère s'est mis à m'aimer; mais c'était vous que je venais voir.

GASTON. Mais c'est tout de même lui que vous avez épousé?

VALENTINE. Vous étiez un enfant. J'étais orpheline, mineure, sans un sou, avec une tante bienfaitrice qui m'avait déjà fait payer très cher les premiers partis[192] refusés. Devais-je me vendre à un autre plutôt qu'à lui qui me rapprochait de vous?

GASTON. Il y a une rubrique[193] dans les magazines féminins où l'on répond à ce genre de questions.

VALENTINE. Je suis devenue votre maîtresse au retour de notre voyage de noces.[194]

GASTON. Ah! nous avons tout de même attendu un peu.

VALENTINE. Un peu? Deux mois, deux horribles mois. Puis, nous avons eu trois ans bien à nous, car la guerre a éclaté tout de suite et Georges est parti le 4 août... Et après ces dix-sept ans, Jacques... (*Elle a mis sa main sur son bras, il recule.*[195])

GASTON. Je ne suis pas Jacques Renaud.

VALENTINE. Quand bien même[196]... Laissez-moi contempler le fantôme du seul homme que j'aie aimé... (*Elle a un petit sourire.*) Oh! tu plisses[197] ta bouche... (*Elle le regarde bien en face, il*

---

184. *la toise* stares her up and down
185. *Qu'est-ce... avez?* What's the matter with you?   186. *passe encore* I understand that
187. See *Fables* of La Fontaine, Book XI, No. VII. *Paysan du Danube* is a symbol in French for someone of rustic appearance who possesses sound values. Rousseau was often called by this name.   188. shores   189. *d'un certain âge* of indeterminate age, middle-aged
190. *frais éclos* freshly hatched

191. Summer resort in Brittany.   192. i.e. proposals of marriage   193. column   194. wedding   195. steps back   196. *quand bien même* even so   197. wrinkle

est gêné.) Rien de moi ne correspond à rien dans votre magasin aux accessoires,[198] un regard, une inflexion?

GASTON. Rien.

VALENTINE. Ne soyez pas si dur, de quelque Danube infernal que vous veniez! C'est grave, vous comprenez, pour une femme qui a aimé de retrouver un jour, après une interminable absence, sinon son amant, du moins, avec la reconstitution du plus imperceptible plissement[199] de bouche, son fantôme scrupuleusement exact.

GASTON. Je suis peut-être un fantôme plein d'exactitude, mais je ne suis pas Jacques Renaud.

VALENTINE. Regardez-moi bien.

GASTON. Je vous regarde bien. Vous êtes charmante, mais je ne suis pas Jacques Renaud!

VALENTINE. Je ne suis rien pour vous, vous en êtes sûr?

GASTON. Rien.

VALENTINE. Alors, vous ne retrouverez jamais votre mémoire.

GASTON. J'en arrive à le souhaiter. (*Un temps, il s'inquiète tout de même.*) Pourquoi ne retrouverai-je jamais ma mémoire?

VALENTINE. Vous ne vous souvenez même pas des gens que vous avez vus il y a deux ans.

GASTON. Deux ans?

VALENTINE. Une lingère, une lingère en remplacement[200]...

GASTON. Une lingère en remplacement? (*Un silence. Il demande soudain:*) Qui vous a raconté cela?

VALENTINE. Personne. J'avais—avec l'approbation de ma belle-mère d'ailleurs

—adopté cette personnalité pour vous approcher librement. Regardez-moi bien, homme sans mémoire...

GASTON *l'attire*[201] *malgré lui, troublé.* C'était vous la lingère qui n'est restée qu'un jour?

VALENTINE. Oui, c'était moi.

GASTON. Mais vous ne m'avez rien dit ce jour-là?

VALENTINE. Je ne voulais rien vous dire avant... J'espérais, vous voyez comme je crois à l'amour—à votre amour—qu'en me prenant vous retrouveriez la mémoire.

GASTON. Mais après?

VALENTINE. Après, comme j'allais vous dire, rappelez-vous, nous avons été surpris.

GASTON *sourit à ce souvenir.* Ah? l'économe[202]!

VALENTINE *sourit aussi.* L'économe, oui.

GASTON. Mais vous n'avez pas crié partout que vous m'aviez reconnu?

VALENTINE. Je l'ai crié, mais nous étions cinquante familles à le faire.

GASTON *a un rire nerveux, soudain.* Mais c'est vrai, suis-je bête, tout le monde me reconnaît! Cela ne prouve en rien que je suis Jacques Renaud.

VALENTINE. Vous vous en êtes souvenu tout de même de votre lingère et de son gros paquet de draps[203]?

GASTON. Mais, bien sûr, je m'en suis souvenu. A part mon amnésie, j'ai beaucoup de mémoire.

VALENTINE. Vous voulez la reprendre dans vos bras, votre lingère?

GASTON *la repousse.* Attendons de savoir si je suis Jacques Renaud.

VALENTINE. Et si vous êtes Jacques Renaud?

---

198. *magasin aux accessoires* accessory shop (here an image for all the odds and ends of which memory and recognition may consist) 199. puckering   200. *lingère en remplacement* substitute laundress,

201. *l'attire* draws her to him   202. housekeeper, business manager, person directing the material organization of an institution 203. *paquet de draps* bundle of sheets

GASTON. Si je suis Jacques Renaud, je ne la reprendrai pour rien au monde dans mes bras. Je ne veux pas être l'amant de la femme de mon frère.

VALENTINE. Mais vous l'avez déjà été!...

GASTON. Il y a si longtemps et j'ai été si malheureux depuis, je suis lavé de[204] ma jeunesse.

VALENTINE *a un petit rire triomphant.* Vous oubliez déjà votre lingère!... Si vous êtes Jacques Renaud, c'est il y a deux ans que vous avez été l'amant de la femme de votre frère. Vous, bien vous,[205] pas un lointain petit jeune homme.

GASTON. Je ne suis pas Jacques Renaud!

VALENTINE. Ecoute, Jacques, il faut pourtant que tu renonces à la merveilleuse simplicité de ta vie d'amnésique. Ecoute, Jacques, il faut pourtant que tu t'acceptes. Toute notre vie avec notre belle morale et notre chère liberté, cela consiste en fin de compte[206] à nous accepter tels que nous sommes... Ces dix-sept ans d'asile pendant lesquels tu t'es conservé si pur, c'est la durée exacte d'une adolescence, ta seconde adolescence qui prend fin aujourd'hui. Tu vas redevenir un homme, avec tout ce que cela comporte de taches,[207] de ratures[208] et aussi de joies. Accepte-toi et accepte-moi, Jacques.

GASTON. Si j'y suis obligé par quelque preuve, il faudra bien que je m'accepte; mais je ne vous accepterai pas!

VALENTINE. Mais puisque malgré toi c'est fait déjà, depuis deux ans!

GASTON. Je ne prendrai pas la femme de mon frère.

VALENTINE. Quand laisseras-tu tes grands mots? Tu vas voir, maintenant que tu vas être un homme, aucun de tes nouveaux problèmes ne sera assez simple pour que tu puisses le résumer dans une formule... Tu m'as prise à lui, oui. Mais, le premier, il m'avait prise à toi, simplement parce qu'il avait été un homme, maître de ses actes, avant toi.

GASTON. Et puis, il n'y a pas que vous[209]... Je ne tiens pas à avoir dépouillé[210] de vieilles dames, violé des bonnes.

VALENTINE. Quelles bonnes?

GASTON. Un autre détail... Je ne tiens pas non plus à avoir levé la main sur ma mère, ni à aucune des excentricités de mon affreux petit sosie.[211]

VALENTINE. Comme tu cries!... Mais, à peu de chose près,[212] tu as déjà fait cela aussi tout à l'heure...

GASTON. J'ai dit à une vieille dame inhumaine que je la détestais, mais cette vieille dame n'était pas ma mère.

VALENTINE. Si, Jacques! Et c'est pour cela que tu le lui as dit avec tant de véhémence. Et, tu vois, il t'a suffi, au contraire, de côtoyer[213] une heure les personnages de ton passé pour reprendre inconsciemment avec eux tes anciennes attitudes. Ecoute, Jacques, je vais monter dans ma chambre, car tu vas être très en colère. Dans dix minutes, tu m'appelleras, car tes colères sont terribles, mais ne durent jamais plus de dix minutes.

GASTON. Qu'en savez-vous? Vous m'agacez à la fin. Vous avez l'air d'insinuer que vous me connaissez mieux que moi.

VALENTINE. Mais bien sûr!... Ecoute, Jacques, écoute. Il y a une preuve décisive que je n'ai jamais pu dire aux autres...

---

204. *lavé de* washed clean of   205. *bien vous* really you   206. *en fin de compte* in the final analysis   207. spots   208. erasures

209. *il... vous* you're not the only one   210. robbed   211. double (see the *Amphitryon* of Molière)   212. *à... près* within very close limits   213. to be close to

GASTON *recule.* Je ne vous crois pas!

VALENTINE *sourit.* Attends, je ne l'ai pas encore dite.

GASTON *crie.* Je ne veux pas vous croire, je ne veux croire personne! Je ne veux plus que personne me parle de mon passé!

LA DUCHESSE *entre en trombe,*[214] *suivie de M*ᵉ *Huspar. Valentine se cache dans la salle de bains.* Gaston, Gaston, c'est épouvantable! Des gens viennent d'arriver, furieux, tonitruants,[215] c'est une de vos familles. J'ai été obligée de les recevoir. Ils m'ont couverte d'insultes. Je comprends maintenant que j'ai été follement imprudente de ne pas suivre l'ordre d'inscription que nous avions annoncé par voie de presse[216]... Ces gens-là se croient frustrés.[217] Ils vont faire un scandale, nous accuser de Dieu sait quoi!

HUSPAR. Je suis sûr, Madame. que personne n'oserait vous suspecter.

LA DUCHESSE. Mais vous ne comprenez donc point que ces deux cent cinquante mille francs les aveuglent[218]! Ils parlent de favoritisme, de passe-droit.[219] De là à prétendre[220] que mon petit Albert touche la forte somme de la famille à laquelle il attribue Gaston il n'y a qu'un pas!

LE MAÎTRE D'HÔTEL *entre.* Madame. Je demande pardon à Madame la duchesse. Mais voici d'autres personnes qui réclament Maître Huspar ou Madame la duchesse.

LA DUCHESSE. Leur nom?

LE MAÎTRE D'HÔTEL. Ils m'ont donné cette carte que je ne me permettais pas de présenter dès l'abord[221] à Madame la duchesse, vu qu'elle est commerciale. (*Il lit, très digne.*)

> Beurres, œufs, fromages.
> Maison Bougran.

LA DUCHESSE, *cherchant dans son agenda.* Bougran? Vous avez dit Bougran? C'est la crémière[222]!

LE VALET DE CHAMBRE *frappe et entre.* Je demande pardon à Madame; mais c'est un monsieur, ou plutôt un homme, qui demande Madame la duchesse. Vu sa tenue,[223] je dois dire à Madame que je n'ai pas osé l'introduire.

LA DUCHESSE, *dans son agenda.* Son nom? Legropâtre ou Madensale?

LE VALET DE CHAMBRE. Legropâtre, Madame la duchesse.

LA DUCHESSE. Legropâtre, c'est le lampiste! Introduisez-le avec beaucoup d'égards[224]! Ils sont tous venus par le même train. Je parie que les Madensale vont suivre. J'ai appelé Pont-au-Bronc au téléphone. Je vais tâcher de les faire patienter[225]! (*Elle sort rapidement, suivie de M*ᵉ *Huspar.*)

GASTON *murmure, harassé.* Vous avez tous des preuves, des photographies ressemblantes, des souvenirs précis comme des crimes... Je vous écoute tous et je sens surgir peu à peu derrière moi un être hybride où il y a un peu de chacun de vos fils et rien de moi, parce que vos fils n'ont rien de moi. (*Il répète.*) Moi. Moi. J'existe, moi, malgré toutes vos histoires... Vous avez parlé de la merveilleuse simplicité de ma vie d'amnésique tout à l'heure... Vous voulez rire. Essayez de prendre toutes les vertus, tous les vices et de les accrocher[226] derrière vous.

VALENTINE, *qui est rentrée à la sortie de*

---

214. *en trombe* like a whirlwind   215. thundering   216. *par... presse* through the newspapers   217. cheated   218. blind   219. illegitimate favor (in sense of advancing someone's turn)   220. allege   221. *dès l'abord* right away

222. dairywoman   223. *vu sa tenue* considering his general appearance   224. consideration   225. wait   226. *les accrocher* to hang them up

la duchesse. Ton lot va être beaucoup plus simple si tu veux m'écouter une minute seulement, Jacques. Je t'offre une succession un peu chargée,[227] sans doute, mais qui te paraîtra légère puisqu'elle va te délivrer de toutes les autres. Veux-tu m'écouter?

GASTON. Je vous écoute.

VALENTINE. Je ne t'ai jamais vu nu, n'est-ce pas? Eh bien, tu as une cicatrice,[228] une toute petite cicatrice qu'aucun des médecins qui t'ont examiné n'a découverte, j'en suis sûre, à deux centimètres sous l'omoplate[229] gauche. C'est un coup d'épingle à chapeau[230]—crois-tu qu'on était affublée[231] en 1915!—je te l'ai donné un jour où j'ai cru que tu m'avais trompée.

(Elle sort. Il reste abasourdi un instant, puis il commence lentement à enlever[232] sa veste.)

LE RIDEAU TOMBE.

QUATRIEME TABLEAU

Le chauffeur et le valet de chambre grimpés sur[1] une chaise dans un petit couloir obscur et regardant par un œil-de-bœuf.[2]

LE VALET DE CHAMBRE. Hé! dis donc! Y[3] se déculotte[4]...

LE CHAUFFEUR, *le poussant pour prendre sa place.* Sans blagues?[5] Mais il est complètement sonné,[6] ce gars-là! Qu'est-ce qu'il fait? Il se cherche une puce[7]? Attends, attends. Le voilà qui grimpe sur une chaise pour se regarder dans la glace de la cheminée...

LE VALET DE CHAMBRE. Tu rigoles... Y monte sur une chaise?

LE CHAUFFEUR. Je te le dis.

LE VALET DE CHAMBRE, *prenant sa place.* Fais voir ça... Ah! dis donc! Et tout ça c'est pour voir son dos. Je te dis qu'il est sonné. Bon. Le voilà qui redescend. Il a vu ce qu'il voulait. Y remet sa chemise. Y s'assoit... Ah! dis donc... Mince alors![8]

LE CHAUFFEUR. Qu'est-ce qu'il fait?

LE VALET DE CHAMBRE *se retourne, médusé.[9]* Y chiale[10]...

LE RIDEAU TOMBE.

CINQUIEME TABLEAU

La chambre de Jacques. Les persiennes sont fermées, l'ombre rousse[1] est rayée de[2] lumière. C'est le matin. Gaston est couché dans le lit, il dort. Le maître d'hôtel et le valet de chambre sont en train d'apporter dans la pièce des animaux empaillés qu'ils disposent[3] autour du lit. La duchesse et Madame Renaud dirigent les opérations du couloir. Tout se joue en chuchotements[4] et sur la pointe des pieds.[5]

LE MAÎTRE D'HÔTEL. Nous les posons également autour du lit, Madame la duchesse?

LA DUCHESSE. Oui, oui, autour du lit, qu'en ouvrant les yeux il les voie toutes en même temps.

Mme RENAUD. Ah! si la vue de ces petits animaux pouvait le faire revenir à lui[6]!

227. heavy   228. scar   229. shoulder blade
230. *épingle à chapeau* hatpin   231. rigged out
232. to take off
1. *grimpés sur* standing on (*literally* having climbed on)   2. small, circular window   3. For *Il.*   4. *se déculotte* is removing his trousers   5. *Sans blagues?* No kidding?   6. crazy
7. flea

8. *Mince alors!* My word!   9. stupefied with astonishment.   10. He's bawling.
1. reddish   2. *rayée de* striped with   3. arrange   4. *en chuchotements* with much whispering   5. *sur... pieds* on tiptoe   6. *le... lui* make him regain his memory

La Duchesse. Cela peut le frapper beaucoup.

Mme Renaud. Il aimait tant les traquer[7]! Il montait sur les arbres à des hauteurs vertigineuses[8] pour mettre de la glu[9] sur les branches.

La Duchesse, *au maître d'hôtel.* Mettez-en une sur l'oreiller,[10] tout près de lui. Sur l'oreiller, oui, oui, sur l'oreiller.

Le Maître d'Hôtel. Madame la duchesse ne craint pas qu'il ait peur en s'éveillant de voir cette bestiole[11] si près de son visage?

La Duchesse. Excellente, la peur, dans son cas, mon ami. Excellente. (*Elle revient à Madame Renaud.*) Ah! je ne vous cacherai pas que je suis dévorée d'inquiétude, Madame! J'ai pu calmer ces gens, hier soir, en leur disant qu'Huspar et mon petit Albert seraient ici ce matin à la première heure; mais qui sait si nous arriverons à nous en débarrasser sans dégâts[12]?...

Le Valet de Chambre *entre.* Les familles présumées de Monsieur Gaston viennent d'arriver, Madame la duchesse.

La Duchesse. Vous voyez! Je leur avais dit neuf heures, il sont là à neuf heures moins cinq. Ce sont des gens que rien ne fera céder.

Mme Renaud. Où les avez-vous introduits, Victor?

Le Valet de Chambre. Dans le grand salon, madame.

La Duchesse. Ils sont autant qu'hier? C'est bien une idée de paysans de venir en groupe pour mieux se défendre.

Le Valet de Chambre. Ils sont davantage,[13] Madame la duchesse.

La Duchesse. Davantage? Comment cela?

Le Valet de Chambre. Oui, Madame la duchesse, trois de plus, mais ensemble. Un monsieur de bonne apparence, avec un petit garçon et sa gouvernante.

La Duchesse. Une gouvernante? Quel genre de gouvernante?

Le Valet de Chambre. Anglais, Madame la duchesse.

La Duchesse. Ah! ce sont les Madensale!... Des gens que je crois charmants. C'est la branche anglaise de la famille qui réclame Gaston... C'est touchant de venir d'aussi loin rechercher un des siens, vous ne trouvez pas? Priez ces personnes de patienter quelques minutes, mon ami.

Mme Renaud. Mais ces gens ne vont pas nous le reprendre avant qu'il ait parlé, n'est-ce pas, Madame?

La Duchesse. N'ayez crainte. L'épreuve a commencé par vous; il faudra, qu'ils le veuillent ou non, que nous la terminions régulièrement. Mon petit Albert m'a promis d'être très ferme sur ce point. Mais d'un autre côté nous sommes obligés à beaucoup de diplomatie pour éviter le moindre scandale.

Mme Renaud. Un scandale dont j'ai l'impression que vous vous exagérez le danger, Madame.

La Duchesse. Détrompez-vous,[14] Madame! La presse de gauche[15] guette[16] mon petit Albert, je le sais: j'ai mes espions.[17] Ces gens-là vont bondir sur[18] cette calomnie comme des molosses sur une charogne.[19] Et cela, quel que soit mon désir de voir Gaston entrer dans

---

7. track down   8. dizzy   9. glue (to catch birds)   10. pillow   11. little animal
12. damage   13. *Ils sont davantage* There are more of them now

14. *Détrompez-vous* Don't be deceived
15. *presse de gauche* leftist press (newspapers)
16. is after   17. spies   18. *bondir sur* pounce upon   19. *comme... charogne* like dogs (*literally* mastiffs) on a piece of carrion

une famille adorable, je ne peux pas le permettre. Comme vous êtes mère, je suis tante—avant tout. (*Elle lui serre*[20] *le bras.*) Mais croyez que j'ai le cœur brisé comme vous par tout ce que cette épreuve peut avoir de douloureux et de torturant. (*Le valet de chambre passe près d'elle avec des écureuils empaillés. Elle le suit des yeux.*) Mais c'est ravissant une peau d'écureuil! Comment se fait-il qu'on n'ait jamais pensé à en faire des manteaux?

Mme RENAUD, *ahurie.* Je ne sais pas.

LE VALET DE CHAMBRE. Ça doit être trop petit.

LE MAÎTRE D'HÔTEL, *qui surveille la porte.* Attention, Monsieur a bougé!

LA DUCHESSE. Ne nous montrons surtout pas. (*Au maître d'hôtel.*) Ouvrez les persiennes.

(*Pleine lumière dans la chambre. Gaston a ouvert les yeux. Il voit quelque chose tout près de son visage. Il recule, se dresse sur son séant.*[21])

GASTON. Qu'est-ce que c'est? (*Il se voit entouré de belettes, de putois, d'écureuils empaillés, il a les yeux exorbités,*[22] *il crie:*) Mais qu'est-ce que c'est que toutes ces bêtes? Qu'est-ce qu'elles me veulent?

LE MAÎTRE D'HÔTEL *s'avance.* Elles sont empaillées, Monsieur. Ce sont les petites bêtes que Monsieur s'amusait à tuer. Monsieur ne les reconnaît donc pas?

GASTON *crie d'une voix rauque.*[23] Je n'ai jamais tué de bêtes!

(*Il s'est levé, le valet s'est précipité avec sa robe de chambre. Ils passent tous deux dans la salle de bains. Mais Gaston ressort aussitôt et revient aux bêtes.*)

Comment les prenait-il?

LE MAÎTRE D'HÔTEL. Que Monsieur

se rappelle les pièges d'acier[24] qu'il choisissait longuement sur le catalogue de la Manufacture d'Armes et Cycles de Saint-Étienne... Pour certaines, Monsieur préférait se servir de la glu.

GASTON. Elles n'étaient pas encore mortes quand il les trouvait?

LE MAÎTRE D'HÔTEL. Généralement pas, Monsieur. Monsieur les achevait avec son couteau de chasse. Monsieur était très adroit pour cela.

GASTON, *après un silence.* Qu'est-ce qu'on peut faire pour des bêtes mortes? (*Il a vers elles un geste timide qui n'ose pas être une caresse, il rêve un instant.*) Quelles caresses sur ces peaux tendues,[26] séchées[27]? J'irai jeter des noisettes[28] et des morceaux de pain à d'autres écureuils, tous les jours. Je défendrai, partout où la terre m'appartiendra, qu'on fasse la plus légère peine aux belettes... Mais comment consolerai-je celles-ci de la longue nuit où elles ont eu mal et peur sans comprendre, leur patte retenue dans cette mâchoire[29] immobile?

LE MAÎTRE D'HÔTEL. Oh! il ne faut pas que Monsieur se peine[30] à ce point. Ce n'est pas bien grave, des bestioles; et puis, en somme, maintenant, c'est passé.

GASTON *répète.* C'est passé. Et même si j'étais assez puissant à présent pour rendre à jamais heureuse la race des petits animaux des bois... Vous l'avez dit: c'est passé. (*Il s'en va vers la salle de bains en disant:*) Pourquoi n'ai-je pas la même robe de chambre qu'hier soir?

LE MAÎTRE D'HÔTEL. Elle est également à Monsieur. Madame m'a recommandé de les faire essayer toutes à Monsieur, dans l'espoir que Monsieur en reconnaîtrait une.

GASTON. Qu'est-ce qu'il y a dans les

---

20. squeezes   21. *se... séant* sits up   22. out of their sockets   23. hoarse

24. *pièges d'acier* steel traps   25. makes 26. stretched   27. dried   28. hazel nuts 29. jaw   30. *se peine* should be grieved

poches de celle-là? Des souvenirs encore, comme hier?

LE MAÎTRE D'HÔTEL, *le suivant.* Non, Monsieur. Cette fois ce sont des boules de naphtaline.[31]

(*La porte de la salle de bains s'est refermée. La duchesse et Madame Renaud sortent de leur cachette.*[32])

LE MAÎTRE D'HÔTEL *a un geste avant de sortir.* Madame a pu entendre. Je ne crois pas que Monsieur ait rien reconnu.

Mme RENAUD, *dépitée.*[33] On dirait vraiment qu'il y met de la mauvaise volonté.

LA DUCHESSE. Si c'était cela, croyez que je lui parlerais très sévèrement, mais j'ai malheureusement peur que ce ne soit plus grave.

GEORGES, *entrant.* Eh bien, il s'est réveillé?

LA DUCHESSE. Oui, mais notre petite conspiration n'a rien donné.

Mme RENAUD. Il a eu l'air péniblement surpris de voir les dépouilles[34] de ces bêtes, mais c'est tout.

GEORGES. Est-ce que vous voulez me laisser un moment, je voudrais essayer de lui parler.

Mme RENAUD. Puisses-tu réussir, Georges! Moi, je commence à perdre l'espoir.

GEORGES. Il ne faut pas, voyons, maman, il ne faut pas. Il faut espérer jusqu'au bout au contraire. Espérer contre l'évidence même.

Mme RENAUD, *un peu pincée.*[35] Son attitude est vraiment lassante.[36] Tu veux que je te dise? Il me semble qu'il me fait la tête[37] comme autrefois...

GEORGES. Mais puisqu'il ne t'a même pas reconnue...

Mme RENAUD. Oh! il avait un si mau-

vais caractère! Amnésique ou non, pourquoi veux-tu qu'il ne l'ait plus?

LA DUCHESSE, *s'en allant avec elle.* Je crois que vous exagérez son animosité contre vous, Madame. En tout cas, je n'ai pas de conseil à vous donner, mais je voulais vous dire que je trouve votre façon d'agir un peu trop froide. Vous êtes mère, que diable! soyez pathétique. Roulez-vous à ses pieds, criez.

Mme RENAUD. Voir Jacques reprendre sa place ici est mon plus cher désir, Madame; mais je ne saurais vraiment aller jusque-là. Surtout après ce qui s'est passé.

LA DUCHESSE. C'est dommage. Je suis sûre que cela le frapperait beaucoup. Moi, si l'on voulait me prendre mon petit Albert, je sens que je deviendrais redoutable comme une bête sauvage. Vous ai-je raconté que, lorsqu'on l'a refusé à son bachot,[38] je me suis pendue à la barbe du doyen[39] de la faculté?

(*Elles sont sorties. Georges a frappé pendant ce temps à la porte de la chambre, puis il est entré, timide.*)

GEORGES. Je peux te parler, Jacques?

LA VOIX DE GASTON, *de la salle de bains.* Qui est là, encore? J'avais demandé que personne ne vienne. Je ne peux donc même pas me laver sans qu'on me harcèle de[40] questions, sans qu'on me flanque[41] des souvenirs sous le nez?

LE VALET DE CHAMBRE, *entr'ouvrant la porte.* Monsieur est dans son bain, Monsieur. (*A Gaston invisible.*) C'est Monsieur, Monsieur.

LA VOIX DE GASTON, *encore bourrue,*[42] *mais radoucie.*[43] Ah! c'est vous?

GEORGES, *au valet de chambre.* Laissez-nous un instant, Victor. (*Il sort. Georges*

---

31. *boules de naphtaline* mothballs   32. hiding place   33. vexed   34. bodies   35. huffy 36. tiresome   37. *fait la tête* is sulking

38. baccalaureate examination   39. dean 40. *sans... de* without being pestered with 41. *sans... flanque* without having thrown at me 42. rude   43. softened

se rapproche de la porte.) Je te demande pardon, Jacques... Je comprends bien qu'à la longue[44] nous t'agaçons avec nos histoires... Mais ce que je veux te dire est important tout de même... Si cela ne t'ennuie pas trop, je voudrais bien que tu me permettes...

LA VOIX DE GASTON, *de la salle de bains.* Quelle saleté[45] avez-vous encore trouvée dans le passé de votre frère pour me la coller[46] sur les épaules?

GEORGES. Mais ce n'est pas une saleté, Jacques, au contraire, ce sont des réflexions, des réflexions que je voudrais te communiquer, si tu le permets. (*Il hésite une seconde et commence.*) Tu comprends, sous prétexte qu'on est un honnête homme, qu'on l'a toujours été, qu'on n'a jamais rien fait de mal (ce qui est bien facile après tout pour certains), on se croit tout permis[47]... On parle aux autres du haut de sa sérénité... On fait des reproches, on se plaint[48]... (*Il demande brusquement.*) Tu ne m'en veux pas d'hier? (*La réponse vient, bourrue comme l'autre, et comme à regret,[49] en retard d'une seconde.*)

LA VOIX DE GASTON. De quoi?

GEORGES. Mais de tout ce que je t'ai raconté en exagérant, en me posant en victime. De cette sorte de chantage[50] que je t'ai fait avec ma pauvre histoire... (*On entend un bruit dans la salle de bains. Georges, épouvanté, se lève.*) Attends, attends, ne sors pas tout de suite de la salle de bains, laisse-moi finir, j'aime mieux. Si je t'ai devant moi, je vais reprendre mon air de frère, et je n'en sortirai plus... Tu comprends, Jacques, j'ai bien réfléchi cette nuit; ce qui s'est

passé a été horrible, bien sûr, mais tu étais un enfant et elle aussi, n'est-ce pas? Et puis, à Dinard, avant notre mariage, c'était plutôt avec toi qu'elle avait envie de se promener, vous vous aimiez peut-être avant, tous les deux, comme deux pauvres gosses[51] qui ne peuvent rien[52]... Je suis arrivé entre vous avec mes gros sabots,[53] ma situation, mon âge... J'ai joué les fiancés sérieux... sa tante a dû la pousser à accepter ma demande... Enfin ce que j'ai pensé cette nuit, c'est que je n'avais pas le droit de te les faire, ces reproches, et que je les retire tous. Là.

(*Il tombe assis, il n'en peut plus.[54] Gaston est sorti de la salle de bains, il va doucement à lui en lui posant la main sur l'épaule.*)

GASTON. Comment avez-vous pu aimer à ce point cette petite fripouille,[55] cette petite brute?

GEORGES. Que voulez-vous? c'était mon frère.

GASTON. Il n'a rien fait comme un frère. Il vous a volé, il vous a trompé... Vous auriez haï votre meilleur ami s'il avait agi de la sorte.

GEORGES. Un ami, ce n'est pas pareil, c'était mon frère...

GASTON. Et puis comment pouvez-vous souhaiter de le voir revenir, même vieilli, même changé, entre votre femme et vous?

GEORGES, *simplement.* Qu'est-ce que tu veux, même si c'était un assassin, il fait partie de la famille, sa place est dans la famille.

GASTON *répète, après un temps.* Il fait partie de la famille, sa place est dans la famille. Comme c'est simple! (*Il dit pour lui.*) Il se croyait bon, il ne l'est pas; honnête, il ne l'est guère. Seul au

44. *à la longue* finally   45. dirty thing
46. to stick   47. *on... permis* one imagines one can do as one pleases   48. *se plaint* complains
49. *comme à regret* almost regretfully   50. blackmail

51. kids   52. *qui... rien* who can do nothing
53. wooden shoes (a symbol for his clumsiness)
54. *il... plus* he is exhausted   55. scoundrel

monde et libre, en dépit des murs de l'asile—le monde est peuplé d'êtres auxquels il a donné des gages[56] et qui l'attendent—et ses plus humbles gestes ne peuvent être que des prolongements de gestes anciens. Comme c'est simple! (*Il prend Georges par le bras brutalement.*) Pourquoi êtes-vous venu me raconter votre histoire par-dessus le marché[57]? Pourquoi êtes-vous venu me jeter votre affection au visage? Pour que ce soit plus simple encore, sans doute? (*Il est tombé assis sur son lit, étrangement las.*[58]) Vous avez gagné.

GEORGES, *éperdu.* Mais, Jacques, je ne comprends pas tes reproches... Je suis venu te dire cela péniblement, crois-moi, pour te faire un peu chaud,[59] au contraire, dans la solitude que tu as dû découvrir depuis hier autour de toi.

GASTON. Cette solitude n'était pas ma pire ennemie...

GEORGES. Tu as peut-être surpris des regards de domestiques, une gêne[60] autour de toi. Il ne faut pas que tu croies quand même que personne ne t'aimait... Maman... (*Gaston le regarde, il se trouble.*) Et puis, enfin, surtout, moi, je t'aimais bien.

GASTON. A part vous?

GEORGES. Mais... (*Il est gêné.*) Qu'est-ce que tu veux... Valentine sans doute.

GASTON. Elle a été amoureuse de moi, ce n'est pas la même chose... Il n'y a que vous.

GEORGES *baisse la tête.* Peut-être, oui.

GASTON. Pourquoi? Je ne peux pas arriver à comprendre pourquoi.

GEORGES, *doucement.* Vous n'avez jamais rêvé d'un ami qui aurait été d'abord un petit garçon que vous auriez

promené par la main? Vous qui aimez l'amitié, songez quelle aubaine[61] cela peut être pour elle un ami assez neuf pour qu'il doive tenir de vous le secret des premières lettres de l'alphabet, des premiers coups de pédale à bicyclette, des premières brasses[62] dans l'eau. Un ami assez fragile pour qu'il ait tout le temps besoin de vous pour le défendre...

GASTON, *après un temps.* J'étais tout petit quand votre père est mort?

GEORGES. Tu avais deux ans.

GASTON. Et vous?

GEORGES. Quatorze... Il a bien fallu que je m'occupe de toi. Tu étais si petit. (*Un temps, il lui dit sa vraie excuse.*) Tu as toujours été si petit pour tout. Pour l'argent que nous t'avons donné trop tôt comme des imbéciles, pour la dureté de maman, pour ma faiblesse à moi aussi, pour ma maladresse. Cet orgueil, cette violence contre lesquels tu te débattais[63] déjà à deux ans, c'étaient des monstres dont tu étais innocent et dont c'était à nous[64] de te sauver. Non seulement nous n'avons pas su le faire, mais encore nous t'avons accusé; nous t'avons laissé partir tout seul pour le front... Avec ton fusil, ton sac, ta boîte à masque,[65] tes deux musettes,[66] tu devais être un si petit soldat sur le quai de la gare!

GASTON *hausse les épaules.* J'imagine que ceux qui avaient de grosses moustaches et l'air terrible étaient de tout petits soldats, eux aussi, à qui on allait demander quelque chose au-dessus de leurs forces...

GEORGES *crie presque douloureusement.* Oui, mais toi, tu avais dix-huit ans! Et après les langues mortes[67] et la vie décora-

---

56. pledges   57. *par-dessus le marché* in the bargain   58. tired   59. *pour... chaud* to warm you up a little   60. constraint

61. windfall   62. strokes   63. *te débattais* were struggling   64. *c'était à nous* it was up to us   65. *boîte à masque* gas mask box   66. knapsacks   67. i.e. his study of Latin and Greek in high school

tive des conquérants,[68] la première chose que les hommes allaient exiger de toi, c'était de nettoyer des tranchées[69] avec un couteau de cuisine.

GASTON *a un rire qui sonne faux.* Et après? Donner la mort, cela me paraît pour un jeune homme une excellente prise de contact avec la vie.

LE MAÎTRE D'HÔTEL *paraît.* Madame la duchesse prie Monsieur de bien vouloir venir la rejoindre au grand salon dès que Monsieur sera prêt.

GEORGES *s'est levé.* Je vous laisse. Mais, s'il vous plaît, malgré tout ce qu'on a pu vous dire, ne le détestez pas trop, ce Jacques... Je crois que c'était surtout un pauvre petit. *(Il sort. Le maître d'hôtel est resté avec Gaston et l'aide à s'habiller.)*

GASTON *lui demande brusquement.* Maître d'hôtel?

LE MAÎTRE D'HÔTEL. Monsieur?

GASTON. Vous n'avez jamais tué quelqu'un?

LE MAÎTRE D'HÔTEL. Monsieur veut sans doute plaisanter.[70] Monsieur pense bien que si j'avais tué quelqu'un je ne serais plus au service de Madame.

GASTON. Même pendant la guerre? Un brusque tête-à-tête en sautant dans un abri[71] pendant la seconde vague d'assaut[72]?

LE MAÎTRE D'HÔTEL. J'ai fait la guerre comme caporal d'habillement,[73] et je dois dire à Monsieur que dans l'intendance nous avions assez peu d'occasions.

GASTON, *immobile, tout pâle et très doucement.* Vous avez de la chance, maître d'hôtel. Parce que c'est une épouvantable sensation d'être en train de tuer quelqu'un pour vivre.

LE MAÎTRE D'HÔTEL *se demande s'il doit rire ou non.* Monsieur le dit bien, épouvantable! Surtout pour la victime.

GASTON. Vous vous trompez, maître d'hôtel. Tout est affaire d'imagination. Et la victime a souvent beaucoup moins d'imagination que l'assassin. *(Un temps.)* Parfois, elle n'est même qu'une ombre dans un songe de l'assassin.

LE MAÎTRE D'HÔTEL. Dans ce cas, je comprends qu'elle souffre peu, Monsieur.

GASTON. Mais l'assassin, lui, en revanche, a le privilège des deux souffrances. Vous aimez vivre, maître d'hôtel?

LE MAÎTRE D'HÔTEL. Comme tout un chacun,[74] Monsieur.

GASTON. Imaginez que, pour vivre, il vous faille plonger à jamais dans le néant[75] un jeune homme. Un jeune homme de dix-huit ans... Un petit orgueilleux,[76] une petite fripouille, mais tout de même... un pauvre petit. Vous serez libre, maître d'hôtel, l'homme le plus libre du monde, mais, pour être libre, il vous faut laisser ce petit cadavre innocent derrière vous. Qu'allez-vous faire?

LE MAÎTRE D'HÔTEL. J'avoue à Monsieur que je ne me suis pas posé la question. Mais je dois dire également que, si j'en crois les romans policiers, il ne faut jamais laisser le cadavre derrière soi.

GASTON *éclate soudain de rire.* Mais si personne—hors l'assassin—ne peut voir le cadavre? *(Il va à lui et gentiment.)* Tenez, maître d'hôtel. C'est fait. Il est là à vos pieds. Le voyez-vous?

(Le maître d'hôtel regarde ses pieds, fait un saut de côté,[77] regarde autour de lui et se sauve,[78] épouvanté, aussi vite que sa

---

68. Reading about heroes and heroic sentiments in school books. Compare Horace: "Dulce et decorum est pro patria mori."
69. trenches   70. to joke   71. shelter
72. *vague d'assaut* wave of attack   73. corporal **in** charge of clothing

74. *tout un chacun* For *tout le monde.*
75. nothingness   76. proud man   77. *saut de côté* jump to the side   78. *se sauve* runs off

dignité le permet. Valentine paraît rapidement dans le couloir. Elle court à la chambre.)

VALENTINE. Que me dit Georges? Tu ne leur as rien dit encore? Je n'ai pas voulu entrer la première dans ta chambre ce matin, mais je croyais qu'ils allaient m'appeler avec une bonne nouvelle. Pourquoi ne leur as-tu pas dit? (*Gaston la regarde sans rien dire.*) Mais enfin, ne me fais pas devenir folle! Cette cicatrice, tu l'as vue hier, j'en suis sûre, dans une glace?

GASTON, *doucement, sans cesser de la regarder.* Je n'ai vu aucune cicatrice.

VALENTINE. Qu'est-ce que tu dis?

GASTON. Je dis que j'ai regardé très attentivement mon dos et que je n'ai vu aucune cicatrice. Vous avez dû vous tromper.

VALENTINE *le regarde un instant, abasourdie, puis comprend et crie soudain.* Oh! je te déteste! Je te déteste!...

GASTON, *très calme.* Je crois que cela vaut mieux.

VALENTINE. Mais est-ce que tu te rends compte seulement de ce que tu es en train de faire?

GASTON. Oui. Je suis en train de refuser mon passé et ses personnages—moi compris.[79] Vous êtes peut-être ma famille, mes amours, ma véridique histoire. Oui, mais seulement, voilà... vous ne me plaisez pas. Je vous refuse.

VALENTINE. Mais tu es fou! Mais tu es un monstre! On ne peut pas refuser son passé. On ne peut pas se refuser soi-même...

GASTON. Je suis sans doute le seul homme, c'est vrai, auquel le destin aura donné la possibilité d'accomplir ce rêve de chacun... Je suis un homme et je peux être, si je veux, aussi neuf qu'un enfant!

C'est un privilège dont il serait criminel de ne pas user. Je vous refuse. Je n'ai déjà depuis hier que trop de choses à oublier sur mon compte.[80]

VALENTINE. Et mon amour, à moi, qu'est-ce que tu en fais? Lui non plus, sans doute, tu n'as pas la curiosité de le connaître?

GASTON. Je ne vois de lui, en ce moment, que la haine de vos yeux... C'est sans doute un visage de l'amour dont seul un amnésique peut s'étonner! En tout cas, il est bien commode.[81] Je ne veux pas en voir un autre. Je suis un amant qui ne connaît pas l'amour de sa maîtresse—un amant qui ne se souvient pas du premier baiser, de la première larme—un amant qui n'est le prisonnier d'aucun souvenir, qui aura tout oublié demain. Cela aussi, c'est une aubaine assez rare... J'en profite.

VALENTINE. Et si j'allais le crier, moi, partout, que je reconnais cette cicatrice?

GASTON. J'ai envisagé cette hypothèse. Au point de vue amour: je crois que l'ancienne Valentine l'aurait déjà fait depuis longtemps et que c'est un signe assez consolant que vous soyez devenue prudente... Au point de vue légal: vous êtes ma belle-sœur, vous vous prétendez[82] ma maîtresse... Quel tribunal accepterait de prendre une décision aussi grave sur ce louche imbroglio d'alcôve[83] dont vous seule pouvez parler?

VALENTINE, *pâle, les dents serrées.*[84] C'est bien. Tu peux être fier. Mais ne crois pas que, tout ton fatras d'amnésie mis à part,[85] ta conduite soit bien surprenante pour un homme... Je suis même

---

80. *sur mon compte* about myself   81. convenient   82. *vous vous prétendez* you say that you are   83. *louche imbroglio d'alcôve* shady bedroom intrigue   84. *les dents serrées* with clenched teeth   85. *tout... part* aside from all that amnesia stuff

79. *moi compris* myself included

sûre qu'au fond tu dois être assez faraud[86] de ton geste. C'est tellement flatteur de refuser une femme qui vous a attendu si longtemps! Eh bien, je te demande pardon de la peine que je vais te faire, mais, tu sais... j'ai tout de même eu d'autres amants depuis la guerre.

GASTON *sourit.* Je vous remercie. Ce n'est pas une peine...

(*Dans le couloir paraissent le maître d'hôtel et le valet de chambre. A leur mimique,*[87] *on comprend qu'ils ont pensé qu'il valait mieux être deux pour aborder*[88] *Gaston.*)

LE VALET DE CHAMBRE, *du seuil.* Madame la duchesse Dupont-Dufort me prie de dire à Monsieur qu'il se dépêche et qu'il veuille bien la rejoindre au plus tôt au grand salon parce que les familles de Monsieur s'impatientent. (*Gaston n'a pas bougé, les domestiques disparaissent.*)

VALENTINE *éclate de rire.* Tes familles, Jacques! Ah! c'est bête, j'ai envie de rire... Parce qu'il y a une chose que tu oublies: c'est que, si tu refuses de venir avec nous, il va falloir que tu ailles avec elles de gré ou de force.[89] Tu vas devoir aller coucher dans les draps de leur mort, endosser les gilets de flanelle[90] de leur mort, ses vieilles pantoufles[91] pieusement gardées... Tes familles s'impatientent... Allons, viens, toi qui as si peur de ton passé, viens voir ces têtes de petits bourgeois et de paysans, viens te demander quels passés de calculs et d'avarice ils ont à te proposer.

GASTON. Il leur serait difficile de faire mieux que vous, en tout cas.

VALENTINE. Tu crois? Ces cinq cent mille francs escroqués[92] et dépensés[93] en rires et en fêtes te paraîtront peut-être bien légers à côté de certaines histoires de mur mitoyen[94] et de bas de laine.[95] Allons, viens, puisque tu ne nous veux pas, tu te dois à tes autres familles maintenant. (*Elle veut l'entraîner, il résiste.*)

GASTON. Non, je n'irai pas.

VALENTINE. Ah? Et que vas-tu faire?

GASTON. M'en aller.

VALENTINE. Où?

GASTON. Quelle question! N'importe où.

VALENTINE. C'est un mot d'amnésique. Nous autres, qui avons notre mémoire, nous savons qu'on est toujours obligé de choisir une direction dans les gares[96] et qu'on ne va jamais plus loin que le prix de son billet... Tu as à choisir entre la direction de Blois et celle d'Orléans. C'est te dire que si tu avais de l'argent le monde s'ouvrirait devant toi! Mais tu n'as pas un sou en poche, qu'est-ce que tu vas faire?

GASTON. Déjouer[97] vos calculs. Partir à pied, à travers champs, dans la direction de Châteaudun.

VALENTINE. Tu te sens donc si libre depuis que tu t'es débarrassé de nous? Mais pour les gendarmes tu n'es qu'un fou échappé d'un asile. On t'arrêtera.

GASTON. Je serai loin. Je marche très vite.

VALENTINE *lui crie en face.* Crois-tu que je ne donnerais pas l'alarme si tu faisais un pas hors de cette chambre? (*Il est allé soudain à la fenêtre.*) Tu es

---

86. proud (slang)   87. *à leur mimique* from their gestures   88. to address   89. *de gré ou de force* of your own free will or by force 90. *endosser... flanelle* put on the flannel vests 91. slippers

92. stolen fraudulently   93. spent   94. *mur mitoyen* party wall   95. *bas de laine* woolen stockings. Valentine means that sordid provincial lawsuits involving dividing walls (i.e. property) and money hoarded in wool stockings will prove worse than Gaston's own youthful crime (see page 178), which was motivated by a desire for a life of pleasure.   96. railway stations   97. to upset

ridicule, la fenêtre est trop haute et ce n'est pas une solution.

(*Il s'est retourné vers elle comme une bête traquée. Elle le regarde et lui dit doucement.*)

Tu te débarrasseras peut-être de nous, mais pas de l'habitude de faire passer tes pensées une à une dans tes yeux... Non, Jacques, même si tu me tuais pour gagner une heure de fuite, tu serais pris.

(*Il a baissé la tête, acculé[98] dans un coin de la chambre.*)

Et puis, tu sais bien que ce n'est pas seulement moi qui te traque et veux te garder. Mais toutes les femmes, tous les hommes... Jusqu'aux morts bien pensants[99] qui sentent obscurément que tu es en train d'essayer de leur brûler la politesse[100]... On n'échappe pas à tant de monde, Jacques. Et, que tu le veuilles ou non, il faudra que tu appartiennes à quelqu'un ou que tu retournes dans ton asile.

GASTON, *sourdement.* Eh bien, je retournerai dans mon asile.

VALENTINE. Tu oublies que j'y ai été lingère tout un jour, dans ton asile! que je t'y ai vu bêchant bucoliquement les salades peut-être, mais aussi aidant à vider les pots, à faire la vaisselle[101]; bousculé[102] par les infirmiers[103] auxquels tu quémandais une pincée de tabac[104] pour ta pipe... Tu fais le fier avec nous; tu nous parles mal, tu nous railles,[105] mais sans nous tu n'es qu'un petit garçon impuissant qui n'a pas le droit de sortir seul et qui doit se cacher dans les cabinets[106] pour fumer.

GASTON *a un geste quand elle a fini.*

Allez-vous-en, maintenant. Il ne me reste pas le plus petit espoir: vous avez joué votre rôle.

(*Elle est sortie sans un mot. Gaston reste seul, jette un regard lassé[107] dans sa chambre; il s'arrête devant son armoire à glace,[108] se regarde longtemps. Soudain, il prend un objet sur la table, près de lui, sans quitter son image des yeux, et il le lance à toute volée[109] dans la glace qui s'écroule[110] en morceaux. Puis il s'en va s'asseoir sur son lit, la tête dans ses mains. Un silence, puis doucement la musique commence, assez triste d'abord, puis peu à peu, malgré Gaston, malgré nous, plus allègre. Au bout d'un moment, un petit garçon habillé en collégien d'Eton ouvre la porte de l'antichambre, jette un coup d'œil fureteur,[111] puis referme soigneusement la porte et s'aventure dans le couloir sur la pointe des pieds. Il ouvre toutes les portes qu'il trouve sur son passage et jette un coup d'œil interrogateur à l'intérieur des pièces. Arrivé à la porte de la chambre, même jeu.[112] Il se trouve devant Gaston, qui lève la tête, étonné par cette apparition.*)

LE PETIT GARÇON. Je vous demande pardon, Monsieur. Mais vous pourrez peut-être me renseigner. Je cherche le petit endroit.[113]

GASTON, *qui sort d'un rêve.* Le petit endroit? Quel petit endroit?

LE PETIT GARÇON. Le petit endroit où on est tranquille.

GASTON *comprend, le regarde, puis soudain éclate d'un bon rire, malgré lui.* Comme ça se trouve![114]... Figurez-vous que, moi aussi, je le cherche en ce moment le petit endroit où on est tranquille...

---

98. driven back　　99. *bien pensants* right thinking, proper　　100. *brûler la politesse* i.e. rob them of the courtesy which is their due
101. *faire la vaisselle* do the dishes　　102. jostled
103. male nurses　　104. *tu... tabac* you begged a pinch of tobacco　　105. *tu nous railles* you make fun of us　　106. toilets

107. tired　　108. *armoire à glace* mirror wardrobe　　109. *à toute volée* full force　　110. shatters
111. searching　　112. *même jeu* same action
113. *petit endroit* toilet　　114. *Comme... trouve!* What a coincidence!

Le Petit Garçon. Je me demande bien alors à qui nous allons pouvoir le demander.

Gaston *rit encore.* Je me le demande aussi.

Le Petit Garçon. En tout cas, si vous restez là, vous n'avez vraiment pas beaucoup de chances de le trouver. (*Il aperçoit les débris de la glace.*) Oh! là là. C'est vous qui avez cassé la glace?

Gaston. Oui, c'est moi.

Le Petit Garçon. Je comprends alors que vous soyez très ennuyé. Mais, croyez-moi, vous feriez mieux de le dire carrément.[115] Vous êtes un Monsieur, on ne peut pas vous faire grand'chose.[116] Mais, vous savez, on dit que cela porte malheur.

Gaston. On le dit, oui.

Le Petit Garçon, *s'en allant.* Je m'en vais voir dans les couloirs si je rencontre un domestique... Dès qu'il m'aura donné le renseignement, je reviendrai vous expliquer où il se trouve... (*Gaston le regarde.*) ...le petit endroit que nous cherchons tous les deux.

Gaston *sourit et le rappelle.* Ecoutez, écoutez... Votre petit endroit où on est tranquille, à vous, est beaucoup plus facile à trouver que le mien. Vous en avez un là, dans la salle de bains.

Le Petit Garçon. Je vous remercie beaucoup, Monsieur.

(*Il entre dans la salle de bains, la musique a repris son petit thème moqueur. Le petit garçon revient au bout de quelques secondes. Gaston n'a pas bougé.*)

Maintenant, il faut que je retourne au salon. C'est par là?

Gaston. Oui, c'est par là. Vous êtes avec les familles?

Le Petit Garçon. Oui. C'est plein de gens de tout acabit[117] qui viennent

pour essayer de reconnaître un amnésique de la guerre. Moi aussi, je viens pour cela. Nous avons fait précipitamment le voyage en avion, parce qu'il paraît qu'il y a une manœuvre sous roche.[118] Enfin moi, vous savez, je n'ai pas très bien compris. Il faudra en parler à l'oncle Job. Vous avez déjà été en avion?

Gaston. De quelle famille faites-vous partie?

Le Petit Garçon. Madensale.

Gaston. Madensale... Ah! oui... Madensale, les Anglais... Je vois le dossier,[119] très bien. Degré de parenté[120]: oncle... C'est même moi qui ai recopié l'étiquette.[121] Il y a un oncle sans doute chez les Madensale.

Le Petit Garçon. Oui, Monsieur...

Gaston. L'oncle Job, c'est vrai. Eh bien, vous direz à l'oncle Job que, si j'ai un conseil à lui donner, c'est de ne pas avoir trop d'espoir au sujet de son neveu.

Le Petit Garçon. Pourquoi me dites-vous ça, Monsieur?

Gaston. Parce qu'il y a beaucoup de chances pour que le neveu en question ne reconnaisse jamais l'oncle Job.

Le Petit Garçon. Mais il n'y a aucune raison pour qu'il le reconnaisse, Monsieur. Ce n'est pas l'oncle Job qui recherche son neveu.

Gaston. Ah! il y a un autre oncle Madensale?

Le Petit Garçon. Bien sûr, Monsieur. Et c'est même un peu drôle, au fond... L'oncle Madensale, c'est moi.

Gaston, *ahuri.* Comment c'est vous? Vous voulez dire votre père?

Le Petit Garçon. Non, non. Moi-même. C'est même très ennuyeux, vous le pensez bien, pour un petit garçon d'être l'oncle d'une grande personne.

---

115. frankly 116. *grand'chose* much 117. *de tout acabit* of all sorts (bad sense)

118. *sous roche* undercover   119. records 120. relationship   121. label

J'ai mis longtemps à[122] comprendre d'ailleurs et à m'en convaincre. Mais mon grand-père a eu des enfants très tard, alors voilà, cela s'est fait comme ça. Je suis né vingt-six ans après mon neveu.

GASTON *éclate franchement de rire et l'attire sur ses genoux.* Alors c'est vous l'oncle Madensale?

LE PETIT GARÇON. Oui, c'est moi. Mais il ne faut pas trop se moquer, je n'y peux rien.

GASTON. Mais, alors, cet oncle Job dont vous parliez...

LE PETIT GARÇON. Oh! c'est un ancien ami de papa qui est mon avocat pour toutes mes histoires de succession.[123] Alors, n'est-ce pas, comme cela m'est tout de même difficile de l'appeler cher Maître, je l'appelle oncle Job.

GASTON. Mais comment se fait-il que vous soyez seul à représenter les Madensale?

LE PETIT GARÇON. C'est à la suite d'une épouvantable catastrophe. Vous avez peut-être entendu parler du naufrage[124] du *Neptunia?*

GASTON. Oui. Il y a longtemps.

LE PETIT GARÇON. Eh bien, toute ma famille était partie dessus en croisière.[125]

(*Gaston le regarde, émerveillé.*[126])

GASTON. Alors tous vos parents sont morts?

LE PETIT GARÇON, *gentiment.* Oh! mais, vous savez, il ne faut pas me regarder comme ça. Ce n'est pas tellement triste. J'étais encore un très petit baby à l'époque de la catastrophe... A vrai dire je ne m'en suis même pas aperçu.

GASTON *l'a posé par terre, il le considère, puis lui tape sur l'épaule.* Petit oncle

Madensale, vous êtes un grand personnage sans le savoir!

LE PETIT GARÇON. Je joue déjà très bien au cricket, vous savez. Vous jouez, vous?

GASTON. Ce que je ne comprends pas, c'est pourquoi l'oncle Job vient du fond de l'Angleterre chercher un neveu pour son petit client. Un neveu qui va plutôt lui compliquer son affaire, j'imagine.

LE PETIT GARÇON. Oh! c'est parce que vous n'êtes pas au courant des successions. C'est très compliqué, mais je crois comprendre que si nous ne le retrouvons pas, notre neveu, la plus grande partie de mon argent nous passe sous le nez. Cela m'ennuie beaucoup parce que, parmi les héritages en question, il y a une très belle maison dans le Sussex avec des poneys superbes... Vous aimez monter à cheval?

GASTON, *soudain rêveur.* Alors l'oncle Job doit avoir une bien grande envie de retrouver votre neveu?

LE PETIT GARÇON. Vous pensez! Pour moi... et pour lui. Parce qu'il ne me l'a pas avoué, mais ma gouvernante m'a dit qu'il avait un pourcentage sur toutes mes affaires.

GASTON. Ah! bon. Et quel genre d'homme est-ce, cet oncle Job?

LE PETIT GARÇON, *les yeux bien clairs.* Un Monsieur plutôt rond, avec des cheveux blancs...

GASTON. Non, ce n'est pas cela que je veux dire. C'est d'ailleurs un renseignement que vous ne pouvez pas me donner. Où est-il en ce moment?

LE PETIT GARÇON. Il fume sa pipe dans le jardin. Il n'a pas voulu rester avec les autres à attendre dans le salon.

GASTON. Bon. Vous pouvez me conduire auprès de lui?

LE PETIT GARÇON. Si vous voulez.

---

122. *J'ai... à* It took me a long time to
123. inheritance   124. wreck   125. *en croisière* on a cruise   126. astonished

GASTON *sonne. Au valet de chambre qui entre.* Voulez-vous prévenir Madame la duchesse Dupont-Dufort que j'ai une communication capitale, vous entendez bien: capitale, à lui faire. Qu'elle veuille bien avoir l'obligeance de venir ici.

LE VALET DE CHAMBRE. Une communication capitale. Bien, Monsieur peut compter sur moi. (*Il sort, très surexcité, en murmurant.*) Capitale.

GASTON *entraîne le petit garçon vers la porte opposée.* Passons par là. (*Arrivé à la porte, il s'arrête et lui demande.*) Dites donc, vous êtes bien sûr qu'ils sont tous morts dans votre famille?

LE PETIT GARÇON. Tous. Même les amis intimes qu'on avait invités au grand complet[127] à cette croisière.

GASTON. C'est parfait.

(*Il le fait passer devant lui et sort. La musique reprend, moqueuse. La scène reste vide un instant, puis la duchesse entre, suivie du valet de chambre.*)

LA DUCHESSE. Comment, il veut me voir? Mais il sait pourtant que je l'attends moi-même depuis un quart d'heure. Une communication, vous a-t-il dit?

LE VALET DE CHAMBRE. Capitale.

LA DUCHESSE, *dans la chambre vide.* Eh bien, où est-il?

(*Gaston, suivi de l'oncle Job et du petit garçon, entre solennellement dans la chambre. Trémolo à l'orchestre ou quelque chose comme ça.*)

GASTON. Madame la duchesse, je vous présente Maître Picwick, solicitor de la famille Madensale, dont voici l'unique représentant. Maître Picwick vient de m'apprendre une chose extrêmement troublante: il prétend que le neveu de son client possédait, à deux centimètres sous l'omoplate gauche, une légère cica-

trice qui n'était connue de personne. C'est une lettre, retrouvée par hasard dans un livre, qui lui en a dernièrement[128] fait savoir l'existence.

PICWICK. Lettre que je tiens d'ailleurs à la disposition des autorités de l'asile, Madame, dès mon retour en Angleterre.

LA DUCHESSE. Mais enfin cette cicatrice, Gaston, vous ne l'avez jamais vue? Personne ne l'a jamais vue, n'est-ce pas?

GASTON. Personne.

PICWICK. Mais elle est si petite, Madame, que j'ai pensé qu'elle avait pu passer jusqu'ici inaperçue.

GASTON, *sortant sa veste.* L'expérience est simple. Voulez-vous regarder?

(*Il tire sa chemise, la duchesse prend son face-à-main,[129] Maître Picwick ses grosses lunettes.[130] Tout en leur présentant son dos, il se penche vers le petit garçon.*)

LE PETIT GARÇON. Vous l'avez, au moins, cette cicatrice? Je serais désolé que ce ne soit pas vous.

GASTON. N'ayez crainte. C'est moi... Alors, c'est vrai que vous ne vous rappelez rien de votre famille... Même pas un visage? même pas une petite histoire?

LE PETIT GARÇON. Aucune histoire. Mais si cela vous ennuie, peut-être que je pourrais tâcher de me renseigner.

GASTON. N'en faites rien.

LA DUCHESSE, *qui lui regardait le dos, crie soudain.* La voilà! La voilà! Ah! mon Dieu, la voilà!

PICWICK, *qui cherchait aussi.* C'est exact, la voilà!

LA DUCHESSE. Ah! embrassez-moi, Gaston... Il faut que vous m'embrassiez, c'est une aventure merveilleuse!

PICWICK, *sans rire.* Et tellement inattendue[131]...

LA DUCHESSE *tombe assise.* C'est effrayant, je vais peut-être m'évanouir!

---

127. *au grand complet* all together

128. recently   129. *face-à-main* lorgnette
130. glasses   131. unexpected

GASTON, *la relevant, avec un sourire.*
Je ne le crois pas.

LA DUCHESSE. Moi non plus! Je vais
plutôt téléphoner à Pont-au-Bronc.
Mais dites-moi, monsieur Madensale, il
y a une chose que je voudrais tant savoir:
au dernier abcès de fixation, mon petit
Albert vous a fait dire « Foutriquet »
dans votre délire. Est-ce un mot qui
vous rattache maintenant à votre ancienne vie?...

GASTON. Chut! Ne le répétez à
personne. C'est lui que j'appelais ainsi.

LA DUCHESSE, *horrifiée.* Oh! mon
petit Albert! (*Elle hésite un instant, puis
se ravise.*[132] Mais cela ne fait rien, je vous
pardonne... (*Elle s'est tournée vers Picwick,
minaudante.*)[133] Je comprends maintenant
que c'était l'humour anglais.

PICWICK. Lui-même!

LA DUCHESSE, *qui y pense soudain.*
Mais, pour ces Renaud, quel coup épouvantable! Comment leur annoncer cela?

132. *se ravise* changes his mind   133. simpering

GASTON, *allègrement.* Je vous en
charge! J'aurai quitté cette maison dans
cinq minutes sans les revoir.

LA DUCHESSE. Vous n'avez même pas
une commission pour eux?

GASTON. Non. Pas de commission.
Si, pourtant... (*Il hésite.*) ...Vous direz à
Georges Renaud que l'ombre légère de
son frère dort sûrement quelque part
dans une fosse commune[134] en Allemagne.
Qu'il n'a jamais été qu'un enfant digne de
tous les pardons, un enfant qu'il peut
aimer sans crainte, maintenant, de jamais
rien lire de laid[135] sur son visage d'homme.
Voilà! Et maintenant... (*Il ouvre la porte
toute grande, leur montre gentiment le
chemin. Il tient le petit garçon contre lui.*)
Laissez-moi seul avec ma famille. Il faut
que nous confrontions[136] nos souvenirs...

(*Musique triomphante. La duchesse
sort avec Maître Picwick.*)

LE RIDEAU TOMBE.

134. *fosse commune* common grave   135. ugly
136. compare

Henry de Montherlant

LA REINE MORTE

HENRY DE MONTHERLANT

HENRY DE MONTHERLANT, born in Paris in 1896, has lived as an adult through the main phases of the intellectual life of the twentieth century. He has seen the predictions of Bourget and Barrès for the new century become a reality: the leveling of the extremes of society in favor of a higher level of mediocrity; the loss of the positive values of the past; a general *déracinement*, for better or for worse, according to varying opinions. Unlike many of his contemporaries who were unable to arrive at their own opinions without the aid of elaborate metaphysical systems, Montherlant judged his age early, and has given little indication that he has changed. He sees contemporary society as mediocre, ignominious, without dignity or grandeur; men strike him as cruel, bent on mutual exploitation, ready to make any sacrifice for the sake of their personal interest or security; love is a simulacrum, a device by which women engage men in a fabric of weakness and falsehood, depriving them of their strength. Scorn is a frequent word in the works of Montherlant, and it serves to summarize his attitude, at least momentarily, before his contemporaries.

A peine Costa et Solange se furent-ils attablés dans le jardin de cette *hostellerie*

à chiqué,... que Costa se mit à souffrir. Il avait horreur de ces dîneurs qui les entouraient, les hommes avec leur air "extrêmement distingué"..., les femmes avec cet ennui, cette sottise et cette méchanceté qui modelaient leurs figures: tous puants sans le vouloir,... tous irrémédiablement exilés du naturel et de l'humain, si bien que par moments ils auraient presque éveillé la pitié, comme s'ils étaient un peu maudits.[1]

One is obliged to add, however, that this attitude is not that of a reformer. Montherlant is hardly concerned with society in its present form, and his perspective is in no way that of the critical historian. He perceives in humanity a common denominator of baseness, and his observations might apply to any social group. It is almost accidentally that they apply to France. Observing man from a detached, universal point of view, Montherlant's values are not those of the French Third Republic. They are values derived from the Renaissance, and include many sources: Aristotle, Marcus Aurelius, Goethe, Nietzsche, Machiavelli. Indeed, Montherlant has been called man of the Renaissance by his childhood friend, J. N. Faure-Biguet, who finds in him those qualities which characterized the great figures of

1. *Les Jeunes Filles* (Paris, 1936), p. 200.

that age: total being, love of physical beauty, love of glory, pride, freedom and violence in life, sensuality, absence of hypocrisy in matters of principle, pagan catholicism, and humanism.[2]

Certainly Montherlant's universe is not that of the modern world, as we perceive it through Gide, Proust, Camus, or Sartre. There is no doubt or hesitation, no anguish of uncertainty, no hysteria confusing all values and giving even madness a certain validity. There is no concern for the problem of existence as opposed to essence. He is unequivocally on the side of an essentialistic universe in which courage, pride, forthrightness, and generosity have a fixed and stable value. The result is often a curious contradiction, for Montherlant's generosity is inclined to be harsh, even cruel. His attitude toward women is a case in point. Raised by a mother of unusual gifts, an invalid for twenty years, Montherlant became one of the celebrated misogynists of the world. He exalts woman throughout his books as objects of desire, and as objects of scorn and hatred when they impede the work of men; but at no point does he admit an essential equality of the sexes. Woman is admirable or disgusting; she is never simply a human being. She is of a different essence from man. There is for him something unnatural in association with women, which accounts for the many difficulties of relationships with them.

He is obliged to decide finally that this dichotomy itself is natural.

Tel est ce couple hybride, d'où naissent la plupart des maux de l'humanité, sans que ni lui ni elle en soit coupable, mais seulement la nature, qui les a conjoints sans les assortir, mettant là le meilleur et le pire, comme dans toutes ses autres œuvres, où il n'est rien qui ne soit mêlé, confus, impur, à double face, malgré les inconscients et les philosophes, qui n'en voient jamais qu'un seul côté.[3]

Montherlant's intellectual frame of reference is that of an obdurate idealism from which he has attempted to strip the last shreds of rationalism. It is this idealism which Montherlant calls his realism. Like so many who reached maturity after the First World War, Montherlant found justification in sensation. Convinced that life was without meaning *a priori*, he felt that it could be invested with any meaning whatsoever. Whether this was out of audacity or self-protection, one cannot say. "La raison permet de grandes choses. L'obscurcissement de la raison en permet de grandes aussi."[4] Montherlant wrote in 1925, "Tolède m'avertit que Barrès s'éloigne."[5] Barrès was a symbol of the rational idealism of the preceding generation. It is the *homme-cerveau* in Barrès that Montherlant rejects. For this *homme-cerveau* what would Montherlant substitute? He would substitute the complete man, living on every level

2. J. N. Faure-Biguet, *Les Enfances de Montherlant* (Paris, 1941), pp. 198–199.

3. *Les Jeunes Filles* (Paris, 1936), p. 132.
4. Albérès, *L'Aventure intellectuelle du vingtième siècle* (Paris, 1950), p. 55. 5. *Aux Fontaines du désir*, p. 100.

of his being, endowed with strong sensuality, a powerful will, artistic genius, and sensitivity, independent of love and even friendship, a completely autonomous being, closely related to the superman, and dangerously susceptible to totalitarian doctrines. Until recently this ideal was for Montherlant a matter of private conviction. His manner of achieving it was that of the ascetic and the recluse. Renouncing the world, at least in philosophical terms, he was jealous of his retirement. Yet Montherlant's retirement has never been impermeable to public curiosity, and it often appears to be a means of courting the popular favor which he seemingly scorns.

According to what positive criteria would society or the individual meet with the difficult approval of Henry de Montherlant? In *Lettre d'un père à son fils*[6] we are given a clear statement of his values. Here we read without the intervention of fictional characters to raise the question of the author's artistic purpose:

Les vertus que vous cultiverez pardessus tout sont le courage, le civisme, la fierté, la droiture, le mépris, le désintéressement, la politesse, la reconnaissance, et, d'une façon générale, tout ce qu'on entend par le mot de générosité.

In this essay Montherlant outlines a moral position that is reminiscent of that of the *gentilhomme* of the old regime. It is interesting to note that such terms as *qualité* and *honnête* occupy an important place. We are obliged to conclude from these remarks that for Montherlant men are what they are because of some indefinable essence, similar to that which sets them apart from women. There is no remedy for inferiority; there is no merit in superiority. It is a matter finally of authority. Montherlant would want his son to have *mœurs honnêtes*. "Par 'mœurs honnêtes' j'entends surtout cette *qualité* d'un être, grâce à laquelle le mal le degoûte comme une vulgarité."[7]

What reward may his son expect for following such advice? Montherlant answers: hatred! This is not advice, he continues, by which a man will win favor or success in the modern world. However, it has not been his intention to equip his son for such a world or for such success. He has wanted to make him a man first of all, "un homme tout court." He is obliged to do this, of course, without reference to his son's life, without reference to the society in which he will live or to his desires and ambitions. This advice must be taken for what it is: advice to a man intended for superiority and destined to live in an inferior world. Advice *tout court*.

Montherlant, living up to his own standards, raises his hand at the end of the essay to prevent any gesture of gratitude or affection from his imaginary son. It is at this point that the purpose of his words becomes clear. He has been counseling a son who does not exist, an inferior being with whom he wishes no contact, no relationship. It is sufficient that he should

6. *Service inutile* (Paris, 1935), pp. 264 ff.

7. Ibid. p. 270.

recognize his son; he does not seek recognition in return. "J'aime la citronnade. Je n'ai pas besoin que la citronnade m'aime."[8] Such generosity is not unrelated to the remoteness of royal condescension and explains perhaps the solitude which surrounds the fictional characters of Montherlant.

LA REINE MORTE

SINCE *La Reine morte*, created by the Comédie-Française in 1942, Montherlant has devoted himself almost exclusively to the domain of the theater. *Fils des autres* had appeared in 1939. In 1943 there appeared *Fils de personne* and *Un Incompris*; in 1946, *Malatesta*; in 1947, *Le Maître de Santiago*; in 1949, *Demain il fera jour* and *Pasiphaé*; and in 1950, *Celles qu'on prend dans ses bras*. For 1952 Montherlant announced *Le Triomphe de la religion* and for 1953 *Port-Royal*. The latter play was written between 1940 and 1942.[9]

At a time when *littérature engagée* has made the reading public conscious of the social and philosophical role of the theater, Henry de Montherlant has chosen to create a theater in which he strives to achieve classic universality. Preferring to offend rather than court popular taste, he gives as much importance to literary style as to character and theme. He does not attempt to flatter his audience by soliciting their collaboration or cultivating their preferences. In each of his plays he presents a stark, often cruel aspect of human life, following the dialectics of his plot to a pessimistic conclusion. The role of the audience is clearly that of spectator. Montherlant makes no concession of any kind. He scorns the conversational style, the short sentences, the absence of monologue and asides that characterize the modern theater, and he expresses impatience with modern audiences incapable of understanding the magnificence of authentic tragedy. He criticizes the modern need for facile sentimentality, for the scabrous, for the inhuman. He feels that, in general, modern man has lost his ability to understand and appreciate the spontaneous and vigorous purity of the classics. Montherlant believes that Corneille and Racine, without the fame which surrounds them, would find few real admirers today.

La dramaturgie moderne interdit les monologues, les apartés, les tirades. Mais notre théâtre classique est plein de monologues, d'apartés, de tirades: il foisonne même de scènes entières où l'on ne parle que par tirades. Notre littérature moderne interdit qu'on répète à peu de distance le même mot; mais Racine ne s'inquiète nullement de répéter le même mot (dans *Alexandre*, tirade d'Alexandre où *beau* ou *beautés* est répété trois

8. Loc. cit.   9. See *Opéra*, No. 295, March 7, 1951, p. 10.

fois en quinze vers: c'est un exemple entre cinquante). De même pour les assonances, aujourd'hui prohibées...[10]

Unlike the existentialists, Montherlant seeks to teach no systematic philosophy. His concerns are more purely aesthetic. Yet certain themes recur with sufficient frequency to create a pattern of consistency for his work. They are themes with which his readers are already familiar from his novels and essays: the isolation and solitude of the superior individual, the impossibility of human love, the tragedy of the paternal relationship, the drama of contradiction within a single personality, the inadequacy of woman, the magnificence of pride, the meanness of human beings, the necessity for strength and decision, the power of will, the futility of happiness, the tragic consequences of mediocrity.

Montherlant does not have a systematic theory of drama, as he does not possess a systematic philosophy of life; but he believes that the rare quality of talent plus a good dose of luck make a fine play. He approaches the problems of the theater with a defiance that accounts for some of his extraordinary successes, as well as for some of his extraordinary failures. "Il n'y a aucune règle pour faire une bonne pièce. Mais il y faut beaucoup de malice," he says in *Notes sur mon théâtre*.[11] He is in the theater, as he is in his other writings and in life, cavalier, experimental, con-

descending, haughty, aristocratic, and somewhat reckless. His theory of universality is reminiscent of statements of Gide: "Passer à l'universel par le plus violemment ou le plus pauvrement particulier."[12] To the notion of achieving the universal through the particular, we observe that he has added a quality of dramatic excess. He evokes Goethe when he affirms that tragic effect arises from observing *objets intolérables*. As examples of such objects he cites from his own plays Alvaro, Georges Carrion, and Ferrante.[13]

Beyond these few specific statements, there is little to be added to Montherlant's concepts of dramatic theory. In *Notes sur mon théâtre* he states briefly and succinctly what constitutes for him the essence of a play:

Une pièce de théâtre ne m'intéresse que si l'action extérieure, réduite à la plus grande simplicité, n'y est qu'un prétexte à l'exploration de l'homme; si l'auteur s'y est donné pour tâche non d'imaginer et de construire mécaniquement une intrigue, mais d'exprimer avec le maximum de vérité, d'intensité et de profondeur un certain nombre de mouvements de l'âme humaine.[14]

Montherlant protests against all theories that maintain that theater is theater, a special art of convention opposed to all other artistic forms, the essence of which is action and transparency. Montherlant would have the

---

10. *Notes sur mon théâtre* (Paris, 1950), p. 26.
11. Ibid. p. 9.
12. Ibid. p. 9.
13. Ibid. pp. 9–10.
14. Ibid. p. 31.

theater, as well as other forms of art, serve only the ultimate canon of truth.

Je lis noir sur blanc: "La vérité psychologique est le propre de l'observateur et du penseur; la vérité conventionnelle celui de l'homme de théâtre. Le théâtre est un art essentiellement de convention: il obéit à des lois particulières, toutes différentes de celles des autres genres littéraires." Voilà contre quoi je m'insurge et ce dont j'espère bien, par mes pièces, montrer la fausseté.[15]

It is not surprising that Montherlant should be severely treated by the critics. Although he counts many enthusiasts among his audience and has enjoyed great popular success, he remains a controversial figure. There is hardly a conviction of conventional society, a fond belief or favorite prejudice, which he has not offended. Nor is it surprising that he himself should frequently protest against the general misunderstanding, if that is the right word, which surrounds his work.

True to his idea that drama should devolve upon character rather than action, Montherlant has chosen to tell a simple story in La Reine morte:

The Infanta of Navarre has come to Portugal at the invitation of the old king, Ferrante. It is his intention that his son, Don Pedro, shall marry her for political reasons. Meanwhile Don Pedro has married his mistress, Inès de Castro, without his father's knowledge. Not only do Pedro and Inès refuse to give each other up, but Ferrante knows that the marriage can never be annulled with papal consent

because of his disagreement with the Church. Unable to accept Inès de Castro as legitimate queen of Portugal, Ferrante yields to court intrigue and finally gives the order for her to be killed. Ferrante dies shortly afterward and Pedro inherits the throne. Inès is crowned queen, although she is dead.[16]

It is apparent from the simplicity of this plot that Montherlant means to have the action of his tragedy depend on other elements. These other elements are to be found in the characters themselves, as well as in the exalted atmosphere of noble idealism which Montherlant finds so fascinating in the late years of the Middle Ages in Spain, in Italy during the Renaissance, among the solitaires of Port-Royal. Here is Montherlant's implicit protest against France in the twentieth century. He opposes to the philosophy of expediency, as he observes it among his contemporaries, the heroic idealism of past periods, when man lived closer to absolute truth. "L'infini est du côté de Malatesta," he writes in Opéra,[17] commending Léon Savary's critical appreciation of his play by this name. The quotation he selects from Savary might well apply to the characters and themes of La Reine morte:

C'est tout justement l'espèce d'êtres humains que notre époque est le moins

15. Ibid. pp. 32–33.

16. The historical Inès de Castro was murdered in 1355. Her death inspired a Portuguese play of Ferreira and a Spanish one by Guevara, Reinar después de morir, which Montherlant included in the first edition of La Reine morte in order to obviate questions of influence. Lamotte wrote a French tragedy on this subject in 1730.

17. Opéra, No. 295, March 7, 1951, p. 10.

capable de comprendre; et il suffit de lire les sottises... que des gens éminents ont répandues... pour se rendre compte de cette évidence: presque personne aujourd'hui n'est apte à se reporter par l'imagination à ce passé prodigieux... que fut le moyen âge finissant. Nos contemporains, même les moins aveugles, sont tellement engoncés dans leur conformisme bourgeois, qu'ils ne peuvent pas admettre qu'on n'ait pas toujours pensé, senti et vécu comme un inspecteur des contributions ou comme un propriétaire de magasins de chapeaux au XXe siècle.[18]

Ferrante, the aging king of Portugal, is an example of broken idealism. He is the character most reminiscent of Montherlant himself. A rational skepticism has destroyed his belief in everything except God. In this respect he remains typical of his age. Life has become for him an essential contradiction, in which duty is the necessity to impose an arbitrary and ideal order. He has grown accustomed to inconsistency even in himself. His moods change easily from the lyrical and humorous to the severe. Yet withal Ferrante believes that certain principles of "justice" and truth must be made to prevail, and the spectator is never in doubt but that he will finally condemn Inès to death. In spite of his respect and admiration for her, in spite of his distorted love for Don Pedro, he is unable to yield. He believes in the grandeur of principle which the absorbing pettiness of life belies. He is a dangerous man, for he is able to find betrayal

18. Ibid.

necessary to his higher concept of fidelity, and his low estimate of the human beings who surround him prevents him from having confidence or trust in them. His few simple principles of right and wrong are inadequate for the complex situations in which he must act, but he has no other principles to guide him. Intellectually, he is convinced that ideas possess reality independently of human beings. Emotionally, he is not at peace with this essentialistic philosophy, but he feels helpless to change it. His conclusion finally is to agree to what seems to be inescapable truth and so make a quick end of a painful situation.

Ferrante raises the question of Montherlant's own humanistic crisis. Like Montherlant, he perceives the ambiguous complexity of life and the multiple aspects of human beings. But he believes ultimately that the ambiguity of human existence must be reduced to some simplified common denominator. Ferrante possesses absolute criteria of truth, and he is convinced that his decisions cannot be wrong. Each of his successive interviews with Inès or Pedro leads him a step in the direction of their condemnation. Though he is charmed by Inès, though he loves his son in spite of his disappointment in him, though he understands perfectly their tragedy, he is unable to make concessions. The weariness of Ferrante is not that of a human being. It is the weariness of a god, very fond of human creatures, to be sure, whose function is to dispose of their unreasonable lives. The complexity of life is a wearisome confirmation for Ferrante of his own unity, of his duty which he never fails to see. Like Montherlant, Ferrante is not insensitive to the contradictions of the human condition. "O mon Dieu! dans ce répit qui me reste, avant que le sabre repasse et m'écrase, faites qu'il tranche ce nœud épouvantable de contradictions qui sont en moi, de sorte que, un instant au moins avant de cesser d'être, je sache enfin ce que je suis."[19] But it is not his awareness of these contradictions which makes him monstrous. It is his refusal of them, his denial of their validity, and his criminal certainty.

Why did he kill Inès? He gives the answer himself a few moments before his own death: "Je l'ai fait exécuter pour préserver la pureté de la succession au trône, et pour supprimer le trouble et le scandale qu'elle causait dans mon Etat."[20] Then, as he feels death touch him a moment later, he exclaims, "J'ai fini de mentir." What was the nature of Ferrante's lie? It was not that he had Inès killed for other reasons than those he alleged. It was that within himself he knew that these reasons were his true ones, and that they were insufficient.

In *Notes sur mon théâtre* Montherlant quotes the remark of a young woman concerning the role of love in *La Reine morte*:

"*La Reine morte* c'est le triomphe de l'amour: amour d'Inès pour Pedro et pour son fils, amour de l'Infante pour Inès. L'amour, seul objet à quoi se prendre. Ferrante devait tuer l'amour, éteindre cette lumière, la logique de son destin l'exigeait; mais il meurt en y croyant, malgré qu'il en ait. Et ce triomphe de l'amour est encore souligné par la scène finale, où tout le monde se groupe autour d'Inès étendue."[21]

Certainly this is not a valid interpretation of the play as a whole; but nowhere else has Montherlant portrayed love either so completely or so lyrically. Though Inès's love for Pedro is very important, it is especially her love for her unborn child that is memorable. It is maternal love rather than passionate love that Inès de Castro portrays.[22] Jean de Beer, expressing some doubt as to Montherlant's sincerity, attributes the success of *La Reine morte* to the poetical expression of maternal love which occurs in it. "Tout le monde a dans la mémoire les répliques, ou plutôt les strophes où Inès... chante son enfant à venir. Ces paroles un peu trop brillantes et subtiles à notre goût, et que le Montherlant dramaturge d'aujourd'hui doit plus ou moins renier, ont fait beaucoup auprès du public, surtout féminin, pour le grand succès de cette pièce."[23]

19. See below, p. 264.   20. Ibid. p. 263.

21. *Notes sur mon théâtre*, pp. 45–46.
22. "C'est la mère surtout qu'il a voulu glorifier en cette tendre créature, puisque, obéissant à la suggestion de Jean Cocteau, qu'il rapporte dans une note de ses *Carnets*, il fait aujourd'hui, aux représentations de *La Reine morte*, poser par Pedro la couronne royale sur le ventre d'Inès et non plus sur sa gorge, comme à la création de la pièce." J. Sandelion, *Montherlant et les femmes* (Paris, 1950), pp. 152–153.   23. M. de Saint Pierre, *Montherlant bourreau de soi-même* (Paris, 1949), p. 153.

But Inès's love for her child is not above suspicion. Inès seems at first to be an exceptional character in the gallery of fictional women whom Montherlant has created, but this is because of a misunderstanding. Inès in her love is reminiscent of the Infanta in her pride. Inès has given everything, too much in fact, to love, and one is not convinced that the future course of this love is destined for happiness. It is easy to imagine that, were Inès to live, her love for her child would come to replace her love for Pedro and even this would not be sufficient. Egas Coelho is a symbol of secrecy in *La Reine morte*, but Inès conceals a secret that is more frightening than Coelho's silence or Ferrante's ambivalence: it is the potential destructiveness of her love. "J'accepte de devoir mépriser l'univers entier, mais non mon fils. Je crois que je serais capable de le tuer, s'il ne répondait pas à ce que j'attends de lui."[24]

This remark, which has appeared to some critics to be a false note in Montherlant's portrayal of Inès, serves to make her less of an exception among Montherlant's heroines. Inès does not betray the many selfish women who populate the works of Montherlant, closed to friendship, esteem, and intellectual sympathy, possessed only by their selfish daemon. Of her, Montherlant says: "... c'est déjà le drame de Georges avec Gillou."[25]

The Infanta is the most remarkable characterization in *La Reine morte*. In her Montherlant has succeeded in creating a heroine equal in strength to *Malatesta* or *Le Maître de Santiago*. She represents all those traits which made Faure-Biguet see in Montherlant a man of the Renaissance. She is the female counterpart of the condottiere, a personality requiring the closed universe of formal court life to contain her exalted ambitions. The source of her character is pride; the Infanta is admirable in terms that have ceased to exist. She is the epitome of a society that revered pride, honor, and strength above all other qualities. Thoroughly Spanish, deeply if erratically Christian, impatient, intolerant, without regard for love or human warmth, she is a fitting spokesman for Montherlant's philosophy of vigor and strength. Her attitudes make her an antithesis of all mediocrity, and achieve a harsh and glaring beauty. The character of the Infanta is without complexity. She is not interested in Don Pedro and the project of her marriage to him. Her concern is only for the insult that she has received because of his stubborn insistence that he remain true to his love for Inès. She consents to remain at the court of Ferrante only because he succeeds in tricking her, almost unwittingly, when he suggests that she might be incapable of forcing herself to remain. Like the person of pure quality that she is, she bears no personal resentment against Inès or Pedro. Her indignation is a matter of pure principle. This

24. See below, p. 260.   25. *Notes sur mon théâtre*, p. 48.

leaves her free to have a certain friendship for Inès, the only person to whom she shows such emotion in the play. She offers Inès the hospitality of Navarre in an attempt to save her from Ferrante. It is, of course, impossible for Inès to accept. Inès and the Infanta, who are so close in many respects, are condemned to mutual impermeability.

Don Pedro, a personality of less power than Ferrante, Inès, or the Infanta, is the worthy foil of these three. He is constant and faithful in his love for Inès, and this is all that is required of him. He serves to justify Inès's existence; he serves to justify Ferrante's belief in his mediocrity and selfishness; for the Infanta he serves as a pretext. There would have been no play without Don Pedro, but in himself he is a timid and tentative protest in favor of personal happiness, the right to lead a private life, the legitimacy and justice of a mere citizen caught among lofty lovers, princesses and kings. Pedro is for Ferrante that disappointment of which Inès speaks when she says that she would rather kill her son than be disappointed by him. For Ferrante this tragedy has occurred. When Pedro asks his father, after a violent discussion, to embrace him, Ferrante answers: "Embrassons-nous, si vous le désirez. Mais ces baisers entre parents et enfants, ces baisers dont on se demande pourquoi on les reçoit et pourquoi on les donne..." Pedro sees in this a rejection, and answers: "En ce cas, inutile..."[26]

26. See below, p. 222.

Somewhat miraculously, according to the logic of the play, Pedro is preserved to inherit his father's throne. In this there is for Montherlant the triumph of a superior principle.

Among the minor characters of the play Egas Coelho, Don Christoval, and Dino del Moro deserve mention.

Egas Coelho, the perfect courtier, portrays the perfidy with which Ferrante is surrounded. Coelho, in his persecution of Inès, conceals a secret which is never revealed, which even Ferrante is unable to discover. This device on the part of Montherlant serves to remind the audience that it is not for the satisfaction of idle curiosity that plays are written. In Egas Coelho, Montherlant defends the right of the theater to be ambiguous and even obscure. "... Il paraît que 'le propre du théâtre est de faire éclater tout.' C'est pourquoi nous ne saurons jamais le secret d'Egas Coelho."[27]

Don Christoval, Pedro's former tutor, is charged by Ferrante to arrest him. This is an occasion for Montherlant to express his scorn for those academic criteria of truth, virtue, good, and evil to which he had been subjected, like so many Frenchmen of his generation, in his childhood. In Don Christoval, Pedro attacks the Christian virtues which had formed the moral teachings of his own youth.

Like many other writers of the twentieth century, Montherlant has revolted against his age. In *La Reine morte* this

27. *Notes sur mon théâtre*, p. 33.

revolt takes the form of refuge sought in the clear, lofty ideals of the late Middle Ages and the early Renaissance. Montherlant depicts for his own relief as well as for his spectators a universe devoid of ambiguities and dedicated to principles of virtue, honor, pride, and strength. It is not a world, to be sure, in which difficulties do not exist, but it is one in which difficulties may be resolved and obstacles overcome by reference to fixed criteria. In this retreat Montherlant affiliates himself with a heroical literary tradition in which an essentialistic and morally minded society expressed not its confusion but its despair in magnificent rhetorical periods. Not only his language but his themes, his preoccupations, remind us of the great classical tradition. The dominant passion which possesses his characters is reminiscent of Racine; the eminent role of honor and duty, their conflict with love, recall Corneille; the high station of his characters, their moral superiority to the fate that crushes them, remind us that it was royal destruction which the classical theater portrayed. We conclude from this sinister teaching that men are overwhelmed by forces greater than themselves, that some determined destiny beyond human control speaks the final word. At the bottom of this work lies the moral conviction that only mediocrity is a sin, that strength will prevail, that might and right have profound affinities for each other. The dialectics of power go deep with Montherlant. It is not mere chance that bull fights, war, Olympic games, Spain and Italy during the Renaissance, have become symbols of his universe. As a young philosophy student he wrote in one of his compositions, much to the displeasure of his teacher, M. Archambault: "L'homme, né dans un état d'égoïsme, se débarrasse de ses semblables plus faibles, et sert ainsi la sélection naturelle."[28] Michel Mohrt epitomized Montherlant when he wrote: "La vraie destinée de Montherlant, c'était d'être tué à la guerre."[29]

Striving to achieve universality in La Reine morte, Montherlant reminds us that it remains nontheless characteristic of the period in which it was written. Unlike the existentialists, who perceive in present-day conflicts certain problems typical only of modern times, Montherlant is concerned with the eternal common denominator of turmoil and strife. Like Italy or Spain of the Renaissance, though in terms of more general mediocrity, the modern world is marked by war, chaos, famine, and executions. In his portrayal of the past Montherlant enjoins us to remember that La Reine morte is a modern play in this respect. However slight the similarity between late medieval Spain and the modern world, this similarity is essential to an understanding of Montherlant's works, and in some manner justifies the treatment and choice of his historical subjects.

28. J. N. Faure-Biguet, Les Enfances de Montherlant, p. 230.   29. M. Mohrt, Montherlant "Homme libre" (Paris, 1943), p. 72.

Actualité involontaire de *La Reine morte*. L'ombre de la mort passe sans cesse sur cette œuvre. Tous ses personnages vivent dans la peur. Ferrante attend sa mort, et a toujours eu peur. Inès vit sous la menace de la mort. Pedro est mis en prison. Exécutions, guerres nationales, guerre civile, et jusqu'à la famine, tout cela, qui est l'atmosphère de ce drame, est aussi l'atmosphère de l'Europe d'aujourd'hui. Ceux qui liront plus tard cette œuvre devront se rappeler en quels temps dramatiques elle fut écrite et montée.[30]

30. *Notes sur mon théâtre*, p. 46.

LA REINE MORTE

ACTE I

PREMIER TABLEAU

*Une salle du palais royal,
a Montemor-o-velho.*[1]

Scène I

LE ROI FERRANTE, L'INFANTE,[2] L'IN-
FANT,[3] DON CHRISTOVAL, TROIS DAMES
D'HONNEUR DE L'INFANTE, QUELQUES
GRANDS[4]

L'INFANTE. Je me plains[5] à vous, je me
plains à vous, Seigneur! Je me plains à
vous, je me plains à Dieu! Je marche
avec un glaive[6] enfoncé[7] dans mon cœur·
Chaque fois que je bouge,[8] cela me
déchire.[9]

PREMIÈRE DAME D'HONNEUR (*chu-
chote,*[10] *aux autres dames d'honneur*). La
pauvre! Regardez! Comme elle a mal!

SECONDE DAME D'HONNEUR. Elle est
toute pétrie d'orgueil.[11] Et c'est son
orgueil que ce glaive transperce. Oh!
comme elle a mal!

TROISIÈME DAME D'HONNEUR. Ah!
elle est de Navarre[12]!

L'INFANTE. Vous êtes venu, Seigneur,
dans ma Navarre (que Dieu protège!)
pour vous y entretenir[13] avec le Roi, mon
père, des affaires de vos royaumes. Vous
m'avez vue, vous m'avez parlé, vous avez
cru qu'une alliance entre nos couronnes,

par l'instrument du Prince votre fils, et
de moi, pouvait être faite pour le grand
bien de ces couronnes et pour celui de la
chrétienté. Vous deux, les rois, vous
décidez d'un voyage que je ferai au
Portugal, accompagnée de l'Infant, mon
frère, peu après[14] votre retour. Nous
venons, nous sommes reçus grandement.
La froideur du Prince, à mon égard,[15] ne
me surprend ni ne m'attriste. J'avais vu
plus loin; au delà de lui, je voyais
l'œuvre à faire. Trois jours se passent.
Ce matin, don Pedro, seul avec moi, me
fait un aveu.[16] Il plaide n'avoir su vos
intentions qu'à votre retour de Navarre,
quand il était trop tard pour revenir sur[17]
notre voyage. Il me déclare que son
cœur est lié[18] à jamais[19] à une dame de
votre pays, doña Inès de Castro, et que
notre union n'aura pas lieu.[20] Je crois
que si je ne l'avais retenu[21] il m'eût conté
ses amours de bout en bout[22] et dans le
détail: tant les gens affligés du dérange-
ment amoureux ont la manie de se croire
objet d'admiration et d'envie pour l'univers entier. Ainsi on me fait venir,
comme une servante, pour me dire qu'on
me dédaigne et me rejeter à la mer! Ma
bouche sèche[23] quand j'y pense. Seigneur, savez-vous que chez nous, en
Navarre, on meurt d'humiliation? Don
Guzman Blanco, réprimandé par le roi
Sanche, mon grand-père, prend la fièvre,
se couche, et passe[24] dans le mois. Le
père Martorell, confesseur de mon père,
lorsqu'il est interdit,[25] a une éruption de
boutons[26] sur tout le corps, et expire
après trois jours. Si je n'étais jeune et

1. Portuguese town on the Mondego river, below Coimbra. The royal castle mentioned in the
stage directions still may be seen. 2. Infanta
3. Infante (heir to the Spanish throne)
4. grandees 5. *me plains* complain 6. sword
7. thrust 8. move 9. tears, rends 10. whispering 11. *pétrie d'orgueil* consumed with
pride 12. Independent kingdom in the Pyre-
nees region, alternately under French and
Spanish domination until 1607, when France an-
nexed it. 13. *pour... entretenir* to speak there

14. *peu après* shortly after 15. *à mon égard* toward me 16. confession 17. *revenir sur* to call
off 18. bound 19. *à jamais* forever 20. *n'aura
pas lieu* will not take place 21. prevented
22. *de bout en bout* from one end to another
23. grows dry 24. dies 25. banished
26. pimples

vigoureuse, Seigneur, de l'affront que j'ai reçu du Prince, je serais morte.

Première Dame d'Honneur. Mourir d'honneur blessé,[27] c'est bien la mort qui convient à notre Infante.

Seconde Dame d'Honneur. Elle est toujours crucifiée sur elle-même, et elle éparpille[28] le sang qui coule[29] de son honneur.

Troisième Dame d'Honneur. Ah! c'est qu'elle est de Navarre, notre Infante!

L'Infant de Navarre. J'ai laissé parler l'Infante. Sa sagesse est grande, et sa mesure.[30] J'ajouterai seulement qu'il en est de nous[31] comme d'un arbuste[32] dont on veut brutalement arracher[33] une feuille. On arrache une seule feuille, mais tout l'arbre frémit.[34] Ainsi, de l'outrage fait à l'Infante, toute la Navarre est secouée.[35] Par respect et par affection vraie pour Votre Majesté, nous préférons nous contenir[36] dans la stupeur, de crainte de nous déborder[37] dans le courroux.[38]

Ferrante. Si moi, le Roi, je vous dis que je comprends votre mal, et si votre mal n'en est pas adouci, à votre tour vous m'aurez offensé. Votre mal est le mien: je ne puis dire plus. Quand je revins de Navarre et annonçai au Prince mes intentions, je vis bien à sa contenance qu'il en recevait un coup. Mais je crus qu'il n'y avait là que l'ennui de se fixer,[39] et d'entrer dans une gravité[40] pour laquelle il n'a pas de goût. Doña Inès de Castro ne fut pas nommée. Il me cacha son obstination. Et c'est à vous qu'il la jette, avec une discourtoisie qui m'atterre.[41]

L'Infante. Ce n'est pas la femme qui est insultée en moi, c'est l'Infante. Peu m'importe le Prince!

Ferrante (à don Manoël Ocayo). Don Manoël, allez avertir le Prince, et introduisez-le quand les Altesses royales seront parties.

L'Infante. Seigneur, laissez-moi retourner maintenant dans mon pays. Dans mon pays où on ne m'a jamais insultée. C'est la Navarre que j'aime. Le vent d'Est qui m'apporte la brume[42] de neige de mon pays m'est plus doux que le souffle odorant[43] du Portugal et de ses orangers.[44] Le vent qui vient de Navarre...

Ferrante. Partir! Tout ce que nous perdrions! Tout ce que vous perdriez!

L'Infante. Plutôt perdre que supporter.

Première Dame d'Honneur. L'Infante n'aimait pas tant les Navarrais, lorsqu'elle était en Navarre!

Deuxième Dame d'Honneur. Ni le froid, ni la brume de neige.

Troisième Dame d'Honneur. Quel merveilleux changement en faveur de notre Navarre!

Ferrante. De grâce, Infante, restez quelques jours encore. Je vais parler au Prince. Sa folie peut passer.

L'Infante. Si Dieu voulait me donner le ciel, mais qu'il me le différât,[45] je préférerais me jeter en enfer, à devoir attendre le bon plaisir de Dieu.

Ferrante. Vous aimez d'avoir mal, il me semble.

L'Infante. J'aime un mal qui me vient de moi-même. Et puis, la Navarre est un pays dur. Les taureaux[46] de chez nous sont de toute l'Espagne ceux qui ont les pattes[47] les plus résistantes, parce

---

27. wounded   28. scatters   29. flows
30. restraint   31. *il... nous literally* it is with us   32. bush   33. tear off   34. quivers
35. shaken   36. *nous contenir* hold ourselves
37. *nous déborder* break out   38. wrath   39. *se fixer* settle down   40. seriousness   41. astounds

42. mist   43. *souffle odorant* sweet-smelling breath   44. orange trees   45. delay
46. bulls   47. feet

qu'ils marchent toujours sur de la rocaille[48]...

FERRANTE. Restez jusqu'au terme[49] des fêtes données en l'honneur de Vos Altesses. Si don Pedro était irréductible, vous partiriez, mais tout scandale serait évité.

L'INFANTE. Je ne revivrai que lorsque nos navires[50] se mettront à[51] bouger vers mon pays.

FERRANTE. Est-il donc trop dur pour vous de composer votre visage pendant quelques jours?

L'INFANTE. Trop dur?

PREMIÈRE DAME D'HONNEUR. Mira![52] Mira! Comme elle dresse[53] la tête, avec la brusquerie de l'oiseau de proie[54]!

DEUXIÈME DAME D'HONNEUR. Oh! la petite fière[55]!

TROISIÈME DAME D'HONNEUR. Vive Dieu! Elle est de Navarre!

FERRANTE. Ne pouvez-vous pendant quelques jours contraindre la nature?

L'INFANTE. Il y a quelque chose que je ne pourrais pas[56]?

FERRANTE. Soutenir[57] longuement la conduite la plus opposée à son caractère: quelle fatigue! Mais quel honneur! Vous êtes aussi grande que vous êtes noble. Don Pedro est là: il va m'entendre. Peut-être ce soir même le destin[58] aura-t-il changé de route.—Vivez de longues années, ô ma jeune princesse! Votre exaltation était pareille à celle de la vague[59] qui se soulève.[60] Avec elle, vous nous avez tous soulevés.

L'INFANTE. Dites plutôt que je vive éternellement, pour avoir le temps d'accomplir toutes les choses grandes

qu'il y a en moi, et qui dans l'instant où je parle me font trembler.

FERRANTE. Vous vivrez, et vous vivrez lavée. On croit mourir de dépit[61] et de rage, et rien ne passe comme une insulte.

L'INFANTE. Si Dieu veut, si Dieu veut, je serai guérie[62] par mes choses grandes. Par elles je serai lavée.

Scène II

LE ROI, DON MANOËL OCAYO

FERRANTE. Le Prince est là?

DON MANOËL. Il attend les ordres de Votre Majesté.

FERRANTE. Qu'il attende encore un peu, que ma colère se soit refroidie. J'ai pâli, n'est-ce pas? Mon cœur qui, au plus fort des batailles,[1] n'a jamais perdu son rythme royal, se désordonne et palpite comme un coq qu'on égorge.[2] Et mon âme m'est tombée dans les pieds.

DON MANOËL. La pire colère d'un père contre son fils est plus tendre que le plus tendre amour d'un fils pour son père.

FERRANTE. J'ai honte. Je ne veux pas que mon fils sache ce qu'il peut sur moi,[3] ce que ne pourrait pas mon plus atroce ennemi. Mais quoi! Il est un de mes actes, et tous nos actes nous maîtrisent, un jour ou l'autre. Ah! pourquoi, pourquoi l'ai-je créé? Et pourquoi suis-je forcé de compter avec lui, pourquoi suis-je forcé de pâtir[4] à cause de lui, puisque je ne l'aime pas?

DON MANOËL. Magnanime Ferrante...

FERRANTE. Je vous arrête. Je ne sais

---

48. rock 49. end 50. boats 51. *se mettront à* shall begin 52. Look! 53. raises 54. prey 55. proud woman 56. *que... pas* that I couldn't do 57. maintain 58. fate 59. wave 60. *se soulève* rises

61. resentment 62. cured
1. *au... batailles* in the thick of battle 2. kills (cuts the throat of) 3. *ce... moi* the power he has over me 4. suffer

pourquoi, chaque fois qu'on me loue,[5] cela jette en moi une brusque ondée[6] de tristesse... Chaque fois qu'on me loue, je respire mon tombeau.

Don Manoël. Ma dévotion, faut-il donc que ce soit silencieusement...

Ferrante. Au jour du Jugement, il n'y aura pas de sentence contre ceux qui se seront tus.[7] Introduisez le Prince. Je ne sais jamais que lui dire; mais, aujourd'hui, je le sais.

Scène III

Ferrante, Pedro

Ferrante. L'Infante m'a fait part des propos[1] monstrueux que vous lui avez tenus.[2] Maintenant écoutez-moi. Je suis las de[3] mon trône, de ma cour, de mon peuple. Mais il y a aussi quelqu'un dont je suis particulièrement las, Pedro, c'est vous. Il y a tout juste treize ans que je suis las de vous, Pedro. Bébé, je l'avoue, vous ne me reteniez guère. Puis, de cinq à treize ans, je vous ai tendrement aimé. La Reine, votre mère, était morte, bien jeune. Votre frère aîné[4] allait tourner à l'hébétude,[5] et entrer dans les ordres.[6] Vous me restiez seul. Treize ans a été l'année de votre grande gloire; vous avez eu à treize ans une grâce, une gentillesse, une finesse, une intelligence que vous n'avez jamais retrouvées depuis; c'était le dernier et merveilleux rayon du soleil qui se couche; seulement on sait que, dans douze heures, le soleil réapparaîtra, tandis que le génie de l'enfance, quand il s'éteint,[7] c'est à tout jamais. On dit toujours que c'est

d'un ver[8] que sort le papillon[9]; chez l'homme, c'est le papillon qui devient un ver. A quatorze ans, c'en était fait,[10] vous vous étiez éteint; vous étiez devenu médiocre et grossier.[11] Avant, Dieu me pardonne, par moments j'étais presque jaloux de votre gouverneur[12]; jaloux de vous voir prendre au sérieux ce que vous disait cette vieille bête de Don Christoval, plus que ce que je vous disais moi-même. Je songeais aussi: « A cause des affaires de l'Etat, il me faut perdre mon enfant: je n'ai pas le temps de m'occuper de lui.» A partir de vos quatorze ans, j'ai été bien content que votre gouverneur me débarrassât de[13] vous. Je ne vous ai plus recherché, je vous ai fui.[14] Vous avez aujourd'hui vingt-six ans: il y a treize ans que je n'ai plus rien à vous dire.

Pedro. Mon père...

Ferrante. « Mon père ».· durant toute ma jeunesse, ces mots me faisaient vibrer. Il me semblait—en dehors de toute idée politique—qu'avoir un fils devait être quelque chose d'immense... Mais regardez-moi donc! Vos yeux fuient sans cesse pour me cacher tout ce qu'il y a en vous qui ne m'aime pas.

Pedro. Ils fuient pour vous cacher la peine que vous me faites. Vous savez bien que je vous aime. Mais, ce que vous me reprochez, c'est de n'avoir pas votre caractère. Est-ce ma faute, si je ne suis pas vous? Jamais, depuis combien d'années, jamais vous ne vous êtes intéressé à ce qui m'intéresse. Vous ne l'avez même pas feint.[15] Si, une fois... Quand vous aviez votre fièvre tierce,[16] et croyiez que vous alliez mourir; tandis que je vous disais quelques mots auprès de[17]

---

5. praises   6. shower   7. *se seront tus* will have kept silent
1. remarks   2. made   3. *las de* tired of
4. elder   5. *tourner à l'hébétude* become dulled with stupidity   6. i. e. go into the Church
7. *s'éteint* is extinguished

8. worm   9. butterfly   10. *c'en était fait* it was all over   11. vulgar   12. tutor   13. *me... de* rid me of   14. avoided   15. pretended
16. *fièvre tierce* tertian fever   17. *auprès de* beside

votre lit, vous m'avez demandé: « Et les loups,[18] en êtes-vous content? » Car c'était alors ma passion que la chasse au loup.[19] Oui, une fois seulement, quand vous étiez tout affaibli et désespéré par le mal, vous m'avez parlé de ce que j'aime.

FERRANTE. Vous croyez que ce que je vous reproche est de n'être pas semblable à moi. Ce n'est pas tout à fait cela. Je vous reproche de ne pas respirer à la hauteur où je respire. On peut avoir de l'indulgence pour la médiocrité qu'on pressent[20] chez un enfant. Non pour celle qui s'étale[21] dans un homme.

PEDRO. Vous me parliez avec intérêt, avec gravité, avec bonté, à l'âge où je ne pouvais pas vous comprendre. Et à l'âge où je l'aurais pu, vous ne m'avez plus jamais parlé ainsi,—à moi que, dans les actes publics, vous nommez « mon bien-aimé fils » !

FERRANTE. Parce qu'à cet âge-là non plus vous ne pouviez pas me comprendre. Mes paroles avaient l'air de passer à travers vous comme à travers un fantôme, pour s'évanouir[22] dans je ne sais quel monde: depuis longtemps déjà la partie[23] était perdue. Vous êtes vide de tout, et d'abord de vous-même. Vous êtes petit, et rapetissez tout[24] à votre mesure. Je vous ai toujours vu abaisser[25] le motif de mes entreprises: croire que je faisais par avidité ce que je faisais pour le bien du royaume; croire que je faisais par ambition personnelle ce que je faisais pour la gloire de Dieu. De temps en temps vous me jetiez à la tête votre fidélité. Mais je regardais à vos actes, et ils étaient toujours misérables.

PEDRO. Mon père, si j'ai mal agi[26]

envers vous, je vous demande de me le pardonner.

FERRANTE. Je vous le pardonne. Mais que le pardon est vain! Ce qui est fait est fait, et ce qui n'est pas fait n'est pas fait, irrémédiablement. Et puis, j'ai tant pardonné, tout le long de ma vie! Il n'y a rien de si usé[27] pour moi, que le pardon. D'autres ont plaisir à pardonner; pas moi. Enfin, nous voici dans une affaire où vous pouvez réparer beaucoup. Je ne reviens pas sur votre conduite incroyable, de vous refuser depuis des années à prendre l'esprit et les vues de votre condition[28]; de vous échapper toutes les fois que je vous parle d'un mariage qui est nécessaire au trône; de me celer[29] encore votre détermination, ces jours derniers, pour la révéler brutalement à l'Infante, au risque du pire éclat,[30] avec une inconvenance inouïe.[31] Je connais peu Inès de Castro. Elle a de la naissance,[32] bien que fille naturelle.[33] On parle d'elle avec sympathie, et je ne lui veux pas de mal. Mais il ne faut pas qu'elle me gêne. Un roi se gêne, mais n'est pas gêné.

PEDRO. Que prétendez-vous[34] faire contre elle?

FERRANTE. J'agirai avec vous doucement. Parce que c'est le meilleur moyen, selon moi, d'obtenir ce que je veux. Je pourrais exiler doña Inès, ou vous interdire[35] de la revoir. Je ne le ferai pas. Puisque les Africains[36] ont apporté chez nous un peu de leurs coutumes, et que, même à la cour, l'usage s'est établi qu'un homme ait une amie régulière en

---

18. wolves   19. *chasse au loup* wolf hunting
20. senses   21. *s'étale* is obvious   22. vanish
23. game   24. *rapetissez tout* make everything small   25. debase   26. behaved

27. worn out   28. station   29. conceal
30. scandal   31. *inconvenance inouïe* unbelievable impropriety   32. *Elle... naissance* She is well born   33. *fille naturelle* illegitimate daughter   34. *prétendez-vous* do you intend
35. forbid   36. A reference to the Moorish influence in Spain and Portugal.

outre de[37] son épouse légitime, épousez l'Infante, et ne vous interdisez pas de rencontrer Inès, avec la discrétion convenable. L'Infante, prévenue,[38] y trouvera d'autant moins à redire[39] qu'en Navarre aussi le concubinage est formellement autorisé par la loi. Elle aura le règne, et le règne vaut bien ce petit déplaisir. Et elle ne vous aime pas, non plus que vous ne l'aimez, ce qui est bien la meilleure condition pour que votre union soit heureuse à l'Etat, et même heureuse tout court.[40] Vous m'entendez? Je *veux* que vous épousiez l'Infante. Elle est le fils que j'aurais dû avoir. Elle n'a que dix-sept ans, et déjà son esprit viril suppléera au vôtre.[41] A votre sens,[42] l'Etat marche toujours assez bien, quand il vous donne licence de faire tout ce que vous voulez; gouverner vous est odieux. L'Infante, elle... Enfin, je l'aime. Elle m'a un peu étourdi[43] des cris de son orgueil, quand elle dansait devant moi le pas[44] de l'honneur (ma foi, elle ne touchait pas terre). Mais elle est brusque, profonde, singulière. Et cette énergie pleine d'innocence... Son visage est comme ces visages de génies adolescents qu'on voit sculptés sur les cuirasses,[45] et qui, la bouche grande ouverte, crient éternellement leur cri irrité. C'est elle, oui, c'est elle qu'il faut à la tête de ce royaume. Et songez à quelle force pour nous: le Portugal, la Navarre et l'Aragon serrant[46] la Castille comme dans un étau[47]! Oui, je suis passionné pour ce mariage. Quand tout concourt[48] à ce point à faire qu'une chose

soit bonne, il ne faut pas s'y tromper: Dieu est derrière. Moi, le Roi, me contredire, c'est contredire Dieu. Mais me contredire en cette affaire-ci, c'est le contredire deux fois.

PEDRO. Vivre partie[49] avec l'Infante, et partie avec Inès... Vivre déchiré entre une obligation et une affection...

FERRANTE. Je ne vois pas là déchirement, mais partage raisonnable.

PEDRO. Je n'ai pas tant de facilité que vous à être double. Je me dois à ce que j'aime et qui m'aime, et ne m'y dois pas à moitié.

FERRANTE. Il n'est donc que votre plaisir au monde?

PEDRO. Mon plaisir? Mon amour.

FERRANTE. Ils coïncident malheureusement.

PEDRO. Il y a une autre raison, pour laquelle je ne peux épouser l'Infante.

FERRANTE. Laquelle?

PEDRO. ...Et puis non, quand[50] je le pourrais, je ne veux pas nous sacrifier, moi et un être que j'aime, à des devoirs dont je ne méconnais pas l'importance, mais auxquels j'ai le droit d'en préférer d'autres. Car il y a la vie privée, et elle aussi est importante, et elle aussi a ses devoirs. Une femme, un enfant, les former, les rendre heureux, leur faire traverser ce passage de la vie avec un bonheur qu'ils n'auraient pas eu sans vous, est-ce que, cela aussi, ce n'est pas important?

FERRANTE. Etranges paroles, où n'apparaissent jamais ni Dieu ni le royaume, alors que vous êtes chrétien, et demain serez roi.

PEDRO. Chrétien, je dis: la destinée d'un être importe autant que la destinée d'un million d'êtres; une âme vaut un royaume.

---

37. *en outre de* in addition to   38. informed
39. *y... redire* will find all the less to object to in this   40. *tout court* simply   41. *suppléera au vôtre* will make up for yours   42. *A votre sens* In your opinion   43. made my head swim
44. step, dance   45. breastplates (of armor)
46. gripping   47. vice   48. combines

49. partly   50. even if

FERRANTE. Tant d'idées au secours[51] d'un vice!

PEDRO. D'un vice!

FERRANTE. Vous avez une maîtresse, et ne voulez rien voir d'autre. Là-dessus il faut que l'univers se dispose[52] de manière à vous donner raison.

PEDRO. J'ai quarante années peut-être à vivre. Je ne serai pas fou. Je ne les rendrai pas, de mon plein gré,[53] malheureuses, alors qu'elles peuvent ne pas l'être.

FERRANTE. Enfin vous voici tout à fait sincère! C'est de vous qu'il s'agit. Et de votre bonheur! Votre bonheur!... Etes-vous une femme?

PEDRO. Laissez le trône à mon cousin de Bragance. Il est friand de[54] ces morceaux-là. Qu'on les donne à qui les aime. Non à qui les a en horreur.

FERRANTE. Assez d'absurdités. En vous ma suite[55] et ma mémoire. Même si vous n'en voulez pas. Même si vous n'en êtes pas digne. Réfléchissez encore. L'Infante, qui est si attentive à ce qui lui est dû, pourtant, après un premier mouvement de chaleur, a accepté de feindre. Elle demeurera ici pendant le temps des fêtes organisées en l'honneur de son frère et d'elle. Vous avez donc cinq jours pour vous décider. Dans cinq jours vous me direz si vous épousez l'Infante. Sinon...

PEDRO. Sinon?

FERRANTE. Pedro, je vais vous rappeler un petit épisode de votre enfance. Vous aviez onze ou douze ans. Je vous avais fait cadeau, pour la nouvelle année, d'un merveilleux petit astrolabe. Il n'y avait que quelques heures que ce jouet[56] était entre vos mains, quand vous apparaissiez, le visage défait,[57] comme

prêt aux larmes.[58] « Qu'y-a-t-il? » D'abord, vous ne voulez rien dire; je vous presse; enfin vous avouez: vous avez cassé l'astrolabe. Je vous dis tout ce que mérite une telle sottise, car l'objet était un vrai chef-d'œuvre. Durant un long moment, vous me laissez faire tempête. Et soudain votre visage s'éclaire, vous me regardez avec des yeux pleins de malice, et vous me dites: « Ce n'est pas vrai. L'astrolabe est en parfait état. » Je ne comprends pas: « Mais alors, pourquoi? » Et vous, avec un innocent sourire: « Sire, j'aime bien quand vous êtes en colère... »

PEDRO. C'était pour voir...

FERRANTE. Pour voir quoi?

PEDRO. Pour voir ce que vous diriez.

FERRANTE. Eh bien! mon cher fils— et c'est là que je voulais en venir,[59]— si à douze ans vous étiez si insensible à ma colère, je vous jure par le sang du Christ qu'à vingt-six ans elle vous fera trembler.

PEDRO. Ah! vous n'êtes pas bon, mon père!

FERRANTE. Si, je suis bon quand il me plaît. Sachez que parfois le cœur me vient dans la bouche, de bonté. Tenez, il m'arrive, quand je viens de duper merveilleusement quelqu'un, de le prendre en pitié, le voyant si dupe, et d'avoir envie de faire quelque chose pour lui...

PEDRO. De lui lâcher un peu de ce qui ne vous importe pas,[60] l'ayant bien dépouillé[61] de ce qui vous importe.

FERRANTE. C'est cela même.

PEDRO. Et si vous me châtiez,[62] épargnerez-vous[63] Inès?

FERRANTE. Encore une fois, à vous et à Inès, je ne reproche pas votre liaison.

---

51. aid   52. *se dispose* should arrange itself
53. *de mon plein gré* voluntarily   54. *friand de* fond of   55. continuation, successors   56. toy
57. drawn

58. tears   59. *c'est... venir* that's what I was coming to   60. *De... pas* to let him have a little of that which is without importance for you   61. robbed   62. punish   63. *épargnerez-vous* will you spare

Elle m'était connue: je ne la blâmais pas. Je vous reproche, à vous, de ne vouloir pas épouser l'Infante: c'est tout. Allons, j'ai fini ce que j'avais à vous dire. Vous pouvez vous retirer.

PEDRO. Mon père, après des paroles si graves, me retirerai-je sans que vous m'embrassiez[64]?

FERRANTE. Embrassons-nous, si vous le désirez. Mais ces baisers entre parents et enfants, ces baisers dont on se demande pourquoi on les reçoit et pourquoi on les donne...

PEDRO (*qui avait fait un pas vers son père, reculant*[65]). En ce cas, inutile.

FERRANTE (*soudain dur*). Vous avez raison: inutile.

SECOND TABLEAU

Dans la maison d'Inès, à Mondego, aux environs de Montemor-o-velho, une pièce[1] *donnant sur*[2] *un jardin.*

Scène IV

PEDRO, INÈS

PEDRO. Jugez-moi sévèrement: je n'ai osé lui avouer ni que nous étions mariés, ni que ce mariage allait faire en vous son fruit. Sa colère m'a paralysé.

INÈS. Puisque nous ne pouvons être déliés,[3] quand même nous le voudrions, le Pape étant à cette heure si roidi contre[4] votre père, puisqu'il est donc vain que le Roi s'entête de[5] votre mariage avec l'Infante, retournez le voir, Pedro, et dites-lui tout. Mieux vaut qu'il se voie arrêté par un fait contre lequel il ne peut rien, que s'il se croit arrêté par votre

obstination. Mieux vaut sa colère aujourd'hui que demain.

PEDRO. Elle sera terrible. Elle nous enveloppera comme une flamme.

INÈS. Je crois qu'elle me sera plus facile à supporter que notre présente incertitude. Si étrange qu'il puisse paraître, il me semble que, lorsqu'elle éclatera, il y aura quelque chose en moi qui criera: « Terre! »[6]

PEDRO. Il nous séparera.

INÈS. N'est-ce pas comme si nous l'étions déjà? Et je veux croire, oui, je veux croire qu'il ne nous séparera pas trop longtemps. Car, lorsqu'il se verra devant la chose faite et irrémédiable, alors il n'y aura qu'une issue[7]: le persuader de reconnaître notre union. Et pourquoi n'y réussiriez-vous pas? Si le Roi s'acharne à ce que[8] vous épousiez l'Infante, c'est parce qu'il voit en elle une femme de gouvernement, alors que vous êtes si peu l'homme de cela. Apprenez à gouverner, mon ami, acceptez-en le péril et l'ennui, le faisant désormais[9] pour l'amour de moi, et peut-être le Roi acceptera-t-il à son tour que la future reine ne soit qu'une simple femme, dont la raison suffisante de vivre est de vous rendre heureux. Mais, pour Dieu, quand vous ferez son siège,[10] sachez bien le convaincre qu'être Reine m'est un calice,[11] et que je n'ai voulu le boire que pour le boire bouche à bouche avec vous. Je crois que je mourrais d'amertume[12] s'il s'avisait de[13] me croire ambitieuse, alors que tout mon rêve aurait été de passer ma vie retirée dans le petit coin

---

64. kiss   65. stepping back
1. room   2. *donnant sur* opening on
3. separated (*literally* unbound)   4. *roidi contre* set against   5. *s'entête de* should continue to insist on

6. i.e. as one sights land after a long sea voyage   7. solution   8. *s'acharne... que* should continue to insist that   9. henceforth
10. *quand... siège* when you lay siege to him
11. chalice, drinking cup (with its contents)
12. bitterness   13. *s'avisait de* took it into his head to

de la tendresse, perdue et oubliée au plus profond de ce jardin.

PEDRO. Vous avez raison, je lui parlerai de la sorte. Nous sommes dans la main de la destinée comme un oiseau dans la main d'un homme. Tantôt elle nous oublie, elle regarde ailleurs, nous respirons. Et soudain elle se souvient de nous, et elle serre[14] un peu, elle nous étouffe.[15] Et de nouveau elle relâche l'étreinte,[16]—si elle ne nous a pas étouffés tout de bon.[17] L'étreinte se relâchera, Inès. Et je veux croire, moi aussi, que nous vivrons bien des heures encore retirés dans ce jardin, et que nous y deviserons[18] comme nous avons fait si souvent, assis au bord de la vasque,[19] avec le jet d'eau[20] qui envoyait parfois sur nous des gouttelettes,[21] et parfois n'en envoyait pas, selon le vent. Et je humais la poussière d'eau.[22] Et je songeais que vous faisiez de moi ce que fait tout être de celui qui le désire et qui l'aime: vous en faisiez cette vasque qui continuellement déborde,[23] sans cesse remplie et qui continuellement déborde. Et un chant doux comme la tristesse venait par moments de la route, le chant des casseurs de pierres,[24] qui venait et cessait lui aussi, comme la poussière d'eau, selon le caprice du vent.

INÈS. Cette douceur mêlée de tristesse, c'est bien le goût de notre amour. Vous ne m'avez donné que des joies; pourtant, toujours, quand je pensais à vous, si j'avais voulu j'aurais pu me mettre à pleurer. Depuis deux ans, sur nous, cette menace, cette sensation d'une pluie noire

sans cesse prête à tomber et qui ne tombe pas. La destinée qu'on sent qui s'accumule en silence. Combien de fois, dans notre maison, m'y trouvant avec vous, je me suis représenté[25] le temps où ces heures seraient du passé. Je les regrettais[26] dans le moment même que je les vivais. Et elles m'étaient doublement chères, d'être, et que j'en puisse jouir,[27] et déjà que je n'en puisse jouir plus. Voyez-vous, je suis comme le vieux capitaine Orosco, qui s'était battu pendant sept ans, ici et en Afrique, avec une bravoure de lion, et qui, lorsqu'il fut mis à la retraite,[28] me dit: « Je suis bien content! J'en avais assez de risquer ma vie tous les jours. » Avec autant de simplicité, je vous dirai: j'en ai assez d'avoir tous les jours peur. De retrouver chaque matin cette peur, au réveil, comme un objet laissé la veille au soir[29] sur la table. La peur, toujours la peur! La peur qui vous fait froid aux mains...

PEDRO. C'est vrai, vos mains douces et froides... Mais songez que le monde entier vit sous l'empire de[30] la peur. Mon père a passé sa vie à avoir peur: peur de perdre sa couronne, peur d'être trahi, peur d'être tué. Il connaît ses forfaits[31] mieux que nous ne les connaissons, et sait que chacun d'eux crée la menace d'une représaille. J'ai vu bien des fois son visage au moment où il venait de marquer[32] un point contre un adversaire; ce qu'il y avait alors sur ce visage, ce n'était jamais une expression de triomphe, c'était une expression de peur: la peur de la riposte.[33] Les bêtes féroces, elles aussi, sont dominées par la peur. Et regardez les poussières dans ce rayon de

---

14. squeezes   15. smothers   16. *relâche l'étreinte* relaxes its grasp   17. *tout de bon* for good   18. shall speak, talk together
19. basin (of a fountain)   20. *jet d'eau* fountain
21. small drops   22. *Et... d'eau.* And I breathed in the watery dust.   23. overflows
24. *casseurs de pierres* stone-breakers

25. imagined   26. missed   27. *que... jouir* that I can enjoy them   28. *mis... retraite* retired   29. *veille au soir* night before
30. *sous l'empire de* under the domination of
31. crimes   32. score   33. counterstroke

soleil: que j'avance seulement un peu ma main ici, au bas du rayon, et là-haut, à l'autre bout, elles deviennent folles, folles de peur.

Inès. Souvent, au coucher du soleil, je suis envahie par une angoisse. Tenez, quand je vois les marchands qui ferment leurs volets.[34] Un coup de lance me traverse: « En ce moment même on décide quelque chose d'effroyable contre moi... » Ou bien (comme c'est bête!) c'est le soir, quand je me déshabille, à l'instant où je dénoue[35] mes cheveux.

Pedro. Savez-vous que, chaque fois que vous bougez la tête, vous m'envoyez l'odeur de vos cheveux? Et que cette odeur n'est jamais tout à fait la même? Tantôt imprégnée d'air et de soleil, et sentant la flamme; tantôt froide et sentant l'herbe coupée. O tête chère, si bien faite pour mes mains! Inès, femme chérie, mon amour au nom de femme, Inès au clair visage, plus clair que les mots qui le bercent,[36] vous qui êtes le lien qui m'unit à tous les êtres; oui, tous les êtres attachés à vous, et à vous seule, comme les fruits sont attachés à l'arbre... Et aujourd'hui je ne fais pas que vous aimer[37]: je vous admire. Je vous trouve plus courageuse que moi.

Inès. A force d'être anxieuse sans que rien arrive, le jour où la foudre[38] tombe on se trouve presque calme. Et puis, aujourd'hui, il me semble que je suis soutenue par notre enfant. Il mène à l'intérieur de moi une lutte[39] féroce, et moi, j'aurais honte si je n'étais pas aussi forte que lui, pour le sauver en nous sauvant. Quand vous êtes venu pour la première fois, il y a deux ans, j'étais sans résistance devant vous. Pour un seul mot cruel de vous, je serais tombée, oui,

tombée sur le sol.[40] Je ne pouvais me défendre, moi. Mais pour le défendre, lui, je me sens tous les courages. Jusqu'à me dire que le mettre au monde[41] dans la facilité serait un amoindrissement. Jusqu'à me dire que le fait qu'il se forme parmi l'épreuve[42] est quelque chose d'heureux. Vous, je vous ai trouvé tout créé, et c'est vous qui ensuite m'avez créée. Lui, cette fabrication de chaque instant, matérielle et immatérielle, qui vous fait vivre dans la sensation d'un miracle permanent, cela fait de lui mon bien, Pedro! Pedro! oui, comme je crois que vous-même vous ne sauriez... Mais je suis folle, n'est-ce pas? Au contraire, ce que je lui donne, non seulement je ne vous le prends pas, mais, en le lui donnant, je vous le donne. Je te tiens, je te serre sur moi, et c'est lui. Son cou[43] n'a pas tout à fait la même odeur que le tien, il sent l'enfant... Et son haleine[44] est celle de la biche[45] nourrie de violettes. Et ses petites mains sont plus chaudes que les tiennes. Et ses bras sont autour de mon cou comme est l'eau, l'été, quand on y plonge, et qu'elle se referme sur vos épaules,[46] toute pleine de soleil. Et il fait autour de mon cou un doux chantonnement qui roucoule...[47] Enfant adoré, grâce à qui je vais pouvoir aimer encore davantage!

Pedro. Tu penses à lui, et, au milieu de toutes nos misères, te voici comme entourée d'une buée[48] de bonheur.

Inès. Ce bonheur au sommet duquel un instant encore je puis être immobile... Mais quoi? Pourquoi me lâcher ainsi brusquement? Il ne fallait pas me prendre contre toi, si c'était pour me lâcher ainsi.

---

34. shutters 35. undo 36. lull 37. *je... aimer* I do not only love you 38. lightning 39. struggle

40. ground 41. *mettre au monde* give birth to 42. *parmi l'épreuve* in time of trial 43. neck 44. breath 45. doe 46. shoulders 47. *chantonnement qui roucoule* cooing hum 48. mist

PEDRO. Des cavaliers[49] s'arrêtent à la porte du jardin.

INÈS. Voici enfin cet instant redouté[50] depuis toujours.

PEDRO. C'est lui!

INÈS. Instant tellement pareil à celui que j'ai attendu.

PEDRO. Retire-toi. Je vais tout lui dire, comme tu me l'as conseillé. Tu avais raison. Il y a là un signe: la destinée est venue au-devant de nous.[51]

INÈS. Peut-être que, pendant des années, il me va falloir vivre sur cette minute que je viens de vivre. Je le savais, mais pas assez.

UN SERVITEUR (entrant). Sire, le Roi!

PEDRO. Je suis son serviteur.

LE SERVITEUR. C'est doña Inès de Castro que Sa Majesté veut voir. Et Elle veut la voir seule.

PEDRO. C'est bien. Inès, que Dieu t'inspire!

INÈS. Je passe ma main sur ton visage, comme les aveugles,[52] pour l'emporter deux fois.

Scène V

FERRANTE, INÈS

FERRANTE. Ainsi donc vous voici, doña Inès, devant moi. Votre renommée[1] m'avait prévenu en votre faveur. Votre air, votre contenance, jusqu'à votre vêtement, tout me confirme que vous êtes de bon lieu.[2] Et ainsi je ne doute pas que vous ne trouviez en vous-même de quoi vous égaler aux circonstances où vous nous avez mis.

INÈS. Je suis la servante de Votre Majesté.

FERRANTE. Il me plaît que vous soyez un peu Portugaise, par votre mère, alors que votre père était gentilhomme d'une des plus anciennes familles de Galice.[3] Vous avez été élevée à Saint-Jacques de Compostelle,[4] n'est-ce pas, à la cour du duc de Peñafiel? Et vous êtes venue ici, il y a deux ans, pour y accompagner votre vieil oncle, le comte de Castro, que j'appelais auprès de moi. Par malheur, il est retourné à Dieu, trop tôt pour nous tous. Et notamment pour vous, il me semble. Car vous êtes restée seule au Mondego. C'était une situation un peu étrange pour une jeune fille. Peut-être faut-il regretter que je ne vous aie pas connue davantage. Je ne vous ai guère vue à la cour, sinon pas du tout.

INÈS. N'ayant pas d'intrigue à y mener, je ne m'y serais pas sentie à l'aise. Il me semble que je me serais demandé sans cesse: « Mais que fais-je donc ici? » Et on dit qu'à la cour celui qui est embarrassé a toujours tort.

FERRANTE. La cour est un lieu de ténèbres. Vous y auriez été une petite lumière.

INÈS. Et puis, il m'aurait fallu dissimuler un peu avec Votre Majesté. Et je ne l'aurais pas pu.

FERRANTE. Le mensonge[5] est pour mes Grands une seconde nature. De même qu'ils préfèrent obtenir par la menace[6] ce qu'ils pourraient obtenir par la douceur, obtenir par la fraude ce qu'ils pourraient obtenir par la droiture,[7] ils préfèrent obtenir par l'hypocrisie ce qui leur serait acquis[8] tout aussi aisément par la franchise: c'est le génie ordinaire des cours. Et vous-même, allez! allez! vous y auriez bien vite pris goût. D'ailleurs,

49. horsemen   50. feared   51. *au-devant de nous* to meet us   52. blind
1. fame   2. *de bon lieu* of good origin

3. Northwestern province of Spain, with language and traditions similar to those of Portugal. 4. Galician town, site of the shrine which has attracted pilgrims for centuries. Translate, Santiago.   5. lying   6. threats   7. uprightness   8. granted

il importe moins de ne pas mentir aux autres, que de ne pas se mentir à soi-même.

Inès (*souriant*). Si je mentais, je m'embrouillerais[9] bien vite dans mes mensonges. C'est peut-être là tout ce qui m'arrête.

Ferrante. J'ai voulu vous faire sourire. Lorsqu'on doute si un inconnu est dangereux ou non, il n'y a qu'à le regarder sourire: son sourire est une indication, quand il n'est pas une certitude. Le vôtre achève de vous révéler.[10] Eh bien! doña Inès, je plaisantais[11]: soyez toujours vraie avec moi; vous n'aurez pas à vous en repentir. Et soyez vraie, d'abord, en me parlant de mon fils.

Inès. Le jour où je l'ai connu est comme le jour où je suis née. Ce jour-là on a enlevé[12] mon cœur et on a mis à sa place un visage humain. C'était pendant la fête du Trône, dans les jardins de Montemor. Je m'étais retirée un peu à l'écart,[13] pour respirer l'odeur de la terre mouillée. Le Prince me rejoignit. On n'entendait plus aucun bruit de la fête, plus rien que les petits cris des oiseaux qui changeaient de branche. Il me dit que, sitôt qu'il avait entendu ma voix, il s'était mis à m'aimer. Cela me rendit triste. Je le revis plusieurs fois, dans la campagne du Mondego. Il était toujours plein de réserve, et moi j'étais toujours triste. Enfin je lui dis: « Laissez-moi seulement mettre ma bouche sur votre visage, et je serai guérie éternellement. » Il me le laissa faire, et il mit sa bouche sur le mien. Ensuite, son visage ne me suffit plus, et je désirai de voir sa poitrine[14] et ses bras.

Ferrante. Il y a longtemps de tout cela?

Inès. Il y aura deux ans le treize août. Depuis deux ans, nous avons vécu dans le même songe.[15] Où[16] qu'il soit, je me tourne vers lui, comme le serpent tourne toujours la tête dans la direction de son enchanteur. D'autres femmes rêvent de ce qu'elles n'ont pas; moi, je rêve de ce que j'ai. Et pas une seule fois je n'ai voulu quelque chose qui ne fût à son profit. Et pas un jour je n'ai manqué de lui dire en moi-même: « Que Dieu bénisse le bonheur que vous m'avez donné! »

Ferrante. Ces sentiments vont faciliter ma tâche[17]: je suis chez moi partout où il y a de la gravité. Et ce serait péché[18] de vouloir diminuer l'image que vous vous faites du Prince, encore que, selon moi, elle soit un peu embellie. Selon moi, le Prince est... comment dire? le Prince est une eau peu profonde. Péché aussi de vous dire trop comment je me représente ce que les hommes et les femmes appellent amour, qui est d'aller dans des maisons noires au fond d'alcôves[19] plus tristes qu'eux-mêmes, pour s'y mêler en silence comme les ombres.[20] Non, laissons cela, et venons au cœur de mon souci.[21] Je ne vous demande pas de rompre avec don Pedro. Je vous demande d'user de votre pouvoir sur lui pour qu'il accepte un mariage dont dépend le sort du royaume. Cela peut vous être dur, mais il le faut. Je n'ai pas à vous en déduire[22] les raisons: le mariage du Prince est une conjoncture[23] à laquelle, depuis deux ans, vous avez eu tout le loisir de vous préparer.

Inès. Hélas! Seigneur, vous me demandez l'impossible.

Ferrante. Doña Inès, je suis prêt à donner aux sentiments humains la part[24]

---

9. would become confused   10. *achève... révéler* is the final stroke that reveals you   11. was joking   12. taken away   13. *à l'écart* to one side   14. chest

15. dream   16. *Où que* wherever   17. task   18. a sin   19. bedrooms   20. shadows   21. trouble   22. enumerate   23. contingency   24. share

qui leur est due. Mais non davantage. Encore une fois, ne me forcez pas à vous soutenir le point de vue de l'Etat, qui serait fastidieux pour vous. (*La menant vers la fenêtre.*) Regardez: la route, la carriole[25] avec sa mule, les porteurs d'olives,—c'est moi qui maintiens tout cela. J'ai ma couronne, j'ai ma terre, j'ai ce peuple que Dieu m'a confié, j'ai des centaines et des centaines de milliers de corps et d'âmes. Je suis comme un grand arbre qui doit faire de l'ombre à des centaines de milliers d'êtres. Et tout cela demande que ce mariage se fasse, qui sert merveilleusement ma politique. Don Pedro a eu un non brutal,[26] et il a eu la folie de le dire même à l'Infante. Mais ce n'est là qu'un premier mouvement, sur lequel je veux qu'il revienne.[27] A vous de l'y aider. Vous n'avez pas à prendre ombrage de[28] ses sentiments pour l'Infante: entre eux, il n'est pas question d'amour. Et vous satisferez votre Roi, qui incline vers la tombe, et a besoin que ses affaires soient en ordre. Faites-le donc, sous peine de mon déplaisir, et vous souvenant que toute adhésion qu'on me donne agrandit celui qui me la donne.

INÈS. Seigneur, le voudrais-je, je ne pourrais dénouer ce que Dieu a noué.

FERRANTE. Je ne comprends pas.

INÈS. Il y a près d'une année, en grand secret, à Bragance,[29] l'évêque de Guarda...

FERRANTE. Quoi?

INÈS. ...nous a unis, le Prince et moi...

FERRANTE. Ah! malheur! malheur! Marié! et à une bâtarde! Outrage insensé[35] et mal irréparable, car jamais le Pape ne cassera ce mariage: au contraire, il exultera de me voir à sa merci. Un mariage? Vous aviez le lit: ce n'était pas assez? Pourquoi vous marier?

INÈS. Mais... pour être plus heureuse.

FERRANTE. Plus heureuse! Encore le bonheur, comme l'autre! C'est une obsession! Est-ce que je me soucie d'être heureux, moi? Encore, si vous me répondiez: pour sortir du péché. Et depuis un an mon fils me cache cela. Depuis un mois, il connaît mes intentions sur l'Infante, et il ne dit rien. Hier, il était devant moi, et il ne disait rien. Et c'est vous qu'il charge d'essuyer[31] ma colère, comme ces misérables peuplades[32] qui, au combat, font marcher devant elles leurs femmes, pour se protéger!

INÈS. Il redoutait cette colère.

FERRANTE. Il savait bien qu'un jour il devrait la subir,[33] mais il préférait la remettre[34] au lendemain, et sa couardise égale sa fourberie[35] et sa stupidité. Il n'est plus un enfant, mais il lui est resté la dissimulation des enfants. A moins que... à moins qu'il n'ait compté sur ma mort. Je comprends maintenant pourquoi il se débat contre[36] tout mariage. Je meurs, et à l'instant vous régnez! Ah! j'avais bien raison de penser qu'un père, en s'endormant, doit toujours glisser un poignard[37] sous l'oreiller[38] pour se défendre contre son fils. Treize ans à être l'un pour l'autre des étrangers, puis treize ans à être l'un pour l'autre des ennemis; c'est ce qu'on appelle la paternité. (*Appelant.*) Don Félix! Faites entrer don Christoval, avec trois officiers. Madame, ce n'est pas vous la coupable,[39] retirezvous dans vos chambres: on ne vous y fera nul mal. Don Félix, accompagnez

25. cart   26. *a... brutal* spoke a brutal "no" for an answer   27. *sur... revienne* which I want him to take back   28. *prendre ombrage de* be offended   29. district in northeastern Portugal   30. mad

31. be subjected to   32. tribes (of uncivilized peoples)   33. experience   34. put off 35. deceit   36. *se débat contre* struggles against 37. dagger   38. pillow   39. guilty one

doña Inès de Castro, et veillez à ce qu'elle[40] ne rencontre pas le Prince.

INÈS. Mais don Pedro? Oh! Seigneur, pour lui, grâce!

FERRANTE. Assez!

INÈS. Dieu! il me semble que le fer tranche[41] de moi mon enfant.

Scène VI

FERRANTE, DON CHRISTOVAL, TROIS OFFICIERS DU PALAIS

FERRANTE. Don Christoval, je vous confie[1] une mission pénible pour vous. Avec ces trois hommes de bien,[2] vous allez arrêter sur-le-champ[3] le personnage que j'ai pour fils. Vous le conduirez au château de Santarem, et vous l'y détiendrez[4] jusqu'à ce que j'aie désigné qui le gardera.

DON CHRISTOVAL. Seigneur! Pas moi! Un autre que moi!

FERRANTE. Vous, au contraire, et nul autre que vous. Cela vous fait souffrir? Eh bien, maintenant il faut que l'on commence à souffrir un peu autour de moi.

DON CHRISTOVAL. Lui que j'ai élevé...

FERRANTE. Et bien élevé, certes! Un digne[5] élève! Et un digne fils!

DON CHRISTOVAL. J'atteste par le Dieu vivant que don Pedro vous révère et vous aime.

FERRANTE. Quand il me mépriserait,[6] quand il aurait fait peindre[7] mon image sur les semelles[8] de ses souliers, pour me piétiner[9] quand il marche, ou quand il m'aimerait au point d'être prêt à donner pour moi sa vie, cela me serait indifférent encore. Pedro est marié à doña Inès.

DON CHRISTOVAL. Hélas! Après ce qu'il m'avait dit!

FERRANTE. Que vous avait-il dit?

DON CHRISTOVAL. Qu'il ne ferait jamais un mariage pareil. Déjà, il savait qu'on le raillait[10] un peu d'avoir pour amie—pour amie seulement—une enfant naturelle. Un jour que je lui en touchais un mot,[11] il m'avait dit: « Jamais plus vous ne devez me parler sur ce sujet. »

FERRANTE. Il est là tout entier.[12] Allez, allez, en prison! En prison pour médiocrité. (*Il sort.*)

Scène VII

PEDRO, DON CHRISTOVAL, LES OFFICIERS

PEDRO (*entrant*). Le Roi est parti?— Mais quoi? Ah! c'est cela!

DON CHRISTOVAL. Au nom du Roi, Prince, je vous arrête. (*Fléchissant le genou.*[1]) Don Pedro, pardonnez-moi.

PEDRO. Relevez-vous, don Christoval. Le jour viendra assez tôt, où il me faudra voir des hommes à genoux devant moi.

DON CHRISTOVAL. Je ne me relèverai pas que vous ne m'ayez donné votre bénédiction.

PEDRO. Je vous la donne. Et Inès?

DON CHRISTOVAL. Libre.

PEDRO. Je veux m'en assurer. Je veux la voir. Un instant seulement.

DON CHRISTOVAL. Sire, vous ne sortirez pas d'ici!

PEDRO. Misérable vieillard! Tu oses! Ah! tu l'as enfin, ton heure de gloire!

DON CHRISTOVAL. Tuez-moi, que je n'aie plus à oser.

PEDRO. Je crains tout pour Inès.

---

40. *veillez à ce que* see to it that   41. *fer tranche* sword cuts

1. entrust   2. *hommes de bien* good men
3. *sur-le-champ* immediately   4. will hold
5. worthy   6. scorned   7. *fait peindre* had painted   8. soles   9. *me piétiner* to step on me

10. was making fun of   11. *que... mot* when I spoke to him about it   12. *Il... entier.* That's just like him.

1. *Fléchissant le genou.* Bending his knee.

Don Christoval. Je vous répète qu'elle est libre, libre!

Pedro. Et demain? Ah! j'ai été trop courageux. Voilà un an qu'il fallait mettre Inès en sûreté: il y a trois cents couvents au Portugal où elle eût trouvé asile, même contre le Roi. Mais on se tiendrait pour pusillanime en prenant ses sûretés.[2] Inès est menacée parce que je n'ai pas eu peur. Enfant chérie, comme je suis coupable envers toi, de n'avoir pas su mieux te défendre. Tu te reposais sur[3] moi, et je t'ai manqué!

Don Christoval. Il y a toujours à gagner à avoir du courage.

Pedro. Don Christoval, on a beau vous mettre le nez sur la réalité, vous vous entêtez dans les lieux communs[4] optimistes: ils vous enivrent.[5] Vous étiez pédagogue. Vous croyiez que c'est cette nourriture-là qu'il faut donner aux pauvres jeunes gens, qui n'ont déjà que trop tendance à aimer les lieux communs. Et vous continuez. On gagne quelquefois à être courageux. Et quelquefois on perd. Voilà ce qu'il faudrait dire. Mais cela est trop simple. Cela est trop vrai. Vous êtes pédagogue et moralisateur: vous n'êtes pas fait pour le simple ni pour le vrai. Et vous ne sentirez jamais combien il est grave de prêcher le courage, surtout aux jeunes gens. (*Tendant son épée.*) Allons, désarmez-moi. Il faut que je sorte d'un univers où j'étais un homme pour entrer dans un univers où je serai un outragé. Et par mes compatriotes, bien entendu[6]: que les Africains m'aient fait prisonnier, ce n'était pas intéressant. C'est curieux, les hommes de valeur finissent toujours par se faire arrêter. Même dans l'histoire,

on n'imagine guère un grand homme qui ne se trouve à un moment devant un juge et devant un geôlier[7]; cela fait partie du personnage.[8] Et ceux d'entre eux qui n'ont pas passé par la prison font figure en quelque sorte de déserteurs.[9] Messieurs, ce que vous m'êtes, c'est une vraie escorte d'honneur, car dans les prisons de mon père je vais retrouver la fleur du royaume. Mais dites-moi, n'y en a-t-il pas un parmi vous qui ait été mis en prison par des Portugais? Quoi, pas un? Ah! vous, lieutenant Martins! Prisonnier! Et pour quel motif?

Le Lieutenant. Oh, Prince, bien modeste: pour dettes.

Pedro. Que ce soit pour dettes, ou pour vol, ou pour viol,[10] ou pour meurtre,[11] quiconque a été fait prisonnier par les siens[12] est désormais mon frère. Lieutenant Martins, je me souviendrai de vous. Et maintenant, escorte d'honneur, en avant, vers les prisons! Ou plutôt non, il vaut mieux dire: en avant, par delà[13] les prisons! (*Ils sortent.*)

RIDEAU

ACTE II

PREMIER TABLEAU

Le cabinet de travail du Roi, au palais.

Scène I

Ferrante, Egas Coelho, Alvar Gonçalvès, Don Eduardo
assis à une grande table

Ferrante. Voici la dépêche[1] pour les cortès[2] de Catalogne.

---

2. *en... sûretés* if one took precautions   3. *te reposais sur* were relying on   4. *lieux communs* commonplace expressions   5. intoxicate   6. *bien entendu* of course

7. jailer   8. *cela... personnage* it belongs to the character   9. *font... déserteurs* appear somehow as deserters   10. rape   11. murder   12. *les siens* his own people   13. *par delà* beyond

1. despatch   2. regional assembly

ALVAR GONÇALVÈS (*l'ayant lue*). Il me semble que don Eduardo y exagère un peu la misère[3] du royaume. (*Il passe le papier à Egas Coelho.*)

FERRANTE. Sur mes indications.[4] De quoi s'agit-il? D'obtenir. Et se plaindre est un des moyens d'obtenir. La pitié est d'un magnifique rapport.[5]

EGAS COELHO. Puis-je me permettre une observation? Puisque dans cette lettre nous employons des procédés qui sont légitimes entre princes, mais qui, entre particuliers,[6] seraient tenus pour atroce perfidie, je souhaiterais que Votre Majesté y parlât de notre honneur.

FERRANTE. Vous avez raison. C'est quand la chose manque, qu'il faut en mettre le mot. Don Eduardo, vous recommencerez cette lettre et vous y introduirez le mot « honneur ». Une fois seulement. Deux fois, personne n'y croirait plus.

ALVAR GONÇALVÈS. Mais, au contraire, si vous vous trouvez jamais devant l'Infante, surtout, ne lui parlez pas d'honneur. Elle pense qu'elle est seule au monde à se faire une notion de l'honneur. En lui en parlant, vous vous exposeriez à de cruels sarcasmes.

DON EDUARDO. Je sais que son Altesse souffre[7] avec impatience tout ce qui n'est pas elle.

FERRANTE. N'aimez-vous pas l'Infante, don Alvar?

ALVAR GONÇALVÈS. Je l'aime extrêmement, et ce que je viens d'en dire est de ces petits traits[8] que seule décoche[9] la sympathie.

FERRANTE. J'aime que vous l'aimiez. Elle m'en est plus chère.

EGAS COELHO. Une menace, une promesse; une insolence, une courtoisie:

cette balance est celle des affaires. Mais don Eduardo, dans la dépêche aux cortès, ne donne-t-il pas trop à la gracieuseté? Cette lettre n'est pas assez énergique.

FERRANTE. Je répugne au style comminatoire,[10] parce qu'il engage. Je préfère le style doucereux.[11] Il peut envelopper tout autant de détermination solide que le style énergique, et il a l'avantage qu'il est plus facile de s'en dégager.

ALVAR GONÇALVÈS. Nous sommes tous saisis d'admiration par la phrase de don Eduardo relative à la récolte de blé[12] de l'an dernier. Sous la plume de don Eduardo, la contre-vérité devient un véritable bonbon[13] pour l'esprit.

DON EDUARDO. Ce n'est pas tout de mentir. On doit mentir efficacement. On doit mentir aussi élégamment. Hélas, que d'obligations imposées aux pauvres mortels! Il faut être dans la mauvaise foi comme un poisson dans l'eau.

FERRANTE. Il ne faut pas être dans la mauvaise foi comme un poisson dans l'eau, mais comme un aigle[14] dans le ciel.— Bref, voici donc terminée, je pense, l'affaire de Catalogne. Et croyez que je n'ai jamais tant déploré la nécessité qu'il y a de mettre une date sur les dépêches d'Etat. Un particulier doit bien peser[15] avant de savoir s'il date ou non une lettre. Nous, cela nous est interdit. Et cette pièce était le type des pièces[16] qu'on ne doit pas dater. Maintenant, messieurs, je vais vous apprendre une nouvelle qui sans doute vous surprendra: je suis décidé à traiter avec le roi d'Aragon.

EGAS COELHO. Après tout ce que vous avez dit! Vos doutes! Vos appréhensions!

FERRANTE. Ce que j'ai dit ne compte jamais. Seul compte ce que j'écris.

---

3. poverty   4. instructions   5. *est... rapport* pays off   6. private persons   7. tolerates   8. darts   9. lets fly

10. denunciatory   11. sugary   12. *récolte de blé* wheat harvest   13. piece of candy   14. eagle   15. weigh   16. documents

Encore, bien entendu, est-ce une façon de parler. Ainsi j'ai été occupé toute la matinée à faire dans le projet du traité les trous[17] par lesquels je compte m'évader de mes obligations. Hélas, à ce jeu on ne bat pas Fernand d'Aragon. Je ne sais où sa félonie arrivera à se glisser dans notre accord, pour le retourner contre moi, mais je sais qu'elle y parviendra.[18] Je cherche en vain le défaut de l'armure,[19] mais je suis certain qu'il existe, et qu'Aragon le trouvera.

EGAS COELHO. Alors, ne signez pas! Examinons encore.

ALVAR GONÇALVÈS. Il y a déjà quatre mois que nous examinons.

FERRANTE. Puisqu'il fallait lui céder, du moins l'ai-je fait attendre.

EGAS COELHO. Sire, je vous en prie: avec de telles craintes, ne signez pas!

FERRANTE. J'ai conscience d'une grande faute; pourtant je suis porté invinciblement à la faire. Je vois l'abîme, et j'y vais.

EGAS COELHO. Arrêtez-vous!

FERRANTE. Il y a deux sortes de conseillers. Ceux qui n'ont pas d'opinion personnelle, et s'ingénient à[20] prendre notre point de vue et à le soutenir, par courtisanerie. Et ceux qui ont une opinion personnelle, à quoi ils se tiennent, dont nous n'écoutons l'exposé qu'avec humeur,[21] et faisant ensuite à notre tête.[22] C'est dire que ces deux sortes de conseillers sont également inutiles. Et cependant, celui qui aime de prendre conseil a beau s'apercevoir[23] qu'on le conseille toujours en vain, il prendra conseil jusqu'au bout. Or, pareillement, on peut connaître qu'un acte est pis

qu'inutile, nuisible[24]; et le faire quand même. Cet exemple vous plaît-il? Quoi qu'il en soit, ma décision est prise. Qu'on ne m'en parle plus.

ALVAR GONÇALVÈS. Après ces paroles, aurons-nous encore l'indiscrétion de conseiller Votre Majesté?

FERRANTE. Je vous l'ordonne.

ALVAR GONÇALVÈS. Sur quelque sujet que ce soit?

FERRANTE. Je vous entends: il s'agit de doña Inès. Non seulement vous pouvez me parler d'elle, mais je sollicite à son propos vos indications et vos avis.

EGAS COELHO. Il y a deux coupables: l'évêque de Guarda et doña Inès.

FERRANTE. Et don Pedro. Je n'aime pas votre crainte de le nommer.

EGAS COELHO. L'évêque est en prison: si tout va bien, nous aurons sa tête. Le Prince, votre fils, est gardé à vue.[25] Doña Inès est libre.

FERRANTE. Doña Inès est la moins coupable. Il n'y aurait rien contre elle sans don Pedro et sans l'évêque.

EGAS COELHO. De toute évidence, il n'y aurait rien contre eux sans doña Inès. Votre Majesté nous demande notre avis. En notre âme et conscience, nous faisons le vœu que doña Inès ne puisse plus être à l'avenir une cause de trouble dans le royaume.

FERRANTE. Qu'elle soit emprisonnée? exilée?

EGAS COELHO. Qu'elle passe promptement de la justice du Roi à la justice de Dieu.

FERRANTE. Quoi! la faire mourir! Quel excès incroyable! Si je tue quelqu'un pour avoir aimé mon fils, que ferais-je donc à qui l'aurait haï? Elle a rendu amour pour amour, et elle l'a fait

---

17. holes   18. will succeed   19. *défaut de l'armure* weak spot in the armor   20. *s'ingénient à* contrive to   21. ill humor   22. *faisant... tête* doing as we please   23. *a beau s'apercevoir* it makes no difference if . . .

24. harmful   25. *gardé à vue* i.e. the guards don't let him out of their sight

avec mon consentement. L'amour payé par la mort! Il y aurait grande injustice.

EGAS COELHO. L'injustice, c'est de ne pas infliger un châtiment mérité.

ALVAR GONÇALVÈS. Et les offenses publiques ne supportent pas de pardon.

FERRANTE. Le Prince et Inès sont également coupables. Mais Inès seule serait tuée!

ALVAR GONÇALVÈS. Tacite[26] écrit: « Tous deux étaient coupables. Cumanus seul fut exécuté, et tout rentra dans l'ordre. »

FERRANTE. N'est-ce pas cruauté affreuse, que tuer qui n'a pas eu de torts?

ALVAR GONÇALVÈS. Des torts! Elle en a été l'occasion.

EGAS COELHO. Quand une telle décision ne vient pas d'un mouvement de colère, mais du conseil de la raison, elle n'est pas une cruauté, mais une justice.

FERRANTE. Oh! l'impossible position de la raison et de la justice!

EGAS COELHO. D'ailleurs, y aurait-il ici injustice, la création de Dieu est un monceau[27] d'innombrables injustices. La société des hommes aurait-elle l'orgueil infernal de prétendre être plus parfaite?

FERRANTE. Je suis prêt à mettre doña Inès dans un monastère.

EGAS COELHO. Dont le Prince, en prison ou non, l'aura fait enlever avant trois mois.

FERRANTE. Je puis l'exiler.

EGAS COELHO. Où elle sera, elle sera un foyer de sédition. Le Prince groupera autour d'elle tous vos ennemis. Ils attendront votre mort, ou peut-être la hâteront, puisqu'il suffit de cette mort pour qu'Inès règne. Non: tout ou rien. Ou le pardon avec ses folles conséquences, ou la mort.

ALVAR GONÇALVÈS. Sans compter que—monastère ou exil—on penserait que Votre Majesté a eu peur de verser[28] le sang. Ce qui conviendrait mal à l'idée qu'on doit se faire d'un roi.

FERRANTE. Si j'étais homme à me vanter du[29] sang que j'ai répandu,[30] je rappellerais que j'en ai fait couler assez, dans les guerres et ailleurs.

EGAS COELHO. Le sang versé dans les guerres ne compte pas.

FERRANTE. J'ai dit: et ailleurs. Il me semble que, sous mon règne, les exécutions n'ont pas manqué.

EGAS COELHO. On dira que, ce coup, vous avez bien osé tuer un ministre de Dieu; mais non une femme, seulement parce que femme.

FERRANTE. La nature ne se révolte-t-elle pas, à l'idée qu'on ôte la vie à qui la donne? Et doña Inès, de surcroît,[31] est une femme bien aimable.

ALVAR GONÇALVÈS. D'innombrables femmes sont aimables.

EGAS COELHO. Plus d'un monarque a sacrifié au bien de l'Etat son propre enfant, c'est-à-dire ce qu'il y avait de plus aimable pour lui, et Votre Majesté hésiterait à sacrifier une étrangère, une bâtarde qui a détourné votre fils de tout ce qu'il doit à son peuple et à Dieu! Mais la question est encore plus haute. Des centaines de milliers d'hommes de ce peuple sont morts pour que les Africains ne prennent pas pied[32] au Portugal. Et vous seriez arrêté par la mort d'un seul être!

FERRANTE. Ah! il n'y a pas de proportion!

EGAS COELHO. Non, en effet, il n'y a pas de proportion! Et ce sont toujours les hommes qui sont tués, jamais les

26. The reference is to Tacitus, *Annals*, Book XII, section 54.   27. heap

28. spill   29. *me vanter* (*de*) to boast of   30. shed   31. *de surcroît* in addition   32. *ne... pied* should not become established

femmes: cela n'est pas juste. Bien plus, à égalité de crime[33] devant la loi, une femme n'est pas tuée: cela n'est pas juste. Une femme, par sa trahison, livre l'armée: elle est emprisonnée à vie, et, s'accommodant peu à peu, puisqu'il est dans la nature que tout ce qui dure se relâche,[34] elle en vient à[35] tirer une vie qui n'est pas dénuée de[36] tout agrément.[37] Mais un homme, pour le même forfait, est retranché[38] d'un coup. Si doña Inès vous disait: « Pourquoi me tuez-vous? » Votre Majesté pourrait lui répondre: « Pourquoi ne vous tuerais-je pas? »

FERRANTE. Je ne puis croire que la postérité me reproche de n'avoir pas fait mourir une femme qui est innocente quasiment.[39]

EGAS COELHO. La postérité appellerait cet acte une clémence, s'il se plaçait dans une suite d'actes énergiques. Dans le cas présent, elle l'appellera une faiblesse.

FERRANTE. Que voulez-vous insinuer?

EGAS COELHO. Je n'insinue pas, je parle en clair, couvert par ma loyauté. Votre Majesté, à cette heure, non seulement est faible réellement, sur certains points, mais, sur d'autres, elle est obligée de feindre la faiblesse, pour mieux tromper ses adversaires. De là que, partie à raison,[40] partie à tort,[41] le royaume passe pour faible, et cette situation est destinée à durer longtemps encore.

ALVAR GONÇALVÈS. J'ajoute que l'habitude de feindre la faiblesse risque de mener à la faiblesse même. Quand on a commencé à avaler quelques couleuvres,[42] fût-ce par politique, on finit par

les avaler toutes. On s'y est fait: la fibre s'est détendue.

FERRANTE. C'est pourtant la plus grande preuve de force, qu'accepter d'être dédaigné, sachant qu'on ne le mérite pas. Mais quoi! est-ce que j'apparais si faible?

EGAS COELHO. Voyez les faits: on ne peut nier que partout la position du Portugal soit en recul.[43]

FERRANTE. O Infante humiliée, je suis plus pareil à vous que vous ne vous en doutez[44]!

EGAS COELHO. Et que la foi dans la Couronne ne soit de ça de la[45] compromise.

FERRANTE. Ma fille dans l'amertume affreuse.

EGAS COELHO. Un geste vous fait sortir de cet abaissement.[46] Vous frappez le royaume de crainte et de respect. Le bruit s'en gonfle[47] et passe la mer. Le désert en est étonné.

FERRANTE. Et je dresse contre moi[48] mon fils, à jamais. Je détruis entre moi et lui toute possibilité de rémission, de réconciliation ou pardon aucun, irrévocablement.

EGAS COELHO. Non. Inès vivante et bannie, le Prince se rebellerait, parce que soutenu de l'espoir. Morte, lui qui ne veut pas se donner la peine de gouverner, il ne se donnera pas davantage la peine d'une révolte qui n'aurait d'objet que la seule vengeance. Tout passera ensemble, l'amour et le grief. Ce qui est effrayant dans la mort de l'être cher, ce n'est pas sa mort, c'est comme on en est consolé.

FERRANTE (bas). Mon Dieu, ne lui pardonnez pas, car il sait ce qu'il fait.

---

33. à... crime i.e. if the crime is the same in the case of a man or a woman   34. se relâche relaxes   35. en vient à manages to   36. dénuée de devoid of   37. pleasure   38. cut off   39. to all intents and purposes   40. à raison rightly   41. à tort wrongly   42. à... couleuvres by swallowing a few snakes (i.e. affronts)

43. en recul on the downgrade   44. que... doutez than you suspect   45. de ça de là here and there   46. humiliation   47. bruit s'en gonfle rumor is swollen by it   48. dresse contre moi set up against myself

DON EDUARDO. Et, s'il m'est permis de hasarder un avis bien modeste, je dirai que, si Votre Majesté redoute un éclat,[49] laisser libre doña Inès, mais lui faire donner quelque viande[50] qui ne soit pas à sa complexion,[51] serait très à l'avantage de Votre Majesté.

FERRANTE. Hélas! nous sommes bien loin ici du Royaume de Dieu.

EGAS COELHO. Lequel, en effet, n'a rien à voir[52] dans notre propos.[53]

FERRANTE. C'est un simple soupir[54] qui m'échappait en passant.

EGAS COELHO. Un seul acte, Seigneur, vous délivrera de tous les soupirs.

FERRANTE. Voire.[55] La tragédie des actes. Un acte n'est rien sur le moment. C'est un objet que vous jetez à la rivière. Mais il suit le cours de la rivière, il est encore là, au loin, bien au loin, toujours là; il traverse des pays et des pays; on le retrouve quand on n'y pensait plus, et où on l'attendait le moins. Est-ce juste, cette existence interminable des actes? Je pense que non. Mais cela est.

EGAS COELHO. On s'y trompe, Seigneur. La mort de doña Inès, qui maintenant vous tourmente, c'est elle qui vous rendra libre. En cette occasion, la femme est comme la poule: tuez-la et elle vous nourrit. Les actes ne demeurent pas autant qu'on le croit. Combien de vos actes, après avoir rempli l'objet que vous en attendiez, se sont desséchés,[56] ont perdu leur venin,[57] sont désormais aussi inoffensifs qu'un serpent mort rongé[58] par les fourmis.[59]

ALVAR GONÇALVÈS. En outre, à partir d'un certain âge, il n'y a plus intérêt à faire les choses par une lente intrigue: on risque de n'en pas voir le bout. Vive alors un acte prompt, dont on peut jouir dans son entier.

EGAS COELHO. Et n'est-il pas insensé que des hommes acceptent de peiner, de souffrir, d'être ligotés[60] par une situation inextricable, seulement parce qu'un être est vivant, qu'il suffirait de supprimer pour que tout se dénouât,[61] tandis que des milliards d'êtres meurent, dont la mort est inutile, ou même déplorable? On tue, et le ciel s'éclaircit. En vérité, il est stupéfiant que tant d'êtres continuent à gêner le monde par leur existence, alors qu'un meurtre est chose relativement si facile et sans danger.

FERRANTE. S'il en est ainsi, cette facilité est une faiblesse, qui serait à ajouter à celles que vous croyez voir en moi. C'est une faiblesse que faire la chose la plus rapide, la plus brutale, celle qui demande le moindre emploi de l'individu. Ainsi il y a des galants qui préfèrent brusquer une femme inconnue, au risque d'en recevoir un soufflet,[62] à lui adresser la parole: on les prend pour des forts, et ce sont des timides. Quoi qu'il en soit, je ne regrette pas que vous m'ayez parlé avec tant d'ouverture. A tout cela je réfléchirai. (*Il se lève.*)

EGAS COELHO. Que Dieu assiste Votre Majesté et dirige son cœur. (*Tous se lèvent.*)

FERRANTE (*appelant*). Holà! un page! (*Bas, au page Dino del Moro, qui est entré.*) Va mander[63] doña Inès de Castro, et qu'elle attende dans la salle d'audience. (*A Egas Coelho.*) Vous, restez un instant. (*Les autres sortent.*)

---

49. *redoute un éclat* fears a scandal   50. meat
51. *à sa complexion* to her taste   52. *n'a... voir* has nothing to do   53. situation   54. sigh
55. In truth.   56. dried up   57. poison
58. grawed upon   59. ants

60. tied   61. *pour... dénouât* for everything to be solved   62. slap   63. summon

Scène II

FERRANTE, EGAS COELHO

FERRANTE. Pourquoi voulez-vous tuer doña Inès?

EGAS COELHO. Mais... pour toutes les raisons que nous venons de dire à Votre Majesté.

FERRANTE. Non, il y en a une autre. Vous êtes trop vif sur cette affaire. Vous y mettez trop de pointe.[1] Pourquoi voulez-vous tuer doña Inès?

EGAS COELHO. Que ma bouche se remplisse de terre si j'ai parlé en vue d'autre chose qu'un surcroît[2] de grandeur chez Votre Majesté.

FERRANTE. Assez de miel[3]: je veux régner sur des hommes debout, non sur des hommes prosternés. Et puis, il y a toujours sur le miel qu'on m'offre une abeille[4] pour me piquer. Pourquoi voulez-vous tuer doña Inès? Vous avez un secret. Je veux voir ce que vous êtes, après ce que vous faites paraître.

EGAS COELHO. Seigneur, que dire de plus que...

FERRANTE. Il y a un secret! Il y a un secret! Un homme de votre âge ne réclame[5] pas si âprement[6] la mort d'une femme jeune, et belle, et douce, sans un secret. Doña Inès vous a rebuté[7]? Vous êtes beau, pourtant, vous aussi. Elégance, aisance,[8] de tout cela vous n'avez que trop. Vous êtes ondoyant[9] comme une flamme, comme une de ces mauvaises flammes qu'on voit se promener sur les étangs pourris,[10] et qui s'éteignent quand on veut les toucher.

EGAS COELHO. Que Votre Majesté

demande à ses informateurs si j'ai vu doña Inès plus de trois fois en ma vie, et si je me soucie d'elle.

FERRANTE. Alors?—Ce n'est pas un secret contre moi, au moins?—Je veux savoir ce que vous cachez. Je vous poursuis, et ne vous trouve pas. Regardez-moi dans les yeux.

EGAS COELHO. Je vous regarde dans les yeux, et mon visage est clair.

FERRANTE. Oui, vous me regardez dans les yeux, mais croyez-vous que je ne vous voie pas serrer les poings,[11] de votre tension pour que vos yeux ne se dérobent pas? Et votre visage est clair. Mais croyez-vous que je ne sache pas ce qu'il peut y avoir derrière un visage clair?

EGAS COELHO. Que Votre Majesté me donne sa main à baiser.

FERRANTE. Baisons la main que nous ne pouvons couper.

EGAS COELHO. Grand Roi, notre chef et notre père...

FERRANTE. Je vous ferai brûler la langue, si vous me léchez[12] encore. La houle[13] finit par abattre[14] les murs qu'elle a trop léchés. Un de mes Grands, qui est venu tard à la cour, m'a dit que, le jour où il avait découvert l'hypocrisie, il avait rajeuni de dix ans, tant c'était bon. Est-ce vrai?

EGAS COELHO. J'ignore.

FERRANTE. Ah! c'est bon, n'est-ce pas? d'être fourbe. On se sent vivre! N'est-ce pas? (*Geste « J'ignore! » d'Egas.*) Il y a en vous quelque chose qui m'échappe, et cela m'irrite. J'aime qu'un homme soit désarmé devant moi comme le serait un mort. Il y a en vous une raison ignoble, et je veux la percer. C'est entendu, il me plaît qu'il y ait un peu de

1. *Vous... pointe.* You make too much of a point of it.   2. increase   3. honey   4. bee
5. demand   6. harshly   7. rebuffed   8. affluence   9. elusive   10. *étangs pourris* stagnant ponds

11. *serrer les poings* clench your fists   12. lick
13. the sea   14. to knock down

boue[15] chez les êtres. Elle cimente. En Afrique, des villes entières ne sont bâties que de boue: elle les fait tenir.[16] Je ne pourrais pas être d'accord longtemps avec quelqu'un qui serait tout à fait limpide. Et d'ailleurs, tout vice que le Roi approuve est une vertu. Mais, lorsqu'il y a une raison ignoble, si je ne la blâme pas, je veux la savoir. Elle m'appartient. Je veux savoir la vôtre.

EGAS COELHO. J'étais né pour punir.

FERRANTE. Il y a autre chose.

EGAS COELHO. Ce que Votre Majesté croira, je le croirai moi aussi, puisqu'Elle ne peut se tromper.

FERRANTE. Debout! homme, debout! On est tout le temps à vous relever. Vous êtes tout le temps à genoux, comme les chameaux[17] des Africains, qui s'agenouillent[18] à la porte de chaque ville. Ah! quand je vois ce peuple d'adorants hébétés,[19] il m'arrive de me dire que le respect est un sentiment horrible. Allons, parlez. Pourquoi voulez-vous tuer Inès de Castro?

EGAS COELHO. Si Votre Majesté me bouscule[20] ainsi, je dirai n'importe quoi: est-ce cela qu'Elle veut? Je répète que j'ai parlé.

FERRANTE. C'est tout? (Silence.) Eh bien? (Silence.) Un jour vous serez vieux vous aussi. Vous vous relâcherez. Vos secrets sortiront malgré vous. Ils sortiront par votre bouche tantôt trop molle et tantôt trop crispée,[21] par vos yeux trop mouvants, toujours volant à droite et à gauche en vue de ce qu'ils cherchent ou en vue de ce qu'ils cachent. (Silence.) Vous me léchez et vous me trompez ensemble: les deux, c'est trop. (Silence.) Je sais qu'en tout vous avez vos raisons, et ne regardez qu'elles, plutôt

que mon service, et que ce sont des raisons ignobles, mais je vous fais confiance quand même. Cela est étrange, mais il n'y a que des choses étranges par le monde. Et tant mieux, car j'aime les choses étranges. Ou plutôt je sais bien pourquoi je vous aime: parce que vous avez su capter ma confiance sans la mériter, et j'aime les gens adroits. Je vous fais confiance, oui, fors[22] sur ce point-ci. Je ne tuerai pas Inès de Castro. (Silence.) Vous avez entendu? Je ne tuerai pas doña Inès.—Pour sortir, passez par mon cabinet. Vous y prendrez ma sentence contre l'évêque de Guarda. Vous voulez un mort? Vous avez l'évêque. Saoulez-vous-en.[23] (Appelant.) Pages! (Désignant aux pages la table du conseil.) Enlevez[24] cette table. Elle m'écœure.[25] (A part.) O Royaume de Dieu, vers lequel je tire, je tire, comme le navire[26] qui tire sur ses ancres[27]! O Royaume de Dieu!

(Ferrante sort vers son cabinet, avec Egas Coelho. Seuls, les pages se mettent en devoir d'enlever[28] la table.)

PREMIER PAGE (s'asseyant à la table, et bouffonnant[29]). Nous, par la grâce de Dieu, sublime monarque, taratata taratata...

SECOND PAGE (de même). Que sa grandissime Majesté daigne avoir pour agréable... taratata taratata...

TROISIÈME PAGE [DINO DEL MORO] (de même, se signant[30]). Dominus vobiscum adjutorium nostrum[31]... taratata taratata...

FERRANTE (qui est rentré, seul, et les a vus). Ainsi notre proverbe est vrai:

---

15. mud   16. hold together, stand up
17. camels   18. kneel   19. *adorants hébétés* dazed worshipers   20. pushes, jostles   21. tight
22. except   23. *Saoulez-vous-en.* Get drunk on that.   24. Take away   25. sickens me
26. boat   27. anchors   28. *se... d'enlever* set about taking away   29. clowning   30. making the sign of the cross   31. God our succour be with you!

« Les petits garçons jouent derrière l'autel.[32] » Vous ne pouvez donc pas rester un instant sans faire de bêtises?

PREMIER PAGE. Non, que Votre Majesté nous pardonne, nous ne le pouvons.

FERRANTE. Comment! Vous ne le pouvez!

PREMIER PAGE. Dieu nous a faits ainsi.

FERRANTE. Eh bien! alors, si Dieu... Sans doute faut-il le trouver bon. (*Les pages enlèvent la table.*) Au moins ne renversez pas[33] l'écritoire: Dieu n'en demande pas tant.

PREMIER PAGE. Et que se passerait-il si nous renversions l'écritoire?

FERRANTE (*surveillant la table*). Voulez-vous faire attention!

PREMIER PAGE. Est-ce que nous serions pendus[34]? (*Avec mimique bouffonne.[35]*) Oh! on va être pendus! Couic![36] Couic!

FERRANTE. Mes pauvres enfants, vous êtes encore plus stupides que les singes,[37] dont on dit trop de bien. Faites entrer doña Inès de Castro.

Scène III

FERRANTE, INÈS

FERRANTE. Louez Dieu, doña Inès: mes pages n'ont pas renversé l'écritoire sur votre robe,—sur votre belle robe. Vous les avez entendus, comme ils rient: un jour de leur vie s'est écoulé,[1] et ils ne le savent pas. Ils n'ont pas plus peur de moi que n'en avait peur mon fils à leur âge. Ils me heurtent[2] quelquefois par leur trop de franchise, mais quand ils seront hommes, c'est-à-dire hypocrites,

je regretterai l'époque de leur franchise. Leur rôle ici n'est pas ce que l'on pense: il est de me guérir de mes Grands. Je viens d'avoir conseil avec deux de ceux-ci. Les Africains disent que celui qui a autour de lui beaucoup de serviteurs a autour de lui beaucoup de diables. J'en dirais autant des ministres. Ils sont là à vivre de ma vieille force comme un plant de lierre[3] d'un tronc d'arbre rugueux.[4] Des coquins[5] qui m'enterreront! Mon premier ministre est un diable merveilleux. Il m'a joué à moi-même quelques tours, mais avec un art infini. Oh! un art! Aussi lui ai-je pardonné. Seulement, sur qui m'appuyer[6]? Sur les ennemis de mes ennemis? Eux aussi sont mes ennemis. Il n'y a que les imbéciles pour savoir servir et se dévouer: les seuls qui me sont dévoués sont des incapables. Des affaires de poids[7] traitées par des gens légers, des avis sollicités avec la ferme intention de ne pas les suivre, des réunions d'information où personne ne sait rien, des débats suspendus sans conclure parce qu'il est l'heure d'aller souper, des décisions prises au hasard ou pour sauver des niaiseries d'amour-propre,[8] des indignations justes mais chez des hommes qui sont aussi corrompus que ceux qui les indignent, voilà, depuis trente-cinq ans, ce que je vois au gouvernement.

INÈS. S'il en est ainsi, Seigneur, cela n'est sans doute pas particulier à notre royaume.

FERRANTE. Non. Dieu merci, on se dit que cela doit être la même chose en face.[9] C'est ce qui permet de continuer. Et le règne est comme la charité: quand on a commencé, il faut continuer. Mais

32. altar   33. *ne renversez pas* don't upset 34. hanged   35. *mimique bouffonne* broadly humorous mimicry   36. *literally* chirp, squeak. Used in sense of "last gasp" of someone who is killed.   37. monkeys
1. passed   2. offend

3. *plant de lierre* patch of ivy   4. gnarled 5. rascals   6. *sur qui m'appuyer?* upon whom can I depend?   7. weight, importance   8. *des... d'amour-propre* nonsensical pride   9. *en face* opposite, i.e. in Spain

cela est lourd, quelquefois. (*Désignant la fenêtre.*) Regardez ce printemps. Comme il est pareil à celui de l'an dernier! Est-ce qu'il n'y a pas de quoi en mourir d'ennui? Et c'est Dieu qui a créé cela! Il est bien humble.

INÈS. C'est toujours la même chose, et pourtant il me semble que c'est toujours la première fois. Et il y a aussi des actes qui sont toujours les mêmes, et pourtant, chaque fois qu'on les fait, c'est comme si Dieu descendait sur la terre.

FERRANTE. Pour moi, tout est reprise,[10] refrain, ritournelle.[11] Je passe mes jours à recommencer ce que j'ai déjà fait, et à le recommencer moins bien. Il y a trente-cinq ans que je gouverne: c'est beaucoup trop. Ma fortune a vieilli. Je suis las de mon royaume. Je suis las de mes justices, et las de mes bienfaits[12]; j'en ai assez de faire plaisir à des indifférents. Cela où j'ai réussi, cela où j'ai échoué,[13] aujourd'hui tout a pour moi le même goût. Et les hommes, eux aussi, me paraissent se ressembler par trop entre eux. Tous ces visages, ensemble, ne composent plus pour moi qu'un seul visage, aux yeux d'ombre, et qui me regarde avec curiosité. L'une après l'autre, les choses m'abandonnent; elles s'éteignent, comme ces cierges[14] qu'on éteint un à un, à intervalles réguliers, le jeudi saint, à l'office[15] de la nuit, pour signifier les abandons successifs des amis du Christ. Et bientôt, à l'heure de la mort, le contentement de se dire, songeant à chacune d'elles: « Encore quelque chose que je ne regrette pas. »

INÈS. « Bientôt! »... Mais Votre Majesté a devant Elle de longues années de vie.

FERRANTE. Non. Bientôt mon âme

va toucher la pointe extrême de son vol,[16] comme un grand aigle affamé de[17] profondeur et de lumière. En un instant, j'apparaîtrai devant mon Dieu. Je saurai enfin toutes choses...

INÈS. Sire, si c'est votre conseil des ministres qui a mis en Votre Majesté ces pensées funèbres, je voudrais me jeter à genoux pour remercier Dieu de ne m'être mêlée jamais à ces hommes-là.

FERRANTE. Savez-vous ce qu'ils souhaitent? Une politique d'intimidation contre don Pedro et contre vous. L'Infante, hélas, repart demain. Elle me laisse seul et dans ces salles souffletées[18] de tous côtés par son génie, me rongeant[19] de n'avoir pu retenir ce gerfaut[20] à cause de vous et de vos sentimentalités. Et pourtant je ne vous en veux pas. L'Infante est une fille inspirée et fiévreuse: elle a été bercée sur un bouclier d'airain[21]; vous, on dirait que vous êtes née d'un sourire... Mais il n'est pas dit qu'elle m'échappe à jamais. Le mariage de don Pedro et de l'Infante pourrait avoir lieu dans quelques semaines ou quelques mois, si le Pape acceptait de donner l'annulation, et si don Pedro y consentait. Et mes Grands voudraient que j'obtienne ce consentement en sévissant contre[22] le Prince et contre vous. S'ils en avaient l'audace—que bien entendu ils n'ont pas, —ils me demanderaient votre tête. Ils sont acharnés après moi[23] comme les chiens après le taureau.[24] Je résiste; alors ils m'accusent d'être pusillanime. Comme par hasard, le dominicain qui parlait hier soir à ma chapelle a fait un sermon sur la fermeté! Il est vrai, je

---

10. beginning over   11. *i.e.* the same old song   12. good deeds   13. failed   14. candles   15. service (church)

16. flight   17. *affamé de* starving for   18. *literally* slapped   19. *me rongeant* eating my heart out   20. gerfalcon   21. *bouclier d'airain* brazen shield   22. *en sévissant contre* by dealing harshly with   23. *acharnés après moi* ferociously against me   24. bull

n'estime rien tant chez un homme que la modération dans l'exercice d'un pouvoir, quel qu'il soit. Il est parfois moins admirable d'user de[25] son pouvoir, que de se retenir d'en user. Joint que[26] la sensation d'un pouvoir dont on n'use pas est sans doute une des plus fines qui soient au monde. Mais cela est pris pour faiblesse, et il faut supporter d'être dédaigné à tort, ce qui est la chose du monde la plus pénible à supporter.

INÈS. Sire, si rigoureux que me paraisse le châtiment infligé à don Pedro, je comprends mieux maintenant qu'il pourrait l'être davantage, et je vous rends grâce pour votre bonté.

FERRANTE. Pas de gratitude! Restez naturelle. Et puis, je vous en prie, ne me parlez pas de ma bonté. Il me passe quelquefois sur l'âme un souffle de bonté, mais cela est toujours court. Je ne suis pas bon, mettez-vous cela dans la tête. Je suis comme les autres: il arrive que je voie un serpent darder[27] hors de moi sa tête brillante. Ce n'est pas par bonté que je ne punis pas plus rudement le Prince, c'est par raison: parce qu'un âne a fait un faux pas,[28] devrait-on lui couper la jambe? Ce n'est pas par bonté que, vous, je ne fais rien contre vous. Certains pensent que la galanterie interdit de châtier les femmes. Ce n'est pas du tout mon opinion: à égalité de faute entre la femme et l'homme, la punition doit être identique. Par exemple, une femme trahit l'armée: elle est emprisonnée à vie, ce qui lui permet encore quelques agréments. Mais l'homme, pour le même crime, paye de sa tête. Cela n'est pas juste.

INÈS. Alors, Sire, il faudrait me mettre en prison comme don Pedro. Et c'est

vrai que, me sentir libre, quand lui il est captif...

FERRANTE. Oh! vous y serez un jour, en prison, vous aussi. Et la prison va si bien aux femmes! Elles y cessent de se peindre,[29] y maigrissent,[30] y ont enfin des vêtements décents, et une pâleur languissante qui les met fort à leur avantage. Oui, si je vous ménage,[31] ce n'est pas par bonté, c'est surtout par politique. Comprenez bien ma situation. J'ai à obtenir deux choses. D'abord, que le Pape annule votre mariage. A Rome, tout s'achète, c'est entendu; mais le Pape est passionné contre moi, et il est comme les autres hommes: il préfère ses passions à ses intérêts. Malgré tout, naturellement, je vais chercher à négocier. Ensuite, il me faut amener don Pedro à accepter d'épouser l'Infante, si Rome annule. Pouvez-vous m'y aider?

INÈS. Oh! Sire, que cela m'est dur! Tant de tendresse présentée devant Dieu, et qui serait...

FERRANTE. Ne me parlez pas de tendresse. Il y a longtemps que ces sentiments-là ont cessé de m'intéresser. Soyez raisonnable; vous avez tout à y gagner. Allez voir Pedro, et tâchez de le convaincre.

INÈS. Le voir?

FERRANTE. Oui, je vous y autorise.

INÈS. Ah, Sire, merci! Que vous me faites plaisir! Que vous me faites plaisir!

FERRANTE. Modérez-vous. Il ne faut jamais avoir plaisir si vite.

INÈS. Quand? Demain? Toute ma vie se rouvre, comme la queue d'un paon[32] qui se déploie.[33]

FERRANTE. Demain. A la porte du château de Santarem. Des gardes se tiendront à distance.

_____

25. _d'user de_ to use   26. _joint que_ in addition to the fact that   27. dart   28. _faux pas_ false step

29. _se peindre_ paint themselves   30. get thin   31. spare   32. _queue d'un paon_ peacock's tail   33. _se déploie_ opens

INÈS. Ne pourrai-je entrer au château, et rester seule un instant avec lui?

FERRANTE. Non. Dehors. Et gardés à vue. Demandez-lui s'il est prêt à prendre l'engagement sacré d'épouser l'Infante, si Rome donne la dispense, et je relâcherai du tout[34] ma rigueur. Je regrette de devoir poser des conditions. Les nécessités du règne m'ont forcé de me faire à[35] ce langage.

INÈS. Mais vous, ne voulez-vous pas le voir?

FERRANTE. Devant lui, la patience me sortirait par tous les pores. D'ailleurs, nous vivons, moi et lui, dans des domaines différents. Sa présence m'ennuie et m'est à charge.[36] Oh! ne croyez pas qu'il soit amer de se désaffectionner. Au contraire, vous ne savez pas comme c'est bon, de sentir que l'on n'aime plus. Je ne sais ce qui est le meilleur: se détacher, ou qu'on se détache de vous.

INÈS. Se détacher de son enfant!

FERRANTE. Mais oui, pourquoi pas? Vous l'éprouverez un jour avec Pedro, vous aussi. Les amours sont comme ces armées immenses qui recouvraient hier la plaine. Aujourd'hui on les cherche: elles se sont dissipées.

INÈS. Pas le nôtre.

FERRANTE. La plupart des affections ne sont que des habitudes ou des devoirs qu'on n'a pas le courage de briser.

INÈS. Pour son fils!

FERRANTE. Que m'importe le lien du sang! Il n'y a qu'un lien, celui qu'on a avec les êtres qu'on estime ou qu'on aime. Dieu sait que j'ai aimé mon fils, mais il vient un moment où il faut en finir avec ce qu'on aime. On devrait pouvoir rompre brusquement avec ses enfants, comme on le fait avec ses maîtresses.

INÈS. Mais vous l'aimez encore, voyons!

FERRANTE. Il ne le mérite pas.

INÈS. Oh! si on se met à calculer ce que les êtres méritent!

FERRANTE. Tout ce que j'ai fait pour lui me retombe sur le cœur. Mettons que[37] je l'aime assez pour souffrir de ne pas l'aimer davantage. Il me donne honte de moi-même: d'avoir cru jadis[38] à mon amour pour lui, et de n'être pas capable d'avoir cet amour. Allez maintenant, doña Inès. Quand vous aurez vu don Pedro, vous reviendrez me voir. Vous me direz s'il est bien triste, s'il sent bien la pointe[39] de la punition que je lui fais. A moins que vous ne me disiez qu'il consent, et alors vous me feriez une joie immense. Faites-la-moi: j'en ai grand besoin. Adieu.

SECOND TABLEAU

Le seuil[1] *(à l'extérieur) du château de Santarem. Site agreste.*[2]

Scène IV

INÈS, PEDRO

INÈS (*se jetant dans ses bras*). Ne parle pas! Ne parle pas! Laisse-moi boire. J'avais tellement soif. Mon Dieu, assistez-moi dans ce bonheur suprême! Il me semble que désormais je ne pourrai plus avoir de bonheur qui ne soit voisin de la folie...

PEDRO. Inès, si tu...

INÈS. Ne parle donc pas! Cet instant qui n'existera peut-être jamais plus. Ensuite, prête à tout subir. Mais que cet instant ne me soit pas retiré. Un

---

34. *du tout* completely   35. *me faire à* get accustomed to   36. *m'est à charge* is a burden to me

37. *mettons que* let us say that   38. in the past   39. the prick, twinge of pain   1. threshold   2. *Site agreste.* Rural site.

instant, un petit instant encore, que je repose sur l'épaule de l'homme, là où l'on ne meurt pas. (*Repos.*) Etre là, et que cela soit permis, et se dire que la terre peut porter de pareilles choses, et que cependant le mal et la mort continuent d'exister, et qu'll faudra mourir soi aussi!

PEDRO. Ces soldats qui nous observent...

INÈS. Voilà les hommes: toujours à craindre le ridicule, et à le craindre là où il n'est pas. Les soldats nous regardent? Eh bien! Qu'ils nous regardent, qu'ils s'en emplissent les yeux. Qu'ils regardent et qu'ils disent si, eux, ils savent aimer comme cela. (*Repos.*) Est-ce ton cœur qui bat si fort, ou le mien?

PEDRO. Le nôtre.

INÈS. Je voudrais donner ma vie pour toi. Tu ris! Comment peux-tu rire?

PEDRO. De te voir si amoureuse. Tu t'es jetée sur moi comme le loup sur l'agneau!

INÈS. Et dire que je suis restée une heure étendue[3] sur mon lit, avant de venir, pour être maîtresse de moi quand tu apparaîtrais! Quelles journées je viens de vivre! Ton nom prononcé dans ma solitude, prononcé dans mes rêves. Clouée[4] comme par une flèche.[5] Et je regardais le ciel et je criais: « Ah! un peu moins de ciel bleu, et le corps de l'homme que j'aime! »; je me relevais pour aller à la fontaine (cette eau si fraîche, mon seul soutien[6] de toute la journée), ou bien pour cueillir une fleur que je rapportais dans ma chambre, afin qu'elle me tînt compagnie. Et voilà que je t'ai retrouvé. Et j'ai retrouvé l'odeur de tes vêtements... Quand je t'ai vu, mon cœur a éclaté. Ah! laisse-moi boire

encore. Que je te tienne dans ma bouche comme font les féroces oiseaux quand ils se possèdent en se roulant dans la poussière.

PEDRO. Ces soldats qui se rapprochent toujours...

INÈS. Eh bien! qu'ils tirent[7] donc, avec leurs escopettes[8]! Car j'accepterais de mourir, moi et ce que je porte en moi, oui, j'accepterais de mourir si la mort devait me fixer à jamais dans un moment tel que celui-ci. Non, tu ne peux savoir ce qu'ont été ces quatre jours. Il y a une façon brave et presque provocante[9] de recevoir le premier assaut du destin. Et puis, peu à peu, cela vous ronge. C'est le troisième jour qu'il faut voir un être qui a été frappé. Après trois jours, j'ai commencé à être en sueur[10] la nuit, et à m'apercevoir qu'en ces trois jours j'avais maigri. Et quand j'ai été devant ton père, j'ai été aussi faible que tu l'avais été. Tu n'avais pas osé lui parler de notre mariage. Je n'ai pas osé lui parler de notre enfant. Et je ne sais comment j'ai pu m'en taire,[11] car j'aime tant parler de lui.

PEDRO. Que devient ce fameux petit garçon?

INÈS. Le jour, il ne me préoccupe pas trop. C'est la nuit... Il est au chaud de mon cœur, et je voudrais me faire plus chaude encore pour l'abriter[12] mieux. Parfois il bouge, à peine, comme une barque sur une eau calme, puis soudain un mouvement plus vif me fait un peu mal. Dans le grand silence, j'attends de nouveau son petit signe: nous sommes complices. Il frappe timidement; alors je me sens fondre[13] de tendresse, parce que tout à coup je l'avais cru mort, lui si fragile. Je souhaite qu'il ne cesse pas

---

3. stretched out   4. *literally* nailed down
5. arrow   6. support, comfort

7. *qu'ils tirent* let them shoot   8. blunderbusses   9. defiant   10. sweat   11. *m'en taire* be silent about it   12. to shelter   13. melt

de bouger, pour m'épargner ces minutes d'angoisse où je m'imagine qu'il ne bougera jamais plus. Et pourtant ce sont ces minutes-là qui rendent possible la joie divine de sa vie retrouvée.

PEDRO. Que le dur monde où il va aborder[14] ne le traite pas en ennemi, lui qui n'est l'ennemi de personne. Que la profonde terre l'accueille avec douceur, lui qui ne sait rien encore de ses terribles secrets. Mais, dis-moi, comment le Roi t'a-t-il permis de venir me voir?

INÈS. Il voudrait... Mais moi je ne veux pas!

PEDRO. Quoi?

INÈS. Que j'obtienne ta promesse d'épouser l'Infante, si le Pape donne l'annulation. Mais moi je ne veux pas, je veux que tu restes à moi seule. Est-ce que tu m'aimes?

PEDRO. Je t'aime comme le soleil aime le sable.[15] Je t'aime, et aussi j'aime t'aimer.

INÈS. Alors, je t'ai manqué[16]?

PEDRO. O femme folle! Soyons sérieux. Mon père t'a-t-il traitée doucement?

INÈS. Fort doucement. Il m'a parlé avec un abandon extrême. Il était amer parce qu'il y a sans cesse des gens qui lui traversent l'esprit contre nous, et aussi parce qu'il est fatigué du trône. Comme, pour venir à lui, toutes ces grandes salles désertes évoquent bien la solitude qu'il doit y avoir au pouvoir! Et comme la lamentation intérieure y doit résonner plus fort, retentir comme le pas sur les dalles[17]! Il m'a priée de bien observer si tu avais l'air triste, mais je crois sentir que, lorsqu'il est sévère, il se force, et qu'il est par nature bienveillant et généreux.

PEDRO. Il a fait pourtant des actes horribles.

INÈS. Il y avait sans doute des raisons.

PEDRO. Oh! il y a toujours des raisons. Mais vouloir définir le Roi, c'est vouloir sculpter une statue avec l'eau de la mer.

INÈS. Il m'a dit aussi un peu de mal de toi. Mais, quand on me dit du mal de toi, cela ne me peine pas. Au contraire, il me semble que je t'en aime davantage, que tu en es davantage à moi seule. Non, ce n'est pas de lui que j'ai peur. Toute notre destinée dépend de lui, et de lui uniquement. Et cependant la peur que j'ai est une peur confuse, et qui ne provient pas de lui en particulier.

PEDRO. Quelle crainte ne sera pas sortie de ce cœur si triste! Quoi, maintenant encore, dans mes bras!

INÈS. Je songe à l'instant où je vais te quitter.

PEDRO. Inès, toujours dans le passé ou l'avenir! Toujours à me regarder comme si c'était la dernière fois. Tiens, qu'y a-t-il? Nos gardiens s'agitent...

INÈS. Mais tu ne penses donc qu'à eux! Si tu m'aimais vraiment, tu ne les verrais pas.

PEDRO. Tu as entendu? Un bruit de chevaux sur la route.

INÈS. Ah! assez! assez! Deux êtres ne peuvent donc pas s'étreindre[18] sans qu'il y ait des hommes qui se dressent[19] et qui leur disent: « Non »? Je ne bougerai pas.

PEDRO. Les soldats reviennent sur nous...

INÈS. Attends, ma mort, attends. Que d'abord je sois satisfaite. Je ne bougerai pas. Quand ce serait Dieu lui-même qui apparaîtrait dans ce buisson.[20]

PEDRO. L'Infante!

INÈS. Elle! Ici! Sans doute, poussée par le Roi, elle vient avant de partir te demander à son tour cet engagement.

14. arrive, reach shore   15. sand   16. *je t'ai manqué?* You missed me?   17. flagstones

18. *s'étreindre* embrace each other   19. *se dressent* rise up   20. bush

Elle vient t'arracher à moi. Ne lui parle pas. Rentre dans le château et refuse de la recevoir. D'ailleurs, s'il le faut, c'est moi qui lui barrerai le passage.[21]

(*Les soldats entourent*[22] *le Prince et le ramènent au château.*)

Scène V

INÈS, L'INFANTE

L'INFANTE (*à la cantonade*,[1] *vers ses gens*). Restez à distance, je vous prie, et attendez-moi. (*A Inès.*) Doña Inès de Castro!

INÈS (*toutes griffes dehors*[2]). Votre Altesse!

L'INFANTE. Vous croyez que je suis venue voir le Prince. Pas du tout, c'est vous que je cherche. Vous avez vu le Roi, hier?

INÈS. Oui, Princesse.

L'INFANTE. Quelle impression vous a-t-il faite? (*Geste vague, prudent, d'Inès.*) Eh bien, je vais vous le dire. La chaîne de vos médailles a appuyé sur votre cou,[3] et l'a marqué d'une raie[4] rouge. C'est la place où vous serez décapitée.

INÈS. Dieu!

L'INFANTE. Les princes mettent des lions sur leurs armoiries,[5] sur leurs oriflammes.[6] Et puis un jour ils en trouvent un dans leur cœur. Vous avez vu son visage vert? On dirait quelqu'un qui a oublié de se faire enterrer. Et avec cela les yeux lourds des lions. Le Roi souffre de bientôt mourir: or, c'est à la fin du combat de taureaux que le taureau est le plus méchant. Oh! je ne dis pas que le Roi ait la volonté nette[7] de vous faire tuer.

Il est comme sont les hommes: faible, divers,[8] et sachant mal ce qu'il veut. Mais une pensée dangereuse comme une lame[9] a été glissée dans son esprit et il ne l'a pas repoussée aussi vivement qu'il eût dû.

INÈS. Comment le savez-vous?

L'INFANTE. Un des pages a parlé.

INÈS. Un des pages!

L'INFANTE. Quelqu'un à moi s'est occupé des pages qui étaient hier à la porte du conseil, ou plutôt d'une petite réunion tenue entre le Roi, Alvar Gonçalvès et Egas Coelho. Deux des pages ne savaient rien, ou n'ont rien voulu dire. Le troisième, le plus jeune, avait écouté, et bien écouté.

INÈS. Le plus jeune! Celui qui est si beau!

L'INFANTE. Un jeune démon est toujours beau.

INÈS. Et il a parlé? Mais... par étourderie,[10] n'est-ce pas?

L'INFANTE. Non, par passion.

INÈS. Quelle horreur!

L'INFANTE. Vous voulez dire: chance bénie[11]! Donc, Egas Coelho et Alvar Gonçalvès ont demandé votre mort. Le Roi aurait pu couper court, d'un non énergique. Mais ils ont discuté interminablement. « Comme des avocats », dit le page. A la fin, le Roi a dit: « J'y réfléchirai.» Ensuite il est resté seul avec Egas Coelho, mais le page était parti vous chercher.

INÈS. « J'y réfléchirai »... Ce n'est pas un arrêt de mort[12]... Le Roi, dans toute cette affaire, m'a traitée avec tant d'ouverture...

L'INFANTE. Mon père dit du roi Ferrante qu'il joue avec sa perfidie comme un bébé joue avec son pied.

---

21. *qui... passage* who will block her path
22. surround

1. *à la cantonade* into the wings   2. *toutes griffes dehors* literally with her claws out   3. *a... cou* has pressed against your neck   4. line
5. arms   6. banners   7. clear, precise

8. changeable   9. blade   10. *par étourderie* inadvertently   11. *chance bénie* blessed luck   12. *arrêt de mort* death sentence

INÈS. « J'y réfléchirai »... Il a peut-être voulu se donner du champ.[13]

L'INFANTE. Doña Inès, doña Inès, je connais le monde et ses voies.[14]

INÈS. Oh! oui, vous les connaissez. Penser qu'en trois jours, vous, une étrangère, et si jeune, vous apprenez de tels secrets. Moi, j'aurais pu vivre des années au palais, sans savoir ce qu'on y disait de moi.

L'INFANTE. J'ai été élevée pour le règne.

INÈS. Et don Pedro, le Roi a-t-il parlé de lui?

L'INFANTE. Selon le page, Ferrante n'a pas parlé de son fils. Et maintenant, doña Inès, je vous dis: je repars demain, profitant de ce que les vents sont favorables. Regardez: un nuage[15] en forme d'aile[16]! il vole vers la Navarre. Et des nuages moutonnants[17]: ils paissent[18] vers ma Navarre, toujours mouvante de troupeaux. Oui, demain, à cette heure, si Dieu veut, je fendrai la mer ténébreuse[19]: avec quelle véhémence les flots se rebelleront devant mon étrave,[20] et puis s'abaisseront étonnées, comme s'ils savaient qui je suis! Ma Navarre! Je désire tant la retrouver que j'appréhende presque ce que j'y retrouverai. Eh bien! je vous propose de venir avec moi. Vous ferez partie de[21] ma maison. Vous ne serez pas en sûreté tant que[22] vous serez au Portugal. Mais, dès l'instant que je vous prends sous mon manteau, le Roi n'osera pas vous toucher: m'offenser une seconde fois, jamais! Seulement, il faut vous décider tout de suite, et laisser en l'état votre Mondego.[23] Je sais, les gens préfèrent mourir, à quitter leurs affaires, ou à se donner la peine de les mettre en ordre promptement. Mais il faut voir ce qui importe pour vous, si c'est le Mondego, ou si c'est d'être vivante. Suivez-moi donc en Navarre, et attendez. Ou le Roi mourra, et vous reviendrez et règnerez. Ou le Roi fera périr son fils...

INÈS. Oh!

L'INFANTE. Pardonnez-moi!

INÈS. Mais qui peut vous faire croire...

L'INFANTE. Je ne crois pas que Ferrante y songe aujourd'hui. Mais aujourd'hui et demain ne sont pas fils de la même mère, et moins que jamais sous le coup du Roi.[24] Il est naturellement incertain, et son art est de faire passer son incertitude pour politique. Il noie le poisson[25] par hésitation et inconsistance, mais il arrive à déguiser cette noyade[26] en calcul profond. Il affirme les deux choses contraires, à la fois spontanément, parce qu'il est irrésolu, et systématiquement, afin de brouiller ses traces.[27] Il mélange avec danger des éléments inconciliables; nul ne sait ainsi ce qu'il pense, mais c'est parce qu'il n'a pas de pensée précise, hormis,[28] quelquefois, sur son intérêt immédiat. Combien de temps croira-t-il de son intérêt immédiat d'épargner don Pedro et vous?[29]

INÈS. Je suis bouleversée.[30] Mais, du moins, sachez ma gratitude... Que ce soit vous!

L'INFANTE. Il y a deux gloires: la gloire divine, qui est que Dieu soit content de vous, et la gloire humaine, qui est d'être content de soi. En vous sau-

---

13. *se... champ* give himself room   14. ways
15. cloud   16. wing   17. fleecy   18. are grazing   19. *je... ténébreuse* I shall cleave the dark sea   20. stem (of a boat)   21. *ferez partie de* will belong to   22. *tant que* as long as   23. *laisser... Mondego* i.e. abandon your Mondego

24. *sous... Roi* under the dictation of the King
25. *noie le poisson* drowns the fish   26. drowning   27. *brouiller ses traces* cover his tracks
28. except   29. *Combien... vous?* For how long will he think it is to his immediate interest to spare Don Pedro and you?   30. overwhelmed

vant, je conquiers ces deux gloires. Et notamment la seconde, car la nature m'ordonnerait plutôt de vous haïr. Mais je fais peu de cas de[31] la nature.

Inès. Certes, Madame, car à votre place...

L'Infante. Vous vous oubliez, doña Inès. Personne ne peut se mettre à ma place.

Inès. Pardonnez-moi, Infante. Il est vrai, votre rang...

L'Infante. Où je suis, il n'y a pas de rang. Doña Inès, je vous tiens quitte de[32] vos honnêtetés: vous n'y êtes pas heureuse. Mais quoi, vous êtes charmante ainsi. Apprenez que je n'ai jamais eu contre vous de jalousie. Je n'étais même pas curieuse de vous connaître. Tant don Pedro m'est indifférent. On me disait: « Elle est belle », mais je pensais: « Moi, je suis grande. Et ce qui est beau n'a jamais pu égaler ce qui est grand. » Puis on me dit: « Elle est pleine de douceur pour tous », et j'aimais ces mots. Je les traduisais, dans mon langage à moi: elle est l'amie de toutes les choses douces de la terre. On me cita ce trait: que, depuis des années, vous vous laissez coiffer on ne peut plus mal par votre coiffeur,[33] pour ne pas lui faire de peine en le renvoyant.[34] (*Inès porte la main à ses cheveux.*) Mais non, vous n'êtes pas si mal coiffée. Vous êtes coiffée par les mains de la Charité, c'est merveilleux!

Inès. C'est que j'ai parfois besoin de laisser reposer mes cheveux. Alors, pendant une journée, je me coiffe en chignon.[35] Seulement, cela donne un pli[36]...

L'Infante. Vos cheveux sont très bien, je vous assure; ne vous en tourmentez plus. J'appris enfin que jusqu'à vingt-quatre ans vous aviez vécu en Espagne: alors je ne me suis plus étonnée de votre mérite. Et que vous étiez enfant naturelle: et cela m'a plu. J'ai donc souhaité de vous voir, et j'ai ordonné à une de mes dames d'honneur, la marquise de Tordesillas, de se placer auprès de[37] vous pendant la messe, à Santa Clara, et de ne pas vous quitter, que je pusse[38] vous reconnaître. Mais comme ces dames se levaient et changeaient de place à tout propos[39] pour mieux jacasser[40] entre elles, cela joint à l'uniformité de leurs habits et à l'obscurité de l'église, je finis par vous perdre de vue. Je fis donc rappeler la marquise, et lui enjoignis de[41] déchirer[42] un peu votre mante[43]...

Inès. Quoi, Altesse, c'était vous!

L'Infante. C'était moi. La déchirure s'ouvrait sur votre cou. Je vous ai suivie à cette petite blancheur qui bougeait dans la pénombre.[44] Je vous ai regardée longuement, doña Inès. Et j'ai vu que don Pedro avait raison de vous aimer.

Inès. Si vous le connaissiez mieux, vous sauriez que j'ai mille fois plus raison encore de l'aimer.

L'Infante. Je vous crois, pour vous être agréable. Et savez-vous qui je vais retrouver, à mon retour, en prières? La marquise de Tordesillas, j'en suis sûre, priant pour que notre rencontre ait tourné à votre bien.[45] Allons, doña Inès, exaucez[46] les prières de la bonne marquise. Dites-moi que vous m'accompagnerez en Navarre.

31. *fais... de* care little about   32. *je... de* I don't hold you responsible for   33. *vous vous... coiffeur* you allow your hair to be arranged very badly by your hairdresser   34. *en le renvoyant* by dismissing him   35. *je... chignon* I do my hair up in a bun   36. i.e. it disturbs the proper arrangement of her hair

37. *auprès de* beside   38. might be able to   39. *à tout propos* constantly   40. chatter   41. *lui enjoignis de* charged her to   42. tear   43. cloak   44. half-light   45. *ait... bien* might turn out well for you   46. answer

INÈS. Non, Princesse, je ne puis.

L'INFANTE. Pourquoi?

INÈS. Quand l'oiseau de race[47] est capturé, il ne se débat pas.[48] Vous parliez d'un nuage en forme d'aile. Si j'avais une aile, ce ne serait pas pour fuir, mais pour protéger.

L'INFANTE. Je sais, cela se paie cher, d'être noble. Mais vous n'êtes pas « capturée ». Vous n'avez peut-être qu'une nuit devant vous: du moins vous l'avez.

INÈS. Non! Non! je ne peux plus être autre part[49] qu'à côté de lui! N'importe quelle condition, même la plus misérable, pourvu que je ne le quitte pas. Et, s'il le faut, mourir avec lui ou pour lui.

L'INFANTE. Il n'y a pas d'être qui vaille qu'on meure pour lui.

INÈS. Un homme qu'on aime!

L'INFANTE. Je ne suis pas encore parvenue à comprendre comment on peut aimer un homme. Ceux que j'ai approchés, je les ai vus, presque tous, grossiers, et tous, lâches. Lâcheté: c'est un mot qui m'évoque irrésistiblement les hommes.

INÈS. N'avez-vous donc jamais aimé, Infante?

L'INFANTE. Jamais, par la grâce de Dieu.

INÈS. Mais sans doute avez-vous été aimée?

L'INFANTE. Si un homme s'était donné le ridicule de m'aimer, j'y aurais prêté si peu d'attention que je n'en aurais nul souvenir. (*Avec brusquerie et candeur.*) Vous entendez les passereaux[50]? Ils chantent mes louanges.[51] Oh! ne me croyez pas orgueilleuse: je n'ai pas d'orgueil, pas une once.[52] Mais il n'est

pas nécessaire, pour aimer les louanges, de s'en croire digne. Allons, Inès, venez! Je vous tends[53] votre vie. Le souffle[54] des rois est brûlant. Il vous consumera.

INÈS. Il consume ce qui de toutes façons sera consumé. Je n'ai pas été faite pour lutter, mais pour aimer. Toute petite, quand la forme de mes seins[55] n'était pas encore visible, j'étais déjà pleine d'amour pour mes poupées[56]; et il y en avait toujours une que j'appelais l'Amant, et l'autre la Bien-Aimée. Et déjà, si l'on m'avait ouvert la poitrine,[57] il en aurait coulé de l'amour,[58] comme cette sorte de lait qui coule de certaines plantes, quand on en brise la tige.[59] Aimer, je ne sais rien faire d'autre. Voyez cette cascade: elle ne lutte pas, elle suit sa pente.[60] Il faut laisser tomber les eaux.

L'INFANTE. La cascade ne tombe pas: elle se précipite. Elle fait aussi marcher les moulins.[61] L'eau est dirigée dans des canaux. La rame la bat,[62] la proue[63] coupe. Partout je la vois violentée.[64] Oh! comme vous êtes molle[65]!

INÈS. C'est quand le fruit est un peu mol, qu'il reçoit bien jusqu'à son cœur tous les rayons de la Création.

L'INFANTE. Je vous en prie, ne me faites pas l'éloge[66] de la mollesse: vous me blessez personnellement. Venez plutôt en Espagne: vous y reprendrez de la vigueur. Ne vous en cachez pas[67]: je sais qu'ici on n'aime pas l'Espagne. Le Portugal est une femme étendue au flanc de[68] l'Espagne; mais ce pays qui reste quand même à l'écart,[69] qui brûle

---

47. *l'oiseau de race* bird of a noble breed 48. *ne... pas* does not struggle   49. *autre part* anywhere else   50. sparrows   51. praises 52. ounce, particle

53. offer   54. breath   55. breasts 56. dolls   57. breast   58. *il... l'amour* love would have flowed from it   59. stem 60. inclination   61. mills   62. *la rame la bat* the oar strikes it   63. prow   64. outraged (*violenter* to do violence to)   65. weak 66. praise   67. *Ne... pas* Don't try to hide it 68. *au flanc de* by the side of   69. *à l'écart* apart

seul, et qui est fou, empêche le Portugal de dormir. Si j'avais épousé don Pedro, c'est moi qui aurais été l'homme: je l'aurais empêché de dormir.

Inès. Altesse, puisque le Roi, dites-vous, ne peut que vous satisfaire, je vous en supplie, obtenez d'abord la grâce de don Pedro!

L'Infante. Ce n'est pas don Pedro, c'est vous que je veux sauver. Venez à Pampelune. Pampelune est comme la cour[70] intérieure d'une citadelle, encaissée[71] entre de hautes montagnes; et il y a mon âme, alentour,[72] qui va de hauteur en hauteur, qui veille,[73] et qui ne permet pas... La main du Roi ne pourra vous atteindre, par-dessus ces montagnes. Venez à Pampelune, même si ma cour est pour vous sans attraits. La sensation d'être en sécurité donnerait du charme à n'importe quel lieu, et vous retrouverez votre âme avec votre sécurité.

Inès. C'est lui qui est mon âme.

L'Infante. Vous êtes molle, et en même temps trop courageuse.

Inès. Ne me dites pas que j'ai du courage: je le perdrais dans l'instant.

L'Infante. A la naissance de vos seins, dans le duvet[74] entre vos seins, un de vos cils[75] est tombé. Il est là, comme la plume d'une hirondelle[76] qui a été blessée dans son vol; il bouge un peu, on le dirait vivant. L'hirondelle est blessée, doña Inès. Combien de temps volera-t-elle encore, si elle ne trouve abri[77]? Un jour elle n'annoncera plus le printemps, un jour il n'y aura plus de printemps pour elle sur la terre. Laissez-moi croire que je puis trouver encore les mots pour vous convaincre. Penser que vous aurez passé à côté de moi! Et moi,

être l'Infante de Navarre, et échouer à convaincre! Et échouer à convaincre l'être auquel on veut tant de bien! Comment le bien que l'on veut à un être ne resplendit-il pas sur votre visage et ne passe-t-il pas dans le son de votre voix, tellement qu'il soit impossible de s'y méprendre[78]? Mais non, au contraire, c'est peut-être mon visage qui vous effraie.[79] Peut-être les visages nouveaux vous effrayent-ils? Ou peut-être est-ce parce qu'il est en sueur? Ou peut-être en ai-je trop dit? Quand on veut convaincre, et qu'on a dépassé le point où c'était encore possible, tout ce qu'on dit de surcroît[80] ne fait que vous rendre suspect et endurcir[81] l'être qu'on veut convaincre. Vous devez penser: « Pourquoi y tient-elle tant?[82] N'y aurait-il pas un piège[83]?... » O porte! porte! quel mot pour t'ouvrir? Je m'arrête, car ma bouche est desséchée. (Temps.) N'est-ce pas? vous regardez l'écume[84] aux coins de ma bouche. Cela vient de ma bouche desséchée, et de l'ardeur de cette route, qui était pâle comme un lion. Tout mon intérieur est desséché comme si on m'avait enfoncé[85] dans la gorge, jusqu'à la garde,[86] l'épée de feu de l'ange nocturne; vous savez, quand les voix de la muraille crièrent de nouveau: « Sennachérib[87]! » Ah! la chose insensée, qu'un désir violent ne suffise pas à faire tomber ce qu'on désire. Une dernière fois, Inès: venez-vous avec moi?

70. courtyard 71. enclosed 72. all around, round about 73. watches 74. down 75. eyelashes 76. swallow 77. shelter

78. de s'y méprendre to be wrong about it 79. frightens 80. de surcroît in addition 81. ne... endurcir only serves to make you suspicious and to harden 82. Pourquoi... tant? Why does she care so much about it? 83. trap 84. froth 85. plunged 86. hilt 87. Sennacherib, King of the Assyrians, laid siege to the kingdom of Judah during the reign of Hezekiah. His army was destroyed by an angel at night. It is thought today that they were victims of bubonic plague. The story is told in II Kings xix, 20–37.

Inès. Princesse, ne m'en veuillez pas[88]: je ne puis.

L'Infante. Eh bien, soit! Vous avez laissé passer le moment où je vous aimais. Maintenant, vous m'irritez. Pourquoi votre vie m'importerait-elle, alors qu'elle ne vous importe pas?

Inès. Moi, Madame, je vous irrite?

L'Infante. Vous me décevez.[89] Allez donc mourir, doña Inès. Allez vite mourir, le plus vite possible désormais. Que votre visage n'ait pas le temps de s'imprimer en moi.[90] Qu'il s'efface et que je puisse l'oublier: effacé comme une tache de sang sur les dalles,[91] qu'on efface avec de l'eau. J'aurais voulu que tout mon séjour au Portugal s'évanouît comme un mauvais rêve, mais cela n'est plus possible, à cause de vous. C'est vous seule qui empoisonnez le doux miel[92] de mon oubli, comme il est dit de la mouche dans le parfum au livre de nos Saintes Ecritures.[93] Partez, doña Inès, Dieu vous reste. Est-ce que ce n'est pas beau, que quoi qu'il arrive, et même si on a péché,[94] on puisse toujours se dire: « Dieu me reste »? Regardez vers le ciel, où est Celui qui vous protégera.

Inès. Dieu me protégera, si j'en suis digne. Mais pourquoi regarder le ciel? Regarder le ciel me ramène toujours vers la terre, car, les choses divines que je connais, c'est sur la terre que je les ai vécues. Nos passions sont les anges du Seigneur.

L'Infante. Alors, ma chère, si vous ne voulez pas regarder le ciel, tournez-vous d'un coup vers l'enfer. Essayez d'acquérir[95] le page, qui est d'enfer, et de savoir par lui les intentions du Roi. Il

s'appelle Dino del Moro. Il est Andalou.[96] Les Andalous ne sont pas sûrs. Il trahira tout ce qu'on voudra.

Inès. Je crois que jamais je n'aurai le cœur de pousser un enfant à trahir.[97]

L'Infante. Même si votre vie et la vie de don Pedro sont en jeu[98]?

Inès. Pedro!... Mais, quand même, un enfant! Un enfant... pareil à ce que pourrait être un jour un fils à moi...

L'Infante. Eh bien! doña Inès, soyez donc sublime, puisque c'est cela décidément qui vous tente.[99] Sublime en ne partant pas. Sublime en ne poussant pas à trahir. Allons, soyez sublime tout votre saoul,[100] et mourez-y. Adieu.

(*Inès s'incline, prend la main de l'Infante et va la baiser. Dans ce geste, le bracelet de pierreries de l'Infante se détache et tombe. Inès le ramasse[101] et le lui tend.*)

L'Infante. Gardez-le, Inès. Chez nous, une princesse de sang royal ne peut rien accepter, qui ne lui ait été tendu par quelqu'un de sa maison. Ce bracelet qui joint[102] si mal vous restera comme un symbole de ce qui ne s'est pas joint entre nous.

Inès. Si c'est un symbole, il y a des choses tellement plus pures que le diamant...

L'Infante. C'est vrai. (*Elle jette le bracelet à terre, et l'écrase[103] sous son talon.[104] Un temps.*) Embrassez-moi. (*Elles s'embrassent.*) Dieu vous garde! (*Seule, regardant au loin la cascade.*) Il faut laisser tomber les eaux...

RIDEAU

---

88. *ne... pas* don't hold it against me   89. disappoint   90. *s'imprimer en moi* to leave its stamp on me   91. flagstones   92. honey   93. *Ecclesiastes* x, 1: "Dead flies cause the ointment of the apothecary to send forth a stinking savour."   94. sinned   95. win over

96. Andalusian. (The implication is that Moorish blood had contaminated the southern Spaniards during the long Arabic domination.)   97. *de... trahir* to encourage a child to be a traitor   98. *en jeu* at stake   99. tempts   100. *tout votre saoul* to your heart's content   101. *le ramasse* picks it up   102. fastens   103. *l'écrase* crushes it   104. heel

ACTE III

*Une salle du palais royal. Elle est pres-
que dans l'obscurité. Seuls les abords de
l'âtre,[1] où un feu brûle, sont éclairés[2] par
quelques chandeliers.*

Scène I

FERRANTE, INÈS, PUIS UN PAGE

FERRANTE. Les parfums qui montent
de la mer ont une saveur[3] moins âcre[4] que
celle qu'exhale le cœur d'un homme de
soixante ans. Je ne sais pourquoi les
hommes de cet âge feignent qu'ils[5] vont
vivre éternellement. Pour moi, je ne
m'abuse pas.[6] Bientôt la mort va m'enfoncer sur la tête son casque[7] noir. Je
meurs d'ailleurs depuis longtemps; il ne
s'agit que d'achever la chose.

INÈS. Toujours, Seigneur, toujours ce
sombre pressentiment!

FERRANTE. J'ai mes visitations. La
nuit surtout: la nuit est mère de toutes
choses, et même d'effrayantes clartés.[8]
A l'heure la plus profonde de la nuit,
profonde comme le point le plus profond
du creux de la vague,[9] couché dans la
poussière de l'orgueil.[10] Mes mains sont
paralysées et froides comme dans la mort;
il faudra un long moment, quand je
m'éveillerai, pour que le sang y revienne
et pour qu'elles se décrispent.[11] Je suis
dans la position des gisants de pierre[12] sur
les tombeaux, mais sans avoir, comme
eux, pour me réchauffer,[13] les pieds sur

un lévrier[14] ou sur un petit page. Alors,
souvent, mon cœur s'arrête... Quand il
recommence à battre, je suis tout surpris
de me retrouver vivant,—et un peu
dépité.[15]

INÈS. Mais vos médecins...

FERRANTE. Je ne parle de mon mal à
personne, et le monde croit que je vais
vivre mille ans. D'ailleurs, les médecins...
L'heure que Dieu a choisie, c'est péché
que vouloir la changer. Toutefois, vous
avez peut-être raison, et on peut poser
comme un axiome général qu'il vaut
encore mieux être assassiné par son
médecin que par son fils. (*Temps.*) Cette
nuit—à cause peut-être d'une extrême
tristesse que j'ai eue hier,—j'ai rêvé que
j'agonisais.[16] Nulle souffrance physique,
et lucidité absolue. Il y avait sûrement
une présence, car je lui faisais remarquer
que d'instant en instant je m'affaiblissais.
Et, d'instant en instant, des marbrures
rouges[17] apparaissaient sur ma peau.
J'écrivais sur ma peau, et elle était si
pourrie[18] que la plume par endroits la
crevait.[19]

INÈS. Et qu'écriviez-vous?

FERRANTE. J'écrivais: « Bien meilleur
et bien pire... » Car j'ai été bien meilleur
et bien pire que le monde ne le peut
savoir. Puis l'aube[20] s'est montrée entre
les rideaux et les croisées[21] de ma chambre, et ces longues lignes de blancheur
semblaient m'entourer de grands cierges
funéraires. Chaque nuit, ou presque,
s'entr'ouvrent pour moi de tels abîmes.[22]
Alors, dans ces heures, je vois... Je vois
tout ce que j'ai fait et défait, moi, le roi
de Portugal, vainqueur des Africains,
conquêteur des Indes, effroi des rebelles,
Ferrante le Magnanime, pauvre pécheur.

---

1. *abords de l'âtre* the outer part of the hearth
2. illuminated   3. taste   4. bitter   5. *feignent qu'ils* pretend that they   6. *je... pas* I do
not deceive myself   7. helmet   8. *effrayantes
clartés* frightening illuminations   9. *creux...
vague* hollow of the wave   10. *couché...
l'orgueil* lying in the dust of pride   11. *pour...
décrispent* for them to unclench   12. *gisants
de pierre* reclining figures sculptured on tombs
13. warm

14. greyhound   15. vexed   16. *j'agonisais* I
was dying   17. *marbrures rouges* red streaks
18. rotten   19. broke   20. dawn   21. windows
22. chasms

Et je vois que de tout ce que j'ai fait et défait, pendant plus d'un quart de siècle, rien ne restera, car tout sera bouleversé, et peut-être très vite, par les mains hasardeuses[23] du temps; rien ne restera qu'un portrait, parmi douze autres, à l'Armeria de Coïmbre, le[24] portrait d'un homme dont les gens qui viendront seront incapables de citer un seul acte, et dont ils penseront sans plus, en regardant ce portrait: « Celui-là a un nez plus long que les autres. »

INÈS. Seigneur, la gloire des grands hommes est comme les ombres: elle s'allonge avec leur couchant.[25]

FERRANTE. Ah! ne me parlez donc pas de ma gloire. Si vous saviez comme je suis loin de moi-même. Et l'haleine fétide de l'admiration... Et puis, je ne suis pas un roi de gloire, je suis un roi de douleur. Sur l'étendard du Portugal, j'ai augmenté le nombre de ces signes qui y représentent les plaies[26] du Christ. C'est un roi de douleur qui vous fait ce grand brame de cerf[27] dans la forêt. Mais je n'ai pas à me retirer avant de mourir dans les forêts ou sur la montagne, car je suis pour moi-même la forêt et la montagne. Mes âmes enchevêtrées[28] sont les broussailles[29] de la forêt, et j'ai dû, puisque j'étais roi, me faire de ma propre pensée un haut-lieu et une montagne.

UN PAGE (entrant). Sire, don Alvar Gonçalvès insiste pour que Votre Majesté daigne le recevoir à l'instant.

FERRANTE. Je dois le voir demain matin...

LE PAGE. Il dit que son message est de toute urgence.

FERRANTE. Réponds-lui que je le verrai demain. (Le page sort. A Inès.) Mais peut-être vous eût-il plu de connaître un homme qui me demande de vous faire assassiner.

INÈS. Sire!

FERRANTE. Voir vos contenances, à l'un et à l'autre, il faut avouer que c'eût été divertissant. (Au page, qui vient de rentrer.) Encore!

LE PAGE. Ce billet[30] de la part de[31] don Alvar.

FERRANTE (ayant lu, et le visage changé). Malheur! Malheur! Malheur! Fais entrer don Alvar dans mon cabinet. Je l'y rejoins. (A Inès.) Doña Inès, attendez-moi ici un moment. (Au page.) Ensuite, tu ranimeras le feu. Il s'éteint.[32] (Il sort, vers son cabinet.)

Scène II

INÈS, DINO DEL MORO

INÈS (à part). Le page avait donc dit vrai: ils veulent ma mort. (Rentre le page, accompagné de Dino del Moro. Ils se mettent en devoir d'attiser le feu.[1]) Dieu! C'est lui! S'il pouvait être seul! Lui parler... le gagner... par lui, à l'avenir,[2] savoir... (Scène muette. Le premier page sort un instant. Inès se rapproche de Dino. Le premier page revient. Enfin il s'en va.)

INÈS (avec embarras). Je sais que vous vous appelez Dino del Moro.

DINO DEL MORO. Pour vous servir, Madame. Quoique... ce ne soit là qu'un surnom.[3] Mon père est Fernando de Calla Fuente, marquis de Duero. Il gouverne la province du Genil.[4] Mais on l'appelle Fernando del Moro parce que, ayant découvert que son intendant,[5]

---

23. uncertain (and therefore dangerous)
24. City with Portugal's most famous university
25. sunset   26. wounds   27. brame de cerf stag's troating, belling   28. intertwined   29. underbrush

30. note   31. de la part de from   32. s'éteint is going out
1. Ils... feu. They set about stirring up the fire.
2. à l'avenir in the future   3. nickname
4. River in southern Spain, about 150 miles long.
5. administrator (of a province)

un Morisque,[6] continuait les pratiques païennes, il le poignarda[7] de sa main. Mon père, il a la force de deux chevaux.

INÈS. Bravo! Il y a longtemps que vous avez quitté l'Andalousie?

DINO DEL MORO. Un an. Vous ne connaissez pas le Genil? C'est le plus grand fleuve d'Europe. On dit qu'il prend sa source dans le paradis.

INÈS. Et... cela ne vous attriste pas, de vivre séparé de vos parents?

DINO DEL MORO. Oh non!

INÈS. Quel cri du cœur! On m'a parlé de vous, Dino del Moro.

DINO DEL MORO. Ah! l'Infante!

INÈS. Ainsi donc... vous écoutez aux portes du Roi?

DINO DEL MORO. Je n'écoutais pas, Madame. Quelques mots surpris en passant...

INÈS. Non, non! Vous écoutiez. Tout votre visage le crie. Oh! si vous pouviez le voir! Vous êtes aussi impuissant,[8] physiquement, à cacher l'aveu de votre visage, que vous l'êtes à soulever un bahut[9] entre vos bras. (A part.) Comment lui demander? Je ne sais que lui dire... (Haut.) Vous n'ignorez donc pas qu'il y a ici des hommes qui me veulent du mal, beaucoup de mal. Il est très important pour moi...

(On entend des éclats de voix,[10] dans le cabinet.)

DINO DEL MORO. Ch... le Roi! Dites-moi n'importe quoi.

INÈS (à voix forte et affectée, désignant un brin[11] de jasmin que le page porte à une boutonnière de son justaucorps[12]). Ce jasmin, page... Déjà, l'autre jour, vous portiez sur vous un œillet.[13] Vous aimez donc tant les fleurs?

DINO DEL MORO. Quand j'étais petit, ma mère voulait que je porte toujours une fleur sur moi.

INÈS. Quand vous étiez petit!... Et ces fils[14] d'or et d'argent entremêlés à[15] vos cheveux...

DINO DEL MORO. C'est aussi ma mère qui me les entremêlait ainsi quand j'étais petit. Elle disait que c'était pour me porter bonheur.

INÈS. Mais maintenant, si loin de votre mère...

DINO DEL MORO. Maintenant, je me les mets moi-même.

INÈS (à part). Comme il est étrange! (A Dino.) Votre mère... (A part.) Cette complicité avec cet enfant... Et sa mère... Non, ce n'est pas possible! Je ne peux pas! (A Dino.) Dino del Moro, pourquoi écoutez-vous à la porte de votre Roi? Cela, c'est l'affaire des valets de chambre. Non du fils de Fernando del Moro.

DINO DEL MORO. Le Roi ne m'aime pas. Pourquoi l'aimerais-je?

INÈS. Il ne vous aime pas?

DINO DEL MORO. Il est sans cesse à se moquer de moi. Oui, toujours! Pour mes cheveux, pour mon accent. Il ne peut pas me dire un mot sans se moquer de moi.

INÈS. S'il vous taquine,[16] c'est sans doute qu'il vous aime, au contraire. Le chat laisse toujours une marque à son ami.

DINO DEL MORO. A la nuit—parce que c'est moi qui danse le mieux, d'entre les pages,—c'est moi qui saute et qui cueille les lucioles[17] et qui les lui apporte dans le creux de ma main. Eh bien! il ne m'en sait nul gré.[18]

INÈS. C'est pourtant là une charge

---

6. i.e. of Moorish origin   7. stabbed   8. powerless   9. cabinet, chest   10. *éclats de voix* outbursts of voices   11. sprig   12. jerkin 13. carnation

14. threads   15. *entremêlés à* intermingled with   16. teases   17. fireflies   18. *il... gré* he is not at all grateful to me for it

très importante que vous avez. Mais le Roi aime-t-il donc tant les lucioles?

DINO DEL MORO. Il dit qu'elles lui ressemblent: alternativement obscures et lumineuses, lumineuses et obscures. Moi, quand il m'a dit qu'elles lui ressemblaient, je lui ai dit que c'étaient de vilaines bêtes.

INÈS. Si vous dites au Roi des choses désobligeantes, ne vous étonnez pas qu'il vous en veuille peut-être un peu.[19] Mais, quand même il vous en voudrait,[20] ce ne serait pas une raison pour le tromper.

DINO DEL MORO. Tout le monde le trompe, ici.

INÈS. C'est bien pour cela que *vous*, vous ne devez pas le faire. S'il vous déplaît de le servir, demandez à vos parents de vous rappeler, sous un prétexte quelconque. Ne restez pas auprès de quelqu'un qui a confiance en vous, pour le trahir. Vous, si petit! Quel âge avez-vous?

DINO DEL MORO. Treize ans.

INÈS. Vous dites treize. Ce doit donc être douze, car il faut avoir l'air grand. Douze ans! Vous êtes un petit homme, avec déjà tout votre pouvoir de faire du mal. Non, ne continuez pas ainsi. Je vous le dis comme vous le dirait votre mère. (*Lui arrangeant les cheveux.*) Il ne faut pas que les fils d'or dans vos cheveux soient seulement pour vous porter bonheur, il faut qu'ils vous rappellent aussi que vous devez être pur comme eux.

DINO DEL MORO. Mais, Madame, ne vous ai-je pas été bien utile en répétant à l'envoyé de l'Infante...

INÈS. C'est vrai! C'est vrai! Et pourtant... ne continuez pas!

DINO DEL MORO. Le Roi! (*Il sort précipitamment.*)

19. *qu'il... peu* that he perhaps holds it against you a little   20. *quand... voudrait* even if he should hold it against you

Scène III

FERRANTE, ALVAR GONÇALVÈS, INÈS

FERRANTE. Supporter! Toujours supporter! Oh! cela use.[1] Etre sans cesse dans les mains des hommes! Avoir régné près de trente-cinq ans, et encore ligoté.[2] —Doña Inès, don Alvar Gonçalvès, qui m'éclaire souvent de ses conseils. Mais peut-être le connaissez-vous déjà?

ALVAR GONÇALVÈS. Si j'avais rencontré doña Inès, je n'aurais pu l'oublier.

INÈS. Et moi, don Alvar, si je vous ai rencontré, je l'ai oublié. Mais cette rencontre-ci, soyez assuré que je ne l'oublierai pas.

ALVAR GONÇALVÈS. Je vous supplie, Madame, de me garder vos bontés.[3]

INÈS. Tout juste autant que[4] vous me garderez les vôtres.

FERRANTE (*à Alvar*). Revenez me voir demain matin. Mais sans illusions. Car il n'y a rien à faire, rien, rien!

Scène IV

FERRANTE, INÈS

FERRANTE. Si vous êtes restée libre, si don Pedro a regagné ses appartements au palais, pour n'y être plus que consigné,[1] c'est parce que je croyais tenir[2] l'évêque de Guarda. Et voici qu'il m'échappe. Le nonce[3] me fait dire par don Alvar que le Pape accueillerait comme un outrage que je sévisse contre[4] l'évêque. Selon lui, l'évêque, en vous unissant à don Pedro, n'a fait qu'obéir au Prince, comme c'était son devoir; surtout, il est couvert par l'immunité

1. *cela use* it wears one out   2. tied   3. *de... bontés* to allow me to remain in your good graces   4. *tout... que* just exactly as much as

1. confined (i.e. without guard)   2. hold in my power   3. nuncio (official representative of the Pope)   4. *que... contre* if I prosecuted

ecclésiastique. Non seulement il me faut épargner l'évêque, mais le nonce désire même qu'il soit remis en liberté. Peu m'importe maintenant que don Pedro, à vous entendre,[5] ait différé encore de promettre qu'il épouserait l'Infante, si le Pape donnait l'annulation. Le Pape ne la donnera pas: à présent cela est sûr. Je suis comme un lion tombé dans une trappe.[6] Je puis mordre,[7] bondir, rugir[8]: en vain. Vous êtes liée à[9] don Pedro, et ce lien ne peut être brisé que par la mort du Pape, et des dispositions[10] différentes de son successeur à mon égard. Oh! je suis fatigué de cette situation. Je voudrais qu'elle prît une autre forme. J'ai l'habitude que les grandes affaires se règlent aisément et vite, et les petites avec mille tracas[11] et d'un cours[12] interminable. Celle-ci est grande et tracassante. Et je suis fatigué de vous, de votre existence. Fatigué de vous vouloir du bien, fatigué de vouloir vous sauver. Ah! pourquoi existez-vous? Enrageant obstacle que celui des êtres![13] Un fleuve, une montagne, on comprend, on accepte. Mais une pauvre chose molle de chair et de nerfs, qui se tient droit on ne sait comment... Allons, tout ce que j'ai fait est détruit. J'ai puisé avec un crible.[14] Et c'est vrai, pourquoi ce que j'ai fait subsisterait-il, puisque moi, depuis longtemps, je ne subsiste plus? L'arc[15] de mon intelligence s'est détendu.[16] Ce que j'ai écrit, je demande: « De qui est-ce? » Ce que j'avais compris, j'ai cessé de le comprendre. Et ce que j'avais appris, je l'ai oublié. Je meurs et il me semble que tout est à faire, que j'en suis au même point où j'étais à vingt ans. Mes mains sont ouvertes, tout m'a fui. J'ai joué de la flûte pour l'amour de Dieu.[17]

INÈS. N'est-ce pas notre sort commun?

FERRANTE. Heureux celui qui a peu donné, et, ce qu'il avait donné, qui l'a repris. Heureux celui de qui les enfants ne portent pas le nom.

INÈS. Heureux celui qui entend ces paroles, et sur qui elles coulent sans l'entamer[18]!

FERRANTE. Je me suis écoulé[19] comme le vent du désert, qui d'abord chasse des lames de sable[20] pareilles à une charge de cavaliers, et qui enfin se dilue et s'épuise: il n'en reste rien. Telles sont les pensées profondes dont vous fait part le roi Ferrante, pensées profondes dont cependant il ne garantit pas l'originalité. Car j'entendais un jour, en passant dans un couloir près d'une cuisine, un gâte-sauce[21] qui proclamait avec des gestes emphatiques[22]: « La culbute[23] finale, tous, il faudra qu'ils y passent, oui, tous! Le Roi comme les autres! » Et j'ai approuvé qu'au bout de ma philosophie je trouve un valet de cuisine. Nous nous rencontrions plus tôt encore qu'il ne le disait.

Scène V

LES MÊMES, LE GRAND AMIRAL ET PRINCE DE LA MER, EGAS COELHO, DEUX AUTRES SEIGNEURS

LE PRINCE DE LA MER. Seigneur, la gravité de la chose m'oblige à bousculer[1] vos gardes. Une offense odieuse a été

---

5. *à vous entendre* according to what you say
6. pitfall   7. bite   8. roar   9. *liée à* bound to   10. decisions   11. hitches
12. length of time   13. *Enrageant... êtres!* Infuriating obstacle that people are!   14. *J'ai... crible.* I have tried to draw water with a sieve.
15. bow   16. *s'est détendu* has gone slack

17. *J'ai... Dieu.* The flute is a symbol of pointless activity. Ferrante has played it gratuitously, only for God.   18. *sans l'entamer* without touching (making an impression on) him
19. *me suis écoulé* have passed (like time)
20. *lames de sable* sheets of sand   21. *gâte-sauce* cook's assistant   22. dramatic   23. fall, collapse
1. push aside

faite à Votre Majesté, dont la réparation exige des ordres immédiats. Un parti d'Africains a débarqué par surprise à Tavira,[2] massacré des gens du port et crucifié le capitaine qui jetait des hommes contre eux, à côté du cadavre crucifié d'un chien. Ils se sont rembarqués presque sans pertes. L'insolence de ces misérables mérite un châtiment exemplaire. A Votre Majesté seule ils réservent leurs entreprises. Pensez-vous qu'ils eussent osé attaquer un port d'Andalousie ou de Valence? Jamais!

FERRANTE. Personne donc ne gardait la mer devant la côte du sud?

LE PRINCE. Par suite d'une négligence très grave, la flotte[3] de don Lourenço Payva croisait[4] à ce moment tout entière au nord du cap Saint-Vincent.

FERRANTE. Oui, c'est ainsi, il y a toujours quelques heures pendant lesquelles un royaume est sans défense: un trou, il suffit d'entrer.[5] Et de même il y a toujours quelques heures où un homme fort est si faible, moralement et physiquement—tout étonné de tenir debout,—qu'en le poussant un peu on le ferait tomber. Par chance, il est rare que l'ennemi flaire[6] ces heures. Ah! s'il savait!

LE PRINCE. C'est dans ces heures-là surtout qu'il importe d'avoir l'air déterminé. Je demande un châtiment implacable pour Lourenço Payva.

FERRANTE. Quel châtiment?

LE PRINCE. En temps ordinaire, j'aurais demandé une dure peine de prison. En ce moment-ci, je demande la mort.

FERRANTE. Pourquoi être plus sévère en ce moment-ci?

LE PRINCE. Parce qu'en ce moment-ci nous avons besoin de coupables.

FERRANTE. J'ai remarqué que l'on tue presque toujours trop tôt. Encore quelques jours et le tué n'était plus si coupable.[7] Combien d'assassinats sont des malentendus![8]

EGAS COELHO. Alors, Sire, on ne tuerait plus personne!

FERRANTE. Payva n'est-il pas un ancien serviteur?

EGAS COELHO. Sire, j'attendais votre royale colère, et je suis confondu[9]...

FERRANTE. Quand on vieillit, les colères deviennent des tristesses.

EGAS COELHO. Ou de la pitié. Et pour trouver la pitié il n'y a qu'à se laisser aller,[10] mais pour trouver la dureté il faut qu'on se hausse.[11] Or, on doit toujours se hausser.

LE PRINCE. Le Roi est-il homme à pardonner une offense?

FERRANTE. Oui, quand le pardon est à son avantage. Sans doute, ce n'est pas le cas ici. Le sort de don Lourenço sera examiné. Qu'on m'en reparle.

LE PRINCE. Ainsi donc cet homme pourrait avoir la vie sauve! Sire, finissons-en: laissez-moi aller chercher la mort en Afrique, cette mort qui est épargnée aux traîtres. Mort, je ne serai plus témoin de l'impunité.

FERRANTE. Ne vous enflammez pas.

EGAS COELHO (bas, aux seigneurs). Inès a le visage tranquille. Je n'aime pas ces entretiens qu'elle a avec le roi. Elle en sort fortifiée. Restons dans l'ombre un instant, et écoutons ce qu'ils disent.

FERRANTE. Eh bien! que don Lou-

---

7. Note that this is the cynical lesson of Sartre's *Les Mains sales*   8. This sentence is the equally cynical lesson of *Le Malentendu* of Camus. 9. dumbfounded   10. *il... aller* all you have to do is let yourself go.   11. *se hausse* raise oneself up

2. Town in southern Portugal, on the Atlantic Ocean.   3. fleet   4. was cruising   5. *il suffit d'entrer* all you have to do is go in   6. is aware of, senses

renço soit déféré[12] à ma justice particulière. Je ne serai pas tendre.

Egas Coelho. O Roi, je vous retrouve!

Le Prince. Et n'allons-nous pas tenter, sur-le-champ,[13] quelque chose contre les Africains?

Ferrante. Pour le coup,[14] cela, je l'examinerai plus tard. (*Lourdement.*) J'ai assez décidé pour aujourd'hui. (*A part.*) La guerre... Des hommes qui ne valent pas de vivre. Et des idées qui ne valent pas qu'on meure pour elles.

Scène VI

Ferrante, Inès
Au fond de la pièce, dans l'ombre[1]
Egas Coelho et les Seigneurs, puis d'autres personnages

Inès. Est-ce que vous le ferez mettre à mort?

Ferrante. J'y incline. Il y en a qui disent qu'un vieillard doit être rigoureux, parce qu'il lui faut aller vite. Et encore, que la cruauté est le seul plaisir qui reste à un vieillard, que cela remplace pour lui l'amour. Selon moi, c'est aller trop loin. Mais je croirais volontiers qu'une des meilleures garanties de longue vie est d'être insensible et implacable; voilà une cuirasse contre la mort.

Inès. Si vous étiez si méchant, vous ne le diriez pas.

Ferrante (*avec ironie*). Je vois que vous avez une profonde connaissance de l'âme humaine.

Inès. Mais si Lourenço Payva n'était qu'à demi-coupable, quel remords vous vous prépareriez!

Ferrante. Les remords meurent, comme le reste. Et il y en a dont le sou-

venir embaume.[2] Mais peut-être toute cette histoire va-t-elle se dissiper comme une fumée.[3] Car savez-vous ce que je crois? Qu'elle est inventée de toutes pièces,[4] ou du moins sensiblement gonflée.[5]

Inès. Inventée?

Ferrante. Il s'agit de m'humilier, après l'humiliation du nonce,—trop fondée, celle-là. « Les Africains n'oseraient jamais débarquer en Andalousie ni dans le royaume de Valence. » On escompte que,[6] blessé, je voudrai blesser; que, souris ici,[7] pour me revancher je me ferai matou[8] là. Et matou contre qui? Contre Pedro et vous. Mais leur puéril calcul est déjoué.[9] Je vois trop clair dans leurs machines.[10]

Inès. Vous êtes généreux pour nous, Seigneur.—Si c'est une fable, Lourenço Payva ne sera donc pas exécuté?

Ferrante. Ma foi, c'en pourrait être l'occasion.

Inès. L'occasion! Mais l'exécuter pourquoi?

Ferrante. Le Grand Amiral l'a dit: nous avons besoin de coupables en ce moment. Or, Lourenço Payva est sûrement coupable de quelque chose. Tout le monde est coupable de quelque chose. Tous ceux qui sont en liberté ne savent pas ce qu'ils me doivent. Et tous ceux qui sont en vie. Mais de temps en temps il faut dire non et sévir, à peu près au hasard: simple remise en main.[11] Oui, on doit sacrifier encore des vies humaines, même quand on a cessé de prendre au sérieux leur culpabilité, comme cette armure vide de la légende qui,

---

12. handed over to   13. *sur-le-champ* immediately   14. *Pour le coup* For the moment   1. shadow

2. smells sweet   3. smoke   4. *de toutes pièces* out of whole cloth   5. *sensiblement gonflée* appreciably exaggerated (*literally* swollen)   6. *On escompte que* They figure that   7. *souris ici* acting like a mouse under one set of circumstances   8. tomcat   9. thwarted   10. machinations   11. *remise en main* a mere question of getting things under control

dressée[12] contre le mur, assommait[13] je ne sais quel personnage qui passait sous son gantelet de fer. Ou bien je songe encore à l'histoire de notre roi Henri IV de Castille, à qui certain sultan allait devoir rendre la ville de Trujillo, qu'il occupait, quand le Roi meurt.[14] Alors, les hommes du Roi, craignant que le sultan ne s'endurcisse à[15] défendre la ville, s'il apprend cette mort, installent le cadavre du Roi dans un fauteuil, baissent la lumière dans la salle—tenez, comme dans cette salle-ci,—et les envoyés du sultan rendent les clefs de la ville au Roi mort. Moi aussi je me suis retiré, moi et toute mon âme, de mon apparence de roi; mais cette apparence reçoit encore les honneurs, comme le cadavre du roi Henri, ou bien tue encore, et tue presque au hasard, comme l'armure vide.

Egas Coelho (*à part*). Le Roi délire.[16] Cette magicienne l'ensorcelle.[17] Son réveil sera terrible. Il forcera au silence sans retour[18] ceux qui auront surpris son secret. Il fera tuer la magicienne. Mais moi aussi bien, s'il me trouve ici. (*Il s'enfuit.*)

Inès. Est-ce qu'on peut tuer pour quelque chose que l'on ne croit pas?

Ferrante. Bien sûr, cela est constant. Et même mourir pour quelque chose que l'on ne croit pas. On meurt pour des causes auxquelles on ne croit pas, comme on meurt pour des passions qu'on n'a pas, et pour des êtres qu'on n'aime pas. Les Africains que j'ai vus en Afrique adoraient les pierres et les sources.[19] Mais qu'on leur dît que l'Islam était menacé, ils se levaient et ils allaient périr dans la bataille pour une religion qui n'était pas

la leur. Chez nous, pendant la guerre des rebelles, il y avait tant de cadavres amoncelés,[20] le long de la route de Mondego, qu'on ne pouvait voir d'ici un cavalier qui passait sur la route. Eh bien! la plupart de ces hommes, qui étaient des civils,[21] avaient été tués par les rebelles seulement parce qu'ils vivaient sur une terre où gardaient pied[22] les troupes loyales; ils étaient censés avoir[23] des convictions loyalistes parce qu'ils habitaient d'un certain côté du fleuve; s'ils avaient vécu de l'autre côté, ce sont mes soldats qui auraient tiré sur eux,[24] comme rebelles.[25]

Inès. Comment le Roi peut-il avoir déserté son armure, lui qui me menait il y a quelques jours à la fenêtre et qui me disait: « C'est moi qui maintiens tout cela. Voici le peuple avec qui j'ai un traité... » ?

Ferrante. Inès, cette nuit est pleine de prodiges. Je sens que je m'y dépasse, que j'y prends ma plus grande dimension, celle que j'aurai dans la tombe, et qu'elle est faite pour que j'y dise des choses effrayantes de pureté. Quand je vous ai dit: « Il y a mon peuple... », je ne mentais pas, mais je disais des paroles d'habitude, auxquelles j'avais cru un jour, auxquelles je ne croyais plus tout à fait dans l'instant où je les disais. J'étais comme une vieille poule[26] qui pondrait[27] des coquilles[28] vides...

Inès. Seigneur!

Ferrante. Ne soyez pas surprise. J'aime me confesser aux femmes. C'est un penchant[29] que j'ai.

---

20. piled up   21. civilians   22. *gardaient pied* were stationed   23. *ils... avoir* they were supposed to have had   24. *auraient... eux* would have shot at them   25. The analogy with the recently concluded Spanish Civil War was inescapable to the French audiences that witnessed this play at its first presentations.   26. hen   27. was laying   28. shells   29. inclination

---

12. set up, standing   13. struck down 14. Henry IV of Castile died in 1474.   15. *ne s'endurcisse à* should persist in   16. is out of his mind   17. *l'ensorcelle* has him under her spell   18. *sans retour* irrevocable   19. springs

Le Prince de la Mer. Ne restons pas ici! (*Il s'enfuit.*)

Ferrante. Je dois aussi chercher à faire croire que je sens encore quelque chose, alors que je ne sens plus rien. Le monde ne fait plus que m'effleurer.[30] Et c'est justice, car je m'aperçois que, toute ma vie, je n'ai fait qu'effleurer le monde.

Inès. Vous ne sentez plus rien!

Ferrante. Il y a les mots que l'on dit et les actes que l'on fait, sans y croire. Il y a les erreurs que l'on commet, sachant qu'elles sont des erreurs. Et il y a jusqu'à[31] l'obsession de ce qu'on ne désire pas.

Un des Seigneurs. C'est l'ivresse de Noé![32] (*Il s'enfuit.*)

(*Durant les répliques qui suivent jusqu'au départ de l'ombre de l'Infante, dans le fond obscur de la salle, des ombres apparaissent, écoutent un moment, puis disparaissent avec des gestes horrifiés.*)

Ferrante. Je me suis lamenté tout à l'heure devant vous comme une bête; j'ai crié comme le vent. Croyez-vous que cela puisse s'accorder avec[33] la foi dans la fonction royale? Pour faire le roi, il faut une foi, du courage et de la force. Le courage, je l'ai. La force, Dieu me la donne. Mais la foi, ni Dieu ni moi ne peuvent me la donner. Je suis prisonnier de ce que j'ai été. Une des dames d'honneur de l'Infante disait devant moi que l'Infante était toujours crucifiée sur elle-même. Moi aussi, dans un autre sens, je suis crucifié sur moi-même, sur des devoirs qui pour moi n'ont plus de réalité. Je ne suis plus dans mon armure de fer. Mais où suis-je?

Inès. Certes, je vous comprends, Sire, car moi, vous savez, les devoirs d'Etat![34] Et l'avenir de la chrétienté! La chrétienté est au-dedans de nous. Mais alors, pourquoi reprochez-vous à don Pedro une indifférence qui est la vôtre même?

Ferrante. J'ai atteint l'âge de l'indifférence. Pedro, non. Que faire de sa vie, si on ne s'occupe pas de ces sortes de choses?

Inès. Aimer. Moi, je voudrais m'enfoncer[35] au plus profond de l'amour partagé et permis,[36] comme dans une tombe, et que tout cesse, que tout cesse...—Mais, si vous ne croyez plus aux affaires du royaume, il y a des actes qu'un roi peut faire pour son peuple, et qui ne sont que de l'homme pour l'homme. Il y a dans votre royaume cette grande misère, cette maladie de la faim qui est continuellement à guérir.[37] A Lisbonne, sur le quai de débarquement, j'ai vu les capitaines de votre armée, Seigneur. Ils étaient debout, adossé au mur,[38] ils avaient leurs mains jointes comme dans la prière, et ils suivaient des yeux ceux qui débarquaient, immobiles et sans rien dire. Et leurs mains, en effet, étaient bien jointes pour une prière, car ils demandaient l'aumône.[39] C'étaient vos chefs de guerre, Sire, et leur solde[40] n'était pas payée. Et moi, si j'avais été le Roi, j'aurais voulu aller dénouer[41] leurs mains moi-même et leur dire: « Plus jamais vous n'aurez faim. » Et depuis ce jour-là, il me semble que dorénavant[42] j'aurai beau manger et manger à ma guise,[43] j'aurai toujours faim, tant qu'eux ne seront pas rassasiés.[44]

Ferrante. Aux chefs d'Etats on

---

30. *Le... m'effleurer.* The world only touches me lightly now.   31. even   32. The story of Noah's vineyard and his drunkenness is told in *Genesis* ix, 20–29. It was on this occasion that Ham beheld his father's nakedness. The allusion here is to the figurative nakedness of Ferrante as he thinks out loud.   33. *s'accorder avec* go with

34. She means that duties of state have little importance for her.   35. *m'enfoncer* plunge 36. *l'amour... permis* legitimate and mutual love 37. to be cured   38. *adossé au mur* with their backs to the wall   39. alms   40. wages 41. unclasp   42. henceforth   43. *à ma guise* as much as I wanted   44. satisfied (hunger)

demande volontiers d'avoir de la charité. Il faudrait aussi en avoir un peu pour eux. Lorsqu'on songe aux tentations du pouvoir absolu, y résister, cela demande le respect. Quant à vos capitaines, si j'étais plus jeune je me dirais qu'il y a une maladie à guérir, bien pire que la faim de leurs corps, c'est la maladie de leur âme immortelle, qui sans cesse a faim du péché. Mais à mon âge on a perdu le goût de s'occuper des autres. Plus rien aujourd'hui qu'un immense: « que m'importe! » qui recouvre pour moi le monde... Je voudrais ne plus m'occuper que de moi-même, à si peu de jours de[45] me montrer devant Dieu; cesser de mentir aux autres et de me mentir, et mériter enfin le respect que l'on me donne, après l'avoir si longtemps usurpé.

L'Ombre de l'Infante, *dans le fond de la salle*. Inès!

Inès. Qui m'appelle?

L'Ombre. Quelqu'un qui te veut du bien. Quitte cette salle immédiatement. N'écoute plus le Roi. Il jette en toi ses secrets désespérés, comme dans une tombe. Ensuite il rabattra[46] sur toi la pierre de la tombe, pour que tu ne parles jamais.

Inès. Je ne quitterai pas celui qui m'a dit: « Je suis un roi de douleur. » Alors il ne mentait pas. Et je n'ai pas peur de lui.

L'Ombre. Comme tu aimes ta mort! Comme tu l'auras aimée! Inès, Inès, souviens-toi: les rois ont des lions dans le cœur... Souviens-toi: la marque de la chaîne sur ton cou...

Inès. Oh! je vous reconnais maintenant!

L'Ombre. Tu ne m'as jamais reconnue. Inès, Inès, aussitôt sur la mer, j'ai trouvé

les paroles que j'aurais dû te dire pour te convaincre. Déjà toute pleine du large,[47] déjà mon âme, à contrevent,[48] était rebroussée[49] vers toi. Et tout à l'heure, quand il sera trop tard, je trouverai ce qu'il eût fallu te dire à présent. Ah! il est affreux de ne pas savoir convaincre.

Inès. Elle répète toujours le même cri, comme l'oiseau malurus,[50] à la tombée du soir, sur la tristesse des étangs.[51]

L'Ombre. Inès, une dernière fois, éloigne-toi.[52]—Non? Tu ne veux pas? Eh bien! toi aussi, à ton tour, tu ne pourras pas convaincre. (*Elle disparaît*.)

Ferrante, *le dos tourné aux ombres*. Croient-ils que je ne les entends pas, qui chuchotent[53] et s'enfuient? Ils disent que je délire parce que je dis la vérité. Et ils croient qu'ils s'enfuient par peur de mes représailles, alors qu'ils s'enfuient par peur et horreur de la vérité. Le bruit de la vérité les épouvante comme la crécelle d'un lépreux.[54]

Inès. O mon Roi, je ne vous abandonnerai pas parce que vous dites la vérité, mais au contraire, moi aussi, je vous dirai enfin la vérité totale, que j'ai un peu retenue jusqu'ici. O mon Roi, puisque cette nuit est pleine de grandes choses, qu'enfin j'en fasse l'aveu: un enfant de votre sang se forme en moi.

Ferrante. Un enfant! Encore un enfant! Ce ne sera donc jamais fini!

Inès. Et que vous importe s'il trouble vos projets, puisque vous venez de crier que vous ne croyez plus à la fonction de Roi! C'est ici que nous allons voir si vraiment vous étiez véridique.[55]

Ferrante. Encore un printemps à

---

45. *à... de* so few days before   46. close down   47. open sea   48. *à contrevent* against the wind   49. turned back   50. *oiseau malurus* a warbling species of sparrow   51. pools   52. *éloigne-toi* go away   53. *qui chuchotent* whispering   54. *comme... lépreux* like a leper's hand rattle   55. truthful

recommencer, et à recommencer moins bien!

INÈS. Moi qui aime tant d'être aimée, j'aurai fait moi-même un être dont il dépendra entièrement de moi que je me fasse aimer! Que je voudrais lui donner de sa mère une idée qui le préserve de tout toute sa vie! Il s'agit d'être encore plus stricte à l'égard de soi, de se sauver de toute bassesse, de vivre droit, sûr, net[56] et pur, pour qu'un être puisse garder plus tard l'image la plus belle possible de vous, tendrement et sans reproche. Il est une révision, ou plutôt une seconde création de moi; je le fais ensemble et je me refais. Je le porte et il me porte. Je me fonds en lui.[57] Je coule en lui mon bien. Je souhaite avec passion qu'il me ressemble dans ce que j'ai de mieux.[58]

FERRANTE. Et, ce qu'il vous reprochera, c'est cela même: d'avoir voulu qu'il fût pareil à vous. Allez, je connais tout cela.

INÈS. S'il ne pense pas comme moi, il me sera un étranger, lui qui est moi. Mais non. Il est le rêve de mon sang. Mon sang ne peut pas me tromper.

FERRANTE. Le rêve... Vous ne croyez pas si bien dire. Vous êtes en pleine rêverie.

INÈS. Est-ce rêverie, cette chair que je crée de la mienne? Oh! cela est grisant[59] et immense.

FERRANTE. On dirait vraiment que vous êtes la première femme qui met au monde.[60]

INÈS. Je crois que toute femme qui enfante[61] pour la première fois est en effet la première femme qui met au monde.

FERRANTE. Je n'aime pas la naïveté. Je hais le vice et le crime. Mais, en regard de[62] la naïveté, je crois que je préfère encore le vice et le crime.

INÈS. Il me semble que je le vois, dans cinq ou six ans. Tenez, il vient de passer en courant sur la terrasse. En courant, mais il s'est retourné aussi. Mon petit garçon.

FERRANTE. Un jour, en passant, il ne se retournera plus. Mais qui vous a dit que c'était un garçon? L'astrologue?

INÈS. Je le veux trop ainsi.

FERRANTE. Je comprends qu'un second Pedro soit en effet une perspective enivrante.[63]

INÈS. Oui, enivrante. Il s'appellera Dionis. Mon petit garçon aux cils[64] invraisemblables, à la fois beau et grossier,[65] comme sont les garçons. Qui demande qu'on se batte avec lui, qu'on danse avec lui. Qui ne supporte pas qu'on le touche. Qu'un excès de plaisir fait soupirer.[66] Et, s'il n'est pas beau, je l'aimerai davantage encore pour le consoler et lui demander pardon de l'avoir souhaité autre qu'il n'est.

FERRANTE. J'ai connu tout cela. Comme il embrassait, ce petit! On l'appelait Pedrito (mais quelquefois, s'il dormait, et qu'on lui murmurât son nom, il disait dans son sommeil: « Pedrito? qui est-ce? ») Son affection incompréhensible. Si je le taquinais, si je le plaisantais, si je le grondais,[67] à tout il répondait en se jetant sur moi et en m'embrassant. Et il me regardait longuement, de près, avec un air étonné...

INÈS. Déjà!

FERRANTE. Au commencement, j'en étais gêné.[68] Ensuite, j'ai accepté cela. J'ai accepté qu'il connût ce que je suis. Il m'agaçait un peu quand il me faisait

56. clean   57. *Je... lui*. I melt into him.
58. *dans... mieux* at my best   59. intoxicating
60. *met au monde* conceives   61. gives birth

62. *en regard de* in comparison with   63. *perspective enivrante* intoxicating prospect   64. eyelashes   65. vulgar   66. sigh   67. scolded   68. embarrassed

des bourrades.[69] Mais, lorsqu'il ne m'en
a plus fait... Car il est devenu un homme,
c'est-à-dire la caricature de ce qu'il était.
Vous aussi, vous verrez se défaire ce qui
a été votre enfant. Jusqu'à ce qu'il n'en
reste pas plus en vous que n'est restée
cette page où pour la première fois, à
cinq ans, le mien écrivit son prénom,
cette page que je conservai durant des
années, et qu'enfin j'ai déchirée[70] et jetée
au vent.

Inès. Mais un jour, peut-être, si vous
l'aviez gardée, en la revoyant vous vous
mettriez à pleurer.[71]

Ferrante. Non, leurs mots ni leurs
traits exquis ne sauvent pas les êtres,
à l'heure des grands règlements de
comptes.[72]

Inès. J'accepte de devoir mépriser[73]
l'univers entier, mais non mon fils. Je
crois que je serais capable de le tuer, s'il
ne répondait pas à[74] ce que j'attends de
lui.

Ferrante. Alors, tuez-le donc quand
il sortira de vous. Donnez-le à manger
aux pourceaux.[75] Car il est sûr que,
autant par lui vous êtes en plein rêve,
autant par lui vous serez en plein
cauchemar.[76]

Inès. Sire, c'est péché à vous de
maudire[77] cet enfant qui est de votre
sang.

Ferrante. J'aime décourager. Et je
n'aime pas l'avenir.

Inès. L'enfant qui va naître a déjà
son passé.

Ferrante. Cauchemar pour vous.
Cauchemar pour lui aussi. Un jour on le
déchirera, on dira du mal de lui... Oh!
je connais tout cela.

Inès. Est-il possible qu'on puisse dire
du mal de mon enfant!

Ferrante. On le détestera...

Inès. On le détestera, lui qui n'a pas
voulu être[78]!

Ferrante. Il souffrira, il pleurera...

Inès. Vous savez l'art des mots faits
pour désespérer!—Comment retenir ses
larmes, les prendre pour moi, les faire
couler en moi? Moi, je puis tout supporter: je puis souffrir à sa place, pleurer
à sa place. Mais lui! Oh! que je voudrais que mon amour eût le pouvoir de
mettre dans sa vie un sourire éternel!
Déjà, cependant, on l'attaque, cet
amour. On me désapprouve, on me conseille, on prétend être meilleure mère que
je ne le suis. Et voici que vous, Sire—
mieux encore!—sur cet amour vous venez
jeter l'anathème. Alors qu'il me semblait
parfois que, si les hommes savaient combien j'aime mon enfant, peut-être cela
suffirait-il pour que la haine se tarît[79] à
jamais dans leur cœur. Car moi, tant
que je le porte, je sens en moi une puissance merveilleuse de tendresse pour les
hommes. Et c'est lui qui défend cette
région profonde de mon être d'où sort ce
que je donne à la création et aux créatures. Sa pureté défend la mienne. Sa
candeur préserve la mienne contre ceux
qui voudraient la détruire. Vous savez
contre qui, Seigneur.

Ferrante. Sa pureté n'est qu'un
moment de lui, elle n'est pas lui. Car
les femmes disent toujours: « Elever un
enfant pour qu'il meure à la guerre! »
Mais il y a pis encore: élever un enfant
pour qu'il vive, et se dégrade dans la vie.
Et vous, Inès, vous semblez avoir parié[80]
singulièrement pour la vie. Est-ce que
vous vous êtes regardée dans un miroir?
Vous êtes bien fraîche pour quelqu'un

69. blows   70. torn up   71. *vous vous...
pleurer* you would begin to cry   72. *règlements
de comptes* balancing of accounts   73. to scorn
74. *s'il... à* if he did not correspond to   75. swine
76. nightmare   77. to curse

78. *qui... être* who didn't ask to be born
79. *se tarît* should dry up   80. bet

que menacent de grands tourments. Vous aussi vous faites partie de toutes ces choses qui veulent continuer, continuer... Vous aussi, comme moi, vous êtes malade: votre maladie à vous est l'espérance. Vous mériteriez que Dieu vous envoie une terrible épreuve,[81] qui ruine enfin votre folle candeur, de sorte qu'une fois au moins vous voyiez ce qui est.

INÈS. Seigneur, inutile, croyez-moi, de me rappeler tout ce qui me menace. Quoiqu'il puisse paraître quelquefois, jamais je ne l'oublie.

FERRANTE (*à part*). Je crois que j'aime en elle le mal que je lui fais. (*Haut.*) Je ne vous menace pas, mais je m'impatiente de vous voir repartir, toutes voiles dehors,[82] sur la mer inépuisable et infinie de l'espérance. La foi des autres me déprime.[83] Il n'y a que les enfants qui puissent croire ainsi dans le vide, sans être déprimants. L'espérance! Lourenço Payva, lui aussi, à cette heure, est plein d'espérance. Et cependant il va mourir, immolé au bien de l'Etat.

INÈS. Mourir! Est-ce donc décidé?

FERRANTE. Oui, depuis un instant, cela est décidé.

INÈS. Mourir! Et pour l'Etat! Votre Majesté parle encore de l'Etat!

FERRANTE. Et pourquoi non? Ah! je vois, il vous semble que j'ai dit que je ne croyais pas à l'Etat. Je l'ai dit, en effet. Mais j'ai dit aussi que je voulais agir comme si j'y croyais. Tantôt vous oubliez, tantôt vous vous rappelez trop, doña Inès. Je vous conseille de ne pas vous rappeler trop ce que j'ai dit, dans cette sorte de crise de sincérité, quand ces coquins[84] s'enfuyaient pour ne pas m'entendre.

INÈS. J'aurais peut-être dû m'enfuir, moi aussi.

FERRANTE. C'est le sort des hommes qui se contraignent à l'excès,[85] qu'un jour vient où la nature éclate; ils se débondent,[86] et déversent[87] en une fois ce qu'ils ont retenu pendant des années. De là qu'à tout prendre il est inutile d'être secret.

INÈS. Sire, puisque Votre Majesté connaît désormais l'existence de mon enfant...

FERRANTE. En voilà assez avec cet enfant. Vous m'avez étalé[88] vos entrailles, et vous avez été chercher les miennes, ce qui est indiscret. Vous vous êtes servie de votre enfant à venir, pour remuer mon enfant passé. Vous avez cru habile de me faire connaître votre maternité en ce moment, et vous avez été malhabile.[89]

INÈS. Ainsi Votre Majesté me reproche de n'avoir pas été habile!

FERRANTE. Oui, je vous le reproche.

INÈS. Je n'ai pas « cru habile ». Je vous ai parlé de votre petit-fils au moment où vous souffriez, où vous étiez faible, non pour profiter de cet affaiblissement, mais parce qu'alors vous disiez la vérité: j'ai voulu vous la dire moi aussi, et vous rendre confiance pour confiance. J'ai fait confiance en vous à la nature humaine, comme je lui ai fait confiance toute ma vie. Laissez-moi avoir confiance en vous, Sire. Est-ce qu'il ne serait pas beau de pouvoir vous dire: « Roi qui êtes comme une main sur mon front... »? Vous ne faites jamais confiance à l'homme, vous?

FERRANTE. Je fais quelquefois confiance à sa crainte.

INÈS. Moi, je n'ai jamais pu croire que l'homme, sauf exceptions rares, rendît méfaits[90] pour générosité. Vous

81. test, trial   82. *toutes voiles dehors* under full sail   83. depresses   84. rogues

85. *qui... l'excès* who exercise excessive self-control   86. *se débondent* burst   87. pour out   88. displayed   89. unclever   90. evil deeds

vous étonnez peut-être, Sire, que je n'aie pas plus peur de vous. Mais, dans ces heures où l'on doute d'un être, où l'on est tentée d'avoir peur de lui,—dans ces heures où l'on me mettait en garde contre vous,—je me disais: « Non, le père de l'homme que j'aime, et auquel je n'ai jamais voulu et fait que du bien, n'agira pas contre moi. » Et d'ailleurs, si on doit être puni seulement pour avoir eu trop de confiance, eh bien! tant pis: on est puni par les hommes, mais on ne l'est pas devant Dieu. Voilà, Sire, pourquoi je n'ai pas et ne peux pas avoir très peur de vous, bien que j'aie depuis longtemps une peur vague de *quelque chose*.

Ferrante. Je vois que vous êtes très consciente de votre générosité, et que vous en attendez même une récompense. Mais laissons cela. De ce que vous m'avez dit, je retiens que vous croyez m'avoir surpris dans un instant de faiblesse. Quelle joie sans doute de pouvoir vous dire, comme font les femmes: « Tout roi qu'il est, il est un pauvre homme comme les autres! » Quel triomphe pour vous! Mais je ne suis pas faible, doña Inès. C'est une grande erreur où vous êtes, vous et quelques autres. Maintenant je vous prie de vous retirer. Voilà une heure que vous tournaillez[91] autour de moi, comme un papillon[92] autour de la flamme. Toutes les femmes, je l'ai remarqué, tournent avec obstination autour de ce qui doit les brûler.

Inès. Est-ce que vous me brûlerez, Sire? Si peu que je vaille, il y a deux êtres qui ont besoin de moi. C'est pour eux qu'il faut que je vive.—Et puis, c'est pour moi aussi, oh oui! c'est pour moi!—Mais... votre visage est changé; vous paraissez mal à l'aise...

Ferrante. Excusez-moi, le tête-à-tête avec des gens de bien me rend toujours un peu gauche. Allons, brisons-là,[93] et rentrez au Mondego rassurée.

Inès. Oui, vous ne me tueriez pas avant que je l'aie embrassé encore une fois.

Ferrante. Je ne crains pour vous que les bandits sur la route, à cette heure. Vos gens sont-ils nombreux?

Inès. Quatre seulement.

Ferrante. Et armés?

Inès. A peine. Mais la nuit est claire et sans embûches.[94] Regardez. Il fera beau demain: le ciel est plein d'étoiles.

Ferrante. Tous ces mondes où n'a pas passé la Rédemption... Vous voyez l'échelle[95]?

Inès. L'échelle?

Ferrante. L'échelle qui va jusqu'aux cieux.

Inès. L'échelle de Jacob,[96] peut-être?

Ferrante. Non, pas du tout: l'échelle de l'enfer aux cieux. Moi, toute ma vie, j'ai fait incessamment ce trajet[97]; tout temps à monter et à descendre, de l'enfer aux cieux. Car, avec tous mes péchés, j'ai vécu cependant enveloppé de la main divine. Encore une chose étrange.

Inès. Oh! Il y a une étoile qui s'est éteinte...

Ferrante. Elle se rallumera[98] ailleurs.

Scène VII

Ferrante, puis un Garde, puis le Capitaine Batalha

Ferrante. Pourquoi est-ce que je la tue? Il y a sans doute une raison, mais je ne la distingue pas. Non seulement

---

91. have been hovering   92. moth

93. *brisons-là* let's break off at this point 94. pitfalls   95. ladder   96. Jacob in his dream at Bethel saw a ladder that reached from earth to heaven. It was a symbol of communication between heaven and earth. (*Genesis* xxviii, 10 ff.)   97. trip   98. *se rallumera* will light up again

Pedro n'épousera pas l'Infante, mais je l'arme contre moi, inexpiablement. J'ajoute encore un risque à cet horrible manteau de risques que je traîne sur moi et derrière moi, toujours plus lourd, toujours plus chargé,[1] que je charge[2] moi-même à plaisir, et sous lequel un jour... Ah! la mort, qui vous met enfin hors d'atteinte[3]...—Pourquoi est-ce que je la tue? Acte inutile, acte funeste. Mais ma volonté m'aspire,[4] et je commets la faute, sachant que c'en est une. Eh bien! qu'au moins je me débarrasse tout de suite de cet acte. Un remords vaut mieux qu'une hésitation qui se prolonge. (*Appelant.*) Page!—Oh non! pas un page. Garde! (*Entre un garde.*) Appelez-moi le capitaine Batalha. (*Seul.*) Plus je mesure ce qu'il y a d'injuste et d'atroce dans ce que je fais, plus je m'y enfonce, parce que plus je m'y plais. (*Entre le capitaine.*) Capitaine, doña Inès de Castro sort d'ici et se met en route vers le Mondego, avec quatre hommes à elle, mal armés. Prenez du monde, rejoignez-la, et frappez. Cela est cruel, mais il le faut. Et ayez soin de ne pas manquer votre affaire. Les gens ont toutes sortes de tours[5] pour ne pas mourir. Et faites la chose d'un coup. Il y en a qu'il ne faut pas tuer d'un coup: cela est trop vite. Elle, d'un coup. Sur mon âme, je veux qu'elle ne souffre pas.

LE CAPITAINE. Je viens de voir passer cette dame. A son air, elle était loin de se douter[6]...

FERRANTE. Je l'avais rassurée pour toujours.

LE CAPITAINE. Faut-il emmener un confesseur?

FERRANTE. Inutile. Son âme est lisse[7] comme son visage. (*Fausse sortie du capitaine.*) Capitaine, prenez des hommes sûrs.

LE CAPITAINE (*montrant son épée*). Ceci est sûr.

FERRANTE. Rien n'est trop sûr quand il s'agit de tuer. Ramenez le corps dans l'oratoire du palais. Il faudra que je le voie moi-même. Quelqu'un n'est vraiment mort que lorsqu'on l'a vu mort de ses yeux, et qu'on l'a tâté.[8] Hélas, je connais tout cela. (*Exit le capitaine.*) Il serait encore temps que je donne un contre-ordre. Mais le pourrais-je? Quel bâillon[9] invisible m'empêche de pousser le cri qui la sauverait? (*Il va regarder à la fenêtre.*) Il fera beau demain: le ciel est plein d'étoiles...—Il serait temps encore. —Encore maintenant. Des multitudes d'actes, pendant des années, naissent d'un seul acte, d'un seul instant. Pourquoi?— Encore maintenant. Quand elle regardait les étoiles, ses yeux étaient comme des lacs tranquilles... Et dire qu'on me croit faible! (*Avec saisissement.[10]*) Oh!— Maintenant il est trop tard. Je lui ai donné la vie éternelle, et moi, je vais pouvoir respirer.—Gardes! apportez des lumières! Faites entrer tous ceux que vous trouverez dans le palais. Allons, qu'attendez-vous, des lumières! des lumières! Rien ici ne s'est passé dans l'ombre. Entrez, Messieurs, entrez!

Scène VIII

FERRANTE, GENS DU PALAIS DE TOUTES CONDITIONS, DONT EGAS COELHO

FERRANTE. Messieurs, doña Inès de Castro n'est plus. Elle m'a appris la naissance prochaine d'un bâtard du prince. Je l'ai fait exécuter pour préserver la pureté de la succession au trône, et pour supprimer le trouble et le scandale qu'elle causait dans mon Etat. C'est là ma dernière et grande justice.

---

1. heavy   2. make heavy   3. *hors d'atteinte* out of reach   4. *m'aspire* draws me in   5. tricks   6. *se douter* to suspect   7. smooth

8. touched   9. gag   10. shock

Une telle décision ne se prend pas sans douleur. Mais, au delà de cette femme infortunée, j'ai mon royaume, j'ai mon peuple, j'ai mes âmes; j'ai la charge que Dieu m'a confiée et j'ai le contrat que j'ai fait avec mes peuples, quand j'ai accepté d'être roi. Un roi est comme un grand arbre qui doit faire de l'ombre... (*Il passe la main sur son front et chancelle.*[1]) Oh! je crois que le sabre de Dieu a passé au-dessus de moi... (*On apporte un siège. On l'assoit.*)

EGAS COELHO. Mon Roi!—Vite, cherchez un médecin!

FERRANTE. J'ai fini de mentir.

EGAS COELHO. Ne mourez pas, au nom du ciel! (*Bas*) Pedro roi, je suis perdu.

FERRANTE. Maintenant je ne te demande plus ton secret. Le mien me suffit. Je te laisse en paix.

EGAS COELHO. Vous me laissez en enfer. Mais non, vous n'allez pas mourir, n'est-ce pas?

FERRANTE. Dans un instant, je serai mort, et la patte[2] de mon fils se sera abattue[3] sur toi.

EGAS COELHO. Inès n'est peut-être pas morte. Un billet, griffonnez[4] un billet... J'essaierai de les rejoindre sur la route.

FERRANTE. Elle est morte. Dieu me l'a dit. Et toi tu es mort aussi.

EGAS COELHO. Non! Non! Ce n'est pas possible!

FERRANTE. On arrachera[5] ton cœur de ta poitrine et on te le montrera.

EGAS COELHO. Non! Non! Non!

FERRANTE. Avant d'expirer, tu verras ton propre cœur.

EGAS COELHO (*hagard*). Qui vous l'a dit?

FERRANTE. Dieu me l'a dit.

EGAS COELHO. Ne me poussez pas au désespoir.

FERRANTE. Le désespoir des autres ne peut plus me faire peur.

EGAS COELHO. Vivez, mon Roi, vivez, je vous en supplie!

FERRANTE. Je cède quelquefois à qui ne me supplie pas; jamais à qui me supplie.

EGAS COELHO. Vivez! Il faut que vous viviez!

FERRANTE. Retire-toi de moi, Egas. Tu fais ton souffle contre ma figure. Et il ne m'est pas bon.

EGAS COELHO. Alors laissez-moi fuir. Vivez un peu! Seulement un peu! Le temps que je fuie... (*Aux assistants.*[6]) Vivants de chair et de sang, mes compagnons, vous qui allez vivre, n'est-il pas un de vous qui veuille que je reste en vie? (*Silence.*) Il n'y a donc personne qui veuille que je vive? (*Silence.*)

FERRANTE (*le prenant par le poignet*[7]). Messieurs, je ne sais comment l'avenir jugera l'exécution de doña Inès. Peut-être un bien, peut-être un mal. Quoi qu'il en soit, voici celui qui, avant tout autre, l'a inspirée. Veillez à ce qu'il en réponde devant le roi mon fils. (*Des assistants entourent Egas Coelho.*) O mon Dieu! dans ce répit[8] qui me reste, avant que le sabre repasse et m'écrase, faites qu'il tranche ce nœud[9] épouvantable de contradictions qui sont en moi, de sorte que, un instant au moins avant de cesser d'être, je sache enfin ce que je suis. (*Il attire Dino del Moro et le tient serré contre lui.*) Que l'innocence de cet enfant me serve de sauvegarde quand je vais apparaître devant mon Juge.—N'aie pas peur, et reste auprès de moi, quoi qu'il arrive... même si je meurs... Dieu te le

---

1. totters   2. hand (*literally* paw)   3. *se sera abattue* will fall   4. scribble   5. will tear out

6. those present   7. wrist   8. respite
9. *tranche ce nœud* cut this knot

rendra, Dieu te le rendra, mon petit
frère...—Bien meilleur et bien pire...—
Quand je ressusciterai...—Oh! le sabre!
le sabre!—Mon Dieu, ayez pitié de moi!
(*Il s'écroule.*[10])

(*Extrême confusion. Voix diverses:*) Le
Roi est mort!—Allons délivrer don
Pedro!—Vive le roi Pedro! (*Rixes.*[11]
On empêche certains Grands de sortir.)
Non, vous ne sortirez pas!—Fermez la
porte du cabinet royal!—Cherchez la
clef du secrétaire!—Qu'on arrête Alvar
Gonçalvès!

(*Au milieu de ce tumulte, on apporte
sur une litière*[12] *Inès morte. Le tumulte à
l'instant s'apaise.*[13] *En silence, tous s'écar-*
tent du cadavre du Roi étendu sur le sol, se
massent du côté opposé de la scène autour
de la litière, et mettent un genou en terre, à
l'exception de Dino del Moro qui, après un
geste d'hésitation, s'est agenouillé[14] *auprès*
du Roi. A ce moment apparaît don Pedro;
il se jette contre la litière en sanglotant.[15]
A l'extrême droite, le corps du roi Ferrante
est étendu, sans personne auprès de lui,
que[16] *le page andalou agenouillé à son*
côté. Le page glisse un regard,[17] *plusieurs*
fois, vers le groupe des orants.[18] *Enfin il se*
lève et va s'agenouiller parmi eux, lui aussi.
Le cadavre du Roi reste seul.)

Rideau

10. collapses   11. fights   12. litter
13. *s'apaise* quiets down

14. *s'est agenouillé* has kneeled   15. sob-
bing   16. except   17. *glisse un regard* looks
furtively   18. people in an attitude of prayer

Albert Camus

LE MALENTENDU

ALBERT CAMUS

Albert Camus, born in 1913 in North Africa, is one of the most recent figures of importance to appear on the French literary scene. His early works, *L'Envers et l'endroit* (1937) and *Noces* (1939), drew scarcely any attention. He became famous in 1942 with the appearance of *L'Etranger*, a novel in which his philosophy of the Absurd was first set forth in cogent form. In this same year he published a long philosophical essay, *Le Mythe de Sisyphe*, which gave formal expression to the ideas contained in *L'Etranger*. Camus's active role in the resistance movement, his concern with all contemporary problems, and his important work as editor of *Combat* served to justify his newly acquired reputation and to make him, along with Sartre, one of the most imposing figures in the postwar literary movement. Camus has not, however, published with the assiduity of Sartre. He has been prevented by both his journalistic work and poor health. Yet the essence of Camus is promise; many look to him for the most significant work to be produced in France today.

Camus is closely related to the movement which Sartre has initiated. An independent nature, however, has carried him away from existentialist dogmatism, and his own exploration of modern problems has led him to conclusions that set him apart from the group of the *Temps modernes*. Like Sartre, Camus cultivates the literary forms of the novel, the theater, and the essay. He, too, is concerned with the problems of the individual in the collectivistic modern world. The war has left a deep mark on his work; and he feels the need to reopen the questions of good and evil, human responsibility and guilt, war and peace. Unlike Sartre, Camus does not assert, as the cornerstone of his philosophy, a dogmatic respect for freedom, but rather the positive value of human relationships as the origin of all values. In this he shows himself to be an authentic modern humanist.

As a craftsman Camus is more concerned than Sartre with questions of style and aesthetic excellence. His prose is in the tradition of classical French clarity. Although he deals with realistic contemporary problems, there is always a concern for the quality of the work of art in itself.

It is Camus's philosophy of the Absurd, and consequently his philosophy of revolt, which are the principal characteristics of his thought. Within a pattern of deep pessimism, Camus succeeds in arriving at a basic optimism about human life. Unlike Sartre, he does not find his optimism intellectually, but emotionally. Camus's pattern reproduces rather that of traditional Western Christianity, in which charity plays an important part. One feels in Camus a belief in something beyond the trite defects of the tragic human condition: the positive value of the human commonwealth. Camus boldly assumes the position of the idealist, at a time when the idealist, especially in modern France, is having a difficult task defending his position. Camus is emphatic that the basis for the necessary changes in the present unsound state of the human commonwealth is a true understanding of the tragedy of human existence. He does not explore so boldly as Sartre the possibility of a world devoid of truly human values, but he states more eloquently the case for reform. One must not imagine, however, that he is merely an effete idealist. He can be as bitterly realistic as Sartre. To appreciate this it will be necessary to inquire into the meaning of the absurd.

"L'Absurde n'est pas dans l'homme (si une pareille métaphore pouvait avoir un sens), ni dans le monde, mais dans leur présence commune."[1] The experience of the Absurd is the lucid perception in human beings of the existence of a nonhuman universe. It is possible, according to Camus, for human beings to live in an illusory universe of false

1. *Mythe de Sisyphe* (Paris, 1942), p. 48.

freedom and security. In this universe one has projects for the future; one relies on the social system in which one lives; one is surrounded with insurance policies and other guarantees. Essentially, such lives are lived according to the dialectics of evasion, with no adequate provisions for death. Or the individual may have the experience of belonging to a world in which he has no proper place, a world of perfect hostility, which does not respect human values. It is possible to escape this world through religion or through devotion to ideas and great causes. Once perceived, however, it must be accepted or rejected. This perception of the existence of a nonhuman universe, as well as the realization of death, is accompanied by a bewilderment that reminds one of the nausea of Sartre.

In *Le Mythe de Sisyphe* Camus describes the lassitude and bewilderment which characterize the phenomenon of the Absurd as it comes to the individual man:

Il arrive que les décors s'écroulent. Lever, tramway, quatre heures de bureau ou d'usine, repas, tramway, quatre heures de travail, repas, sommeil et lundi mardi mercredi jeudi vendredi et samedi sur le même rythme, cette route se suit aisément la plupart du temps. Un jour seulement, le "pourquoi" s'élève et tout commence dans cette lassitude teintée d'étonnement. "Commence," ceci est important. La lassitude est à la fin des actes d'une vie machinale, mais elle inaugure en même temps le mouvement de la conscience. Elle l'éveille et elle provoque la suite. La suite, c'est le re-tour inconscient dans la chaîne, ou c'est l'éveil définitif.[2]

This experience is reminiscent, as we have said, of the nausea described by Sartre. But unlike Sartre, Camus is not interested in the metaphysical freedom of man. He is interested rather in the perception that man is not free, at least in concrete human terms, but con-demned to live under the irremissible law of death. Revolt is the practical re-sult of this awareness, and human free-dom, for Camus, is born of this re-volt. There is only one legitimate philo-sophical question for Camus: that of suicide or life. The Absurd man (the man in whom the experience of the Absurd has occurred), forever abjures suicide and death, whether through philosophical systems or at the point of a gun. It is only the Absurd man who in the long run, like Sisyphus,[3] is capable of happiness. His happiness is pre-cariously constructed on the realization of his mortality, on the irreplaceable value and quality of his human relation-ships, upon his perishable lucidity, his restricted freedom, his passion, and his revolt.[4]

The Absurd man of Camus is the op-posite of the Nietzschean superman. The Absurd man does not strive to live on a higher scale of human or super-human achievement. He possesses no relationship to the totalitarian man. The Absurd man strives to live au-thentically and well. He is even some-thing of an *honnête homme* in his culti-vation of reason. His heroism descends from the wisdom of the ancients. He is the democratic man *par excellence*. His individual endowment may be greater than that of common men, but he draws no special privilege from this fact. He strives to multiply the number of his human experiences which are illuminated for him by the knowledge, definitively acquired, of his mortality. If the revela-tion of the Absurd has made of such a man a *révolté*, his revolt is not that of petty vexation or puerile denial. His revolt is a supreme affirmation of the value of living, of having friends and a family, of being inextricably involved with other human beings. The Absurd man is finally Sisyphus, condemned by the Gods to the most disheartening punishment of hell. Sisyphus, though not free, is happy because he has a great heart:

Je laisse Sisyphe au bas de la montagne! On retrouve toujours son fardeau. Mais Sisyphe enseigne la fidélité supérieure qui nie les dieux et soulève les rochers. Lui aussi juge que tout est bien. Cet univers désormais sans maître ne lui paraît ni stérile ni futile. Chacun des grains de cette pierre, chaque éclat miné-ral de cette montagne pleine de nuit, à lui seul, forme un monde. La lutte elle-même vers les sommets suffit à remplir un cœur d'homme. Il faut imaginer Sisyphe heureux.[5]

2. Ibid. p. 27   3. Condemned by the gods to roll a huge stone to the top of a hill in hell. When it rolled back, he was obliged to repeat his task, which never ended.   4. *Mythe de Sisyphe*, p. 93.

5. Ibid.

Thus Camus, through the man of the Absurd, takes his place somewhat unexpectedly among those writers and philosophers who affirm that life is an ordered cosmos and not chaos. In this he is essentialistic, rather than existentialist.

"Je n'ai pas beaucoup de goût pour la trop célèbre philosophie existentielle, et, pour tout dire, j'en crois les conclusions fausses. Mais elle représente une grande aventure de la pensée..."[6]

In this brief statement Camus defines his attitude toward existentialism, with which he is often erroneously associated. In *Le Mythe de Sisyphe* Camus examines the philosophical systems of Heidegger, Jaspers, Chestov, Kierkegaard, and Husserl. He makes no mention of Sartre except by indirect allusion, and this may well be from discretion or a desire not to enter into polemical debate with his celebrated contemporary. He states clearly, however, his affinities with existential philosophies, as well as his basic disagreement. Camus is in agreement with existential philosophies to the extent that they imply, in some measure, an irrational universe hostile to man. They thus raise the question of the Absurd. But here Camus's affinity stops, for these philosophies solve the problem of the Absurd artificially by embracing it. They offer man the security and protection which prevent the cultivation of his lucidity. They rob him of the full implications of his death, and he is consequently deprived of the necessary basis for a meaningful life. The Absurd

becomes a springboard into eternity, and man is made in the final analysis to acquiesce with the irrational universe which is his negation. In other words, existential philosophies, like modern science, do not permit man to arrive at value judgments, and man is consequently unable to answer the final question—the only valid question—of philosophy: suicide.

The ultimate objection of Camus to existential philosophy is that it is in itself a kind of suicide, inconceivable to the man of the Absurd. "Je prends la liberté d'appeler ici suicide philosophique l'attitude existentielle."[7] How does this existential suicide occur? The danger lies within man himself. "Les hommes aussi sécrètent de l'inhumain."[8] The experience of the Absurd is valuable only if it leads to an attitude of revolt in the individual. The Absurd brings man back to the lesson of Renaissance humanism: man as the final measure of all values.

For the man of the Absurd there is a human condition in which he is content to live and find happiness. His indignation, his revolt, his love and solicitude, are directed toward human beings, and find meaning in them. Such an attitude is incompatible with suicide.[9] There is

---

6. *Actuelles* (Paris, 1950), p. 111.

7. *Mythe de Sisyphe*, p. 61.   8. Ibid. p. 29.
9. In his remarks on suicide Camus includes this note, which underlines the fact that it is principally moral and intellectual suicide of which he speaks: "Ne manquons pas l'occasion de marquer le caractère relatif de cet essai. Le suicide peut en effet se rattacher à des considérations beaucoup plus honorables. Exemple: les suicides politiques dits de protestation, dans la révolution chinoise." (*Sisyphe*, p. 17.)

another attitude current within the century with which Camus is equally in disagreement. This is the attitude of complacency toward man and the universe which tends to explain life as entirely reasonable and the existing order as one to which respectful submission is due. The man of the Absurd does not submit because submission is required. Neither is he troubled by abstract problems of metaphysical freedom which are beyond his human condition. He forsakes hope; he forsakes reconciliation in existential terms with the irrational; he asks for no reprieve. His life becomes an obstinate insistence in favor of human values.

Camus, like Sartre, is profoundly *engagé*. There is, however, a quality of sincerity in the *engagement* of Camus which is not always apparent in Sartre. The *engagement* of Camus is man's choice of the field of action, under certain circumstances, rather than the field of contemplation. It is a necessary choice for the man who wishes to take up the challenge of his time and face the issues of contemporary life.

Conscient que je ne puis me séparer de mon temps, j'ai décidé de faire corps avec lui. C'est pourquoi je ne fais tant de cas de l'individu que parce qu'il m'apparaît dérisoire et humilié. Sachant qu'il n'est pas de causes victorieuses, j'ai du goût pour les causes perdues: elles demandent une âme entière, égale à sa défaite comme à ses victoires passagères. Pour qui se sent solidaire du destin de ce monde, le choc des civilisations a quelque chose d'angoissant. J'ai fait mienne cette angoisse en même temps que j'ai voulu y jouer ma partie. Entre l'histoire et l'éternel, j'ai choisi l'histoire parce que j'aime les certitudes. D'elle du moins, je suis certain et comment nier cette force qui m'écrase?[10]

This solidarity which Camus feels with his period is reflected in his work. *Lettres à un ami allemand* (1948) and *Actuelles* (1950) are devoted to political and social themes. The latter collection contains the articles written by Camus for *Combat* and other periodicals from 1944 to 1948. The same themes recur, constituting a broad picture of what Camus calls "la crise de l'homme" in the world today. Like the Absurd man in *Le Mythe de Sisyphe*, he pleads for a more dignified and honorable concept of the individual. He defends the oppressed, exposes war atrocities, pleads for a more objective and disinterested form of journalism, espouses the cause of racial minorities, attempts to arrive at a more rational definition of social order, attacks Communism, Nazism, and even the Christian Church when it seems that the latter wavers in its policies of liberal tolerance. He assumes the defense of the democracies, but warns them against dogmatism and against totalitarian methods. The articles in *Actuelles* take their place among the great political and humanitarian documents of the Second World War. They were disinterested, objective, and fair, at a time when it was almost impossible to possess objectivity in France. They

10. *Mythe de Sisyphe*, p. 118.

reveal Camus at his best as a human being, and convey admirably his severe honesty, which in the eyes of some has passed for simplicity and *naïveté*. Camus's play *Les Justes* (1950) is similar in theme to *Les Mains sales* of Sartre. Here he presents the problem of the revolutionary, attempting to achieve through violence the just and right organization of society, the defeat of tyranny. *La Peste* (1947), though not a political novel principally, is a moral allegory of France during the occupation. In the pestilence-ridden town of Oran, the same spirit of collective co-operation prevails, the same objectives, the same difficulties, as characterized France during the Nazi blight. *Caligula* (1945) exploits the classical tradition, showing in the emperor Caligula a man whose revolt against the gods and experience of the Absurd have made him an irrational human force. He strives to achieve among his subjects a world of perfect incoherent caprice. He is an excellent example of the non-Absurd man who cannot live with the burden and responsibility of his own true values in the face of an irrational world.

Camus's most famous novel, *L'Etranger* (1942), is a full-length portrait of Meursault, man of the Absurd. As the title indicates, Meursault feels himself to be a stranger in life. "... Dans un univers soudain privé d'illusions et de lumières, l'homme se sent un étranger."[11] This sentence from *Le Mythe de Sisyphe* expresses briefly the atmosphere and experience of *L'Étranger*. Like the authentic man of the Absurd, Meursault awaits death at the end of the novel with the realization that he has found happiness and understanding. But his discovery has been made in complete solitude. It has been made in indifference, beyond hope and without any possibility of evasion. From misunderstanding to misunderstanding, he has arrived at the point where Sisyphus descends to the plain to resume his labor of rolling the stone once again uphill.

Caligula is perhaps the most elaborate and outstanding of Camus's plays. *Le Malentendu* has been chosen for this collection because of its modern setting, and because it offers in brief dramatic form the essential elements of Camus's philosophy.

11. *Mythe de Sisyphe*, p. 18.

Like the plays of Sartre, the plays of Camus are philosophical in nature. Camus's statement concerning the novel, "Les grands romanciers sont des romanciers philosophes,"[12] might well apply to his concept of the theater. Camus's theater is not the theater of entertainment. It is theater designed to provoke thought, stimulate discussion, shock the audience out of its complacency. It is theater which requires comment and explanation. The bare substance of *Le Malentendu* is slight, and may be told in a few words:

Martha and her mother have lived for twenty years in isolation as inn-keepers in a remote, desolate country. With the mother's consent, and at Martha's instigation, the two women have murdered occasional clients who seemed to be wealthy and without relations or attachments. Their motive was furnished by Martha, who longed to accumulate sufficient money to escape from their desolate life and live near the sea, where there would be sunshine, ease, and beauty. Into this situation come Jan, the brother of Martha, and his wife, Maria. Jan has returned to bring his mother and sister the ease and luxury which he feels they deserve. He wishes to test them by spending a night in their inn without revealing his identity. This he does, against the objections of Maria. As a result, he is murdered by the two women, who discover his true identity through his passport. The mother commits suicide. Martha, after a confrontation with Maria, hangs herself. Maria is left in despair.

This slight framework, which might have served for a melodrama, is for Camus a vehicle for a philosophical allegory, the story of a tragic misunderstanding. This misunderstanding exists on several levels in the play. First of all, there is the misunderstanding of identity. The spectator imagines easily that Jan would not have been killed if his mother and Martha had known who he was. But there is the misunderstanding of Jan as well. He misjudged the situation and human nature. He imagined that by some miracle of justice he would be recognized in spite of everything. He did not understand that words are important, indispensable to human beings. Jan both said too much and did not say enough. "Le silence est mortel. Mais parler est aussi dangereux puisque le peu qu'il a dit a tout précipité."[13] There was also the misunderstanding between Jan and Maria, the necessary misunderstanding of men and women in love, who by their nature cannot share every moment of life, but must at some point go their separate ways. There was the misunderstanding of Jan's mother, who did not recognize her own promptings of sympathy, and who valued more highly than human beings her need for repose and forgetfulness, who persevered in indolence according to her habit. But most criminal of all was the misunderstanding of Martha.

Martha had experienced the Absurd,

12. *Mythe de Sisyphe*, p. 138.

13. See below, p. 306.

but instead of drawing from it the value of living without appeal, she had in reality agreed with the irrational forces of life. Like Chestov, whom Camus analyzes in *Le Mythe de Sisyphe*, Martha believed that reason was vain, but that there was something beyond reason. For Martha there was hope beyond reason, the promise of a beautiful life to be fulfilled, the monotony of a dream world of perfect unity, a God of cruel caprice who was right. Her misunderstanding became the deceit of "ceux qui vivent non pour la vie elle-même, mais pour quelque grande idée qui la dépasse, la sublime, lui donne un sens et la trahit."[14] Martha's perception of the Absurd is clear in her confrontation scene with Maria. Her last concern before committing suicide is to destroy Maria's illusions, to destroy her faith in her love for Jan. The natural order of things, she asserts, is the destruction in which they find themselves. "Mais je ne puis mourir en vous laissant l'idée que vous avez raison, que l'amour n'est pas vain, et que ceci est un accident. Car c'est maintenant que nous sommes dans l'ordre. Il faut vous en persuader."[15] Before leaving Maria, she has a final piece of advice to give her which is an eloquent statement of Martha's deep conviction that human values are without reality. Her statement is her rejection of the Absurd, her agreement that suicide is the only final solution.

Priez votre Dieu qu'il vous fasse semblable à la pierre. C'est le bonheur qu'il prend pour lui, c'est le seul vrai bonheur. Faites comme lui, rendez-vous sourde à tous les cris, rejoignez la pierre pendant qu'il en est temps. Mais si vous vous sentez trop lâche pour entrer dans cette paix aveugle, alors venez nous rejoindre dans notre maison commune. Adieu, ma sœur! Tout est facile, vous le voyez! Vous avez à choisir entre la stupide félicité des cailloux et le lit gluant où nous vous attendons.[16]

It was this truth that made Martha weary. It was solace from such false truths that made her long for her distant land "où le soleil tue les questions."[17] Martha is not a *révoltée*, according to the dialectics of the Absurd. She is incapable of the obstinate persistence in human ways which characterizes the man of the Absurd. Martha acquiesces, taking the suicidal path of hope during her life, which leads her fatefully to the actual suicide of her end. The Absurd does not set one free; it binds one. Martha refuses this, and finds her first justification for a life of crime. She never perceives the quality which Camus calls "la splendeur et l'inutilité d'une vie d'homme."[18] She is unregenerate in her death, since she dies without perceiving the wrongness of her crimes. Her death is unaccompanied by the sudden revelation of different perspectives which might constitute a refutation of her deeds.

Martha's mother commits her crimes

---

14. *Mythe de Sisyphe*, p. 15.   15. See below, p. 311.

16. See below, p. 311.   17. See below, p. 283.
18. *Mythe de Sisyphe*, p. 139.

from a very different motive, and her final rejection and repudiation of Martha are an indication of authentic remorse. Her remorse, however, stimulates a certain compassion without sympathy, since it is tardy and her crimes, are irreparable. Her motive had been that desire for peace and forgetfulness which were her equivalents to Martha's dream of a land of perfect happiness. Between the two lay the great difference of age, and it was appropriate that Martha's dream should be positive while her mother's was negative. The character of the mother is not fully delineated. It is dramatically effective that the background of this aged person should remain mysterious. Her strong desire for peace is still a desire for annihilation and an embracing of death. It is "cette approbation dictée par le besoin de la paix qui est le frère intérieur du consentement existentiel."[19] She too refuses her *liberté à terme*, her *révolte sans avenir*, her *conscience périssable*. She seeks escape through crime, in the hope that a time of eternal repose will become her reward. She fails to see that this repose is to be found only in the grave. The troubled and equivocal anguish which she experiences at the death of her son is in some measure a rebirth. "Mais ce que j'ai vécu ainsi, je l'ai vécu dans l'habitude, ce n'est pas différent de la mort. Il suffisait de la douleur pour tout transformer. Justement, c'est cela que mon fils est venu changer."[20] One is inclined

to feel that the mother's suicide is very different in nature from Martha's. She reminds us of Camus's statement that the opposite of the suicide victim is the man condemned to death. Her last moments are, in comparison with the preceding years, heightened moments of life. She carries away with her the recollection of a sweetness in life which has become intolerable. She leaves the world with at least a glimpse of the possibility of a life that would not have been sterilized by fatigue. In her final gentleness towards Martha, whom she nonetheless rejects, there is a moment of life without appeal. In philosophical language, she has discovered again that a world of essences exists, and that by her long absence and abnegation she has missed them. Her suicide is not entirely the suicide of escape, for she must put to death the small possibility of life which still remains for her. Her death is the fulfillment of a law. "Mais je n'ai pas cessé de t'aimer... Je le sais maintenant puisque ton frère est venu réveiller cette douceur insupportable qu'il faut, à présent, que je tue avec moi."[21]

On the plane of this highest misunderstanding, *Le Malentendu* is the drama of two women who live for twenty years in the presence of death without deriving from it a profitable lesson until it is at last too late.

Jan adds to this atmosphere of misunderstanding. His misunderstanding is not so deep as that of Martha or his

19. Ibid. p. 141.   20. See below, p. 305.   21. See below, p. 306.

mother. It is qualified by a real desire to achieve a human relationship with these two people. But Jan remains unenlightened. His hope that he will be recognized is based on a romantic illusion, not clearly defined, that some instinct, some spirit of justice will cause his mother and sister to know him spontaneously. He imagines for himself the scene of the prodigal's return. He fails to evaluate the effect of his twenty years' absence. He feels obscurely that life had somehow stopped for his mother and sister when he left, and that he will not be a stranger to them. There is a subtle avoidance of the Absurd. Jan takes refuge in hope, and refuses the burden of his strangeness. His sense of duty is greater to him than human values. He imagines that his return will be a gesture that will prove the fertility of his hopefulness, and he fails to recognize that in the world of the Absurd the value of an idea is measured by its sterility. "Dans le monde absurde, la valeur d'une notion ou d'une vie se mesure à son infécondité."[22] In his sentimental optimism he reminds one of Camus's statement: "Il faut être absurde, écrit un auteur moderne, il ne faut pas être dupe."[23]

Thus he fails to take advantage of the opportunities given him by both Martha and his mother to leave the inn and to save his life. Jan is unable to answer yes or no to the basic question of life. He awaits an answer that is to be furnished by the irrational universe, and so loses both his freedom and his revolt. His presence in the house where he is a stranger implies a choice between his filial love and his love for Maria. He is unable to make this choice satisfactorily. Ironically, he drinks the cup of tea that is for him the beginning of death in a simulacrum of honoring the prodigal's meal. "O mon Dieu! donnez-moi de trouver mes mots ou faites que j'abandonne cette vaine entreprise pour retrouver l'amour de Maria. Donnez-moi alors la force de choisir ce que je préfère et de m'y tenir."[24] This appeal to the divinity, similar to the appeal which Maria makes after Jan's death, contains Jan's essential defeat, for the divinity can bring him no answer. The strength of choice and preference, the strength of perseverance in this choice, he must find within himself through a refusal of the Absurd. But for Jan the perfect rational answer—the rational answer that is beyond his own reason—lies elsewhere. Jan seeks an answer to the same question that troubles Martha and his mother: the reason that is beyond reason. He suspects that there is no answer, but he is unable to face such an eventuality. The Absurd is dimly revealed to Jan, and he dimly acquiesces to it:

Le ciel se couvre. C'est ainsi, dans toutes les chambres d'hôtel, toutes les heures du soir sont difficiles pour l'homme seul. Et voici maintenant ma

22. *Le Mythe de Sisyphe*, p. 96.   23. Ibid. p. 95.

24. See below, p. 298.

vieille angoisse, là, au creux de mon corps, comme une mauvaise blessure que chaque mouvement irrite. Je connais son nom. Elle est peur de la solitude éternelle, crainte qu'il n'y ait pas de réponse. Et qui répondrait dans une chambre d'hôtel?[25]

Jan drinks his cup of tea and falls asleep. Unable to solve the problem which confronts him, he is removed from the scene of possible further action. As he had lost his freedom, he was robbed of his death. His last words are "Oui ou non?"[26]

Maria lived by her total love for her husband, and consented only unwillingly to his spending the night separated from her in his mother's inn. She did not understand why he wanted to abandon the happiness of their life together, however briefly, to return to his solitary home. She spoke to him reasonably, in the name of their love, pleading that he keep her with him, or simply reveal his identity at once. Her love was too exclusive. It was necessary for Jan to separate himself from her for at least one night in order to re-enter his old home and old life. Maria's love and happiness were her evasion, her failure to face the Absurd. Yet in Maria's case there is the question whether she loved too much and selfishly, or whether, before Jan's death, her incomplete experience of the Absurd made it impossible for her to love in any other way. "Quand on aime, on ne rêve à rien," she said to Jan. Is

this evasion, or the heroism of her knowledge, in the face of Jan's voluntary solitude, that love, too, is mortal, and there is need for a certain haste?

When Maria learns of Jan's death, her world crumbles. The experience of the Absurd comes to her brutally. Love, which in some measure has been a reasonable explanation of life for Maria, had not protected Jan. She mourns for the lost days and nights, the concrete life which still remained for her to share with him. She seems to vacillate for a moment between a rejection of the Absurd and a consent similar to Martha's. Her precarious balance is destroyed by Martha's violence, and she turns to God for some answer, some relief. For the man of the Absurd this is the path of evasion, and the first step in rejecting a life beyond appeal. "Oh! mon Dieu! je ne puis vivre dans ce désert! C'est à vous que je parlerai et je saurai trouver mes mots!... Car c'est à vous que je m'en remets. Ayez pitié de moi, tournez-vous vers moi! Entendez-moi, Seigneur, donnez-moi votre main! Ayez pitié de ceux qui s'aiment et qui sont séparés."[27]

The conclusion of the play contains the answer to Maria's appeal in the voice of the old servant, who speaks for the first time. His categorical "Non!" in answer to her prayer is the voice of the Absurd uttering its rejection of men and human values. It can only be met by human revolt. Any assent to the justice of this "Non!" is the beginning of an

25. See below, p. 297.   26. See below, p. 300.

27. See below, p. 311.

existential leap. The irrational universe then has its way, and rational men are defeated. The symbolism of the old servant's answer, coming immediately upon Maria's prayer, allows us to speculate as to whether it is really the irrational universe which must have the final word, or whether, within the symbolism of the play, this is Maria's perception and refusal of the Absurd. Phrased differently, is Maria to commit suicide too? If the "Non!" is really her rejection of the Absurd, we know that she will not. The old servant's "Non!" closes the play on a note reminiscent of the voice from heaven pronouncing "Ist gerettet!" at the end of the first part of *Faust*.

Le Malentendu is Camus's indictment of human misunderstandings in whatever sphere they occur. Camus is frequently criticized for being a utopian thinker. He answers that some approximate utopia—the utopia of the Absurd—is the only recourse left to man if he is to avoid his costly and wasteful misunderstandings, if he is ever to learn to live beyond appeal.

LE MALENTENDU

ACTE PREMIER

Midi. La salle commune de l'auberge.[1]
Elle est propre[2] et claire.[3] Tout y est net.[4]

Scène Première

LA MÈRE. Il reviendra.

MARTHA. Il te l'a dit?

LA MÈRE. Oui.

MARTHA. Seul?

LA MÈRE. Je ne sais pas.

MARTHA. Son aspect n'est pas celui d'un homme pauvre.

LA MÈRE. Il ne s'est pas inquiété du prix.

MARTHA. Cela est bien. Mais il est rare qu'un homme riche soit seul. Et c'est ce qui nous rend les choses difficiles. Quand on ne s'intéresse qu'aux hommes qui sont à la fois[5] riches et solitaires, on s'expose à attendre longtemps.

LA MÈRE. Oui, les occasions sont rares.

MARTHA. Il est vrai que toutes ces années nous ont laissé de grandes vacances. Cette demeure[6] est souvent déserte. Les pauvres qui s'y arrêtent n'y restent pas longtemps et les riches qui s'y égarent[7] n'y viennent que de loin en loin.[8]

LA MÈRE. Ne t'en plains pas, Martha. Ces riches donnent beaucoup de travail.

MARTHA, *la regardant.* Mais ils payent bien. (*Un silence.*)

MARTHA. Mère, vous êtes singulière. Je vous reconnais mal depuis quelque temps.

LA MÈRE. Je suis fatiguée, ma fille, rien de plus. Et j'aspire au repos.

MARTHA. Je puis prendre sur moi ce qui vous reste encore à faire dans la maison. Vous aurez ainsi toutes vos journées.

LA MÈRE. Ce n'est pas exactement de ce repos que je parle. Non, c'est un rêve de vieille femme. J'aspire seulement à la paix, à un peu d'abandon. (*Elle rit faiblement.*) Cela est stupide à dire, Martha, mais il y a des soirs où je me sentirais presque des goûts de religion.[9]

MARTHA. Vous n'êtes pas si vieille, ma mère, qu'il faille en venir là[10] et je suppose que vous avez mieux à faire.

LA MÈRE. Tu sais bien que je plaisante. Mais quoi! A la fin d'une vie, on peut bien se laisser aller. On ne peut pas toujours se raidir[11] et se durcir[12] comme tu le fais, Martha. Ce n'est pas de ton âge[13] non plus. Et je connais bien des filles, nées la même année que toi, qui ne songent qu'à des folies.

MARTHA. Leurs folies ne sont rien auprès des nôtres,[14] vous le savez.

LA MÈRE. Laissons cela.

MARTHA, *lentement.* On dirait qu'il est maintenant des mots qui vous brûlent la bouche.

LA MÈRE. Qu'est-ce que cela peut te faire, si je ne recule pas devant les actes? Mais qu'importe! Je voulais seulement dire que j'aimerais quelquefois te voir sourire.

MARTHA. Cela m'arrive, je vous jure.

LA MÈRE. Je ne t'ai jamais vue ainsi.

MARTHA. C'est que je souris dans ma chambre, aux heures où je suis seule.

1. inn   2. clean   3. bright   4. spotless
5. *à la fois* at the same time   6. dwelling place   7. *qui s'y égarent* who come here by accident   8. *de loin en loin* at infrequent intervals
9. *où... religion* when I would almost feel myself inclined toward religion   10. *en venir là* come to that   11. *se raidir* brace oneself   12. *se durcir* harden oneself   13. *de ton âge* befitting your age   14. *auprès des nôtres* in comparison with ours

La Mère, *la regardant attentivement.*
Quel dur visage est le tien, Martha!

Martha, *s'approchant et avec calme.*
Ne l'aimez-vous donc pas?

La Mère, *la regardant toujours, après
un silence.* Je crois que oui, pourtant.

Martha, *avec agitation.* Ah! mère!
Quand nous aurons amassé beaucoup
d'argent et que nous pourrons quitter
ces terres sans horizons, quand nous laisserons derrière nous cette auberge et
cette ville pluvieuse,[15] et que nous ou-
blierons ce pays d'ombre, le jour où nous
serons enfin devant la mer dont j'ai tant
rêvé, ce jour-là, vous me verrez sourire.
Mais il faut beaucoup d'argent pour
vivre libre devant la mer. C'est pour
cela qu'il ne faut pas avoir peur des mots.
C'est pour cela qu'il faut s'occuper de
celui qui doit venir. Car, s'il est suffisamment riche, ma liberté commencera peut-
être avec lui.

La Mère. S'il est riche, et s'il est
seul.

Martha. Et s'il est seul, en effet, puisque c'est l'homme seul qui nous intéresse. Vous a-t-il parlé longuement,
mère?

La Mère. Non. Deux phrases en
tout.

Martha. De quel air vous a-t-il demandé sa chambre?

La Mère. Je ne sais pas. Je vois mal
et je l'ai mal regardé. Je sais, par expérience, qu'il vaut mieux ne pas les
regarder. Il est plus facile de tuer ce
qu'on ne connaît pas.[16] (*Un temps.*)
Réjouis-toi,[17] je n'ai pas peur des mots
maintenant.

Martha. C'est mieux ainsi. Je
n'aime pas les allusions. Le crime est le
crime, il faut savoir ce que l'on veut.

Et il me semble que vous le saviez, tout
à l'heure,[18] puisque vous y avez pensé, en
répondant au voyageur.

La Mère. Il ne serait pas juste de dire
que j'y ai pensé, mais l'habitude est une
grande force.

Martha. L'habitude? vous l'avez dit
vous-même, les occasions ont été rares.

La Mère. Sans doute. Mais l'habitude commence au second crime. Au
premier, rien ne commence, c'est quelque
chose qui finit. Et puis, si les occasions
ont été rares, elles se sont étendues sur[19]
beaucoup d'années, et l'habitude s'est
fortifiée du souvenir. Oui, c'est bien
l'habitude qui m'a poussée à répondre à
cet homme, qui m'a avertie[20] de ne pas le
regarder, et assurée qu'il avait le visage
d'une victime.

Martha. Mère, il faudra le tuer.

La Mère, *plus bas.* Sans doute, il
faudra le tuer.

Martha. Vous dites cela d'une singulière façon.

La Mère. Je suis lasse,[21] en effet. Et
j'aimerais qu'au moins celui-là soit le
dernier. Tuer est terriblement fatigant.
Et, quoique je me soucie peu de[22] mourir
devant la mer ou au centre de nos plaines,
je voudrais bien qu'ensuite, nous par-
tions ensemble.

Martha. Nous partirons et ce sera
une grande heure! Redressez-vous,[23]
mère, il y a peu à faire. Vous savez bien
qu'il ne s'agit même pas de tuer. Il boira
son thé, il dormira, et, tout vivant encore, nous le porterons à la rivière. On
le retrouvera dans longtemps, collé[24]
contre le barrage,[25] avec d'autres qui
n'auront pas eu sa chance et qui se seront
jetés dans l'eau, les yeux ouverts. Le

---

15. rainy   16. The tragic irony of the play
is thus announced at the very outset.   17. *Réjouis-toi* Rejoice

18. *tout à l'heure* just now   19. *se... sur* have
stretched over   20. warned   21. weary
22. *je... de* I care little about   23. *Redressez-
vous* "Buck up"   24. pressed   25. dam

jour où nous avons assisté au nettoyage[26] du barrage, vous me le disiez, mère, ce sont les nôtres qui souffrent le moins, et la vie est plus cruelle que nous. Redressez-vous, vous trouverez votre repos et je verrai enfin ce que je n'ai jamais vu.

La Mère. Oui, je vais me redresser. Quelquefois, en effet, je suis contente à l'idée que les nôtres n'ont jamais souffert. C'est à peine un crime, tout juste une intervention, un léger coup de pouce[27] donné à des vies inconnues. Et il est vrai qu'apparemment la vie est plus cruelle que nous. C'est peut-être pour cela que j'ai du mal à me sentir coupable. C'est à peine s'il m'est possible de me sentir fatiguée.

(*Entre le vieux domestique. Il va s'asseoir derrière le comptoir, sans un mot. Il ne bougera pas jusqu'à la fin de la scène.*)

Martha. Dans quelle chambre le mettrons-nous?

La Mère. N'importe laquelle, pourvu que ce soit au premier.

Martha. Oui, nous avons trop peiné, la dernière fois, dans les deux étages.[28] (*Elle s'assied pour la première fois.*) Mère, est-il vrai que, là-bas, le sable des plages[29] fasse des brûlures[30] aux pieds?

La Mère. Je n'y suis pas allée, tu le sais. Mais on m'a dit que le soleil dévorait tout.

Martha. J'ai lu dans un livre qu'il mangeait jusqu'aux âmes et qu'il faisait des corps resplendissants, mais vidés par l'intérieur.

La Mère. Et c'est cela, Martha, qui te fait rêver?

Martha. Oui, car j'en ai assez de[31] porter toujours mon âme et j'ai hâte de trouver ce pays où le soleil tue les questions. Ma demeure n'est pas ici.

La Mère. Auparavant, hélas! nous avons beaucoup à faire. Si tout va bien, j'irai, bien sûr, avec toi. Mais moi, je n'aurai pas le sentiment d'aller vers ma demeure. A un certain âge, il n'est pas de demeure où le repos soit possible, et c'est déjà beaucoup si l'on a pu faire soi-même cette dérisoire maison de briques, meublée de souvenirs, où il arrive parfois que l'on s'endorme. Mais naturellement, ce serait quelque chose aussi, si je trouvais à la fois le sommeil et l'oubli. (*Elle se lève et se dirige vers la porte.*)

La Mère. Prépare tout, Martha. (*Un temps.*) Si vraiment cela en vaut la peine. (*Martha la regarde sortir. Elle-même sort par une autre porte.*)

Scène II

(*Le vieux reste en scène, seul, pendant quelques secondes. Entre Jan. Il s'arrête, regarde dans la salle, aperçoit le vieux, derrière son comptoir.*)

Jan. Il n'y a personne? (*Le vieux le regarde, se lève, traverse la scène et s'en va.*)

Scène III

(*Entre Maria. Jan se retourne brusquement vers elle.*)

Jan. Tu m'as suivi.

Maria. Pardonne-moi, mais je ne pouvais pas.[1] Je partirai peut-être tout à l'heure. Mais laisse-moi voir l'endroit où je te laisse.

Jan. On peut venir et ce que je veux faire ne sera plus possible.

Maria. Donnons-nous au moins cette chance que quelqu'un vienne et que je te fasse reconnaître malgré toi. (*Il se détourne.[2] Un temps.*)

---

26. cleaning   27. thumb   28. *nous... étages* i.e. the last time it was too difficult getting down the two flights of stairs   29. *sable des plages* sand of the beaches   30. burns   31. *j'en... de* I am tired of

1. *je... pas* I just couldn't (stay away)
2. turns away

MARIA, *regardant autour d'elle.* C'est ici?

JAN. Oui, c'est ici. J'ai pris cette porte,[3] il y a vingt ans. Ma sœur était une petite fille. Elle jouait dans ce coin. Ma mère n'est pas venue m'embrasser. Je croyais alors que cela m'était égal.

MARIA. Jan, je ne puis croire qu'elles ne t'aient pas reconnu tout à l'heure. Une mère reconnaît toujours son fils, c'est le moins qu'elle puisse faire.

JAN. Oui, mais vingt ans de séparation changent un peu les choses. Depuis que je suis parti, la vie a continué. Ma mère a vieilli, sa vue a baissé.[4] C'est à peine si moi-même je l'ai reconnue.

MARIA, *avec impatience.* Je sais, tu es entré, tu as dit « Bonjour », tu t'es assis. Cette salle ne ressemblait pas à celle dont tu te souvenais.

JAN. Ma mémoire n'était pas juste. On m'a accueilli sans un mot. On m'a servi la bière que je demandais. On me regardait, on ne me voyait pas. Tout était plus difficile que je ne l'avais cru.

MARIA. Tu sais bien que ce n'était pas difficile et qu'il suffisait de parler. Dans ces cas-là, on dit « C'est moi » et tout rentre dans l'ordre.

JAN. Oui, mais j'étais plein d'imaginations. Et moi qui attendais un peu le repas du prodigue,[5] on m'a donné de la bière contre[6] mon argent. Cela m'a ôté les mots de la bouche. J'ai pensé que je devais continuer.

MARIA. Il n'y avait rien à continuer. C'était encore une de tes idées et il aurait suffi d'un mot.

JAN. Ce n'était pas une idée, Maria, c'était la force des choses.[7] Je fais confiance à la force des choses. Je ne suis

pas si pressé, d'ailleurs. Je suis venu ici apporter ma fortune et, si je le puis, du bonheur. Quand j'ai appris la mort de mon père, j'ai compris que j'avais des responsabilités envers elles deux et l'ayant compris une fois, je fais ce qu'il faut. Mais je suppose que ce n'est pas si facile qu'on le dit de rentrer chez soi et qu'il faut un peu de temps pour faire un fils d'un étranger.

MARIA. Mais pourquoi n'avoir pas annoncé ton arrivée? Il y a des cas où l'on est bien obligé de faire comme tout le monde. Quand on veut être reconnu, on se nomme, c'est l'évidence même.[8] On finit par tout brouiller[9] en prenant l'air de ce qu'on n'est pas. Comment ne serais-tu pas traité en étranger dans une maison où tu te présentes comme un étranger? Non, non, tout cela n'est pas sain.[10]

JAN. Allons, Maria, ce n'est pas si grave. Et puis quoi, cela sert mes projets. Je vais profiter de l'occasion, les voir un peu de l'extérieur. J'apercevrai mieux ce qui les rendra heureuses. Ensuite, j'inventerai les moyens de me faire reconnaître. Il suffit en somme de trouver ses mots.

MARIA. Il n'y a qu'un moyen. C'est de faire ce que ferait le premier venu,[11] de dire: « Me voilà », c'est de laisser parler son cœur.

JAN. Le cœur n'est pas si simple.

MARIA. Mais il n'use que de mots simples. Et ce n'était pas bien difficile de dire: « Je suis votre fils, voici ma femme. J'ai vécu avec elle dans un pays que nous aimions, devant la mer et le soleil. Mais je n'étais pas assez heureux et aujourd'hui j'ai besoin de vous. »

JAN. Ne sois pas injuste, Maria. Je

---

3. *J'ai... porte* I went out through that door
4. *sa... baissé* her sight has grown dim   5. *repas du prodigue* prodigal's meal, "the fatted calf"
6. for   7. *force des choses* force of circumstances

8. *c'est l'évidence même* that's obvious   9. confuse   10. healthy   11. *le premier venu* just anyone

n'ai pas besoin d'elles, mais j'ai compris qu'elles devaient avoir besoin de moi et qu'un homme n'était jamais seul. (*Un temps. Maria se détourne.*)

MARIA. Peut-être as-tu raison, je te demande pardon. Mais je me méfie de[12] tout depuis que je suis entrée dans ce pays où je cherche en vain un visage heureux. Cette Europe est si triste. Depuis que nous sommes arrivés, je ne t'ai plus entendu rire, et moi, je deviens soupçonneuse.[13] Oh! pourquoi m'avoir fait quitter mon pays? Partons, Jan, nous ne trouverons pas le bonheur ici.

JAN. Ce n'est pas le bonheur que nous sommes venus chercher. Le bonheur, nous l'avons.

MARIA, *avec véhémence.* Pourquoi ne pas s'en contenter?

JAN. Le bonheur n'est pas tout et les hommes ont leur devoir. Le mien est de retrouver ma mère et une patrie. (*Maria a[14] un geste. Jan l'arrête: on entend des pas.[15]*)

JAN. On vient. Va-t-en, Maria, je t'en prie.

MARIA. Pas comme cela, ce n'est pas possible.

JAN, *pendant que les pas se rapprochent.* Mets-toi là. (*Il la pousse derrière la porte du fond.[16]*)

Scène IV

(*La porte du fond s'ouvre. Le vieux traverse la pièce sans voir Maria et sort par la porte du dehors.[1]*)

JAN. Et maintenant, pars vite. Tu vois, la chance est avec moi.

MARIA. Je veux rester. Je me tairai[2] et j'attendrai près de toi que tu sois reconnu.

JAN. Non, tu me trahirais. (*Elle se détourne, puis revient vers lui et le regarde en face.*)

MARIA. Jan, il y a cinq ans que nous sommes mariés.

JAN. Il y aura bientôt cinq ans.

MARIA, *baissant la tête.* Et c'est la première nuit où nous serons séparés. (*Il se tait, elle le regarde de nouveau.*)

MARIA. J'ai toujours tout aimé en toi, même ce que je ne comprenais pas et je vois bien qu'au fond, je ne te voudrais pas différent. Je ne suis pas une épouse bien contrariante.[3] Mais ici, j'ai peur de ce lit désert où tu me renvoies et j'ai peur aussi que tu m'abandonnes.

JAN. Tu ne dois pas douter de mon amour.

MARIA. Oh! je n'en doute pas. Mais il y a ton amour et il y a tes rêves, ou tes devoirs, c'est la même chose. Tu m'échappes si souvent. C'est alors comme si tu te reposais de moi.[4] Mais moi, je ne peux pas me reposer de toi et c'est ce soir (*elle se jette contre lui en pleurant*), c'est ce soir que je ne pourrai pas supporter.

JAN, *la serrant contre lui.* Cela est puéril.

MARIA. Bien sûr, cela est puéril. Mais nous étions si heureux là-bas et ce n'est pas de ma faute si les soirs de ce pays me font peur. Je ne veux pas que tu m'y laisses seule.

JAN. Comprends donc, Maria, que j'ai une parole à tenir[5] et que cela est important.

MARIA. Quelle parole?

JAN. Celle que je me suis donnée le jour où j'ai compris que ma mère avait besoin de moi.

MARIA. Tu as une autre parole à tenir.

---

12. *je… de* I distrust   13. *suspicious*
14. makes   15. footsteps   16. *du fond* at the back of the stage
1. *porte du dehors* outside door   2. *me tairai* shall be silent

3. bothersome   4. *comme… moi* as if you were seeking relief from me   5. *une… tenir* a promise to keep

JAN. Laquelle?

MARIA. Celle que tu m'as donnée le jour où tu as promis de vivre avec moi.

JAN. Je crois bien que je pourrai tout concilier. Ce que je te demande est peu de chose. Ce n'est pas un caprice. Une soirée et une nuit où je vais essayer de m'orienter, de mieux connaître celles que j'aime et d'apprendre à les rendre heureuses.

MARIA, secouant[6] la tête. La séparation est toujours quelque chose pour ceux qui s'aiment comme il faut.

JAN. Sauvage, tu sais bien que je t'aime comme il faut.

MARIA. Non, les hommes ne savent jamais comment il faut aimer. Rien ne les contente. Tout ce qu'ils savent, c'est rêver, imaginer de nouveaux devoirs, chercher de nouveaux pays et de nouvelles demeures. Tandis que nous, nous savons qu'il faut se dépêcher d'aimer, partager le même lit, se donner la main, craindre l'absence. Quand on aime, on ne rêve à rien.

JAN. Que vas-tu chercher là?[7] Il s'agit seulement de retrouver ma mère, de l'aider et la rendre heureuse. Quant à mes rêves ou mes devoirs, il faut les prendre comme ils sont. Je ne serais rien en dehors d'eux et tu m'aimerais moins si je ne les avais pas.

MARIA, lui tournant brusquement le dos. Je sais que tes raisons sont toujours bonnes et que tu peux me convaincre. Mais je ne t'écoute plus, je me bouche[8] les oreilles quand tu prends la voix que je connais bien. C'est la voix de ta solitude, ce n'est pas celle de l'amour.

JAN, se plaçant derrière elle. Laissons cela, Maria. Je désire que tu me laisses seul ici afin d'y voir plus clair. Cela n'est pas si terrible et ce n'est pas une grande affaire que de coucher sous le même toit que sa mère. Dieu fera le reste. Mais Dieu sait aussi que je ne t'oublie pas dans tout cela. Seulement on ne peut pas être heureux dans l'exil ou dans l'oubli. On ne peut pas toujours rester un étranger. Un homme a besoin de bonheur, il est vrai, mais il a besoin aussi de trouver sa définition. Et j'imagine que retrouver mon pays, rendre heureux tous ceux que j'aime m'y aidera. Je ne vois pas plus loin.

MARIA. Tu pourrais faire tout cela en prenant un langage simple. Mais ta méthode n'est pas la bonne.[9]

JAN. Elle est la bonne puisque par elle je saurai si, oui ou non, j'ai raison d'avoir ces rêves.

MARIA. Je souhaite que ce soit oui et que tu aies raison. Mais moi, je n'ai pas d'autre rêve que ce pays où nous étions heureux, pas d'autre devoir que toi.

JAN, la prenant contre lui. Laisse-moi aller. Je finirai par trouver les mots qui arrangeront tout.

MARIA, s'abandonnant. Oh! continue de rêver. Qu'importe, si je garde ton amour! D'habitude, je ne peux pas être malheureuse quand je suis contre toi. Je patiente,[10] j'attends que tu te lasses de tes nuées[11]: alors commence mon temps. Ce qui me rend malheureuse aujourd'hui, c'est que je suis bien sûre de ton amour et certaine pourtant que tu vas me renvoyer.[12] C'est pour cela que l'amour des hommes est un déchirement.[13] Ils ne peuvent se retenir de[14] quitter ce qu'ils préfèrent.

JAN la prend au visage[15] et sourit. Cela est vrai, Maria. Mais quoi, regarde-moi, je ne suis pas si menacé.[16] Je fais ce que

---

6. shaking   7. *Que... là?* What are you thinking up now?   8. stop up

9. *la bonne* the right one   10. am patient 11. *te... nuées* get tired of your clouds   12. send away   13. heartbreak   14. *Ils... de* They can't help   15. takes her chin in his hand 16. threatened

je veux et j'ai le cœur en paix. Tu me confies pour une nuit à ma mère et à ma sœur, ce n'est pas si redoutable.[17]

MARIA, *se détachant de lui.* Alors, adieu, et que mon amour te protège. (*Elle marche vers la porte où elle s'arrête.*)

MARIA, *en montrant ses mains vides.* Mais vois comme je suis démunie.[18] Tu pars à la découverte et tu me laisses dans l'attente. (*Elle hésite. Elle s'en va.*)

Scène V

(*Jan s'assied. Entre Martha.*)

JAN. Bonjour. Je viens pour la chambre.

MARTHA. Je sais. On la prépare. Il faut que je vous inscrive[1] sur notre livre. (*Elle va chercher son livre et revient.*)

JAN. Vous avez un domestique bizarre.

MARTHA. C'est la première fois qu'on nous reproche quelque chose à son sujet.[2] Il fait toujours très exactement ce qu'il doit faire.

JAN. Oh! ce n'est pas un reproche. Il ne ressemble pas à tout le monde, voilà tout. Est-il muet?

MARTHA. Ce n'est pas cela.

JAN. Il parle donc?

MARTHA. Le moins possible et seulement pour l'essentiel.

JAN. En tout cas, il n'a pas l'air d'entendre ce qu'on lui dit.

MARTHA. On ne peut pas dire qu'il n'entend pas. C'est seulement qu'il entend mal. Mais je dois vous demander votre nom et vos prénoms.[3]

JAN. Hasek, Karl.

MARTHA. Karl, c'est tout?

JAN. C'est tout.

MARTHA. Date et lieu de naissance?

JAN. J'ai trente-huit ans.

MARTHA. Oui, mais où êtes-vous né?

JAN, *il hésite.* En Bohême.

MARTHA. Profession?

JAN. Sans profession.

MARTHA. Il faut être très riche ou très pauvre pour vivre sans un métier.[4]

JAN, *il sourit.* Je ne suis pas très pauvre et, pour bien des raisons, j'en suis content.

MARTHA, *sur un autre ton.* Vous êtes Tchèque, naturellement?

JAN. Naturellement.

MARTHA. Domicile habituel?

JAN. La Bohême.

MARTHA. Vous en[5] venez?

JAN. Non, je viens du Sud. (*Elle a l'air de ne pas comprendre.*) De l'autre côté de la mer.

MARTHA. Je sais. (*Un temps.*) Vous y allez souvent?

JAN. Assez souvent.

MARTHA, *elle rêve un moment, mais reprend.*[6] Quelle est votre destination?

JAN. Je ne sais pas. Cela dépendra de beaucoup de choses.

MARTHA. Vous voulez vous fixer ici?

JAN. Je ne sais pas. C'est selon ce que[7] j'y trouverai.

MARTHA. Cela ne fait rien. Mais personne ne vous attend?

JAN. Non, personne, en principe.[8]

MARTHA. Je suppose que vous avez une pièce[9] d'identité?

JAN. Oui, je puis vous la montrer.

MARTHA. Ce n'est pas la peine. Il suffit que j'indique si c'est un passeport ou une carte d'identité.

JAN, *insistant.* C'est un passeport. Le voilà. Voulez-vous le voir?

---

17. frightening, dangerous   18. *comme... démunie* how impoverished I am

1. *vous inscrive* write your name   2. *à son sujet* about him   3. your first and middle names

4. trade   5. from there   6. continues   7. *C'est... que* It depends on what   8. i.e. no one who is supposed to be expecting me   9. paper, document

(*Elle l'a pris dans ses mains, mais pense visiblement à autre chose. Elle semble le soupeser,*[10] *puis le lui rend.*)

MARTHA. Non, gardez-le. Quand vous allez là-bas, vous habitez près de la **mer**?

JAN. Oui. (*Elle se lève, fait mine de ranger*[11] *son cahier, puis se ravise*[12] *et le tient ouvert devant elle.*)

MARTHA, *avec une dureté soudaine.* Ah, j'oubliais! Vous avez de la famille?

JAN. C'est-à-dire que j'en avais. Mais il y a longtemps que je l'ai quittée.

MARTHA. Non, je veux dire: « Etes-vous marié? »

JAN. Pourquoi me demandez-vous cela? On ne m'a posé cette question dans aucun autre hôtel.

MARTHA. Elle figure[13] dans le questionnaire que nous donne l'administration du canton.

JAN. C'est bizarre. Oui, je suis marié. D'ailleurs, vous avez dû voir mon alliance.[14]

MARTHA. Je ne l'ai pas vue. Je ne suis pas là pour regarder vos mains, je suis là pour remplir votre fiche.[15] Pouvez-vous me donner l'adresse de votre femme?

JAN. Non, c'est-à-dire, elle est restée dans son pays.

MARTHA. Ah! parfait. (*Elle ferme son livre.*) Dois-je vous servir à boire, en attendant que votre chambre soit prête?

JAN. Non, j'attendrai ici. J'espère que je ne vous gênerai[16] pas.

MARTHA. Pourquoi me gêneriez-vous? Cette salle est faite pour recevoir des clients.

JAN. Oui, mais un client tout seul est quelquefois plus gênant qu'une grande affluence.[17]

MARTHA, *qui range la pièce.* Pourquoi? Je suppose que vous n'aurez pas l'idée de me faire des contes.[18] Vous devez bien supposer que je ne puis rien donner à ceux qui viennent ici chercher des plaisanteries. Il y a longtemps qu'on l'a compris dans le pays. Et vous verrez bientôt que vous avez choisi une auberge tranquille. Il n'y vient presque personne.

JAN. Cela ne doit pas arranger[19] vos affaires.

MARTHA. Nous y avons perdu quelques recettes,[20] mais gagné notre tranquillité. Et la tranquillité ne se paye jamais assez cher. Au reste, un bon client vaut mieux qu'une pratique bruyante,[21] et ce que nous recherchons, c'est justement le bon client.

JAN. Mais... (*il hésite*), quelquefois, la vie ne doit pas être gaie pour vous? Ne vous sentez-vous pas très seules?

MARTHA, *lui faisant face brusquement.* Sur ce point, je ne vous répondrai pas. Car vous n'êtes pas dans votre droit en posant cette question. Et je vois qu'il me faut vous donner un avertissement.[22] C'est qu'en entrant ici, vous n'avez que les droits d'un client. En revanche,[23] vous les recevez tous. Vous serez bien servi et je ne suppose pas que vous aurez un jour à vous plaindre de notre accueil.[24] Mais je ne vois pas pourquoi nous devrions faire en sorte que vous eussiez à[25] vous en féliciter expressément. C'est pourquoi vos questions sont surprenantes. Vous n'avez pas à vous soucier de[26] notre solitude, comme vous ne devez pas vous inquiéter de nous gêner, d'être importun ou de ne l'être pas. Prenez

---

10. weigh　　11. *fait... ranger* makes a show of putting away　12. *se ravise* changes her mind　13. appears　14. wedding ring　15. registration form　16. inconvenience　17. rush (of customers)

18. *faire des contes* to make advances　19. be good for　20. money taken in　21. *pratique bruyante* noisy clientele　22. warning　23. *en revanche* on the other hand　24. reception　25. *eussiez à* would have occasion to　26. *Vous... de* It is not up to you to be concerned over

toute la place d'un client, elle est à vous de droit.[27] Mais n'en prenez pas plus.

JAN. Je vous demande pardon. Je voulais vous marquer[28] ma sympathie, et mon intention n'était pas de vous fâcher. Il m'a semblé simplement que nous n'étions pas si étrangers que cela l'un à l'autre.

MARTHA. Je vois qu'il me faut vous répéter qu'il ne peut être question de me fâcher ou de ne pas me fâcher. Il me semble que vous vous obstinez à prendre un ton qui ne devrait pas être le vôtre, et j'essaie de vous le montrer. Je vous assure bien que je le fais sans me fâcher. Car c'est notre avantage, à tous les deux, de garder nos distances. Si vous continuiez à ne pas tenir le langage d'un client, cela est fort simple, nous refuserions de vous recevoir. Mais si, comme je le pense, vous voulez bien comprendre que deux femmes qui vous louent[29] une chambre ne sont pas forcées de vous admettre, par surcroît,[30] dans leur intimité, alors, tout ira bien.

JAN. Cela est évident. Je suis impardonnable de vous avoir laissé croire que je pouvais m'y tromper.[31]

MARTHA. Il n'y a aucun mal à cela. Vous n'êtes pas le premier qui ait essayé de prendre ce ton. Mais j'ai toujours parlé assez clairement pour que la confusion devînt impossible.

JAN. Vous parlez clairement, en effet, et je suppose que je n'ai plus rien à dire... pour le moment.

MARTHA. Vous vous trompez sur ce point. Rien ne vous empêche de prendre le langage des clients.

JAN. Et quel est ce langage?

MARTHA. La plupart nous parlaient de tout, de leurs voyages ou de politique, sauf de nous-mêmes. C'est là ce que nous demandons. Il est même arrivé que certains nous aient parlé de leur propre vie et de ce qu'ils étaient. Cela était dans l'ordre. Car, après tout, parmi les devoirs pour lesquels nous sommes payées, entre celui d'écouter. Mais, bien entendu, le prix de pension ne peut pas comprendre[32] l'obligation pour l'hôtelier de répondre aux questions. Et si ma mère le fait quelquefois par indifférence, moi, je m'y refuse par principe. Si vous avez bien compris cela, non seulement nous serons d'accord, mais vous vous apercevrez que vous avez encore beaucoup de choses à nous dire et vous comprendrez qu'il y a du plaisir, quelquefois, à être écouté quand on parle de soi-même.

JAN. Malheureusement, je ne saurai pas très bien parler de moi-même. Mais, aussi bien, cela n'est pas utile. Si je ne fais qu'un court séjour,[33] vous n'aurez pas à me connaître. Et si je reste longtemps, vous aurez tout le loisir,[34] sans que je parle, de savoir qui je suis.

MARTHA. J'espère seulement que vous ne me garderez pas une rancune inutile de ce que je viens de dire. J'ai toujours trouvé de l'avantage à montrer les choses telles qu'elles sont, et je ne pouvais vous laisser continuer sur un ton qui, pour finir, aurait gâté nos rapports.[35] Ce que je dis est raisonnable. Puisque avant ce jour il n'y avait rien de commun entre nous, il faudrait de grandes raisons pour que, tout d'un coup, nous nous trouvions une intimité. Et vous me pardonnerez de n'apercevoir rien encore qui puisse ressembler à l'une de ces raisons.

JAN. Je vous ai déjà pardonné. Je crois, en effet, que l'intimité ne s'improvise pas. Il faut y mettre du sien.[36] Si,

27. *de droit* by your right   28. *vous marquer* make clear to you   29. rent   30. *par surcroît* in addition   31. *m'y tromper* be wrong about it

32. include   33. stay   34. leisure, "plenty of time"   35. *aurait... rapports* would have spoiled our relationship   36. *y mettre du sien* be co-operative

maintenant, tout vous semble clair entre nous, il faut bien que je m'en réjouisse. (*Entre la mère.*)

Scène VI

La Mère. Bonjour, Monsieur. Votre chambre est prête.

Jan. Je vous remercie beaucoup, Madame. (*La mère s'assied.*)

La Mère, *à Martha.* Tu as rempli la fiche?

Martha. Oui, c'est fait.

La Mère. Est-ce que je puis voir? Vous m'excuserez, Monsieur, mais la police est stricte. Ainsi, tenez, ma fille a omis de noter si vous êtes venu ici pour des raisons de santé, pour votre travail ou en voyage touristique.

Jan. Je suppose qu'il s'agit de tourisme.

La Mère. A cause du cloître[1] sans doute? On dit beaucoup de bien de[2] notre cloître.

Jan. On m'en a parlé, en effet. Et puis, j'ai voulu revoir cette région que j'ai connue autrefois, et dont j'avais gardé le meilleur souvenir.

Martha. Vous y avez habité?

Jan. Non; mais, il y a très longtemps, j'ai eu l'occasion de passer par ici. Je ne l'ai pas oublié.

La Mère. C'est pourtant une bien petite ville que la nôtre.

Jan. C'est vrai. Mais je m'y plais[3] beaucoup. Et, depuis que j'y suis, je me sens un peu chez moi.

La Mère. Vous allez y rester longtemps?

Jan. Je ne sais pas. Cela vous paraît bizarre, sans doute. Mais, vraiment, je ne sais pas. Pour rester dans un endroit, il faut avoir ses raisons—des amitiés, l'affection de quelques êtres. Sinon, il

n'y a pas de motif de rester là plutôt qu'ailleurs. Et, comme il est difficile de savoir si l'on sera bien reçu, il est naturel que j'ignore encore ce que je ferai.

Martha. Cela ne veut pas dire grand'chose.

Jan. Oui, mais je ne sais pas mieux m'exprimer.

La Mère. Allons, vous serez vite fatigué.

Jan. Non, j'ai un cœur fidèle, et je me fais vite des souvenirs, quand on m'en donne l'occasion.

Martha, *avec impatience.* Le cœur n'a pas grand'chose à faire ici.

Jan, *sans paraître avoir entendu, à la mère.* Vous paraissez bien désabusée.[4] Il y a donc si longtemps que vous habitez cet hôtel?

La Mère. Il y a des années et des années de cela.[5] Tellement d'années que je n'en sais plus le commencement et que j'ai oublié ce que j'étais alors. Celle-ci est ma fille. Elle m'a suivi tout au long de ce temps et, sans doute, c'est pourquoi je la sais ma fille.[6] Sans cela, elle aussi serait peut-être oubliée.

Martha. Mère, vous n'avez pas de raison de raconter ces choses.

La Mère. C'est vrai, Martha.

Jan, *très vite.* Laissez donc. Je comprends si bien votre sentiment, Madame, c'est celui qu'on trouve au bout d'une vie de travail. Mais peut-être tout serait-il changé si vous aviez été aidée comme doit l'être toute femme et si vous aviez reçu l'appui d'un bras d'homme.

La Mère. Oh! je l'ai reçu dans le temps, mais il y avait trop à faire. Mon mari et moi y suffisions[7] à peine. Nous n'avions même pas le temps de penser

---

1. cloister　2. *On... de* People greatly praise　3. *je m'y plais* I like it here

4. disillusioned　5. *de cela* since then　6. *je... fille* I know her to be my daughter　7. *Y suffisions à peine* were (hardly) up to it

l'un à l'autre et, avant même qu'il fût mort, je crois que je l'avais oublié.

JAN. Oui, je comprends cela. Mais... (*avec un temps d'hésitation*) un fils qui vous aurait prêté son bras, vous ne l'auriez peut-être pas oublié?

MARTHA. Mère, vous savez que nous avons beaucoup à faire.

LA MÈRE. Un fils! Oh, je suis une trop vieille femme! Les vieilles femmes désapprennent[8] même d'aimer leur fils. Le cœur s'use,[9] Monsieur.

JAN. Il est vrai. Mais je sais qu'il n'oublie jamais.

MARTHA, *se plaçant entre eux et avec décision.* Un fils qui entrerait ici trouverait ce que n'importe quel client est assuré d'y trouver: une indifférence bienveillante.[10] Tous les hommes que nous avons reçus s'en sont accommodés.[11] Ils ont payé leur chambre et reçu une clé. Ils n'ont pas parlé de leur cœur. (*Un temps.*) Cela simplifiait notre travail.

LA MÈRE. Laisse cela.

JAN, *réfléchissant.* Et sont-ils restés longtemps ainsi?

MARTHA. Quelques-uns très longtemps. Nous avons fait ce qu'il fallait pour qu'ils restent. D'autres, qui étaient moins riches, sont partis le lendemain. Nous n'avons rien fait pour eux.

JAN. J'ai beaucoup d'argent et je désire rester un peu dans cet hôtel, si vous m'y acceptez. J'ai oublié de vous dire que je pouvais payer d'avance.

LA MÈRE. Oh, ce n'est pas cela que nous demandons!

MARTHA. Si vous êtes riche, cela est bien. Mais ne parlez plus de votre cœur. Nous ne pouvons rien pour lui. J'ai failli[12] vous demander de partir, tant votre ton me lassait. Prenez votre clé,

assurez-vous de[13] votre chambre. Mais sachez que vous êtes dans une maison sans ressources pour le cœur. Trop d'années grises ont passé sur ce petit point du centre de l'Europe. Elles ont peu à peu refroidi cette maison. Elles nous ont enlevé[14] le goût de la sympathie. Je vous le dis encore, vous n'aurez rien ici qui ressemble à de l'intimité. Vous aurez ce que nous réservons toujours à nos rares voyageurs, et ce que nous leur réservons n'a rien à voir avec[15] les passions du cœur. Prenez votre clé (*elle la lui tend*), et n'oubliez pas ceci: nous vous accueillons, par intérêt, tranquillement, et, si nous vous conservons,[16] ce sera par intérêt, tranquillement. (*Il prend la clé; elle sort, il la regarde sortir.*)

LA MÈRE. N'y faites pas trop attention, Monsieur. Mais il est vrai qu'il y a des sujets qu'elle n'a jamais pu supporter. (*Elle se lève et il veut l'aider.*)

LA MÈRE. Laissez, mon fils, je ne suis pas infirme. Voyez ces mains qui sont encore fortes. Elles pourraient maintenir[17] les jambes d'un homme. (*Un temps. Il regarde sa clé.*)

LA MÈRE. Ce sont mes paroles qui vous donnent à réfléchir?

JAN. Non, pardonnez-moi, je vous ai à peine entendue. Mais pourquoi m'avez-vous appelé « mon fils »?

LA MÈRE. Oh, je suis confuse[18]! Ce n'était pas par familiarité, croyez-le. C'était une manière de parler.

JAN. Tout cela est très naturel. Il me reste cependant à connaître ma chambre.

LA MÈRE. Allez, Monsieur. Le vieux domestique vous attend dans le couloir.[19] (*Il la regarde. Il veut parler.*)

---

8. *literally* unlearn   9. wears out   10. solicitous   11. *s'en sont accommodés* got used to it   12. *j'ai failli* I almost

13. *assurez-vous de* take possession of   14. taken away   15. *rien à voir avec* nothing to do with   16. keep   17. hold up   18. embarrassed   19. corridor

La Mère. Avez-vous besoin de quelque chose?

Jan, *hésitant*. Non, Madame. Mais... je vous remercie de votre accueil.

Scène VII

(*La mère est seule. Elle se rassied, pose les mains sur la table, et les contemple.*)

La Mère. C'est une idée singulière que de lui avoir parlé de mes mains. Si, pourtant, il les avait regardées, peut-être aurait-il saisi ce qu'il se refuse à comprendre dans les discours de Martha.

Mais pourquoi faut-il que cet homme ait tant de cœur à mourir, et moi si peu à tuer de nouveau? Je voudrais bien qu'il s'en aille pour que je puisse, encore ce soir, me coucher et dormir. Trop vieille! Je suis trop vieille pour refermer à nouveau mes mains autour de ses chevilles[1] et pour sentir le balancement[2] de ce corps, tout le long du chemin qui mène à la rivière. Je suis trop vieille pour ce dernier effort qui le jettera dans l'eau et qui me laissera les bras ballants,[3] la respiration coupée et les muscles noués,[4] sans force pour essuyer sur ma figure[5] l'eau qui aura rejailli[6] sous le poids du dormeur. Je suis trop vieille! Allons, allons! la victime est parfaite. Je dois lui donner le sommeil que je souhaitais pour ma propre nuit. Et c'est... (*Entre brusquement Martha.*)

Scène VIII

Martha. Vous voilà encore livrée à vos songes.[1] Et pourtant, nous avons beaucoup à faire.

La Mère. Je pensais à cet homme. Ou plutôt, je pensais à moi.

Martha. Il vaut mieux penser à demain. A quoi sert de ne pas regarder cet homme, si vous devez tout d'un coup y penser? Vous l'avez dit vous-même, il est plus facile de tuer ce qu'on ne connaît pas. Soyez positive.

La Mère. C'est le mot de ton père, Martha, je le reconnais. Mais je voudrais être sûre que c'est la dernière fois que nous serons obligées d'être positives. Bizarre! Lui disait cela pour chasser[2] la peur du gendarme et toi, tu en uses[3] seulement pour dissiper le petit goût d'honnêteté qui vient de me venir.

Martha. Ce que vous appelez un goût d'honnêteté, c'est seulement une envie de dormir. Suspendez votre fatigue jusqu'à demain et, ensuite, vous pourrez vous laisser aller pour toujours.

La Mère. Je sais que tu as raison. Mais pourquoi faut-il que le hasard nous envoie une victime si peu engageante?

Martha. Le hasard n'a rien à faire ici. Mais il est vrai que ce voyageur est trop distrait[4] et qu'il exagère l'allure[5] de l'innocence. Que deviendrait le monde si les condamnés se mettaient à confier au bourreau[6] leurs peines de cœur? C'est un principe qui n'est pas bon. Mais quoi! cela m'irrite en même temps, et j'apporterai à m'occuper de lui un peu de la colère que je me sens devant la stupidité de l'homme.

La Mère. C'est cela qui n'est pas bon. Auparavant, nous n'apportions ni colère, ni compassion à notre travail, et nous avions l'indifférence qu'il fallait. Aujourd'hui, moi, je suis fatiguée, et te voilà irritée. Faut-il donc s'entêter[7] quand les choses se présentent mal et passer par-dessus tout[8] pour un peu plus d'argent?

1. ankles   2. swaying   3. *les bras ballants* with arms hanging, dangling   4. knotted   5. face   6. splashed up

1. *livrée à vos songes* indulging in your dreams

2. drive away   3. *en uses* use it   4. absentminded   5. appearance   6. executioner   7. persevere stubbornly   8. *passer... tout* overcome every obstacle

MARTHA. Non, pas pour l'argent, mais pour l'oubli de ce pays et pour une maison devant la mer. Si vous êtes fatiguée de votre vie, moi, je suis lasse à mourir[9] de cet horizon fermé, et je sens que je ne pourrai pas y vivre un mois de plus. Nous sommes toutes deux fatiguées de cette auberge, et vous, qui êtes vieille, voulez seulement fermer les yeux et oublier. Mais moi, qui me sens encore dans le cœur un peu des désirs de mes vingt ans, je veux faire en sorte de les quitter pour toujours, même si, pour cela, il faut entrer un peu plus avant[10] dans la vie que nous voulons déserter. Et il faut bien que vous m'y aidiez, vous qui m'avez mise au monde[11] dans un pays de nuages et non sur une terre de soleil.

LA MÈRE. Je ne sais pas, Martha, si, dans un sens, il ne vaudrait pas mieux, pour moi, être oubliée comme je l'ai été par ton frère, plutôt que de m'entendre parler[12] sur le ton de l'accusation.

MARTHA. Vous savez bien que je ne voulais pas vous peiner.[13] (*Un temps, et farouche.*[14]) Que ferais-je sans vous à mes côtés, que deviendrais-je loin de vous? Moi, du moins, je ne saurais pas vous oublier et, si le poids[15] de cette vie me fait quelquefois manquer au respect que je vous dois, je vous en demande pardon.

LA MÈRE. Tu es une bonne fille et j'imagine aussi qu'une vieille femme est parfois difficile à comprendre. Mais je veux profiter de ce moment pour te dire cela que, depuis tout à l'heure, j'essaie de te dire: pas ce soir...

MARTHA. Eh quoi! nous attendrons demain? Vous savez bien que vous n'avez jamais procédé ainsi, qu'il ne faut pas lui laisser le temps de voir du monde et qu'il faut agir pendant que nous l'avons sous la main.[16]

LA MÈRE. Je ne sais pas. Mais pas ce soir. Laissons-lui cette nuit. Donnons-nous ce sursis.[17] C'est par lui peut-être que nous nous sauverons.

MARTHA. Nous n'avons que faire d'être sauvées, ce langage est ridicule. Tout ce que vous pouvez espérer c'est d'obtenir, en travaillant ce soir, le droit de vous endormir ensuite.

LA MÈRE. C'était cela que j'appelais être sauvée: garder l'espérance du sommeil.

MARTHA. Alors, je vous le jure, ce salut[18] est entre nos mains. Mère, nous devons sortir de cette indécision. Ce sera ce soir ou ce ne sera pas.

RIDEAU

ACTE II

Scène Première

(*La chambre. Le soir commence à entrer dans la pièce.*[1] *Jan regarde par la fenêtre.*)

JAN. Maria a raison, cette heure est difficile. (*Un temps.*) Que fait-elle, que pense-t-elle dans sa chambre d'hôtel, le cœur fermé, les yeux secs,[2] toute nouée[3] au creux[4] d'une chaise? Les soirs de là-bas sont des promesses de bonheur. Mais ici, au contraire... (*Il regarde la chambre.*) Allons, cette inquiétude est sans raisons. Il faut savoir ce que l'on veut. C'est dans cette chambre que tout sera réglé.[5]

---

9. *lasse à mourir* tired to death   10. *plus avant* further   11. *mise au monde* given birth to   12. *m'entendre parler* hear someone speak to me   13. cause pain   14. fierce   15. weight

16. *sous la main* near at hand   17. respite   18. salvation
1. room   2. dry   3. curled up   4. hollow   5. settled

(*On frappe*[6] *brusquement. Entre Martha.*)

MARTHA. J'espère, Monsieur, que je ne vous dérange pas. Je voudrais changer vos serviettes[7] et votre eau.

JAN. Je croyais que cela était fait.

MARTHA. Non, le vieux domestique a quelquefois des distractions.[8]

JAN. Cela n'a pas d'importance. Mais j'ose à peine vous dire que vous ne me dérangez pas.

MARTHA. Pourquoi?

JAN. Je ne suis pas sûr que cela soit dans nos conventions.

MARTHA. Vous voyez bien que vous ne pouvez pas répondre comme tout le monde, même en croyant tout concilier.[9]

JAN, *il sourit.* Il faut bien que je m'y habitue. Laissez-moi un peu de temps.

MARTHA, *qui travaille.* Toute la question est là.

(*Il se détourne et regarde par la fenêtre. Elle l'examine. Il a toujours le dos tourné. Elle parle en travaillant.*)

MARTHA. Je regrette, Monsieur, que cette chambre ne soit pas aussi confortable que vous pourriez le désirer.

JAN. Elle est particulièrement propre et cela a bien son prix.[10] Vous l'avez d'ailleurs récemment transformée, n'est-ce pas?

MARTHA. Cela est vrai. Comment le voyez-vous?

JAN. A des détails.

MARTHA. En tout cas, bien des clients regrettent l'absence d'eau courante et l'on ne peut pas vraiment leur donner tort. Il y a longtemps aussi que nous voulions faire placer une ampoule[11] électrique au-dessus du lit. Je suppose que ce doit être désagréable, pour ceux qui lisent au lit, d'être obligés de se lever pour tourner le commutateur.[12]

JAN, *il se retourne.* En effet, je ne l'avais pas remarqué. Mais ce n'est pas un gros ennui.

MARTHA. Vous êtes très indulgent et nous vous en sommes reconnaissantes.[13] Je me félicite que les nombreuses imperfections de notre auberge vous soient indifférentes et vous préoccupent moins que nous. J'en connais d'autres[14] qu'elles auraient suffi à chasser.[15]

JAN. Malgré nos conventions, laissez-moi vous dire que vous êtes singulière. Il me semble, en effet, que ce n'est pas le rôle de l'hôtelier de mettre en valeur[16] les défectuosités de son installation.[17] Et l'on dirait, vraiment, que vous cherchez à me persuader de partir.

MARTHA. Ce n'est pas tout à fait ma pensée. (*Prenant une décision.*) Mais il est vrai que ma mère et moi hésitons beaucoup à vous recevoir.

JAN. J'ai pu remarquer au moins que vous ne faisiez pas beaucoup pour me retenir.[18] Mais je ne comprends pas pourquoi. Vous ne devez pas douter que je suis solvable[19] et je ne donne pas l'impression, j'imagine, d'un homme qui a quelque méfait[20] à se reprocher.

MARTHA. Non, ce n'est pas cela. Si vous voulez le savoir, non seulement vous n'avez rien du malfaiteur,[21] mais vous portez encore tous les airs de l'innocence. Notre raison est ailleurs. Nous devons quitter cet hôtel, et depuis quelque temps, nous projetions chaque jour de fermer l'établissement pour commencer nos préparatifs. Cela nous était facile, il

---

6. knocks   7. towels   8. i.e. his mind wanders at times   9. reconcile   10. *cela... prix* that certainly has its value   11. light bulb   12. switch   13. grateful   14. i.e. *d'autres clients*   15. *qu'elles... chasser* whom they would have been enough to drive away   16. *mettre en valeur* call attention to   17. equipment   18. keep   19. solvent   20. misdeed   21. evildoer

nous vient rarement des clients. Mais c'est avec vous que nous comprenons à quel point nous avions abandonné l'idée de reprendre notre ancien métier.

JAN. Avez-vous donc le désir précis de me voir partir?

MARTHA. Je vous l'ai dit, nous hésitons et, surtout, j'hésite. En fait, tout dépend de moi et je ne sais encore à quoi me décider.

JAN. Je ne veux pas vous être à charge,[22] ne l'oubliez pas, et je conformerai ma conduite à vos désirs. Je dois dire cependant que cela m'arrangerait[23] de rester encore un ou deux jours. J'ai des affaires à mettre en ordre, avant de reprendre mes voyages, et j'espérais trouver ici la tranquillité et la paix qu'il me fallait.

MARTHA. Je comprends votre désir, croyez-le bien, et, si vous le voulez, j'y penserai encore. (*Un temps. Elle fait un pas indécis vers la porte.*)

MARTHA. Allez-vous donc retourner au pays d'où vous venez?

JAN. Oui, s'il le faut.

MARTHA. C'est un beau pays, n'est-ce pas?

JAN, *il regarde par la fenêtre.* Oui, c'est un beau pays.

MARTHA. On dit que, dans ces régions, il y a des plages tout à fait désertes?

JAN. C'est vrai. Rien n'y rappelle l'homme. Au petit matin, on trouve sur le sable les traces laissées par les pattes[24] des oiseaux de mer. Ce sont les seuls signes de vie. Quant aux soirs... (*Il s'arrête.*)

MARTHA, *doucement.* Quant aux soirs, Monsieur?

JAN. Ils sont bouleversants.[25] Oui, c'est un beau pays.

MARTHA, *avec un nouvel accent.* J'y ai

souvent pensé. Des voyageurs m'en ont parlé, j'ai lu ce que j'ai pu. Et souvent, comme aujourd'hui, au milieu de l'aigre[26] printemps de ce pays, je pense à la mer et aux fleurs de là-bas. (*Un temps, puis, sourdement.[27]*) Et ce que j'imagine me rend aveugle[28] à tout ce qui m'entoure.[29] (*Il la regarde avec attention, s'assied doucement devant elle.*)

JAN. Je comprends cela. Le printemps de là-bas vous prend à la gorge, les fleurs éclosent[30] par milliers au-dessus des murs blancs. Si vous vous promeniez une heure sur les collines[31] qui entourent ma ville, vous rapporteriez dans vos vêtements l'odeur de miel[32] des roses jaunes. (*Elle s'assied aussi.*)

MARTHA. Cela est merveilleux. Ce que nous appelons le printemps, ici, c'est une rose et deux bourgeons[33] qui viennent de pousser[34] dans le jardin du cloître. (*Avec mépris.*) Cela suffit à remuer[35] les hommes de mon pays. Mais leur âme ressemble à cette rose avare. Un souffle[36] plus puissant les fanerait,[37] ils ont le printemps qu'ils méritent.

JAN. Vous n'êtes pas tout à fait juste. Car vous avez aussi l'automne.

MARTHA. Qu'est-ce que l'automne?

JAN. Un deuxième printemps, où toutes les feuilles sont comme des fleurs. (*Il la regarde avec insistance.*) Peut-être en est-il ainsi des âmes[38] que vous verriez fleurir,[39] si seulement vous les aidiez de votre patience.

MARTHA. Je n'ai plus de patience en réserve pour cette Europe où l'automne a visage de printemps et le printemps odeur de misère. Mais j'imagine avec délices cet autre pays où l'été écrase[40]

---

22. *être à charge* be a burden   23. would suit me   24. feet   25. overwhelming

26. bitter   27. dully   28. blind   29. surrounds   30. open   31. hills   32. honey   33. shoots   34. grow   35. stir   36. breath   37. would wither   38. *en... âmes* it is the same with the souls   39. bloom   40. crushes

tout, où les pluies d'hiver noient[41] les villes et où, enfin, les choses sont ce qu'elles sont.

(*Un silence. Il la regarde avec de plus en plus de curiosité. Elle s'en aperçoit et se lève brusquement.*)

MARTHA. Pourquoi me regardez-vous ainsi?

JAN. Pardonnez-moi, mais puisque, en somme,[42] nous venons de laisser nos conventions, je puis bien vous le dire: il me semble que, pour la première fois, vous venez de me tenir[43] un langage humain.

MARTHA, *avec violence.* Vous vous trompez sans doute. Et si cela était, vous n'auriez pas de raison de vous en réjouir. Si c'est là ce que j'ai d'humain,[44] ce n'est pas ce que j'ai de meilleur. Ce que j'ai d'humain, c'est ce que je désire, et pour obtenir ce que je désire, je crois que j'écraserais tout sur mon passage.

JAN, *il sourit.* Ce sont des violences que je peux comprendre. Et je n'ai pas lieu[45] de m'en effrayer puisque je ne suis pas un obstacle sur votre chemin et que rien ne me pousse à m'opposer à vos désirs.

MARTHA. Vous n'avez pas de raison de vous y opposer, cela est sûr. Mais vous n'en avez pas non plus de vous y prêter et, dans certains cas, cela peut tout précipiter.[46]

JAN. Qui vous dit que je n'ai pas de raisons de m'y prêter?

MARTHA. Le bon sens, et le désir où je suis de vous tenir en dehors de mes projets.

JAN. Si je comprends bien, nous voilà revenus à nos conventions.

MARTHA. Oui, et nous avons eu tort

de nous en écarter,[47] vous le voyez bien. Je vous remercie seulement de m'avoir parlé des pays que vous connaissez et je m'excuse de vous avoir peut-être fait perdre votre temps. (*Elle est déjà près de la porte.*)

Je dois dire cependant que, pour ma part, ce temps n'a pas été tout à fait perdu. Il a réveillé en moi des désirs qui, peut-être, s'endormaient. S'il est vrai que vous teniez à[48] rester ici, vous avez, sans le savoir, gagné votre cause. Car j'étais venue presque décidée à vous demander de partir, mais, vous le voyez, vous en avez appelé à[49] ce que j'ai d'humain, et je souhaite maintenant que vous restiez. Mon goût pour la mer et les pays du soleil finira par y[50] gagner. (*Il la regarde un moment en silence.*)

JAN, *lentement.* Votre langage est bien étrange. Mais je resterai, si je le puis, et si votre mère non plus n'y voit pas d'inconvénient.

MARTHA. Ma mère a des désirs moins forts que les miens, cela est naturel. Elle n'a donc pas les mêmes raisons que moi de souhaiter votre présence. Elle ne pense pas assez à la mer et aux plages sauvages pour admettre qu'il faille que vous restiez. C'est une raison qui ne vaut[51] que pour moi. Mais, en même temps, elle n'a pas de motifs assez forts à m'opposer, et cela suffit à régler la question.

JAN. Si je comprends bien, l'une de vous m'admettra par intérêt et l'autre par indifférence?

MARTHA. Que peut demander de plus un voyageur? Mais il y a du vrai dans ce que vous dites. (*Elle ouvre la porte.*)

JAN. Il faut donc m'en réjouir. Mais peut-être admettrez-vous que tout ici

---

41. drown   42. *en somme* finally   43. speak
44. *Si... d'humain* If that is what is human about
me   45. occasion   46. i.e. if he tries to forward her desires

47. depart   48. *teniez à* were anxious to
49. *vous... à* you have appealed to   50. i.e. from
the fact that he stays   51. is valid

me paraisse singulier, le langage et les êtres. Cette maison est vraiment étrange.

MARTHA. Peut-être est-ce seulement que vous vous y conduisez de façon étrange. (*Elle sort.*)

Scène II

JAN, *regardant vers la porte.* Peut-être, en effet... (*Il va vers le lit et s'y assied.*) Mais cette fille me donne seulement le désir de partir, de retrouver Maria et d'être encore heureux. Tout cela est stupide. Qu'est-ce que je fais ici? Mais non, j'ai la charge[1] de ma mère et de ma sœur. Je les ai oubliées trop longtemps. (*Il se lève.*) Oui, c'est dans cette chambre que tout sera réglé.

Qu'elle est froide, cependant! Je n'en reconnais rien, tout a été mis à neuf.[2] Elle ressemble maintenant à toutes les chambres d'hôtel de ces villes étrangères où des hommes seuls arrivent chaque nuit. J'ai connu cela aussi. Il me semblait alors qu'il y avait une réponse à trouver. Peut-être la recevrai-je ici. (*Il regarde au dehors.*) Le ciel se couvre.[3] C'est ainsi, dans toutes les chambres d'hôtel, toutes les heures du soir sont difficiles pour l'homme seul. Et voici maintenant ma vieille angoisse, là, au creux de[4] mon corps, comme une mauvaise blessure[5] que chaque mouvement irrite. Je connais son nom. Elle est peur de la solitude éternelle, crainte qu'il n'y ait pas de réponse. Et qui répondrait dans une chambre d'hôtel?

(*Il s'est avancé vers la sonnette. Il hésite, puis il sonne. On n'entend rien. Un moment de silence, des pas, on frappe un coup. La porte s'ouvre. Dans l'encadre-*

ment[6] se tient le vieux domestique. Il reste immobile et silencieux.)

JAN. Ce n'est rien. Excusez-moi. Je voulais savoir seulement si quelqu'un répondait, si la sonnerie fonctionnait. (*Le vieux le regarde, puis ferme la porte. Les pas s'éloignent.*)

Scène III

JAN. La sonnerie fonctionne, mais lui ne parle pas. Ce n'est pas une réponse. (*Il regarde le ciel.*) Les ombres s'accumulent. Elles vont bientôt crever[1] sur toute la terre. Que faire!

(*On frappe deux coups. La sœur entre avec un plateau.[2]*)

Scène IV

JAN. Qu'est-ce que c'est?

MARTHA. Le thé que vous avez demandé.

JAN. Mais je n'ai rien demandé.

MARTHA. Ah? Le vieux aura mal entendu. Il comprend souvent à moitié. Mais puisque le thé est servi, je suppose que vous le prendrez. (*Elle met le plateau sur la table. Jan fait un geste.*) Il ne vous sera pas compté de supplément.[1]

JAN. Oh! ce n'est pas cela. Mais je suis content que vous m'apportiez du thé.

MARTHA. Je vous assure qu'il n'y a pas de quoi.[2] Ce que nous en faisons[3] est dans notre intérêt.

JAN. Vous ne voulez pas me laisser d'illusion. Mais je ne vois pas votre intérêt dans tout cela.

MARTHA. Il y est pourtant. (*Elle sort.*)

---

1. responsibility   2. *mis à neuf* done over
3. *se couvre* is getting cloudy   4. *au creux de* in the pit of   5. wound

6. door (frame)
1. burst   2. tray
1. *Il... supplément.* You won't be charged extra.   2. *de quoi* any reason   3. *en faisons* are doing (*en faire* to be doing)

Scène V

(*Il prend la tasse, la regarde, la pose*[1] *à nouveau.*)

JAN. C'est le repas du prodigue qui continue. Un verre de bière, mais contre mon argent; une tasse de thé, mais c'est pour retenir le voyageur. Mais aussi, je ne sais pas trouver mes mots. En face de cette fille au langage net, je cherche en vain la parole qui conciliera tout. Et puis tout est plus facile pour elle, il est plus aisé de trouver les mots qui rejettent[2] que de former ceux qui réunissent! (*Il prend la tasse et la tient un moment en silence. Puis sourdement.*) O mon Dieu! donnez-moi de trouver mes mots ou faites que j'abandonne cette vaine entreprise pour retrouver l'amour de Maria. Donnez-moi alors la force de choisir ce que je préfère et de m'y tenir.[3] (*Il élève la tasse.*) Voici le repas du prodigue. Du moins j'y ferai honneur, et, jusqu'à mon départ, j'aurai rempli mon rôle. (*Il boit. On frappe fortement à la porte.*) JAN. Eh bien? (*La porte s'ouvre. Entre la mère.*)

Scène VI

LA MÈRE. Pardonnez-moi, Monsieur, ma fille me dit qu'elle vous a donné du thé.

JAN. Vous voyez.

LA MÈRE. Vous l'avez bu?

JAN. Oui, pourquoi?

LA MÈRE. Excusez-moi, mais je vais enlever le plateau.

JAN, *il sourit.* Je regrette que cette tasse de thé provoque tant de mouvements.

LA MÈRE. Ce n'est pas tout à fait exact. Mais, en réalité, ce thé ne vous était pas destiné.

JAN. Ah! c'est donc cela. Votre fille me l'a apporté sans que je l'aie commandé.

LA MÈRE, *avec une sorte de lassitude.* Oui, c'est cela. Il eût mieux valu... Mais en somme, que vous l'ayez bu ou non, cela n'a pas tellement d'importance.

JAN, *surpris.* Je le regrette beaucoup, croyez-le, mais votre fille a voulu me laisser quand même[1] et je n'ai pas cru...

LA MÈRE. Je le regrette aussi. Mais, surtout, je ne veux pas que vous vous excusiez. Il s'agit seulement d'une erreur. (*Elle range le plateau et va sortir.*)

JAN. Madame!

LA MÈRE. Oui.

JAN. Je m'excuse encore. Mais je viens de prendre une décision: je crois que je partirai ce soir, après le dîner. Naturellement, je vous paierai la chambre. (*Elle le regarde en silence.*)

JAN. Je comprends que vous paraissiez surprise. Mais ne croyez pas surtout que vous soyez responsable de quelque chose. Je ne me sens pour vous que des sentiments de sympathie, et même de grande sympathie. Mais pour être sincère, je ne suis pas à mon aise[2] ici, et je préfère ne pas prolonger mon séjour.

LA MÈRE, *lentement.* Cela ne fait rien,[3] Monsieur. En principe, vous êtes tout à fait libre. Mais, d'ici le dîner,[4] vous changerez peut-être d'avis. Quelquefois, on obéit à l'impression du moment et puis, ensuite, les choses s'arrangent et l'on finit par s'habituer.

JAN. Je ne crois pas, Madame. Je ne voudrais cependant pas que vous imaginiez que je pars mécontent de vous. Au contraire, je vous suis très reconnaissant

---

1. puts down   2. reject   3. *m'y tenir* to stick to it

1. *quand même* nevertheless   2. *à mon aise* at ease   3. *Cela... rien* It makes no difference   4. *d'ici le dîner* between now and dinnertime

de m'avoir accueilli comme vous l'avez fait puisqu'il m'a semblé sentir chez vous une sorte de bienveillance à mon égard.

LA MÈRE. C'était tout à fait naturel, Monsieur, et vous devez bien supposer que je n'avais pas de raisons personnelles de vous marquer[5] de l'hostilité.

JAN, *avec une émotion contenue.*[6] Peut-être, en effet. Mais si je vous dis cela, c'est que je désire vous quitter en bons termes. Plus tard, peut-être, je reviendrai. J'en suis même sûr. A ce moment-là, les choses iront sans doute mieux et je suis persuadé que nous aurons alors de la satisfaction à nous retrouver. Mais pour l'instant, j'ai le sentiment de m'être trompé et de n'avoir rien à faire ici. Pour tout vous dire, et au risque de vous paraître obscur, j'ai l'impression que cette maison n'est pas la mienne. *(Elle le regarde toujours.)*

LA MÈRE. Je vous comprends, Monsieur. Mais d'ordinaire, ce sont des choses qu'on sent tout de suite et je trouve que vous avez mis du temps[7] pour vous en apercevoir.

JAN. Il est vrai. Mais voyez-vous, je suis un peu distrait. Je viens en Europe pour régler quelques affaires qui me pressaient. Cela n'est jamais facile de revenir dans un pays que l'on a quitté depuis longtemps. Vous devez comprendre cela.

LA MÈRE. Je vous comprends, Monsieur, et j'aurais voulu que les choses s'arrangent pour vous. Mais je crois que, pour notre part, nous ne pouvons plus rien y faire.

JAN. C'est ce qu'il semble, du moins. Mais, en vérité, on ne sait jamais.

LA MÈRE. Je crois en tout cas que nous avons fait tout ce qu'il faut pour que vous restiez dans cette maison.

JAN. Oh! cela est sûr et je ne vous reproche rien. Vous êtes seulement les premières personnes que je rencontre depuis mon retour et il est naturel que je sente d'abord avec vous les difficultés qui m'attendaient. Bien entendu, tout vient de moi, je suis encore dépaysé.[8]

LA MÈRE. Il y a ainsi des histoires qui commencent toujours mal et personne n'y peut rien.[9] Dans un certain sens, il est bien vrai que cela m'ennuie aussi. Mais je me dis qu'après tout, je n'ai pas de raisons d'y attacher de l'importance.

JAN. C'est beaucoup déjà que vous partagiez mon ennui et que vous fassiez l'effort de me comprendre. Je ne sais pas si je saurais bien vous dire à quel point votre attention me touche et me fait plaisir. *(Il a un geste vers elle.)* Voyez-vous...

LA MÈRE. Il n'y a rien là que de très naturel. C'est notre métier de nous rendre agréables à tous nos clients.

JAN, *découragé.* Vous avez raison. *(Un temps.)* En somme, je vous dois seulement des excuses et, si vous le jugez bon,[10] un dédommagement.[11] *(Il passe sa main sur son front. Il semble plus fatigué. Il parle moins facilement.)*

JAN. Vous avez pu faire des préparatifs, engager des frais,[12] et il est tout à fait naturel...

LA MÈRE. Nous n'avons fait que les préparatifs que nous faisons toujours dans ces cas-là. Et nous n'avons certes pas de dédommagement à vous demander. Ce n'est pas pour nous que je regrettais votre incertitude, c'est pour vous.

JAN, *il s'appuie à la table.* Oh! cela ne fait rien. L'essentiel est que nous soyons

---

5. show   6. restrained   7. *vous... temps* it took you some time   8. not at home   9. *personne... rien* no one can do anything about it   10. *si... bon* if it is your wish   11. compensation   12. *engager des frais* go to expense

d'accord et que vous ne gardiez pas de moi un trop mauvais souvenir. Pour moi, je n'oublierai pas votre maison, croyez-le bien, et j'espère que, le jour où j'y reviendrai, je serai dans de meilleures dispositions.[13] (*Elle marche sans un mot vers la porte.*)

Jan. Madame! (*Elle se retourne. Il parle avec difficulté, mais finit plus aisément qu'il n'a commencé.*)

Jan. Je voudrais... (*Il s'arrête.*)... Pardonnez-moi, mais mon voyage m'a fatigué. (*Il s'assied sur le lit.*) Je voudrais, du moins, vous remercier pour votre thé et pour l'accueil que vous m'avez fait. Je tiens aussi à ce que vous le sachiez,[14] ce n'est pas comme un hôte[15] indifférent que je quitterai cette maison.

La Mère. Je vous en prie, Monsieur. C'est un embarras pour moi que de recevoir des remerciements par l'effet d'une méprise.[16] (*Elle sort.*)

Scène VII

(*Il la regarde sortir. Il fait un geste, mais donne, en même temps, des signes de fatigue. Il semble céder à la lassitude et s'accoude à[1] l'oreiller.[2]*)

Jan. Il faut tout simplifier, oui, tout simplifier. Je reviendrai demain avec Maria, et je dirai: « C'est moi. » Je ne serai pas empêché[3] de les rendre heureuses. Tout cela est évident. Maria avait raison. (*Il soupire,[4] s'étend[5] à moitié.*) Oh! je n'aime pas ce soir où tout est si lointain. (*Il est tout à fait couché, il dit des mots qu'on n'entend pas, d'une voix à peine perceptible.*) Oui ou non?

13. *dans... dispositions* in a better frame of mind
14. *Je... sachiez* I am eager that you should know
15. guest   16. misunderstanding
1. *s'accoude à* leans against   2. pillow
3. prevented   4. sighs   5. stretches out

(*Il remue.[6] Il dort. La scène est presque dans la nuit. Long silence. La porte s'ouvre. Entrent les deux femmes avec une lumière.*)

Scène VIII

Martha, *après avoir éclairé le corps, d'une voix étouffée.[1]* Voilà!

La Mère, *de la même voix, mais qu'elle élève peu à peu.* Non, Martha! Je n'aime pas cette façon de me forcer la main. Tu me traînes[2] à cet acte. Tu commences, pour m'obliger à finir. Je n'aime pas cette façon de passer par-dessus mon hésitation.

Martha. C'est une façon de tout simplifier. Si vous m'aviez proposé une raison claire de votre incertitude, il aurait été de mon devoir de la considérer. Mais dans le trouble où vous étiez, c'était à moi de vous aider en agissant.

La Mère. Je sais bien que cela n'a pas tellement d'importance et que lui ou un autre, aujourd'hui ou plus tard, ce soir ou demain, il fallait bien que cela finisse. Mais il n'empêche.[3] Je n'aime pas cela.

Martha. Allons, pensez plutôt à demain et faisons vite. Au bout de cette nuit est notre liberté. (*Elle fouille le veston[4] et en tire un portefeuille dont elle compte les billets.*)

La Mère. Comme il dort, Martha!

Martha. Il dort comme ils dormaient tous. Allons, maintenant!

La Mère. Attends un peu. Il est vrai que tous les hommes endormis ont l'air de déposer les armes.

Martha. C'est un air qu'ils se donnent. Mais ils finissent toujours par se réveiller...

6. moves
1. muffled   2. You are forcing me   3. *Mais il n'empêche.* But, nevertheless.   4. *fouille le veston* searches his suit coat

La Mère, *comme si elle réfléchissait.* Non! les hommes ne sont pas si remarquables. Mais, toi, tu ne sais pas ce dont je veux parler.

Martha. Non, je ne sais pas, mais je sais que nous perdons notre temps.

La Mère, *avec une sorte d'ironie lasse.* Rien ne presse. C'est au contraire le moment de se laisser aller, puisque le principal[5] est fait. Pourquoi tant d'âpreté[6] maintenant, cela en vaut-il la peine?

Martha. Rien ne vaut la peine, dès l'instant qu'on en parle. Il vaut mieux travailler et ne pas s'interroger.

La Mère, *avec calme.* Asseyons-nous, Martha.

Martha. Ici, près de lui?

La Mère. Mais oui, pourquoi pas? Il vient de commencer un sommeil qui le mènera loin, et il n'est pas près de se réveiller pour nous demander ce que nous faisons là. Quant au reste du monde, il s'arrête à la porte de cette chambre close. Lui et nous pouvons jouir en paix de cet instant et de ce repos. (*Elle s'assied.*)

Martha. Vous plaisantez[7] et c'est à mon tour de ne pas aimer cela.

La Mère. Je n'ai pas envie de plaisanter. Je montre seulement du calme là où tu apportes de la fièvre. Assieds-toi plutôt (*Elle rit bizarrement. Martha s'assied.*) et regarde cet homme, plus innocent encore dans son sommeil que dans son langage. Lui, du moins, en a terminé avec[8] le monde. A partir de[9] ce moment, tout lui sera facile. Il passera seulement d'un sommeil peuplé d'images à un sommeil sans rêves. Et ce qui, pour tout le monde, est un affreux arrachement[10] ne sera pour lui qu'un long dormir.

Martha. L'innocence a le sommeil qu'elle mérite. Et pour celui-là, au moins, je n'avais pas de raisons de le haïr. Aussi, je suis heureuse que la souffrance lui soit épargnée.[11] Mais je n'ai pas de raison non plus de le contempler, et je crois que vous avez une idée malheureuse que de tant regarder un homme que, tout à l'heure, il vous faudra porter.[12]

La Mère, *hochant*[13] *la tête, et d'une petite voix.* Nous le porterons quand il le faudra. Mais rien ne presse encore et, si nous le regardons attentivement, peut-être, pour lui au moins, ne sera-ce pas une idée malheureuse. Car il est encore temps, le sommeil n'est pas la mort. Regarde-le. Il est dans cet instant où son destin même lui est étranger, où ses chances de vie sont remises[14] dans des mains indifférentes. Que ces mains restent là, comme elles sont, abandonnées sur mes cuisses,[15] jusqu'à l'aube et, sans qu'il en sache rien, il aura ressuscité.[16] Mais qu'elles s'avancent vers lui et qu'elles forment autour de ses chevilles des anneaux[17] durs et il entrera pour toujours dans une terre sans mémoire.

Martha, *elle se lève brusquement.* Mère, vous oubliez en ce moment que les nuits ne sont pas éternelles et que nous avons beaucoup à faire. Nous devons dépouiller[18] ses papiers et le descendre dans la chambre du bas.[19] Il nous faut éteindre[20] toutes les lampes et guetter[21] sur le pas de la porte[22] le temps qu'il faudra.

La Mère. Oui, nous avons beaucoup à faire, et c'est notre différence avec lui

5. main thing   6. harshness, ruthlessness
7. joke   8. *en... avec* has finished with   9. *A partir de* From   10. tearing away

11. spared   12. *je... porter* I think it is an unfortunate idea of yours to look so closely at a man whom you will have to carry away in a moment   13. shaking   14. placed
15. thighs 16. come back to life 17. rings, coils
18. go through 19. lower floor 20. put out
21. lie in wait   22. *pas... porte* doorstep

qui est maintenant déchargé[23] du poids de sa propre vie. Il ne connaît plus l'angoisse des décisions, le raidissement,[24] le travail à terminer. Il ne porte plus la croix de cette vie intérieure qui proscrit[25] le repos, la distraction ou la faiblesse. A cette heure, il n'a plus d'exigences[26] envers lui-même, et moi, vieille et fatiguée, je suis tentée de croire que c'est là le bonheur.

MARTHA. Nous n'avons pas le temps de nous interroger sur le bonheur. Quand j'aurai guetté le temps nécessaire, il nous faudra encore parcourir le chemin jusqu'à la rivière et vérifier si aucun ivrogne[27] ne s'est endormi dans le fossé.[28] Nous aurons alors à le porter rapidement et vous savez que la besogne[29] n'est pas facile. Nous devrons nous y reprendre[30] à plusieurs fois avant d'arriver au bord de l'eau et de l'envoyer, aussi loin que possible, au creux de[31] la rivière. Laissez-moi vous dire encore une fois que les nuits ne sont pas éternelles.

LA MÈRE. C'est en effet ce qui nous attend et, d'avance, j'en suis fatiguée, d'une fatigue tellement vieille que le sang ne peut plus la digérer. Pendant ce temps, lui ne se doute de[32] rien et jouit de son repos. Si nous le laissons se réveiller, il devra recommencer et, tel que je l'ai vu, je sais bien qu'il ne diffère pas des autres hommes et ne peut être pacifié. Peut-être est-ce pour cela qu'il nous faut le conduire là-bas et l'abandonner à la course de l'eau. (*Elle soupire.*) Mais il est bien dommage qu'il faille tant d'efforts pour arracher un homme à ses folies et le conduire à la paix définitive.

MARTHA. Je suppose, mère, que vous déraisonnez.[33] Encore une fois, nous avons beaucoup à faire et, lui précipité,[34] nous devrons effacer[35] les traces au bord de la rivière, brouiller nos pas[36] sur le chemin, détruire ses bagages et son linge, dissiper tous les signes de son passage et le rayer[37] enfin de la surface de cette terre. L'heure approche où il sera trop tard pour mener ce travail dans le sang-froid,[38] et je vous comprends mal, assise près de ce lit, faisant mine de regarder cet homme que vous apercevez à peine, et poursuivant avec entêtement[39] un futile et ridicule monologue.

LA MÈRE. Savais-tu, Martha, qu'il voulait partir ce soir?

MARTHA. Non, je ne le savais pas. Mais, le sachant, j'aurais agi de même, puisqu'une fois seulement, je l'avais décidé.

LA MÈRE. Il me l'a dit tout à l'heure, et je ne savais que lui répondre.

MARTHA. Vous l'avez donc vu?

LA MÈRE. Oui, je suis montée ici, lorsque tu m'as dit qu'on lui avait porté son thé. Il l'avait déjà bu. Si je l'avais pu, j'aurais empêché cela. Mais quand j'ai compris que tout venait de commencer, j'ai admis l'idée qu'on pouvait continuer et qu'en somme, cela n'était pas tellement important.

MARTHA. Si vous avez admis cette idée, nous n'avons pas de raison de nous attarder[40] ici, et je voudrais qu'enfin vous vous leviez et que vous m'aidiez à en finir avec une histoire qui m'excède.[41] (*La mère se lève.*)

LA MÈRE. Je finirai sans doute par t'aider. Mais laisse encore un peu de

---

23. relieved   24. stiffening   25. banishes
26. demands, requirements   27. drunkard
28. ditch   29. job   30. *nous y reprendre* begin it over   31. *au creux de* in the depths of
32. *se doute de* suspects

33. are talking nonsense   34. *lui précipité* when he has been thrown into the river   35. obliterate   36. *brouiller nos pas* rub out our footprints   37. strike out   38. *dans le sang-froid* calmly   39. *avec entêtement* stubbornly   40. *nous attarder* linger   41. taxes my patience

temps à une vieille femme dont le sang coule[42] moins vite que le tien. Depuis ce matin, tu as tout précipité[43] et tu voudrais que je suive ton allure.[44] Celui-là même n'a pas su aller plus vite et, avant qu'il ait formé son idée de partir, il avait déjà bu le thé que tu lui donnais.

MARTHA. Puisqu'il faut vous le dire, c'est lui qui m'y a décidée. Vous aviez fini par me faire entrer dans votre doute. Mais il m'a parlé des pays que j'attends et, pour avoir su me toucher,[45] il m'a donné des armes contre lui. C'est ainsi que l'innocence est récompensée.

LA MÈRE. Et pourtant, Martha, il avait fini par comprendre. Il m'a dit qu'il sentait que cette maison n'était pas la sienne.

MARTHA, *avec force et impatience.* Et cette maison, en effet, n'est pas la sienne, mais c'est qu'elle n'est celle de personne. Et personne n'y trouvera jamais l'abandon ni la chaleur. S'il avait compris cela plus vite, il se serait épargné et nous aurait épargnées. Il nous aurait évité d'avoir à lui apprendre que cette chambre est faite pour qu'on y dorme et ce monde pour qu'on y meure. Venez, mère, et pour l'amour de ce Dieu que vous invoquez quelquefois, finissons-en.[46] *(La mère fait un pas vers le lit.)*

LA MÈRE. Allons, Martha, mais il me semble que cette aube[47] n'arrivera jamais.

RIDEAU

ACTE III

Scène Première

La mère, Martha et le domestique sont en scène.[1] Le vieux balaie[2] et range.[3] La sœur est derrière le comptoir, tirant ses cheveux en arrière. La mère traverse le plateau,[4] se dirigeant vers la porte.

MARTHA. Vous voyez bien que cette aube est arrivée et que nous sommes venues à bout de[5] cette nuit.

LA MÈRE. Oui. Demain, je trouverai que c'est une bonne chose que d'en avoir fini.[6] Maintenant, je ne sens que mon sommeil et mon cœur sec. La nuit a été dure.

MARTHA. Mais ce matin est, depuis des années, le premier où je respire. Jamais meurtre[7] ne m'a moins coûté. Il me semble que j'entends déjà la mer et il y a en moi une joie qui va me faire crier.

LA MÈRE. Tant mieux, Martha, tant mieux. Mais je me sens maintenant si vieille que je ne peux rien partager avec toi. Je suppose que demain tout ira mieux pour moi.

MARTHA. Oui, tout ira mieux, je l'espère. Mais ne vous plaignez pas encore et laissez-moi être heureuse à loisir.[8] Je redeviens la jeune fille que j'étais. De nouveau, mon corps a sa chaleur et j'ai envie de courir. Oh! dites-moi seulement... *(Elle s'arrête.)*

LA MÈRE. Qu'y a-t-il,[9] Martha? Je ne te reconnais plus.

MARTHA. Mère... *(Elle hésite, puis avec feu.)* Suis-je encore belle?

LA MÈRE. Il me semble que tu l'es, ce matin. Il y a des actes qui te réussissent.[10]

MARTHA. Oh non, ce sont seulement des actes qui me semblent légers à porter. Mais aujourd'hui, il me semble que je nais pour la seconde fois, je vais rejoindre la terre où je serai heureuse.

---

42. flows 43. hurried 44. pace 45. *pour... toucher* because he was able to stir me 46. *finissons-en* let's get it over 47. dawn
1. *en scène* on stage 2. sweeps 3. puts things in order

4. stage 5. *nous... de* we have got through 6. *d'en avoir fini* to have got it over 7. murder 8. *à loisir* at leisure 9. *Qu'y a-t-il?* What's the matter? 10. *qui te réussissent* which become you

La Mère. Bien, bien. Quand ma fatigue sera partie, je serai tout à fait contente. C'est une compensation à toutes ces nuits où nous étions debout, que de savoir qu'elles vont te rendre heureuse. Mais ce matin, je vais aller me reposer, je sens seulement que la nuit a été dure.

Martha. Qu'importe! Aujourd'hui est un grand jour. Vieux, prends garde, nous avons fait tomber en passant les papiers du voyageur et le temps nous a manqué pour les ramasser. Cherche-les. (*La mère sort. Le vieux balaie sous une table, en retire le passeport du fils, l'ouvre, l'examine et vient le tendre,*[11] *ouvert, à Martha.*) Je n'ai rien à en faire. Range-le. Nous brûlerons tout. (*Le vieux tend toujours le passeport. Martha le prend.*) Qu'y a-t-il? (*Le vieux sort. Martha lit le passeport, très longuement, sans une réaction. Elle appelle d'une voix apparemment calme.*) Mère!

La Mère, *de l'intérieur.* Que veux-tu encore?

Martha. Venez. (*La mère entre. Martha lui donne le passeport.*) Lisez!

La Mère. Tu sais bien que mes yeux sont fatigués.

Martha. Lisez! (*La mère prend le passeport, vient s'asseoir devant une table, étale le carnet*[12] *et lit. Elle regarde longtemps les pages devant elle.*)

La Mère, *d'une voix neutre.* Allons, je savais bien qu'un jour cela tournerait[13] de cette façon et qu'alors il faudrait en finir.[14]

Martha, *elle vient se placer devant le comptoir.* Mère!

La Mère, *de même.* Laisse, Martha, j'ai bien assez vécu. J'ai vécu beaucoup plus longtemps que mon fils. Cela n'est

pas dans l'ordre.[15] Je peux maintenant aller le rejoindre au fond de cette rivière où les herbes déjà couvrent son visage.

Martha. Mère! vous n'allez pas me laisser seule?

La Mère. Tu m'as bien aidée, Martha, et je regrette de te quitter. Si cela peut encore avoir du sens, je dois témoigner[16] qu'à ta manière tu as été une bonne fille. Tu m'as toujours rendu le respect que tu me devais. Mais maintenant, je suis lasse et mon vieux cœur, qui se croyait détourné de tout, vient de réapprendre la douleur. Je ne suis plus assez jeune pour m'en arranger.[17] Et de toutes façons, quand une mère n'est plus capable de reconnaître son fils, c'est que son rôle sur la terre est fini.

Martha. Non, si le bonheur de sa fille est encore à construire. Et autant que moi-même, ce sont mes espoirs qui se déchirent,[18] en entendant ce langage inconnu, venant de vous qui m'avez appris à ne rien respecter.

La Mère, *de la même voix indifférente.* Cela prouve que, dans un monde où tout peut se nier, il y a des forces indéniables et que sur cette terre où rien n'est assuré, nous avons nos certitudes. (*Avec amertume.*) L'amour d'une mère pour son fils est maintenant ma certitude.

Martha. N'êtes-vous donc pas certaine qu'une mère puisse aimer sa fille?

La Mère. Ce n'est pas maintenant que je voudrais te blesser,[19] Martha, mais il est vrai que ce n'est pas la même chose. C'est moins fort. Et comment pourrais-je me passer maintenant de[20] l'amour de mon fils?

Martha, *avec éclat.*[21] Bel amour[22] qui vous oublia vingt ans!

---

11. *le tendre* to hold it out   12. *étale le carnet* spreads out the folder   13. would turn out   14. *en finir* make an end of it

15. *dans l'ordre* the natural course of things   16. bear witness   17. *m'en arranger* to find it to my liking   18. *se déchirent* are torn   19. hurt   20. *me... de* now do without   21. *avec éclat* with vehemence   22. *Bel amour* A fine love

La Mère. Oui, bel amour qui survit à vingt ans de silence. Mais qu'importe! cet amour est assez beau pour moi, puisque je ne peux vivre en dehors de lui. (*Elle se lève.*)

Martha. Il n'est pas possible que vous disiez cela sans l'ombre d'une révolte et sans une pensée pour votre fille.

La Mère. Si dur que ce soit pour toi, cela est possible. Je n'ai de pensée pour rien et moins encore de révolte. Je suppose que c'est la punition et qu'il est une heure où tous les meurtriers sont comme moi, vidés par l'intérieur, stériles, sans avenir possible. C'est pour cela qu'on les supprime,[23] il ne sont bons à rien.

Martha. Vous tenez un langage que je méprise et je ne puis vous entendre parler de crime et de punition.

La Mère. Je ne cherche pas mes mots, je n'ai plus ma préférence. Mais il est vrai que j'ai tout épuisé[24] dans un geste. J'ai perdu ma liberté, c'est l'enfer qui a commencé.

Martha, *elle vient vers elle, et avec violence.* Vous ne disiez pas cela auparavant. Et pendant toutes ces années, vous avez continué à vous tenir près de moi et à prendre d'une main ferme les jambes de ceux qui devaient[25] mourir. Vous ne pensiez pas alors à la liberté et à l'enfer. Vous ne croyiez pas qu'il vous fût interdit[26] de vivre. Et vous avez continué. Que peut changer votre fils à cela?

La Mère. J'ai continué, il est vrai. Mais ce que j'ai vécu ainsi, je l'ai vécu dans l'habitude, ce n'est pas différent de la mort. Il suffisait de la douleur pour tout transformer. Justement, c'est cela que mon fils est venu changer. (*Martha fait un geste pour parler.*) Je sais, Martha, cela n'est pas raisonnable. Que signifie

la douleur pour une criminelle? Mais aussi, tu le vois, ce n'est pas une vraie douleur de mère: je n'ai pas encore crié. Ce n'est rien d'autre que la souffrance de renaître à l'amour, et cependant elle me dépasse. Je sais aussi que cette souffrance non plus n'a pas de raison. (*Avec un accent nouveau.*) Mais ce monde lui-même n'est pas raisonnable et je puis bien le dire, moi qui en ai tout goûté, depuis la création jusqu'à la destruction. (*Elle se dirige avec décision vers la porte, mais Martha la devance*[27] *et se place devant l'entrée.*)

Martha. Non, mère, vous ne me quitterez pas. N'oubliez pas que je suis celle qui est restée et que lui était parti, que vous m'avez eue près de vous toute une vie et que lui vous a laissée dans le silence. Cela doit se payer. Cela doit entrer dans le compte. Et c'est vers moi que vous devez revenir.

La Mère, *doucement.* Il est vrai, Martha, mais lui, je l'ai tué! (*Martha s'est détournée un peu, la tête en arrière, semblant regarder la porte.*)

Martha, *après un silence, avec une passion croissante.*[28] Tout ce que la vie peut donner à un homme lui a été donné. Il a quitté ce pays. Il a connu d'autres espaces, la mer, des êtres libres. Moi, je suis restée ici. Je suis restée, petite et sombre, dans l'ennui,[29] enfoncée au cœur du continent et j'ai grandi dans l'épaisseur[30] des terres. Personne n'a embrassé ma bouche et même vous, n'avez vu mon corps sans vêtements. Mère, je vous le jure, cela doit se payer. Et sous le vain prétexte qu'un homme est mort vous ne pouvez vous dérober au moment[31] où j'allais recevoir ce qui m'est dû. Comprenez donc que, pour un homme qui a

___

23. does away with   24. used up   25. were to   26. forbidden

27. steps ahead of   28. increasing   29. boredom   30. thickness   31. *vous... moment* escape the moment

vécu, la mort est une petite affaire. Nous pouvons oublier mon frère et votre fils. Ce qui lui est arrivé est sans importance: il n'avait plus rien à connaître. Mais moi, vous me frustrez de[32] tout et vous m'ôtez ce dont il a joui.[33] Faut-il donc qu'il m'enlève encore l'amour de ma mère et qu'il vous emmène pour toujours dans sa rivière glacée[34]? (*Elles se regardent en silence. La sœur baisse[35] les yeux.*)

Martha, *très bas.* Je me contenterais de si peu. Mère, il y a des mots que je n'ai jamais su prononcer, mais il me semble qu'il y aurait de la douceur à recommencer notre vie de tous les jours. (*La mère s'est avancée vers elle.*)

La Mère. Tu l'avais reconnu?

Martha, *relevant brusquement la tête.* Non! je ne l'avais pas reconnu. Je n'avais gardé de lui aucune image et cela est arrivé comme ce devait arriver. Vous l'avez dit vous-même, ce monde n'est pas raisonnable. Mais vous n'avez pas tout à fait tort de[36] me poser cette question. Car si je l'avais reconnu, je sais maintenant que cela n'aurait rien changé.

La Mère. Je veux croire que cela n'est pas vrai. Aucune âme n'est tout à fait criminelle, et les pires meurtriers connaissent les heures où l'on désarme.[37]

Martha. Je les connais aussi. Mais ce n'est pas devant un frère inconnu et indifférent que j'aurais baissé le front.

La Mère. Devant qui donc alors? (*Martha baisse le front.*)

Martha. Devant vous. (*Silence.*)

La Mère, *lentement.* Trop tard, Martha. Je ne peux plus rien pour toi. (*Se détournant un peu.*) Ah! pourquoi donc s'est-il tu[38]? Le silence est mortel.

Mais parler est aussi dangereux puisque le peu qu'il a dit a tout précipité. (*Elle se retourne vers sa fille.*) Est-ce que tu pleures, Martha? Non, tu ne saurais pas. Te souviens-tu du temps où je t'embrassais?

Martha. Non, mère.

La Mère. Tu as raison. Il y a longtemps de cela et j'ai très vite oublié de te tendre les bras. Mais je n'ai pas cessé de t'aimer. (*Elle écarte[39] doucement Martha qui lui cède peu à peu le passage.*) Je le sais maintenant puisque ton frère est venu réveiller cette douceur insupportable qu'il faut, à présent, que je tue avec moi. (*Le passage est libre.*)

Martha, *mettant son visage dans ses mains.* Mais qu'est-ce donc qui peut être plus fort que la détresse de votre fille?

La Mère. La fatigue peut-être... et la soif du repos. (*Elle sort sans que sa fille s'y oppose.*)

Scène II

(*Martha court vers la porte, la ferme brutalement, se colle contre elle.[1] Elle éclate en cris sauvages.*)

Martha. Non! je n'avais pas à veiller sur[2] mon frère, et pourtant me voilà exilée dans mon propre pays; il n'est plus de lieu pour mon sommeil, ma mère elle-même m'a rejetée. Mais je n'avais pas à veiller sur mon frère et ceci est l'injustice qu'on fait à l'innocence. Car le voilà qui a obtenu maintenant ce qu'il voulait, tandis que je reste solitaire, loin de la mer dont j'avais soif. Oh! je le hais! Toute ma vie s'est passée dans l'attente de cette vague[3] qui m'emporterait et je sais qu'elle ne viendra plus!

32. *frustrez de* cheat me out of   33. enjoyed
34. icy   35. lower   36. *vous... de* you are not altogether wrong in   37. weakens, gives up
38. *s'est-il tu* did he keep silent

39. pushes aside
1. *se... elle* leans against it   2. *veiller sur* watch over   3. wave

Il me faut demeurer avec, à ma droite et à ma gauche, devant et derrière moi, une foule de peuples et de nations, de plaines et de montagnes, qui arrêtent le vent de la mer et dont les jacassements[4] et les murmures étouffent[5] son appel répété. (*Plus bas.*) D'autres ont plus de chance! Il est des lieux pourtant éloignés de la mer où le vent du soir, parfois, apporte une odeur d'algue.[6] Il y parle de plages humides, toutes sonores du cri des mouettes[7] ou de grèves[8] dorées dans des soirs sans limites. Mais le vent s'épuise bien avant d'arriver ici; plus jamais je n'aurai ce qui m'est dû. Quand même je collerais mon oreille contre terre, je n'entendrai pas le choc des vagues glacées ou la respiration mesurée de la mer heureuse. Je suis trop loin de ce que j'aime et ma distance est sans remède. Je le hais, je le hais pour avoir obtenu ce qu'il voulait! Moi, j'ai pour patrie ce lieu clos et épais où le ciel est sans horizon, pour ma faim l'aigre[9] prunier[10] de Moravie[11] et rien pour ma soif, sinon le sang que j'ai répandu. Voilà le prix qu'il faut payer pour la tendresse d'une mère!

Qu'elle meure donc, puisque je ne suis pas aimée! Que les portes se referment autour de moi! Qu'on me laisse à ma juste colère! Car, avant de mourir, je ne lèverai pas les yeux pour implorer le Ciel. Là-bas, où l'on peut fuir, se délivrer, presser son corps contre un autre, rouler dans la vague, dans ce pays défendu par la mer, les dieux n'abordent[12] pas. Mais ici, où le regard s'arrête de tous côtés, toute la terre est dessinée[13] pour que le visage se lève et que le regard quémande.[14] Oh! je hais ce monde où nous en sommes réduits à Dieu. Mais moi,

qui souffre d'injustice, on ne m'a pas fait droit et je ne m'agenouillerai[15] pas. Et privée de ma place sur cette terre, rejetée par ma mère, seule au milieu de mes crimes, je quitterai ce monde sans être réconciliée. (*On frappe à la porte.*)

Scène III

MARTHA. Qui est là?

MARIA. Une voyageuse.

MARTHA. On ne reçoit plus de clients.

MARIA. Mais je viens rejoindre mon mari. (*Elle entre.*)

MARTHA, *la regardant.* Qui est votre mari?

MARIA. Il est arrivé ici hier et devait me rejoindre ce matin. Je suis étonnée qu'il ne l'ait pas fait.

MARTHA. Il avait dit que sa femme était à l'étranger.

MARIA. C'est qu'il a ses raisons pour cela. Mais nous devions nous retrouver maintenant.

MARTHA, *qui n'a pas cessé de la regarder.* Cela vous sera difficile. Votre mari n'est plus ici.

MARIA. Que dites-vous là? N'a-t-il pas pris une chambre chez vous?

MARTHA. Il est vrai qu'il avait pris une chambre, mais il l'a quittée dans la nuit.

MARIA. Je ne puis le croire, car je sais toutes les raisons qu'il a de rester dans cette maison. Mais votre ton m'inquiète. Dites-moi ce que vous avez à me dire.

MARTHA. Je n'ai rien à vous dire, sinon que votre mari n'est plus là.

MARIA. Il n'a pu partir sans moi et je ne vous comprends pas. Vous a-t-il quittées définitivement ou a-t-il prévenu qu'il reviendrait?

MARTHA. Il nous a quittées définitivement.

4. chattering   5. stifle   6. seaweed   7. sea gulls   8. beaches   9. bitter, sour   10. plum tree   11. a province of Czechoslovakia   12. come, land   13. designed   14. should implore

15. kneel

MARIA. Ecoutez. Depuis hier, je supporte, dans ce pays étranger, une attente qui a épuisé toute ma patience. Je suis venue, poussée par l'inquiétude, et je ne suis pas décidée à repartir sans avoir vu mon mari ou sans savoir où le retrouver.

MARTHA. C'est là votre affaire, ce n'est pas la mienne.

MARIA. Vous vous trompez. C'est aussi votre affaire. Je ne sais pas si mon mari approuvera ce que je vais vous dire, mais je suis lasse de ces jeux et de ces complications. L'homme qui est arrivé chez vous, hier matin, est le frère dont vous n'entendiez plus parler depuis des années.

MARTHA. Vous ne m'apprenez rien.

MARIA, *avec éclat.* Mais alors, qu'est-il donc arrivé? Et si tout s'est enfin éclairci, pourquoi votre frère n'est-il pas dans cette maison? Ne l'avez-vous pas reconnu et, votre mère et vous, n'avez-vous pas été heureuses de ce retour?

MARTHA. Mon frère n'est plus là parce qu'il est mort.

(*Maria a un sursaut*[1] *et reste un moment silencieuse, regardant fixement Martha. Puis elle fait mine de s'approcher d'elle et sourit.*)

MARIA. Vous plaisantez, n'est-ce pas? Jan m'a souvent dit que, petite fille, déjà, vous vous plaisiez à[2] déconcerter les gens. Nous sommes presque sœurs et...

MARTHA. Ne me touchez pas. Restez à votre place. Il n'y a rien de commun entre nous. (*Un temps.*) Votre mari est mort cette nuit, et je vous assure que cela n'est pas une plaisanterie. Vous n'avez plus rien à faire ici.

MARIA. Mais vous êtes folle, folle à lier[3]! On ne meurt pas comme cela

quand on est attendu. C'est trop soudain et je ne peux pas vous croire. Faites que je le voie et alors seulement je croirai ce que je ne puis même pas imaginer.

MARTHA. C'est impossible. Il est maintenant au fond de la rivière... (*Maria a*[4] *un geste vers elle.*)

MARTHA. Ne me touchez pas et restez où vous êtes... Il est au fond de la rivière où ma mère et moi l'avons porté, cette nuit, après l'avoir endormi. Il n'a pas souffert, mais il n'empêche qu'il est mort,[5] et c'est nous, sa mère et moi, qui l'avons tué.

MARIA, *elle recule.* C'est moi qui suis folle et qui entends des mots qui n'ont encore jamais retenti[6] sur cette terre. Je savais que rien de bon ne m'attendait ici, mais je ne suis pas prête à entrer dans cette démence.[7] Et, au moment même où vos paroles arrêtent toute vie en moi, je crois vous entendre parler d'un autre être que celui qui partageait mes nuits et d'une histoire lointaine où mon cœur n'a jamais eu de part.[8]

MARTHA. Mon rôle n'est pas de vous persuader, mais seulement de vous informer. Vous viendrez de vous-même à l'évidence.

MARIA, *avec une sorte de distraction.* Mais pourquoi, pourquoi avez-vous fait cela?

MARTHA. Au nom de quoi me questionnez-vous?

MARIA, *dans un cri.* Mais au nom de mon amour!

MARTHA. Qu'est-ce que ce mot veut dire?

MARIA. Il veut dire tout ce qui, à présent, me déchire[9] et me mord,[10] ce délire qui ouvre mes mains pour le

---

1. *a un sursaut* gives a start 2. *vous vous... à* you took pleasure in 3. *folle à lier* raving mad 4. makes 5. *mais... mort* but he died just the same 6. sounded 7. madness 8. share 9. tears 10. gnaws at

meurtre. Il veut dire ma joie passée, la douleur toute fraîche que vous m'apportez. N'était[11] cette incroyance entêtée[12] qui me reste dans le cœur, vous apprendriez, folle, ce que ce mot veut dire, en sentant votre visage se déchirer sous mes ongles.[13]

MARTHA. Vous parlez décidément un langage que je ne comprends pas. J'entends mal les mots d'amour, de joie ou de douleur.

MARIA, *avec un grand effort.* Ecoutez, cessons ce jeu, si c'en est un. Ne nous égarons pas[14] en paroles vaines. Ditesmoi, bien clairement, ce que je veux savoir bien clairement, avant de m'abandonner.

MARTHA. Il est difficile d'être plus claire que je l'ai été. Nous avons tué votre mari cette nuit, pour lui prendre son argent, comme nous l'avions fait déjà pour quelques voyageurs avant lui.

MARIA. Sa mère et sa sœur étaient donc des criminelles?

MARTHA. Oui, mais c'était leur affaire.

MARIA, *toujours avec le même effort.* Aviez-vous appris déjà qu'il était votre frère?

MARTHA. Si vous voulez le savoir, il y a eu malentendu. Et pour peu que vous connaissiez le monde, vous ne vous en étonnerez pas.[15]

MARIA, *retournant vers la table, les poings[16] contre la poitrine, d'une voix sourde.*[17] Oh! mon Dieu, je savais que cette comédie ne pouvait être que sanglante,[18] et que lui et moi serions punis de nous y prêter.[19] Le malheur était dans ce ciel. (*Elle s'arrête devant la table et parle sans regarder Martha.*) Il voulait se faire reconnaître de vous, retrouver sa maison, vous apporter le bonheur, mais il ne savait pas trouver la parole qu'il fallait. Et pendant qu'il cherchait ses mots, on le tuait. (*Elle se met à pleurer.*) Et vous, comme deux insensées,[20] aveugles devant le fils merveilleux qui vous revenait... car il était merveilleux, et vous ne savez pas quel cœur fier, quelle âme exigeante[21] vous venez de tuer! Il pouvait être votre orgueil, comme il a été le mien. Mais, hélas, vous étiez son ennemie, car où trouvez-vous assez de force pour parler froidement de ce qui devrait vous jeter dans la rue et vous tirer tous les cris de la bête?

MARTHA. Ne jugez de rien, car vous ne savez pas tout. A l'heure qu'il est,[22] ma mère a rejoint son fils. Ils sont tous les deux collés contre les douves[23] du barrage, et le flot, qui commence à les ronger,[24] les pousse sans répit[25] contre le bois pourri.[26] On les en sortira bientôt et ils se retrouveront dans la même terre. Mais je ne vois pas qu'il y ait encore là de quoi[27] me tirer des cris. Je me fais une autre idée du cœur humain et, pour tout dire, vos larmes me répugnent.

MARIA, *se retournant contre elle avec haine.* Ce sont les larmes des joies perdues à jamais et du bonheur frustré. Cela vaut mieux pour vous que cette douleur sèche qui va bientôt me venir et qui pourrait vous tuer sans un tremblement.

MARTHA. Il n'y a pas là de quoi m'émouvoir et, vraiment, ce serait peu de chose. Car, moi aussi, j'en ai assez vu et entendu, j'ai décidé de mourir à mon

---

11. *n'était* if it were not for   12. stubborn
13. fingernails   14. *Ne... pas* Let's not be carried away   15. The theme of the play.   16. fists
17. dull   18. bloody   19. *de... prêter* for being a party to it

20. mad women   21. uncompromising
22. *A... est* By now   23. sides   24. eat away
25. *sans répit* ceaselessly   26. rotten   27. *de quoi* any reason to

tour. Mais je ne veux pas me mêler à eux. Et en vérité, qu'ai-je à faire dans leur compagnie? Je les laisse à leur tendresse retrouvée, à leurs caresses obscures. Ni vous ni moi n'y avons plus de part, ils nous sont infidèles à jamais. Heureusement, il me reste ma chambre et la poutre[28] en est solide.

MARIA. Et que me fait[29] que vous mouriez ou que croule[30] le monde entier, si, par votre faute, j'ai perdu celui que j'aime et s'il me faut maintenant vivre dans cette terrible solitude où la mémoire est un supplice?[31] (*Martha vient derrière elle et parle par-dessus sa tête.*)

MARTHA. N'exagérons rien. Vous avez perdu votre mari et j'ai perdu ma mère. Nous sommes quittes.[32] Mais vous ne l'avez perdu qu'une fois, après en avoir joui pendant des années et sans qu'il vous ait rejetée. Moi, ma mère m'a rejetée. Maintenant elle est morte et je l'ai perdue deux fois.

MARIA. Peut-être, en effet, serais-je tentée de vous plaindre[33] et de vous faire entrer dans ma douleur, si je ne savais ce que lui attendait,[34] seul dans sa chambre, au moment même où vous prépariez sa mort.

MARTHA, *avec un accent soudain désespéré.* Je suis quitte aussi avec votre mari, car j'ai connu sa détresse. Je croyais comme lui avoir ma maison. J'imaginais que le crime était notre foyer[35] et qu'il nous avait unies, ma mère et moi, pour toujours. Et vers qui donc, dans le monde, aurais-je pu me tourner, sinon vers celle qui avait tué en même temps que moi? Mais je me trompais. Le crime aussi est une solitude, même si on se met à mille pour l'accom-

plir.[36] Et il est juste que je meure seule, après avoir vécu et tué seule. (*Maria se tourne vers elle dans les larmes.*)

MARTHA, *reculant et reprenant sa voix dure.* Ne me touchez pas, je vous l'ai déjà dit. A la pensée qu'une main humaine puisse m'imposer sa chaleur avant de mourir, à la pensée que n'importe quoi[37] qui ressemble à la hideuse tendresse des hommes puisse me poursuivre encore, je sens toutes les fureurs du sang remonter à mes tempes.[38]

(*Maria s'est levée et elles se font face,[39] très près l'une de l'autre.*)

MARIA. Ne craignez rien. Je vous laisserai mourir comme vous le désirez. Car il me semble qu'avec cette atroce douleur qui me serre le ventre,[40] me vient un aveuglement[41] où disparaît tout ce qui m'entoure. Et ni votre mère, ni vous, ne serez jamais que des visages fugitifs, rencontrés et perdus au cours d'une tragédie qui n'en finira pas. Je ne sens pour vous ni haine, ni compassion. Je ne peux plus aimer ni détester personne. (*Elle cache soudain son visage dans ses mains.*) Et en vérité, j'ai à peine eu le temps de souffrir ou de me révolter. Le malheur était plus grand que moi.

(*Martha, qui s'est détournée et a fait quelques pas vers la porte, revient vers Maria.*)

MARTHA. Mais pas encore assez grand puisqu'il vous a laissé des larmes. Et avant de vous quitter pour toujours, je vois qu'il me reste quelque chose à faire. Il me reste à vous désespérer.

MARIA, *la regardant avec effroi.*[42] Oh! laissez-moi, allez-vous-en et laissez-moi!

MARTHA. Je vais vous laisser, en effet,

---

28. beam 29. *que me fait* what does it matter to me 30. collapses 31. torture 32. quits, even 33. pity 34. what he was waiting for 35. home

36. *même... l'accomplir* even if there are a thousand to do it together 37. *n'importe quoi* anything 38. temples 39. *se font face* face each other 40. belly 41. blindness 42. terror

et pour moi aussi ce sera un soulagement,[43] je supporte mal votre amour et vos pleurs.[44] Mais je ne puis mourir en vous laissant l'idée que vous avez raison, que l'amour n'est pas vain, et que ceci est un accident. Car c'est maintenant que nous sommes dans l'ordre.[45] Il faut vous en persuader.[46]

MARIA. Quel ordre?

MARTHA. Celui où personne n'est jamais reconnu.

MARIA, *égarée*.[47] Que m'importe, je vous entends à peine. Mon cœur est déchiré. Il n'a de curiosité que pour celui que vous avez tué.

MARTHA, *avec violence*. Taisez-vous! Je ne veux plus entendre parler de lui, car je le déteste. Il ne vous est plus rien. Il est entré dans la maison amère[48] où l'on est exilé pour toujours. L'imbécile! il a ce qu'il voulait, il a retrouvé celle qu'il cherchait. Nous voilà tous dans l'ordre. Comprenez que ni pour lui ni pour nous, ni dans la vie ni dans la mort, il n'est de patrie ni de paix. (*Avec un rire méprisant.*) Car on ne peut appeler patrie, n'est-ce pas, cette terre épaisse, privée de[49] lumière, où l'on s'en va nourrir des animaux aveugles.

MARIA, *dans les larmes*. Je ne peux pas, je ne peux pas supporter votre langage. Et lui non plus ne l'aurait pas supporté. C'est pour une autre patrie qu'il s'était mis en marche.

MARTHA, *qui a atteint la porte, se retournant brusquement*. Cette folie a reçu son salaire. Vous recevrez bientôt le vôtre. (*Avec le même rire.*) Nous sommes volés, je vous le dis. A quoi bon ce grand appel de l'être, cette alerte des âmes? Pourquoi crier vers la mer ou vers

l'amour? Cela est dérisoire. Votre mari connaît maintenant la réponse, cette maison épouvantable où nous serons enfin serrés les uns contre les autres. (*Avec haine.*) Vous la connaîtrez aussi, et si vous le pouviez alors, vous vous souviendriez avec délices de ce jour où pourtant vous vous croyez entrée dans le plus déchirant des exils. Comprenez que votre douleur ne s'égalera jamais à l'injustice qu'on fait à l'homme. Et pour finir, écoutez mon conseil. Car je vous dois bien un conseil,[50] puisque je vous ai tué votre mari.

Priez votre Dieu qu'il vous fasse semblable à la pierre. C'est le bonheur qu'il prend pour lui, c'est le seul vrai bonheur. Faites comme lui, rendez-vous sourde à tous les cris, rejoignez la pierre pendant qu'il en est temps.[51] Mais si vous vous sentez trop lâche pour entrer dans cette paix aveugle, alors venez nous rejoindre dans notre maison commune. Adieu, ma sœur! Tout est facile, vous le voyez. Vous avez à choisir entre la stupide félicité des cailloux[52] et le lit gluant[53] où nous vous attendons.

(*Elle sort et Maria, qui a écouté avec égarement,*[54] *oscille sur elle-même,*[55] *les mains en avant.*)

MARIA, *dans un cri*. Oh! mon Dieu! je ne puis vivre dans ce désert! C'est à vous que je parlerai et je saurai trouver mes mots. (*Elle tombe à genoux.*) Car c'est à vous que je m'en remets.[56] Ayez pitié de moi, tournez-vous vers moi! Entendez-moi, Seigneur, donnez-moi votre main! Ayez pitié de ceux qui s'aiment et qui sont séparés. (*La porte s'ouvre et le vieux domestique paraît.*)

---

43. relief   44. tears   45. *nous... l'ordre* things are as they should be   46. *Il... persuader.* You must accept that for a fact.   47. confused   48. bitter   49. *privée de* without   50. a piece of advice   51. *pendant... temps* while there is still time   52. stones   53. sticky   54. *avec égarement* distractedly   55. *oscille sur elle-même* reels   56. *c'est... remets* it is to you that I turn

Scène IV

LE VIEUX, *d'une voix nette et ferme.*
Vous m'avez appelé?

MARIA, *se tournant vers lui.* Oh! je ne
sais pas! Mais aidez-moi, car j'ai besoin

qu'on m'aide. Ayez pitié et consentez à
m'aider!

LE VIEUX, *de la même voix.* Non!

RIDEAU

1943

Jean-Paul Sartre

LES MAINS SALES

JEAN-PAUL SARTRE

Before the publication of *La Nausée* (1938), Jean-Paul Sartre was almost an unknown figure to the literary world. By 1945 he had become one of the most celebrated personalities in France. As leader of the new philosophical and literary school of existentialism in Paris, he rivaled even André Gide in fame. He had become the spokesman of the postwar period. He acquired important enemies, devoted admirers, worshipful satellites, and an incredibly wide reading public. There are many who challenge Sartre's right to such fame, branding him a charlatan. He has been compared to Socrates as a force of corruption among the youth of today. Whatever one's final judgment may be, it is certain that Sartre is one of the few to have found the proper note of skepticism and positivism, doubt and certainty, idealism and materialism with which to address a disabused and cynical age. His philosophy has been called a strange mixture of epicureanism and stoicism. The recent war generation in France had ample reason to understand and admire both points of view.

Sartre was born in Paris on June 21, 1905. He grew up in the atmosphere of facile idealism which characterized the high point of the Third Republic. For a generation Bourget had taught that the failure of science was in the domain of human morality. For Barrès the malady of the modern age was the uprooting of all authentic attachment to the individual's origins and the past. In opposition to these older masters, Gide had already raised the profound question of man's freedom. Revolts against the spirit of seriousness which characterized Bourget and Barrès, against the aestheticism which marked Gide, are major points in Sartre's philosophy. Sartre flays the escapism of this period in his essay "Qu'est-ce que la littérature?":

Idéalisme, psychologisme, déterminisme, utilitarisme, esprit de sérieux, voilà ce que l'écrivain bourgeois doit refléter d'abord à son public. On ne lui demande plus de restituer l'étrangeté et l'opacité du monde mais de le dissoudre en impressions élémentaires et subjectives qui en rendent la digestion plus aisée—ni de retrouver au plus profond de sa liberté les plus intimes mouvements du cœur, mais de confronter son "expérience" avec celle de ses lecteurs. Ses ouvrages sont tout à la fois des inventaires de la propriété bourgeoise, des expertises psychologiques tendant invariablement à fonder les droits de l'élite et à montrer la sagesse des instructions, des manuels de civilité.[1]

1. *Situations* II (Paris, 1948), p. 161.

Sartre himself is a product of the middle class which he so often condemns. After the death of his father, he was raised by his mother and grandmother in Paris and Meudon. His delicate health had obliged the family to adopt the latter place of residence, though they returned to Paris when Sartre was seven. He continued to live in Paris until he was eleven. Upon his mother's remarriage, Sartre went to live with his family in La Rochelle, where he remained until he was sixteen. As a student Sartre was not brilliant. He possessed the conventional hatred of the literary mind for mathematics. Returning to Paris in 1921, he entered the *Première Supérieure*. He received his *licence* in 1925, failed his *agrégation* in 1927, but passed it with top honors a year later. After sixteen months of military service, Sartre began his apprenticeship as a young teacher of philosophy in Le Havre. In 1939 he entered military service as a meteorologist, was taken prisoner in June, 1940, and spent the following winter in captivity. It was during this period that he wrote *L'Etre et le néant*, published in 1943. After his liberation, he resumed teaching in Paris, taught drama at the school of Charles Dullin, took part in the resistance movement, writing in clandestine publications. After the liberation of France, he made a trip to America, representing the *Figaro* and *Combat*. Sartre's earlier travel had been to Germany, where he had followed the courses of Husserl in philosophy.

Sartre's literary fame began with the appearance of *La Nausée* in 1938. This work enjoyed considerable success as a literary scandal. The author was branded as a purveyor of obscene literature. *La Nausée* is still considered by most critics as Sartre's best work, along with the short stories in *Le Mur* and the play *Huis-Clos*. As a document *La Nausée* is important, since it contains the main tenets of existentialism. These were presented systematically five years later in *L'Etre et le néant*. As the title of the work suggests, *La Nausée* deals principally with the metaphysical experience of man's freedom and the nausea which accompanies the disintegration of a universe perceived as operating on the basis of aprioristic values.

It is, of course, as leader of the Paris existentialist school that Sartre is known to the world today. The reasons for his existentialism must be sought in Sartre himself, in his attitudes, convictions, and opinions. Historically, technically, existentialism belongs to a long tradition of post-Kantian, post-Hegelian thought. Existentialism as a term is opposed to essentialism, since essence and existence, ontology and phenomenology, are two basic problems of philosophy. An essentialistic philosophy implies in all domains of life the predetermined existence of reality and values which may continue to exist quite independently of human beings. Essence is made to precede existence. This predetermined essence may be the Platonic Ideal, the Divinity of

Aquinas, the God of Descartes, the Noumenon of Kant, or the Spirit of Hegel.

The great exponents of the existential bias before Sartre have been Kierkegaard, Jaspers, Husserl, and Heidegger. Sartre was most influenced by his reading of the works of Heidegger, correcting the Nazi trend of this philosophy, bending it to the liberal French tradition.

In Sartre, man, not defined in himself, is defined in terms of his complete metaphysical freedom, for which no arbitrary aprioristic limits exist. Man may accept or reject this freedom, since he is truly free.

All conflicts present themselves to the free man inconclusively. With him lies the responsibility of solution through choice. He must traverse a state of inconclusive apprehension in which partially formed projects will enter into conflict with ill-defined obstacles. Man will experience in this state a sense of aliveness that contradicts his perception of failure and defeat. Anguish is the legitimate bewilderment of many who struggle for a grasp of the world. It is freedom entering into conflict and facing its own necessity as freedom. Anguish may, however, become nausea as the experience of individual freedom destroys the world of aprioristic values, as it becomes clear that the individual is left without self-justification and with total responsibility for the meanings of his own universe.

It is not possible, however, for the individual to pass arbitrarily from the perception and assumption of his freedom to his *engagement*, the insertion of one's self into life through a series of commitments. A question of form arises, and with form a question of content. How is the individual to determine what the content—hence the form—of his particular life is to be? It cannot be found authentically by espousing causes or exercising the will. It must be a matter of discovery and invention. Discovery occurs in Proustian fashion during certain perfect moments of life when the individual lives briefly as an absolute beyond contingency. A moment is described by Sartre in *La Nausée*,[2] a moment of complete revelation, almost dedication, which permits the individual to find a basis and a program for his life. These moments lead the individual to discover the inevitable and authentic form of his life as the Towers of Martinville contained for Proust, in essence, all that was to become for him *A la Recherche du temps perdu*.

To the individual who has authentically assumed his freedom, these perfect moments reveal the form which his *engagement* is to take.

To the existentialist most men seem to live pointlessly without ever facing the full implications of their complete metaphysical freedom. Their lives are controlled by the spirit of seriousness. Their unauthentic values are borrowed, and they live by codes and dogmas in which they do not really believe, which they never succeed in questioning. This

2. *La Nausée* (Paris, 1938), pp. 187 ff.

accounts for the brittleness and the fragility of their convictions. The man who is truly *engagé* functions as a unit. His essence and his existence are fused. To become *engagé* is a very subtle matter, for many people, like Hugo in *Les Mains sales*, are ready to throw themselves into any cause or project, provided it affords them the security of a universe in which they receive their values in a predetermined state. The man who is *engagé* runs a great risk. He has assumed his freedom; he knows that his point of departure must be subjective; but he is in contact with a real world in objective terms. He is what we should call in our own language well-adjusted. He knows that he may finally live meaninglessly after all, but that his life will never be meaningless for him, and that there is at least a good chance that it will be meaningful for others. He lives in an ambiguous universe. Nothing in human terms is ever completely true or completely false. It is the existentialist's conviction that no problem involving human beings can be settled for good, that no man can be unequivocally praised or condemned, that no dualism of good and evil can account for the fourth dimension of subjective reality. It is because of the ambiguity of our perception of reality that choice is so difficult.

Existentialism is deeply concerned with the distinctions between good and evil. It is on this score that existentialism is most frequently criticized, as existentialists admit, since it is here that it becomes disquieting and unsettling.

Conservatives and radicals alike are alarmed by the full implications of existential philosophy. Since it is unexistential to propose any specific content for morality, how is it possible for moral behavior to exist? The conservative mind suspects that existential freedom, if allowed free rein, will lead to license; the radical mind suspects that existential freedom will inevitably become involved with some specific moral content and hence constitute an abrogation of freedom. How do the existentialists themselves attack this problem?

In the doctrines of Sartre, the good man is not opposed to the bad man; such a point of view would suppose that a man is good or that a man is evil, or that good and evil exist within man in some quantitative proportion. Such an attitude would be essentialistic. But the existentialist does oppose the man of good faith and the man of bad faith. The man of good faith is the free man *par excellence*. He has perceived and assumed his freedom. His morality of ambiguity gives pre-eminence to the individual, whose freedom he sacredly respects. He is engaged in the tissue of life. He possesses authentic values, and his life has meaning. It is significant that Sartre never writes of such a man.[3]

The man of bad faith is the evil counterpart of this existential hero. His original sin is to have refused his freedom. This initial error leads him into many others. For example, he is unable to

3. Contrary to Camus, who does write of the man of the Absurd.

create his own values in life, and must live with substitute values. He is unable to recognize these values as unauthentic, however, since such an awareness would constitute an admission that he was free. Consequently, the man of bad faith imagines that the values which he has borrowed exist in some empyrean, independently of human beings, that he is but a servant of higher truth from which he derives his own authority and meaning. Such a man easily becomes an oppressor of other men. When his bad faith becomes complete, or as nearly so as human terms allow, he is called in the heavy language of the existentialists a *salaud*. The man of bad faith is frightening, for he has sacrificed his humanity. Weak because of his lack of authenticity, he is always on the defensive and consequently always close to tyranny. He is also a traitor, for he has betrayed those perfect moments of life in which he might have discovered a rightful content for his individual morality. He is not *engagé* and must keep himself going by constant reference to the noble and serious values which direct his life. His heresy protects him from both nausea and despair, but he lives on the edge of total destruction.

LES MAINS SALES

IT IS REASONABLE that an existentialist should be interested in the theater. To write for the theater is a noteworthy act of *engagement* in itself. The theater implies an immediate contact with the public, the test of direct contemporaneity. Success in the theater means success with one's own generation, and the existentialists explicitly direct their works to the tastes, the problems, the preoccupations of their times. Sartre's work includes six plays and two film scenarios: *Les Mouches* (1943), *Huis-Clos* (1944), *Morts sans sepulture* (1946), *La Putain respectueuse* (1946), *Les Mains sales* (1948), *Les Jeux sont faits* (1947), *L'Engrenage* (1948), and *Le Diable et le bon Dieu* (1951).

Apart from the immediate collaboration with the public which the theater implies, there is the interest of the dramatic situation itself. A play represents a moment of crisis and decision. The problem of action is not merely the problem of events, but the problem of commitment to a choice. The dramatic character, unlike the character of fiction, is revealed in a moment of conflict and self-division. The action of the play will hinge on his decision. The character of fiction may be presented to the reader as a full-length portrait, revealing his essence, conveying in some measure all the diverse aspects of his being. There is no time for such portraits in the theater. Implicit or explicit action must occur. When it does, the character is seen for a moment in the pitiable limitations of time and space wherein he must turn in one direction or the other.

Without wishing to write *pièces à thèse*, the existentialist is further drawn to the theater as a means of diffusing his ideas and achieving social reforms. His intentions, however, are not purely didactic, and must not be confused with those of Curel or Brieux. In this respect the theater represents for the existentialist a means of entering into conflict with his age. The theater as a social force is enhanced by the fact that it renders ideas concrete and specific. Abstractions, which rarely move to action, have no place here. The theater transforms ideas into persons, and demonstrates concretely that existence must indeed precede essence. As Robert Merle writes in *Les Temps modernes*, "C'est une ombre à qui le sortilège de la scène a fait boire du sang, et qui s'incarne, et rayonne pendant deux ou trois heures, sur une foule, une force intense de contagion."[4]

In each of Sartre's plays a vital problem of modern life is the central concern. In *Les Mouches* it is man's freedom in conflict with the impotence and omnipotence of the gods. "Quand une fois la liberté a explosé dans une âme d'homme, les Dieux ne peuvent plus rien contre cet homme-là. Car c'est une affaire d'hommes —à eux seuls—qu'il appartient de la laisser courir ou de l'étrangler."[5] There is also the problem of a pestilence-ridden little town that artfully contrives its own

misery. In *Huis-Clos* Sartre probes further into the question of man's freedom. The thesis of the play is that men make their own and one another's hell. When finally the door of the underworld is opened, the protagonists are unable to leave. *Morts sans sepulture*, a war play, examines the duty of the private citizen in time of national conflict, while *La Putain respectueuse* exposes, somewhat superficially, racial prejudice in the United States. *Les Mains sales* deals with government, revolutionary politics, and the necessary ambiguous compromise of personal integrity which participation in such movements implies. The underlying theme of the play would seem to indicate that authentic political action is somehow impossible, that individual authenticity cannot be maintained under such pressure.

It would be impossible to understand *Les Mains sales* or to criticize it without first possessing the facts which involve the characters in a contextual web of circumstances, implied meanings, commitments, and obligations. This is the organized situation of *Les Mains sales*:

The little country of Illyria has come to a moment of crisis in its history. The tide of the Second World War has changed, and Germany has begun to suffer defeat at the hands of the Russians. Three main political parties contend for power in Illyria: the party of the legitimate Prince, who has followed the Nazis and derived support from them; the nationalist party of Karsky, who represents the liberal middle classes; and the Prole-

4. March, 1950, p. 1706.   5. *Les Mouches*, Paris, 1943, p. 104.

tarian Party, that of Louis and Hoederer, who seek revolution, abolition of social and economic classes, and alliance with Communist Russia. An impending Russian victory has placed the Proletarian Party in a position of power. Both Karsky and the Prince have made overtures of friendship. Under this stress the Proletarian Party has split: Louis leads the intransigent group that wishes to hew to strict Communist lines, deeming understanding with the Prince and Karsky inexpedient; Hoederer wishes to use the opportunity to consolidate the power of the Proletarian Party, come to an agreement with the Prince and Karsky, and obtain a majority for his party in the new government council which is to be formed. For this plan he has obtained the authorization of the Proletarian Party by one vote. Louis's faction has decided that Hoederer must be killed. A young revolutionary, Hugo Barine, requests that the mission be entrusted to him. He is a journalist, in charge of the party paper. He wishes to participate in direct action. Louis is hesitant and mistrustful, but Olga, a trusted party member, answers for him and the mission is granted. Hugo is installed with his wife Jessica in Hoederer's house as secretary. He is to shoot Hoederer within a week. He delays, however, and a week passes. Jessica, his wife, betrays her husband and informs Hoederer. The next day Hoederer gives Hugo a chance to shoot him; Hugo is unable to do so. Hugo returns to Hoederer's office, finds Jessica in Hoederer's arms and shoots him. Hugo is apprehended and sentenced to five years in prison. He is released before his term is up for good behavior. Louis's men prepare to murder Hugo, and go to Olga's house in search of him. Olga obtains permission to decide whether he will be

assassinated or taken back into the party. Hugo comes to Olga's house. While he is there, Louis's men arrive to kill him. Olga obtains a reprieve until midnight. During that time she is to hear Hugo's story and come to a decision. Hugo tells her his story at length. Olga decides that he is *récupérable*; she tells Hugo that he must forget his murder of Hoederer, that the Party has changed its course and is now treating with Karsky and the Regent in an effort to obtain a majority in the newly formed government council. Hoederer, she says, had been premature. When Louis's men arrive at midnight, Hugo refuses to be saved by Olga and goes out to meet his killers shouting *"Non récupérable!"*

Les Mains sales is a murder play with the question of the murderer's identity shifted to a philosophical level. Who killed Hoederer? We know it was Hugo Barine. But this knowledge is insufficient, since we do not know whether it was Hugo the husband, Hugo the bourgeois revolutionary, Hugo the coward and traitor, Hugo the friend, or perhaps Hugo the hero. We only know there is a case against each of these men.

Was it Hugo the husband? If Hugo's emotional relationship with Jessica is his motive for murder, we should expect this relationship to possess some authentic positive value for Hugo. If we consider the scenes in which this relationship is revealed to us, we find little evidence of a strong bond between the two. Hugo and Jessica do not even strike us as two people who have fallen out of love; they strike us as people who have never loved each other; who, in spite of a long association, have never met. The quality of their intimacy is merely intimate; it reveals neither respect, admiration, nor love. The symbol of their failure together is Jessica's inability to take Hugo seriously, Hugo's unsatisfied desire that she should be able to do so. When he asks her to say that she loves him, Jessica is unable to do so. "J'ai envie de penser que tu m'aimes. C'est bien mon droit. Allons, dis-le. Dis-le bien!" Jessica, however, is not able to find the right intonation for the words. "Je t'aime. Je t'aime," she repeats. "Ah! va au Diable! Comment le dis-tu, toi?"[6] Hugo is just as unsuccessful as she in pronouncing the words. The game they play when they are together becomes finally a prison for them both. Separately they miss reality as they miss it together. One feels, however, that Jessica loves Hugo more authentically than he loves her. It is she who saves Hugo by hiding his revolver when Hoederer's men come to search their room. Although Jessica's first concern is for Hoederer after the explosion of the bomb, she again saves Hugo from Hoederer's men while he speaks too openly in a fit of self-indulgence and drunkenness. If it is Jessica who finally betrays Hugo, one must say in her defense that she was first rejected by him. She betrayed Hugo because she went to Hoederer in an attempt to save him. Later, when Hugo is recounting his deed to Olga, he makes no mention of Jessica. His reasons for killing Hoederer

6. See below, p. 345.

seem to be quite independent of her. It was not a *crime passionnel*. And yet, why was Jessica a sufficient pretext for his crime? He certainly would not have killed Hoederer if he had found him holding a strange woman in his arms. If then Jessica was a pretext but not the reason for Hugo's killing Hoederer, we must look further for authentic motives. Hugo must bear the responsibility for the confusion which arises in the observer's mind.

Was it Hugo the bourgeois who murdered Hoederer? Hugo joined the Proletarian Party as a gesture of revolt against the values of the middle class to which his parents belong. Hugo alleges many reasons for belonging to the revolutionary party. In all of them his revolt against his class is apparent. To Georges and Slick, Hoederer's henchmen, he says that he has joined the party so that all men may gain back their self-respect. To Hoederer himself he is perhaps more honest when he says that he is in the party in order to forget himself. Yet Hugo's denial of his family is sufficiently complete so that he refuses Karsky's offer to give him news of his father. In spite of this denial Hugo carries in his baggage twelve photographs of himself as he was when he was a youngster in his father's house. Certainly Hugo strove to be accepted as a member of the party. His cry of protest to Hoederer about Georges and Slick is that they refuse to accept him. Even Hoederer, however, refers to the Prince and Karsky as *des gens de ton monde* when he announces their arrival. Yet there is no indication that it was as a member still representative in some measure of the middle class that Hugo murdered Hoederer.

Was it perhaps Hugo the revolutionary, after all, who murdered Hoederer? We recall that Hugo had especially requested this mission as an opportunity to prove his value to the party, as a means of engaging in that field of direct action which alone represented a positive value for him. In his conversation with Jessica, Hugo insists on his political disagreements with Hoederer as his authentic motive for killing him. "Objectivement, il [Hoederer] agit comme un social-traître."[7] To Jessica he states clearly that political truth is objective, scientific: "La politique est une science. Tu peux démontrer que tu es dans le vrai et que les autres se trompent."[8] Although we may suspect that Hugo has learned this logic from Louis and Olga, that he is convinced more by the positivism of his assertions than by the truth of what he says, he at least makes one effort to sustain a coherent idealistic argument before Hoederer. "...Vous n'avez pas le droit d'entraîner le Parti dans vos combines,"[9] he says to Hoederer. "C'est une organisation révolutionnaire et vous allez en faire un parti de gouvernement."[10] Revolutionary parties are intended to seize power by armed force, not by shady bargains. He recommends that the party await the arrival of the Russians, who will drive the Regent from power.

Any other course will result in the progressive corruption of the revolutionary movement, its compromise and defeat. "Je suis entré au Parti parce que sa cause est juste et j'en sortirai quand elle cessera de l'être."[11] Right or wrong, this is a stand. Yet the next day Hugo is unable to kill Hoederer when he is given the chance. Other considerations intervene. Actually he yields to the force of the personality of Hoederer, who promises him a higher authority than that of political dialectics. This is not the behavior of a fanatical and resolute political assassin. Hugo is finally not a political assassin at all. When he pulls the trigger and shoots Hoederer, it is for some other more obscure and personal reason.

Hugo's crime is so ambiguous to his comrades in the party that they decide that he has killed Hoederer only incidentally to the purpose for which he was sent, and that he is actually a coward and a traitor. If it was Hugo the coward, or Hugo the traitor, who killed Hoederer, we should be obliged to assume that he had committed his act in a moment of acute impotence. Hugo gives a true assessment of himself on this score when he says: "Je ne suis pas lâche, mais je ne suis pas courageux non plus."[12] The question of Hugo's cowardice, however, is a condition of his crime; it is not a cause for it, nor a motive. Any judgment of Hugo which attempts to remain fair to him must include reservations on this point. Such reservations, of course, were not necessary for Hugo's comrades, who were

7. See below, p. 380.　　8. See below, p. 380.
9. See below, p. 383.　　10. See below, p. 383.
11. See below, p 387.　　12. See below, p. 372.

prompted by no such desire. Whether Hugo was essentially a coward or not, whether he did a cowardly thing in killing Hoederer, is a point which only Hugo could finally clarify, and this he does not do within the limits of the play. One does grow aware, however, of a lack of balance in Hugo, a certain weakness, as the play proceeds. This lack of balance certainly figures in some way in Hugo's crime. To Hugo's comrades he was a coward and a traitor. But this judgment was predetermined by their relationship with him. The objective spectator is obliged to reject this summary limiting of Hugo's essence for the sake of a more complex understanding of his character.

Was it finally Hugo the friend who killed Hoederer? This is perhaps as close as we can come to a positive motive, though the case is not entirely conclusive. But it is at least in Hugo's emotional relationship with Hoederer that we find the synthesis of all the other factors which drove him to his act. It was certainly of extreme importance to Hugo that he found Jessica in Hoederer's arms just at the moment when he was to offer Hoederer his allegiance and friendship. If there was a betrayal, it was Hoederer's seeming betrayal of their new understanding. At the moment when Hugo opened the door, he fancied he perceived Hoederer's true motive: Jessica. As he aimed and shot, he found a fleeting independence. For a moment it was Hugo the hero who occupied the center of the stage, but it was a performance for which Hugo was the only audience. Hoederer's

final line is a fitting commentary to this moment of juvenile pride and certainty, of deceptive appearances, of meaningless victory. Later, as Hugo related his murder of Hoederer to Olga, he was unable to assign any meaning to his act. "Oui. J'ai vraiment remué le doigt. Les acteurs aussi remuent les doigts, sur les planches. Tiens, regarde: je remue l'index, je te vise. C'est le même geste. Peut-être que ce n'est pas moi qui étais vrai. Peut-être c'était seulement la balle."[13] Hugo is not oppressed by his deed; he is oppressed only by Hoederer's death. And so what are we to think of his final act of defiance, his shout of *Non récupérable*. Is this the authentic *engagement* which the existentialist seeks, or is this the gun that killed Hoederer turned now against Hugo Barine?

Like the *garçon de café* of whom Sartre writes in *L'Etre et le néant*, Hugo is a rather vicious mechanism. "Toute sa conduite nous semble un jeu. Il s'applique à enchaîner ses mouvements comme s'ils étaient des mécanismes se commandant les uns les autres, sa mimique et sa voix même semblent des mécanismes; il se donne la prestesse et la rapidité impitoyable des choses. Il joue, il s'amuse. Mais à quoi donc jou-t-il? Il ne faut pas l'observer longtemps pour s'en rendre compte: il joue *à être* garçon de café.[14]

So Hugo played the game of political revolutionary.

"Je l'ai tué parce que j'avais ouvert la

13. See below, p. 397.   14. *L'Etre et le néant*, p. 99.

porte. C'est tout ce que je sais. Si je n'avais pas ouvert cette porte... Il était là, il tenait Jessica dans ses bras, il avait du rouge à lèvres sur le menton. C'était trivial. Moi, je vivais depuis longtemps dans la tragédie. C'est pour sauver la tragédie que j'ai tiré."[15]

Who killed Hoederer? An existentialist would answer: Hugo Barine.

Though the central problem of the play is Hugo's murder, the title itself suggests a broader concern. Hoederer, the hero, is the one whose hands are admittedly the dirtiest. "Comme tu tiens à ta pureté," he says to Hugo. "Comme tu as peur de te salir les mains. Eh bien, reste pur! A qui cela servira-t-il et pourquoi viens-tu parmi nous?... Ne rien faire, rester immobile, serrer les coudes contre le corps, porter des gants. Moi j'ai les mains sales. Jusqu'aux coudes... Est-ce que tu t'imagines qu'on peut gouverner innocemment?"[16] Hoederer honestly and rather proudly displays his dirty hands. Unlike Lady Macbeth, he does not try to cleanse them, for his spots are not a sign of irreparable evil, but of the unhappy relationship of good and evil as they exist for human beings. Hoederer is not the only one, however, to have dirty hands. Hugo himself is impure. What are his motives for belonging to the party? Although he wishes to gain for all men the right to be self-respecting, he admits to Hoederer that he has joined the party in order to forget himself. It is clear throughout the play that Hugo's most powerful motives

spring from private causes. Olga, too, in spite of her intransigence, wears the dirty hands of compromise and reality. It is Jessica's hands that are perhaps the cleanest. Although she betrays Hugo, she betrays him for strong positive values of her own. Her attempt to reach an understanding with Hugo has the ring of authenticity. Jessica's dirty hands are those of feminine compromise, for she has accepted the values of a male universe in which exploitation of her has been implicit. Slick speaks for the minor characters of the play. He has joined the party, not for the self-respect of humanity, but for a meal-ticket. Yet even this motive is not purely sordid, as Hoederer points out, since Slick's objection to hunger is that it prevents him from thinking about anything else.

Dirty hands. Hoederer sums up this message of the play in words which promise to become classic: "Que veux-tu que j'en sache? Je suppose que tu es à moitié victime, à moitié complice, comme tout le monde."[17]

In the limited sphere of the theater, Sartre presents the problem of action and being, of moral principle and practical expediency, of human freedom and determinism. He presents these problems from the point of view of the existentialist, for whom man is free, responsible for his freedom, uncondemned by definition except as he may define himself. He shows us that our customary definitions, as in the case of Hugo's murder, do not always apply to reality. He

15. See below, p. 396. 16. See below, p. 386.

17. See below, p. 363.

attacks the thorny problem of human morality, demonstrating the inadequacies of idealism, the errors of relativism, the inescapability of both of these. It is here that Sartre throws himself open to unsympathetic criticism. For if idealism is inadequate and hard-headed realism is contradictory, what is the solution to be? In this absolute sense there is no solution offered in *Les Mains sales.* No doctrine emerges from the play, the application of which would remedy the ills which are portrayed. Hoederer is right to the extent that he chooses the morality of the end which justifies the means; Hugo is right in his adherence to principle; Jessica is right in her search for some principle of masculine authority, as Olga is right in her rejection of this; there are even arguments in favor of the position of the Prince, Karsky, Georges, and Slick. Sartre offends all orthodox teachings in his tacit suggestion that the modern world might do well to abandon the search for the privileged position of some standardized and universal truth. Yet one must not confuse Sartre's position with that of scientific relativism. Absolute relativism would be a better term. For if man, condemned to freedom as Sartre says, did not embody the absolute ideals which he seeks, the bewildering contradictions of *Les Mains sales* could never exist.

Doubtless Sartre's postwar popularity has been due in great part to his ability to portray the atmosphere of heroic duty and confused betrayal in which the war years were lived by the French. The suave pronouncements of conventional idealism could not satisfy young Frenchmen after 1940. The Vichy government advised for the best interests of France collaboration with Germany. Here is a parallel not only for Hoederer's politics with respect to the Prince, but a parallel for the Prince's politics with respect to Germany. The slogan *"La France aux Français"* of the *Action Française* recalls Karsky's motto: *"L'Illyrie, l'Illyrie seule."* Against the Vichy government there was the Free French movement, professing the same motives, but advocating different methods. The resistance movement in France was not always the party of pure idealistic patriotism as it is often portrayed. Its nature was that of intellectual confusion as well as that of tragic good faith. And there was the strong element of the Communist Party, looking toward Russia for leadership and victory at home. Like the Revolutionary Party in *Les Mains sales*, the Communists also professed that they held the key to the true liberation of France, and Russian victories against the Germans permitted their ambitions to run high for a time. The order of the day was contradiction, and no ethos resolved the problem to the satisfaction of all Frenchmen. There was no longer any virtue without the taint of some impurity. Later many Frenchmen, especially among the intellectuals, were obliged to confess that they had been in error, but their error never assumed the reassuring distinctness of sin.

The origins of Sartre's plays are to be

found in this morass. What is cowardice? Where does my duty lie? Am I of good faith or bad? Is error a sin? How should I so act that all men might follow me? What part of heroism are vanity and pride? These are the problems with which the French intellectuals lived during the occupation. Future generations must decide on the universality of Sartre's plays; his own generation has found him indisputably timely.

A concluding statement on Sartre and Communism is in order. The facile accusation that Sartre is pro-Communist in his thinking can be refuted by an examination of his writings. In the last chapter of "Qu'est-ce que la littérature?" which first appeared in *Les Temps modernes*, Sartre declares, "I maintain that the policy of Stalinist Communism is incompatible in France with the free and honest plying of the writer's trade." He further charges that Communist writers are mere lackeys. However, Sartre's bias against bourgeois and capitalist attitudes has occasionally led him to defend the Communist position, particularly in the so-called "peace movements." He and another author, David Rousset, formed a political movement called the *Ralliement des démocrates revolutionnaires*, whose program, rather than being Communistic, was evocative of nineteenth-century European Socialism, and took a stand against dictatorship.

Les Mains sales itself is obviously a powerful document against opportunistic Stalinist Communism. The cynicism and facile casuistry of the professional Communist "with dirty hands" and the confusion and bewilderment of the amateur "intellectual" Communist are clearly indicted in this play. That the play has become a powerful and embarrassing anti-Communist political document was illustrated when a Communist "peace congress" was convoked in Vienna in 1952, and Sartre accepted an invitation to speak before the gathering. A local theater manager threatened to stage a production of *Les Mains sales* in competition with the congress if Sartre should speak. The violence inherent in Stalinist Communism, with its purges, with its "realists" and "intellectuals," is keynoted in a comment by Sartre on this play: "You must have Hoederers in politics, but I think that you must also have Hugos to kill the Hoederers from time to time."

LES MAINS SALES

PREMIER TABLEAU

CHEZ OLGA

Le rez-de-chaussée d'une maisonnette, au bord de la grand'route.[1] A droite, la porte d'entrée et une fenêtre dont les volets[2] sont clos. Au fond,[3] le téléphone sur une commode.[4] A gauche, vers le fond, une porte. Table, chaises. Mobilier hétéroclite et bon marché.[5] On sent que la personne qui vit dans cette pièce est totalement indifférente aux meubles. Sur la gauche, à côté de la porte, une cheminée: au-dessus de la cheminée une glace.[6] Des autos passent de temps en temps sur la route. Trompes.[7] Klaxons.

Scène I

OLGA, *puis* HUGO

Olga, seule, assise devant un poste de T. S. F.[8] *manœuvre les boutons de la radio. Brouillage,*[9] *puis une voix assez distincte.*

SPEAKER. Les armées allemandes battent en retraite[10] sur toute la largeur du front. Les armées soviétiques se sont emparées de[11] Kischnar[12] à quarante kilomètres de la frontière illyrienne.[13] Partout où elles le peuvent les troupes illyriennes refusent le combat; de nombreux transfuges[14] sont déjà passés du côté des Alliés. Illyriens, nous savons qu'on vous a contraints[15] de prendre les armes contre l'U. R. S. S.,[16] nous connaissons les senti-

ments profondément démocratiques de la population illyrienne et nous...

(Olga tourne le bouton, la voix s'arrête. Olga reste immobile, les yeux fixes. Un temps. On frappe. Elle sursaute.[17] *On frappe encore. Elle va lentement à la porte. On frappe de nouveau.)*

OLGA. Qui est-ce?

VOIX DE HUGO. Hugo.

OLGA. Qui?

VOIX DE HUGO. Hugo Barine. *(Olga a un bref sursaut, puis elle reste immobile devant la porte.)* Tu ne reconnais pas ma voix? Ouvre, voyons![18] Ouvre-moi.

(Olga va rapidement vers la commode... prend un objet de la main gauche, dans le tiroir,[19] *s'entoure*[20] *la main gauche d'une serviette, va ouvrir la porte, en se rejetant vivement en arrière,*[21] *pour éviter les surprises. Un grand garçon de 23 ans se tient sur le seuil.*[22]

HUGO. C'est moi. *(Ils se regardent un moment en silence.)* Ça t'étonne?

OLGA. C'est ta tête[23] qui m'étonne.

HUGO. Oui. J'ai changé. *(Un temps.)* Tu m'as bien vu?[24] Bien reconnu? Pas d'erreur possible? *(Désignant le revolver caché sous la serviette.)* Alors, tu peux poser[25] ça.

OLGA, *sans poser le revolver.* Je croyais que tu en avais pour cinq ans.[26]

HUGO. Eh bien oui: j'en avais pour cinq ans.

OLGA. Entre et ferme la porte. *(Elle recule d'un pas.*[27] *Le revolver n'est pas tout à fait braqué sur*[28] *Hugo mais il s'en*

---

1. highway 2. shutters 3. *Au fond* Upstage 4. dresser 5. *Mobilier... marché* A mixture of cheap furniture 6. mirror 7. Automobile horns 8. *poste de T. S. F.* (*télégraphie sans fil*) radio set 9. confused sounds 10. *battent en retraite* are retreating 11. *se... de* have seized 12. Name invented by Sartre. 13. Name borrowed from the Balkan area formalized into a state by Napoleon (1809–1814). 14. deserters 15. forced 16. *Union des Républiques Socialistes Soviétiques*

17. *Elle sursaute* She is startled 18. *Ouvre, voyons!* Come on, open up! 19. *dans le tiroir* from the drawer 20. covers 21. *en se... arrière* jumping back quickly 22. threshold 23. Here the face plus its expression. 24. *Tu... vu?* Have you really taken a good look? 25. put down 26. *que... ans* that you were in for five years 27. *Elle... pas.* She takes a step back. 28. *braqué sur* aimed at

faut de peu.[29] *Hugo jette un regard amusé au revolver et tourne lentement le dos à Olga, puis ferme la porte.)* Evadé?[30]

Hugo. Evadé? Je ne suis pas fou. Il a fallu qu'on me pousse dehors,[31] par les épaules.[32] *(Un temps.)* On m'a libéré pour ma bonne conduite.

Olga. Tu as faim?

Hugo. Tu aimerais, hein?[33]

Olga. Pourquoi?

Hugo. C'est si commode[34] de donner: ça tient à distance.[35] Et puis on a l'air inoffensif[36] quand on mange. *(Un temps.)* Excuse-moi: je n'ai ni faim ni soif.

Olga. Il suffisait[37] de dire non.

Hugo. Tu ne te rappelles donc pas: je parlais trop.

Olga. Je me rappelle.

Hugo, *regarde autour de lui.* Quel désert! Tout est là, pourtant. Ma machine à écrire[38]?

Olga. Vendue.

Hugo. Ah? *(Un temps. Il regarde la pièce.[39])* C'est vide.

Olga. Qu'est-ce qui est vide?

Hugo, *geste circulaire.*[40] Ça! Ces meubles ont l'air posés dans un désert. Là-bas,[41] quand j'étendais[42] les bras je pouvais toucher à la fois les deux murs qui se faisaient face.[43] Rapproche-toi.[44] *(Elle ne se rapproche pas.)* C'est vrai; hors de prison on vit à distance respectueuse. Que d'espace perdu! C'est drôle d'être libre, ça donne le vertige.[45] Il faudra que je reprenne l'habitude de parler aux gens sans les toucher.

Olga. Quand t'ont-ils lâché?[46]

Hugo. Tout à l'heure.[47]

Olga. Tu es venu ici directement?

Hugo. Où voulais-tu que j'aille?

Olga. Tu n'as parlé à personne? *(Hugo la regarde et se met à rire.)*

Hugo. Non, Olga. Non. Rassure-toi. A personne. *(Olga se détend[48] un peu et le regarde.)*

Olga. Ils ne t'ont pas rasé[49] la tête.

Hugo. Non.

Olga. Mais ils ont coupé ta mèche.[50] *(Un temps.)*

Hugo. Ça te fait plaisir de me revoir?

Olga. Je ne sais pas. *(Une auto sur la route. Klaxon; bruit de moteurs. Hugo tressaille.[51] L'auto s'éloigne. Olga l'observe froidement.)* Si c'est vrai qu'ils t'ont libéré, tu n'as pas besoin d'avoir peur.

Hugo, *ironiquement.* Tu crois? *(Il hausse[52] les épaules. Un temps.)* Que devient Louis?

Olga. Ça va.

Hugo. Et Laurent?

Olga. Il... n'a pas eu de chance.

Hugo. Je m'en doutais.[53] Je ne sais pas pourquoi, j'avais pris l'habitude de penser à lui comme à un mort. Il doit y avoir du changement.[54]

Olga. C'est devenu beaucoup plus dur depuis que les Allemands sont ici.

Hugo, *avec indifférence.* C'est vrai. Ils sont ici.

Olga. Depuis trois mois. Cinq divisions. En principe elles traversaient[55] pour aller en Hongrie. Et puis elles sont restées.

Hugo. Ah! Ah! *(Avec intérêt.)* Il y a des nouveaux chez vous?[56]

29. *il ... peu* it almost is   30. Did you escape?   31. *me pousse dehors* put me out   32. shoulders   33. *Tu aimerais, hein?* You would like that, wouldn't you?   34. easy   35. *ça... distance* it keeps people at a distance   36. harmless   37. would have been enough   38. *machine à écrire* typewriter   39. room   40. *geste circulaire* sweeping gesture   41. i.e. in prison   42. stretched out   43. *se faisaient face* stood opposite   44. *Rapproche-toi.* Come here.   45. *ça... vertige* it makes one dizzy

46. release   47. *Tout à l'heure.* A little while ago.   48. relaxes   49. shaved   50. lock of hair   51. gives a start   52. shrugs   53. *Je... doutais.* That's what I thought.   54. *Il... changement.* There must be changes.   55. *En... traversaient* They were only supposed to be passing through   56. *chez vous* i.e. in the party

OLGA. Beaucoup.

HUGO. Des jeunes?

OLGA. Pas mal de[57] jeunes. On ne recrute pas tout à fait de la même façon. Il y a des vides à combler[58]: nous sommes... moins stricts.

HUGO. Oui, bien sûr: il faut s'adapter. (*Avec une légère inquiétude.*) Mais pour l'essentiel, c'est la même ligne[59]?

OLGA, *embarrassée.* Eh bien... en gros,[60] naturellement.

HUGO. Enfin voilà: vous avez vécu. On s'imagine mal, en prison, que les autres continuent à vivre. Il y a quelqu'un dans ta vie?

OLGA. De temps en temps. (*Sur un geste d'Hugo.*) Pas en ce moment.

HUGO. Est-ce... que vous parliez de moi quelquefois?

OLGA, *mentant mal.* Quelquefois.

HUGO. Ils arrivaient la nuit sur leurs vélos,[61] comme de mon temps, ils s'asseyaient autour de la table, Louis bourrait[62] sa pipe et quelqu'un disait: c'est par une nuit pareille que le petit s'est proposé pour une mission de confiance?

OLGA. Ça ou autre chose.

HUGO. Et vous disiez: il s'en est bien tiré,[63] il a fait sa besogne proprement[64] et sans compromettre personne.

OLGA. Oui. Oui. Oui.

HUGO. Quelquefois, la pluie me réveillait; je me disais: ils auront de l'eau[65]; et puis, avant de me rendormir: c'est peut-être cette nuit-ci qu'ils parleront de moi. C'était ma principale supériorité sur les morts: je pouvais encore penser que vous pensiez à moi. (*Olga lui prend le bras d'un geste involontaire et maladroit.*

Ils se regardent. Olga lâche le bras d'Hugo. Hugo se raidit[66] un peu.) Et puis, un jour, vous vous êtes dit: il en a encore pour trois ans et quand il sortira (*Changeant de ton sans quitter Olga des yeux.*)... quand il sortira on l'abattra[67] comme un chien pour sa récompense.

OLGA, *reculant brusquement.* Tu es fou?

HUGO. Allons, Olga! Allons! (*Un temps.*) C'est toi qu'ils ont chargée[68] de m'envoyer les chocolats?

OLGA. Quels chocolats?

HUGO. Allons, allons!

OLGA, *impérieusement.* Quels chocolats?

HUGO. Des chocolats à la liqueur,[69] dans une boîte rose. Pendant six mois un certain Dresch m'a expédié régulièrement des colis.[70] Comme je ne connaissais personne de ce nom, j'ai compris que les colis venaient de vous et ça m'a fait plaisir. Ensuite les envois ont cessé et je me suis dit: ils m'oublient. Et puis, voici trois mois, un paquet est arrivé, du même expéditeur, avec des chocolats et des cigarettes. J'ai fumé les cigarettes et mon voisin de cellule[71] a mangé les chocolats. Le pauvre type[72] s'en est très mal trouvé.[73] Très mal. Alors j'ai pensé: ils ne m'oublient pas.

OLGA. Après?[74]

HUGO. C'est tout.

OLGA. Hoederer avait des amis qui ne doivent pas te porter dans leur cœur.[75]

HUGO. Ils n'auraient pas attendu deux ans pour me le faire savoir. Non, Olga, j'ai eu tout le temps[76] de réfléchir

---

57. *Pas mal de* Quite a few   58. to fill up 59. (party) line   60. *en gros* by and large 61. bicycles   62. filled   63. *il... tiré* he managed it well   64. *il... proprement* he managed his job neatly   65. *ils... eau* they are probably having rain

66. stiffens   67. *on l'abattra* we'll shoot him down   68. commissioned   69. *chocolats... liqueur* cordials   70. packages   71. *voisin de cellule* cell mate   72. fellow   73. *s'en... trouvé* died   74. Then what?   75. i.e. there is no love lost between you   76. *tout le temps* plenty of time

à cette histoire et je n'ai trouvé qu'une seule explication: au début le Parti pensait que j'étais encore utilisable et puis il a changé d'avis.[77]

OLGA, *sans dureté.* Tu parles trop, Hugo. Toujours trop. Tu as besoin de parler pour te sentir vivre.

HUGO. Je ne te le fais pas dire[78]: je parle trop, j'en sais trop long,[79] et vous n'avez jamais eu confiance en moi. Il n'y a pas besoin de chercher plus loin. (*Un temps.*) Je ne vous en veux pas,[80] tu sais. Toute cette histoire était mal commencée.

OLGA. Hugo, regarde-moi. Tu penses ce que tu dis? (*Elle le regarde.*) Oui, tu le penses. (*Violemment.*) Alors, pourquoi es-tu venu chez moi? Pourquoi? Pourquoi?

HUGO. Parce que *toi* tu ne pourras pas tirer sur[81] moi. (*Il regarde le revolver qu'elle tient encore et sourit.*) Du moins je le suppose. (*Olga jette avec humeur[82] le revolver entouré de son chiffon[83] sur la table.*) Tu vois.

OLGA. Ecoute, Hugo: je ne crois pas un mot de ce que tu m'as raconté et je n'ai pas reçu d'ordre à ton sujet.[84] Mais si jamais j'en reçois, tu dois savoir que je ferai ce qu'on me commandera. Et si quelqu'un du Parti m'interroge, je leur dirai que tu es ici, même si l'on devait te descendre[85] sous mes yeux. As-tu de l'argent?

HUGO. Non.

OLGA. Je vais t'en donner et tu t'en iras.

HUGO. Où? Traîner[86] dans les petites rues du port ou sur les docks? L'eau est froide, Olga. Ici, quoi qu'il arrive, il y a de la lumière et il fait chaud. Ce sera une fin plus confortable.

OLGA. Hugo, je ferai ce que le Parti me commandera. Je te jure que je ferai ce qu'il me commandera.

HUGO. Tu vois bien que c'est vrai.

OLGA. Va-t'en.

HUGO. Non. (*Imitant Olga.*) « Je ferai ce que le Parti me commandera. » Tu auras des surprises. Avec la meilleure volonté du monde, ce qu'on fait, ce n'est jamais ce que le Parti vous commande. « Tu iras chez Hoederer et tu lui lâcheras trois balles dans le ventre.[87] » Voilà un ordre simple, n'est-ce pas? J'ai été chez Hoederer et je lui ai lâché trois balles dans le ventre. Mais c'était autre chose. L'ordre? Il n'y avait plus d'ordre. Ça vous laisse tout seul les ordres, à partir d'un certain moment. L'ordre était resté en arrière et je m'avançais seul et j'ai tué tout seul et... je ne sais même plus pourquoi.[88] Je voudrais que le Parti te commande de tirer sur moi. Pour voir. Rien que pour voir.[89]

OLGA. Tu verrais. (*Un temps.*) Qu'est-ce que tu vas faire à présent?

HUGO. Je ne sais pas. Je n'y ai pas pensé. Quand ils ont ouvert la porte de la prison j'ai pensé que je viendrais ici et je suis venu.

OLGA. Où est Jessica?

HUGO. Chez son père. Elle m'a écrit quelquefois, les premiers temps.[90] Je crois qu'elle ne porte plus mon nom.

---

77. *changé d'avis* changed its mind   78. *Je... dire* Just as you say   79. *j'en... long* I know too much   80. *Je... pas* I don't bear you any grudge   81. *tirer sur* shoot at   82. annoyance   83. cloth   84. *à ton sujet* concerning you   85. kill   86. To wander around

87. *tu lui... ventre* you will let him have three bullets in the belly   88. An existentialist expression of the essential solitude of the individual. Meaning does not exist *a priori*. Hugo is alone as he enters upon his course of action. The meaning of his deed as well as his reasons for it will depend on him. Even Communism is unable to supply him with a meaning arbitrarily.   89. *Rien... voir.* Just to see.   90. *les premiers temps* at first

OLGA. Où veux-tu que je te loge?[91]
Il vient tous les jours des camarades.[92]
Ils entrent comme ils veulent.

HUGO. Dans ta chambre aussi?

OLGA. Non.

HUGO. Moi, j'y entrais. Il y avait une
courtepointe[93] rouge sur le divan, aux
murs un papier à losanges[94] jaunes et
verts, deux photos dont une de moi.[95]

OLGA. C'est un inventaire?

HUGO. Non: je me souviens. J'y
pensais souvent. La seconde photo m'a
donné du fil à retordre[96]: je ne sais plus
de qui elle était.

(*Une auto passe sur la route, il sursaute.
Ils se taisent tous les deux. L'auto s'arrête.
Claquement de portière.*[97] *On frappe.*)

OLGA. Qui est là?

VOIX DE CHARLES. C'est Charles.

HUGO, *à voix basse.*[98] Qui est Charles?

OLGA, *même jeu.*[99] Un type de chez
nous.[100]

HUGO, *la regardant.* Alors?[101] (*Un
temps très court. Charles frappe à nouveau.*[102])

OLGA. Eh bien? Qu'est-ce que tu
attends? Va dans ma chambre: tu
pourras compléter tes souvenirs. (*Hugo
sort. Olga va ouvrir.*)

Scène II

OLGA, CHARLES *et* FRANTZ

CHARLES. Où est-il?

OLGA. Qui?

CHARLES. Ce type. On le suit depuis

sa sortie de taule.[1] (*Bref silence.*) Il n'est
pas là?

OLGA. Si. Il est là.

CHARLES. Où?

OLGA. Là. (*Elle désigne sa chambre.*)

CHARLES. Bon.

(*Il fait signe à Frantz de le suivre,
met la main dans la poche de son veston*[2]
*et fait un pas en avant. Olga lui barre la
route.*[3])

OLGA. Non.

CHARLES. Ça ne sera pas long, Olga.
Si tu veux, va faire un tour[4] sur la route.
Quand tu reviendras tu ne trouveras
plus personne et pas de traces. (*Désignant Frantz.*) Le petit est là pour nettoyer.[5]

OLGA. Non.

CHARLES. Laisse-moi faire mon boulot,[6]
Olga.

OLGA. C'est Louis qui t'envoie?

CHARLES. Oui.

OLGA. Où est-il?

CHARLES. Dans la voiture.

OLGA. Va le chercher. (*Charles hésite.*)
Allons! Je te dis d'aller le chercher.

(*Charles fait un signe et Frantz disparaît.
Olga et Charles restent face à face, en silence. Olga sans quitter Frantz des yeux
ramasse*[7] *sur la table la serviette enveloppant
le revolver.*)

Scène III

OLGA, CHARLES, FRANTZ, LOUIS

LOUIS. Qu'est-ce qui te prend?[1]
Pourquoi les empêches-tu de faire leur
travail?

OLGA. Vous êtes trop pressés.[2]

LOUIS. Trop pressés?

---

91. *Où... loge?* Where do you expect me to
put you?   92. *Il... camarades.* Comrades come
here every day.   93. quilt   94. *diamond-
shaped figures*   95. *dont... moi* one of which
was of me   96. *m'a... retordre* gave me something to think about   97. *Claquement de portière.* A door slams.   98. *à voix basse* whispering   99. i.e. whispering   100. *Un... nous.*
One of our boys.   101. What do we do now?
102. *à nouveau* again

1. jail   2. suit coat   3. *barre la route* blocks
his way   4. *faire un tour* take a turn, a walk
5. clean up   6. job   7. picks up
1. *Qu'est-ce... prend?* What's come over you?
2. in a hurry

OLGA. Renvoie-les.[3]

LOUIS. Attendez-moi dehors. Si j'appelle, vous viendrez. (*Ils sortent.*) Alors? Qu'est-ce que tu as à me dire. (*Un temps.*)

OLGA, *doucement.* Louis, il a travaillé pour nous.

LOUIS. Ne fais pas l'enfant,[4] Olga. Ce type est dangereux. Il ne faut pas qu'il parle.

OLGA. Il ne parlera pas.

LOUIS. Lui? C'est le plus sacré bavard[5]...

OLGA. Il ne parlera pas.

LOUIS. Je me demande si tu le vois comme il est. Tu as toujours eu un faible[6] pour lui.

OLGA. Et toi un faible contre lui. (*Un temps.*) Louis, je ne t'ai pas fait venir pour que nous parlions de nos faiblesses; je te parle dans l'intérêt du Parti. Nous avons perdu beaucoup de monde depuis que les Allemands sont ici. Nous ne pouvons pas nous permettre de liquider[7] ce garçon sans même examiner s'il est récupérable.[8]

LOUIS. Récupérable? C'était un petit anarchiste indiscipliné, un intellectuel qui ne pensait qu'à prendre des attitudes, un bourgeois qui travaillait quand ça lui chantait[9] et qui laissait tomber le travail pour un oui, pour un non.

OLGA. C'est aussi le type qui, à vingt ans, a descendu Hoederer au milieu de ses gardes du corps et s'est arrangé pour camoufler un assassinat politique en crime passionnel.[10]

LOUIS. Était-ce un assassinat politique? C'est une histoire qui n'a jamais été éclaircie.[11]

OLGA. Eh bien, justement[12]: c'est une histoire qu'il faut éclaircir à présent.

LOUIS. C'est une histoire qui pue[13]; je ne voudrais pas y toucher. Et puis, de toute façon[14] je n'ai pas le temps de lui faire passer un examen.

OLGA. Moi, j'ai le temps. (*Geste de Louis.*) Louis, j'ai peur que tu ne mettes trop de sentiment dans cette affaire.

LOUIS. Olga, j'ai peur que tu n'en mettes beaucoup trop, toi aussi.[15]

OLGA. M'as-tu jamais vu céder aux sentiments? Je ne te demande pas de lui laisser la vie sans conditions. Je me moque de sa vie.[16] Je dis seulement qu'avant de le supprimer on doit examiner si le Parti peut le reprendre.

LOUIS. Le Parti ne peut plus le reprendre: plus maintenant.[17] Tu le sais bien.

OLGA. Il travaillait sous un faux nom et personne ne le connaissait sauf Laurent, qui est mort, et Dresden, qui est au front. Tu as peur qu'il ne parle? Bien encadré,[18] il ne parlera pas. C'est un intellectuel et un anarchiste? Oui, mais c'est aussi un désespéré. Bien dirigé, il peut servir d'homme de main[19] pour toutes les besognes. Il l'a prouvé.

LOUIS. Alors? Qu'est-ce que tu proposes?

OLGA. Quelle heure est-il?

LOUIS. Neuf heures.

OLGA. Revenez à minuit. Je saurai pourquoi il a tiré sur Hoederer, et ce qu'il est devenu aujourd'hui.[20] Si je juge en conscience[21] qu'il peut travailler avec

---

3. Send them away.   4. *Ne... enfant* Don't act like a child   5. *C'est... bavard.* He's the damnedest talker.   6. (*avoir un faible* to have a soft spot)   7. liquidate   8. redeemable   9. *quand... chantait* when he pleased   10. *s'est... passionnel* managed to make a political assassination look like a crime of passion   11. cleared up

12. precisely   13. stinks   14. *de toute façon* anyway   15. *Olga... aussi.* I'm afraid you do, too, Olga; much too much.   16. *Je... vie.* I don't care about his life.   17. *plus maintenant* not any more   18. *Bien encadré* Well directed; in the proper set-up   19. *homme de main* right-hand man   20. *ce... aujourd'hui* what he is today   21. *Si... conscience* If it is my considered opinion

nous, je vous le dirai à travers la porte, vous le laisserez dormir tranquille et vous lui donnerez vos instructions demain matin.

Louis. Et s'il n'est pas récupérable.

Olga. Je vous ouvrirai la porte.

Louis. Gros risque pour peu de choses.

Olga. Quel risque? Il y a des hommes autour de la maison?

Louis. Quatre.

Olga. Qu'ils restent en faction[22] jusqu'à minuit. (*Louis ne bouge pas.*) Louis, il a travaillé pour nous. Il faut lui laisser sa chance.

Louis. Bon. Rendez-vous à minuit. (*Il sort.*)

Scène IV

OLGA, *puis* HUGO

Olga va à la porte et l'ouvre. Hugo sort.

Hugo. C'était ta sœur.

Olga. Quoi?

Hugo. La photo sur le mur. C'était celle de ta sœur. (*Un temps.*) Ma photo à moi, tu l'as ôtée. (*Olga ne répond pas. Il la regarde.*) Tu fais une drôle de tête.[1] Qu'est-ce qu'ils voulaient?

Olga. Ils te cherchent.

Hugo. Ah! Tu leur as dit que j'étais ici?

Olga. Oui.

Hugo. Bon. (*Il va pour sortir.*)

Olga. La nuit est claire[2] et il y a des camarades autour de la maison.

Hugo. Ah? (*Il s'assied à la table.*) Donne-moi à manger.

(*Olga va chercher une assiette, du pain et du jambon.[3] Pendant qu'elle dispose[4] l'assiette et les aliments[5] sur la table, devant lui, il parle:*)

Hugo. Je ne me suis pas trompé, pour

ta chambre.[6] Pas une fois. Tout est comme dans mon souvenir. (*Un temps.*) Seulement quand j'étais en taule, je me disais: c'est un souvenir. La vraie chambre est là-bas, de l'autre côté du mur. Je suis entré, j'ai regardé ta chambre et elle n'avait pas l'air plus vraie que mon souvenir.[7] La cellule aussi, c'était un rêve. Et les yeux d'Hoederer, le jour où j'ai tiré sur lui. Tu crois que j'ai une chance de me réveiller? Peut-être quand tes copains[8] viendront sur moi[9] avec leurs joujoux[10]...

Olga. Ils ne te toucheront pas tant que tu seras ici.

Hugo. Tu as obtenu ça? (*Il se verse un verre de vin.*) Il faudra bien que je finisse par sortir.

Olga. Attends. Tu as une nuit. Beaucoup de choses peuvent arriver en une nuit.

Hugo. Que veux-tu qu'il arrive?[11]

Olga. Des choses peuvent changer.

Hugo. Quoi?

Olga. Toi. Moi.

Hugo. Toi?

Olga. Ça dépend de toi.

Hugo. Il s'agit que je te change?[12] (*Il rit, la regarde, se lève et vient vers elle. Elle s'écarte vivement.*[13])

Olga. Pas comme ça. Comme ça, on ne me change que quand je veux bien.[14] (*Un temps. Hugo hausse les épaules et se rassied. Il commence à manger.*)

Hugo. Alors?

Olga. Pourquoi ne reviens-tu pas avec nous?

---

22. *en faction* on duty
1. *Tu... tête.* You look funny. 2. bright
3. ham 4. arranges 5. food

6. *Je... chambre.* I wasn't wrong about your room. 7. *elle... souvenir* it didn't look any more real than my recollection of it 8. pals
9. *viendreont sur moi* come at me 10. toys (i.e. guns) 11. *Que... arrive?* What do you expect to happen? 12. *Il... change?* It's up to me to change you? 13. *Elle s'écarte vivement.* She steps aside quickly. 14. *Comme... bien.* I get changed that way only when I want to.

Hugo, *se mettant à rire.* Tu choisis bien ton moment pour me demander ça.

Olga. Mais si c'était possible? Si toute cette histoire reposait sur un malentendu?[15] Tu ne t'es jamais demandé ce que tu ferais, à ta sortie de prison?

Hugo. Je n'y pensais pas.

Olga. A quoi pensais-tu?

Hugo. A ce que j'ai fait. J'essayais de comprendre pourquoi je l'avais fait.

Olga. As-tu fini par comprendre? *(Hugo hausse les épaules.)* Comment est-ce arrivé, avec Hoederer? C'est vrai qu'il tournait autour de[16] Jessica?

Hugo. Oui.

Olga. C'est par jalousie que...

Hugo. Je ne sais pas. Je... ne crois pas.

Olga. Raconte.

Hugo. Quoi?

Olga. Tout. Depuis le début.

Hugo. Raconte, ça ne sera pas difficile: c'est une histoire que je connais par cœur; je me la répétais tous les jours en prison. Quant à dire ce qu'elle signifie, c'est une autre affaire. C'est une histoire idiote, comme toutes les histoires. Si tu la regardes de loin, elle se tient à peu près[17]; mais si tu te rapproches, tout fout le camp.[18] Un acte ça va trop vite.[19] Il sort de toi brusquement[20] et tu ne sais pas si c'est parce que tu l'as voulu ou parce que tu n'as pas pu le retenir. Le fait est que j'ai tiré...[21]

Olga. Commence par le commencement.

Hugo. Le commencement, tu le connais aussi bien que moi. D'ailleurs est-ce qu'il y en a un? On peut commencer l'histoire en mars 43 quand Louis m'a convoqué.[22] Ou bien un an plus tôt quand je suis entré au Parti. Ou peut-être plus tôt encore, à ma naissance. Enfin bon.[23] Supposons que tout a commencé en mars 1943. *(Pendant qu'il parle l'obscurité se fait[24] peu à peu sur la scène.)*

DEUXIÈME TABLEAU

Même décor, deux ans plus tôt, chez Olga. C'est la nuit. Par la porte du fond, côté cour,[1] on entend un bruit de voix, une rumeur[2] qui tantôt monte et tantôt s'évanouit comme si plusieurs personnes parlaient avec animation.

Scène I

HUGO, IVAN, *puis* LOUIS

Hugo tape à la machine.[3] Il paraît beaucoup plus jeune que dans la scène précédente. Ivan se promène de long en large.

Ivan. Dis!

Hugo. Eh?

Ivan. Tu ne pourrais pas t'arrêter de taper.

Hugo. Pourquoi?

Ivan. Ça m'énerve.[4]

Hugo. Tu n'as pourtant pas l'air d'un petit nerveux.

Ivan. Ben[5] non. Mais en ce moment ça m'énerve. Tu peux pas me causer?[6]

---

15. *Si... malentendu?* Suppose this whole story were based on a misunderstanding?   16. *tournait autour de* was making advances to   17. *se tient... près* more or less makes sense   18. *fout le camp* falls apart   19. *Un... vite.* An action happens too fast.   20. *Il... brusquement* It comes out of you all of a sudden   21. Hugo's tragedy is his attempt to find meaning without responsibility. He speaks of the murder not as of something he did, but as of something that happened to him.

22. summoned   23. *Enfin bon.* Well, never mind.   24. *l'obscurité se fait* darkness falls   1. *côté cour* i.e. side opposite prompter   2. indistinct murmur   3. *tape... machine* is typing   4. gets on my nerves   5. *Ben,* pronounced *bin,* is used in popular speech for *eh bien.*   6. Note colloquial omission of *ne. Causer* is used for *parler* in popular speech.

HUGO, *avec empressement*.[7] Moi, je ne demande pas mieux. Comment t'appelles-tu?

IVAN. Dans la clandestinité,[8] je suis Ivan. Et toi?

HUGO. Raskolnikoff.

IVAN, *riant*. Tu parles d'un nom.[9]

HUGO. C'est mon nom dans le Parti.

IVAN. Où c'est que[10] tu l'as pêché[11]?

HUGO. C'est un type dans un roman.[12]

IVAN. Qu'est-ce qu'il fait?

HUGO. Il tue.

IVAN. Ah! Et tu as tué, toi?

HUGO. Non. (*Un temps.*) Qui est-ce qui t'a envoyé ici?

IVAN. C'est Louis.

HUGO. Et qu'est-ce que tu dois faire?

IVAN. Attendre qu'il soit dix heures.

HUGO. Et après? (*Geste d'Ivan pour indiquer que Hugo ne doit pas l'interroger. Rumeur qui vient de la pièce voisine. On dirait une dispute.[13]*)

IVAN. Qu'est-ce qu'ils fabriquent les gars, là-dedans?[14] (*Geste de Hugo qui imite celui d'Ivan, plus haut, pour indiquer qu'on ne doit pas l'interroger.*)

HUGO. Tu vois: ce qu'il y a d'embêtant,[15] c'est que la conversation ne peut pas aller bien loin. (*Un temps.*)

IVAN. Il y a longtemps que tu es au Parti?

HUGO. Depuis 42; ça fait un an. J'y suis entré quand le Régent a déclaré la guerre à l'U. R. S. S.[16] Et toi?

IVAN. Je ne me rappelle même plus.

Je crois bien que j'y ai toujours été.[17] (*Un temps.*) C'est toi qui fais le journal.

HUGO. Moi et d'autres.

IVAN. Il me passe souvent par les pattes[18] mais je ne le lis pas. C'est pas votre faute mais vos nouvelles sont en retard de huit jours sur la B. B. C.[19] ou la Radio Soviétique.

HUGO. Où veux-tu qu'on les prenne, les nouvelles? On est comme vous, on les écoute à la Radio.

IVAN. Je ne dis pas.[20] Tu fais ton boulot, il n'y a rien à te reprocher. (*Un temps.*) Quelle heure est-il?

HUGO. Dix heures moins cinq.

IVAN. Ouf. (*Il bâille.[21]*)

HUGO. Qu'est-ce que tu as?

IVAN. Rien.

HUGO. Tu ne te sens pas bien.

IVAN. Si. Ça va.

HUGO. Tu n'as pas l'air à ton aise.[22]

IVAN. Ça va, je te dis. Je suis toujours comme ça avant.

HUGO. Avant quoi?

IVAN. Avant rien. (*Un temps.*) Quand je serai sur mon vélo, ça ira mieux. (*Un temps.*) Je me sens trop doux. Je ne ferais pas de mal à une mouche.[23] (*Il bâille. Entre Olga, par la porte d'entrée.*)

Scène II

Les mêmes, OLGA

Elle pose une valise près de la porte.

OLGA, *à Ivan*. Voilà. Tu pourras la fixer sur ton porte-bagage[1]?

IVAN. Montre.[2] Oui. Très bien.

OLGA. Il est dix heures. Tu peux

7. *avec empressement* eagerly   8. in the underground   9. *Tu... nom.* What a name!   10. *où c'est que* for *où est-ce que* in popular speech   11. get it   12. Hugo chooses the name of the young killer in Dostoievsky's *Crime and Punishment*.   13. *On... dispute.* It sounds like an argument.   14. *Qu'est-ce... là-dedans?* What are those fellows doing in there?   15. *ce... embêtant* the annoying thing about it   16. In English, U. S. S. R.

17. *Je... été* I guess I have always been in the party.   18. slang for *mains*   19. *B. B. C.* British Broadcasting Corporation   20. i.e. *Je ne dis pas le contraire.*   21. yawns   22. *Tu... aise.* i.e. You look strange.   23. fly

1. baggage-carrier   2. Let's see.

filer.[3] On t'a dit pour le barrage et la maison?[4]

Ivan. Oui.

Olga. Alors bonne chance.

Ivan. Parle pas de malheur. (*Un temps.*) Tu m'embrasses?[5]

Olga. Bien sûr. (*Elle l'embrasse sur les deux joues.*)

Ivan, *il va prendre la valise et se retourne au moment de sortir. Avec une emphase[6] comique:* Au revoir, Raskolnikoff.

Hugo, *en souriant.* Va au diable. (*Ivan sort.*)

Scène III

HUGO, OLGA

Olga. Tu n'aurais pas dû lui dire d'aller au diable.

Hugo. Pourquoi?

Olga. Ce ne sont pas des choses qu'on dit.

Hugo, *étonné.* Toi, Olga, tu es superstitieuse?

Olga, *agacée.*[1] Mais non. (*Hugo la regarde attentivement.*)

Hugo. Qu'est-ce qu'il va faire?

Olga. Tu n'as pas besoin de le savoir.

Hugo. Il va faire sauter[2] le pont de Korsk?

Olga. Pourquoi veux-tu que je te le dise? En cas de coup dur,[3] moins tu en sauras, mieux ça vaudra.

Hugo. Mais tu le sais, toi, ce qu'il va faire?

Olga, *haussant les épaules.* Oh! moi...

Hugo. Bien sûr: toi, tu tiendras ta langue. Tu es comme Louis: ils te tueraient sans que tu parles. (*Un bref silence.*) Qui vous prouve que je parlerais? Comment pourrez-vous me faire confiance si vous ne me mettez pas à l'épreuve[4]?

Olga. Le Parti n'est pas une école du soir. Nous ne cherchons pas à t'éprouver mais à t'employer selon ta compétence.

Hugo, *désignant la machine à écrire.* Et ma compétence, c'est ça?

Olga. Saurais-tu déboulonner[5] des rails?

Hugo. Non.

Olga. Alors? (*Un silence. Hugo se regarde dans la glace.*) Tu te trouves beau.

Hugo. Je regarde si je ressemble à mon père. (*Un temps.*) Avec des moustaches, ce serait frappant.[6]

Olga, *haussant les épaules.* Après?[7]

Hugo. Je n'aime pas mon père.

Olga. On le sait.

Hugo. Il m'a dit: « Moi aussi, dans mon temps, j'ai fait partie[8] d'un groupe révolutionnaire; j'écrivais dans leur journal. Ça te passera[9] comme ça m'a passé... »

Olga. Pourquoi me racontes-tu ça?

Hugo. Pour rien. J'y pense chaque fois que je me regarde dans une glace. C'est tout.

Olga, *désignant la porte de la salle de réunion.* Louis est là-dedans?

Hugo. Oui.

Olga. Et Hoederer?

Hugo. Je ne le connais pas, mais je suppose. Qui est-ce au juste[10]?

Olga. C'était un député du Landstag[11] avant la dissolution. A présent il est secrétaire du Parti. Hoederer, ça n'est pas son vrai nom.

Hugo. Quel est son vrai nom?

---

3. leave   4. i.e. Have you been told about the cordon surrounding the house, as well as the arrangement of the house itself?   5. Are you going to kiss me?   6. exaggerated tone of voice
1. annoyed   2. *faire sauter* to blow up
3. *En... dur* In case things get tight

4. test   5. to unbolt   6. striking   7. So what?   8. *fait partie (de)* belonged to   9. *Ça te passera* You'll get over it   10. *au juste* exactly   11. legislative assembly

OLGA. Je t'ai déjà dit que tu étais trop curieux.

HUGO. Ça crie fort.[12] Ils ont l'air de se bagarrer.[13]

OLGA. Hoederer a réuni le comité pour le faire voter sur une proposition.

HUGO. Quelle proposition?

OLGA. Je ne sais pas. Je sais seulement que Louis est contre.

HUGO, *souriant*. Alors, s'il est contre, je suis contre aussi. Pas besoin de savoir de quoi il s'agit. (*Un temps*.) Olga, il faut que tu m'aides.

OLGA. A quoi?[14]

HUGO. A convaincre Louis qu'il me fasse faire de l'action directe. J'en ai assez d'écrire[15] pendant que les copains se font tuer.

OLGA. Tu cours des risques, toi aussi.

HUGO. Pas les mêmes. (*Un temps*.) Olga, je n'ai pas envie de vivre.

OLGA. Vraiment? Pourquoi?

HUGO, *geste*.[16] Trop difficile.

OLGA. Tu es marié, pourtant.

HUGO. Bah!

OLGA. Tu aimes ta femme.

HUGO. Oui. Bien sûr. (*Un temps*.) Un type qui n'a pas envie de vivre, ça doit pouvoir servir,[17] si on sait l'utiliser. (*Un temps. Cris et rumeurs qui viennent de la salle de réunion*.) Ça va mal, là dedans.

OLGA, *inquiète*. Très mal.

Scène IV

Les mêmes, LOUIS

La porte s'ouvre. Louis sort avec deux autres hommes qui passent rapidement, ouvrent la porte d'entrée et sortent.

LOUIS. C'est fini.

OLGA. Hoederer?

LOUIS. Il est parti par derrière avec Boris et Lucas.

OLGA. Alors?

LOUIS, *hausse les épaules sans répondre. Un temps. Puis:* Les salauds![1]

OLGA. Vous avez voté?

LOUIS. Oui. (*Un temps*.) Il est autorisé à engager les pourparlers.[2] Quand il reviendra avec des offres précises, il emportera le morceau.[3]

OLGA. A quand la prochaine réunion?

LOUIS. Dans dix jours. Ça nous donne toujours une semaine. (*Olga lui désigne Hugo*.) Quoi? Ah! oui... Tu es encore là, toi? (*Il le regarde et reprend distraitement*[4]:) Tu es encore là... (*Hugo fait un geste pour s'en aller*.[5]) Reste. J'ai peut-être du travail pour toi. (*A Olga*.) Tu le connais mieux que moi. Qu'est-ce qu'il vaut?

OLGA. Ça peut aller.[6]

LOUIS. Il ne risque pas de se dégonfler[7]?

OLGA. Sûrement pas. Ce serait plutôt...

LOUIS. Quoi?

OLGA. Rien. Ça peut aller.

LOUIS. Bon. (*Un temps*.) Ivan est parti?

OLGA. Il y a un quart d'heure.

LOUIS. Nous sommes aux premières loges[8]: on entendra l'explosion d'ici. (*Un temps. Il revient vers Hugo*.) Il paraît que tu veux *agir*?

HUGO. Oui.

LOUIS. Pourquoi?

---

12. *Ça crie fort.* They're talking loud.
13. *se bagarrer* to quarrel   14. *A quoi?* i.e.
A faire quoi?   15. *J'en... d'écrire* I'm sick of
writing   16. Some gesture of discouragement.
17. *ça... servir* one should be able to put him to
some use

1. The bastards!   2. discussion with a view
to coming to an agreement   3. *il... morceau*
he will get his way   4. *reprend distraitement*
continues absent-mindedly   5. *geste... aller*
a gesture of departure   6. *Ça peut aller.*
He'll do.   7. *se dégonfler* to lose his courage
8. *Nous... loges* We have a front seat

Hugo. Comme ça.[9]

Louis. Parfait. Seulement tu ne sais rien faire de tes dix doigts.

Hugo. En effet. Je ne sais rien faire.

Louis. Alors?

Hugo. En Russie, à la fin de l'autre siècle, il y avait des types qui se plaçaient sur le passage d'un grand-duc avec une bombe dans leur poche. La bombe éclatait, le grand-duc sautait[10] et le type aussi. Je peux faire ça.

Louis. C'étaient des anars.[11] Tu en rêves parce que tu es comme eux: un intellectuel anarchiste. Tu as cinquante ans de retard: le terrorisme, c'est fini.

Hugo. Alors je suis un incapable.

Louis. Dans ce domaine-là, oui.

Hugo. N'en parlons plus.

Louis. Attends. (Un temps.) Je vais peut-être te trouver quelque chose à faire.

Hugo. Du *vrai* travail?

Louis. Pourquoi pas?

Hugo. Et tu me ferais *vraiment* confiance?

Louis. Ça dépend de toi.

Hugo. Louis, je ferai n'importe quoi.[12]

Louis. Nous allons voir. Assieds-toi. (Un temps.) Voilà la situation: d'un côté le gouvernement fasciste du Régent qui a aligné sa politique sur celle de l'Axe; de l'autre notre Parti qui se bat pour la démocratie, pour la liberté, pour une société sans classes. Entre les deux, le Pentagone qui groupe clandestinement les bourgeois libéraux et nationalistes. Trois groupes d'intérêts inconciliables, trois groupes d'hommes qui se haïssent. (Un temps.) Hoederer nous a réunis ce soir parce qu'il veut que le Parti prolétarien s'associe aux fascistes et au Pentagone pour partager le pou-

voir avec eux, après la guerre. Qu'en penses-tu?[13]

Hugo, *souriant*. Tu te moques de moi.

Louis. Pourquoi?

Hugo. Parce que c'est idiot.

Louis. C'est pourtant ça qu'on vient de discuter ici pendant trois heures.

Hugo, *ahuri*.[14] Enfin... C'est comme si tu me disais qu'Olga nous a tous dénoncés à la police et que le Parti lui a voté des félicitations.

Louis. Que ferais-tu si la majorité s'était déclarée en faveur de ce rapprochement?

Hugo. Tu me le demandes sérieusement?

Louis. Oui.

Hugo. J'ai quitté ma famille et ma classe, le jour où j'ai compris ce que c'était que l'oppression.[15] En aucun cas, je n'accepterais de compromis avec elle.

Louis. Mais si les choses en étaient venues là[16]?

Hugo. Alors, je prendrais un pétard[17] et j'irais descendre un flic[18] sur la Place Royale ou avec un peu de chance un milicien. Et puis j'attendrais à côté du cadavre pour voir ce qui m'arriverait. (Un temps.) Mais c'est une blague.[19]

Louis. Le comité a accepté la proposition de Hoederer par quatre voix contre trois. Dans la semaine qui vient, Hoederer rencontrera les émissaires du Régent.

Hugo. Est-ce qu'il est vendu?[20]

Louis. Je ne sais pas et je m'en fous.[21] Objectivement, c'est un traître; ça me suffit.

9. For no particular reason.   10. was blown up   11. Slang for *anarchistes*.   12. *n'importe quoi* anything

13. Note the similarity of this situation to that of France during the Second World War. 14. stupefied   15. *le jour... l'oppression* the day I understood what oppression was   16. *en... là* had reached that point   17. gun   18. cop 19. joke   20. *Est-ce... vendu?* Has he sold out?   21. *je... fous* I don't give a damn

Hugo. Mais Louis... enfin, je ne sais pas, moi, c'est... c'est absurde: le Régent nous hait, il nous traque,[22] il combat contre l'U. R. S. S. aux côtés de l'Allemagne, il a fait fusiller[23] des gens de chez nous: comment peut-il...?

Louis. Le Régent ne croit plus à la victoire de l'Axe: il veut sauver sa peau.[24] Si les Alliés gagnent, il veut pouvoir dire qu'il jouait double jeu.

Hugo. Mais les copains...

Louis. Tout le P. A. C.[25] que je représente est contre Hoederer. Seulement, tu sais ce que c'est: le Parti prolétarien est né de la fusion du P. A. C. et des sociaux-démocrates. Les sociaux-démocrates ont voté pour Hoederer et ils ont la majorité.

Hugo. Pourquoi ont-ils...?

Louis. Parce qu'Hoederer leur fait peur...

Hugo. Est-ce que nous ne pouvons pas les lâcher[26]?

Louis. Une scission[27]? Impossible. (*Un temps.*) Tu es avec nous, petit?

Hugo. Olga et toi vous m'avez tout appris et je vous dois tout. Pour moi, le Parti, c'est vous.

Louis, *à Olga.* Il pense ce qu'il dit?

Olga. Oui.

Louis. Bon. (*A Hugo.*) Tu comprends bien la situation: nous ne pouvons ni nous en aller ni l'emporter[28] au comité. Mais il s'agit uniquement d'une manœuvre de Hoederer. Sans Hoederer, nous mettons les autres dans notre poche.[29] (*Un temps.*) Hoederer a demandé mardi dernier au Parti de lui fournir un secrétaire. Un étudiant. Marié.

Hugo. Pourquoi, marié?

Louis. Je ne sais pas. Tu es marié?

Hugo. Oui.

Louis. Alors? Tu es d'accord? (*Ils se regardent un moment.*)

Hugo, *avec force.* Oui.

Louis. Très bien. Tu partiras demain avec ta femme. Il habite à vingt kilomètres d'ici, dans une maison de campagne qu'un ami lui a prêtée. Il vit avec trois costauds[30] qui sont là en cas de coup dur.[31] Tu n'auras qu'à le surveiller[32]; nous établirons une liaison dès[33] ton arrivée. Il ne faut pas qu'il rencontre les envoyés du Régent. Ou, en tout cas, il ne faut pas qu'il les rencontre deux fois, tu m'as compris?

Hugo. Oui.

Louis. Le soir que nous te dirons, tu ouvriras la porte à trois camarades qui achèveront la besogne; il y aura une auto sur la route et tu fileras[34] avec ta femme pendant ce temps-là.

Hugo. Oh! Louis.

Louis. Quoi?

Hugo. C'est donc ça? Ce n'est que ça? Voilà ce dont tu me juges capable?

Louis. Tu n'est pas d'accord?

Hugo. Non. Pas du tout: je ne veux pas faire le mouton.[35] On a des manières, nous autres.[36] Un intellectuel anarchiste n'accepte pas n'importe quelle besogne.[37]

Olga. Hugo!

Hugo. Mais voici ce que je vous propose: pas besoin de liaison, ni d'espionnage. Je ferai l'affaire moi-même.

Louis. Toi?

30. husky fellows   31. *en... dur* in case things get tight   32. to keep an eye on
33. right after   34. will make your getaway
35. *faire le mouton* be a sheep, take orders only
36. *nous autres = nous autres intellectuels anarchistes*
37. Sartre is constantly interested in the problem of the weak man's pride and bad faith. This is a common theme in both *Huis-Clos* and *Morts sans sépultures.*

22. tracks down   23. to shoot   24. skin
25. *P. A. C.* The national Communist party.
26. abandon   27. a split   28. to win, carry the day   29. *nous... poche* we should win easily

Hugo. Moi.

Louis. C'est du travail trop dur pour un amateur.

Hugo. Vos trois tueurs, ils rencontreront peut-être les gardes du corps de Hoederer; ils risquent de se faire descendre.[38] Moi, si je suis son secrétaire et si je gagne sa confiance, je serai seul avec lui plusieurs heures par jour.

Louis, *hésitant.* Je ne...

Olga. Louis!

Louis. Eh?

Olga, *doucement.* Fais-lui confiance. C'est un petit gars qui cherche sa chance. Il ira jusqu'au bout.

Louis. Tu réponds de lui?[39]

Olga. Entièrement.

Louis. Bon. Alors écoute... (*Explosion sourde[40] dans le lointain.*)

Olga. Il a réussi.

Louis. Éteins![41] Hugo, ouvre la fenêtre! (*Ils éteignent et ouvrent la fenêtre. Au fond la lueur[42] rouge d'un incendie.*)

Olga. Ça brûle, là-bas. Ça brûle. Tout un incendie. Il a réussi. (*Ils sont tous à la fenêtre.*)

Hugo. Il a réussi. Avant la fin de la semaine, vous serez ici, tous les deux, par une nuit pareille, et vous attendrez les nouvelles; et vous serez inquiets et vous parlerez de moi et je compterai pour vous. Et vous vous demanderez: qu'est-ce qu'il fait? Et puis il y aura un coup de téléphone ou bien quelqu'un frappera à la porte et vous vous sourirez comme vous faites à présent et vous vous direz: « Il a réussi. »[43]

Rideau

38. *se faire descendre* getting themselves shot   39. *Tu... lui?* You'll guarantee him?   40. dull (sound)   41. Put out the lights!   42. gleaming light   43. Like Garcin in *Huis-Clos,* Hugo attempts to arrive at some meaningful sense of self through others.

TROISIÈME TABLEAU

Un pavillon.[1] Un lit, armoires,[2] fauteuils, chaises. Des vêtements de femme sur toutes les chaises, des valises ouvertes sur le lit.

Jessica emménage.[3] Elle va regarder à la fenêtre. Revient. Va à une valise fermée qui est dans un coin (initiales H. B.) la tire sur le devant de la scène, va jeter un coup d'œil à la fenêtre, va chercher un complet d'homme pendu[4] dans un placard,[5] fouille[6] dans les poches, sort une clé,[7] ouvre la valise, fouille hâtivement, va regarder à la fenêtre, revient, fouille, trouve quelque chose qu'elle regarde, dos tourné au public, nouveau coup d'œil à la fenêtre. Elle tressaille,[8] ferme rapidement la valise, remet la clé dans le veston et cache, sous le matelas,[9] les objets qu'elle tient à la main.

Hugo entre.

Scène I

JESSICA, HUGO

Hugo. Il n'en finissait pas.[10] Tu as trouvé le temps long?

Jessica. Horriblement.

Hugo. Qu'as-tu fait?

Jessica. J'ai dormi.

Hugo. On ne trouve pas le temps long quand on dort.

Jessica. J'ai rêvé que je trouvais le temps long, ça m'a réveillée et j'ai défait[11] les valises. Qu'est-ce que tu penses de l'installation? (*Elle désigne le pêle-mêle des vêtements sur le lit et les chaises.*)

Hugo. Je ne sais pas. Elle est provisoire[12]?

Jessica, *fermement.* Définitive.[13]

1. guest house   2. cupboards   3. is moving in   4. hanging   5. closet   6. searches   7. key   8. gives a start   9. mattress   10. *Il... pas.* He went on and on.   11. unpacked   12. temporary   13. permanent

HUGO. Très bien.

JESSICA. Comment est-il?

HUGO. Qui?

JESSICA. Hoederer?

HUGO. Hoederer? Comme tout le monde.

JESSICA. Quel âge a-t-il?

HUGO. Entre deux âges.[14]

JESSICA. Entre lesquels?

HUGO. Vingt et soixante.

JESSICA. Grand ou petit?

HUGO. Moyen.

JESSICA. Signe distinctif?

HUGO. Une grande balafre,[15] une perruque[16] et un œil de verre.[17]

JESSICA. Quelle horreur!

HUGO. C'est pas vrai. Il n'a pas de signes distinctifs.

JESSICA. Tu fais le malin[18] mais tu serais bien incapable de me le décrire.

HUGO. Bien sûr que si,[19] j'en serais capable.

JESSICA. Non, tu n'en serais pas capable.

HUGO. Si.

JESSICA. Non. Quelle est la couleur de ses yeux?

HUGO. Gris.

JESSICA. Ma pauvre abeille, tu crois que tous les yeux sont gris. Il y en a des bleus, des marrons,[20] des verts et des noirs. Il y en a même de mauves. Quelle est la couleur des miens? (*Elle se cache les yeux avec sa main.*) Ne regarde pas.

HUGO. Ce sont deux pavillons de soie,[21] deux jardins andalous,[22] deux poissons de lune.[23]

JESSICA. Je te demande leur couleur.

HUGO. Bleu.

JESSICA. Tu as regardé.

HUGO. Non, mais tu me l'as dit ce matin.

JESSICA. Idiot. (*Elle vient sur lui.*) Hugo, réfléchis bien: est-ce qu'il a une moustache?

HUGO. Non. (*Un temps. Fermement.*) Je suis sûr que non.

JESSICA, *tristement.* Je voudrais pouvoir te croire.

HUGO, *réfléchit puis se lance.*[24] Il avait une cravate à pois.[25]

JESSICA. A pois?

HUGO. A pois.

JESSICA. Bah?[26]

HUGO. Le genre... (*Il fait le geste de nouer[27] une lavallière.[28]*) Tu sais.

JESSICA. Tu t'es trahi, tu t'es livré! Tout le temps qu'il te parlait, tu as regardé sa cravate. Hugo, il t'a intimidé.

HUGO. Mais non!

JESSICA. Il t'a intimidé!

HUGO. Il n'est pas intimidant.

JESSICA. Alors pourquoi regardais-tu sa cravate?

HUGO. Pour ne pas l'intimider.

JESSICA. C'est bon.[29] Moi je le regarderai et quand tu voudras savoir comment il est fait, tu n'auras qu'à me le demander. Qu'est-ce qu'il t'a dit?

HUGO. Je lui ai dit que mon père était vice-président des Charbonnières de Tosk[30] et que je l'avais quitté pour entrer au Parti.

JESSICA. Qu'est-ce qu'il t'a répondu?

HUGO. Que c'était bien.

JESSICA. Et après?

HUGO. Je ne lui ai pas caché que j'avais mon doctorat mais je lui ai bien fait comprendre que je n'étais pas un

---

14. *entre deux âges* no particular age, middle-aged   15. scar   16. wig   17. glass   18. *Tu... malin* You try to be clever   19. *Bien sûr que si* I certainly would   20. brown   21. *pavillons de soie* silk flags   22. Andalusian   23. *poissons de lune* sunfish

24. *se lance* plunges ahead   25. *à pois* with polka dots   26. Did he? (Actually untranslatable.)   27. tying   28. a flowing tie   29. *C'est bon.* All right.   30. *Charbonnières de Tosk* Tosk Coal Company

intellectuel et que je ne rougissais pas de faire un travail de copiste et que je mettais mon point d'honneur dans l'obéissance et la discipline la plus stricte.

JESSICA. Et qu'est-ce qu'il t'a répondu?

HUGO. Que c'était bien.

JESSICA. Et ça vous a pris deux heures?

HUGO. Il y a eu les silences.

JESSICA. Tu es de ces gens qui vous racontent toujours ce qu'ils disent aux autres et jamais ce que les autres leur ont répondu.

HUGO. C'est parce que je pense que tu t'intéresses plus à moi qu'aux autres.

JESSICA. Bien sûr, mon abeille. Mais toi, je t'ai. Les autres, je ne les ai pas.

HUGO. Tu veux avoir Hoederer?

JESSICA. Je veux avoir tout le monde.

HUGO. Hum! Il est vulgaire.

JESSICA. Comment le sais-tu puisque tu ne l'as pas regardé.

HUGO. Il faut être vulgaire pour porter une cravate à pois.

JESSICA. Les impératrices grecques couchaient avec des généraux barbares.

HUGO. Il n'y avait pas d'impératrices en Grèce.

JESSICA. A Byzance il y en avait.

HUGO. A Byzance il y avait des généraux barbares et des impératrices grecques mais on ne dit pas ce qu'ils faisaient ensemble.

JESSICA. Qu'est-ce qu'ils pouvaient faire d'autre? (*Un léger silence.*) Il t'a demandé comment j'étais?

HUGO. Non.

JESSICA. D'ailleurs tu n'aurais pas pu lui répondre: tu n'en sais rien. Il n'a rien dit d'autre sur moi[31]?

HUGO. Rien.

JESSICA. Il manque de manières.

31. *sur moi* about me

HUGO. Tu vois. D'ailleurs il est trop tard pour t'intéresser à lui.

JESSICA. Pourquoi?

HUGO. Tu tiendras ta langue?

JESSICA. A deux mains.[32]

HUGO. Il va mourir.

JESSICA. Il est malade?

HUGO. Non, mais il va être assassiné. Comme tous les hommes politiques.

JESSICA. Ah! (*Un temps.*) Et toi, petite abeille, es-tu un homme politique?

HUGO. Certainement.

JESSICA. Et qu'est-ce que doit faire la veuve[33] d'un homme politique?

HUGO. Elle entre dans le parti de son mari et elle achève son œuvre.[34]

JESSICA. Seigneur! J'aimerais beaucoup mieux me tuer sur ta tombe.

HUGO. Ça ne se fait plus qu'à Malabar.[35]

JESSICA. Alors, écoute ce que je ferais: j'irais trouver tes assassins un à un, je les ferais brûler d'amour et quand ils croiraient enfin pouvoir consoler ma langueur hautaine et désolée[36] je leur plongerais un couteau dans le cœur.

HUGO. Qu'est-ce qui t'amuserait le plus? Les tuer ou les séduire?

JESSICA. Tu es bête et vulgaire.

HUGO. Je croyais que tu aimais les hommes vulgaires. (*Jessica ne répond pas.*) On joue ou on ne joue pas?[37]

JESSICA. On ne joue plus. Laisse-moi défaire mes valises.

HUGO. Va! Va!

JESSICA. Il ne reste plus que la tienne. Donne-moi la clé.

HUGO. Je te l'ai donnée.

JESSICA, *désignant la valise qu'elle a*

32. *A deux mains.* With both hands. 33. widow   34. i.e. *son œuvre à lui*   35. a district of Madras, India   36. *ma... désolée* my proud and disconsolate grief   37. Hugo and Jessica announce thus their private game of pretending.

ouverte au début du tableau. Pas de celle-là.

HUGO. Celle-là, je la déferai moi-même.

JESSICA. Ce n'est pas ton affaire, ma petite âme.

HUGO. Depuis quand est-ce la tienne? Tu veux jouer à la femme d'intérieur[38]?

JESSICA. Tu joues bien au révolutionnaire.

HUGO. Les révolutionnaires n'ont pas besoin de femmes d'intérieur: ils leur coupent la tête.

JESSICA. Ils préfèrent les louves[39] aux cheveux noirs, comme Olga.

HUGO. Tu es jalouse?

JESSICA. Je voudrais bien. Je n'y ai jamais joué. On y joue?[40]

HUGO. Si tu veux.

JESSICA. Bon. Alors donne-moi la clé de cette valise.

HUGO. Jamais!

JESSICA. Qu'est-ce qu'il y a dans cette valise?

HUGO. Un secret honteux.[41]

JESSICA. Quel secret?

HUGO. Je ne suis pas le fils de mon père.

JESSICA. Comme ça te ferait plaisir, mon abeille. Mais ce n'est pas possible: tu lui ressembles trop.

HUGO. Ce n'est pas vrai! Jessica. Tu trouves que je lui ressemble?

JESSICA. On joue ou on ne joue pas?

HUGO. On joue.

JESSICA. Alors, ouvre cette valise.

HUGO. J'ai juré de ne pas l'ouvrir.

JESSICA. Elle est bourrée[42] de lettres de la louve[43]! ou de photos peut-être? Ouvre!

HUGO. Non.

JESSICA. Ouvre. Ouvre.

HUGO. Non et non.

JESSICA. Tu joues?

HUGO. Oui.

JESSICA. Alors, pouce[44]: je ne joue plus. Ouvre la valise.

HUGO. Pouce cassé[45]: je ne l'ouvrirai pas.

JESSICA. Ça m'est égal, je sais ce qu'il y a dedans.

HUGO. Qu'est-ce qu'il y a?

JESSICA. Il y a... il y a... (*Elle passe la main sous le matelas, puis met les deux mains derrière son dos et brandit[46] des photos.*) Ça!

HUGO. Jessica!

JESSICA, *triomphante.* J'ai trouvé la clé dans ton costume bleu, je sais quelle est ta maîtresse, ta princesse, ton impératrice. Ça n'est pas moi, ça n'est pas la louve, c'est toi mon chéri, c'est toi-même. Douze photos de toi dans ta valise.

HUGO. Rends-moi ces photos.

JESSICA. Douze photos de ta jeunesse rêveuse. A trois ans, à six ans, à huit, à dix, à douze, à seize. Tu les as emportées quand ton père t'a chassé, elles te suivent partout: comme il faut que tu t'aimes.

HUGO. Jessica, je ne joue plus.

JESSICA. A six ans, tu portais un col dur,[47] ça devait racler[48] ton cou de poulet, et puis tout un habit de velours[49] avec une lavallière. Quel beau petit homme, quel enfant sage[50]! Ce sont les enfants sages, Madame, qui font les révolutionnaires les plus terribles. Ils ne disent rien, ils ne se cachent pas sous la table, ils ne mangent qu'un bonbon à la fois, mais plus tard ils le font payer cher

---

44. thumb (in a game: "stop!") 45. *pouce cassé literally* broken thumb (Hugo disregards Jessica's *pouce* and refuses to open the suit-case.) 46. brandishes 47. *col dur* stiff collar 48. scrape, scratch 49. velvet 50. well-behaved

38. *femme d'intérieur* housewife 39. she-wolves 40. See note 37, above. 41. shameful 42. stuffed 43. i.e. Olga

à la Société. Méfiez-vous[51] des enfants sages! (*Hugo qui fait semblant[52] de se résigner saute brusquement sur elle.*)

Hugo. Tu me les rendras, sorcière[53]! Tu vas me les rendre.

Jessica. Lâche-moi! (*Il la renverse[54] sur le lit.*) Attention; tu vas nous faire tuer.

Hugo. Rends-les.

Jessica. Je te dis que le revolver va partir[55]! (*Hugo se relève, elle montre le revolver qu'elle a tenu derrière son dos.*) Il y avait aussi ça, dans la valise.

Hugo. Donne. (*Il le lui prend, va fouiller dans son costume brun, prend la clé, revient à la valise, l'ouvre, ramasse les photos et les met avec le revolver dans la valise. Un temps.*)

Jessica. Qu'est-ce que c'est que ce revolver?[56]

Hugo. J'en ai toujours un avec moi.

Jessica. C'est pas vrai. Tu n'en avais pas avant de venir ici. Et tu n'avais pas non plus cette valise. Tu les as achetés en même temps. Pourquoi as-tu ce revolver?

Hugo. Tu veux le savoir?

Jessica. Oui, mais réponds-moi, sérieusement. Tu n'as pas le droit de me tenir en dehors de[57] ta vie.

Hugo. Tu n'en parleras à personne?

Jessica. A personne au monde.

Hugo. C'est pour tuer Hoederer.

Jessica. Tu es assommant,[58] Hugo. Je te dis que je ne joue plus.

Hugo. Ha! Ha! Est-ce que je joue? Est-ce que je suis sérieux? Mystère... Jessica, tu seras la femme d'un assassin!

Jessica. Mais tu ne pourras jamais, ma pauvre petite abeille; veux-tu que je le tue à ta place. J'irai m'offrir à lui et je...

Hugo. Merci et puis tu le manqueras! J'agirai moi-même.[59]

Jessica. Mais pourquoi veux-tu le tuer? Un homme que tu ne connais pas.

Hugo. Pour que ma femme me prenne au sérieux. Est-ce que tu me prendras au sérieux?

Jessica. Moi? Je t'admirerai, je te cacherai, je te nourrirai, je te distrairai[60] dans ta cachette[61] et quand nous aurons été dénoncés par les voisins, je me jetterai sur toi malgré les gendarmes et je te prendrai dans mes bras en te criant: je t'aime...

Hugo. Dis-le-moi à présent.

Jessica. Quoi?

Hugo. Que tu m'aimes.

Jessica. Je t'aime.

Hugo. Dis-le-moi pour de vrai.[62]

Jessica. Je t'aime.

Hugo. Ce n'est pas pour de vrai.

Jessica. Mais qu'est-ce qui te prend?[63] Tu joues?

Hugo. Non. Je ne joue pas.

Jessica. Pourquoi me demandes-tu ça? Ce n'est pas dans tes habitudes.

Hugo. Je ne sais pas. J'ai envie de penser que tu m'aimes. C'est bien mon droit.[64] Allons, dis-le. Dis-le *bien*.[65]

Jessica. Je t'aime. Je t'aime. Non: je t'aime. Ah! va au Diable. Comment le dis-tu, toi?

Hugo. Je t'aime.

Jessica. Tu vois: tu ne sais pas mieux que moi.

Hugo. Jessica, tu ne crois pas ce que je t'ai dit.

---

51. *Méfiez-vous* Beware   52. *fait semblant* pretends   53. witch   54. throws   55. to go off   56. *Qu'est-ce... revolver?* What does this revolver mean?   57. *en dehors de* outside   8. boring

59. I'll do it myself.   60. shall amuse   61. hiding place   62. *pour de vrai* as if you meant it   63. *Mais... prend?* But what has come over you?   64. *C'est... droit.* I have a right to it, after all.   65. really

JESSICA. Que tu m'aimais?

HUGO. Que j'allais tuer Hoederer.

JESSICA. Naturellement, je le crois.

HUGO. Fais un effort, Jessica. Sois sérieuse.

JESSICA. Pourquoi faut-il que je sois sérieuse?

HUGO. Parce qu'on ne peut pas jouer tout le temps.

JESSICA. Je n'aime pas le sérieux mais on va s'arranger[66]: je vais jouer à être sérieuse.

HUGO. Regarde-moi dans les yeux. Sans rire. Écoute: pour Hoederer, c'est vrai. C'est le Parti qui m'envoie.

JESSICA. Je n'en doute pas. Pourquoi ne me l'as-tu pas dit plus tôt?

HUGO. Peut-être tu aurais refusé de m'accompagner.

JESSICA. Pourquoi? Ce sont des affaires d'homme, ça ne me regarde pas.[67]

HUGO. C'est une drôle de besogne, tu sais... Le type a l'air coriace.[68]

JESSICA. Eh bien, nous allons le chloroformer et l'attacher à la gueule[69] d'un canon.

HUGO. Jessica! Je suis sérieux.

JESSICA. Moi aussi.

HUGO. Toi, tu joues à être sérieux. Tu me l'as dit.

JESSICA. Non, c'est toi.

HUGO. Il faut me croire, je t'en supplie.

JESSICA. Je te croirai si tu crois que je suis sérieuse.

HUGO. Bon. Eh bien, je te crois.

JESSICA. Non. Tu joues à me croire.

HUGO. Nous n'en sortirons pas.[70] (On frappe à la porte.) Entrez! (Jessica se place devant la valise, dos tourné au public pendant qu'il va ouvrir.)

66. on va s'arranger we'll manage   67. ça... pas it's no affair of mine   68. tough   69. mouth
70. Nous... pas. We'll never get out of this.

Scène II

SLICK, GEORGES, HUGO, JESSICA

Slick et Georges entrent, souriants. Mitraillettes[1] et ceinturons[2] avec revolvers. Un silence.

GEORGES. C'est nous.

HUGO. Oui?

GEORGES. On venait voir si vous n'aviez pas besoin d'un coup de main.[3]

HUGO. Un coup de main pour quoi faire?

SLICK. Pour emménager.

JESSICA. Vous êtes bien gentils mais je n'ai besoin de personne.

GEORGES, désignant les vêtements de femme épars[4] sur les meubles. Tout ça faut le plier.[5]

SLICK. Ça irait plus vite si on s'y mettait tous les quatre.

JESSICA. Vous croyez?

SLICK, il a pris une combinaison[6] sur un dossier[7] de chaise et la tient à bout de bras. Ça se plie par le milieu,[8] non? Et puis on rabat[9] les côtés?

JESSICA. Oui? Eh bien, je vous verrais plutôt vous spécialiser dans le travail de force.[10]

GEORGES. Touche pas, Slick. Ça va te donner des idées. Excusez-le, Madame: nous n'avons pas vu de femmes depuis six mois.

SLICK. On ne savait même plus comment c'était bâti.[11] (Ils la regardent.)

JESSICA. Ça vous revient?[12]

GEORGES. Peu à peu.

JESSICA. Il n'y en a donc pas, au village?

1. sub-machine guns   2. belts   3. coup de main help   4. scattered   5. fold, put away   6. slip   7. back (of a chair)   8. Ça... milieu You fold that in the middle   9. turns down   10. travail de force heavy work   11. comment c'était bâti what women looked like   12. Ça vous revient? Does it come back to you?

SLICK. Il y en a, mais on ne sort pas.

GEORGES. L'ancien secrétaire sautait le mur toutes les nuits, total qu'[13]on l'a retrouvé un matin la tête dans une mare.[14] Alors le vieux a décidé que le suivant serait marié pour avoir sa suffisance à domicile.

JESSICA. C'était très délicat[15] de sa part.

SLICK. Seulement nous, c'est pas dans ses[16] idées qu'on ait notre suffisance.

JESSICA. Tiens?[17] Pourquoi?

GEORGES. Il dit qu'il veut qu'on soit des bêtes sauvages.

HUGO. Ce sont les gardes du corps de Hoederer.

JESSICA. Figure-toi[18] que je l'avais deviné.

SLICK, *désignant sa mitraillette.* A cause de ça?

JESSICA. A cause de ça aussi.

GEORGES. Faudrait pas nous prendre pour des professionnels, hein? Moi je suis plombier.[19] On fait un petit extra, parce que le Parti nous l'a demandé.

SLICK. Vous n'avez pas peur de nous?

JESSICA. Au contraire; seulement j'aimerais (*désignant mitraillettes et revolvers*) que vous vous débarrassiez de votre panoplie.[20] Posez ça dans un coin.

GEORGES. Impossible.

SLICK. Défendu.[21]

JESSICA. Est-ce que vous vous en séparez pour dormir?

GEORGES. Non, Madame.

JESSICA. Non?

SLICK. Non.

HUGO. Ils sont à cheval sur[22] le règlement. Quand je suis entré chez Hoederer,

ils me poussaient avec le canon de leurs mitraillettes.

GEORGES, *riant.* Voilà comme nous sommes.

SLICK, *riant.* S'il avait bronché,[23] vous seriez veuve. (*Tout le monde rit.*)

JESSICA. Il a donc bien peur, votre patron.[24]

SLICK. Il n'a pas peur mais il ne veut pas qu'on le tue.

JESSICA. Pourquoi le tuerait-on?

SLICK. Pourquoi, je ne sais pas. Mais ce qui est sûr c'est qu'on veut le tuer. Ses copains sont venus l'avertir,[25] il y a tantôt quinze jours.

JESSICA. Comme c'est intéressant.

SLICK. Faut monter la garde, c'est tout. Oh! Vous en reviendrez.[26] Ce n'est même pas spectaculaire.

Pendant la réplique[27] de Slick, Georges fait un tour dans la pièce d'un air faussement négligent. Il va au placard ouvert et en sort le costume de Hugo.

GEORGES. Hé, Slick! Vise-moi[28] s'il est bien loqué![29]

SLICK. Ça fait partie de son métier. Un secrétaire, tu le regardes pendant qu'il écrit ce que tu causes, faut qu'il te plaise, sans ça, tu perds le fil[30] de tes idées. (*Georges palpe[31] le costume en feignant[32] de le brosser.*)

GEORGES. Méfiez-vous des placards, les murs sont cracra.[33] (*Il va remettre le costume dans le placard puis revient près de Slick. Jessica et Hugo se regardent.*)

JESSICA, *prenant son parti.*[34] Eh bien... asseyez-vous.

SLICK. Non. Non. Merci.

---

13. *total que* with the final result that (slang) 14. pool (of blood) 15. considerate 16. i.e. Hoederer's 17. Is that so? 18. Now just imagine (ironical) 19. plumber 20. armor (ironical for guns) 21. It's forbidden. 22. *à cheval sur* sticklers for 23. faltered 24. boss 25. warn 26. *Vous en reviendrez.* You'll get over it. 27. speech (lines in a play) 28. *Vise-moi* Just look (slang) 29. *bien loqué* well dressed (slang) 30. thread 31. feels 32. *en feignant* while pretending 33. dirty 34. *prenant son parti* resigning herself

GEORGES. Ça va comme ça.[35]

JESSICA. Nous ne pouvons rien vous offrir à boire.

SLICK. N'importe comment[36] nous ne buvons pas dans le service.

HUGO. Et vous êtes en service?

GEORGES. Nous sommes *toujours* en service.

HUGO. Ah?

SLICK. Je vous dis, faut être des saints pour faire ce sacré[37] métier.

HUGO. Moi je ne suis pas encore en service. Je suis chez moi, avec ma femme. Asseyons-nous, Jessica. (*Ils s'asseyent tous deux.*)

SLICK, *allant à la fenêtre.* Belle vue.

GEORGES. C'est joli chez eux.

SLICK. Et calme.

GEORGES. T'as vu le lit s'il est grand... il y en a[38] pour trois.

SLICK. Pour quatre: des jeunes mariés ça se blottit.[39]

GEORGES. Tout cette place perdue, quand il y en a qui couchent par terre.

SLICK. Tais-toi, je vais en rêver cette nuit.

JESSICA. Vous n'avez pas de lit?

SLICK, *égayé.*[40] Georges!

GEORGES, *riant.* Oui.

SLICK. Elle demande si on a un lit!

GEORGES, *désignant Slick.* Il dort sur le tapis[41] du bureau, moi dans le couloir,[42] devant la chambre du vieux.

JESSICA. Et c'est dur[43]?

GEORGES. Ça serait dur pour votre mari, parce qu'il a l'air délicat. Nous autres on s'y est fait.[44] L'ennui, c'est qu'on n'a pas de pièce où se tenir.[45] Le jardin n'est pas sain,[46] alors on passe la journée dans le vestibule. (*Il se baisse et regarde sous le lit.*)

HUGO. Qu'est-ce que vous regardez?

GEORGES. Des fois qu'il y aurait des rats. (*Il se relève.*)

HUGO. Il n'y en a pas?

GEORGES. Non.

HUGO. Tant mieux. (*Un temps.*)

JESSICA. Et vous l'avez laissé tout seul votre patron? Vous n'avez pas peur qu'il lui arrive malheur si vous restez trop longtemps absents?

SLICK. Il y a Léon, qui est resté là-bas. (*Désignant l'appareil téléphonique.*) Et puis, s'il y avait du pet,[47] il peut toujours nous appeler.

(*Un temps. Hugo se lève, pâle d'énervement.*[48] *Jessica se lève aussi.*)

HUGO. Ils sont sympathiques,[49] hein?

JESSICA. Exquis.

HUGO. Et tu as vu comme ils sont bâtis?

JESSICA. Des armoires[50]! Ah! vous allez faire un trio d'amis. Mon mari adore les tueurs. Il aurait voulu en être un.

SLICK. Il n'est pas taillé pour.[51] Il est fait pour être secrétaire.

HUGO. On s'entendra bien, allez! Moi je serai le cerveau,[52] Jessica les yeux, vous les muscles. Tâte[53] les muscles, Jessica! (*Il les tâte.*) Du fer. Tâte.

JESSICA. Mais monsieur Georges n'en a peut-être pas envie.

GEORGES, *raide.*[54] Ça m'est égal.

HUGO. Tu vois; il est enchanté. Allons, tâte, Jessica, tâte. (*Jessica tâte.*) Du fer, hein?

---

35. *Ça... ça.* We're all right as we are.
36. *N'importe comment* Anyway   37. damned
38. *il y en a* there is space enough   39. *ça se blottit* they snuggle up   40. suddenly amused
41. rug   42. corridor   43. hard
44. *Nous... fait.* We've got used to it.   45. *pièce... tenir* room to ourselves   46. healthy

47. *du pet* trouble (slang)   48. nervous tension   49. likeable   50. muscle men (*literally* clothes presses). *Armoire à glace* is a symbol of great size and physical strength.   51. *taillé pour* cut out for it   52. brain   53. Feel
54. stiff

Jessica. De l'acier.[55]

Hugo. On se tutoie,[56] nous trois, hein?

Slick. Si tu veux, mon petit gars!

Jessica. C'est tellement aimable à vous d'être venus nous voir.

Slick. Tout le plaisir est pour nous, hein,[57] Georges?

Georges. On est heureux d'avoir vu votre bonheur.

Jessica. Ça vous fera un sujet de conversation dans votre vestibule.

Slick. Bien sûr et puis la nuit on se dira: « Ils sont au chaud,[58] il tient sa petite femme dans ses bras ».

Georges. Ça nous rendra courage.

Hugo, *va à la porte et l'ouvre*. Revenez quand vous voudrez, vous êtes chez vous. (*Slick s'en va tranquillement à la porte et la referme.*)

Slick. On s'en va. On s'en va tout de suite. Le temps d'une petite formalité.

Hugo. Quelle formalité?

Slick. Fouiller la chambre.

Hugo. Non.

Georges. Non?

Hugo. Vous ne fouillerez rien du tout.[59]

Slick. Te fatigue pas, petite tête, on a des ordres.

Hugo. Des ordres de qui?

Slick. De Hoederer.

Hugo. Hoederer vous a donné l'ordre de fouiller ma chambre?

Georges. Voyons, mon petit pote,[60] fais pas l'idiot. Je te dis qu'on nous a prévenus: il va y avoir du baroud[61] un de ces jours. Alors tu penses comme on va te laisser entrer ici sans regarder tes poches. Tu pourrais balader[62] des grenades[63] ou n'importe quelle pétoire[64] quoique j'ai dans l'idée que tu n'es pas doué pour le tir au pigeon.[65]

Hugo. Je vous demande si Hoederer vous a nommément[66] chargé de fouiller dans mes affaires.

Slick, *à Georges*. Nommément.

Georges. Nommément.

Slick. Personne n'entre ici sans qu'on le fouille. C'est la règle. Voilà tout.

Hugo. Et moi vous ne me fouillerez pas. Ce sera l'exception. Voilà tout.

Georges. Tu n'es pas du Parti?

Hugo. Si.

Georges. Alors qu'est-ce qu'on t'a appris là-bas? Tu ne sais pas ce que c'est qu'une consigne[67]?

Hugo. Je le sais aussi bien que vous.

Slick. Et quand on te donne une consigne, tu ne sais pas que tu dois la respecter?

Hugo. Je le sais.

Slick. Eh bien?

Hugo. Je respecte les consignes mais je me respecte aussi moi-même et je n'obéis pas aux ordres idiots qui sont fait exprès[68] pour me ridiculiser.

Slick. Tu l'entends. Dis, Georges, est-ce que tu te respectes?

Georges. Je crois pas. Ça se saurait.[69] Et toi Slick?

Slick. T'es pas[70] fou? T'as pas[70] le droit de te respecter si t'es pas au moins secrétaire.

Hugo. Pauvres idiots! Si je suis entré au Parti, c'est pour que tous les hommes, secrétaires ou non, en aient un jour le droit.

55. steel   56. To use *tu* instead of *vous* is a sign of familiarity. It is the pronoun normally adopted by Communists when speaking together, and parallels the Communist use of "comrade." 57. Isn't that so?   58. *au chaud* in a warm place 59. *du tout* at all   60. pal (slang)   61. trouble (pronounced *baroude*)

62. carry around (slang)   63. hand grenades 64. popgun   65. *tir au pigeon* target shooting 66. expressly   67. order   68. on purpose 69. *Ça se saurait.* People would know about it. (Ironical.)   70. *t'es pas = tu n'es pas*; *t'as pas = tu n'as pas*

Georges. Fais-le taire, Slick, ou je vais pleurer. Nous, mon petit pote, si on y est entré c'est qu'on en avait marre de crever de faim.[71]

Slick. Et pour que tous les gars dans notre genre[72] aient un jour de quoi bouffer.[73]

Georges. Ah, Slick, assez de salades.[74] Ouvre ça pour commencer.

Hugo. Tu n'y toucheras pas.

Slick. Non, mon petit pote? Et comment que tu feras[75] pour m'en empêcher?

Hugo. Je n'essayerai pas de lutter contre un rouleau compresseur,[76] mais si seulement tu poses ta patte dessus, nous quittons la villa ce soir et Hoederer pourra se chercher un autre secrétaire.

Georges. Oh! dis, tu m'intimides! Un secrétaire comme toi, j'en fais un tous les jours.[77]

Hugo. Eh bien, fouille, si tu n'as pas peur, fouille donc!

(*Georges se gratte le crâne.*[78] *Jessica, qui est restée très calme pendant toute cette scène, vient vers eux:*)

Jessica. Pourquoi ne pas téléphoner à Hoederer?

Slick. A Hoederer?

Jessica. Il vous mettra d'accord. (*Georges et Slick se consultent du regard.*)

Georges. Peut se faire.[79] (*Il va à l'appareil,*[80] *sonne et décroche.*[81]) Allô, Léon? Va dire au Vieux que le petit poteau[82] ne veut pas se laisser faire. Quoi? Oh! des boniments.[83] (*Revenant vers Slick.*) Il est parti pour voir le Vieux.

Slick. D'accord. Seulement je vais te dire, Georges. Moi je l'aime bien, Hoederer, mais si ça lui chantait[84] de faire une exception pour ce gosse[85] de riches, alors qu'on a foutu à poil jusqu'au facteur,[86] eh bien, je lui rends mon tablier.[87]

Georges. Je suis d'accord. Il y passera ou c'est nous qu'on s'en va.[88]

Slick. Parce que ça se peut que je me respecte pas, mais j'ai ma fierté comme les autres.

Hugo. Ça se peut bien, mon grand camarade; mais quand ce serait Hoederer lui-même qui donnerait l'ordre de fouille, je quitterais cette maison cinq minutes après.

Georges. Slick!

Slick. Oui?

Georges. Tu ne trouves pas que Monsieur a une gueule d'aristocrate[89]?

Hugo. Jessica!

Jessica. Oui?

Hugo. Tu ne trouves pas que ces Messieurs ont des gueules de cognes[90]?

Slick, *marche sur lui et lui met la main sur l'épaule.* Fais gaffe,[91] mon petit gars; parce que si c'est qu'on est des cognes, des fois on pourrait se mettre à cogner[92]! (*Entre Hoederer.*)

Scène III

Les mêmes, HOEDERER

Hoederer. Pourquoi me dérange-t-on? (*Slick fait un pas en arrière.*)

---

71. *si... faim* if we joined the Party, it was because we were sick of starving.   72. *dans notre genre* like us   73. to eat (slang)   74. *assez de salades* we've had enough talk!   75. *comment que tu feras = comment feras-tu*   76. *rouleau compresseur* steam roller   77. i.e. I excrete them daily   78. *se... crâne* scratches his head (*literally* skull)   79. i.e. *Cela peut se faire.* 80. telephone   81. takes off the receiver 82. pal   83. fancy talk

84. *si... chantait* if he wanted to   85. kid 86. *alors... facteur* whereas we stripped even the mailman to the skin   87. apron (i.e. I'll quit). 88. i.e. *c'est nous qui nous en irons*   89. *gueule d'aristocrate* face of an aristocrat (*gueule,* "mug") 90. policemen, "cops"   91. *fais gaffe* watch out (slang)   92. to hit. (Untranslatable pun on *cogner* and *cogne*.)

SLICK. Il ne veut pas qu'on le fouille.

HOEDERER. Non?

HUGO. Si vous leur permettez de me fouiller, je m'en vais. C'est tout.

HOEDERER. Bon.

GEORGES. Et si tu nous en empêches, c'est nous qu'on s'en va.

HOEDERER. Asseyez-vous. (*Ils s'asseyent de mauvaise grâce.*) A propos, Hugo, tu peux me tutoyer. Ici, tout le monde se tutoie.[1] (*Il prend un slip[2] et une paire de bas[3] sur le dossier du fauteuil et se dispose[4] à les porter sur le lit.*)

JESSICA. Vous permettez? (*Elle les lui prend des mains et les roule en boule,[5] puis, sans bouger de place,[6] elle les jette sur le lit.*)

HOEDERER. Comment t'appelles-tu?

JESSICA. Les femmes aussi vous les tutoyez?

HOEDERER. Oui.

JESSICA. Je m'y ferai.[7] Je m'appelle Jessica.

HOEDERER, *la regardant toujours.* Je croyais que tu serais laide.

JESSICA. Je suis désolée.

HOEDERER, *la regardant toujours.* Oui. C'est regrettable.

JESSICA. Faut-il que je me rase la tête.

HOEDERER, *sans cesser de la regarder.* Non. (*Il s'éloigne un peu d'elle.*) C'est à cause de toi qu'ils voulaient en venir aux mains[8]?

JESSICA. Pas encore.

HOEDERER. Que ça n'arrive jamais. (*Il s'assied dans le fauteuil.*) La fouille, c'est sans importance.

SLICK. Nous...

HOEDERER. Sans aucune importance.

Nous en reparlerons. (*A Slick.*) Qu'est-ce qu'il y a eu?[9] Qu'est-ce que vous lui reprochez? Il est trop bien habillé? Il parle comme un livre?

SLICK. Question de peau.[10]

HOEDERER. Pas de ça ici. Les peaux, on les laisse au vestiaire.[11] (*Il les regarde.*) Mes enfants, vous êtes mal partis.[12] (*A Hugo.*) Toi, tu fais l'insolent parce que tu es le plus faible. (*A Slick et à Georges.*) Vous, vous avez vos gueules des mauvais jours. Vous avez commencé par le regarder de travers.[13] Demain vous lui ferez des farces et la semaine prochaine, quand j'aurai besoin de lui dicter une lettre, vous viendrez me dire qu'on l'a repêché[14] dans l'étang.[15]

HUGO. Pas si je peux l'empêcher...

HOEDERER. Tu ne peux rien empêcher. Ne te crispes[16] pas, mon petit. Il ne faut pas que les choses en arrivent là, voilà tout. Quatre hommes qui vivent ensemble, ça s'aime ou ça se massacre. Vous allez me faire le plaisir de vous aimer.

GEORGES, *avec dignité.* Les sentiments ne se commandent pas.

HOEDERER, *avec force.* Ils se commandent. Ils se commandent quand on est en service, entre types du même parti.

GEORGES. On n'est pas du même parti.

HOEDERER, *à Hugo.* Tu n'es pas de chez nous?

HUGO. Si.

HOEDERER. Alors?

SLICK. On est peut-être du même parti mais on n'y est pas entré pour les mêmes raisons.

1. Among Communists use of the pronoun *tu* is the norm, as noted above.   2. pair of shorts   3. stockings   4. *se dispose à* prepares to   5. *en boule* into a ball   6. *sans... place* without moving   7. *Je...ferai.* I'll get accustomed to it.   8. *en... mains* to come to blows

9. *Qu'est-ce... eu?* What happened?   10. i.e. a question of spontaneous dislike   11. cloakroom   12. *mal partis* off to a bad start   13. *de travers* askance   14. fished out   15. pool   16. *te crispes* get nervous, excited

Hoederer. On y entre toujours pour la même raison.

Slick. Tu permets![17] Lui, c'était pour apprendre aux pauvres gens le respect qu'ils se doivent.

Hoederer. Bah?

Georges. C'est ce qu'il a dit.

Hugo. Et vous, vous n'y êtes entrés que pour bouffer à votre faim. C'est ce que vous avez dit.

Hoederer. Eh bien? Vous êtes d'accord.

Slick. Pardon?

Hoederer. Slick! Tu ne m'as pas raconté que tu avais honte d'avoir faim? (*Il se penche[18] vers Slick et attend une réponse qui ne vient pas.*) Et que ça te faisait rager[19] parce que tu ne pouvais penser à rien d'autre? Et qu'un garçon de vingt ans a mieux à faire qu'à s'occuper tout le temps de son estomac.

Slick. Tu n'avais pas besoin de parler de ça devant lui.

Hoederer. Tu ne me l'as pas raconté?

Slick. Qu'est-ce que ça prouve?

Hoederer. Ça prouve que tu voulais ta bouffe[20] et un petit quelque chose en plus.[21] Lui, il appelle ça le respect de soi-même. Il faut le laisser dire. Chacun peut employer les mots qu'il veut.

Slick. Ça n'était pas du respect. Ça me ferait bien mal qu'on appelle ça du respect. Il emploie les mots qu'il trouve dans sa tête; il pense tout avec sa tête.

Hugo. Avec quoi veux-tu que je pense?

Slick. Quand on la saute,[22] mon pote, c'est pas avec sa tête qu'on pense. C'est vrai que je voulais que ça cesse, bon Dieu oui. Rien qu'un moment,[23] un

petit moment, pour pouvoir m'intéresser à autre chose. A n'importe quoi d'autre que moi.[24] Mais c'était pas du respect de moi-même. Tu n'as jamais eu faim et tu es venu chez nous pour nous faire la morale comme les dames visiteuses[25] qui montaient chez ma mère quand elle était saoule[26] pour lui dire qu'elle ne se respectait pas.

Hugo. C'est faux.

Georges. Tu as eu faim, toi? Je crois que tu avais plutôt besoin de prendre de l'exercice avant les repas pour te mettre en appétit.

Hugo. Pour une fois, tu as raison, mon grand camarade: l'appétit je ne sais pas ce que s'est. Si tu avais vu les phosphatines[27] de mon enfance, j'en laissais la moitié: quel gaspillage[28]! Alors on m'ouvrait la bouche, on me disait: une cuillerée[29] pour papa, une cuillerée pour maman, une cuillerée pour la tante Anna. Et on m'enfonçait[30] la cuiller jusqu'au fond de la gorge. Et je grandissais,[31] figure-toi. Mais je ne grossissais[32] pas. C'est le moment où on m'a fait boire du sang frais aux abattoirs,[33] parce que j'étais pâlot[34]: du coup[35] je n'ai plus touché à la viande. Mon père disait chaque soir: « Cet enfant n'a pas faim... » Chaque soir, tu vois ça d'ici[36]: « Mange, Hugo, mange. Tu vas te rendre malade. » On m'a fait prendre de l'huile de foie de morue[37]: ça c'est le comble[38] du luxe: une drogue pour te *donner faim* pendant que les autres dans la rue, se seraient vendus pour un bifteck; je les

17. *Tu permets!* I beg your pardon! 18. *se penche* leans 19. go into a rage 20. food (slang) 21. *en plus* besides 22. When one skips meals 23. *Rien... moment* Just for a moment

24. Slick wanted to be able to be interested in anything except himself. 25. *dames visiteuses* charity ladies 26. drunk 27. A chocolate-flavored starchy preparation for children. 28. waste 29. spoonful 30. pushed 31. grew tall 32. put on weight 33. slaughter houses 34. pale, peaked 35. *du coup* from that moment 36. *tu... d'ici* just imagine 37. *huile... morue* codliver oil 38. height

voyais passer de ma fenêtre avec leur pancarte[39]: « Donnez-nous du pain. » Et j'allais m'asseoir à table. Mange, Hugo, mange. Une cuillerée pour le gardien qui est en chômage,[40] une cuillerée pour la vieille qui ramasse les épluchures[41] dans la poubelle,[42] une cuillerée pour la famille du charpentier[43] qui s'est cassé la jambe. J'ai quitté la maison. Je suis entré au Parti et c'était pour entendre la même chanson: « Tu n'as jamais eu faim, Hugo, de quoi que tu te mêles?[44] Qu'est-ce que tu peux comprendre? Tu n'as jamais eu faim. » Eh bien non, je n'ai jamais eu faim. Jamais! Jamais! Jamais! Tu pourras peut-être me dire, toi, ce qu'il faut que je fasse pour que vous cessiez tous de me le reprocher. (*Un temps.*)

HOEDERER. Vous entendez? Eh bien renseignez-le. Dites-lui donc ce qu'il faut qu'il fasse. Slick! Que lui demandes-tu? Qu'il se coupe une main? Qu'il se crève[45] un œil? Qu'il t'offre sa femme? Quel prix doit-il payer pour que vous lui pardonniez?

SLICK. Je n'ai rien à lui pardonner.

HOEDERER. Si: d'être entré au Parti sans y être poussé par la misère.

GEORGES. On ne lui reproche pas. Seulement il y a un monde entre nous: lui, c'est un amateur, il y est entré parce qu'il trouvait ça bien, pour faire un geste. Nous, on ne pouvait pas faire autrement.

HOEDERER. Et lui, tu crois qu'il pouvait faire autrement? La faim des autres, ça n'est pas non plus très facile à supporter.

GEORGES. Il y en a beaucoup qui s'en arrangent très bien.

HOEDERER. C'est qu'ils n'ont pas d'imagination. Le malheur avec ce petit-là, c'est qu'il en a trop.

SLICK. Ça va. On ne lui veut pas de mal. On ne le blaire pas,[46] c'est tout. On a tout de même le droit...

HOEDERER. Quel droit? Vous n'avez aucun droit. Aucun. « On ne le blaire pas »... Espèces de salauds,[47] allez regarder vos gueules dans la glace et puis vous reviendrez me faire de la délicatesse de sentiment si vous en avez le courage. On juge un type à son travail. Et prenez garde que je ne vous juge au vôtre, parce que vous vous relâchez[48] drôlement ces temps-ci.

HUGO, *criant.* Mais ne me défendez pas! Qui vous demande de me défendre? Vous voyez bien qu'il n'y a rien à faire; j'ai l'habitude. Quand je les ai vus entrer, tout à l'heure, j'ai reconnu leur sourire. Ils n'étaient pas beaux. Vous pouvez me croire; ils venaient me faire payer pour mon père et pour mon grand-père et pour tous ceux de ma famille qui ont mangé à leur faim. Je vous dis que je les connais: jamais ils ne m'accepteront; ils sont cent mille qui regardent avec ce sourire. J'ai lutté, je me suis humilié, j'ai tout fait pour qu'ils oublient, je leur ai répété que je les aimais, que je les enviais, que je les admirais. Rien à faire! Rien à faire! Je suis un gosse de riche, un intellectuel, un type qui ne travaille pas de ses mains. Eh bien qu'ils pensent ce qu'ils veulent. Ils ont raison, c'est une question de peau.[49]

(*Slick et Georges se regardent en silence.*)

HOEDERER, *aux gardes du corps.* Eh bien? (*Slick et Georges haussent les*

---

39 sign   40. *en chômage* out of work
41. garbage   42. garbage can   43. carpenter
44. *de... mêles?* why are you putting your nose into other people's business?   45. should put out

46. *On... pas* We can't stand him   47. *Espèces de salauds* Dirty bastards. (*Espèce de* is commonly used to reinforce a term of abuse.)   48. are getting lax   49. See note 10, p. 351

épaules en signe d'incertitude.) Je ne le ménagerai[50] pas plus que vous: vous savez que je ne ménage personne. Il ne travaillera pas de ses mains, mais je le ferai trimer[51] dur. (*Agacé*.) Ah! Finissons-en.

SLICK, *se décidant*. Bon! (*A Hugo*.) Mon petit gars, ce n'est pas que tu me plaises. On aura beau faire,[52] il y a quelque chose entre nous qui ne colle pas.[53] Mais je ne dis pas que tu sois le mauvais cheval et puis c'est vrai qu'on était mal parti. On va tâcher de ne pas se rendre la vie dure. D'accord?

HUGO, *mollement*.[54] Si vous voulez!

SLICK. D'accord, Georges?

GEORGES. Marchons comme ça. (*Un temps*.)

HOEDERER, *tranquillement*. Reste la question de la fouille.

SLICK. Oui. La fouille... Oh! à présent...

GEORGES. Ce qu'on en disait c'était pour dire.[55]

SLICK. Histoire de marquer le coup.[56]

HOEDERER, *changeant de ton*. Qui vous demande votre avis? Vous ferez cette fouille si je vous dis de la faire. (*A Hugo, reprenant sa voix ordinaire*.) J'ai confiance en toi, mon petit, mais il faut que tu sois réaliste. Si je fais une exception pour toi aujourd'hui, demain ils me demanderont d'en faire deux, et pour finir, un type viendra nous massacrer tous parce qu'ils auront négligé de retourner ses poches. Suppose qu'ils te demandent poliment, à présent que vous êtes amis, tu les laisserais fouiller?

HUGO. Je... crains que non.

HOEDERER. Ah! (*Il le regarde*.) Et si

c'est moi qui te le demande? (*Un temps*.) Je vois: tu as des principes. Je pourrais en faire une question de principes, moi aussi. Mais les principes et moi... (*Un temps*.) Regarde-moi. Tu n'as pas d'armes?

HUGO. Non.

HOEDERER. Ta femme non plus?

HUGO. Non.

HOEDERER. C'est bon. Je te fais confiance. Allez-vous-en, vous deux.

JESSICA. Attendez. (*Ils se retournent*.) Hugo, ce serait mal de ne pas répondre à la confiance par la confiance.

HUGO. Quoi?

JESSICA. Vous pouvez fouiller partout.

HUGO. Mais, Jessica...

JESSICA. Eh bien quoi? Tu vas leur faire croire que tu caches un revolver.

HUGO. Folle!

JESSICA. Alors, laisse-les faire. Ton orgueil est sauf puisque c'est nous qui les en prions.[57]

(*Georges et Slick restent hésitants sur le pas de la porte*.)

HOEDERER. Hé bien? Qu'est-ce que vous attendez? Vous avez compris?

SLICK. On croyait...

HOEDERER. Il n'y a rien à croire, faites ce qu'on vous dit.

SLICK. Bon. Bon. Bon.

GEORGES. C'était pas la peine de faire toutes ces histoires.

(*Pendant qu'ils se mettent à fouiller, mollement, Hugo ne cesse de regarder Jessica avec stupeur*.)

HOEDERER, *à Slick et à Georges*. Et que ça vous apprenne à faire confiance aux gens. Moi, je fais toujours confiance. A tout le monde. (*Ils fouillent*.) Que vous êtes mous[58]! Il faut que la fouille soit sérieuse puisqu'ils vous l'ont proposée sérieusement. Slick, regarde sous l'armoire. Bon. Sors le costume. Palpe-le.

---

50. spare   51. to work, to slave   52. *On... faire* No matter what we do   53. *qui... pas* that doesn't work (*literally* stick)   54. weakly   55. We were just talking for the sake of talking.   56. *Histoire... coup*. Just for the sake of making the point.

57. *puisque... prions* since we are asking them   58. soft

SLICK. C'est déjà fait.

HOEDERER. Recommence. Regarde aussi sous le matelas. Bien. Slick, continue. Et toi, Georges, viens ici. (*Désignant Hugo.*) Fouille-le. Tu n'as qu'à tâter les poches de son veston. Là. Et de son pantalon. Bien. Et la poche-revolver. Parfait.

JESSICA. Et moi?

HOEDERER. Puisque tu le demandes. Georges. (*Georges ne bouge pas.*) Eh bien? Elle te fait peur?

GEORGES. Oh! ça va. (*Il va jusqu'à Jessica, très rouge et l'effleure*[59] *du bout des doigts. Jessica rit.*)

JESSICA. Il a des mains de caмériste.[60] (*Slick est arrivé devant la valise qui contenait le revolver.*)

SLICK. Les valises sont vides?

HUGO, *tendu.*[61] Oui.

HOEDERER, *le regarde avec attention.* Celle-là aussi?

HUGO, Oui. (*Slick la soulève.*[62])

SLICK. Non.

HUGO. Ah... non, pas celle-là. J'allais la défaire quand vous êtes entrés.

HOEDERER. Ouvre. (*Slick ouvre et fouille.*)

SLICK. Rien.

HOEDERER. Bon. C'est fini. Tirez-vous.[63]

SLICK, *à Hugo.* Sans rancune.[64]

HUGO. Sans rancune.

JESSICA, *pendant qu'ils sortent.* J'irai vous faire visite dans votre vestibule.

Scène IV

JESSICA, HOEDERER, HUGO

HOEDERER. A ta place, je n'irais pas les voir trop souvent.

JESSICA. Oh! pourquoi? Ils sont si mignons[1]; Georges surtout: c'est une jeune fille.

HOEDERER. Hum! (*Il va vers elle.*) Tu es jolie, c'est un fait. Ça ne sert à rien[2] de le regretter. Seulement, les choses étant ce qu'elles sont, je ne vois que deux solutions. La première, si tu as le cœur assez large, c'est de faire notre bonheur à tous.

JESSICA. J'ai le cœur tout petit.

HOEDERER. Je m'en doutais. D'ailleurs, ils s'arrangeraient pour se battre tout de même. Reste la seconde solution: quand ton mari s'en va, tu t'enfermes[3] et tu n'ouvres à personne—pas même à moi.

JESSICA. Oui. Eh bien, si vous permettez, je choisirai la troisième.

HOEDERER. Comme tu voudras. (*Il se penche sur elle et respire profondément.*) Tu sens bon. Ne mets pas ce parfum quand tu iras les voir.

JESSICA. Je n'ai pas mis de parfum.

HOEDERER. Tant pis. (*Il se détourne et marche lentement jusqu'au milieu de la pièce puis s'arrête. Pendant toute la scène ses regards fureteront*[4] *partout. Il cherche quelque chose. De temps en temps son regard s'arrête sur Hugo et le scrute.*[5]) Bon. Eh bien, voilà! (*Un silence.*) Voilà! (*Un silence.*) Hugo, tu viendras chez moi demain matin à dix heures.

HUGO. Je sais.

HOEDERER, *distraitement, pendant que ses yeux furettent partout.* Bon. Bon. bon. Voilà. Tout est bien. Tout est bien qui finit bien. Vous faites des drôles de têtes, mes enfants. Tout est bien, voyons! tout le monde est réconcilié, tout le monde s'aime... (*Brusquement.*) Tu es fatigué, mon petit.

HUGO. Ce n'est rien. (*Hoederer le regarde avec attention.*)

---

59. barely touches her   60. chamber maid
61. tense   62. lifts   63. *Tirez-vous.* Get out (slang)   64. *Sans rancune.* No hard feelings

1. cute   2. *Ça... rien* There's no point   3. lock yourself in   4. dart   5. scrutinizes

Hugo, *gêné,*[6] *parle avec effort.* Pour... l'incident de tout à l'heure je... je m'excuse.

Hoederer, *sans cesser de le regarder.* Je n'y pensais même plus.

Hugo. A l'avenir, vous...

Hoederer. Je t'ai dit de me tutoyer.

Hugo. A l'avenir tu n'auras plus sujet de te plaindre. J'observerai la discipline.

Hoederer. Tu m'as déjà raconté ça. Tu es sûr que tu n'es pas malade? (*Hugo ne répond pas.*) Si tu étais malade, il serait encore temps de me le dire et je demanderais au Comité d'envoyer quelqu'un pour prendre ta place.

Hugo. Je ne suis pas malade.

Hoederer. Parfait. Eh bien, je vais vous laisser. Je suppose que vous avez envie d'être seuls. (*Il va à la table et regarde les livres.*) Hegel, Marx, très bien. Lorca,[7] Eliot: connais pas. (*Il feuillette*[8] *les livres.*)

Hugo. Ce sont des poètes.

Hoederer, *prenant d'autres livres.* Poésie... Poésie... Beaucoup de poésie. Tu écris des poèmes?

Hugo. N-non.

Hoederer. Enfin, tu en as écrit. (*Il s'éloigne de la table, s'arrête devant le lit.*) Une robe de chambre, tu te mets bien.[9] Tu l'as emportée quand tu as quitté ton père?

Hugo. Oui.

Hoederer. Les deux complets aussi, je suppose. (*Il lui tend*[10] *une cigarette.*)

Hugo, *refusant.* Merci.

Hoederer. Tu ne fumes pas? (*Geste de négation de Hugo.*) Bon. Le Comité me fait dire que tu n'as jamais pris part à une action directe. C'est vrai?

Hugo. C'est vrai.

Hoederer. Tu devais te ronger.[11] Tous les intellectuels rêvent de faire de l'action.

Hugo. J'étais chargé du journal.

Hoederer. C'est ce qu'on me dit. Il y a deux mois que je ne le reçois plus. Les numéros d'avant, c'est toi qui les faisais?

Hugo. Oui.

Hoederer. C'était du travail honnête. Et ils se sont privés[12] d'un si bon rédacteur pour me l'envoyer?

Hugo. Ils ont pensé que je ferais ton affaire.[13]

Hoederer. Ils sont bien gentils. Et toi? Ça t'amusait de quitter ton travail?

Hugo. Je...

Hoederer. Le journal, c'était à toi; il y avait des risques, des responsabilités; en un sens, ça pouvait même passer pour de l'action. (*Il le regarde.*) Et te voilà secrétaire. (*Un temps.*) Pourquoi l'as-tu quitté? Pourquoi?

Hugo. Par discipline.

Hoederer. Ne parle pas tout le temps de discipline. Je me méfie des gens qui n'ont que ce mot à la bouche.

Hugo. J'ai besoin de discipline.

Hoederer. Pourquoi?

Hugo, *avec lassitude.* Il y a beaucoup trop de pensées dans ma tête. Il faut que je les chasse.

Hoederer. Quel genre de pensées?

Hugo. « Qu'est-ce que je fais ici? Est-ce que j'ai raison de vouloir ce que je veux? Est-ce que je ne suis pas en train de me jouer la comédie? » Des trucs[14] comme ça.

Hoederer, *lentement.* Oui. Des trucs comme ça. Alors, en ce moment, ta tête en est pleine?

---

6. embarrassed   7. Young, liberal Spanish poet, killed by Spanish Fascists in Granada in 1936.   8. thumbs through   9. *te mets bien* dress well   10. offers

11. *Tu... ronger.* You must have been consumed with impatience.   12. deprived   13. *que... affaire* that I was what you were looking for   14. stuff

Hugo, *gêné.* Non... Non, pas en ce moment. (*Un temps.*) Mais ça peut revenir. Il faut que je me défende. Que j'installe d'autres pensées dans ma tête. Des consignes[15]: « Fais ceci. Marche. Arrête-toi. Dis cela. » J'ai besoin d'obéir. Obéir et c'est tout. Manger, dormir, obéir.[16]

Hoederer. Ça va. Si tu obéis, on pourra s'entendre. (*Il lui met la main sur l'épaule.*) Ecoute... (*Hugo se dégage[17] et saute en arrière. Hoederer le regarde avec un intérêt accru.[18] Sa voix devient dure et coupante.*) Ah? (*Un temps.*) Ha! Ha!

Hugo. Je... je n'aime pas qu'on me touche.

Hoederer, *d'une voix dure et rapide.* Quand ils ont fouillé dans cette valise, tu as eu peur: pourquoi?

Hugo. Je n'ai pas eu peur.

Hoederer. Si. Tu as eu peur. Qu'est-ce qu'il y a dedans?

Hugo. Ils ont fouillé et il n'y avait rien.

Hoederer. Rien? C'est ce qu'on va voir. (*Il va à la valise et l'ouvre.*) Ils cherchaient une arme. On peut cacher des armes dans une valise mais on peut aussi y cacher des papiers.

Hugo. Ou des affaires strictement personnelles.

Hoederer. A partir du moment où tu es sous mes ordres, mets-toi bien dans la tête que tu n'as plus rien à toi. (*Il*

---

15. orders   16. Hugo is the young French intellectual who is incapable of assuming the responsibility of freedom and free will. He consequently seeks justification in arbitrary discipline, in receiving and carrying out orders. In existentialist terms he has not discovered that he is free, that with freedom comes responsibility. This is a type more completely portrayed by Sartre in the *Age de raison*. Obviously this sort of young intellectual is excellent material for a totalitarian regime.   17. frees himself   18. increased

---

fouille.) Des chemises, des caleçons;[19] tout est neuf. Tu as donc de l'argent?

Hugo. Ma femme en a.

Hoederer. Qu'est-ce que c'est que ces photos? (*Il les prend et les regarde. Un silence.*) C'est ça! C'est donc ça! (*Il regarde une photo.*) Un costume de velours... (*Il en regarde une autre.*) Un grand col marin[20] avec un béret. Quel petit Monsieur!

Hugo. Rendez-moi ces photos.

Hoederer. Chut! (*Il le repousse.*) Les voilà donc, ces affaires strictement personnelles. Tu avais peur qu'ils ne les trouvent.

Hugo. S'ils avaient mis dessus leurs sales pattes, s'ils avaient ricané[21] en les regardant, je...

Hoederer. Eh bien: le mystère est éclairci: Voilà ce que c'est que de porter le crime sur sa figure: j'aurais juré que tu cachais au moins une grenade. (*Il regarde les photos.*) Tu n'as pas changé. Ces petites jambes maigres... Evidemment tu n'avais jamais d'appétit. Tu étais si petit qu'on t'a mis debout sur une chaise, tu t'es croisé[22] les bras et tu toises[23] ton monde comme un Napoléon. Tu n'avais pas l'air gai. Non... ça ne doit pas être drôle tous les jours d'être un gosse de riches. C'est un mauvais début dans la vie. Pourquoi trimballes-tu[24] ton passé dans cette valise puisque tu veux l'enterrer? (*Geste vague de Hugo.*) De toute façon, tu t'occupes beaucoup de toi.

Hugo. Je suis dans le Parti pour m'oublier.

Hoederer. Et tu te rappelles à chaque minute qu'il faut que tu t'oublies. Enfin! Chacun se débrouille[25] comme il peut.

---

19. shorts   20. *col marin* sailor's collar   21. sneered   22. crossed   23. stare up and down   24. *trimballes-tu* do you carry around   25. gets along

(*Il lui rend les photos.*) Cache-les bien.
(*Hugo les prend et les met dans la poche
intérieure de son veston.*) A demain, Hugo.

HUGO. A demain.

HOEDERER. Bonsoir, Jessica.

JESSICA. Bonsoir. (*Sur le pas de la
porte, Hoederer se retourne.*)

HOEDERER. Fermez les volets et tirez
les verrous.[26] On ne sait jamais qui rôde[27]
dans le jardin. C'est un ordre. (*Il sort.*)

Scène V

HUGO, JESSICA

*Hugo va à la porte et donne deux tours
de clé.*[1]

JESSICA. C'est vrai qu'il est vulgaire.
Mais il ne porte pas de cravate à pois.

HUGO. Où est le revolver?

JESSICA. Comme je me suis amusée,
ma petite abeille. C'est la première fois
que je te vois aux prises avec[2] de vrais
hommes.

HUGO. Jessica, où est ce revolver?

JESSICA. Hugo, tu ne connais pas les
règles de ce jeu-là: et la fenêtre? On
peut nous regarder du dehors. (*Hugo va
fermer les volets et revient vers elle.*)

HUGO. Alors?

JESSICA, *tirant le revolver de son corsage.*
Pour la fouille, Hoederer ferait mieux
d'engager aussi une femme. Je vais me
proposer.

HUGO. Quand l'as-tu pris?

JESSICA. Quand tu es allé ouvrir aux
deux chiens de garde.

HUGO. Tu t'es bien moquée de nous.
J'ai cru qu'il t'avait attrapée à son piège.[3]

JESSICA. Moi? J'ai manqué lui rire au
nez: « Je vous fais confiance! Je fais
confiance à tout le monde. Que ça vous

apprenne à faire confiance... » Qu'est-ce
qu'il s'imagine? Le coup de la confiance,[4]
c'est avec les hommes que ça prend.[5]

HUGO. Et encore![6]

JESSICA. Veux-tu te taire, ma petite
abeille. Toi, tu as été ému.[7]

HUGO. Moi? Quand?

JESSICA. Quand il t'a dit qu'il te
faisait confiance.

HUGO. Non, je n'ai pas été ému.

JESSICA. Si.

HUGO. Non.

JESSICA. En tout cas, si tu me laisses
jamais avec un beau garçon, ne me dis
pas que tu me fais confiance, parce que
je te préviens: ce n'est pas ça qui m'empêchera de te tromper, si j'en ai envie.
Au contraire.

HUGO. Je suis bien tranquille, je
partirais les yeux fermés.

JESSICA. Tu crois qu'on me prend par
les sentiments?

HUGO. Non, ma petite statue de neige;
je crois à la froideur de la neige. Le plus
brûlant séducteur s'y gèlerait les doigts.
Il te caresserait pour te réchauffer un peu
et tu lui fondrais[8] entre les mains.

JESSICA. Idiot! Je ne joue plus. (*Un
très bref silence.*) Tu as eu bien peur?

HUGO. Tout à l'heure? Non. Je n'y
croyais pas. Je les regardais fouiller et je
me disais: « Nous jouons la comédie. »
Rien ne me semble jamais tout à fait vrai.

JESSICA. Même pas moi?

HUGO. Toi? (*Il la regarde un moment
puis détourne la tête.*) Dis, tu as eu peur,
toi aussi?

JESSICA. Quand j'ai compris qu'ils
allaient me fouiller. C'était pile ou face.[9]
Georges, j'étais sûr qu'il me toucherait à
peine mais Slick m'aurait empoignée.[10]

---

26. bolts   27. is prowling
1. The key may be turned two or three times
in a French lock to make it more secure.   2. *aux
prises avec* pitted against   3. trap

---

4. *coup... confiance* confidence trick   5. *c'est...
prend* it's with men that that succeeds   6. And
not even always with them!   7. upset   8. would
melt 9. *pile ou face* heads or tails   10. grabbed

Je n'avais pas peur qu'il trouve le revolver: j'avais peur de ses mains.

HUGO. Je n'aurais pas dû t'entraîner[11] dans cette histoire.

JESSICA. Au contraire, j'ai toujours rêvé d'être une aventurière.

HUGO. Jessica, ce n'est pas un jeu. Ce type est dangereux.

JESSICA. Dangereux? Pour qui?

HUGO. Pour le Parti.

JESSICA. Pour le Parti? Je croyais qu'il en était le chef.

HUGO. Il en est *un* des chefs. Mais justement: il...

JESSICA. Surtout, ne m'explique pas. Je te crois sur parole.

HUGO. Qu'est-ce que tu crois?

JESSICA, *récitant*. Je crois que cet homme est dangereux, qu'il faut qu'il disparaisse et que tu viens pour l'abat...[12]

HUGO. Chut! (*Un temps.*) Regarde-moi. Des fois je me dis que tu joues à me croire et que tu ne me crois pas vraiment et d'autres fois que tu me crois au fond mais que tu fais semblant de ne pas me croire. Qu'est-ce qui est vrai?

JESSICA, *riant*. Rien n'est vrai.

HUGO. Qu'est-ce que tu ferais si j'avais besoin de ton aide?

JESSICA. Est-ce que je ne viens pas de t'aider?

HUGO. Si, mon âme, mais ce n'est pas cette aide-là que je veux.

JESSICA. Ingrat.

HUGO, *la regardant*. Si je pouvais lire dans ta tête...

JESSICA. Demande-moi.

HUGO, *haussant les épaules*. Bah! (*Un temps.*) Bon Dieu, quand on va tuer un homme, on devrait se sentir lourd comme une pierre. Il devrait y avoir du silence dans ma tête. (*Criant.*) Du silence! (*Un temps.*) As-tu vu comme il est dense?

Comme il est vivant? (*Un temps.*) C'est vrai! C'est vrai! C'est vrai que je vais le tuer: dans une semaine il sera couché par terre et mort avec cinq trous dans la peau. (*Un temps.*) Quelle comédie!

JESSICA, *se met à rire*. Ma pauvre petite abeille, si tu veux me convaincre que tu vas devenir un assassin, il faudrait commencer par t'en convaincre toi-même.

HUGO. Je n'ai pas l'air convaincu, hein?

JESSICA. Pas du tout: tu joues mal ton rôle.

HUGO. Mais je ne joue pas, Jessica.

JESSICA. Si, tu joues.

HUGO. Non, c'est toi. C'est toujours toi.

JESSICA. Non, c'est toi. D'ailleurs comment pourrais-tu le tuer, c'est moi qui ai le revolver.

HUGO. Rends-moi ce revolver.

JESSICA. Jamais de la vie: je l'ai gagné. Sans moi tu te le serais fait prendre.

HUGO. Rends-moi ce revolver.

JESSICA. Non, je ne te le rendrai pas, j'irai trouver Hoederer et je lui dirai: je viens faire votre bonheur et pendant qu'il m'embrassera... (*Hugo qui fait semblant de se résigner, se jette sur elle, même jeu qu'à la première scène, ils tombent sur le lit, luttent, crient et rient. Hugo finit par lui arracher[13] le revolver pendant que le rideau tombe et qu'elle crie:*) Attention! Attention! Le revolver va partir!

QUATRIÈME TABLEAU
LE BUREAU DE HOEDERER

Pièce[1] austère mais confortable. A droite, un bureau[2]; au milieu, une table chargée de livres et de feuillets[3] avec un

---

11. drag   12. i.e. *pour l'abattre* to kill him

13. snatching from
1. room   2. desk   3. papers

tapis[4] qui tombe jusqu'au plancher.[5] A gauche, sur le côté, une fenêtre au travers de laquelle on voit les arbres du jardin. Au fond, à droite, une porte; à gauche de la porte une table de cuisine qui supporte un fourneau à gaz.[6] Sur le fourneau, une cafetière.[7] Chaises disparates.[8] C'est l'après-midi.

Hugo est seul. Il s'approche du bureau, prend le porte-plume[9] de Hoederer et le touche. Puis il remonte jusqu'au fourneau, prend la cafetière et la regarde en sifflotant.[10] Jessica entre doucement.

Scène I

JESSICA, HUGO

JESSICA. Qu'est-ce que tu fais avec cette cafetière? (*Hugo repose précipitamment la cafetière.*)

HUGO. Jessica, on t'a défendu d'entrer dans ce bureau.

JESSICA. Qu'est-ce que tu faisais avec cette cafetière?

HUGO. Et toi, qu'est-ce que tu viens faire ici?

JESSICA. Te voir, mon âme.

HUGO. Eh bien, tu m'as vu. File![11] Hoederer va descendre.

JESSICA. Comme je m'ennuyais de toi,[12] ma petite abeille!

HUGO. Je n'ai pas le temps de jouer, Jessica.

JESSICA, *regardant autour d'elle.* Naturellement tu n'avais rien su me décrire. Ça sent le tabac refroidi comme dans le bureau de mon père quand j'étais petite. C'est pourtant facile de parler d'une odeur.

HUGO. Ecoute-moi bien...

JESSICA. Attends! (*Elle fouille dans la poche de son tailleur.*[13]) J'étais venue pour t'apporter ça.

HUGO. Quoi, ça?

JESSICA, *sortant le revolver de sa poche et le tendant à Hugo sur la paume*[14] *de sa main.* Ça! Tu l'avais oublié.

HUGO. Je ne l'ai pas oublié: je ne l'emporte jamais.

JESSICA. Justement[15]: tu ne devrais pas t'en séparer.

HUGO. Jessica, puisque tu n'as pas l'air de comprendre, je te dis tout net[16] que je te défends de remettre les pieds ici. Si tu veux jouer, tu as le jardin et le pavillon.

JESSICA. Hugo, tu me parles comme si j'avais six ans.

HUGO. A qui la faute? C'est devenu insupportable; tu ne peux plus me regarder sans rire. Ce sera joli quand nous aurons cinquante ans. Il faut en sortir[17]; ce n'est qu'une habitude, tu sais; une sale[18] habitude que nous avons prise ensemble. Est-ce que tu me comprends?

JESSICA. Très bien.

HUGO. Tu veux bien[19] faire un effort.

JESSICA. Oui.

HUGO. Bon. Eh bien, commence par rentrer[20] ce revolver.

JESSICA. Je ne peux pas.

HUGO. Jessica!

JESSICA. Il est à toi, c'est à toi de le prendre.

HUGO. Mais puisque je te dis que je n'en ai que faire[21]?

JESSICA. Et moi qu'est-ce que tu veux que j'en fasse?

HUGO. Ce que tu voudras, ça ne me regarde pas.

---

4. cover   5. floor   6. *fourneau à gaz* gas plate   7. coffee pot   8. ill-assorted   9. penholder   10. whistling to himself   11. Get out! 12. *je... toi* I missed you

13. suit (*tailleur* is used for a woman's suit) 14. palm   15. exactly   16. *tout net* distinctly, once and for all   17. *Il... sortir* We must stop this   18. dirty   19. *veux bien* are willing 20. put back   21. *je... faire* I have no use for it

JESSICA. Tu ne prétends pas obliger ta femme à promener toute la journée une arme à feu dans sa poche?

HUGO. Rentre chez nous et va la déposer dans ma valise.

JESSICA. Mais je n'ai pas envie de rentrer; tu es monstrueux!

HUGO. Tu n'avais qu'à ne pas l'apporter.

JESSICA. Et toi, tu n'avais qu'à ne pas l'oublier.

HUGO. Je te dis que je ne l'ai pas oublié.

JESSICA. Non? Alors, Hugo, c'est que tu as changé tes projets.

HUGO. Chut.

JESSICA. Hugo, regarde-moi dans les yeux. Oui ou non, as-tu changé tes projets?

HUGO. Non, je ne les ai pas changés.

JESSICA. Oui ou non, as-tu l'intention de...

HUGO. Oui! Oui! Oui! Mais pas aujourd'hui.

JESSICA. Oh! Hugo, mon petit Hugo, pourquoi pas aujourd'hui? Je m'ennuie tant, j'ai fini tous les romans que tu m'as donnés et je n'ai pas de goût pour rester toute la journée sur mon lit comme une odalisque,[22] ça me fait engraisser.[23] Qu'attends-tu?

HUGO. Jessica, tu joues encore.

JESSICA. C'est toi qui joues. Voilà dix jours que tu prends de grands airs pour m'impressionner et finalement l'autre vit toujours. Si c'est un jeu, il dure trop longtemps: nous ne parlons plus qu'à voix basse, de peur qu'on ne nous entende et il faut que je te passe toutes tes humeurs,[24] comme si tu étais une femme enceinte.[25]

HUGO. Tu sais bien que ce n'est pas un jeu.

JESSICA, *sèchement*.[26] Alors c'est pis: j'ai horreur que les gens ne fassent pas ce qu'ils ont décidé de faire. Si tu veux que je te croie, il faut en finir aujourd'hui même.

HUGO. Aujourd'hui, c'est inopportun.

JESSICA, *reprenant sa voix ordinaire.* Tu vois!

HUGO. Ah! tu m'assommes.[27] Il attend des visites, là!

JESSICA. Combien?

HUGO. Deux.

JESSICA. Tue-les aussi.

HUGO. Il n'y a rien de plus déplacé qu'une personne qui s'obstine à jouer quand les autres n'en ont pas envie. Je ne te demande pas de m'aider, oh! non! Je voudrais simplement que tu ne me gênes[28] pas.

JESSICA. Bon! Bon! Fais ce que tu voudras puisque tu me tiens en dehors de ta vie. Mais prends ce revolver parce que si je le garde, il déformera mes poches.

HUGO. Si je le prends, tu t'en iras?

JESSICA. Commence par le prendre. (*Hugo prend le revolver et le met en poche.*)

HUGO. A présent, file.

JESSICA. Une minute! J'ai tout de même le droit de jeter un coup d'œil dans le bureau où mon mari travaille. (*Elle passe derrière le bureau de Hoederer. Désignant le bureau.*) Qui s'assied là? Lui ou toi?

HUGO, *de mauvaise grâce.* Lui. (*Désignant la table.*) Moi, je travaille à cette table.

JESSICA, *sans l'écouter.* C'est son écriture? (*Elle a pris une feuille*[29] *sur le bureau.*)

---

22. odalisk (a female slave or concubine in a harem)   23. get fat   24. *te... humeurs* put up with all your moods   25. pregnant

26. sharply   27. *tu m'assommes!* what a bore you are!   28. hinder   29. page

Hugo. Oui.

Jessica, *vivement intéressée.* Ha! Ha, ha!

Hugo. Pose ça.

Jessica. Tu as vu comme elle monte[30]? et qu'il trace les lettres sans les relier?[31]

Hugo. Après?[32]

Jessica. Comment, après?[33] C'est très important.

Hugo. Pour qui?

Jessica. Tiens! Pour connaître son caractère. Autant savoir[34] qui on tue. Et l'espace qu'il laisse entre les mots! On dirait que chaque lettre est une petite île; les mots ce seraient des archipels.[35] Ça veut sûrement dire quelque chose.

Hugo. Quoi?

Jessica. Je ne sais pas. Que c'est agaçant: ses souvenirs d'enfance, les femmes qu'il a eues, sa façon d'être amoureux, tout est là et je ne sais pas lire... Hugo tu devrais m'acheter un livre de graphologie, je sens que suis douée.

Hugo. Je t'en achèterai un si tu t'en vas tout de suite.

Jessica. On dirait un tabouret[36] de piano.

Hugo. C'en est un.

Jessica, *s'asseyant sur le tabouret et le faisant tourner.* Comme c'est agréable! Alors, il s'assied, il fume, il parle et tourne sur son tabouret.

Hugo. Oui. (*Jessica débouche un carafon[37] sur le bureau et le flaire.[38]*)

Jessica. Il boit?

Hugo. Comme un trou.[39]

Jessica. En travaillant?

Hugo. Oui.

Jessica. Et il n'est jamais saoul?

Hugo. Jamais.

Jessica. J'espère que tu ne bois pas d'alcool, même s'il t'en offre: tu ne le supportes pas.

Hugo. Ne fais pas la grande sœur; je sais très bien que je ne supporte pas l'alcool, ni le tabac, ni le chaud, ni le froid, ni l'humidité, ni l'odeur des foins,[40] ni rien du tout.

Jessica, *lentement.* Il est là, il parle, il fume, il boit, il tourne sur son guéridon[41]...

Hugo. Oui et moi je...

Jessica, *avisant[42] le fourneau.* Qu'est-ce que c'est? Il fait sa cuisine lui-même?

Hugo. Oui.

Jessica, *éclatant de rire.* Mais pourquoi? Je pourrais la lui faire, moi, puisque je fais la tienne; il pourrait venir manger avec nous.

Hugo. Tu ne le ferais pas aussi bien que lui; et puis je crois que ça l'amuse. Le matin il nous fait du café. Du très bon café de marché noir...

Jessica, *désignant la cafetière.* Là-dedans?

Hugo. Oui.

Jessica. C'est la cafetière que tu avais dans les mains quand je suis entrée?

Hugo. Oui.

Jessica. Pourquoi l'avais-tu prise? Qu'est-ce que tu y cherchais?

Hugo. Je ne sais pas. (*Un temps.*) Elle a l'air vrai quand il la touche. (*Il la prend.*) Tout ce qu'il touche a l'air vrai. Il verse le café dans les tasses, je bois, je le regarde boire et je sens que le vrai goût du café est dans sa bouche à lui. (*Un temps.*) C'est le vrai goût du

---

30. i.e. Hoederer's handwriting   31. joining   32. So what?   33. *Comment, après?* What do you mean, so what?   34. *Autant savoir* One might just as well know   35. groups of little islands   36. stool   37. *débouche un carafon* takes the stopper out of a bottle   38. smells   39. *comme un trou* like a lord (*literally* hole)

40. hay   41. small round table (Jessica is making a joke. The piano stool and the *guéridon* have the same shape. It is ridiculous to call a *tabouret* a *guéridon.*)   42. catching sight of

café qui va disparaître, la vraie chaleur, la vraie lumière. Il ne restera que ça.[43] (*Il montre la cafetière.*)

JESSICA. Quoi, ça?

HUGO, *montrant d'un geste plus large la pièce entière.* Ça: des mensonges.[44] (*Il repose la cafetière.*) Je vis dans un décor.[45] (*Il s'absorbe dans ses réflexions.*)

JESSICA. Hugo!

HUGO, *sursautant.* Eh?

JESSICA. L'odeur du tabac s'en ira quand il sera mort. (*Brusquement.*) Ne le tue pas.

HUGO. Tu crois donc que je vais le tuer? Réponds? Tu le crois?

JESSICA. Je ne sais pas. Tout a l'air si tranquille. Et puis ça sent mon enfance... Il n'arrivera rien! Il ne peut rien arriver, tu te moques de moi.

HUGO. Le voilà. File par la fenêtre. (*Il cherche à l'entraîner.*)

JESSICA, *résistant.* Je voudrais voir comment vous êtes quand vous êtes seuls.

HUGO, *l'entraînant.* Viens vite.

JESSICA, *très vite.* Chez mon père, je me mettais sous la table et je le regardais travailler pendant des heures. (*Hugo ouvre la fenêtre de la main gauche, Jessica lui échappe et se glisse sous la table. Hoederer entre.*)

Scène II

Les mêmes, HOEDERER

HOEDERER. Qu'est-ce que tu fais là-dessous?

JESSICA. Je me cache.

HOEDERER. Pourquoi faire?

JESSICA. Pour voir comment vous êtes quand je ne suis pas là.

HOEDERER. C'est manqué. (*A Hugo.*) Qui l'a laissée entrer?

HUGO. Je ne sais pas.

HOEDERER. C'est ta femme: tiens-la[1] mieux que ça.

JESSICA. Ma pauvre petite abeille, il te prend pour mon mari.

HOEDERER. Ce n'est pas ton mari?

JESSICA. C'est mon petit frère.

HOEDERER, *à Hugo.* Elle ne te respecte pas.

HUGO. Non.

HOEDERER. Pourquoi l'as-tu épousée?

HUGO. Parce qu'elle ne me respectait pas.

HOEDERER. Quand on est du Parti, on se marie avec quelqu'un du Parti.

JESSICA. Pourquoi?

HOEDERER. C'est plus simple.

JESSICA. Comment savez-vous que je ne suis pas du Parti?

HOEDERER. Ça se voit.[2] (*Il la regarde.*) Tu ne sais rien faire, sauf l'amour...

JESSICA. Même pas l'amour. (*Un temps.*) Est-ce que vous pensez que je dois m'inscrire au Parti?

HOEDERER. Tu peux faire ce que tu veux: le cas est désespéré.

JESSICA. Est-ce que c'est ma faute?

HOEDERER. Que veux-tu que j'en sache? Je suppose que tu es à moitié victime, à moitié complice, comme tout le monde.[3]

---

1. *tiens-la* control her   2. *Ça se voit.* It's obvious.   3. *A moitié victime, à moitié complice, comme tout le monde.* A statement which might well be considered the classical expression of the existentialist's view of the human situation. Man's situation with regard to others is characterized by this "ambiguity." He is always something of a victim in spite of himself; he is an accomplice to the extent that he agrees somewhat with his oppressors. Simone de Beauvoir has taken this statement for the title page of her recent book on women, *Le Deuxième Sexe.*

43. Hugo, like a child, finds authority and meaning in the same place. Hoederer, who possesses all the qualities which Hugo lacks, is meaningful *a priori.*   44. lies   45. stage set

JESSICA, *avec une brusque violence.* Je ne suis complice de personne. On a décidé de moi sans me demander mon avis.

HOEDERER. C'est bien possible. De toute façon la question de l'émancipation des femmes ne me passionne pas.

JESSICA, *désignant Hugo.* Vous croyez que je lui fais du mal?

HOEDERER. C'est pour me demander ça que tu es venue ici?

JESSICA. Pourquoi pas?

HOEDERER. Je suppose que tu es son luxe. Les fils de bourgeois qui viennent à nous ont la rage d'emporter avec eux un peu de leur luxe passé, comme souvenir. Les uns, c'est leur liberté de penser, les autres, une épingle de cravate.[4] Lui, c'est sa femme.

JESSICA. Oui. Et vous, naturellement vous n'avez pas besoin de luxe.

HOEDERER. Naturellement non. (*Ils se regardent.*) Allez, ouste,[5] disparais, et ne remets plus les pieds ici.

JESSICA. Ça va. Je vous laisse à votre amitié d'hommes. (*Elle sort avec dignité.*)

Scène III

HUGO, HOEDERER

HOEDERER. Tu tiens à elle?[1]

HUGO. Naturellement.

HOEDERER. Alors, défends-lui de remettre les pieds ici. Quand j'ai à choisir entre un type et une bonne femme, c'est le type que je choisis; mais il ne faut tout de même pas me rendre la tâche trop difficile.

HUGO. Qui vous demande de choisir?

HOEDERER. Aucune importance: de toute façon c'est toi que j'ai choisi.

HUGO, *riant.* Vous ne connaissez pas Jessica.

HOEDERER. Ça se peut bien. Tant mieux, alors. (*Un temps.*) Dis-lui tout de même de ne pas revenir. (*Brusquement.*) Quelle heure est-il?

HOEDERER. Quatre heures dix.

HOEDERER. Ils sont en retard. (*Il va à la fenêtre, jette un coup d'œil au dehors, puis revient.*)

HUGO. Vous n'avez rien à me dicter?

HOEDERER. Pas aujourd'hui. (*Sur un mouvement de Hugo.*) Non. Reste. Quatre heures dix?

HUGO. Oui.

HOEDERER. S'ils ne viennent pas, ils le regretteront.

HUGO. Qui vient?

HOEDERER. Tu verras. Des gens de ton monde. (*Il fait quelques pas.*) Je n'aime pas attendre. (*Revenant vers Hugo.*) S'ils viennent, l'affaire est dans le sac; mais, s'ils ont eu peur au dernier moment, tout est à recommencer. Et je crois que je n'en aurai pas le temps. Quel âge as-tu?

HUGO. Vingt et un ans.

HOEDERER. Tu as du temps, toi.

HUGO. Vous n'êtes pas si vieux non plus.

HOEDERER. Je ne suis pas vieux mais je suis visé.[2] (*Il lui montre le jardin.*) De l'autre côté de ces murs, il y a des types qui pensent nuit et jour à me descendre; et comme, moi, je ne pense pas tout le temps à me garder, ils finiront sûrement par m'avoir.

HUGO. Comment savez-vous qu'ils y pensent nuit et jour?

HOEDERER. Parce que je les connais. Ils ont de la suite[3] dans les idées.

HUGO. Vous les connaissez?

HOEDERER. Oui. Tu as entendu un bruit de moteur?

HUGO. Non. (*Ils écoutent.*) Non.

4. *épingle de cravate* tie pin   5. *Allez, ouste*
Get out   1. *Tu... elle?* Are you fond of her?

2. on the spot   3. continuity

HOEDERER. Ce serait le moment pour un de ces types de sauter par-dessus le mur. Il aurait l'occasion de faire du beau travail.

HUGO, *lentement*. Ce serait le moment...

HOEDERER, *le regardant*. Tu comprends, il vaudrait mieux pour eux que je ne puisse pas recevoir ces visites. (*Il va au bureau et se verse à boire.*) Tu en veux?

HUGO. Non. (*Un temps.*) Vous avez peur?

HOEDERER. De quoi?

HUGO. De mourir.

HOEDERER. Non, mais je suis pressé. Je suis tout le temps pressé. Autrefois ça m'était égal d'attendre. A présent je ne peux plus.

HUGO. Comme vous devez les haïr.

HOEDERER. Pourquoi? Je n'ai pas d'objection de principe contre l'assassinat politique. Ça se pratique dans tous les partis.

HUGO. Donnez-moi de l'alcool.

HOEDERER, *étonné*. Tiens! (*Il prend le carafon et lui verse à boire. Hugo boit sans cesser de le regarder.*) Eh bien, quoi? Tu ne m'as jamais vu?

HUGO. Non. Je ne vous ai jamais vu.

HOEDERER. Pour toi je ne suis qu'une étape,[4] hein? C'est naturel. Tu me regardes du haut de ton avenir. Tu te dis: « Je passerai deux ou trois ans chez ce bonhomme et, quand il sera crevé,[5] j'irai ailleurs et je ferai autre chose...

HUGO. Je ne sais pas si je ferai jamais autre chose.

HOEDERER. Dans vingt ans tu diras à tes copains: « C'était le temps où j'étais secrétaire chez Hoederer. » Dans vingt ans. C'est marrant![6]

HUGO. Dans vingt ans...

HOEDERER. Eh bien?

HUGO. C'est loin.

HOEDERER. Pourquoi? Tu es tubard[7]?

HUGO. Non. Donnez-moi encore un peu d'alcool. (*Hoederer lui verse à boire.*) Je n'ai jamais eu l'impression que je ferai de vieux os.[8] Moi aussi, je suis pressé.

HOEDERER. Ce n'est pas la même chose.

HUGO. Non. (*Un temps.*) Des fois, je donnerais ma main à couper pour devenir tout de suite un homme et d'autres fois il me semble que je ne voudrais pas survivre à ma jeunesse.

HOEDERER. Je ne sais pas ce que c'est.

HUGO. Comment?

HOEDERER. La jeunesse, je ne sais pas ce que c'est: je suis passé directement de l'enfance à l'âge d'homme.

HUGO. Oui. C'est une maladie bourgeoise. (*Il rit.*) Il y en a beaucoup qui en meurent.

HOEDERER. Veux-tu que je t'aide?

HUGO. Hein?

HOEDERER. Tu as l'air si mal parti. Veux-tu que je t'aide?

HUGO, *dans un sursaut*. Pas vous! (*Il se reprend[9] très vite.*) Personne ne peut m'aider.

HOEDERER, *allant à lui*. Ecoute, mon petit. (*Il s'arrête et écoute.*) Les voilà. (*Il va à la fenêtre. Hugo l'y suit.*) Le grand, c'est Karsky, le secrétaire du Pentagone. Le gros, c'est le prince Paul.

HUGO. Le fils du Régent?

HOEDERER. Oui. (*Il a changé de visage, il a l'air indifférent, dur et sûr de lui.*) Tu as assez bu. Donne-moi ton verre. (*Il le vide dans le jardin.*) Va t'asseoir; écoute tout ce qu'on te dira

4. step, stage   5. dead   6. *C'est marrant!* That's a howl!   7. slang for *tuberculeux* get old   8. *je... os* I will   9. catches himself

et si je te fais signe, tu prendras des notes. (*Il referme la fenêtre et va s'asseoir à son bureau.*)

Scène IV

Les mêmes, KARSKY, *le* PRINCE PAUL, SLICK, GEORGES

Les deux visiteurs entrent, suivis par Slick et Georges qui leur poussent leurs mitraillettes dans les reins.[1]

KARSKY. Je suis Karsky.

HOEDERER, *sans se lever.* Je vous reconnais.

KARSKY. Vous savez qui est avec moi?

HOEDERER. Oui.

KARSKY. Alors renvoyez vos molosses.[2]

HOEDERER. Ça va comme ça, les gars. Tirez-vous.[3] (*Slick et Georges sortent.*)

KARSKY, *ironiquement.* Vous êtes bien gardé.

HOEDERER. Si je n'avais pas pris quelques précautions ces derniers temps, je n'aurais pas le plaisir de vous recevoir.

KARSKY, *se retournant vers Hugo.* Et celui-ci.

HOEDERER. C'est mon secrétaire. Il reste avec nous.

KARSKY, *s'approchant.* Vous êtes Hugo Barine? (*Hugo ne répond pas.*) Vous marchez[4] avec ces gens.

HUGO. Oui.

KARSKY. J'ai rencontré votre père la semaine dernière. Est-ce que ça vous intéresse encore d'avoir de ses nouvelles?

HUGO. Non.

KARSKY. Il est fort probable que vous porterez la responsabilité de sa mort.

HUGO. Il est à peu près certain qu'il porte la responsabilité de ma vie. Nous sommes quittes.

KARSKY, *sans élever la voix.* Vous êtes un petit malheureux.

HUGO. Dites-moi...

HOEDERER. Silence, toi. (*A Karsky.*) Vous n'êtes pas venu ici pour insulter mon secrétaire, n'est-ce pas? Asseyez-vous, je vous prie. (*Ils s'asseyent.*) Cognac?

KARSKY. Merci.[5]

LE PRINCE. Je veux bien. (*Hoederer le sert.*)

KARSKY. Voilà donc le fameux Hoederer. (*Il le regarde.*) Avant-hier vos hommes ont encore tiré sur les nôtres.

HOEDERER. Pourquoi?

KARSKY. Nous avions un dépôt[6] d'armes dans un garage et vos types voulaient le prendre: c'est aussi simple que ça.

HOEDERER. Ils ont eu[7] les armes?

KARSKY. Oui.

HOEDERER. Bien joué.

KARSKY. Il n'y a pas de quoi[8] être fier: ils sont venus à dix contre un.

HOEDERER. Quand on veut gagner, il vaut mieux se mettre à dix contre un, c'est plus sûr.

KARSKY. Ne poursuivons pas cette discussion, je crois que nous ne nous entendrons jamais: nous ne sommes pas de la même race.[9]

HOEDERER. Nous sommes de la même race, mais nous ne sommes pas de la même classe.

LE PRINCE. Messieurs, si nous venions à nos affaires.

HOEDERER. D'accord. Je vous écoute.

---

1. back   2. watchdogs (*literally* mastiffs)
3. *Tirez-vous.* Get out.   4. go along

5. In general, *merci* is used in declining and *s'il vous plaît* in accepting.   6. store   7. *Ils ont eu* Did they get   8. *pas de quoi* no reason
9. Karsky betrays nationalist-Fascist race-consciousness, whereas Hoederer betrays Communistic class-consciousness. The Existentialists are opposed to all such *a priori* concepts, and point out that oppression arises from such notions.

KARSKY. C'est nous qui vous écoutons.

HOEDERER. Il doit y avoir malentendu.

KARSKY. C'est probable. Si je n'avais pas cru que vous aviez une proposition précise à nous faire, je ne me serais pas dérangé pour vous voir.

HOEDERER. Je n'ai rien à proposer.

KARSKY. Parfait. (*Il se lève.*)

LE PRINCE. Messieurs, je vous en prie. Rasseyez-vous, Karsky. C'est un mauvais début. Est-ce que nous ne pourrions pas mettre un peu de rondeur[10] dans cet entretien?

KARSKY, *au Prince.* De la rondeur? Avez-vous vu ses yeux quand ses deux chiens de garde nous poussaient devant eux avec leurs mitraillettes? Ces gens-là nous détestent. C'est sur votre insistance que j'ai consenti à cette entrevue, mais je suis convaincu qu'il n'en sortira rien de bon.

LE PRINCE. Karsky, vous avez organisé l'an dernier deux attentats contre[11] mon père et pourtant j'ai accepté de vous rencontrer. Nous n'avons peut-être pas beaucoup de raisons de nous aimer mais nos sentiments ne comptent plus quand il s'agit de l'intérêt national. (*Un temps.*) Cet intérêt bien sûr, il est arrivé que nous ne l'entendions pas toujours de la même façon. Vous, Hoederer, vous vous êtes fait l'interprète peut-être un peu trop exclusif des revendications[12] légitimes de la classe travailleuse. Mon père et moi, qui avons toujours été favorables à ces revendications, nous avons été obligés, devant l'attitude inquiétante de l'Allemagne, de les faire passer au second plan, parce que nous avons compris que notre premier devoir était de sauvegarder l'indépendance du territoire, fût-ce au prix de mesures impopulaires.[13]

HOEDERER. C'est-à-dire en déclarant la guerre à l'U. R. S. S....

LE PRINCE, *enchaînant.*[14] De leur côté, Karsky et ses amis, qui ne partageaient pas notre point de vue sur la politique extérieure ont peut-être sous-estimé la nécessité qu'il y avait pour l'Illyrie à se présenter unie et forte aux yeux de l'étranger, comme un seul peuple derrière un seul chef; et ils ont formé un parti clandestin de résistance. Voilà comment il arrive que des hommes également honnêtes, également dévoués à leur patrie se trouvent séparés momentanément par les différentes conceptions qu'ils ont de leur devoir. (*Hoederer rit grossièrement.*) Plaît-il?[15]

HOEDERER. Rien. Continuez.

LE PRINCE. Aujourd'hui, les positions se sont heureusement rapprochées et il semble que chacun de nous ait une compréhension plus large du point de vue des autres. Mon père n'est pas désireux de poursuivre cette guerre inutile et coûteuse. Naturellement nous ne sommes pas en mesure de conclure une paix séparée, mais je puis vous garantir que les opérations militaires seront conduites sans excès de zèle. De son côté, Karsky estime que les divisions intestines[16] ne peuvent que desservir[17] la cause de notre pays et nous souhaitons les uns et les autres préparer la paix de demain en réalisant aujourd'hui l'union nationale. Bien entendu cette union ne saurait se faire ouvertement sans éveiller les soupçons de l'Allemagne, mais elle trouvera son cadre[18] dans les organisations clandestines qui existent déjà.

10. frankness   11. *attentats contre* attempts against the life of   12. claims

13. *fût-ce... impopulaires* even if it were at the cost of unpopular measures   14. i.e. continuing without noticing the interruption   15. *Plaît-il?* What did you say?   16. internal   17. harm   18. framework

HOEDERER. Et alors?

LE PRINCE. Eh bien, c'est tout. Karsky et moi voulions vous annoncer l'heureuse nouvelle de notre accord de principe.[19]

HOEDERER. En quoi cela me regarde-t-il?

KARSKY. En voilà assez: nous perdons notre temps.

LE PRINCE, *enchaînant*. Il va de soi[20] que cette union doit être aussi large que possible. Si le Parti Prolétarien témoigne[21] le désir de se joindre à nous...

HOEDERER. Qu'est-ce que vous offrez?

KARSKY. Deux voix pour votre Parti dans le Comité National Clandestin que nous allons constituer.

HOEDERER. Deux voix sur combien?

KARSKY. Sur douze.

HOEDERER, *feignant[22] un étonnement poli*. Deux voix sur douze?

KARSKY. Le Régent déléguera quatre de ses conseillers et les six autres voix seront au Pentagone. Le président sera élu.

HOEDERER, *ricanant*.[23] Deux voix sur douze.

KARSKY. Le Pentagone embrasse la majeure partie du paysannat,[24] soit cinquante-sept pour cent de la population, plus la quasi totalité[25] de la classe bourgeoise, le prolétariat ouvrier représente à peine vingt pour cent du pays et vous ne l'avez pas tout entier derrière vous.

HOEDERER. Bon. Après?

KARSKY. Nous opérerons un remaniement[26] et une fusion par la base[27] de nos deux organisations clandestines. Vos hommes entreront dans notre dispositif[28] pentagonal.

HOEDERER. Vous voulez dire que nos troupes seront absorbées par le Pentagone.

KARSKY. C'est la meilleure formule de réconciliation.

HOEDERER. En effet: la réconciliation par anéantissement[29] d'un des adversaires. Après cela, il est parfaitement logique de ne nous donner que deux voix au Comité Central. C'est même encore trop: ces deux voix ne représentent plus rien.

KARSKY. Vous n'êtes pas obligé d'accepter.

LE PRINCE, *précipitamment*. Mais si vous acceptiez, naturellement, le gouvernement serait disposé à abroger[30] les lois de 39 sur la presse, l'unité syndicale[31] et la carte de travailleur.

HOEDERER. Comme c'est tentant[32]! (*Il frappe sur la table.*) Bon. Eh bien nous avons fait connaissance; à présent mettons-nous au travail. Voici mes conditions: un comité directeur réduit à six membres. Le Parti Prolétarien disposera de trois voix; vous vous répartirez[33] les trois autres comme vous voudrez. Les organisations clandestines resteront rigoureusement séparées et n'entreprendront d'action commune que sur un vote du Comité Central. C'est à prendre ou à laisser.

KARSKY. Vous vous moquez de nous?

HOEDERER. Vous n'êtes pas obligés d'accepter.

KARSKY, *au Prince*. Je vous avais dit qu'on ne pouvait pas s'entendre avec ces gens-là. Nous avons les deux tiers du pays, l'argent, les armes, des formations paramilitaires[34] entraînées,[35] sans compter la priorité morale que nous

---

19. *accord de principe* agreement in principle 20. *Il... soi* it is obvious   21. gives evidence of   22. pretending   23. sneering   24. peasant class   25. *quasi totalité* almost the whole   26. reorganization   27. *par la base* from the ground up   28. make-up. An impersonal term for resources, human as well as material.

29. annihilation   30. revoke   31. *unité syndicale* union solidarity   32. tempting   33. divide   34. i.e. troops equipped to fight against military attack   35. trained

donnent nos martyrs; et voilà une poignée[36] d'hommes sans le sou qui réclame tranquillement la majorité au Comité Central.

Hoederer. Alors? C'est non?

Karsky. C'est non. Nous nous passerons de vous.[37]

Hoederer. Alors, allez-vous-en. (*Karsky hésite un instant, puis se dirige vers la porte. Le Prince ne bouge pas.*) Regardez le Prince, Karsky: il est plus malin[38] que vous et il a déjà compris.

Le Prince, *à Karsky, doucement.* Nous ne pouvons pas rejeter ces propositions sans examen.

Karsky, *violemment.* Ce ne sont pas des propositions; ce sont des exigences absurdes que je refuse de discuter. (*Mais il demeure immobile.*)

Hoederer. En 42 la police traquait vos hommes et les nôtres, vous organisiez des attentats contre le régent et nous sabotions la production de guerre; quand un type du Pentagone rencontrait un gars de chez nous il y en avait toujours un des deux qui restait sur le carreau.[39] Aujourd'hui brusquement vous voulez que tout le monde s'embrasse. Pourquoi?

Le Prince. Pour le bien de la Patrie.

Hoederer. Pourquoi n'est-ce pas le même bien qu'en 42? (*Un silence.*) Est-ce que ce ne serait pas parce que les Russes ont battu Paulus à Stalingrad et que les troupes allemandes sont en train de perdre la guerre?

Le Prince. Il est évident que l'évolution du conflit crée une situation nouvelle. Mais je ne vois pas...

Hoederer. Je suis sûr que vous voyez très bien, au contraire... Vous voulez sauver l'Illyrie, j'en suis convaincu.

Mais vous voulez la sauver telle qu'elle est, avec son régime d'inégalité sociale et ses privilèges de classe. Quand les Allemands semblaient vainqueurs, votre père s'est rangé de leur côté.[40] Aujourd'hui que la chance tourne, il cherche à s'accommoder[41] des Russes. C'est plus difficile.

Karsky. Hoederer, c'est en luttant contre l'Allemagne que tant des nôtres[42] sont tombés et je ne vous laisserai pas dire que nous avons pactisé[43] avec l'ennemi pour conserver nos privilèges.

Hoederer. Je sais, Karsky: le Pentagone était anti-allemand. Vous aviez la partie belle[44]: le Régent donnait des gages à Hitler pour l'empêcher d'envahir l'Illyrie. Vous étiez aussi anti-russe, parce que les Russes étaient loin. L'Illyrie, l'Illyrie seule: je connais la chanson.[45] Vous l'avez chantée pendant deux ans à la bourgeoisie nationaliste. Mais les Russes se rapprochent, avant un an ils seront chez nous; l'Illyrie ne sera plus tout à fait aussi seule. Alors? Il faut trouver des garanties. Quelle chance si vous pouviez leur dire: le Pentagone travaillait pour vous et le Régent jouait double jeu. Seulement voilà: ils ne sont pas obligés de vous croire. Que feront-ils? Hein? Que feront-ils? Après tout nous leur avons déclaré la guerre.

Le Prince. Mon cher Hoederer, quand l'U. R. S. S. comprendra que nous avons sincèrement...

Hoederer. Quand elle comprendra qu'un dictateur fasciste et un parti conservateur ont sincèrement volé au secours de[46] sa victoire, je doute qu'elle leur soit très reconnaissante. (*Un temps.*)

36. handful   37. *Nous... vous.* We'll do without you.   38. clever   39. floor, i.e. was killed   40. *s'est... côté* took sides with them   41. get along with   42. our people   43. come to an agreement   44. *Vous... belle* The ball was at your feet   45. Note the indictment of isolationism.   46. *au secours de* to the aid of

Un seul parti a conservé la confiance de l'U. R. S. S., un seul a su rester en contact avec elle pendant toute la guerre, un seul parti peut envoyer des émissaires à travers les lignes, un seul peut garantir votre petite combinaison[47] : c'est le nôtre. Quand les Russes seront ici, ils verront par nos yeux. (*Un temps.*) Allons: il faut en passer par où nous voudrons.[48]

KARSKY. J'aurais dû refuser de venir.

LE PRINCE. Karsky!

KARSKY. J'aurais dû prévoir que vous répondriez à des propositions honnêtes par un chantage[49] abject.

HOEDERER. Criez: je ne suis pas susceptible. Criez comme un cochon qu'on égorge.[50] Mais retenez ceci: quand les armées soviétiques seront sur notre territoire, nous prendrons le pouvoir ensemble, vous et nous, si nous avons travaillé ensemble; mais si nous n'arrivons pas à nous entendre, à la fin de la guerre mon Parti gouvernera *seul*. A présent, il faut choisir.

KARSKY. Je...

LE PRINCE, *à Karsky*. La violence n'arrangera rien: il faut prendre une vue réaliste de la situation.

KARSKY, *au Prince*. Vous êtes un lâche[51] : vous m'avez attiré dans un guet-apens[52] pour sauver votre tête.

HOEDERER. Quel guet-apens? Allez-vous-en si vous voulez. Je n'ai pas besoin de vous pour m'entendre avec le Prince.

KARSKY, *au Prince*. Vous n'allez pas...

LE PRINCE. Pourquoi donc? Si la combinaison vous déplaît, nous ne voudrions pas vous obliger à y participer, mais ma décision ne dépend pas de la vôtre.

HOEDERER. Il va de soi que l'alliance de notre Parti avec le gouvernement du

Régent mettra le Pentagone en situation difficile pendant les derniers mois de la guerre; il va de soi aussi que nous procéderons à sa liquidation définitive quand les Allemands seront battus. Mais puisque vous tenez à rester pur...

KARSKY. Nous avons lutté trois ans pour l'indépendance de notre pays, des milliers de jeunes gens sont morts pour notre cause, nous avons forcé l'estime du monde,[53] tout cela pour qu'un beau jour le Parti allemand s'associe au Parti russe et nous assassine au coin d'un bois.

HOEDERER. Pas de sentimentalisme, Karsky: vous avez perdu parce que vous deviez perdre. « L'Illyrie, l'Illyrie seule... » c'est un slogan qui protège mal un petit pays entouré de puissants voisins. (*Un temps.*) Acceptez-vous mes conditions?

KARSKY. Je n'ai pas qualité pour accepter: je ne suis pas seul.

HOEDERER. Je suis pressé, Karsky.

LE PRINCE. Mon cher Hoederer, nous pourrions peut-être lui laisser le temps de réfléchir: la guerre n'est pas finie et nous n'en sommes pas à huit jours près.[54]

HOEDERER. Moi, j'en suis à huit jours près. Karsky, je vous fais confiance. Je fais toujours confiance aux gens, c'est un principe. Je sais que vous devez consulter vos amis mais je sais aussi que vous les convaincrez. Si vous me donnez aujourd'hui votre acceptation de principe,[55] je parlerai demain aux camarades du Parti.

HUGO, *se dressant brusquement*. Hoederer!

HOEDERER. Quoi?

HUGO. Comment osez-vous...?

HOEDERER. Tais-toi.

HUGO. Vous n'avez pas le droit. Ce

---

47. scheme   48. *il... voudrons* you'll have to accept our terms   49. blackmail   50. *comme... égorge* like a stuck pig   51. coward   52. trap

53. *nous... monde* we forced the world to respect us   54. i.e. a week more or less will make no difference   55. *de principe* in principle

sont... Mon Dieu! ce sont les mêmes. Les mêmes qui venaient chez mon père... Ce sont les mêmes bouches mornes[56] et frivoles et... et ils me poursuivent jusqu'ici. Vous n'avez pas le droit, ils se glisseront partout, ils pourriront[57] tout, ce sont les plus forts...

HOEDERER. Vas-tu te taire!

HUGO. Écoutez bien, vous deux: il n'aura pas le Parti derrière lui pour cette combine[58]! Ne comptez pas sur lui pour vous blanchir,[59] il n'aura pas le Parti derrière lui.

HOEDERER, calmement, aux deux autres. Aucune importance. C'est une réaction strictement personnelle.

LE PRINCE. Oui, mais ces cris sont ennuyeux. Est-ce qu'on ne pourrait pas demander à vos gardes du corps de faire sortir ce jeune homme?

HOEDERER. Mais comment! Il va sortir de lui-même. (Il se lève et va vers Hugo.)

HUGO, reculant. Ne me touchez pas. (Il met la main à la poche où se trouve son revolver.) Vous ne voulez pas m'écouter? Vous ne voulez pas m'écouter?

(A ce moment une forte détonation se fait entendre, les vitres volent en éclats, les montants[60] de la fenêtre sont arrachés.)

HOEDERER. A plat ventre![61] (Il saisit Hugo par les épaules et le jette par terre. Les deux autres s'aplatissent[62] aussi.)

Scène V

Les mêmes, LÉON, SLICK, GEORGES qui entrent en courant. Plus tard, JESSICA

SLICK. Tu es blessé?

HOEDERER, se relevant. Non. Personne

n'est blessé? (A Karsky qui s'est relevé.) Vous saignez?

KARSKY. Ce n'est rien. Des éclats[1] de verre.

GEORGES. Grenade?

HOEDERER. Grenade ou pétard. Mais, ils ont visé[2] trop court. Fouillez le jardin.

HUGO, tourné vers la fenêtre, pour lui-même. Les salauds! Les salauds! (Léon et Georges sautent par la fenêtre.)

HOEDERER, au Prince. J'attendais quelque chose de ce genre mais je regrette qu'ils aient choisi ce moment.

LE PRINCE. Bah! Ça me rappelle le palais de mon père. Karsky! Ce sont vos hommes qui ont fait le coup?

KARSKY. Vous êtes fou?

HOEDERER. C'est moi qu'on visait; cette affaire ne regarde que moi. (A Karsky.) Vous voyez: mieux vaut prendre des précautions. (Il le regarde.) Vous saignez beaucoup.

JESSICA entre, essoufflée.[3] Hoederer est tué?

HOEDERER. Votre mari n'a rien. (A Karsky.) Léon vous fera monter dans ma chambre et vous pansera[4] et puis nous reprendrons cet entretien.[5]

SLICK. Vous devriez tous monter, parce qu'ils peuvent remettre[6] ça. Vous causerez pendant que Léon le pansera.

HOEDERER. Soit. (Georges et Léon entrent par la fenêtre.) Alors?

GEORGES. Pétard. Ils l'ont jeté du jardin et puis ils ont calté.[7] C'est le mur qui a tout pris.

HUGO. Les salauds.

HOEDERER. Montons. (Ils se dirigent vers la porte. Hugo va pour les suivre.) Pas toi. (Ils se regardent, puis Hoederer se détourne et sort.)

56. sad, dismal   57. will poison (literally decay) 58. scheme 59. whitewash 60. frame 61. A plat ventre! On your faces!   62. lie down flat

1. splinters   2. aimed   3. out of breath 4. will bandage   5. conversation   6. begin again   7. ont calté ran away

Scène VI

HUGO, JESSICA, GEORGES
et SLICK

Hugo, *entre ses dents.* Les salauds.

Slick. Hein?

Hugo. Les gens qui ont lancé le pétard, ce sont des salauds. (*Il va se verser à boire.*)

Slick. Un peu nerveux, hein?

Hugo. Bah!

Slick. Il n'y a pas de honte. C'est le baptême du feu. Tu t'y feras.

Georges. Faut même qu'on te dise: à la longue,[1] ça distrait. Pas vrai, Slick?

Slick. Ça change, ça réveille, ça dégourdit[2] les jambes.

Hugo. Je ne suis pas nerveux. Je râle.[3] (*Il boit.*)

Jessica. Après qui, ma petite abeille?

Hugo. Après les salauds qui ont lancé le pétard.

Slick. Tu as de la bonté de reste[4]: nous autres, il y a longtemps qu'on ne râle plus.

Georges. C'est notre gagne-pain[5]: si c'était pas d'eux autres, nous, on ne serait pas ici.[6]

Hugo. Tu vois: tout le monde est calme, tout le monde est content. Il saignait[7] comme un cochon, il s'essuyait la joue en souriant, il disait: « Ce n'est rien. » Ils ont du courage. Ce sont les plus grands fils de putain[8] de la terre et ils ont du courage, juste ce qu'il faut[9] pour t'empêcher de les mépriser[10] jusqu'au bout. (*Tristement.*) C'est un casse-tête.[11] (*Il boit.*) Les vertus et les vices ne sont pas équitablement répartis.[12]

Jessica. Tu n'est pas lâche, mon âme.

Hugo. Je ne suis pas lâche, mais je ne suis pas courageux non plus. Trop de nerfs. Je voudrais m'endormir et rêver que je suis Slick. Regarde: cent kilogs de chair et une noisette[13] dans la boîte crânienne,[14] une vraie baleine.[15] La noisette, là-haut, elle envoie des signaux de peur et de colère, mais ils se perdent dans cette masse. Ça le chatouille,[16] c'est tout.

Slick, *riant.* Tu l'entends.

Georges, *riant.* Il n'a pas tort. (*Hugo boit.*)

Jessica. Hugo!

Hugo. Hé?

Jessica. Ne bois plus.

Hugo. Pourquoi? Je n'ai plus rien à faire. Je suis relevé[17] de mes fonctions.

Jessica. Hoederer t'a relevé de tes fonctions?

Hugo. Hoederer? Qui parle d'Hoederer? Tu peux penser ce que tu veux d'Hoederer, mais c'est un homme qui m'a fait confiance. Tout le monde ne peut pas en dire autant. (*Il boit. Puis va vers Slick.*) Il y a des gens qui te donnent une mission de confiance, hein, et tu casses le cul[18] pour l'accomplir et puis, au moment où tu vas réussir, tu t'aperçois qu'ils se foutaient de toi[19] et qu'ils ont fait faire la besogne par d'autres.

Jessica. Veux-tu te taire! Tu ne vas pas leur raconter nos histoires de ménage.

Hugo. De ménage? Ha! (*Déridé.*[20]) Elle est merveilleuse!

Jessica. C'est de moi qu'il parle.

---

1. *à la longue* in the long run   2. takes the stiffness out of   3. *Je râle.* I am furious. (*râle*, death rattle)   4. *de reste* more than enough   5. livelihood   6. i.e. if it were not for them, we should have nothing to do   7. was bleeding   8. *fils de putain* bastards (*putain* prostitute)   9. *juste... faut* just enough   10. scorn   11. puzzle   12. distributed   13. hazel nut   14. *boîte crânienne* skull   15. whale   16. tickles   17. relieved   18. *tu... cul* you make every effort   19. *se... toi* they were making fun of you   20. smiling

Voilà deux ans qu'il me reproche de ne pas lui faire confiance.

HUGO, *à Slick*. C'est une tête,[21] hein? (*A Jessica*.) Non, tu ne me fais pas confiance. Est-ce que tu me fais confiance?

JESSICA. Certainement pas en ce moment.

HUGO. Personne ne me fait confiance. Je dois avoir quelque chose de travers dans la gueule.[22] Dis-moi que tu m'aimes.

JESSICA. Pas devant eux.

SLICK. Ne vous gênez pas pour nous.

HUGO. Elle ne m'aime pas. Elle ne sait pas ce que c'est que l'amour. C'est un ange. Une statue de sel.[23]

SLICK. Une statue de sel?

HUGO. Non, je voulais dire une statue de neige. Si tu la caresses, elle fond.[24]

GEORGES. Sans blague.[25]

JESSICA. Viens, Hugo. Rentrons.

HUGO. Attends, je vais donner un conseil à Slick. Je l'aime bien, Slick, je l'ai à la bonne,[26] parce qu'il est fort et qu'il ne pense pas. Tu veux un conseil, Slick?

SLICK. Si je ne peux pas l'éviter.

HUGO. Ecoute: ne te marie pas trop jeune.

SLICK. Ça ne risque rien.

HUGO, *qui commence à être saoul*. Non, mais écoute: ne te marie pas trop jeune. Tu comprends ce que je veux dire, hein? Ne te marie pas trop jeune. Te charge pas de ce que tu ne peux pas faire. Après ça pèse[27] trop lourd. Tout est si lourd. Je ne sais pas si vous avez remarqué: c'est pas commode d'être jeune. (*Il rit*.) Mission de confiance. Dis! où elle est, la confiance?

GEORGES. Quelle mission?

HUGO. Ah! Je suis chargé de mission.

GEORGES. Quelle mission?

HUGO. Ils veulent me faire parler, mais avec moi c'est du temps perdu. Je suis impénétrable. (*Il se regarde dans la glace*.) Impénétrable! Une gueule parfaitement inexpressive. La gueule de tout le monde. Ça devrait se voir,[28] bon Dieu! Ça devrait se voir!

GEORGES. Quoi?

HUGO. Que je suis chargé d'une mission de confiance.

GEORGES. Slick?

SLICK. Hmm...

JESSICA, *tranquillement*. Ne vous cassez pas la tête[29]: ça veut dire que je vais avoir un enfant. Il se regarde dans la glace pour voir s'il a l'air d'un père de famille.

HUGO. Formidable! Un père de famille! C'est ça. C'est tout à fait ça. Un père de famille. Elle et moi nous nous entendons à demi mot.[30] Impénétrable! Ça devrait se reconnaître[31] un... père de famille. A quelque chose. Un air sur le visage. Un goût dans la bouche. Une ronce[32] dans le cœur. (*Il boit*.) Pour Hoederer, je regrette. Parce que, je vous le dis, il aurait pu m'aider. (*Il rit*.) Dites: ils sont là-haut qui causent et Léon lave le sale groin de Karsky. Mais vous êtes donc des bûches[33]? Tirez-moi dessus.

SLICK, *à Jessica*. Ce petit gars-là ne devrait pas boire.

GEORGES. Ça ne lui réussit pas.

HUGO. Tirez sur moi, je vous dis. C'est votre métier. Ecoutez donc: un père de famille, c'est jamais un vrai père de famille. Un assassin, c'est jamais tout à fait un assassin. Ils jouent, vous

---

21. i.e. *femme de tête* woman of decision and character   22. *Je... gueule*. There must be something wrong with my face.   23. salt   24. melts   25. *Sans blague*. No kidding.   26. *je... bonne* I like him   27. weighs

28. *Ça... voir* It should be apparent   29. *Ne... tête* Don't cudgel your brains   30. *à demi mot* by implication   31. *Ça... reconnaître* You should be able to tell   32. thorn   33. logs

comprenez. Tandis qu'un mort, c'est un mort pour de vrai. Etre ou ne pas être, hein?[34] Vous voyez ce que je veux dire. Il n'y a rien que je puisse être sinon un mort avec six pieds de terre par-dessus la tête. Tout ça je vous le dis, c'est de la comédie. (*Il s'arrête brusquement.*) Et ça aussi c'est de la comédie. Tout ça! Tout ce que je vous dis là. Vous croyez peut-être que je suis désespéré? Pas du tout: je joue la comédie du désespoir. Est-ce qu'on peut en sortir?[35]

JESSICA. Est-ce que tu veux rentrer?

HUGO. Attends. Non. Je ne sais pas... Comment peut-on dire: je veux ou je ne veux pas?

JESSICA, *remplissant un verre.* Alors bois.

HUGO. Bon. (*Il boit.*)

SLICK. Vous n'êtes pas cinglée[36] de le faire boire?

JESSICA. C'est pour en finir plus vite. A présent, il n'y a plus qu'à attendre.[37] (*Hugo vide le verre. Jessica le remplit.*)

HUGO, *saoul.* Qu'est-ce que je disais? Je parlais d'assassin? Jessica et moi nous savons ce que ça veut dire. La vérité c'est que ça cause trop là-dedans.[38] (*Il se frappe le front.*) Je voudrais le silence. (*A Slick.*) Ce qu'il doit faire bon[39] dans ta tête: pas un bruit, la nuit noire. Pourquoi tournez-vous si vite. Ne riez pas: je sais que je suis saoul, je sais que je suis abject. Je vais vous dire: je ne voudrais pas être à ma place. Oh! mais

non. Ça n'est pas une bonne place. Ne tournez pas! Le tout c'est d'allumer la mèche.[40] Ça n'a l'air de rien mais je ne vous souhaite pas d'en être chargés. La mèche, tout est là. Allumer la mèche. Après, tout le monde saute et moi avec: plus besoin d'alibi, le silence, la nuit. A moins que les morts aussi ne jouent la comédie. Supposez qu'on meure et qu'on découvre que les morts sont des vivants qui jouent à être morts! On verra. On verra. Seulement faut allumer la mèche. C'est le moment psychologique.[41] (*Il rit.*) Mais ne tournez pas, bon Dieu! ou bien je tourne aussi. (*Il essaye de tourner et tombe sur une chaise.*) Et voilà les bienfaits d'une éducation bourgeoise. (*Sa tête oscille. Jessica s'approche et le regarde.*)

JESSICA. Bon. C'est fini. Voulez-vous m'aider à le porter dans son lit? (*Slick la regarde en se grattant le crâne.*)

SLICK. Il cause trop, votre mari.

JESSICA, *riant.* Vous ne le connaissez pas. Rien de ce qu'il dit n'a d'importance. (*Slick et Georges le soulèvent par les épaules et les pieds.*)

RIDEAU

CINQUIÈME TABLEAU
DANS LE PAVILLON
Scène I
HUGO, JESSICA, *puis* OLGA

Hugo est étendu dans son lit, tout habillé, sous une couverture. Il dort. Il

---

34. Note reminiscence of Hamlet. 35. During this whole scene Hugo invites disaster. It seems to him that death might have the taste of reality which life does not have. In a moment he questions even this. Existentially speaking, his drama is his refusal of responsibility. This disintegration of all pre-established values produces the famous *nausée.* Here Hugo yields to the mechanism of despair, though not authentically, for then he would be free. 36. mad 37. *il... attendre* we only have to wait 38. i.e. His head is full of the sound of meaningless talk. 39. *Ce... bon* How nice it must be

40. fuse (of a bomb) 41. This psychological moment is the moment of choice. Choice is inescapable to the existentialist. To refuse is to choose. This is Hugo's case. The reader feels that Hugo could clear up his case in a moment if he really wanted to. The question is, can he? Note how he blames his bourgeois background whenever the situation presses.

s'agite et gémit¹ dans son sommeil. Jessica est assise à son chevet,² immobile. Il gémit encore; elle se lève et va dans le cabinet de toilette.³ On entend l'eau qui coule,⁴ Olga est cachée derrière les rideaux de la fenêtre. Elle écarte⁵ les rideaux, elle passe la tête. Elle se décide et s'approche de Hugo. Elle le regarde. Hugo gémit. Olga lui redresse⁶ la tête et arrange son oreiller.⁷ Jessica revient sur ces entrefaites⁸ et voit la scène. Jessica tient une compresse humide.

Jessica. Quelle sollicitude! Bonjour, Madame.

Olga. Ne criez pas. Je suis...

Jessica. Je n'ai pas envie de crier. Asseyez-vous donc. J'aurais plutôt envie de rire.

Olga. Je suis Olga Lorame.

Jessica. Je m'en suis doutée.⁹

Olga. Hugo vous a parlé de moi?

Jessica. Oui.

Olga. Il est blessé?

Jessica. Non: il est saoul. (*Passant devant Olga.*) Vous permettez? (*Elle pose la compresse sur le front de Hugo.*)

Olga. Pas comme ça. (*Elle arrange la compresse.*)

Jessica. Excusez-moi.

Olga. Et Hoederer?

Jessica. Hoederer? Mais asseyez-vous, je vous en prie. (*Olga s'assied.*) C'est vous qui avez lancé¹⁰ cette bombe, Madame?

Olga. Oui.

Jessica. Personne n'est tué: vous aurez plus de chance une autre fois. Comment êtes-vous entrée ici?

Olga. Par la porte. Vous l'avez laissée ouverte quand vous êtes sortie. Il ne faut jamais laisser les portes ouvertes.

Jessica, *désignant Hugo.* Vous saviez qu'il était dans le bureau?

Olga. Non.

Jessica. Mais vous saviez qu'il pouvait y être?

Olga. C'était un risque à courir.

Jessica. Avec un peu de veine,¹¹ vous l'auriez tué.

Olga. C'est ce qui pouvait lui arriver de mieux.¹²

Jessica. Vraiment?

Olga. Le Parti n'aime pas beaucoup les traîtres.

Jessica. Hugo n'est pas un traître.

Olga. Je le crois. Mais je ne peux pas forcer les autres à le croire. (*Un temps.*) Cette affaire traîne: il y a huit jours qu'elle devrait être terminée.

Jessica. Il faut trouver une occasion.

Olga. Les occasions, on les fait naître.¹³

Jessica. C'est le Parti qui vous a envoyée?

Olga. Le Parti ne sait pas que je suis ici: je suis venue de moi-même.

Jessica. Je vois: vous avez mis une bombe dans votre sac à main¹⁴ et vous êtes venue gentiment la jeter sur Hugo pour sauver sa réputation.

Olga. Si j'avais réussi on aurait pensé qu'il s'était fait sauter avec Hoederer.

Jessica. Oui, mais il serait mort.

Olga. De quelque manière qu'il s'y prenne,¹⁵ à présent, il n'a plus beaucoup de chances de s'en tirer.

Jessica. Vous avez l'amitié lourde.

Olga. Sûrement plus lourde que votre amour. (*Elles se regardent.*) C'est vous qui l'avez empêché de faire son travail?

Jessica. Je n'ai rien empêché du tout.

---

1. moans   2. *à son chevet* at the head of his bed   3. *cabinet de toilette* bathroom   4. runs   5. pushes aside   6. lifts up   7. pillow   8. *sur ces entrefaites* meanwhile   9. *Je... doutée.* That's what I thought.   10. threw

11. luck   12. *C'est... mieux.* That's the best thing that could have happened to him.   13. *on... naître* one creates them   14. *sac à main* handbag   15. *De... prenne* However he goes about it

OLGA. Mais vous ne l'avez pas aidé non plus.

JESSICA. Pourquoi l'aurais-je aidé? Est-ce qu'il m'a consultée avant d'entrer au Parti? Et quand il a décidé qu'il n'avait rien de mieux à faire de sa vie que d'aller assassiner un inconnu, est-ce qu'il m'a consultée?

OLGA. Pourquoi vous aurait-il consultée? Quel conseil auriez-vous pu lui donner?

JESSICA. Evidemment.[16]

OLGA. Il a choisi ce Parti; il a demandé cette mission: ça devrait vous suffire.

JESSICA. Ça ne me suffit pas. (*Hugo gémit.*)

OLGA. Il ne va pas bien. Vous n'auriez pas dû le laisser boire.

JESSICA. Il irait encore plus mal s'il avait reçu un éclat de votre bombe dans la figure. (*Un temps.*) Quel dommage qu'il ne vous ait pas épousée: c'est une femme de tête[17] qu'il lui fallait. Il serait resté dans votre chambre à repasser vos combinaisons[18] pendant que vous auriez été[19] jeter des grenades aux carrefours[20] et nous aurions tous été très heureux. (*Elle la regarde.*) Je vous croyais grande et osseuse.[21]

OLGA. Avec des moustaches?

JESSICA. Sans moustache mais avec une verrue[22] sous le nez. Il avait toujours l'air si important quand il sortait de chez vous. Il disait: « Nous avons parlé politique. »

OLGA. Avec vous naturellement, il n'en parlait jamais.

JESSICA. Vous pensez bien qu'il ne m'a pas épousée pour ça. (*Un temps.*) Vous êtes amoureuse de lui, n'est-ce pas?

OLGA. Qu'est-ce que l'amour vient faire ici? Vous lisez trop de romans.

JESSICA. Il faut bien s'occuper quand on ne fait pas de politique.

OLGA. Rassurez-vous; l'amour ne tracasse[23] pas beaucoup les femmes de tête. Nous n'en vivons pas.

JESSICA. Tandis que moi, j'en vis?

OLGA. Comme toutes les femmes de cœur.

JESSICA. Va pour[24] femme de cœur. J'aime mieux mon cœur que votre tête.

OLGA. Pauvre Hugo!

JESSICA. Oui. Pauvre Hugo! Comme vous devez me détester, Madame.

OLGA. Moi? Je n'ai pas de temps à perdre. (*Un silence.*) Réveillez-le. J'ai à lui parler.

JESSICA, *s'approche du lit et secoue*[25] *Hugo.* Hugo! Hugo! Tu as des visites.

HUGO. Hein? (*Il se redresse.*[26]) Olga! Olga, tu es venue! Je suis content que tu sois là, il faut que tu m'aides. (*Il s'assied sur le bord du lit.*) Bon Dieu que j'ai mal au crâne. Où sommes-nous? Je suis content que tu sois venue, tu sais. Attends: il est arrivé quelque chose, un gros ennui. Tu ne peux plus m'aider. A présent, tu ne peux plus m'aider. Tu as lancé le pétard, n'est-ce pas?

OLGA. Oui.

HUGO. Pourquoi ne m'avez-vous pas fait confiance?

OLGA. Hugo, dans un quart d'heure, un camarade jettera une corde[27] pardessus le mur et il faudra que je m'en aille. Je suis pressée et il faut que tu m'écoutes.

JESSICA. Pourquoi ne m'avez-vous pas fait confiance?

OLGA. Jessica, donnez-moi ce verre et cette carafe. (*Jessica les lui donne. Elle*

---

16. Of course.   17. See page 373, note 21.
18. *à... combinaisons* ironing your slips   19. *auriez été = seriez allée*   20. crossroads   21. bony
22. wart

23. bothers   24. *Va pour* Hurrah for
25. shakes   26. sits up   27. rope

remplit le verre et jette l'eau à la figure de Hugo.)

HUGO. Pfou!

OLGA. Tu m'écoutes?

HUGO. Oui. (*Il s'essuie.*) Qu'est-ce que je tiens comme mal au crâne.[28] Il reste de l'eau dans la carafe?

JESSICA. Oui.

HUGO. Verse-moi à boire, veux-tu? (*Elle lui tend le verre et il boit.*) Qu'est-ce qu'ils pensent les copains?

OLGA. Que tu es un traître.

HUGO. Ils vont fort.

OLGA. Tu n'as plus un jour à perdre. L'affaire doit être réglée[29] avant demain soir.

HUGO. Tu n'aurais pas dû lancer le pétard.

OLGA. Hugo, tu as voulu te charger d'une tâche difficile et t'en charger seul. J'ai eu confiance la première, quand il y avait cent raisons de te refuser et j'ai communiqué ma confiance aux autres. Mais nous ne sommes pas des boy-scouts et le Parti n'a pas été créé pour te fournir des occasions d'héroïsme. Il y a un travail à faire et il faut qu'il soit fait; peu importe par qui. Si dans vingt-quatre heures tu n'as pas terminé ta besogne, on enverra quelqu'un pour la finir à ta place.

HUGO. Si on me remplace, je quitterai le Parti.

OLGA. Qu'est-ce que tu t'imagines? Crois-tu qu'on peut quitter le Parti? Nous sommes en guerre, Hugo, et les camarades ne rigolent pas.[30] Le Parti, ça se quitte les pieds devant.[31]

HUGO. Je n'ai pas peur de mourir.

OLGA. Ce n'est rien de mourir. Mais mourir si bêtement, après avoir tout raté[32]; se faire buter[33] comme une donneuse,[34] pis encore comme un petit imbécile dont on se débarrasse par crainte de ses maladresses. Est-ce que c'est ça que tu veux? Est-ce que c'est ça que tu voulais, la première fois que tu es venu chez moi, quand tu avais l'air si heureux et si fier? Mais dites-le-lui, vous! Si vous l'aimez un peu, vous ne pouvez pas vouloir qu'on l'abatte comme un chien.

JESSICA. Vous savez bien, Madame, que je n'entends rien à la politique.

OLGA. Qu'est-ce que tu décides?

HUGO. Tu n'aurais pas dû jeter ce pétard.

OLGA. Qu'est-ce que tu décides?

HUGO. Vous le saurez demain.

OLGA. C'est bon. Adieu, Hugo.

HUGO. Adieu, Olga.

JESSICA. Au revoir, Madame.

OLGA. Eteignez. Il ne faut pas qu'on me voie sortir. (*Jessica éteint. Olga ouvre la porte et sort.*)

Scène II

HUGO, JESSICA

JESSICA. Je rallume?[1]

HUGO. Attends. Elle sera peut-être obligée de revenir. (*Ils attendent dans le noir.*)

JESSICA. On pourrait entr'ouvrir[2] les volets, pour voir.

HUGO. Non. (*Un silence.*)

JESSICA. Tu as de la peine? (*Hugo ne répond pas.*) Réponds, pendant qu'il fait noir.

HUGO. J'ai mal au crâne, c'est tout. (*Un temps.*) Ça n'est pas grand'chose, la confiance, quand ça ne résiste pas à huit jours d'attente.

---

28. *Qu'est-ce... crâne.* What a headache I've got!   29. settled   30. *ne rigolent pas* are not joking, mean business   31. *ça... devant* you only leave it when you're dead

32. failed in   33. *se faire buter* get killed, "bumped off"   34. stool pigeon
1. *Je rallume?* Shall I turn on the lights again?
2. open slightly

JESSICA. Pas grand'chose, non.

HUGO. Et comment veux-tu[3] vivre, si personne ne te fait confiance?

JESSICA. Personne ne m'a jamais fait confiance, toi moins que les autres. Je me suis tout de même arrangée.

HUGO. C'était la seule qui croyait un peu en moi.

JESSICA. Hugo...

HUGO. La seule, tu le sais bien. (*Un temps.*) Elle doit être en sûreté a présent. Je crois qu'on peut rallumer. (*Il rallume. Jessica se détourne brusquement.*) Qu'est-ce qu'il y a?

JESSICA. Ça me gêne de te voir à la lumière.

HUGO. Veux-tu que j'éteigne?

JESSICA. Non. (*Elle revient vers lui.*) Toi. Toi, tu vas tuer un homme.

HUGO. Est-ce que je sais ce que je vais faire?

JESSICA. Montre-moi le revolver.

HUGO. Pourquoi?

JESSICA. Je veux voir comment c'est fait.

HUGO. Tu l'as promené sur toi tout l'après-midi.

JESSICA. A ce moment-là, ce n'était qu'un jouet.

HUGO, *le lui tendant.* Fais attention.

JESSICA. Oui. (*Elle le regarde.*) C'est drôle.

HUGO. Qu'est-ce qui est drôle?

JESSICA. Il me fait peur à présent. Reprends-le. (*Un temps.*) Tu vas tuer un homme. (*Hugo se met à rire.*)

JESSICA. Pourquoi ris-tu?

HUGO. Tu y crois à présent! Tu t'es décidée à y croire?

JESSICA. Oui.

HUGO. Tu as bien choisi ton moment: personne n'y croit plus. (*Un temps.*) Il y a huit jours, ça m'aurait peut-être aidé...

JESSICA. Ce n'est pas ma faute: je ne crois que ce que je vois. Ce matin encore, je ne pouvais même pas imaginer qu'il meure. (*Un temps.*) Je suis entrée dans le bureau tout à l'heure, il y avait le type qui saignait et vous étiez tous des morts. Hoederer, c'était un mort; je l'ai vu sur son visage! Si ce n'est pas toi qui le tue, ils enverront quelqu'un d'autre.

HUGO. Ce sera moi. (*Un temps.*) Le type qui saignait, c'était sale, hein?

JESSICA. Oui. C'était sale.

HUGO. Hoederer aussi va saigner.

JESSICA. Tais-toi.

HUGO. Il sera couché par terre avec un air idiot et il saignera dans ses vêtements.

JESSICA, *d'une voix lente et basse.* Mais tais-toi donc.

HUGO. Elle a jeté un pétard contre le mur. Il n'y a pas de quoi être fière: elle ne nous voyait même pas. N'importe qui peut tuer si on ne l'oblige pas à voir ce qu'il fait. J'allais tirer, moi. J'étais dans le bureau, je les regardais en face et j'allais tirer; c'est elle qui m'a fait manquer mon coup.

JESSICA. Tu allais tirer pour de bon[4]?

HUGO. J'avais la main dans ma poche et le doigt sur la gâchette.[5]

JESSICA. Et tu allais tirer! Tu es sûr que tu aurais pu tirer?

HUGO. Je... j'avais la chance d'être en colère.[6] Naturellement, j'allais tirer. A présent tout est à recommencer. (*Il rit.*) Tu l'as entendue: ils disent que je suis un traître. Ils ont beau jeu[7]: là-bas, quand ils décident qu'un homme va mourir, c'est comme s'ils rayaient[8] un nom sur un annuaire[9]: c'est propre, c'est élégant. Ici, la mort est une besogne. Les

---

4. *pour de bon* really   5. trigger   6. Hugo, incapable of acting on his own decision, escapes into the mechanism of anger.   7. *Ils... jeu* They have it easy   8. crossed out   9. telephone book

3 *comment veux-tu* how do you expect

abattoirs,[10] c'est ici. (*Un temps.*) Il boit, il fume, il me parle du Parti, il fait des projets et moi je pense au cadavre qu'il sera, c'est obscène. Tu as vu ses yeux?

JESSICA. Oui.

HUGO. Tu as vu comme ils sont brillants et durs? Et vifs?

JESSICA. Oui.

HUGO. C'est peut-être dans ses yeux que je tirerai. On vise le ventre, tu sais, mais l'arme se relève.

JESSICA. J'aime ses yeux.

HUGO, *brusquement.* C'est abstrait.

JESSICA. Quoi?

HUGO. Un meurtre, je dis que c'est abstrait. Tu appuies[11] sur la gâchette et après ça tu ne comprends plus rien à ce qui arrive. (*Un temps.*) Si l'on pouvait tirer en détournant la tête. (*Un temps.*) Je me demande pourquoi je te parle de tout ça.

JESSICA. Je me le demande aussi.

HUGO. Je m'excuse. (*Un temps.*) Pourtant si j'étais dans ce lit, en train de crever,[12] tu ne m'abandonnerais tout de même pas?

JESSICA. Non.

HUGO. C'est la même chose; tuer, mourir, c'est la même chose: on est aussi seul. Il a de la veine, lui, il ne mourra qu'une fois. Moi, voilà dix jours que je le tue, à chaque minute. (*Brusquement.*) Qu'est-ce que tu ferais, Jessica?

JESSICA. Comment?

HUGO. Ecoute: si demain je n'ai pas tué, il faut que je disparaisse ou alors que j'aille les trouver et que je leur dise: faites de moi ce que vous voudrez. Si je tue... (*Il se cache un instant le visage avec la main.*) Qu'est-ce qu'il faut que je fasse? Que ferais-tu?

JESSICA. Moi? Tu me le demandes à moi ce que je ferais à ta place?

HUGO. A qui veux-tu que je le demande? Je n'ai plus que toi au monde.

JESSICA. C'est vrai. Tu n'as plus que moi. Plus que moi. Pauvre Hugo. (*Un temps.*) J'irais trouver Hoederer et je lui dirais: voilà; on m'a envoyé ici pour vous tuer mais j'ai changé d'avis et je veux travailler avec vous.

HUGO. Pauvre Jessica!

JESSICA. Ce n'est pas possible?

HUGO. C'est justement ça qui s'appellerait trahir.

JESSICA, *tristement.* Tu vois! Je ne peux rien te dire. (*Un temps.*) Pourquoi n'est-ce pas possible? Parce qu'il n'a pas tes idées?

HUGO. Si tu veux. Parce qu'il n'a pas mes idées.

JESSICA. Et il faut tuer les gens qui n'ont pas vos idées?

HUGO. Quelquefois.

JESSICA. Mais pourquoi as-tu choisi les idées de Louis et d'Olga?

HUGO. Parce qu'elles étaient vraies.

JESSICA. Mais, Hugo, suppose que tu aies rencontré Hoederer l'an dernier, au lieu de Louis. Ce sont ses idées à lui qui te sembleraient vraies.

HUGO. Tu es folle.

JESSICA. Pourquoi?

HUGO. On croirait à t'entendre que toutes les opinions se valent[13] et qu'on les attrape comme des maladies.

JESSICA. Je ne pense pas ça; je... je ne sais pas ce que je pense. Hugo, il est si fort, il suffit qu'il ouvre la bouche pour qu'on soit sûr qu'il a raison. Et puis je croyais qu'il était sincère et qu'il voulait le bien du Parti.

HUGO. Ce qu'il veut, ce qu'il pense, je m'en moque. Ce qui compte c'est ce qu'il fait.[14]

13. *se valent* are of equal value   14. In the impossibility of attributing any general essence to man, the existentialist finally believes that man is what he does.

10. slaughterhouses   11. press   12. *en... crever* dying

JESSICA. Mais...

HUGO. *Objectivement*, il agit comme un social-traître.

JESSICA, *sans comprendre*. Objectivement?

HUGO. Oui.

JESSICA. Ah! (*Un temps.*) Et lui, s'il savait ce que tu prépares, est-ce qu'il penserait que tu es un social-traître?

HUGO. Je n'en sais rien.

JESSICA. Mais est-ce qu'il le penserait?

HUGO. Qu'est-ce que ça peut faire? Oui, probablement.

JESSICA. Alors, qui a raison?

HUGO. Moi.

JESSICA. Comment le sais-tu?

HUGO. La politique est une science. Tu peux démontrer que tu es dans le vrai et que les autres se trompent.

JESSICA. Dans ce cas pourquoi hésites-tu?

HUGO. Ce serait trop long à t'expliquer.

JESSICA. Nous avons la nuit.

HUGO. Il faudrait des mois et des années.

JESSICA. Ah! (*Elle va aux livres.*) Et tout est écrit là-dedans?

HUGO. En un sens, oui. Il suffit de savoir lire.

JESSICA. Mon Dieu! (*Elle en prend un, l'ouvre, le regarde, fascinée et le repose en soupirant.*) Mon Dieu!

HUGO. A présent, laisse-moi. Dors ou fais ce que tu veux.

JESSICA. Qu'est-ce qu'il y a? Qu'est-ce que j'ai dit?

HUGO. Rien. Tu n'as rien dit. C'est moi qui suis coupable[15]: c'était une folie de te demander de l'aide. Tes conseils viennent d'un autre monde.

JESSICA. A qui la faute? Pourquoi ne m'a-t-on rien appris? Pourquoi ne m'as-tu rien expliqué? Tu as entendu

ce qu'il a dit? Que j'étais ton luxe. Voilà dix-neuf ans qu'on m'a installée dans votre monde d'hommes avec défense de[16] toucher aux objets exposés et vous m'avez fait croire que tout marchait très bien et que je n'avais à m'occuper de rien sauf de mettre des fleurs dans les vases. Pourquoi m'avez-vous menti? Pourquoi m'avez-vous laissée dans l'ignorance, si c'était pour m'avouer un beau jour que ce monde craque de partout et que vous êtes des incapables et pour m'obliger à choisir entre un suicide et un assassinat. Je ne veux pas choisir: je ne veux pas que tu te laisses tuer, je ne veux pas que tu le tues. Pourquoi m'a-t-on mis ce fardeau[17] sur les épaules. Je ne connais rien à vos histoires et je m'en lave les mains. Je ne suis ni oppresseur, ni social-traître, ni révolutionnaire, je n'ai rien fait, je suis innocente de tout.

HUGO. Je ne te demande plus rien, Jessica.

JESSICA. C'est trop tard, Hugo; tu m'as mise dans le coup.[18] A présent il faut que je choisisse. Pour toi et pour moi: c'est ma vie que je choisis avec la tienne et je... Oh! mon Dieu! je ne peux pas.

HUGO. Tu vois bien. (*Un silence. Hugo est assis sur le lit, les yeux dans le vide. Jessica s'assied près de lui et lui met les bras autour du cou.*)

JESSICA. Ne dis rien. Ne t'occupe pas de moi. Je ne te parlerai pas; je ne t'empêcherai pas de réfléchir. Mais je serai là. Il fait froid au matin: tu seras content d'avoir un peu de ma chaleur, puisque je n'ai rien d'autre à te donner. Ta tête te fait toujours mal?

HUGO. Oui.

JESSICA. Mets-la sur mon épaule.

15. guilty

16. *avec défense de* with orders not to
17. burden   18. *tu... coup* we're in it together

Ton front brûle. (*Elle lui caresse*[19] *les cheveux.*) Pauvre tête.

HUGO, *se redressant brusquement.* Assez!

JESSICA, *doucement.* Hugo!

HUGO. Tu joues à la mère de famille.

JESSICA. Je ne joue pas. Je ne jouerai plus jamais.

HUGO. Ton corps est froid et tu n'as pas de chaleur à me donner. Ce n'est pas difficile de se pencher sur[20] un homme avec un air maternel et de lui passer la main dans les cheveux; n'importe quelle fillette rêverait d'être à ta place. Mais quand je t'ai prise dans mes bras et que je t'ai demandé d'être ma femme, tu ne t'en es pas si bien tirée.[21]

JESSICA. Tais-toi.

HUGO. Pourquoi me tairais-je? Est-ce que tu ne sais pas que notre amour était une comédie?

JESSICA. Ce qui compte, cette nuit, ce n'est pas notre amour: c'est ce que tu feras demain.

HUGO. Tout se tient.[22] Si j'avais été sûr... (*Brusquement.*) Jessica, regarde-moi. Peux-tu me dire que tu m'aimes? (*Il la regarde. Silence.*) Et voilà. Je n'aurai même pas eu ça.

JESSICA. Et toi, Hugo? Crois-tu que tu m'aimais? (*Il ne répond pas.*) Tu vois bien. (*Un temps. Brusquement.*) Pourquoi n'essayes-tu pas de le convaincre?

HUGO. De le convaincre? Qui? Hoederer.

JESSICA. Puisqu'il se trompe, tu dois pouvoir le lui prouver.

HUGO. Penses-tu! Il est trop chinois.

JESSICA. Comment sais-tu que tes idées sont justes si tu ne peux pas le démontrer? Hugo, ce serait si bien, tu réconcilierais tout le monde, tout le monde serait content, vous travailleriez tous ensemble. Essaye, Hugo, je t'en prie. Essaye au moins une fois avant de le tuer. (*On frappe. Hugo se redresse et ses yeux brillent.*)

HUGO. C'est Olga. Elle est revenue; j'étais sûr qu'elle reviendrait. Éteins la lumière et va ouvrir.

JESSICA. Comme tu as besoin d'elle. (*Elle va éteindre et ouvre la porte. Hoederer entre. Hugo rallume quand la porte est fermée.*)

Scène III

HUGO, JESSICA, HOEDERER

JESSICA, *reconnaissant Hoederer.* Ha!

HOEDERER. Je t'ai fait peur?

JESSICA. Je suis nerveuse, ce soir. Il y a eu cette bombe...

HOEDERER. Oui. Bien sûr. Vous avez l'habitude de rester dans le noir?

JESSICA. J'y suis forcée. Mes yeux sont très fatigués.

HOEDERER. Ah! (*Un temps.*) Je peux m'asseoir un moment? (*Il s'assied dans le fauteuil.*) Ne vous gênez pas pour moi.[1]

HUGO. Vous avez quelque chose à me dire?

HOEDERER. Non. Non, non. Tu m'as fait rire tout à l'heure: tu étais rouge de colère.

HUGO. Je...

HOEDERER. Ne t'excuse pas: je m'y attendais.[2] Je me serais même inquiété si tu n'avais pas protesté. Il y a beaucoup de choses qu'il faudra que je t'explique. Mais demain. Demain nous parlerons tous les deux. A présent ta journée est finie. La mienne aussi. Drôle de journée, hein? Pourquoi

---

19. strokes   20. *pencher sur* bend over
21. *tu... tirée* you didn't manage so well
22. *Tout se tient.* Everything hangs together.

1. *Ne... moi.* Don't let me interfere.   2. *je m'y attendais* I expected as much

n'accrochez-vous pas[3] de gravures aux murs? Ça ferait moins nu.[4] Il y en a au grenier.[5] Slick vous les descendra.

JESSICA. Comment sont-elles?

HOEDERER. Il y a de tout.[6] Tu pourras choisir.

JESSICA. Je vous remercie. Je ne tiens pas aux gravures.

HOEDERER. Comme tu voudras. Vous n'avez rien à boire?

JESSICA. Non. Je regrette.

HOEDERER. Tant pis! Tant pis! Qu'est-ce que vous faisiez avant que j'arrive?

JESSICA. Nous causions.

HOEDERER. Eh bien causez! causez! Ne vous occupez pas de moi. (*Il bourre sa pipe et l'allume. Un silence très lourd. Il sourit.*) Oui, évidemment.

JESSICA. Ce n'est pas très commode de s'imaginer que vous n'êtes pas là.

HOEDERER. Vous pouvez très bien me mettre à la porte.[7] (*A Hugo.*) Tu n'es pas obligé de recevoir ton patron quand il a des lubies.[8] (*Un temps.*) Je ne sais pas pourquoi je suis venu. Je n'avais pas sommeil, j'ai essayé de travailler... (*Haussant les épaules.*) On ne peut pas travailler tout le temps.

JESSICA. Non.

HOEDERER. Cette affaire va finir...

HUGO, *vivement.* Quelle affaire?

HOEDERER. L'affaire avec Karsky. Il se fait un peu tirer l'oreille[9] mais ça ira plus vite que je ne pensais.

HUGO, *violemment.* Vous...

HOEDERER. Chut. Demain! Demain! (*Un temps.*) Quand une affaire est en voie de[10] se terminer, on se sent

désœuvré.[11] Vous aviez de la lumière il y a un moment?

JESSICA. Oui.

HOEDERER. Je m'étais mis à la fenêtre. Dans le noir, pour ne pas servir de cible.[12] Vous avez vu comme la nuit est sombre et calme? La lumière passait par la fente de vos volets. (*Un temps.*) Nous avons vu la mort de près.

JESSICA. Oui.

HOEDERER, *avec un petit rire.* De tout près. (*Un temps.*) Je suis sorti tout doucement de ma chambre. Slick dormait dans le couloir. Dans le salon, Georges dormait. Léon dormait dans le vestibule. J'avais envie de le réveiller et puis... Bah! (*Un temps.*) Alors voilà: je suis venu. (*A Jessica.*) Qu'est-ce qu'il y a? Tu avais l'air moins intimidée cet après-midi.

JESSICA. C'est à cause de l'air que vous avez.

HOEDERER. Quel air?

JESSICA. Je croyais que vous n'aviez besoin de personne.

HOEDERER. Je n'ai besoin de personne. (*Un temps.*) Slick m'a dit que tu étais enceinte?

JESSICA, *vivement.* Ce n'est pas vrai.

HUGO. Voyons, Jessica, si tu l'as dit à Slick, pourquoi le cacher à Hoederer?

JESSICA. Je me suis moquée de Slick.

HOEDERER, *la regarde longuement.* Bon. (*Un temps.*) Quand j'étais député au Landstag, j'habitais chez un garagiste. Le soir je venais fumer la pipe dans leur salle à manger. Il y avait une radio, les enfants jouaient..., (*Un temps.*) Allons, je vais me coucher. C'était un mirage.

JESSICA. Qu'est-ce qui était un mirage?

HOEDERER, *avec un geste.* Tout ça. Vous aussi. Il faut travailler, c'est tout ce qu'on peut faire. Tu téléphoneras au

3. *n'accrochez-vous pas* don't you hang
4. *Ça... nu.* It would look less bare.　5. attic
6. *Il... tout* There's a little of everything.
7. *me... porte* put me out　8. whims　9. *Il... l'oreille* He is being difficult　10. *en voie de* by way of

11. at loose ends　12. target

village, pour que le menuisier[13] vienne réparer la fenêtre du bureau. (*Il le regarde.*) Tu as l'air éreinté.[14] Il paraît que tu t'es saoulé? Dors, cette nuit. Tu n'as pas besoin de venir avant neuf heures. (*Il se lève. Hugo fait un pas. Jessica se jette entre eux.*)

JESSICA. Hugo, c'est le moment.

HUGO. Quoi?

JESSICA. Tu m'as promis de le convaincre.

HOEDERER. De me convaincre?

HUGO. Tais-toi. (*Il essaie de l'écarter. Elle se met devant lui.*)

JESSICA. Il n'est pas d'accord avec vous.

HOEDERER, *amusé.* Je m'en suis aperçu.

JESSICA. Il voudrait vous expliquer.

HOEDERER. Demain! Demain!

JESSICA. Demain il sera trop tard.

HOEDERER. Pourquoi?

JESSICA, *toujours devant Hugo.* Il... il dit qu'il ne veut plus vous servir de secrétaire si vous ne l'écoutez pas. Vous n'avez sommeil ni l'un ni l'autre et vous avez toute la nuit et... et vous avez frôlé[15] la mort, ça rend plus conciliant.[16]

HUGO. Laisse tomber, je te dis.

JESSICA. Hugo, tu m'as promis! (*A Hoederer.*) Il dit que vous êtes un social-traître.

HOEDERER. Un social-traître! Rien que ça![17]

JESSICA. Objectivement. Il a dit: objectivement.

HOEDERER, *changeant de ton et de visage.* Ça va. Eh bien, mon petit gars, dis-moi ce que tu as sur le cœur,[18] puisqu'on ne peut pas l'empêcher. Il faut

que je règle cette affaire avant d'aller me coucher. Pourquoi suis-je un traître?

HUGO. Parce que vous n'avez pas le droit d'entraîner le Parti dans vos combines.

HOEDERER. Pourquoi pas?

HUGO. C'est une organisation révolutionnaire et vous allez en faire un parti de gouvernement.[19]

HOEDERER. Les partis révolutionnaires sont faits pour prendre le pouvoir.

HUGO. Pour le prendre. Oui. Pour s'en emparer[20] par les armes. Pas pour l'acheter par un maquignonnage.[21]

HOEDERER. C'est le sang que tu regrettes? J'en suis fâché mais tu devrais savoir que nous ne pouvons pas nous imposer par la force. En cas de guerre civile, le Pentagone a les armes et les chefs militaires. Il servirait de cadre aux troupes contre-révolutionnaires.

HUGO. Qui parle de guerre civile? Hoederer, je ne vous comprends pas; il suffirait d'un peu de patience. Vous l'avez dit vous-même: l'Armée rouge chassera le Régent et nous aurons le pouvoir pour nous seuls.

HOEDERER. Et comment ferons-nous pour le garder? (*Un temps.*) Quand l'Armée rouge aura franchi[22] nos frontières, je te garantis qu'il y aura de durs moments à passer.

HUGO. L'Armée rouge...

HOEDERER. Oui, oui. Je sais. Moi aussi, je l'attends. Et avec impatience. Mais il faut bien que tu te le dises[23]: toutes les armées en guerre, libératrices ou non, se ressemblent: elles vivent sur le pays occupé. Nos paysans détesteront

---

13. carpenter, cabinetmaker   14. tired out
15. come very close to   16. *ça... conciliant* that makes one more conciliatory   17. *Rien que ça!* Is that all!   18. *ce que... cœur* what's on your mind

19. Hugo raises the question of all revolutionary parties that succeed in gaining power. In other words, how does one pass from negation to affirmation?   20. *s'en emparer* seize it   21. shady bargain   22. crossed   23. *il... dises* you must face it

les Russes, c'est fatal,[24] comment veux-tu qu'ils nous aiment, nous que les Russes auront imposés? On nous appellera le Parti de l'étranger ou peut-être pis. Le Pentagone rentrera dans la clandestinité[25]; il n'aura même pas besoin de changer ses slogans.

Hugo. Le Pentagone, je...

Hoederer. Et puis, il y a autre chose: le pays est ruiné; il se peut même qu'il serve de champ de bataille. Quel que soit le gouvernement qui succédera à celui du Régent, il devra prendre des mesures terribles qui le feront haïr. Au lendemain du départ de l'Armée rouge, nous serons balayés[26] par une insurrection.

Hugo. Une insurrection, ça se brise.[27] Nous établirons un ordre de fer.

Hoederer. Un ordre de fer? Avec quoi? Même après la Révolution le prolétariat restera le plus faible et pour longtemps. Un ordre de fer! Avec un parti bourgeois qui fera du sabotage et une population paysanne qui brûlera ses récoltes[28] pour nous affamer[29]?

Hugo. Et après? Le Parti bolchevik en a vu d'autres[30] en 17.

Hoederer. Il n'était pas imposé par l'étranger. Maintenant écoute, petit, et tâche[31] de comprendre; nous prendrons le pouvoir avec les libéraux de Karsky et les conservateurs du Régent. Pas d'histoires, pas de casse[32]: l'Union nationale. Personne ne pourra nous reprocher d'être installés par l'étranger. J'ai demandé la moitié des voix au Comité de Résistance mais je ne ferai pas la sottise de demander la moitié des portefeuilles.[33]

Une minorité, voilà ce que nous devons être. Une minorité qui laissera aux autres partis la responsabilité des mesures impopulaires et qui gagnera la popularité en faisant de l'opposition à l'intérieur du gouvernement. Ils sont coincés[34]: en deux ans tu verras la faillite[35] de la politique libérale et c'est le pays tout entier qui nous demandera de faire notre expérience.[36]

Hugo. Et à ce moment-là le Parti sera foutu.[37]

Hoederer. Foutu? Pourquoi?

Hugo. Le Parti a un programme: la réalisation d'une économie socialiste et un moyen: l'utilisation de la lutte[38] de classes. Vous allez vous servir de lui pour faire une politique de collaboration de classes dans le cadre d'une économie capitaliste. Pendant des années vous allez mentir, ruser, louvoyer,[39] vous irez de compromis en compromis; vous défendrez devant nos camarades des mesures réactionnaires prises par un gouvernement dont vous ferez partie. Personne ne comprendra: les durs[40] nous quitteront, les autres perdront la culture politique qu'ils viennent d'acquérir. Nous serons contaminés, amollis,[41] désorientés; nous deviendrons réformistes et nationalistes; pour finir, les partis bourgeois n'auront qu'à prendre la peine de nous liquider.[42] Hoederer! ce Parti, c'est le vôtre, vous ne pouvez pas avoir oublié la peine que vous avez prise pour le forger, les sacrifices qu'il a fallu demander, la discipline qu'il a fallu imposer. Je vous en supplie: ne le sacrifiez pas de vos propres mains.

Hoederer. Que de bavardages! Si

24. inevitable   25. *rentrera... clandestinité* will go underground   26. swept aside   27. *ça se brise* you can break it   28. harvests   29. to starve   30. *en... d'autres* has been through worse   31. try   32. *pas de casse* no rows   33. ministries

34. in a tight spot   35. collapse   36. *faire notre expérience* try our experiment   37. *le... foutu* it will be all up with the party   38. struggle   39. to tack   40. tough ones   41. weakened   42. get rid of

tu ne veux pas courir de risques il ne faut pas faire de politique.

HUGO. Je ne veux pas courir ces risques-là.

HOEDERER. Parfait: alors comment garder le pouvoir?

HUGO. Pourquoi le prendre?

HOEDERER. Es-tu fou? Une armée socialiste[43] va occuper le pays et tu la laisserais repartir sans profiter de son aide? C'est une occasion qui ne se reproduira jamais plus: je te dis que nous ne sommes pas assez forts pour faire la Révolution seuls.

HUGO. On ne doit pas prendre le pouvoir à ce prix.

HOEDERER. Qu'est-ce que tu veux faire du Parti? Une écurie de courses[44]? A quoi ça sert-il de fourbir[45] un couteau tous les jours si l'on n'en use[46] jamais pour trancher[47]? Un parti, ce n'est jamais qu'un moyen. Il n'y a qu'un seul but: le pouvoir.

HUGO. Il n'y a qu'un seul but: c'est de faire triompher nos idées, toutes nos idées et rien qu'elles.

HOEDERER. C'est vrai: tu as des idées, toi. Ça te passera.

HUGO. Vous croyez que je suis le seul à en avoir? Ça n'était pas pour des idées qu'ils sont morts, les copains qui se sont fait tuer par la police du Régent? Vous croyez que nous ne les trahirions pas, si nous faisions servir le Parti à dédouaner[48] leurs assassins?

HOEDERER. Je me fous des morts. Ils sont morts pour le Parti et le Parti peut décider ce qu'il veut. Je fais une politique de vivant, pour les vivants.

HUGO. Et vous croyez que les vivants accepteront vos combines?

HOEDERER. On les leur fera avaler[49] tout doucement.

HUGO. En leur mentant?

HOEDERER. En leur mentant quelquefois.

HUGO. Vous... vous avez l'air si vrai, si solide! Ça n'est pas possible que vous acceptiez de mentir aux camarades.

HOEDERER. Pourquoi? Nous sommes en guerre et ça n'est pas l'habitude de mettre le soldat heure par heure au courant des opérations.

HUGO. Hoederer, je... je sais mieux que vous ce que c'est que le mensonge; chez mon père tout le monde se mentait, tout le monde me mentait. Je ne respire que depuis mon entrée au Parti. Pour la première fois j'ai vu des hommes qui ne mentaient pas aux autres hommes. Chacun pouvait avoir confiance en tous et tous en chacun, le militant le plus humble avait le sentiment que les ordres des dirigeants[50] lui révélaient sa volonté profonde et, s'il y avait un coup dur, on savait pourquoi on acceptait de mourir.[51] Vous n'allez pas...

HOEDERER. Mais de quoi parles-tu?

HUGO. De notre Parti.

HOEDERER. De notre Parti? Mais on y a toujours un peu menti. Comme partout ailleurs. Et toi Hugo, tu es sûr que tu ne t'es jamais menti, que tu n'as jamais menti, que tu ne mens pas à cette minute même.[52]

HUGO. Je n'ai jamais menti aux camarades. Je... A quoi ça sert de lutter pour la libération des hommes, si on les

---

43. Hoederer indulgently refers to the Communists as Socialists, when in actuality Socialism was crushed in many countries of Eastern Europe by Communism.   44. *écurie de courses* racing stable   45. furbish   46. *user de = se servir de* 47. to cut   48. to clear

49. swallow   50. leader   51. Note here that Hugo is still seeking *a priori* values. His attack on Hoederer is really a defense of his own sense of security.   52. Hoederer expresses here the existentialist idea that perfect good faith, like perfect bad faith, is impossible. The absolute is to be found only within the relative.

méprise assez pour leur bourrer le crâne[53]?

Hoederer. Je mentirai quand il faudra et je ne méprise personne. Le mensonge, ce n'est pas moi qui l'ai inventé: il est né dans une société divisée en classes et chacun de nous l'a hérité en naissant. Ce n'est pas en refusant de mentir que nous abolirons le mensonge: c'est en usant de tous les moyens pour supprimer les classes.

Hugo. Tous les moyens ne sont pas bons.

Hoederer. Tous les moyens sont bons quand ils sont efficaces.

Hugo. Alors, de quel droit condamnez-vous la politique du Régent? Il a déclaré la guerre à l'U. R. S. S. parce que c'était le moyen le plus efficace de sauvegarder l'indépendance nationale.

Hoederer. Est-ce que tu t'imagines que je la condamne? Il a fait ce que n'importe quel type de sa caste aurait fait à sa place. Nous ne luttons ni contre des hommes ni contre une politique mais contre la classe qui produit cette politique et ces hommes.

Hugo. Et le meilleur moyen que vous ayez trouvé pour lutter contre elle, c'est de lui offrir de partager le pouvoir avec vous?

Hoederer. Parfaitement. Aujourd'hui, c'est le meilleur moyen. (Un temps.) Comme tu tiens à ta pureté, mon petit gars! Comme tu as peur de te salir les mains. Eh bien reste pur! A qui cela servira-t-il et pourquoi viens-tu parmi nous? La pureté, c'est une idée de fakir et de moine. Vous autres, les intellectuels, les anarchistes bourgeois, vous en tirez prétexte pour ne rien faire. Ne rien faire, rester immobile, serrer les coudes

contre le corps,[54] porter des gants. Moi j'ai les mains sales. Jusqu'aux coudes. Je les ai plongées dans la merde et dans le sang. Et puis après? Est-ce que tu t'imagines qu'on peut gouverner innocemment?[55]

Hugo. On s'apercevra peut-être un jour que je n'ai pas peur du sang.

Hoederer. Parbleu: des gants rouges,[56] c'est élégant. C'est le reste qui te fait peur. C'est ce qui pue[57] à ton petit nez d'aristocrate.

Hugo. Et nous y voilà revenus: je suis un aristocrate, un type qui n'a jamais eu faim! Malheureusement pour vous, je ne suis pas seul de mon avis.

Hoederer. Pas seul? Tu savais donc quelque chose de mes négociations avant de venir ici?

Hugo. N-non. On en avait parlé en l'air,[58] au Parti, et la plupart des types n'étaient pas d'accord et je peux vous jurer que ce n'étaient pas des aristocrates.

Hoederer. Mon petit, il y a malentendu: je les connais, les gars du Parti qui ne sont pas d'accord avec ma politique et je peux te dire qu'ils sont de mon espèce, pas de la tienne—et tu ne tarderas pas à le découvrir. S'ils ont désapprouvé ces négociations, c'est tout simplement

54. *serrer... corps* (literally draw the elbows tight against the body, a symbol of escape from responsibility) 55. Here the central theme of the play is expressed. The final indictment of abstract idealism is its sterility. If one is to act, it may be necessary to dirty one's hands. 56. *gants rouges.* Hugo is proud of being a revolutionary, of not being afraid of blood. This, Hoederer says, is like protecting one's hands with "red gloves." But the real challenge is not red gloves; it is dirty hands. One must even come to terms with the enemy rather than fail completely. Such realism offends the purity of Hugo's idealism. The play was originally to be called *Les Gants rouges* instead of *Les Mains sales.* Hence the title of the English version. 57. stinks 58. *en l'air* at random

53. *leur... crâne* stuff their heads with nonsense

qu'ils les jugent inopportunes; en d'autres circonstances ils seraient les premiers à les engager. Toi, tu en fais une affaire de principes.

Hugo. Qui a parlé de principes?

Hoederer. Tu n'en fais pas une affaire de principes? Bon. Alors voici qui doit te convaincre: si nous traitons avec le Régent, il arrête la guerre; les troupes illyriennes attendent gentiment que les Russes viennent les désarmer; si nous rompons les pourparlers,[59] il sait qu'il est perdu et il se battra comme un chien enragé; des centaines de milliers d'hommes y laisseront leur peau.[60] Qu'en dis-tu? (*Un silence.*) Hein? Qu'en dis-tu? Peux-tu rayer cent mille hommes d'un trait[61] de plume?

Hugo, *péniblement.* On ne fait pas la révolution avec des fleurs. S'ils doivent y rester[62]...

Hoederer. Eh bien?

Hugo. Eh bien, tant pis!

Hoederer. Tu vois! tu vois bien! Tu n'aimes pas les hommes, Hugo. Tu n'aimes que les principes.[63]

Hugo. Les hommes? Pourquoi les aimerais-je? Est-ce qu'ils m'aiment?

Hoederer. Alors pourquoi es-tu venu chez nous? Si on n'aime pas les hommes on ne peut pas lutter pour eux.

Hugo. Je suis entré au Parti parce que sa cause est juste et j'en sortirai quand elle cessera de l'être. Quant aux hommes, ce n'est pas ce qu'ils sont qui m'intéresse mais ce qu'ils pourront devenir.

Hoederer. Et moi, je les aime pour ce qu'ils sont. Avec toutes leurs saloperies[64] et tous leurs vices. J'aime leurs voix et leurs mains chaudes qui prennent

et leur peau, la plus nue de toutes les peaux, et leur regard inquiet et la lutte désespérée qu'ils mènent chacun à son tour contre la mort et contre l'angoisse. Pour moi, ça compte, un homme de plus ou de moins dans le monde.[65] C'est précieux. Toi, je te connais bien, mon petit, tu es un destructeur. Les hommes, tu les détestes parce que tu te détestes toi-même; ta pureté ressemble à la mort et la Révolution dont tu rêves n'est pas la nôtre: tu ne veux pas changer le monde, tu veux le faire sauter.[66]

Hugo, *s'est levé.* Hoederer!

Hoederer. Ce n'est pas ta faute: vous êtes tous pareils. Un intellectuel, ça n'est pas un vrai révolutionnaire; c'est tout juste bon à faire un assassin.

Hugo. Un assassin. Oui!

Jessica. Hugo! (*Elle se met entre eux. Bruit de clé dans la serrure. La porte s'ouvre. Entrent Georges et Slick.*)

Scène IV

Les mêmes, SLICK *et* GEORGES

Georges. Te voilà. On te cherchait partout.

Hugo. Qui vous a donné ma clé?

Slick. On a les clés de toutes les portes. Dis: des gardes du corps!

Georges, *à Hoederer.* Tu nous a flanqué la frousse.[1] Il y a Slick qui se réveille: plus d'Hoederer.[2] Tu devrais prévenir quand tu vas prendre le frais.[3]

Hoederer. Vous dormiez...

Slick, *ahuri.* Et alors? Depuis quand nous laisses-tu dormir quand tu as envie de nous réveiller?

---

59. *rompons les pourparlers* break off negotiations   60. skin (i.e. are killed)   61. stroke   62. *y rester* be killed   63. Hoederer speaks here as an existentialist, accusing Hugo of being an abstractionist.   64. dirtiness, dirty tricks

65. Sartre defends existentialism on this ground, claiming for it a humanistic basis. Man is finally the only absolute value for man. 66. *faire sauter* blow up

1. *Tu... frousse.* (Slang.) You gave us a scare 2. *plus d'Hoederer* no Hoederer   3. *prendre le frais* to go out

HOEDERER, *riant.* En effet, qu'est-ce qui m'a pris[4]? (*Un temps.*) Je vais rentrer avec vous. A demain, petit. A neuf heures. On reparlera de tout ça. (*Hugo ne répond pas.*) Au revoir, Jessica.

JESSICA. A demain, Hoederer.

(*Ils sortent.*)

Scène V

JESSICA, HUGO

Un long silence.

JESSICA. Alors?

HUGO. Eh bien, tu étais là et tu as entendu.

JESSICA. Qu'est-ce que tu penses?

HUGO. Que veux-tu que je pense? Je t'avais dit qu'il était chinois.[1]

JESSICA. Hugo! Il avait raison.

HUGO. Ma pauvre Jessica! Qu'est-ce que tu peux en savoir?

JESSICA. Et toi qu'en sais-tu? Tu n'en menais pas large[2] devant lui.

HUGO. Parbleu![3] Avec moi, il avait beau jeu. J'aurais voulu qu'il ait affaire à Louis; il ne s'en serait pas tiré si facilement.

JESSICA. Peut-être qu'il l'aurait mis dans sa poche.

HUGO, *riant.* Ha! Louis? Tu ne le connais pas: Louis ne peut pas se tromper.[4]

JESSICA. Pourquoi?

HUGO. Parce que. Parce que c'est Louis.

JESSICA. Hugo! Tu parles contre ton cœur. Je t'ai regardé pendant que tu discutais avec Hoederer: il t'a convaincu.

HUGO. Il ne m'a pas convaincu. Personne ne peut me convaincre qu'on doit mentir aux camarades. Mais s'il m'avait

convaincu, ce serait une raison de plus pour le descendre parce que ça prouverait qu'il en convaincra d'autres. Demain matin, je finirai le travail.

RIDEAU

SIXIÈME TABLEAU

LE BUREAU DE HOEDERER

Les deux portants[1] des fenêtres, arrachés,[2] ont été rangés[3] contre le mur, les éclats[4] de verre ont été balayés,[5] on a masqué la fenêtre par une couverture fixée avec des punaises,[6] qui tombe jusqu'au sol.

Scène I

HOEDERER, *puis* JESSICA

Au début de la scène, Hoederer debout devant le réchaud[1] se fait du café en fumant la pipe. On frappe et Slick passe la tête par l'entrebâillement de la porte.[8]

SLICK. Il y a la petite qui veut vous voir.

HOEDERER. Non.

SLICK. Elle dit que c'est très important.

HOEDERER. Bon. Qu'elle entre. (*Jessica entre, Slick disparaît.*) Eh bien? (*Elle se tait.*) Approche. (*Elle reste devant la porte avec tous ses cheveux dans la figure. Il va vers elle.*) Je suppose que tu as quelque chose à me dire? (*Elle fait oui de la tête.*) Eh bien dis-le et puis va-t'en.

JESSICA. Vous êtes toujours si pressé...

HOEDERER. Je travaille.

JESSICA. Vous ne travailliez pas: vous faisiez du café. Je peux en avoir une tasse?

---

4. *qu'est-ce... pris?* what came over me?
1. i.e. clever   2. *Tu... large* You didn't make much of a show   3. Of course!   4. *se tromper* be wrong

1. frames   2. torn out   3. placed
4. splinters   5. swept up   6. thumbtacks
7. hot plate   8. *l'entrebâillement de la porte* the half-open door

HOEDERER. Oui. (*Un temps.*) Alors?

JESSICA. Il faut me laisser un peu de temps. C'est si difficile de vous parler. Vous attendez Hugo et il n'a même pas commencé de se raser.

HOEDERER. Bon. Tu as cinq minutes pour te reprendre.[9] Et voilà du café.

JESSICA. Parlez-moi.

HOEDERER. Hein?

JESSICA. Pour que je me reprenne. Parlez-moi.

HOEDERER. Je n'ai rien à te dire et je ne sais pas parler aux femmes.

JESSICA. Si. Très bien.

HOEDERER. Ah? (*Un temps.*)

JESSICA. Hier soir...

HOEDERER. Eh bien?

JESSICA. J'ai trouvé que c'était vous qui aviez raison.

HOEDERER. Raison? Ah! (*Un temps.*) Je te remercie, tu m'encourages.

JESSICA. Vous vous moquez de moi.

HOEDERER. Oui. (*Un temps.*)

JESSICA. Qu'est-ce qu'on ferait de moi, si j'entrais au Parti?

HOEDERER. Il faudrait d'abord qu'on t'y laisse entrer.

JESSICA. Mais si on m'y laissait entrer, qu'est-ce qu'on ferait de moi?

HOEDERER. Je me le demande. (*Un temps.*) C'est ça que tu es venue me dire?

JESSICA. Non.

HOEDERER. Alors? Qu'est-ce qu'il y a? Tu t'es fâchée avec Hugo et tu veux t'en aller?

JESSICA. Non. Ça vous ennuierait si je m'en allais?

HOEDERER. Ça m'enchanterait. Je pourrais travailler tranquille.

JESSICA. Vous ne pensez pas ce que vous dites.

HOEDERER. Non?

JESSICA. Non. (*Un temps.*) Hier soir quand vous êtes entré vous aviez l'air tellement seul.

HOEDERER. Et alors?

JESSICA. C'est beau, un homme qui est seul.

HOEDERER. Si beau qu'on a tout de suite envie de lui tenir compagnie. Et du coup il cesse d'être seul: le monde est mal fait.

JESSICA. Oh! avec moi, vous pourriez très bien rester seul. Je ne suis pas embarrassante.[10]

HOEDERER. Avec toi?

JESSICA. C'est une manière de parler. (*Un temps.*) Vous avez été marié?

HOEDERER. Oui.

JESSICA. Avec une femme du Parti?

HOEDERER. Non.

JESSICA. Vous disiez qu'il fallait toujours se marier avec des femmes du Parti.

HOEDERER. Justement.

JESSICA. Elle était belle?

HOEDERER. Ça dépendait des jours et des opinions.

JESSICA. Et moi, est-ce que vous me trouvez belle?

HOEDERER. Est-ce que tu te fous de moi?[11]

JESSICA, *riant.* Oui.

HOEDERER. Les cinq minutes sont passées. Parle ou va-t'en.

JESSICA. Vous ne lui ferez pas de mal.

HOEDERER. A qui?

JESSICA. A Hugo! Vous avez de l'amitié pour lui, n'est-ce pas?

HOEDERER. Ah! pas de sentiment! Il veut me tuer, hein? C'est ça ton histoire?

JESSICA. Ne lui faites pas de mal.

HOEDERER. Mais non, je ne lui ferai pas de mal.

JESSICA. Vous... vous le saviez?

9. *te reprendre* get control of yourself

10. a "clinging vine" Are you "kidding" me?

11. *Est-ce... moi?*

HOEDERER. Depuis hier. Avec quoi veut-il me tuer?

JESSICA. Comment?

HOEDERER. Avec quelle arme? Grenade, revolver, hache d'abordage,[12] sabre, poison?

JESSICA. Revolver.

HOEDERER. J'aime mieux ça.

JESSICA. Quand il viendra ce matin, il aura son revolver sur lui.

HOEDERER. Bon. Bon, bon. Pourquoi le trahis-tu? Tu lui en veux?[13]

JESSICA. Non. Mais...

HOEDERER. Eh bien?

JESSICA. Il m'a demandé mon aide.

HOEDERER. Et c'est comme ça que tu t'y prends pour l'aider? Tu m'étonnes.

JESSICA. Il n'a pas envie de vous tuer. Pas du tout. Il vous aime bien trop. Seulement il a des ordres. Il ne le dira pas mais je suis sûr qu'il sera content, au fond, qu'on l'empêche de les exécuter.

HOEDERER. C'est à voir.

JESSICA. Qu'est-ce que vous allez faire?

HOEDERER. Je ne sais pas encore.

JESSICA. Faites-le désarmer tout doucement par Slick. Il n'a qu'un revolver. Si on le lui prend, c'est fini.

HOEDERER. Non. Ça l'humilierait. Il ne faut pas humilier les gens. Je lui parlerai.

JESSICA. Vous allez le laisser entrer avec son arme.

HOEDERER. Pourquoi pas? Je veux le convaincre. Il y a cinq minutes de risques, pas plus. S'il ne fait pas son coup ce matin, il ne le fera jamais.

JESSICA, *brusquement*. Je ne veux pas qu'il vous tue.

HOEDERER. Ça t'embêterait si je me faisais descendre?

JESSICA. Moi? Ça m'enchanterait. (*On frappe.*)

SLICK. C'est Hugo.

HOEDERER. Une seconde. (*Slick referme la porte.*) File par fenêtre.

JESSICA. Je ne veux pas vous laisser.

HOEDERER. Si tu restes, c'est sûr qu'il tire. Devant toi il ne se dégonflera[14] pas. Allez, ouste! (*Elle sort par la fenêtre et la couverture retombe sur elle.*) Faites-le entrer.

Scène II

HUGO, HOEDERER

Hugo entre. Hoederer va jusqu'à la porte et accompagne Hugo ensuite jusqu'à sa table. Il restera tout près de lui, observant ses gestes en lui parlant et prêt à lui saisir le poignet[1] si Hugo voulait prendre son revolver.

HOEDERER. Alors? Tu as bien dormi?

HUGO. Comme ça.

HOEDERER. La gueule de bois?[2]

HUGO. Salement.[3]

HOEDERER. Tu es bien décidé?

HUGO, *sursautant*. Décidé à quoi?

HOEDERER. Tu m'avais dit hier soir que tu me quitterais si tu ne pouvais pas me faire changer d'avis.

HUGO. Je suis toujours décidé.

HOEDERER. Bon. Eh bien, nous verrons ça tout à l'heure. En attendant, travaillons. Assieds-toi. (*Hugo s'assied à sa table de travail.*) Où en étions-nous?

HUGO, *lisant ses notes.* « D'après les chiffres du recensement[4] professionnel, le nombre des travailleurs agricoles est tombé de huit millions sept cent soixante et onze mille en 1906 à... »

HOEDERER. Dis donc: sais-tu que c'est une femme qui a lancé le pétard?

---

12. *hache d'abordage* battle-ax (of the sort used in boarding a warship)   13. *Tu... veux?* You hold a grudge against him?

14. *ne... pas* will not lose his courage
1. wrist   2. *gueule de bois* hangover   3. disgustingly   4. census

Hugo. Une femme?

Hoederer. Slick a relevé des empreintes[5] sur une plate-bande.[6] Tu la connais?

Hugo. Comment la connaîtrais-je?
(*Un silence.*)

Hoederer. C'est drôle, hein?

Hugo. Très.

Hoederer. Tu n'as pas l'air de trouver ça drôle. Qu'est-ce que tu as?

Hugo. Je suis malade.

Hoederer. Veux-tu que je te donne ta matinée[7]?

Hugo. Non. Travaillons.

Hoederer. Alors, reprends cette phrase. (*Hugo reprend ses notes et recommence à lire.*)

Hugo. « D'après les chiffres du recensement... » (*Hoederer se met à rire. Hugo lève la tête brusquement.*)

Hoederer. Tu sais pourquoi elle nous a manqué? Je parie qu'elle a lancé son pétard en fermant les yeux.

Hugo, *distraitement.* Pourquoi?

Hoederer. A cause du bruit. Elles ferment les yeux pour ne pas entendre; explique ça comme tu pourras. Elles ont toutes peur du bruit, ces souris,[8] sans ça elles feraient des tueuses remarquables. Elles sont butées,[9] tu comprends: elles reçoivent les idées toutes faites,[10] alors elles y croient comme au bon Dieu. Nous autres, ça nous est moins commode[11] de tirer sur un bonhomme pour des questions de principes parce que c'est nous qui faisons les idées et que nous connaissons la cuisine[12]: nous ne sommes jamais tout à fait sûrs d'avoir raison. Tu es sûr d'avoir raison, toi?[13]

Hugo. Sûr.[14]

Hoederer. De toute façon, tu ne pourrais pas faire un tueur. C'est une affaire de vocation.

Hugo. N'importe qui peut tuer si le Parti le commande.

Hoederer. Si le Parti te commandait de danser sur une corde raide,[15] tu crois que tu pourrais y arriver? On est tueur de naissance. Toi, tu réfléchis trop: tu ne pourrais pas.

Hugo. Je pourrais si je l'avais décidé.

Hoederer. Tu pourrais me descendre froidement d'une balle[16] entre les deux yeux parce que je ne suis pas de ton avis sur la politique?

Hugo. Oui, si je l'avais décidé ou si le Parti me l'avait commandé.

Hoederer. Tu m'étonnes. (*Hugo va pour plonger la main dans sa poche mais Hoederer la lui saisit et l'élève légèrement au-dessus de la table.*) Suppose que cette main tienne une arme et que ce doigt-là soit posé sur la gâchette...

Hugo. Lâchez ma main.

Hoederer, *sans le lâcher.* Suppose que je sois devant toi, exactement comme je suis et que tu me vises...

Hugo. Lâchez-moi et travaillons.

Hoederer. Tu me regardes et au moment de tirer, voilà que tu penses: « Si c'était lui qui avait raison? » Tu te rends compte?

Hugo. Je n'y penserais pas. Je ne penserais à rien d'autre qu'à tuer.

Hoederer. Tu y penserais: un intellectuel, il faut que ça pense. Avant même de presser sur la gâchette tu aurais déjà vu toutes les conséquences possibles

---

5. footprints   6. flower bed   7. *donne ta matinée* give you your morning off   8. mice
9. stubborn   10. *toutes faites* ready made
11. easy   12. *nous... cuisine* we know things from the inside   13. Hoederer raises here the existentialist point that there is no absolute certitude, objectively speaking.

14. This word betrays Hugo. He is so sure only because he is still living according to the arbitrary values of the Communist party. He speaks as a mouthpiece, not as an individual.   15. *corde raide* tightrope   16. *d'une balle* with a bullet

de ton acte: tout le travail d'une vie en ruines, une politique flanquée[17] par terre, personne pour me remplacer, le Parti condamné peut-être à ne jamais prendre le pouvoir...

HUGO. Je vous dis que je n'y penserais pas!

HOEDERER. Tu ne pourrais pas t'en empêcher. Et ça vaudrait mieux parce que, tel que tu es fait, si tu n'y pensais pas *avant*, tu n'aurais pas trop de toute ta vie[18] pour y penser *après*. (*Un temps.*) Quelle rage avez-vous tous de jouer aux tueurs? Ce sont des types sans imagination: ça leur est égal de donner la mort parce qu'ils n'ont aucune idée de ce que c'est que la vie. Je préfère les gens qui ont peur de la mort des autres: c'est la preuve qu'ils savent vivre.[19]

HUGO. Je ne suis pas fait pour vivre, je ne sais pas ce que c'est que la vie et je n'ai pas besoin de le savoir. Je suis de trop,[20] je n'ai pas ma place et je gêne tout le monde; personne ne m'aime, personne ne me fait confiance.

HOEDERER. Moi, je te fais confiance.

HUGO. Vous?

HOEDERER. Bien sûr. Tu es un môme[21] qui a de la peine à passer à l'âge d'homme mais tu feras un homme très acceptable si quelqu'un te facilite le passage. Si j'échappe à leurs pétards et à leurs bombes, je te garderai près de moi et je t'aiderai.

HUGO. Pourquoi me le dire? Pourquoi me le dire aujourd'hui?

HOEDERER, *le lâchant.* Simplement pour te prouver qu'on ne peut pas buter[22] un homme de sang-froid à moins d'être un spécialiste.

HUGO. Si je l'ai décidé, je dois pouvoir le faire. (*Comme à lui-même, avec une sorte de désespoir.*) Je *dois* pouvoir le faire.

HOEDERER. Tu pourrais me tuer pendant que je te regarde? (*Ils se regardent. Hoederer se détache de la table et recule d'un pas.*) Les vrais tueurs ne soupçonnent même pas ce qui se passe dans les têtes. Toi, tu le sais: pourrais-tu supporter ce qui se passerait dans la mienne si je te voyais me viser? (*Un temps. Il le regarde toujours.*) Veux-tu du café? (*Hugo ne répond pas.*) Il est prêt; je vais t'en donner une tasse. (*Il tourne le dos à Hugo et verse du café dans une tasse. Hugo se lève et met la main dans la poche qui contient le revolver. On voit qu'il lutte contre lui-même. Au bout d'un moment, Hoederer se retourne et revient tranquillement vers Hugo en portant une tasse pleine. Il la lui tend.*) Prends. (*Hugo prend la tasse.*) A présent donne-moi ton revolver. Allons, donne-le: tu vois bien que je t'ai laissé ta chance et que tu n'en as pas profité. (*Il plonge la main dans la poche de Hugo et la ressort[23] avec le revolver.*) Mais c'est un joujou! (*Il va à son bureau et jette le revolver dessus.*)

HUGO. Je vous hais. (*Hoederer revient vers lui.*)

HOEDERER. Mais non, tu ne me hais pas. Quelle raison aurais-tu de me haïr?

HUGO. Vous me prenez pour un lâche.

HOEDERER. Pourquoi? Tu ne sais pas tuer mais ça n'est pas une raison pour que tu ne saches pas mourir. Au contraire.

---

17. hurled   18. *tu... vie* your whole life won't be long enough   19. Sartre would claim that only a truly atheistic philosophy can give authentic value to life.   20. *Je... trop* There is no place for me. According to the existentialists, all men are born *de trop*. They must create a place for themselves where none exists. This is a condition and a prerogative of man's freedom. That man succeeds is a part of the miracle of living which is the basis of the existentialist's optimism.   21. kid (actually untranslatable)

22. kill, "bump off"   23. *la ressort* takes it out again

Hugo. J'avais le doigt sur la gâchette.

Hoederer. Oui.

Hugo. Et je... (*Geste d'impuissance.*)

Hoederer. Oui. Je te l'ai dit: c'est plus dur qu'on ne pense.

Hugo. Je savais que vous me tourniez le dos exprès. C'est pour ça que...

Hoederer. Oh! de toute façon...

Hugo. Je ne suis pas un traître!

Hoederer. Qui te parle de ça? La trahison aussi, c'est une affaire de vocation.

Hugo. Eux, ils penseront que je suis un traître parce que je n'ai pas fait ce qu'ils m'avaient chargé de faire.

Hoederer. Qui, eux? (*Silence.*) C'est Louis qui t'a envoyé? (*Silence.*) Tu ne veux rien dire: c'est régulier.[24] (*Un temps.*) Ecoute: ton sort est lié[25] au mien. Depuis hier, j'ai des atouts[26] dans mon jeu et je vais essayer de sauver nos deux peaux ensemble. Demain j'irai à la ville et je parlerai à Louis. Il est coriace[27] mais je le suis aussi. Avec tes copains, ça s'arrangera. Le plus difficile, c'est de t'arranger avec toi-même.

Hugo. Difficile? Ça sera vite fait. Vous n'avez qu'à me rendre le revolver.

Hoederer. Non.

Hugo. Qu'est-ce que ça peut vous faire que je me flanque une balle dans la peau. Je suis votre ennemi.

Hoederer. D'abord, tu n'es pas mon ennemi. Et puis tu peux encore servir.

Hugo. Vous savez bien que je suis foutu.

Hoederer. Que d'histoires! Tu as voulu te prouver que tu étais capable d'agir et tu as choisi les chemins difficiles: comme quand on veut mériter le ciel; c'est de ton âge. Tu n'as pas réussi: bon, et après? Il n'y a rien à prouver, tu sais, la Révolution n'est pas une question de

mérite mais d'efficacité; et il n'y a pas de ciel. Il y a du travail à faire, c'est tout. Et il faut faire celui pour lequel on est doué: tant mieux s'il est facile. Le meilleur travail n'est pas celui qui te coûtera le plus; c'est celui que tu réussiras le mieux.

Hugo. Je ne suis doué pour rien.

Hoederer. Tu es doué pour écrire.

Hugo. Pour écrire! Des mots! Toujours des mots!

Hoederer. Eh bien quoi? Il faut gagner. Mieux vaut un bon journaliste qu'un mauvais assassin.

Hugo, *hésitant mais avec une sorte de confiance.* Hoederer! Quand vous aviez mon âge...

Hoederer. Eh bien?

Hugo. Qu'est-ce que vous auriez fait à ma place?

Hoederer. Moi? J'aurais tiré. Mais ce n'est pas ce que j'aurais pu faire de mieux. Et puis nous ne sommes pas de la même espèce.

Hugo. Je voudrais être de la vôtre: on doit se sentir bien dans sa peau.

Hoederer. Tu crois? (*Un rire bref.*) Un jour, je te parlerai de moi.

Hugo. Un jour? (*Un temps.*) Hoederer j'ai manqué mon coup et je sais à présent que je ne pourrai jamais tirer sur vous parce que... parce que je tiens à[28] vous. Mais il ne faut pas vous y tromper: sur ce que nous avons discuté hier soir je ne serai jamais d'accord avec vous, je ne serai jamais des vôtres[29] et je ne veux pas que vous me défendiez. Ni demain ni un autre jour.

Hoederer. Comme tu voudras.

Hugo. A présent, je vous demande la permission de vous quitter. Je veux réfléchir à toute cette histoire.

Hoederer. Tu me jures que tu ne

24. as it should be   25. bound   26. trump cards   27. tough

28. *tiens à* like   29. *je... vôtres* I'll never be on your side

feras pas de bêtises avant de m'avoir revu?

HUGO. Si vous voulez.

HOEDERER. Alors, va. Va prendre l'air et reviens dès que tu pourras. Et n'oublie pas que tu es mon secrétaire. Tant que tu ne m'auras pas buté ou que je ne t'aurai pas congédié, tu travailleras pour moi. (*Hugo sort.*)

HOEDERER, *va à la porte.* Slick!

SLICK. Eh?

HOEDERER. Le petit a des ennuis. Surveillez-le de loin et, si c'est nécessaire, empêchez-le de se flanquer en l'air.[30] Mais doucement. Et s'il veut revenir ici tout à l'heure, ne l'arrêtez pas au passage sous prétexte de l'annoncer. Qu'il aille et vienne comme ça lui chante[31] : il ne faut surtout pas l'énerver.[32]

(*Il referme la porte, retourne à la table qui supporte le réchaud et se verse une tasse de café. Jessica écarte la couverture qui dissimule la fenêtre et paraît.*)

Scène III

JESSICA, HOEDERER

HOEDERER. C'est encore toi, poison? Qu'est-ce que tu veux?

JESSICA. J'étais assise sur le rebord[1] de la fenêtre et j'ai tout entendu.

HOEDERER. Après?

JESSICA. J'ai eu peur.

HOEDERER. Tu n'avais qu'à t'en aller.

JESSICA. Je ne pouvais pas vous laisser.

HOEDERER. Tu n'aurais pas été d'un grand secours.

JESSICA. Je sais. (*Un temps.*) J'aurais peut-être pu me jeter devant vous et recevoir les balles à votre place.

HOEDERER. Que tu es romanesque.

JESSICA. Vous aussi.

HOEDERER. Quoi?

JESSICA. Vous aussi, vous êtes romanesque: pour ne pas l'humilier, vous avez risqué votre peau.

HOEDERER. Si on veut en connaître le prix, il faut la risquer de temps en temps.

JESSICA. Vous lui proposiez votre aide et il ne voulait pas l'accepter et vous ne vous décourigiez pas et vous aviez l'air de l'aimer.

HOEDERER. Après?

JESSICA. Rien. C'était comme ça, voilà tout. (*Ils se regardent.*)

HOEDERER. Va-t'en! (*Elle ne bouge pas.*) Jessica, je n'ai pas l'habitude de refuser ce qu'on m'offre et voilà six mois que je n'ai pas touché à une femme. Il est encore temps de t'en aller mais dans cinq minutes il sera trop tard. Tu m'entends? (*Elle ne bouge pas.*) Ce petit n'a que toi au monde et il va au-devant des pires embêtements.[2] Il a besoin de quelqu'un qui lui rende courage.

JESSICA. Vous, vous pouvez lui rendre courage. Pas moi. Nous ne nous faisons que du mal.

HOEDERER. Vous vous aimez.

JESSICA. Même pas.[3] On se ressemble trop. (*Un temps.*)

HOEDERER. Quand est-ce arrivé?

JESSICA. Quoi?

HOEDERER, *geste.* Tout ça. Tout ça, dans ta tête?

JESSICA. Je ne sais pas. Hier, je pense, quand vous m'avez regardée et que vous aviez l'air d'être seul.

HOEDERER. Si j'avais su...

JESSICA. Vous ne seriez pas venu?

HOEDERER. Je... (*Il la regarde et hausse les épaules. Un temps.*) Mais bon Dieu! si tu as du vague à l'âme,[4] Slick et Léon

---

30. *se... l'air* commit suicide   31. *comme... chante* as he pleases   32. irritate
1. sill

2. *va... embêtements* is going to face the hardest trials   3. *Même pas.* Not even so.   4. *si... âme* if you are restless

sont là pour te distraire. Pourquoi m'as-tu choisi?

JESSICA. Je n'ai pas de vague à l'âme et je n'ai choisi personne. Je n'ai pas eu besoin de choisir.

HOEDERER. Tu m'embêtes. (*Un temps.*) Mais qu'attends-tu? Je n'ai pas le temps de m'occuper de toi; tu ne veux pourtant pas que je te renverse sur ce divan et que je t'abandonne ensuite.

JESSICA. Décidez.

HOEDERER. Tu devrais pourtant savoir...

JESSICA. Je ne sais rien, je ne suis ni femme ni fille, j'ai vécu dans un songe et quand on m'embrassait ça me donnait envie de rire. A présent je suis là devant vous, il me semble que je viens de me réveiller et que c'est le matin. Vous êtes vrai. Un vrai homme de chair et d'os, j'ai vraiment peur de vous et je crois que je vous aime pour de vrai. Faites de moi ce que vous voudrez: quoi qu'il arrive, je ne vous reprocherai rien.[5]

HOEDERER. Ça te donne envie de rire quand on t'embrasse? (*Jessica gênée baisse la tête.*) Hein?

JESSICA. Oui.

HOEDERER. Alors, tu es froide?

JESSICA. C'est ce qu'ils disent.

HOEDERER. Et toi, qu'en penses-tu?

JESSICA. Je ne sais pas.

HOEDERER. Voyons. (*Il l'embrasse.*) Eh bien?

JESSICA. Ça ne m'a pas donné envie de rire. (*La porte s'ouvre. Hugo entre.*)

Scène IV

HOEDERER, HUGO, JESSICA

HUGO. C'était donc ça?

HOEDERER. Hugo...

5. Jessica does resemble Hugo, as she says. Hoederer is an absolute for her as well as for him. She is more honest than Hugo in that she is admittedly seeking abdication rather than autonomy.

HUGO. Ça va. (*Un temps.*) Voilà donc pourquoi vous m'avez épargné. Je me demandais: pourquoi ne m'a-t-il pas fait abattre ou chasser par ses hommes. Je me disais: ça n'est pas possible qu'il soit si fou ou si généreux. Mais tout s'explique: c'était à cause de ma femme. J'aime mieux ça.

JESSICA. Ecoute...

HUGO. Laisse donc, Jessica, laisse tomber. Je ne t'en veux pas et je ne suis pas jaloux; nous ne nous aimions pas. Mais lui, il a bien failli me prendre à son piège. « Je t'aiderai, je te ferai passer à l'âge d'homme. » Que j'étais bête! Il se foutait de moi.

HOEDERER. Hugo, veux-tu que je te donne ma parole que...

HUGO. Mais ne vous excusez pas. Je vous remercie au contraire; une fois au moins vous m'aurez donné le plaisir de vous voir déconcerté. Et puis... et puis... (*Il bondit jusqu'au bureau, prend le revolver et le braque sur Hoederer.*) Et puis vous m'avez délivré.

JESSICA, *criant.* Hugo!

HUGO. Vous voyez, Hoederer, je vous regarde dans les yeux et je vise et ma main ne tremble pas et je me fous de ce que vous avez dans la tête.

HOEDERER. Attends, petit! Ne fais pas de bêtises. Pas pour une femme!

(*Hugo tire trois coups. Jessica se met à hurler. Slick et Georges entrent dans la pièce.*)

HOEDERER. Imbécile. Tu as tout gâché.[1]

SLICK. Salaud! (*Il tire son revolver.*)

HOEDERER. Ne lui faites pas de mal. (*Il tombe dans un fauteuil.*) Il a tiré par jalousie.

SLICK. Qu'est-ce que ça veut dire?

HOEDERER. Je couchais avec la petite.

1. spoiled

(*Un temps.*) Ah! c'est trop con[2]! (*Il meurt.*)

RIDEAU

SEPTIÈME TABLEAU
DANS LA CHAMBRE D'OLGA

Scène unique

On entend d'abord leurs voix dans la nuit et puis la lumière se fait peu à peu.

OLGA. Est-ce que c'était vrai? Est-ce que tu l'as vraiment tué à cause de Jessica.

HUGO. Je... je l'ai tué parce que j'avais ouvert la porte. C'est tout ce que je sais. Si je n'avais pas ouvert cette porte... Il était là, il tenait Jessica dans ses bras, il avait du rouge à lèvres sur le menton.[1] C'était trivial. Moi, je vivais depuis longtemps dans la tragédie. C'est pour sauver la tragédie que j'ai tiré.

OLGA. Est-ce que tu n'étais pas jaloux?

HUGO. Jaloux? Peut-être. Mais pas de Jessica.

OLGA. Regarde-moi et réponds-moi sincèrement car ce que je vais te demander a beaucoup d'importance. As-tu l'orgueil de ton acte? Est-ce que tu le revendiques[2]? Le referais-tu, s'il était à refaire.

HUGO. Est-ce que je l'ai seulement fait? Ce n'est pas moi qui ai tué, c'est le hasard. Si j'avais ouvert la porte deux minutes plus tôt ou deux minutes plus tard, je ne les aurais pas surpris dans les bras l'un de l'autre, je n'aurais pas tiré. (*Un temps.*) Je venais pour lui dire que j'acceptais son aide.

2. A vulgar word meaning stupid. Hoederer expresses here the futility and absurdity of all human misunderstanding.
1. chin   2. lay claim to

OLGA. Oui.

HUGO. Le hasard a tiré trois coups de feu, comme dans les mauvais romans policiers. Avec le hasard tu peux commencer les « si » : « *si* j'étais resté un peu plus longtemps devant les châtaigniers,[3] *si* j'avais poussé[4] jusqu'au bout du jardin, *si* j'étais rentré dans le pavillon... » Mais moi. *Moi*, là-dedans, qu'est-ce que je deviens? C'est un assassinat sans assassin. (*Un temps.*) Souvent, dans la prison, je me demandais: qu'est-ce qu'Olga me dirait, si elle était ici? Qu'est-ce qu'elle voudrait que je pense.

OLGA, *sèchement.* Et alors?

HUGO. Oh, je sais très bien ce que tu m'aurais dit. Tu m'aurais dit: « Sois modeste, Hugo. Tes raisons, tes motifs, on s'en moque. Nous t'avions demandé de tuer cet homme et tu l'as tué. C'est le résultat qui compte. » Je... je ne suis pas modeste, Olga. Je n'arrivais pas à séparer le meurtre de ses motifs.

OLGA. J'aime mieux ça.

HUGO. Comment, tu aimes mieux ça? C'est toi qui parles, Olga? Toi qui m'as toujours dit...

OLGA. Je t'expliquerai. Quelle heure est-il?

HUGO, *regardant son bracelet-montre.*[5] Minuit moins vingt.

OLGA. Bien. Nous avons le temps. Qu'est-ce que tu me disais? Que tu ne comprenais pas ton acte.

HUGO. Je crois plutôt que je le comprends trop. C'est une boîte qu'ouvrent toutes les clés. Tiens, je peux me dire tout aussi bien, si ça me chante, que j'ai tué par passion politique et que la fureur qui m'a pris, quand j'ai ouvert la porte, n'était que la petite secousse[6] qui m'a facilité l'exécution.

3. chestnut trees   4. walked (i.e. pushed on)
5. *bracelet-montre* wrist watch   6. shock

OLGA, *le dévisageant[7] avec inquiétude.* Tu crois, Hugo? Tu crois *vraiment* que tu as tiré pour de *bons* motifs?

HUGO. Olga, je crois tout. J'en suis à[8] me demander si je l'ai tué pour de vrai.

OLGA. Pour de vrai?

HUGO. Si tout était une comédie?

OLGA. Tu as vraiment appuyé sur la gâchette.

HUGO. Oui. J'ai vraiment remué[9] le doigt. Les acteurs aussi remuent les doigts, sur les planches.[10] Tiens, regarde: je remue l'index, je te vise. (*Il la vise de la main droite, l'index replié.*[11]) C'est le même geste. Peut-être que ce n'est pas moi qui étais vrai. Peut-être c'était seulement la balle. Pourquoi souris-tu?

OLGA. Parce que tu me facilites beaucoup les choses.

HUGO. Je me trouvais trop jeune; j'ai voulu m'attacher un crime au cou, comme une pierre. Et j'avais peur qu'il ne soit lourd à supporter. Quelle erreur: il est léger, horriblement léger. Il ne pèse pas. Regarde-moi: j'ai vieilli, j'ai passé deux ans en taule,[12] je me suis séparé de Jessica et je mènerai cette drôle de vie perplexe, jusqu'à ce que les copains se chargent de me libérer. Tout ça vient de mon crime, non? Et pourtant il ne pèse pas, je ne le sens pas. Ni à mon cou, ni sur mes épaules, ni dans mon cœur. Il est devenu mon destin, comprends-tu, il gouverne ma vie du dehors mais je ne peux ni le voir, ni le toucher, il n'est pas à moi, c'est une maladie mortelle qui tue sans faire souffrir. Où est-il? Existe-t-il?[13] J'ai tiré pourtant. La

porte s'est ouverte... J'aimais Hoederer, Olga. Je l'aimais plus que je n'ai aimé personne au monde. J'aimais le voir et l'entendre, j'aimais ses mains et son visage et, quand j'étais avec lui, tous mes orages[14] s'apaisaient. Ce n'est pas mon crime qui me tue, c'est sa mort. (*Un temps.*) Enfin voilà. Rien n'est arrivé. Rien. J'ai passé dix jours à la campagne et deux ans en prison; je n'ai pas changé; je suis toujours aussi bavard. Les assassins devraient porter un signe distinctif. Un coquelicot[15] à la boutonnière. (*Un temps.*) Bon. Alors? Conclusion?

OLGA. Tu vas rentrer au Parti.

HUGO. Bon.

OLGA. A minuit, Louis et Charles doivent revenir pour t'abattre. Je ne leur ouvrirai pas. Je leur dirai que tu es récupérable.[16]

HUGO, *il rit.* Récupérable! Quel drôle de mot. Ça se dit des ordures,[17] n'est-ce pas?

OLGA. Tu es d'accord?

HUGO. Pourquoi pas?

OLGA. Demain tu recevras de nouvelles consignes.

HUGO. Bien.

OLGA. Ouf! (*Elle se laisse tomber sur une chaise.*)

HUGO. Qu'est-ce que tu as?

OLGA. Je suis contente. (*Un temps.*) Tu as parlé trois heures et j'ai eu peur tout le temps.

HUGO. Peur de quoi?

OLGA. De ce que je serais obligée de leur dire. Mais tout va bien. Tu reviendras parmi nous et tu vas faire du travail d'homme.

HUGO. Tu m'aideras comme autrefois?

OLGA. Oui, Hugo. Je t'aiderai.

HUGO. Je t'aime bien, Olga. Tu es restée la même. Si pure, si nette. C'est toi qui m'as appris la pureté.

7. *le dévisageant* staring into his face   8. *J'en suis à* I have come to the point of   9. moved   10. stage (*literally* boards)   11. *l'index replié* with bent forefinger   12. prison (slang)   13. Thus the purely speculative frame of mind can, by universal scepticism, call everything into doubt. Existentialism derives its name from its opposition to this frame of mind.

14. storms   15. red poppy   16. redeemable   17. garbage

Olga. J'ai vieilli?

Hugo. Non. (*Il lui prend la main.*)

Olga. J'ai pensé à toi tous les jours.

Hugo. Dis, Olga!

Olga. Eh bien?

Hugo. Le colis, ce n'est pas toi?

Olga. Quel colis?

Hugo. Les chocolats.

Olga. Non. Ce n'est pas moi. Mais je savais qu'ils allaient l'envoyer.

Hugo. Et tu les as laissé faire?

Olga. Oui.

Hugo. Mais qu'est-ce que tu pensais en toi-même?

Olga, *montrant ses cheveux.* Regarde.

Hugo. Qu'est-ce que c'est? Des cheveux blancs?

Olga. Ils sont venus en une nuit. Tu ne me quitteras plus. Et s'il y a des coups durs, nous les supporterons ensemble.

Hugo, *souriant.* Tu te rappelles: Raskolnikoff.

Olga, *sursautant.* Raskolnikoff?

Hugo. C'est le nom que tu m'avais choisi pour la clandestinité. Oh, Olga, tu ne te rappelles plus.

Olga. Si. Je me rappelle.

Hugo. Je vais le reprendre.

Olga. Non.

Hugo. Pourquoi? Je l'aimais bien. Tu disais qu'il m'allait comme un gant.

Olga. Tu es trop connu sous ce nom-là.

Hugo. Connu? Par qui?

Olga, *soudain lasse.* Quelle heure est-il?

Hugo. Moins cinq.

Olga. Ecoute, Hugo. Et ne m'interromps pas. J'ai encore quelque chose à te dire. Presque rien. Il ne faut pas y attacher d'importance. Tu... tu seras étonné d'abord mais tu comprendras peu à peu.

Hugo. Oui?

Olga. Je... je suis heureuse de ce que tu m'as dit, à propos de ton... de ton acte. Si tu en avais été fier ou simplement satisfait, ça t'aurait été plus difficile.

Hugo. Difficile? Difficile de quoi faire?

Olga. De l'oublier.

Hugo. De l'oublier? Mais Olga...

Olga. Hugo! Il faut que tu l'oublies. Je ne te demande pas grand'chose; tu l'as dit toi-même: tu ne sais ni ce que tu as fait ni pourquoi tu l'as fait. Tu n'es même pas sûr d'avoir tué Hoederer. Eh bien, tu es dans le bon chemin[18]; il faut aller plus loin, voilà tout. Oublie-le; c'était un cauchemar.[19] N'en parle plus jamais; même à moi. Ce type qui a tué Hoederer est mort. Il s'appelait Raskolnikoff; il a été empoisonné par des chocolats aux liqueurs. (*Elle lui caresse les cheveux.*) Je te choisirai un autre nom.

Hugo. Qu'est-ce qui est arrivé, Olga? Qu'est-ce que vous avez fait?

Olga. Le Parti a changé sa politique. (*Hugo la regarde fixement.*) Ne me regarde pas comme ça. Essaye de comprendre. Quand nous t'avons envoyé chez Hoederer, les communications avec l'U. R. S. S. étaient interrompues. Nous devions choisir seuls notre ligne. Ne me regarde pas comme ça, Hugo! Ne me regarde pas comme ça.

Hugo. Après?

Olga. Depuis, les liaisons sont rétablies. L'hiver dernier l'U. R. S. S. nous a fait savoir qu'elle souhaitait,[20] pour des raisons purement militaires, que nous nous rapprochions du Régent.

Hugo. Et vous... vous avez obéi?

Olga. Oui. Nous avons constitué un comité clandestin de six membres avec les gens du gouvernement et ceux du Pentagone.

18. *dans... chemin* on the right track
19. nightmare   20. desired

HUGO. Six membres. Et vous avez trois voix?

OLGA. Oui. Comment le sais-tu?

HUGO. Une idée. Continue.

OLGA. Depuis ce moment les troupes ne se sont pratiquement plus mêlées des[21] opérations. Nous avons peut-être économisé cent mille vies humaines. Seulement du coup les Allemands ont envahi le pays.

HUGO. Parfait. Je suppose que les Soviets vous ont aussi fait entendre qu'ils ne souhaitaient pas donner le pouvoir au seul[22] Parti Prolétarien; qu'ils auraient des ennuis avec les Alliés et que, d'ailleurs, vous seriez rapidement balayés par une insurrection?

OLGA. Mais...

HUGO. Il me semble que j'ai déjà entendu tout cela. Alors, Hoederer?

OLGA. Sa tentative[23] était prématurée et il n'était pas l'homme qui convenait pour mener[24] cette politique.

HUGO. Il fallait donc le tuer: c'est lumineux. Mais je suppose que vous avez réhabilité sa mémoire?

OLGA. Il fallait bien.

HUGO. Il aura sa statue à la fin de la guerre, il aura des rues dans toutes nos villes et son nom dans les livres d'histoire. Ça me fait plaisir pour lui. Son assassin, qui est-ce que c'était? Un type aux gages de[25] l'Allemagne?

OLGA. Hugo...

HUGO. Réponds.

OLGA. Les camarades savaient que tu étais de chez nous. Ils n'ont jamais cru au crime passionnel. Alors on leur a expliqué... ce qu'on a pu.

HUGO. Vous avez menti aux camarades.

OLGA. Menti, non. Mais nous... nous sommes en guerre, Hugo. On ne peut pas dire toute la vérité aux troupes. (Hugo éclate de rire.)

OLGA. Qu'est-ce que tu as! Hugo! Hugo! (Hugo se laisse tomber dans un fauteuil en riant aux larmes.)

HUGO. Tout ce qu'il disait! Tout ce qu'il disait! C'est une farce.

OLGA. Hugo!

HUGO. Attends, Olga, laisse-moi rire. Il y a dix ans que je n'ai pas ri aussi fort. Voilà un crime embarrassant: personne n'en veut. Je ne sais pas pourquoi je l'ai fait et vous ne savez qu'en faire. (Il la regarde.) Vous êtes pareils.

OLGA. Hugo, je t'en prie...

HUGO. Pareils. Hoederer, Louis, toi, vous êtes de la même espèce. De la bonne[26] espèce. Celle des durs, des conquérants, des chefs. Il n'y a que moi qui me suis trompé de porte.

OLGA. Hugo, tu aimais Hoederer.

HUGO. Je crois que je ne l'ai jamais tant aimé qu'à cette minute.

OLGA. Alors il faut nous aider à poursuivre son œuvre. (Il la regarde. Elle recule.) Hugo!

HUGO, doucement. N'aie pas peur, Olga. Je ne te ferai pas de mal. Seulement il faut te taire. Une minute, juste une minute pour que je mette mes idées en ordre. Bon. Alors, moi, je suis récupérable. Parfait. Mais tout seul, tout nu, sans bagages. A la condition de changer de peau—et si je pouvais devenir amnésique, ça serait encore mieux. Le crime, on ne le récupère pas, hein? C'était une erreur sans importance. On le laisse où il est, dans la poubelle. Quant à moi, je change de nom dès demain, je m'appellerai Julien Sorel ou Rastignac ou Muichkine[27] et je travaillerai la main

---

21. *ne... des* have to all intents and purposes not bothered about   22. *au seul* only to   23. attempt   24. carry on   25. *aux gages de* in the pay of

26. right   27. Julien Sorel (Stendhal, *Le Rouge et le noir*), Rastignac (Balzac, *La Comédie humaine*), Myshkin (Dostoevsky, *The Idiot*), fictional heroes endowed with irrepressible energy.

dans la main avec les types du Pentagone.

Olga. Je vais...

Hugo. Tais-toi, Olga. Je t'en supplie, ne dis pas un mot. (*Il réfléchit un moment.*) C'est non.

Olga. Quoi?

Hugo. C'est non. Je ne travaillerai pas avec vous.

Olga. Hugo, tu n'as donc pas compris. Ils vont venir avec leurs revolvers...

Hugo. Je sais. Ils sont même en retard.

Olga. Tu ne vas pas te laisser tuer comme un chien. Tu ne vas pas accepter de mourir pour rien! Nous te ferons confiance, Hugo. Tu verras, tu seras pour de bon notre camarade, tu as fait tes preuves... (*Une auto. Bruit de moteur.*)

Hugo. Les voilà.

Olga. Hugo, ce serait criminel! Le Parti...

Hugo. Pas de grands mots, Olga. Il y a eu trop de grands mots dans cette histoire et ils ont fait beaucoup de mal. (*L'auto passe.*) Ce n'est pas leur voiture. J'ai le temps de t'expliquer. Ecoute: je ne sais pas pourquoi j'ai tué Hoederer mais je sais pourquoi j'aurais dû le tuer: parce qu'il faisait de mauvaise politique, parce qu'il mentait à ses camarades et parce qu'il risquait de pourrir le Parti. Si j'avais eu le courage de tirer quand j'étais seul avec lui dans le bureau, il serait mort à cause de cela et je pourrais penser à moi sans honte. J'ai honte de moi parce que je l'ai tué... après. Et vous, vous me demandez d'avoir encore plus honte et de décider que je l'ai tué pour rien. Olga, ce que je pensais sur la politique d'Hoederer je continue à le penser. Quand j'étais en prison, je croyais que vous étiez d'accord avec moi et ça me soutenait; je sais à présent que

je suis seul de mon opinion mais je ne changerai pas d'avis. (*Bruit de moteur.*)

Olga. Cette fois les voilà. Ecoute, je ne peux pas... prends ce revolver, sors par la porte de ma chambre et tente ta chance.

Hugo, *sans prendre le revolver.* Vous avez fait d'Hoederer un grand homme. Mais je l'ai aimé plus que vous ne l'aimerez jamais. Si je reniais[28] mon acte, il deviendrait un cadavre anonyme, un déchet[29] du parti. (*L'auto s'arrête.*) Tué par hasard. Tué pour une femme.

Olga. Va-t'en.

Hugo. Un type comme Hoederer ne meurt pas par hasard. Il meurt pour ses idées, pour sa politique; il est responsable de sa mort. Si je revendique mon crime devant tous, si je réclame mon nom de Raskolnikoff et si j'accepte de payer le prix qu'il faut,[30] alors il aura eu la mort qui lui convient. (*On frappe à la porte.*)

Olga. Hugo, je...

Hugo, *marchant vers la porte.* Je n'ai pas encore tué Hoederer, Olga. Pas encore. C'est à présent que je vais le tuer et moi avec.[31] (*On frappe de nouveau.*)

Olga, *criant.* Allez-vous-en! Allez-vous-en! (*Hugo ouvre la porte d'un coup de pied.*)

Hugo, *il crie.* Non récupérable.[32]

RIDEAU

---

28. repudiated   29. castoff   30. In *Crime and Punishment* Raskolnikoff suffers the death penalty.   31. along with him   32. Does Hugo here, by an act of *engagement*, assume his past and find subjectively the way to freedom? Or is his act prompted by the heroism of bad faith? Only Hugo can know, and it would be impossible for him to convince us with words, as it was impossible for Hoederer or Olga to convince him. Only his deed remains, and finally, as in the case of Hoederer, this *is* Hugo.